FRANK T. ZUMBACH
DAS BALLADENBUCH

FRANK T. ZUMBACH

# DAS BALLADENBUCH

Deutsche Balladen
von den Anfängen bis zur Gegenwart

Albatros

© 2004 Patmos Verlag GmbH & Co. KG
Artemis & Winkler Verlag, Düsseldorf


Die Deutsche Nationalbibliothek verzeichnet diese Publikation
in der Deutschen Nationalbibliographie; detaillierte bibliographische Daten
sind im Internet unter http://dnb.d-nb.de abrufbar.


© 2008 Patmos Verlag GmbH & Co. KG
Albatros Verlag, Düsseldorf
Alle Rechte vorbehalten.
Umschlaggestaltung: butenschoendesign.de
Umschlagmotiv: Eastman Johnson: The Girl I Left Behind Me
(© Smithsonian Institution/Corbis)
Printed in Germany
ISBN 978-3-491-96231-6
www.patmos.de

# Inhalt

# *Vorwort*

## I

Eine spannende, eine traurige, eine schaurige Geschichte, eine, die das Gemüt bewegt, die uns das Blut in den Adern gefrieren, die alle Zuhörer enger zusammenrücken läßt und deren Bilder noch lange im Gedächtnis haften bleiben – das ist sicher der Ursprung, die Essenz der Ballade. Am Beginn menschlicher Kulturgeschichte mögen es nur Neuigkeiten, Reiseerlebnisse, Träume, Abenteuer, Klatsch gewesen sein, effektvoll erzählt, dramatisch überhöht, voller Übertreibungen: Die Wahrheit soll einer guten Geschichte nie in die Quere kommen. Zur Lektüre wurden Balladen erst sehr viel später; Jahrhunderte – man darf wohl ohne Übertreibung sagen: weit über ein Jahrtausend – waren sie zum Vortrag bestimmt, in dem sie erst ihre eigentliche Kraft entfalteten. Daher auch ihre starke Affinität zur Musik. Den Text einer Melodie zu unterlegen, einen Refrain zu erfinden, die spannenden Geschichten metrisch zu binden, war eine frühzeitige, folgerichtige Entwicklung.

Die Ballade spricht eher das Gefühl an als den Verstand. Sie hat es auf uns abgesehen, sie zielt auf unsere Affekte, will eine Saite in uns zum Klingen bringen. Es ist nur ein kurzer Weg, der an den Sirenen vorbeiführt, sie müssen uns erwischen, wo sie auf der Lauer liegen, oder wir entkommen ihnen. Ihre Gesänge sind so aufreizend, so köstlich, treffen so mitten ins Herz, daß wir unsere Ohren schon mit Wachs verstopfen müßten, um ungerührt und unversehrt zu bleiben. Musik ist ein probates Mittel der Verführung, singende Sirenen sind rezitierenden gegenüber im Vorteil. Salome ertanzt sich im Tanz der sieben Schleier den Kopf des Propheten Jochanaan. »Ballade« ist etymologisch mit »Ballett« verwandt. Der Name leitet sich aus dem lateinischen »ballare«, tanzen, ab; die provenzalische »balada«, die italienische »ballata« oder die altfranzösische »balete« bezeichneten Tanzlieder. So hat wohl eine allmähliche Entwicklung der Ballade über die Stufen Tanz und Gesang zur literarischen Gattung stattgefunden, wobei das musikalische Element nie ganz verlorenging, und damit auch das in Trance Wiegende, Verführerische, Gefährliche. Die meisten Volksballaden sind zugleich Volkslieder, und auch die Kunstballaden eher Melodien als Mitteilungen. Balladendichtungen haben umgekehrt immer wieder Komponisten zu Vertonungen angeregt – man denke nur an Schuberts »Der König in Thule« –, und die Erneuerung der Ballade Anfang des 20. Jahrhunderts leitete sich dadurch ein, daß sie mit Elementen des populären Bänkelgesangs versetzt wurde, wie bei Wedekind oder Brecht. Im deutschen Sprachgebrauch wurde das Wort »Ballade« als Gattungsbegriff erst im späten 18. Jahrhundert heimisch, entlehnt aus dem englischen »ballad«, dort nach wie vor gleichbedeutend mit »Lied«.

Eine konzise Definition der Ballade läßt sich in der Fachliteratur kaum finden, allenfalls schwammige »Umkreisungen«: Man spricht etwa von einer »Dichtungsgattung«, die stets die »Schicksalsmächte« betont, »deren Wirken menschliches Tun ausgesetzt ist … die Ballade feiert den Zusammenhang von Menschen und Mächten« (Hans Fromm), sie beschreibt »ein ungewöhnliches, oft handlungsreiches und meist tragisches Geschehen aus Geschichte, Sage oder Mythos (oft eine schicksalsschwere Begegnung, wobei der Mensch nur Umschreibung kosmischer Vorgänge ist: Zusammenstoß zweier Mächte, Sitte und Natur o.ä.)« (Gero von Wilpert) und gilt als »Urform der Dichtung, durch Goethe musterhaft gekennzeichnet als episch, lyrisch, dramatisch zugleich« (Hermann Pongs) – in des Geheimrats eigenen Worten: »(Der Balladendichter) bedient sich … aller drei Grundarten der Poesie, um zunächst auszudrücken, was die Einbildungskraft erregen, den Geist beschäftigen soll; er kann lyrisch, episch, dramatisch beginnen und, nach Belieben die Formen wechselnd, fortfahren, zum Ende hineilen oder es weit hinausschieben. Der Refrain, das Wiederkehren eben desselben Schlußklanges, gibt dieser Dichtart den entschieden lyrischen Charakter ... Übrigens ließe sich an einer Auswahl solcher Gedichte (d. h. der Balladen) die ganze Poetik wohl vortragen, weil hier die Elemente noch nicht getrennt, sondern wie in einem lebendigen Ur-Ei zusammen sind, das nur bebrütet werden darf, um als herrliches Phänomen auf Goldflügeln in die Lüfte zu steigen.« Aus Goethes Gedanken kristallisiert sich die moderne Lesart, nach der die Ballade definiert wird als ein längeres Gedicht, das epische, lyrische und dramatische Elemente vereinigt; gerade diese Verbindung der drei Grundformen der Poesie – epische Erzählweise, lyrische Grundstimmung, dramatische Gestaltung – wird zu ihrem Wesensmerkmal. Der Begriff »episch« meint dabei nicht unbedingt, nach unserem heutigen Sprachgebrauch, »epische Breite«, also Weitschweifigkeit, sondern das Narrative, Erzählerische: Kurz, bei der Ballade handelt es sich um ein erzählendes Gedicht. Über die Länge eines Gedichtes bzw. einer Ballade gibt es unterschiedliche Auffassungen. »Lyrisch« bedeutet zwar, daß es sich um ein Gedicht handelt, worunter man aber, gerade bei moderner Lyrik, nicht notgedrungen ein Gedicht in Reimen oder konventioneller Metrik verstehen muß.

Wir sind hier noch bei der Form, nicht beim Inhalt. Der aber hat, so Goethe, »dramatisch« zu sein (laut Wahrigs *Wörterbuch der Deutschen Sprache* im übertragenen Sinne: spannend, bewegt, lebendig, mitreißend), woraus sich folgern läßt, daß eine Ballade vieles sein darf, doch eines nimmermehr: langweilig. Darauf kann man sich zunächst einmal getrost einlassen: Bei einer Ballade haben wir es in den meisten Fällen mit einem Gedicht zu tun, das eine spannende Geschichte erzählt.

Obwohl wir, je näher wir an die Gegenwartspoesie heranrücken, einige Abstriche und Zugeständnisse machen müssen, bleibt Goethes Faustregel gleichwohl gültig. Langweilen sollten wir uns bei einer Ballade jedenfalls nicht.

Ein solches Zugeständnis besteht etwa darin, daß die spannende Geschichte durchaus nicht zu Ende erzählt werden muß, sondern ruhig auch in Fetzen, Farben, Andeutungen skizziert werden kann. Aber eine Geschichte sollte schon ansatzweise herauslesbar, zumindest zu erahnen sein: Die bloße Schilderung eines Gefühls oder eine lyrische Stimmung allein reichen nicht aus, ein Gedicht zu einer Ballade zu machen. Und diese Geschichte muß eben »dramatisch« sein – ein entscheidender Gesichtspunkt, den Heinz Piontek außer acht ließ, als er das moderne »Erzählgedicht« kurzerhand als Weiterführung der traditionellen Ballade deklarierte.

An Bemühungen um eine noch pedantischere Differenzierung der Ballade mangelt es freilich nicht. Christian Wagenknecht formuliert: »(1) Fiktionaler Text (2) geringen Umfangs (3) in Versen, worin (4) ein konflikthaftes Ereignis erzählt wird. – Zu (1): Die Fiktionalität der Ballade schließt (wie im Fall der Novelle) die historische Verbürgtheit des Geschehens nicht aus. Zu (2): Ihr geringer Umfang unterscheidet die Ballade insbesondere von der (Vers-)Novelle; er verlangt zugleich eine zügige, gegebenenfalls ›elliptische‹ Darbietung. Zu (3): Die vershafte (meist auch strophische) Bindung trennt die Ballade von verwandten Gattungen prosaischen Erzählens wie der Sage und dem Schwank und rückt sie (jedenfalls in der Spielart der Volksballade) mit anderen Gattungen sangbarer Dichtung zusammen. Zu (4): Der dargestellte Konflikt kann ebensowohl tragischen (jedenfalls ernsten) wie komischen Charakters sein. Zu (5): Die Mannigfaltigkeit der erzählerischen Darstellungsmittel erlaubt auch der Ballade den Gebrauch ›szenischer‹ Formen wie des Gesprächs (›Dialogballade‹) und des Monologs (›Rollenballade‹).«

Hartmut Laufhütte destilliert gar aus dem Vergleich einer Reihe von Balladen zwischen Bürgers »Lenore« (1773) und Heines *Romanzero* (1851), einem Ausschnitt also, eine »Balladenformel«: »Die Ballade ist eine episch-fiktionale Gattung. Sie ist immer in Versen, meist gereimt und strophisch, manchmal mit Benutzung refrainartiger Bestandteile und oft mit großer metrisch-rhythmischer Artistik gestaltet. Sie kennt alle Arten epischer Fiktionsbildung.

Von anderen episch-fiktionalen Gattungen unterscheidet sie ihre spezifische teleologische Vorgangsstrukturierung, deren Indirektheit sowohl in der Relativierung der gestalteten Themen als auch in der fehlenden Explikation der Darstellungsziele besteht.

Auswirkungen der balladenspezifischen Indirektheit sind eine gewisse Bandbreite von Möglichkeiten der Vorgangsstrukturierung, die von einem Situationentyp bis zu einem Konzentrationstyp reicht, denen beiden Begrenztheit und scharfe Konturierung der gestalteten Vorgänge eigen sind, ferner das Angebot exemplarischer oder sinnbildlicher Deutungsschemata, die der Leser auf der Grundlage eigener Erfahrungen zu konkretisieren hat.

Dies zu tun, wird er durch die ebenfalls gattungsspezifische Verwendung einer Kombination suggestiv-unmittelbarer und distanzierter, zu rationalen Vorgängen stimulierender Darbietungsweisen genötigt, in deren Dienst auch alle formalen Bestandteile der Ballade stehen.

Die Gegenstände der Ballade können ernsthaft und humoristisch oder ironisch behandelt werden, vordergründig wirksame Behandlungsart und Darstellungsanliegen müssen keineswegs kongruent sein. Spezifisch balladische Themen gibt es nicht.«

Außer, daß dem Leser nun der Kopf schwirrt, ist mit einer solchen »Formel« nur wenig gewonnen. Der literaturwissenschaftlichen ›Passion des Entdeckens‹ huscht das flirrende Gebilde der Ballade immer wieder davon, und jeder Versuch, ihre dämonisch auswuchernden Parks mit Mauerwerk zu umfrieden, scheint zum Scheitern verurteilt. So mancher Kunsthistoriker steckt im gleichen Dilemma: Er begnügt sich damit, die Mauersteine des verwunschenen Parks abzuklopfen, ohne je einen Blick in die dahinterliegenden Gärten zu erhaschen. Künstler sind nun einmal keine Schmetterlinge, die man köchern, aufspießen und katalogisieren kann. Die Probleme einer Einordnung der Ballade ergeben sich ja gerade aus ihren höchst unterschiedlichen Formen, selbst innerhalb historisch-literaturwissenschaftlicher Zuweisungen, und aus den mannigfachen Brüchen ihrer Entwicklung. So gab es immer wieder Jahrhunderte, die relativ resistent gegen ihren Virus blieben (wie etwa das 17., oder, jedenfalls in seiner 2. Hälfte, das 20. Jahrhundert), und andere, wie das 15., 16., 18. und 19. Jahrhundert, in welchen er sich völlig ungehindert verbreitete. In ihrer Grundgestalt gehört die Ballade zu den ursprünglichsten Äußerungen menschlicher Kultur und berührt uns wohl daher noch so unmittelbar, selbst durch den Schleier ihrer späteren Verkünstelungen und Trivialisierungen. Über die Frage, ab welchem Zeitpunkt man überhaupt von einer literarischen Gattung sui generis sprechen kann, herrscht nach wie vor Uneinigkeit: seit dem 9., dem 12. Jahrhundert, oder vielleicht doch erst seit den Volksballaden des 14. bis 16. Jahrhunderts?

Folgt man den erwähnten Definitionen, könnte man ihre Elemente bereits ebenso im sumerischen Epos *Gilgamesch* nachweisen wie in den homerischen Epen, Ovids *Metamorphosen* und vielen anderen Werken der antiken Literatur, frühchristlichen Heiligenlegenden, skandinavischen Balladen des Mittelalters oder im altenglischen *Beowulf*. Im deutschen Sprachbereich würde man frühestens im sogenannten »Älteren Hildebrandslied« des 8. Jahrhunderts fündig. Es wäre zweifellos eine faszinierende Aufgabe gewesen, der Balladentradition in stabreimenden Heldenepen nachzuspüren und zum Beispiel Auszüge aus dem

*Nibelungenlied*, Gottfried von Straßburgs *Tristan* oder Wolfram von Eschenbachs *Parzifal* zu präsentieren, um eine gewisse Kontinuität nachzuweisen. Aber das Interesse des Herausgebers war eben keine akademische Quellenforschung. Es orientierte sich vielmehr am Vergnügen, das er selbst aus der Balladenlektüre zog. So etwas wie »Objektivität« ist daher von dieser Anthologie nicht zu erwarten.

Daß die Ballade bisher noch nie restlos zufriedenstellend definiert werden konnte, hat auch sein Gutes: So bewahrt sie sogar unter Literaturwissenschaftlern etwas von dem Geheimnis, das sie eigentlich ausmacht. Geboren aus dem Drang, eine gute Geschichte gut zu erzählen, bald getaucht in den Schaum der Musik, gesungen und von Tänzen begleitet, gern auch in den Dienst der Herrschenden gestellt, deren Heldentaten sie pries und deren Thronansprüche sie durch heroische Genealogien rechtfertigte, wurde sie von Aberglaube, Schamanismus, vom Heiden- wie vom Christentum und schließlich von der höfischen Minnedichtung des Hohen Mittelalters durchdrungen. Mit dem Ende des Feudalismus und dem Erstarken bürgerlicher Rechte begann sie sich für das Private zu sensibilisieren, das Einzelschicksal stärker zu betonen, Liebe und Tod zu individualisieren. Und doch schleifte sie stets alle früheren Epochen wie eine Schleppe hinter sich her: die Beseeltheit der Natur, den animistischen Geister- und Dämonenglauben, die christlichen Heiligenlegenden, den Ahnenkult und die Ritterromanzen, Wahres und Erfundenes. Sie bewahrte alles in kollektiver Erinnerung auf, um es in den Volksliedern und -balladen wieder zu verschwinden, die dann, im späten 18. Jahrhundert, als Inspirationsquelle neu entdeckt wurden. So könnte man, bedenklich vereinfachend und zum Kopfschütteln der Gelehrten, ihre Entwicklung zusammenfassen.

Die Periode zwischen ca. 1650 und 1750 stellt einen der erwähnten »Brüche« dar. Im »lyrischen Concettismus«, den »Wortwerkstätten« und der Regelpoetik des Barock, der frühen Aufklärung und Empfindsamkeit à la Opitz, Hofmannswaldau oder Klopstock geriet die Ballade als poetische Gattung vorübergehend aus der Mode. So auch im 20. Jahrhundert, das sich dieser Form meist entweder in ironischer Brechung oder – gerade wegen ihres ›altmodischen‹ Gestus – als Mittel der Sozialkritik bediente.

Solche Brüche haben Methode. Sie sind Ausdruck einer »archaischen Spannung des europäischen Geistes«, die sich etwa in der Antithese klassisch-romantisch äußerte und einer unregelmäßigen Pendelbewegung entspricht. Gustav René Hocke vergleicht dieses Spannungsverhältnis mit dem Gegensatz von attizistischer (klassizistischer) und asianischer (manieristischer) Rhetorik, dessen man sich schon zur Zeit Platons bewußt war: »Attizistisch bedeutet in der antiken Rhetorik: bündig, konzentriert, knapp, kunstvoll, wesentlich. Asianisch weist auf das extrem Gegenteilige hin, auf Übermaß, Vieldeutigkeit, gekünsteltes Beginnen mit dem Unwesentlichen und listiges, wortreiches Umzingeln des Kerns, subjektives, perspektivistisch bewußt täuschendes Darstellen.« Der schöpferische Impuls, der sich u. a. in Balladen manifestiert, wird also periodisch »virulent«; er entsteht meist als Reaktion auf ein geistiges Klima, in dem die sachlichen, sich auf den reinen Intellekt gründenden Werte hervorgehoben wurden. Natürlich changieren diese Bewegungen, werden kaum als voneinander abgetrennte Blöcke sichtbar und sind wissenschaftlich nur mit Hilfe von Annäherungswerten wie *manieristisch* oder *romantisch* zu fassen.

Die Entstehung der deutschen Kunstballade fällt in die Zeit des Sturm und Drang vom Ende der 60er bis zum Beginn der 80er Jahre des 18. Jahrhunderts, in ein kulturelles Klima also, das durch ein allgemeines Ungenügen an den Wertvorstellungen und Maßstäben der Aufklärung, des Klassizismus und des Rokoko gekennzeichnet ist. »Der Herrschaft des abstrakten Verstandes, allgemeiner Begriffe, zeitlos gültiger Regeln und Gesetze wird nun die schöpferische Kraft ursprünglichen, natur- und sinnenhaften, leidenschaftlichen Gefühls entgegengestellt« (Brockhaus). Die während der Barockära verpönte Stilform der Gotik und gerade das Mittelalter mit seiner ›selbstverschuldeten Unmündigkeit‹ wurden mit einem Male wiederentdeckt und von nun an bis weit ins 19. Jahrhundert hinein mit Sehnsüchten identifiziert, wie sie etwa durch heraldisches Gepränge, Kreuzzüge, Spukschlösser, dunkle Verliese, Hexerei und Zauberei bedient werden: in einen erbaulichen Moralismus eingebettete Motive um Ritterlegenden, verfolgte Unschuld, glutäugige Bösewichte und dräuende Gemäuer. Man war eines Descartes, eines Voltaire, selbst der antikisierenden Schäferspiele und Salomon Geßners Idyllen müde und sehnte sich nach blitzeschwangeren, heroischen Landschaften. Das Pittoreske war seit längerem schon en vogue; künstliche Wildparks lösten die barocken, geometrischen Gartenformen ab, Burgruinen im Mondschein wurden der bevorzugte Aufenthaltsort der Liebenden und Dichter. Am Beginn dieser geschmacklichen Wende in Deutschland steht Bürgers »Lenore«, deren gespenstischer Balladenton die Vorliebe der Zeitgenossen für düstere Stoffe traf. Allgemein erfüllte die Faszination des Unheimlichen und Absonderlichen die Gemüter, wie sich an einer Flut (heute längst vergessener) Schauerromane und -dramen zeigte. Doch gerade die »Lenore« bezeichnete einen Paradigmenwechsel und öffnete erneut die Büchse der Pandora.

Herders Aufsatz »Ossian und die Lieder alter Völker«, im gleichen Jahr (1773) in den Blättern *Von deutscher Art und Kunst* erschienen, gab dem Trend gewissermaßen seine philologische Weihe, obwohl sich später herausstellte, daß gerade das Ossian-Fieber auf einer Fälschung des jungen schottischen Lehrers James Macpherson beruhte. Dessen »Bruchstücke alter Dichtung« galten seinerzeit als literarische Sensation, enthielten sie doch die von aller Welt für echt gehaltenen »Ossian-Ge-

sänge«, in denen der blinde Barde Ossian auf Bergesgipfeln im Mondenschein den Tod gälischer Helden der Vorzeit beklagt. Auch Goethe fiel auf den Schwindel herein: »Ossian hat in meinem Herzen den Homer verdrängt.« Wie dem auch sei, »Wiederentdeckung der Volksballade und Anfang der Kunstballade sind unmittelbar verknüpft mit der Entdeckung der nordischen Welt und Dichtung im Umkreis der Straßburger Gruppe und des Göttinger Hains. Herders Ossian-Aufsatz und Bürgers ›Lenore‹ zeichnen den Weg der Gattung vor, die Goethe – nicht zuletzt im Kontrast zur Kunst des Südens – als nordisch empfindet. Die neblig-dunkle und nächtliche Welt oder eine ›ossianische‹ Landschaft mochten ihm nach Höltys und Bürgers und nach eigenen Balladen wie dem ›König in Thule‹, dem ›Untreuen Knaben‹, dem ›Erlkönig‹, dem ›Schatzgräber‹ und selbst der ›Braut von Korinth‹ wohl als atmosphärische Kennzeichen der Gattung erscheinen … Aber die antiromanische Tendenz ausdrücklich in die Diskussion hineinzutragen, bleibt doch Börries von Münchhausen vorbehalten, der seine ›Erneuerung‹ der Ballade als Erneuerung der ›nordischen‹ Ballade versteht und diese in den Eigenarten niederdeutscher Stämme, im Nebel und in der Diesigkeit niederdeutscher Landschaften verankert sieht … Schon hier wird der Schritt zur – späteren – ›völkischen‹ Ideologie vorbereitet« (Walter Hinck).

Die Ballade zunächst also als eine Art Trotzreaktion auf Wissenschaft und Aufklärung, auf den Versuch der Versachlichung der Welt, heute vielleicht auf Kapitalismus und Globalisierung? Aber natürlich auch Flucht vor der Realität, Exotismus, gelegentlich Sammelbecken der Reaktion und des Ressentiments. Jedenfalls eine sonderbare Melange, unverdaulich für manche, für andere das Fenster zu einer neuen Welt, die lyrische Trittleiter ins Märchenreich. Das Unbehagen der Akademiker, »des historisch geschulten Verstehens« an der gespielten Naivität der Kunstballade, »am Forcierten der dynamischen Rhythmik und den Lautmalereien in den Geister-, Ritter- und Heldenballaden … am Pferd und Schwertfetischismus« hat gute Gründe. »Sicherlich ist es (auch) die Balladomanie des 19. Jahrhunderts, welche die Gattung in Mißkredit gebracht hat – eine hemmungslose Produktivität, über die schon Heine in der *Romantischen Schule* und im *Schwabenspiegel* spottete. Und spätestens die parodistische Figur des ›Balladerichs‹ Uwe Schievelbein in der ›Blechschmiede‹ von Arno Holz und Wedekinds bänkelsängerische Moritat ›Der Tantenmörder‹ geben die Zeichen für das Ende des Imperiums der konventionellen Ballade. Der übersteigerte Enthusiasmus Münchhausens und die ›Balladensintflut‹ der Vorkriegsjahre wirken wie ein letztes Aufbäumen vor der Agonie« (Hinck).

Nein, kein Zweifel, die deutsche Ballade hat sich in der wilhelminischen Epoche buchstäblich selbst zu Tode geritten. Sie zeigte sich in ihren archaischen, heroischen, mythisch-mystischen, auf die Massen wirkenden Eigenschaften seit jeher eben auch besonders anfällig für politische Aufladungen und war somit als Projektionsfläche junkerhaften Dünkels, germanisch-›nordischer‹ Allmachtsphantasien und völkischen Wahns bestens geeignet. Als solche wurde sie später sogar noch von den Nationalsozialisten künstlich am Leben erhalten. Doch gerade während ihrer Inflation in den Gründerjahren deutete sich bereits wieder eine Erneuerung, eine »Häutung« an. Im Treibhausklima des Symbolismus und Jugendstils, der weltkriegswitternden, phosphoreszierenden Endzeitstimmung des Fin de siècle sind großartige moderne Balladen entstanden, wie etwa von Rainer Maria Rilke oder Hugo von Hofmannsthal. Dennoch, ein verständliches Unbehagen ist geblieben, gerade die Ballade ließe sich besonders willig vor den Karren der Reaktion spannen. Das könnte man freilich auch von den anderen literarischen Genres behaupten. Hat es keine »völkischen« Romane gegeben, keine kriegsverherrlichende Lyrik? Steht die Ballade womöglich deshalb unter einer Art unausgesprochenem Generalverdacht, weil sie sich so viel schwerer einordnen läßt?

## II

Sirenen, vampirartige Geschöpfe, verkörpern die beiden Grundmotive abendländischer, vielleicht aller Kulturgeschichte: Liebe und Tod. Sie sind gierig auf Sex und das Herzblut ihrer willigen Opfer. »Entzückende Marter und wonniges Weh! / Der Schmerz wie die Lust unermeßlich! / Derweilen des Mundes Kuß mich beglückt, / verwunden die Tatzen mich gräßlich. / Die Nachtigall sang: ›O schöne Sphinx! / O Liebe! was soll es bedeuten, / daß du vermischest mit Todesqual / all deine Seligkeiten?‹« dichtet Heinrich Heine, immerhin in der »Vorrede« zur dritten Auflage seines *Buches der Lieder*. Doch ohne die für ihre Gesänge so empfänglichen Opfer wären die Sirenen und Sphinxen zum Aussterben verurteilt. Es ist offenbar die Nachfrage, die das verführerisch-tödliche Angebot regelt, die Lust der Sterblichen, sich den Sirenengesängen auszuliefern. Die Wonnen der Sentimentalität sind Thema des Sirenenkapitels aus James Joyces *Ulysses*, einem der bedeutendsten Romane des 20. Jahrhunderts. Das nicht abstellbare Gehör ist das passivste Sinnesorgan, einer ständigen Berieselung durch akustische Eindrücke ausgesetzt, und Musik berührt die Emotionen am stärksten und unmittelbarsten.

Erinnern wir uns daran, daß die Ballade ursprünglich einzig und allein durch den Vortrag, den Klang auf eine Zuhörerschaft wirkte und daß sie gewöhnlich gesungen oder von Musik begleitet wurde. Man kann sich ihr nicht entziehen. Es sind meist Männer, Krieger, die sich dieser Rührung, zumal in der Öffentlichkeit, schämen: Sie nimmt ihnen die Kraft, die sie brauchen, Feinde zu töten, ihre Rolle zu erfüllen (oder den Chef am nächsten Morgen um eine Gehaltserhöhung zu ersuchen). Doch es bedarf auch einer gewissen Stärke, sich anrühren zu lassen. Friedrich

Nietzsche entwickelt in seinem Frühwerk *Die Geburt der Tragödie aus dem Geiste der Musik* (1886), einem Buch, das er »unmöglich, schlecht geschrieben, schwerfällig, peinlich, bilderwütig und bilderwirrig, gefühlsam, hier und da verzuckert bis zum Femininischen« nannte, einen interessanten Gedanken: »Gibt es vielleicht ein Leiden an der Überfülle selbst? Eine versucherische Tapferkeit des schärfsten Blicks, die nach dem Furchtbaren *verlangt*, als nach dem Feinde, dem würdigen Feinde, an dem sie ihre Kraft erproben kann? An dem sie lernen will, was ›das Fürchten‹ ist? ... woher müßte ... das *Verlangen nach dem Häßlichen* stammen, der gute, strenge Wille der älteren Hellenen zum Pessimismus, zum tragischen Mythus, zum Bilde alles Furchtbaren, Bösen, Rätselhaften, Vernichtenden, Verhängnisvollen auf dem Grunde des Daseins – woher müßte dann die Tragödie stammen? Vielleicht aus der Lust, aus der Kraft, aus überströmender Gesundheit, aus übergroßer Fülle?«

Gewiß, Balladen sind in der Regel tragisch. Doch was soll an ihnen heute noch gefährlich sein? Die meisten erscheinen uns doch etwas altbacken, kaum noch in die moderne Zeit passend. Ihre schauerlichen Effekte wirken wie entfernter Theaterdonner, ihre Tragik zuweilen unfreiwillig komisch, ihr Versmaß gestelzt. Ihr Pathos lädt zur Parodie geradezu ein. Viele ihrer Themen erscheinen den aufgeklärten Zeitgenossen kaum noch nachvollziehbar: der Heldentod auf dem ›Feld der Ehre‹, die vom ruchlosen Adeligen geschwängerte, sitzengelassene, ja zum Kindsmord getriebene verführte Unschuld, das rächende Gewissen, die bösen Ammenmärchen, die beiden Königskinder, die zueinander nicht kommen können. Aber Vorsicht! Hinter der altertümelnd-biederen Maske lauern zeitlose, archetypische Schrecknisse, lang Verdrängtes, Verschüttetes, Ersehntes.

Mythische Überlieferungen, in denen etwa eine heroische Vergangenheit heraufbeschworen wird, haben nichts von ihrer verunsichernden Kraft verloren. »Der Mythos«, so der irische Kulturhistoriker Conan Kennedy, »ist ganzheitliche Historie. Sie mischt tatsächliche Ereignisse mit spiritueller Erfahrung und Weltsicht. Eine Mixtur aus Magie und Realität, aus Dunkel und Licht, stellt Mythologie die Menschheit als Ganzes dar. Sie umfaßt Generationen, stellt Bezüge zwischen Ahnen und deren Nachkommen her, unterscheidet Freunde und Feinde, markiert Stammesgebiete. Zutiefst nationalistisch, pantheistisch, animistisch, chauvinistisch, läßt sich Mythologie mit einer Menge solcher Begriffe deuten, die mit ›-istisch‹ enden und von den modernen Gesellschaften als überwunden und unbequem angesehen werden. Man spürt, daß die den Mythologien zugrundeliegenden Ideen subversiv sind, daß sie die mühsam errungene ›Ordnung der Dinge‹ durcheinanderbringen ... Der moderne Mensch hat Zugriff auf einen immensen Vorrat an Wissen ... den er jedoch nur selten nutzt. Im Gegenteil kann er sich immer weniger einen Reim auf die Wirklichkeit machen. Unsere Urahnen waren in vielen Dingen ahnungslos, aber in ihren Ideen und Vorstellungen sonderbar kosmopolitisch.«

Die Ballade, die sich ja häufig der (zumal »nordischen«) Mythologie bedient, projiziert psychische Vorgänge in die Außenwelt. »Die Schlösser und Keller, die in dunkler Nacht vor ihren dämonischen Verfolgern fliehenden Frauenfiguren, die auf unheimliche Weise belebte Natur, sie alle symbolisieren innere Vorgänge, bringen Unterdrücktes, Verdrängtes ans Tageslicht« (Leslie A. Fiedler). Dies ist durchaus keine Einladung, Balladen sozusagen reihenweise auf die Couch zu legen, sondern vielmehr eine Erklärung dafür, warum sie uns nach wie vor so stark berühren. Wir müssen uns die Archetypen, die unsere Vorfahren noch als etwas Selbstverständliches, nicht Hinterfragbares empfanden, die Werwölfe und Vampire, Zauberer und Hexen, Elfen und Nixen, Barbarossas und Undinen erst mühsam wieder zusammenreimen, sie durch die Exorzismen der Aufklärung und des wissenschaftlichen Positivismus wie durch die Vulgarisierungen der Populärkultur wieder als Spiegelungen unserer eigenen Psyche begreifen. Voraussetzung ist freilich der Wille, sich auf sie einzulassen, sich durch die Buchstabengitter hindurch in die Höhle des Löwen, die Schlösser und Burgruinen, die von dämonischen Geistern erfüllte Natur, die raunenden Wälder, die vielfarbigen Landschaften zu begeben und plötzlich in einem Märchen zu stehen, in dem alles möglich ist, alles geschehen kann. Der Germanist – insofern er nur ein gebildeter, gelehrter Verstandesmensch ist – wird sich hier rasch verloren vorkommen, denn dies ist eine Welt der starken Gefühle, des unbändigen Hasses, verhängnisvoller Leidenschaften, der treuen Liebe bis über den Tod hinaus, der Magie und der Wunder.

Liebe und Tod sind, wie erwähnt, zeitlose Grundmotive der Kulturgeschichte. In der Ballade werden sie nicht umkreist, kaschiert, sondern direkt auf den Punkt gebracht, oft ins Extrem gesteigert, zum wirklich gebrochenen Herzen, zur nie endenden Schuld oder Erinnerung, zum leidenschaftlichen Suizid, zum Mord aus Eifersucht, zum Wiedergänger, der den Geliebten oder die Geliebte mit sich ins Grab zieht. »Die einzige angeborene Eigenheit der Dichtkunst«, behauptet Edgar Allan Poe in seinem Essay *Die Philosophie der Dichtkunst*, »ist Schönheit … Die stärkste, erhebendste und reinste Freude wird – dies ist meine Überzeugung – in der Betrachtung des Schönen empfunden. Sprechen nun die Menschen von Schönheit, so meinen sie streng genommen nicht, wie zu erwarten wäre, eine Eigenschaft, sondern eine Wirkung: Sie bezeichnen damit kurzerhand eben jene starke und reine Erhebung der Seele – nicht des Verstandes oder des Herzens –, die sich aus der Betrachtung des Schönen ergibt. … Noch keiner hat bestritten, daß das Gedicht der geeignete Weg ist, jene innere Erhebung zu erzeugen.

… Indem ich nun die Schönheit als meine Domäne betrachtete, bezog sich die nächste Frage, die ich mir vorlegte, auf die Stimmung, in der sie sich am stärksten offenbart – und alle Erfahrung hat gelehrt, daß dies die Stimmung der *Trauer* vermag. In ihrer höchsten Entfaltung rührt jede Art von Schönheit die empfindsame Seele zu Tränen. Melancholie ist daher die wesentlichste poetische Stimmung.

… ›Was löst nach allgemeinem Empfinden die *tiefste* Melancholie aus?‹ Die Antwort lautet: Der Tod. ›Und wo‹, fuhr ich zu fragen fort, ›wo ist jene tiefste Melancholie dichterisch am tiefsten zu fassen?‹ … Die Antwort liegt klar auf der Hand: ›Wo sie sich am engsten mit Schönheit vereinigt.‹ Demnach ist der Tod einer schönen Frau der Gipfelpunkt aller Poesie, und am berufensten, dieses erhabene Thema zu erörtern, sind fraglos die Lippen des vereinsamten Liebenden.«

Oder vice versa, versteht sich. Es spricht für einen Mangel an Abstraktionsvermögen, Poes These zu wörtlich oder persönlich zu nehmen und sie gewissermaßen als Beweis der Morbidezza eines romantischen, nekrophilen Dichters aufzufassen. Sie ist lediglich die logische, schlußendliche Zusammenfassung abendländischer (oder eher internationaler) Kultur: Eros und Thanatos. Liebe und Tod stehen nun einmal für die Dinge, die uns am meisten beschäftigen. Sie werden die Hauptthemen der Literatur, Poesie wie Prosa, bleiben, solange es Menschen gibt.

Man mag von Poes Ästhetik halten, was man will, in bezug auf die so schwierige Begriffsbestimmung der Ballade hat er mit diesen Gedanken einen wichtigen, entscheidenden Punkt getroffen: Ihre wesentliche poetische Grundstimmung, aus dem Zusammentreffen oder der Symbiose von Liebe und Tod, ist in der Tat die Melancholie. Balladen sind in aller Regel traurig. Zwar gibt es auch komische Balladen, doch das ist eher eine *quantité négligeable*: die Schwank-Ballade, die eine komisch-derbe Geschichte erzählt oder einen glücklichen Ausgang hat; die gereimte politische Satire, die sich drastischer Bilder aus dem Balladen-Repertoire bedient; die Balladen-Parodie, die ihre Komik aus dem gespielten

Ernst bezieht, mit der sie ihr Vorbild nachahmt, und schließlich noch die unfreiwillig-komische Ballade – sie alle sind eigentlich Randerscheinungen, die gegenüber dem riesigen Corpus ernster oder sich ernst nehmender Balladen kaum ins Gewicht fallen.

Bei der Lektüre einer Ballade spielt sich vor dem inneren Auge des Lesers ein Drama ab, in dem er in einer Art Katharsis die Extreme seiner eigenen Natur erlebt, die in Wirklichkeit selten so scharf voneinander getrennt sind. In früheren Zeiten scheint man ebenso gerne geweint wie gelacht zu haben. Ein Merkmal unseres Zeitalters liegt darin, daß man alles Unangenehme und damit auch das Tragische verdrängt, als sei der Lachkrampf um jeden Preis Ziel allen Strebens. »Aux armes citoyens! Il n'y a plus de raison« (Jules Laforgue). Das Leben eine Pointe, und nicht mal eine gute? An Stelle echter Tragödien sind die »cheap thrills« gerückt, die Freude an unechten Gefahren, die Achterbahnfahrten, die virtuellen Abenteuer, das Feuerwerk der »special effects«. Die »Comedies« und »Soaps« sind den Tragödien inzwischen um etliche Clownsnasenlängen voraus. Die Ballade als etwas Unterhaltsam-Erschütterndes ist bei diesem Wettlauf stark ins Hintertreffen geraten. Sie fristet in den »gotischen« Nischen des Internet ein chimärisches Dasein und ist Teil der Subkultur geworden. Zumal in Deutschland hat das Verdrängen eine Dimension erreicht, in der alles Unwitzige, auch nur im entferntesten nachdenklich Machende, gesellschaftlich als verpönt gilt. Wir sind der Tragödie als ästhetischer Kategorie längst entwöhnt. Und dennoch zeichnet sich schon seit Jahren eine allgemeine Übersättigung an der Beliebigkeit der »Spaßkultur« ab. Eine so enthusiastische Wiederentdeckung der Ballade wie im späten 18. Jahrhundert steht kaum zu erwarten, aber sie eignet sich nach wie vor als Fluchtweg – etwa aus dem Dauergrinsen des Fernsehinfernos.

»Nichts währet ewiglich« – auch die Ballade ist in ihren unterschiedlichen Erscheinungsformen ein differenzierter Gradmesser für kulturelle Strömungen. Ähnlich verhält es sich mit den Balladensammlungen. Sie sind, trotz ihres oft wissenschaftlichen Anspruchs, ihres Bemühens um Vollständigkeit und editorische Objektivität, stets zugleich Ausdruck des Zeitgeistes gewesen. Dies zeigt sich nicht zuletzt an der Aufnahme von Autoren, die jeweils gerade berühmt und gefeiert waren und die Balladentradition in moderner Form fortzusetzen versprachen. Aus heutigem Blickwinkel wirken die meisten von ihnen hoffnungslos veraltet. Der Eichhörnchenfleiß der Herausgeber, möglichst viel »Modernes« zusammenzutragen, um eine ungebrochene Tradition zu insinuieren, beruht auf zwei Denkfehlern: Das »Dramatische« ist gewiß das inhaltlich bedeutsamste Stilmerkmal der Ballade, doch die Betonung des Dramatischen in der Poesie ein nur periodisch auftretendes Phänomen. Zum anderen darf Poes Postulat in seiner »Drake / Halleck«-Rezension zeitlose Gültigkeit beanspruchen: »Sobald wir die Dicht-Kunst … für das praktische, Wort gewordene Resultat des poetischen Sentiments gewisser Personen nehmen, besteht die einzig wahre Methode für die Prüfung der Meriten eines Gedichts darin, zu messen, inwieweit es capabel ist, jenes poetische Sentiment auch in Andern hervorzurufen.«

Innerhalb der historischen Entwicklung der Ballade ist, bei allen Brüchen und Sprüngen und auch jenseits des Zeitgeschmacks, das Dramatische eine Konstante geblieben; das Dramatische aber will Spannung erzeugen, aufwühlen, erschüttern, mitreißen, kann also, richtig angewandt, unmöglich gleichgültig lassen. Seine Domäne ist das Vage, Numinose, Atmosphärische, Schicksalhafte (auch hier zeigt sich die Verwandtschaft zur Musik), weniger die klare Aussage, das Didaktische, Mißstände anprangernde, Aufklärerische – wobei Ausnahmen wie immer die Regel bestätigen.

Dem Herausgeber dieser Anthologie ging es besonders darum, die Werke deutscher Dichter noch einmal nach Balladen abzusuchen, die keine Aufnahme in die bekannten

Sammlungen gefunden haben und daher nahezu unbekannt geblieben sind. Gerade diese Perlenfischerei war eine faszinierende und dankbare Aufgabe. Man wird in der Auswahl neben den zu Recht erwarteten, berühmten Kabinettstücken auf viel Neues, Überraschendes stoßen.

Zeit für einen neuen Anlauf im 21. Jahrhundert. Welche Verschwendung, den unerhörten Reichtum der Ballade so lange den Schulfuchsern zu überlassen! Vergessen wir die altehrwürdigen Goldrückenbände, die ungelesen in den Bücherschränken unserer Großeltern verstaubten, vergessen wir das Auswendiglernenmüssen und die Zitierwut der Lehrer und Kulturphilister, vergessen wir auch den lobenswerten, aber mitunter erbsenzählenden Bienenfleiß, der sich um Quantität bemühte, weil Qualität so oft seinen Horizont überstieg. Dieses Buch ist da, um mit Genuß gelesen zu werden, jenseits vaterländischer Bildungsdünkelei oder moderner Pisastudien. Balladen sollen unterhalten, entzücken, erschüttern, inspirieren, zum Vortrag ermuntern. Lassen Sie sich vom schieren Umfang nicht einschüchtern. Um die Orientierung durch das Labyrinth zu erleichtern, sind die Gedichte chronologisch nach Entstehungszeit geordnet. Aber welche Seite Sie auch immer aufblättern, ob Sie vom spätmittelalterlichen »Ulinger« – der deutschen Version des Blaubartmythos in drei sehr unterschiedlichen, lesenswerten Varianten – bis zum zeitgenössischen Münchner Poeten Ludwig Steinherr mäandern, stets werden Sie etwas Seltsames, Kurioses, Gespenstisches, Anrührendes, Verstörendes oder Beglückendes entdecken. Das Gefälle zwischen »hehrer Kunst« und Triviallyrik ist gewaltig. Unsere Geistesheroen müssen sich hier notgedrungen sentimentalen Poetastern zugesellen – und dann sind es doch mitunter gerade die letzteren, die uns mehr verzaubern. Das Disziplinlose, Stürmische, Phantastische, Ungebärdige wirkt immer noch stärker als das Moralisierende, in Verse gepreßte Belehrende. Und dann gibt es ja, für all diejenigen, die im Balladenüberschwang eine Prise Zynismus als Digestif benötigen, noch immer und schon frühzeitig Dichter, die beides aufs Korn nehmen, das Hehre und das Banale, und es durch Parodien entlarven – mitunter sogar unbemerkt.

*Frank T. Zumbach, im Juli 2004*

# Die Autoren und ihre Balladen

ALOYS WILHELM SCHREIBER
1761–1841
153 Die Jungfrau auf Burg Windeck
154 Der Mummelsee
Nach: Encyclopädie der deutschen
Nationalliteratur. Hg. v. O. L. B. Wolff.
Bd. 7. Leipzig: Wigand 1842.

AUGUST WILHELM VON SCHLEGEL
1767–1845
154 Arion
157 Fortunat
159 Die Warnung
Nach: Sämtliche Werke. Hg. v.
E. Böcking. Leipzig 1846.

JOHANN AUGUST APEL
1771–1816
161 Das Schreckbild
Nach: Gespensterbuch. Hg. v.
R. Stockhammer. Frankfurt/M.:
Insel 1992.

NOVALIS
(FRIEDRICH VON HARDENBERG)
1772–1801
163 Der Himmel war umzogen
Nach: Werke, Tagebücher und Briefe.
Bd. 1: Das dichterische Werk, Tagebücher
und Briefe. Hg. v. R. Samuel. München,
Wien: Hanser 1978.

SAMUEL CHRISTIAN PAPE
1774–1817
164 Die Lautensängerin
Nach: Encyclopädie der deutschen
Nationalliteratur. Hg. v. O. L. B. Wolff.
Bd. 6. Leipzig: Wigand 1841.

JOHANN JOSEPH VON GÖRRES
1776–1848
165 Der Todesengel
Nach: Gesammelte Schriften. Hg. v.
M. Görres. München: Saur 1990.

HEINRICH VON KLEIST
1777–1811
166 Der Engel am Grabe des Herrn
Aus: Sämtliche Werke. München:
Winkler 1967.

LUISE BRACHMANN
1777–1822
167 Der Befreite
Nach: Gedichte. Dessau: Voß 1808.

CLEMENS BRENTANO
1778–1842
169 Lureley
170 Auf dem Rhein
Nach: Werke. Hg. v. W. Frühwald u. a.
München: Hanser 1968.

KARL STRECKFUSS
1778–1844
172 Der Herulerkönig und der Sklav'
Nach: Gedichte. Leipzig: Brockhaus 1823.

MATTHÄUS CASIMIR VON COLLIN
1779–1824
173 Der Zwerg
Nach: Texte deutscher Lieder. Hg. v.
D. Fischer-Dieskau. München: DTV 1968.

FRIEDRICH GOTTLOB WETZEL
1779–1819
174 Das Wunderbild
Nach: Ausgewählte Gedichte.
Hildburghausen: Bibliographisches
Institut um 1853.

KAROLINE VON GÜNDERRODE
1780–1806
175 Der Trauernde und die Elfen
Aus: Sämtliche Werke und ausgewählte
Studien. Bd. 1: Texte. Historisch-kriti-
sche Ausgabe. Hg. von W. Morgenthaler.
Frankfurt/M.: Stroemfeld, Roter Stern
1990.

JOHANN FRIEDRICH CASTELLI
1781–1862
175 Sankt Martin
Nach: Encyclopädie der deutschen
Nationalliteratur. Hg. v. O. L. B. Wolff.
Bd. 2. Leipzig: Wigand 1837.

ACHIM VON ARNIM
1781–1831
177 Frühlingsnacht
178 Getrennte Liebe

EDUARD STUCKEN
1865–1936
548  Frau Trude
     Nach: Balladen. 2. veränderte Aufl.
     Berlin: Reiss 1920. © Rechtsnachfolge.

HERMANN LÖNS
1866–1914
548  Abendlied
549  Zigeunerlied
     Nach: Sämtliche Werke in acht Bänden.
     Hg. v. F. Castelle. Leipzig: Hesse &
     Becker 1924–1925.

HUGO SALUS
1866–1929
549  Der seltsame Abend
     Nach: Moderne Deutsche Lyrik. Hg. v.
     H. Benzmann. Leipzig: Reclam 1909.

STEFAN GEORGE
1868–1933
550  Die Fremde
551  Die Maske
551  Die tote Stadt
552  Das Lied
553  Der Fall (aus: Prinz Indra)
     Aus: Sämtliche Werke in 18 Bänden.
     Stuttgart: Klett-Cotta 1982ff.

FRANK WEDEKIND
1864–1918
554  Brigitte B.
555  Der Tantenmörder
     Nach: Gesammelte Werke. Bd. 1.
     München, Leipzig: Müller 1912.

LUDWIG THOMA
1867–1921
555  Rühmlicher Tod
     Nach: Gesammelte Werke. Hg. v.
     A. Knaus. München: Piper 1956.

LUDWIG JACOBOWSKI
1868–1900
556  Ich erzähle Märchen …
     Nach: Moderne Deutsche Lyrik. Hg. v.
     H. Benzmann. Leipzig: Reclam 1909.

RUDOLF PRESBER
1868–1935
557  Es waren drei junge Leute
     Nach: Die zehnte Muse.
     Hg. v. M. u. V. Bern. Darmstadt: Elsner
     1955. © Rechtsnachfolge.

GUSTAV SCHÜLER
1868–1938
558  Die Roggenmuhme
558  Die blitzerschlagene Magd
     Nach: Balladen. Stuttgart, Berlin: Cotta
     1909. © Rechtsnachfolge.

HANS BENZMANN
1869–1926
559  Reiter im Herbst
     Nach: Moderne Deutsche Lyrik. Hg. v.
     H. Benzmann. Leipzig: Reclam 1909.

CHRISTIAN MORGENSTERN
1871–1914
560  Der gläserne Sarg
560  Der Seufzer
561  Die Flamme
562  Der Rabe Ralf
562  Galgenbruders Lied an Sophie,
     die Henkersmaid
562  Km 21
563  Ritter Toggenburg
563  Meeresbrandung
     Aus: Gesammelte Werke in einem Band.
     Hg. v. M. Morgenstern. München: Piper
     1965.

KARL KRAUS
1874–1936
564  Die Ballade vom Papagei
     Aus: Gedichte. © Suhrkamp Verlag
     Frankfurt/M. 1989.

HUGO VON HOFMANNSTHAL
1874–1929
565  Ballade vom kranken Kind
565  Die Beiden
     Aus: Gesammelte Werke in zehn
     Einzelbänden. Bd. 1. Hg. v. B. Schoeller.
     Frankfurt/M.: Fischer Taschenbuch
     Verlag 1979.

# Die Balladen

# Volkslieder

## Ulinger

Gut Ritter der ritt durch das Ried,
er sang ein schönes Tagelied,
er sang mit heller Stimme,
daß in der Burg erklinget.

Die Jungfrau an der Zinnen lag:
»Wer ist, der so wohl singen mag?
könnt ich so wohl auch singen, Herr,
meine Kehle stünd mir nimmermehr!«

»O Jungfrau, wollt Ihr mit mir gahn,
ich will Euch lernen, was ich kann,
ich will Euch lernen singen,
daß gegen der Burg tut erklingen.«

Die Jungfrau in ihr Schlafkammer trat,
ihr gelbes Haar sie in Seiden band,
sie kleidt sich in Silber und rotes Gold
gleich wie eine, die von hinnen wollt.

Er schwang sein grünen Schild neben sich,
die schöne Jungfrau hinter sich,
sie ritten so wunder balde
zu einem dunklen Walde.

Und da sie in den Wald ein kam,
und da sie leider niemand fand
denn nur eine weiße Tauben
auf einer Haselstauden:

»Ja hör und hör, du Friedeburg,
ja hör und hör, du Jungfrau gut,
der Ulinger hat elf Jungfrauen ghangen,
die zwölft hat er gefangen.«

»Ja hör so hör, du Ulinger,
ja hör so hör, du trauter Herr!
Was sagt die weiße Tauben
Auf jener Haselstauden?«

»Ja jene Taube lügt dich an,
sie sieht mich für ein andern an,
sie lügt in ihren roten Schnabel.
Nun laßt uns ein wenig hier rasten!«

Er spreit seinen Mantel in das Gras,
er bat sie, daß sie zu ihm saß,
er sprach sie sollt ihm lausen,
sein gelbes Haar zerzausen.

Er sah ihr unter die Augen da:
»Die schöne Jungfrau weinet ja;
weint Ihr um einen andern Mann?
Oder hat Euch wer ein Leids getan?«

»Ich wein nit um ein andern Mann;
es hat mir niemand Leids getan:
ich seh eine hohe Tannen,
daran elf Jungfrauen hangen.«

Sie wand ihr Händ, rauft aus ihr Haar,
sie klagt Gott ihr Leid offenbar:
»Ich bin so fern in tiefem Hag,
daß mich kein Mensch nit hören mag.

So bitt ich dich, mein Ulinger,
so bitt ich dich, mein strenger Herr,
du wöllest mich lassen hangen
in Kleidern, da ich in gangen!«

»Das bitt mich nit, du Friedeburg,
das bitt mich nit, du Jungfrau gut!
Dein schwarzer Rock, dein Scharlachkleid
Ist meiner jungen Schwester wohl bereit.«

»So bitt ich dich, du Ulinger,
so bitt ich dich, du strenger Herr,
du wöllest mir erlauben frei
ein Schrei, zween oder drei!«

»Das soll dir wohl erlaubet sein,
du bist so fern und so allein,
du bist so fern im tiefen Hag,
daß dich kein Mensch nit hören mag.«

Den ersten Schrei und den sie tät:
»Hilf Jesu! Mariens Sohne!
Und kommst du mir nicht balde,
so bleib ich in diesem Walde!«

Den andern Schrei und den sie tät:
»Hilf Maria, du reine Maid!
Und kommst du nicht so behende,
mein Leben hat schier ein Ende.«

Den dritten Schrei und den sie tät:
»Hilf allerliebster Bruder mein!
Und kommst du nicht so drate,
ich fürcht, es wird zu spate.«

Ihr Bruder über den Hof einreit,
und einer zu dem andern seit:
»Mich dünkt in all meim Sinne,
ich hör meiner Schwester Stimme.«

Er ließ seine Falken fliegen,
er ließ seine Winde stieben,
er eilet alsobalde
wohl zu dem finstern Walde.

»Was tust du hier, mein Ulinger,
was tust du hier, mein finstrer Herr?«
»Eine Weide tu ich winden,
meinen Falken daran zu binden.«

»Tust du eine Weide winden,
deinen Falken daran zu binden,
so red ichs auf die Treue mein:
du selber sollst der Falke sein!«

Die Weid die tät er schwenken,
den Ulinger daran zu henken:
»Ja sieh, ja sieh, du Ulinger,
keine Jungfrau betrügst du nimmermehr!«

Er schwang seinen grünen Schild neben sich,
seine schöne Schwester wohl hinter sich,
er eilte so mit Luste,
da er seines Vaters Königreich wußte.


## Ulrich und Aennchen

Herr Ulrich ritt wohl durch das Ried,
Er sang ein schönes Tagelied.

Das hört des Königs Töchterlein,
Mit Namen hieß es Aennelein.

Wer ist es, der so singen kann?
Mit dem will ich von hinnen gahn.

»Schöne Jungfrau wollt ihr mit mir gahn?
Ich will euch lehren den Vogelsang.

Ich will euch lehren singen,
Der grüne Wald soll klingen.«

Die Jungfrau war ihm lieb und werth,
Er schwang sie vor sich auf sein Pferd.

Da sie eine Weile geritten warn,
Da kamen sie in den grünen Wald.

Auf einer Haselstaude,
Da saß eine weiße Taube.

»Du schönes Mädchen, wo willst du hin?
Herr Ulrich hat Betrug im Sinn.«

Sie kamen an einen Brunnen,
Der war mit Blut umrunnen.

Er spreit seinen Mantel ins grüne Gras,
Er bat sie, daß sie zu ihm saß.

Er legte sein Haupt in ihren Schooß,
Mit heißen Thränen sie ihn begoß.

»Weinst du um deines Vaters Gut,
Oder bin ich dir nicht gut genug?«

»Ich weine nicht um meines Vaters Gut,
Herr Ulrich, ihr seid mir gut genug.

Dort oben in jener Tanne,
Seh ich elf Jungfraun hangen.«

»Weinst du um die elf Jungfräulein,
So sollst du bald die zwölfte sein.

Willst du nun hängen am höchsten Baum,
Oder willst du fließen den Wasserstrom?«

»Ich will nicht hängen am höchsten Baum,
Ich will nicht fließen den Wasserstrom.«

»So mußt du sterben wohl durch mein Schwert,
So mußt du liegen in kühler Erd.«

»Soll ich denn nun die zwölfte sein,
So wollt mir noch drei Schrei verleihn.«

Den ersten Schrei und den sie that,
Da rief sie Gott im Himmel an.

Den andern Schrei und den sie that,
Da rief sie ihren Vater an.

Den dritten Schrei und den sie that,
Da rief sie ihren jüngsten Bruder an:

»Ach lieber Bruder, komm balde,
Hilf mir aus diesem Walde.«

Ihr Bruder saß beim kühlen Wein,
Der Schrei der fuhr zum Fenster hinein.

»Ach hört, ihr Brüder alle,
Meine Schwester schreit im Walde.

Herr Ulrich, lieber Ulrich mein,
Wo hast du mein jüngstes Schwesterlein?«

»Dort oben auf jener Linde,
Schwarzbraune Seide thut sie spinnen.«

»Warum sind deine Schuh so roth?
Sie sind gefärbt mit rothem Blut.«

»Was sollen meine Schuhe nicht blutig sein?
Ich hab geschoßen ein Täubelein.«

»Das Täublein, das du geschoßen hast,
Das hat meine Mutter zur Welt gebracht.

Sie hats erzogen mit Milch und Wein,
Es war mein jüngstes Schwesterlein.«

Der Bruder zog sein scharfes Schwert,
Und hieb seines Schwagers Haupt zur Erd.

Schön Annchen kam ins kühle Grab,
Herr Ulrich kam aufs hohe Rad.

Um Annchen klangen die Glocken fein,
Um Ulrich schrieen die Raben allein.

## Schondilie

Als Schondilg noch ein klein Kind war,
Da starb ihr Vater und Mutter ab.

Schondilg wuchs auf und sie ward groß,
Sie wuchs einem Reiter in seinen Schooß.

»Schondilg, willst du mein Hausfrau sein?
Zehn Tonnen Gold sollen dein eigen sein.«

Schondilg gedachte in ihrem Muth,
Zehn Tonnen Gold die wären gut.

Schondilg gedacht in ihrem Sinn,
Zehn Tonnen Gold macht eine Kaiserin.

Was trug Schondilg über den blanken Leib?
Ein Hemdchen wie der Schnee so weiß.

Was trug Schondilg über ihr Hemdchen weiß?
Einen Rock, der war von dem Gold so steif.

Was trug Schondilg über ihr gehl kraus Haar?
Eine Krone die war von Gold so klar.

Da sah Schondilg zum Fenster heraus:
Nun komm stolz Reiter und hol deine Braut.

Die Jungfrau war ihm lieb und werth,
Er schwenkt sie hinter sich wohl auf sein Pferd.

Sie reiten den Tag dreißig Meilen lang,
Eh sie weder Eßen noch Trinken fand.

Ach Reiter, steh herab, es ist Mittag:
Wo sollen wir Eßen und Trinken han?

»Wohl in dem breiten Lindenbreit,
Da wirst du finden dein Eßen bereit.«

Ach Reiter, steh herab, es ist schon Nacht,
Wo sollen wir diesen Abend schlafen gahn?

»Wohl in dem breiten Lindenbreit,
Da wirst du finden dein Bettchen gespreit.«

Wie sie wohl an den Lindenbaum kamn,
Da hiengen sieben Jungfrauen daran.

»Hier siehst du sieben Jungfräulein,
Schondilg, willst du die achte sein?«

»Willst du hangen den hohen Baum,
Oder willst du fließen den Wasserstrom,
Oder willst du küssen das blanke Schwert?«

Ich will nicht hangen den hohen Baum,
Ich will nicht schwimmen den Wasserstrom,
Ich will lieber küssen das blanke Schwert.

Ach Reiter, zieh aus dein Oberkleid,
Jungfrauenblut spritzt weit und breit.

Schondilg sie packt das Schwert mit dem Knopf,
Sie hieb dem Ritter ab den Kopf.

Da lacht die falsche Zung und sprach:
In meiner Tasche, da ist ein Horn,
Da blas du ein, so kommst du fort.

Schondilg gedacht in ihrem Muth,
Viel Teuten und Blasen wär nicht gut.

Schondilg saß auf sein apfelbraun Ross
Und ritt zum grünen Wald hinaus.

Als sie wohl vor den grünen Wald kam,
Da begegnen ihr auch seiner Brüder drei.

Schondilg, wo ist mein Bruder fein,
Daß du jetzt reitest ganz allein?

»In dem breiten Lindenbreit,
Da spielt er mit sieben Jungfräulein fein.«

Schondilg, wie sind deine Schühlein so roth?
»Drei Täubchen hab ich geschoßen todt.«

## Stolz Sieburg

Stolz Sieburg ritt wohl über die Gaß,
Er fieng ein Liedlein an und sang.

Er sang es aus heller Stimme,
Daß Berg und Thal erklingen.

Das hört ein Edelkönigstöchterlein
Auf ihres Vaters Schlafkämmerlein.

Sie band ihr Häärchen in Seiden,
Mit Stolz Sieburg wollte sie reiten.

Sie kamen an einen grünen Platz,
Der war mit Rosen übersatzt.

Herzjungfrau, ihr müßt abestehn,
Mein apfelgrau Rösschen ist müde.

Herzjungfrau, ihr müßt lausen
Mein gelbkraus Haar im Schooße.

Wie wollt ich abe können stehn?
Ich kann keinen Fuß vor den andern gehn.

Es schmerzt mich in meiner schmalen Seiten,
Ich kann weder gehn noch reiten.

So manchen Tritt als sie noch gieng,
So manche Thrän als ihr entfiel.

Er spreitt seinen Mantel ins grüne Gras,
Er bat sie, daß sie zu ihm saß.

Er schaut ihr unter die Augen:
Herzliebchen, was thut ihr so trauern?

Weint ihr um eures Vaters Gut,
Oder weint ihr um euern stolzen Muth?

Oder weint ihr um eure Ehre
Und wollt gern wieder umkehren?

Ich weine nicht um meines Vaters Gut,
Ich weine nicht um meinen stolzen Muth.

Ich wein um meine Ehre,
Ich wollt gern wieder umkehren.

Sobald die Jungfrau das Wörtchen sprach,
Ihr Häuptchen ihr hinter der Ferse lag.

Da liege du Häuptchen und faule,
Kein Reuter wird dir nachtrauern.

Er nahm das Häuptchen mit seinem kraus Haar
Und warf es in den Brunnen klar.

Da liege du Häuptchen versenket,
An den Lindenbaum will ich mich henken.

## Stolz Heinrich

Stolz Heinrich der wollt freien gehn
Wohl in das fremde Land,
Da begegnet ihm ein Königstochter,
Fein mein Lieb, mein Schatz, mein Kind,
Da begegnet ihm ein Königstochter,
Margreth war sie genannt.

Margrethchen, du mein liebes Kind,
Willst du wohl mit mir gehn?
Ich hab in meinem Vaterland
Noch sieben Mühlen stehn.

Hast du in deinem Vaterland
Noch sieben Mühlen stehn,
So sag mir was sie malen,
So will ich mit dir gehn.

Sie thun nicht mehr als malen
Zucker und Kanel,
Dazu Muscatenblumen
Und gestoßen Nägelein.

Als ich wohl auf grün Haide kam,
Wohl auf die lieb grün Haid,
Ich meint, ich säh Mühlen blänken,
Es war nur ein grün Haid.

Margrethchen, du mein liebes Kind,
Erfreu dich nicht so sehr.
Ich hab in meinem Vaterland
Nicht mehr als ein grün Haid.

Hast du in deinem Vaterland
Nicht mehr als ein grün Haid,
So muß sich Gott erbarmen,
Daß ich gekommen bin.

Daß ich so fern gekommen bin,
So fern ins fremde Land:
Wär ich zu Haus geblieben,
Da wär ich noch wohl bekannt.

Was zog sie aus der Scheiden?
Ein Schwert von Golde roth;
Sie kniet sich vor ihm nieder
Und stach sich selber todt.

Und wenn dich nun mein Vater fragt
Wo ich geblieben wär,
So sag ich läg begraben,
Fein mein Lieb, mein Schatz, mein Kind,
So sag ich läg begraben
So fern auf lieb grün Haid.

## Der Wirthin Töchterlein (Engel und Rabe)

Es ritten drei Reiter wohl über den Rhein
Bei einer Frau Wirthin, da kehrten sie ein.

Frau Wirtin, hat sie soviel Gewalt,
daß sie drei Reiter über Nacht behalt?

Wenn ich diese Gewalt nicht hätt,
was wär dann meine Wirtschaft werth?

Der erste tat die Pferde in Stall,
der andere schwenkt das Futter hinein,
der dritte trat zur Küche hinein

und küßte der Frau Wirtin ihr Mägdelein,
oder ist es ihr getreues Töchterlein?

»Ich hab nur ein einziges Töchterlein,
es soll euch zapfen Bier und Wein.«

Der erste sprach: Das Mädchen ist mein,
ich hab ihm gegeben ein Ringelein.

Der Andre sprach: »Das Mägdlein ist mein,
ich hab ihm gegeben ein Glas mit Wein.«

Der dritte sprach: »Das Mädel ist werth,
daß wir es theilen mit unserm Schwert.«

Sie gaben der Wirthin einen süßen Trank,
daß sie vom Stuhl ins Bett hinsank.

Das Mägdlein greift der Mutter an den Mund:
Ach Mutter, lebt noch eine Stund.

Es greift der Mutter wohl an die Brüst:
»Ach Mutter, wenn das mein Vater wußt!

Es greift der Mutter wohl an die Händ:
Ach Mutter, jetzt ist mein letztes End.

Es greift der Mutter wohl an die Füß:
Ach Mutter, wie ist dir der Schlaf so süß.

Sie warfen das Mädchen wohl über die Bank,
Daß ihr der Gürtel am Leibe zersprang.

Sie warfen das Mädchen wohl auf den Tisch
Und theilten es wie einen gebacknen Fisch.

Und wo ein Tröpfchen Blut hinsprang,
da saß ein Engel ein Jahr und sang.

Und wo der Mörder das Schwert hinlegt,
da saß ein Rabe ein Jahr und kräht!

Das Mädchen kriegt' ein tiefes Grab,
Die Mörder kriegten ein hohes Rad.

## Der Erbgraf

Es spielt' ein Graf mit einer Magd,
Sie spielten miteinander,
Sie spielten die liebe lange Nacht
Bis daß sie Wasser lachte.

»Wein nicht, wein nicht, brauns Mägdelein,
Dein Ehr will ich dir zahlen.
Ich will dir geben meinen Reitersknecht,
Dazu dreihundert Thaler.«

Den Reitersknecht, den will ich nicht,
Ich will den Herren selber;
Krieg ich den Herren selber nicht,
So klag ichs meiner Mutter.

Wie sie wohl auf grün Haide kam,
Da begegnet ihr ihr Bruder:
»Willkommen, willkommen mein Schwesterlein,
Wie ist es dir ergangen,
Daß dir dein Kleid ist vorn zu kurz
Und hinten viel zu lange?«

Wie es mir ergangen ist,
Das darf ich dir nicht sagen;
Wenn ich zu meiner Mutter komm,
Mein Leid will ich ihr klagen.

Wie sie wohl vor das Städtchen kam,
Da begegnet ihr ihre Schwester:
»Willkommen, willkommen mein Schwesterlein,
Wie ist es dir ergangen,
Daß dir dein Kleid ist vorn zu kurz
Und hinten viel zu lange?«

Wie es mir ergangen ist,
Das darf ich dir nicht sagen;
Wenn ich zu meiner Mutter komm,
Mein Leid will ich ihr klagen.

Wie sie wohl vor die Pforte kam,
Da begegnet ihr ihr Vater:
»Willkommen, willkommen mein Töchterlein,
Wie ist es dir ergangen,
Daß dir dein Kleid ist vorn zu kurz
Und hinten viel zu lange?«

Wie es mir ergangen ist,
Das darf ich dir nicht sagen;
Wenn ich zu meiner Mutter komm,
Mein Leid will ich ihr klagen.

Wie sie wohl zu dem Hause kam,
Da begegnet ihr ihr Mutter:
»Willkommen, willkommen mein Töchterlein,
Wie ist es dir ergangen,
Daß dir dein Kleid ist vorn zu kurz,
Und hinten viel zu lange?«

Wie es mir ergangen ist,
das darf ich dir wohl sagen:
Ich hab mit einem Erbgrafen gespielt,
Ein Kindlein muß ich tragen.

Sie nahm das Mädchen bei der Hand
Und führt sie gleich zu Tische,
Sie setzt ihr auf einen Becher mit Wein,
Dazu gebackne Fische.

»Ach Mutter, liebste Mutter mein,
Ich kann nicht eßen noch trinken:
Macht mir ein Bettchen hübsch und fein,
Daß ich darin kann liegen.«

Des Nachts wohl um die halbe Nacht,
Sie wand sich um die Wände:
»Mir wolle Gott gnädig sein,
Mein Leben hat ein Ende.

»Ach Mutter, liebste Mutter mein,
Macht mir ein Hemdchen von Seiden,
Macht mir es weit und lang genug,
Den Tod muß ich drin leiden.«

Des Nachts wohl um die halbe Nacht,
Dem Grafen träumt es schwere,
Ihm träumt von seiner herzliebsten Magd,
Daß sie gestorben wäre.

Der Graf zu seinem Reitknecht sprach:
»Sattel mir und dir zwei Pferde,
Wir wollen reiten Tag und Nacht
Bis wir den Traum erfahren.«

Wie sie wohl auf grün Haide kamn,
Drei Glöcklein hörten sie läuten;
Der Herr zu seinem Reitknecht sprach:
»Was soll uns das bedeuten?«

Wie sie wohl über die Haide kamn,
Einen Schäfer sahn sie weiden:
»Nun sag mir an, gut Schäfer mein,
Warum die Glocken läuten?

Ob sie wohl läuten in die Mess,
Oder einem Todten?«
»Sie läuten einer jungen Gräfin,
Im Kindbett ist sie gestorben.«

Als sie wohl auf den Kirchhof kamn,
Wohl unter die hohen Thore,
Da trugen sie sein Feinsliebchen daher
Auf einer Todtenbahre.

»Halt ein, halt ein, ihr Träger mein,
Die Leich muß ich beschauen,
Es möchte mein Herzallerliebste sein
Mit ihren schwarzbraunen Augen.«

Er deckt ihr ab das Leichentuch,
Er sah ihr unter die Augen:
»Es ist fürwahr mein Schatz gewest
Mit ihren schwarzbraunen Augen.«

Er deckt ihr ab das Leichentuch,
Und sah ihr auf die Hände:
»Du bist fürwahr mein Schatz gewest
Nun aber hats ein Ende.«

Er deckt ihr ab das Leichentuch
Und sah ihr auf die Füße:
»Du bist fürwahr mein Schatz gewest,
Nun aber schläfst du süße.

»Du bist fürwahr mein Schatz gewest
Und hasts nicht wollen glauben.
Und hätt ich keinen Freund gehabt,
Du wärst mein ehelich Fraue.«

Er zog sein Schwert von rothem Gold
Und stach es sich ins Herze:
»Hast du den Tod gelitten um mich,
So will ich leiden Schmerzen.«

Man legt ihn zu ihr in den Sarg,
Vergrub sie unter die Linde;
Das stund bis an den dritten Tag,
So wuchsen da drei Lilien.


## Die Stiefmutter

O Königin, lieb Mutter mein,
Wann kommt mein stolzer Bräutigam?
»Er kommt dir wohl zur rechten Zeit,
Geduld' dich nur, mein feines Lamm.«

Der Bräutigam, er bleibt so lang,
Stiefmutter denkt an Königsmacht;
Es hat ihr feines Töchterlein
Nur an den frohen Hiling gedacht.

O Königin, lieb Mutter mein,
Wann kommt mein stolzer Bräutigam?
»Er kommt dir wohl zur rechten Zeit,
Geduld' dich nur, mein feines Lamm.

Der reichste Schmuck liegt dir bereit,
Im Schreine liegt er wohl verwahrt,
Es glänzt in Gold so mancher Stein,
Ich schmücke dich nach Königsart.«

Sie zog hinauf das Treppengewind,
Die Jungfrau schritt eilfertig nach,
Da hingen Riegel vor der Tür,
Die Köngin schloß auf das Gemach.

Lieb Mutter, Königin, sag an,
Was ist das für eine große Truh?
Was ist das für ein Deckel schwer?
Sag, decket er Kleinode zu?

»Ja wohl der teuren Schätze viel,
Sie deckt der Königsbräute Zier,
Geh, schließe nun die Schlößer auf
Und greif hinein und wähle dir.«

Ach Mutter, welche reiche Pracht!
Ich weiß nicht, was ich wählen soll!
»Bück besser dich hinein, mein Kind,
Am Boden liegt das Beste wohl!«

Die Jungfrau sich hinunter bückt,
Den Kopf wohl in die tiefe Truh,
Stiefmutter wirft in ihrem Grimm
Den schweren Eisendeckel zu.

Du Bräutigam, du Königssohn,
Du kommest gar zur späten Stund,
Feinsliebchen liegt begraben schon,
Dort ist ihr Grab im Weidengrund.

Der Königssohn er weint und klagt,
Die Königin sie log ihm zu,
Ein Haupt die Wahrheit sagen könnt,
Das lag verschlossen in der Truh.


## Großmutter Schlangenköchin

»Maria, wo bist du zur Stube gewesen?
Maria, mein einziges Kind!«

»Ich bin bei meiner Großmutter gewesen,
Ach weh! Frau Mutter, wie weh!«

»Was hat sie dir denn zu essen gegeben?
Maria, mein einziges Kind!«

»Sie hat mir gebackne Fischlein gegeben,
Ach weh, Frau Mutter, wie weh!«

»Wo hat sie dir dann das Fischlein gefangen?
Maria, mein einziges Kind!«

»Sie hat es in ihrem Krautgärtlein gefangen,
Ach weh, Frau Mutter, wie weh!«

»Womit hat sie dann das Fischlein gefangen?
Maria, mein einziges Kind!«

»Sie hat es mit Stecken und Ruten gefangen,
Ach weh! Frau Mutter, wie weh!«

»Wo ist dann das übrige vom Fischlein hinkommen?
Maria, mein einziges Kind!«

»Sie hats ihrem schwarzbraunen Hündlein gegeben,
Ach weh! Frau Mutter, wie weh!«

»Wo ist dann das schwarzbraun Hündlein hinkommen?
Maria, mein einziges Kind!«

»Es ist in tausend Stücke zersprungen,
Ach weh! Frau Mutter, wie weh!«

»Maria, wo soll ich dein Bettlein hinmachen?
Maria, mein einziges Kind!«

»Du sollst mirs auf den Kirchhof machen,
Ach weh! Frau Mutter, wie weh!«


## Tannhäuser

Nun will ich aber heben an
von dem Tannhäuser singen
und was er wunders hat getan
mit Venus, der edlen Minne.

Tannhäuser war ein Ritter gut,
er wollt viel Wunder schauen,
er wollte in Frau Venus Berg
zu andren schönen Frauen.

»Herr Tannhäuser, Ihr seid mir lieb,
daran sollt Ihr gedenken!
Ihr habt mir einen Eid geschworn:
Ihr wollt von mir nit wenken.«

»Frau Venus, das enhab ich nit,
ich will das widersprechen,
wenn das red' jemand mehr denn Ihr,
Gott helf's mir an ihm rächen.«

»Herr Tannhäuser, wie redt Ihr nun?
Ihr sollt bei mir beleiben,
ich will Euch mein Gespielen geben
zu einem steten Weibe.«

»Und nähm ich nun ein ander Weib,
ich hab in meinen Sinnen:
So müßt ich in der Hölle Glut
auch ewiglich verbrinnen.«

»Ihr sagt mir von der Hölle Glut,
und habt es nie empfunden,
gedenkt an meinen roten Mund
der lacht zu allen Stunden.«

»Was hilft mir Euer roter Mund?
Er ist mir gar unmaere;
nun gebt mir Urlaub, Fräulein zart,
um aller Frauen Ehre.«

»Tannhäuser, wollt ihr Urlaub han,
ich will Euch keinen geben,
nun bleibet edler Tannhäuser
und fristet Euer Leben.«

»Mein Leben das ist worden krank,
ich mag nit länger bleiben,
nun gebt mir Urlaub, Fräulein zart,
um aller Frauen Ehre.«

»Herr Tannhäuser, nit redt also,
Ihr tut Euch nit wohl besinnen,
so gehn wir in ein Kämmerlein
und spieln der edlen Minne.«

»Eure Minne ist mir worden leid,
ich hab in meinem Sinne,
Frau Venus, edle Fraue zart,
Ihr seid ein Teufelinne.«

»Herr Tannhäuser, was redt Ihr nun,
daß Ihr mich so tut schelten,
und sollt Ihr länger hinne sein,
Ihr müssets sehr entgelten.«

»Frau Venus, das enwill ich nit,
ich mag nit länger bleiben.
Ach reicher Herre Jesu Christ
nun hilf mir von den Weiben.«

»Tannhäuser, Ihr sollt Urlaub han,
nehmt Urlaub von dem Greisen,
und wo ihr in dem Land umfahrt,
mein Lob das sollt Ihr preisen.«

Da schied er wieder aus dem Berg,
in Jammer und in Reue:
»Ich will gen Rom wohl in die Stadt
auf eines Papstes Treue.

Nun fahr ich fröhlich auf die Bahn,
Gott müßt es immer walten,
zu einem Papst, der heißt Urban,
ob er mich möcht behalten.

Ach, Papste, lieber Herre mein,
ich klag Euch meine Sünde,
die ich mein Tag begangen hab,
als ich Euch will verkünden.

Ich bin gewesen auf ein Jahr
bei Venus, einer Frauen,
so wollt ich Beicht und Buß empfahn,
ob ich möcht Gott anschauen.«

Der Papst hat ein Stäblein in der Hand
und das war überaus dürre:
»Als wenig das ergrünen mag
kommst du zu Gottes Hulde.«

»Und sollt ich leben nur ein Jahr,
ein Jahr auf dieser Erden,
so wollt ich Beicht und Buß empfahn
und Gottes Trost erwerben.«

Das zog er wieder aus der Stadt
in Jammer und in Leiden:
Maria, Mutter, reine Maid,
muß ich mich von dir scheiden.

So zieh ich wieder in den Berg
ewiglich ohne Ende,
zu Venus, meiner Frauen zart,
wo mich Gott hin will senden.«

»Seind Gottwillkommen, Tannhäuser,
ich hab Eur lang entbohren,
seind willkommen mein liebster Herr
zu einem Buhln erkoren.«

Es stund bis an den dritten Tag,
der Stab hub an zu grünen,
der Papst schickt aus in alle Land
wo Tannhäuser wär hingekommen.

Da war er wieder in dem Berg
Und hatt sein Lieb erkoren,
des muß der vierte Papst Urban
ewiglich sein verloren.

## Der treue Knabe

Es war einmal ein feiner Knab,
Der liebt sein Schätzlein sieben Jahr.

Sieben Jahr und noch viel mehr,
Die Lieb die nahm kein Ende mehr.

Da fuhr der Knab ins Niederland,
Indem ward ihm sein Herzlieb krank.

Es war so krank bis in den Tod,
Drei Tag drei Nacht sprach sie kein Wort.

Und als der Knab die Botschaft kriegt,
Daß sein Herzlieb am Sterben liegt,

Verließ er gleich sein Haus und Gut,
Wollt sehn was sein Herzliebchen thut.

Er gieng auf ihr Schlafkämmerlein:
Wie geht's, wie stehts mein Schätzelein?

Gott Dank, Gott Dank mein feiner Knab,
Mit mir wird's heißen bald, ins Grab.

Ach nein ach nein, nicht so geschwind,
Die weil wie zwei Verliebte sind.

Ach nein, ach nein Herzliebste mein,
Die Lieb und Treu muß länger sein.

Er nahm sein Lieb wohl in den Arm,
Sie ward ihm kalt und nimmer warm.

Geschwind, geschwind bringt mir ein Licht,
Sonst stirbt mein Schatz, das Niemand sicht,

Er rief und schrie aus heller Stimm:
Ach Gott, laß mir mein Engelskind.

Er rief und schrie aus heller Stimm:
Jetzt ist mein Freud und Alles hin.

Und als das Mädchen gestorben war,
Er legt es auf die Todtenbahr.

Man trug es heraus, und nimmer herein,
Man trug es zu dem Kirchhof ein.

Er ließ sich machen ein schwarzes Kleid,
Darunter trug er groß Herzeleid.

Sieben Jahre und noch viel mehr,
Sein Trauern nahm kein Ende mehr.

Groß Herzeleid, groß Traurigkeit,
Gott tröst die Seel in Ewigkeit!

## Die schöne Lilofe

Es hat ein König ein Töchterlein.
Wie hieß es denn mit Namen sein?
Die schöne Lilofe.

Ein Nickelmann freite so lang um sie
und hätte so gerne, er wußte nicht wie,
die schöne Lilofe.

Da ließ er von Gold eine Brücke aufstehn,
darauf sollte sie spazierengehn,
die schöne Lilofe.

Und als sie auf die Brücke sprang,
die Brücke ins tiefe Wasser sank
mit der schönen Lilofe.

Sie war dadrunten sieben Jahr,
sieben junge Söhne sie gebar,
die schöne Lilofe.

Und da sie bei der Wiege stand,
da hörte sie einen Glockenklang,
die schöne Lilofe.

»Ach Nickelmann, lieber Nickelmann,
laß mich noch einmal zur Kirche gahn,
mich arme Lilofe.«

Und als sie auf den Kirchhof kam,
da neigte sich Laub und grünes Gras
vor der schönen Lilofe.

Und als sie in die Kirche kam,
da neigte sich Graf und Edelmann
vor der schönen Lilofe.

Der Vater machte die Bank ihr auf,
die Mutter legte das Kissen drauf
der schönen Lilofe.

Als sie nun wieder nach Hause zu wandt,
ihr Vater, ihre Mutter nahmen sie bei der Hand,
die schöne Lilofe.

Sie führten sie oben an ihren Tisch
Und setzten ihr auf gebackene Fisch,
der schönen Lilofe.

Und als sie den ersten Bissen aß,
sprang ihr ein Apfel auf den Schoß,
der schönen Lilofe.

»Ach liebe Mutter, seid so gut,
werft mir den Apfel in Feuersglut,
mir armen Lilofe.«

Da löschte ein Wasser das Feuer aus,
der wilde Nickelmann sprang heraus,
vor die schöne Lilofe.

»Ei willst du mich hier verbrennen sehn,
wer wird denn unseren Kindern beistehn,
du böse Lilofe?«

»Die sieben Kinder, die teilen wir,
nimmst du ihrer drei, nehm ich ihrer vier,
ich arme Lilofe.«

»Nehm ich ihrer drei, nimmst du ihrer drei.
Das siebente wollen wir teilen entzwei,
du schöne Lilofe.

Nehm ich ein Bein, nimm du ein Bein,
daß wir einander gleiche sein,
du schöne Lilofe.«

– »Und eh ich mir laß mein Kind zerteilen,
viel lieber will ich im Wasser bleiben,
ich arme Lilofe.«


## Die Otter

Es wollt einmal ein edler Herr ausreiten,
ein scharfes Schwert droht ihm an seiner Seiten.

Der Herr der ritt auf einem schmalen Steige,
da saß die Otter auf einem grünen Zweige.

Die Otter glänzt mit hellen bittern Schmerzen,
sie stach den edlen Herrn in sein jung Herze.

Der Herr der schnitt die Hündlein von dem Bande:
»Lauf, lauft, ihr Hündlein, lauft nun wieder zu Lande!

Sagts eurer Frau und eurem Hofgesinde:
Auf grüner Heid werdt ihr mich liegen finden.«

»Willkommn, willkommn, ihr Hündlein von der Straßen,
wo habt ihr euren edlen Herrn gelassen?«

»Der Herr der liegt auf grüner Heid und faulet,
sein Sattelross liegt neben ihm und trauret.«

Die Frau die zog ihr Ringlein von dem Finger:
»Eine Witwe bin ich, Waisen sind meine Kinder.«

## Brennenberg

Die falschen Kläffer schlossen einen Rath,
Daß Brennenberg gefangen ward,
Gefangen auf freier Straßen;
In einen Thurm ward er gelaßen.

Darin saß er wohl sieben Jahr,
Sein Kopf ward weiß, sein Bart ward grau,
Sein Muth begann ihm zu brechen,
Kein Wort konnt er mehr sprechen.

Sie legten Brennenberg auf einen Tisch,
Sie theilten ihn recht wie einen Fisch,
Sie nahmen ihm aus sein Herze,
Das schuf dem Herrn große Schmerzen.

Sie nahmen ihm aus sein jung Herz fein
Recht wie einem wilden Schwein,
Sie legtens in einen Pfeffer
Und gabens der Schönsten zu essen.

Was ists, das ich gegeßen hab,
Und mir so wohl geschmecket hat?
»Das ist des Brennenbergers Herze,
Es schuf dem Herrn große Schmerzen.«

»Ists des Brennenbergs jung Herze fein,
So schenket mir den kühlen Wein,
Schenkt ein und gebt mir zu trinken:
Mein Herz will mir versinken.

»So nehm ich dieß auf meine letzte Hinfahrt,
Daß ich Brennenbergs nie schuldig ward,
Als reine keusche Liebe:
Das konnt uns Niemand verbieten.«

Den ersten Tropfen, den sie trank,
Ihr Herz in tausend Stücke sprang.
Berath, Herr Christ, die reine
Mit deiner Huld alleine!

## Tamboursgesell

Ich armer Tamboursgesell,
man führt mich aus dem Gewölb,
ja aus dem Gewölb,
wär ich ein Tambour blieben,
dürft ich nicht gefangen liegen.

O Galgen, du hohes Haus,
du siehst so furchtbar aus,
so furchtbar aus;
ich schau dich nicht mehr an,
ich weiß, ich gehör daran.

Wenn Soldaten vorbei marschieren,
bei mir nicht einquartieren,
schaun mich nicht an,
fragen nicht, wer ich gewesen bin,
mit Gesang ziehn sie dahin.

Gute Nacht, ihr Marmelstein,
ihr Berg und Hügelein,
und Mondenschein,
gute Nacht, ihr Offizier,
Korporal und Musketier.

Gute Nacht, ihr Offizier,
Korporal und Grenadier,
wie weh ist mir!
Ich schrei mit lauter Stimm.
Ich fahr dahin!

## Der tote Mann

Es wollt ein Herr ausreiten,
er ritt wohl in die Weite.

Er ritt wohl übern geweihten Kirchhof,
da schrien ihm die Toten nach.

»Reit sachte, o lieber Herre mein,
du reitst mir über mein Gräbelein.

's ist heutigen Tags ein Jahr gewest,
daß du mich erschlagen hast.«

»Hab ich dich gleich erschlagen,
die Sünde muß ich tragen.

Ich hab mir genommen dein Wittfräulein,
ich erziehe deine Waiselein.«

»Mit was ziehst du meine Kindlein groß?«
Mit Beten, Schlägen und scharfer Not.«

»Hättst du mich lieber am Leben gelan,
ich hätte sie wollen schon selber schlan.

Ich laß meiner Frau mittesagen,
sie soll nicht so weinen und wehklagen.

Sie soll nicht so weinen und traurig tun,
sie stört mir meine ganze Ruh.

Sie soll auf den Abend kommen zu mir,
wenn alle Leute werdn schlafen gehn,

wenn alle die Türen verschlossen sein,
und alle die Gräber weit offen sein.

Sie soll mir mittebringen
von weißer Leinwand ein Hemde.

Das erste ist mir von Tränen so naß,
was weint sie immer, was tut sie das?«

Und wie der Herr zum Hof einritt,
die Frau ihm schon entgegen schritt.

»Bis mir willkommen o Herre mein,
warum tust du denn so lange sein?«

»Warum soll ich denn nicht lange sein,
wenn mich die Toten aus den Gräbern anschrein?

Dein voriger Mann läßt dir mittesagen,
du sollst nicht so weinen und weheklagen,

du sollst nicht so weinen und traurig tun,
du verstörst ihm seine ganze Ruh.

Du sollst auf den Abend kommen zu ihm,
wenn alle die Leute werdn schlafen gehn,

Wenn alle die Türen verschlossen sein,
Und alle Gräber weit offen sein.

Du sollst ihm mittebringen
von weißer Leinwand ein Hemde.

Warum hast du gemacht ihm den Kittel so naß?
Lieber Gott, warum tust du das?«

»Ich will ihm ein Hemd lassen schneiden
von lauter Sammet und Seiden,

von Sammet, von Seiden, von rotem Gold,
weil ich an seinem Tod bin schuld.«

Der Herr war nicht so faule,
er schlug der Frau ins Maule,

er schlug der Frau ins Angesicht:
»Ist dir der vorge Mann lieber als ich?«

Die Frau die nahm einen Stecken,
sie ging auf den Kirchhof wecken:

»Tu dich auf, tu dich auf, du Erdenkloß,
und nimm mich hinunter in seinen Schoß!«

»Was willst du denn hier unten tun?
Hier unten hast du keine Ruh.

Hier unten hörst du keinen Glockenklang,
hier unten hörst du keinen Priestersang,

hier unten hörst du kein Hähnlein krähn,
hier unten hörst du kein Windlein wehn.

Geh du nur wieder heim
und erzieh dir deine Waiselein!

Erzieh sie dir alle groß und klein,
daß sie ein wenig erzogen sein.

Es reuet mich nichts so sehre,
als wie nur das gar klein in der Wiege,

was da weder reden noch sprechen kann;
wenn ich dran denk, geht michs Jammern an.

Schließt euch ihr Gräbelein feste;
die erste Treue die beste.

Schließt euch ihr Gräbelein feste zu!
Auf dieser Welt hab ich kein Ruh!

## Erfüllung

Wohl heute noch und morgen,
Da bleib ich, Lieb, bei dir.
Wenn aber kommt der dritte Tag,
So muß ich fort von hier.

Wann aber kommst du wieder,
Herzallerliebster mein,
Und brichst die rothen Rosen,
Und trinkst den kühlen Wein?

Wenns schneiet rote Rosen,
Wenns regnet kühlen Wein;
So lang sollst du noch warten,
Herzallerliebste mein!

Ging sie in Vaters Garten,
Legt nieder sich, schlief ein,
Da träumet ihr ein Träumelein
Wies regnet kühlen Wein.

Und als sie da erwachte,
Da war es lauter Nichts,
Da blühten wohl die Rosen
Und blühten über sie.

Ein Haus thät sie sich bauen
Von lauter grünem Klee,
Thät aus dem Himmel schauen
Wohl nach dem Rosenschnee.

Mit gelb Wachs thät sies decken,
Mit gelber Lilie rein,
Daß sie sich könnt verstecken,
Wenns regnet kühlen Wein.

Und als das Haus gebauet war,
Trank sie den Herrgottswein;
Ein Rosenkränzlein in der Hand
Schlief sie darinnen ein.

Der Knabe kehrt zurücke,
Geht zu dem Garten ein,
Trägt einen Kranz von Rosen
Und einen Becher Wein.

Hat mit dem Fuß gestoßen,
Wohl an das Hügelein,
Er fiel, da schneit' es Rosen,
Da regnets kühlen Wein.

## Das Schloß in Österreich

Es liegt ein Schloß in Österreich,
Das ist gar wohl erbauet
Von Silber und von rothem Gold,
Mit Marmelstein vermauert.

Darinnen liegt ein junger Knab
Auf seinen Hals gefangen
Wohl vierzig Klafter unter der Erd
Bei Nattern und bei Schlangen.

Sein Vater kam von Rosenberg
Wohl vor den Thurm gegangen:
Ach Sohn, ach du mein lieber Sohn,
Wie hart liegst du gefangen!

Ach Vater, liebster Vater mein,
So hart lieg ich gefangen
Wohl vierzig Klafter unter der Erd
Bei Nattern und bei Schlangen.

Sein Vater zu den Herren gieng,
Bat um des Sohnes Leben,
Dreihundert Gulden will ich euch
Wohl für den Knaben geben.

Dreihundert Gulden helfen da nicht,
Der Knabe der muß sterben:
Er trägt eine goldne Kett am Hals,
Die bringt ihn um sein Leben.

Trägt er eine goldene Kett am Hals,
Die hat er nicht gestohlen,
Hat ihm ein zart Jungfräulein verehrt,
Sich mit ihm zu verloben.

Man bracht den Knaben wohl aus dem Thurm
Man gab ihm das Sacramente:
Hilf, reicher Christ im Himmelsthron,
Es geht mir an mein Ende!

Man bracht ihn zum Gericht heraus,
Die Leiter muß er steigen:
»Ach Meister, lieber Meister mein,
Laß mir eine kleine Weile.«

Eine kleine Weile laß ich dir nicht,
Du möchtest mir entrinnen;
Langt mir seiden Tüchlein her,
Daß ihm sein Augen verbinde!

Ach meine Augen verbind mir nicht,
Ich muß die Welt anschauen,
Ich seh sie heut und nimmermehr
Mit meinen schwarzbraunen Augen.

Sein Vater beim Gerichte stund,
Sein Herz wollt ihm zerbrechen:
Ach Sohn, ach du mein lieber Sohn,
Deinen Tod will ich schon rächen.

Ach Vater, liebster Vater mein,
Meinen Tod sollt ihr nicht rächen!
Meine Seel kommt nicht in Höllenpein,
Um Unschuld muß ich sterben.

Es ist nicht um meinen stolzen Leib,
Es ist nicht um meine Ehre;
Es ist mir um mein schönes Lieb,
Die weinet also sehre.

Es stund kaum an den dritten Tag,
Ein Engel kam vom Himmel:
Man sollt den Leichnam nehmen ab,
Sonst würd die Stadt versinken.

Es stund kaum an ein halbes Jahr,
Sein Tod der ward gerochen,
Es wurden mehr denn dreihundert Mann
Um des Knaben willen erstochen.

Wer ist der uns dieß Liedchen sang,
So frei ist es gesungen?
Das haben gethan drei Jungfräulein
Zu Wien in Österreiche.

## Allzuspät

»Mutter, ach Mutter, es hungert mich,
Gieb mir Brot, sonst sterb ich!«
    Warte nur, mein liebes Kind,
    Morgen wollen wir säen geschwind.

Und als das Korn gesäet war,
Rief das Kind noch immerdar:
»Mutter, ach Mutter, es hungert mich,
Gieb mir Brot, sonst sterb ich!«
    Warte nur, mein liebes Kind,
    Morgen wollen wir ernten geschwind.

Und als das Korn geerntet war,
Rief das Kind noch immerdar:
»Mutter, ach Mutter, es hungert mich,
Gieb mir Brot, sonst sterb ich!«
    Warte nur, mein liebes Kind,
    Morgen wollen wir dreschen geschwind.

Und als das Korn gedroschen war,
Rief das Kind noch immerdar:
»Mutter, ach Mutter, es hungert mich,
Gieb mir Brot, sonst sterb ich!«
    Warte nur, mein liebes Kind,
    Morgen wollen wir malen geschwind.

Und als das Korn gemalen war,
Rief das Kind noch immerdar:
»Mutter, ach Mutter, es hungert mich,
Gieb mir Brot, sonst sterb ich!«
    Warte nur, mein liebes Kind,
    Morgen wollen wir backen geschwind.

Und als das Korn gebacken war,
Lag das Kind auf der Totenbahr.

### Es müssen ihrer sieben drum sterben

Es fuhr ein Pfalzgraf über Rhein,
Er freit sich des Königs Töchterlein.

Er konnt es nicht erwerben,
Es müßen ihrer sieben drum sterben.

Der Tag vergieng, der Abend kam heran,
Der Hof voll Reiter und Grafen lag.

Zum ersten stachen sie den Vater todt,
Zum zweiten stachen sie die Frau Mutter todt.

Zum dritten die Brüder alle drei:
Gedenkt, wie ihrs zu Muth mag sein!

Ach Jungfrau, wollt ihr mit uns reiten oder gehn,
Oder wollt ihr bei den Todten bleiben stehn.

Ich will nicht mit euch reiten oder gehn,
Ich will bei den Todten bleiben stehn.

Sie war dem Pfalzgrafen lieb und werth,
Er schwenkt sie hinter sich wohl auf sein Pferd.

Sie ritten den Weg mit Eilen
Wohl sieben und siebenzig Meilen.

Sie ritten den Berg, den tiefen Thal,
Bis daß sie die sieben Schlößer blinken sah:

»Die Schlößer sind alle sieben mein,
Darauf sollst du mir Pfalzgräfin sein.«

Sind die Schlößer alle sieben dein,
Soll ich darauf eine Pfalzgräfin sein,

So wollt ich, sie wären versunken,
Der Pfalzgraf wär ertrunken.

Der Tag vergieng, der Abend kam heran,
Die junge Braut sollte zu Tische gahn.

Mit Trommeln und Pfeifen und allerhand Spiel,
Ward sie geführt zur Tafel hin.

Sie aßen und tranken den römischen kühlen Wein;
Die junge Braut konnte nicht lustig sein.

Zuerst schlug er den Vater todt,
Zum andern die liebe Frau Mutter mein,

Zum dritten die Brüder alle drei:
Gedenkt, wie mirs zu Muth mag sein!

Der Tag vergieng, die Nacht kam heran,
Die junge Braut sollte zu Bette gahn.

Man leuchtet ihr zum Schlafkämmerlein
Mit zwei und siebenzig Kerzelein.

»Ach Pfalzgraf, herzliebster Pfalzgraf mein,
Möchte ich diese Nacht noch eine Jungfrau sein?«

»Die erste und auch die zweite,
Aber nicht die dritte.«

In der Nacht in der Nacht, wohl mitten in der Nacht
Der Pfalzgraf an sein feins Liebchen dacht.

Er wollte sie küssen auf ihren rothen Mund,
Da war sie todt und nicht gesund.

Er rief den Kammerdiener an:
Steh auf und zünd ein Kerzchen an.

Mein Liebchen ist mir verschieden,
Mein Herz hat nimmer Frieden.

Es stund sich an eine halbe Viertelstund,
Der Herr der starb in der nemlichen Stund.

Es sind diesen Tag sieben Leichen:
Gott geb ihnen das Himmelreiche.


## Der tote Freier

Es ging ein Knab spazieren,
Spazieren bei der Nacht,
Er ging unter Feinsliebs Fenster:
Ei schläfst du oder wachst?

Ich schlafe nicht, sondern ich wache,
Ich aber erkenne dich nicht. –
Steh auf und komm zum Fenster!
Vielleicht erkennst du mich.

Sie stand auf und ging zum Fenster,
Sie aber erkannt ihn nicht:
Du riechst mir so nach Erde,
Oder bist du selber der Tod?

Riech ich dir so nach Erde?
Ich liege schon längst darin;
Ist heute schon acht Jahre,
Daß ich gestorben bin.

Geh, rufe dein Vater und Mutter,
Das ganze Hausgesind!
Geh, rufe dein Schwester und Bruder!
Der Bräutigam ist schon da.

Und wie sie das erste Mal läuten,
Da war die Braut schneeweiß.
Und wie sie das zweite Mal läuten,
Da brach ihr aus der Schweiß.

Und wie sie das dritte Mal läuten,
Da nahm sie ein glückselig End,
Sie sind miteinander verschieden,
Verschieden aus der Welt.

Es sind zwei Liebchen verschieden,
Verschieden bei der Nacht;
Gott selber war der Priester,
Der sie copulieret hat.

## Die unbarmherzige Schwester

Es waren einmal zwei Schwestern,
Die eine war reich, die andre arm.
Die arme gieng zur reichen
Und bat um ein Stückchen Brot.

Ach Schwester, liebe Schwester,
Das kann ja nimmer sein,
Das Brot, das ich im Hause hab,
Gott geb, es werd ein Stein.

Die Schwester, die wendet sich umme,
Sie gieng ihren traurigen Gang,
Sie gieng zu ihren sechs Kindern,
Die sie gesättigt fand.

Der Mann wohl aus der Kirche kam,
Er wollt sich schneiden das Brot:
Das Brot war hart wie die Steine,
Das Wasser wie Blut so roth.

Ach Frau, herzliebste Fraue,
Wem hast du das Brot versagt?
Das hab ich meiner armen Schwester,
Der hab ich das Brot versagt.

Die Frau die wandte sich umme,
Sie gieng ihren traurigen Gang:
Ach Schwester, herzliebste Schwester
Vergieb mir was ich gethan.

Nimm hin, herzliebste Schwester,
Hier bring ich dir ein Brot,
Ich will deine Kinder ernähren,
So leiden sie keine Noth.

Ach nein, herzliebste Schwester,
Wir leiden keine Noth,
Gott hat uns das Leben gegeben,
Er wird uns auch geben das Brot.

Die Schwester wandte sich umme,
Sie gieng ihren traurigen Gang,
Der Teufel der kam gegangen
Und faßte sie bei der Hand.

## Der verwundete Knabe

Es wollt ein Mädchen früh aufstehn,
Wollt in den grünen Wald spazieren gehn.

Und als sie nun in den grünen Wald kam,
Da fand sie einen verwundeten Knabn.

Der Knabe der war von Blut so roth
Und eh sie ihn verband, war er schon todt.

Wo krieg ich nun sechs Reuterknaben,
Die mein feins Lieb zu Grabe tragen?

Wo krieg ich nun zwei Leidfräulein,
Die mein feins Lieb zu Grabe wein'n?

Wie lange soll ich nun trauern gehn?
Bis alle Wasser zusammen gehn.

Ja, alle Wasser gehen nicht zusammen,
So wird mein Trauern kein Ende haben.

## Albertus Magnus

Die Königin blickt durchs Fenster,
Ein Jüngling der stand daraus,
Sie winkt ihm von dem Söller,
Er sollte kommen ins Haus.

Er kam und blieb von Nachten,
Und als der Tag anbrach:
Deiner Lieb hab ich genoßen,
Nun geh und säum nicht lang.

Sie nahm ihn bei den Händen
Und führt ihn auf ein Brett,
An einer Schnur sie zuckte,
Daß er hinfallen tät.

Hinein in ein tiefes Wasser
Warf ihn das falsche Weib,
Acht Jünglinge darneben,
Die kamen um ihren Leib.

So warens ihrer neune,
Die Zahl war viel zu klein,
Den zehnten wollte sie suchen,
Albertus sollt es sein.

Der schaute in ihr Herze
Durch seine schwarze Kunst,
Der ließ sich nicht betrügen
Von der Königin Liebesbrunst.

Neun Knaben seh ich schweben
Hier in der Kammer herum,
Dein Bett hier ist ein Schifflein,
Will mit mir schlagen um.

Die Königin wurde zornig,
Ließ binden ihm Fuß und Hand:
Ihr Diener, ihn zu versenken,
Werft ihn in Meeresgrund.

Und wie sie ihn geworfen
Tief in den Meeresgrund,
Da brachen seine Stricke,
Frei schwomm der Knab zur Stund.

Wer ihn ermordet, ich gebe
Mich ihm mit Leib und Blut!
Da zischten viele Pfeile
Recht auf des Jünglings Brust.

Und wie der Jüngling winket,
Da werden zu Vögel die Pfeil,
Der Jüngling steht im Walde,
Im Walde frei und heil.

Den Vöglein in den Schnabel
Er feine Brieflein band:
Die Königin mordet neune,
Darauf geschrieben stand.

Sie flogen über die Heide
Wohl über die Stadt und Land,
Der falschen Königinne
Zu offenbaren die Schand.

## Graf Friedrich

Graf Friedrich wollt ausreiten
Mit seinen Edelleuten,
Wollt holen seine liebe Braut,
Die ihm zur Ehe ward vertraut.

Als er mit seinem hellen Hauf
Ritt einen hohen Berg hinauf,
An einem kleinen engen Weg
Kam er auf einen schmalen Steg.

In dem Gedräng dem Grafen werth
Schoß aus der Scheid sein langes Schwert,
Verwundet ihm sein liebe Braut
Mit großem Schmerz seins Herzen traut.

Das Blut ihr auf die Erde schoß,
Des nahm sie einen Schrecken groß.
Graf Friedrich der ward unmuthsvoll,
Sein liebe Braut er tröstet wohl.

Aus zog er bald sein Hemmed weiß,
Er drückt ihrs in die Wund mit Fleiß;
Das Hemmed ward vom Blut so roth
Als ob mans drin gewaschen hätt.

Er gab ihr gar sehr freundliche Wort,
Kein Mann je größre Klag erhort,
Die von einem Mannsbild kam,
Als von dem Grafen lobesam.

Graf Friedrich, edler Herre,
Ich bitt euch gar sehre,
Sprecht zu euerm Hofgesind,
Daß sie nicht reiten so geschwind.

Graf Friedrich ruft seinen Herren:
Ihr sollt nicht reiten so sehre,
Mein liebe Braut ist mir verwundt;
O reicher Gott, mach mirs gesund!

Und da er in den Hof einritt,
Sein Mutter ihm entgegen schritt:
Sei mir willkommen, Sohn, daheim
Un all, die mit dir kommen sein.

Wie ist dein liebe Braut so bleich
Als ob sie ein Kindlein hätt gesäugt?
Wie sieht sie gar so höhniglich,
Als ob sie eins Kindleins schwanger sei.

Ei schweig, mein Mütterlein, stille,
Und thus um meinetwillen.
Sie ist kindshalb nicht ungesund,
Sie ist bis auf den Tod verwundt.

Sie führten die Braut zu Tische,
Man gab ihr Wildbrät und Fische
Und schenkt ihr ein den besten Wein:
Das Bräutlein mocht nicht lustig sein.

Mocht weder trinken noch eßen,
Ihres Unmuths nicht vergeßen.
Sie sprach: Ich wollt, es wär die Zeit,
Daß mir das Bettlein würd bereit.

Das hört die üble Schwieger,
Sie sprach gar bald hinwieder:
Hab ich mein Tage das nie gehört,
Daß ein Jungfrau zu Bett begehrt!

Ei schweig, mein Mütterlein, stille,
Hab daran kei'n Unwillen!
Sie redt es nicht aus falschem Grund,
Sie ist todtkrank zu dieser Stund.

Man leuchtet der Braut zu Bette,
Vor Unmuth sie nicht redte,
Mit brennenden Kerzen und Fackeln gut;
Sie war traurig und ungemuth.

Man leuchtet der Gräfin schlafen
Mit Rittern und mit Grafen;
Mit Rittern und mit Reutern,
Mit lauter Edelleuten.

»Graf Friedrich, edler Herre,
So bitt ich euch so sehre,
Ihr wollt thun nach dem Willen mein,
Laßt mich die Nacht ein Jungfrau sein.

»Nur diese Nacht alleine,
Die andern fürbaß keine.
Dafür bin ich euch unterthan,
So Gott mir will das Leben lan.«

»Du herzig Lieb, mein höchster Hort,
Ich bitt dich, hör mich nur ein Wort,
Hab ich so tödtlich dich verwundt,
Verzeih mir das in der Todesstund.«

»Ach allerliebster Gemahl und Herr,
Bekümmert euch doch nicht zu sehr.
Es ist euch Alles verziehen schon,
Nichts Arges habt ihr mir gethan.«

Sie kehrt sich gegen die Wände
Und nahm ein selig Ende:
In Gott endt sie ihr Leben fein
Und blieb ein Jungfrau keusch und rein.

Zu Morgen wollt sie haben
Ihr Vater reichlich begaben,
Da war sie schon verschieden,
In Gottes Namen und Frieden.

Ihr Vater erfrägt all Umständ,
Wie sie genommen hab ein End.
Graf Friedrich sprach: »Ich armer Mann
Bin, Gott seis geklagt, selbst Schuld daran.«

Der Vater sprach in Unmuth:
»Hast du vergoßen ihr unschuldig Blut,
So mußt du auch drum aufgeben
Durch meine Hand dein junges Leben.«

Er zog wohl aus sein glänzend Schwert,
Erstach den edlen Grafen werth
Mit großem Schmerzen durch den Leib,
Daß er todt auf der Erde leit.

Man band ihn an ein hohes Ross,
Man schleift ihn durch das tiefe Moos,
Darin man seinen Leib begrub,
Kürzlich zu blühen er anhub.

Es stund bis auf den dritten Tag,
Da wuchsen drei Lilien auf seinem Grab,
Darauf da stand geschrieben
Er wär bei Gott geblieben.

Eine Stimme vom Himmel gieng herab,
Man sollt ihn nehmen aus dem Grab;
Der schuldig wär an seinem Tod,
Der müßt drum leiden ewig Noth.

Man grub ihn wieder aus dem Moos,
Man führt ihn auf sein festes Schloß,
Zu seiner Braut man ihn begrub,
Sein lieblich Farbe sich erhub.

Er war am dritten Tag schon todt,
Noch blüht' er als ein Rose roth
In seinem Angesicht fürwahr,
Sein ganzer Leib war weiß und klar.

Ein groß Wunder auch da geschah,
Das mancher Mensch glaubhaftig sah:
Sein Lieb mit Armen er umfieng,
Ein Red aus seinem Munde gieng.

Und sprach: »Gott sei gebenedeit,
Der geb uns heut die ewig Freud.
Seit ich bei meinem Buhlen bin,
Fahr ich aus dieser Welt dahin.

»Mit leichtem und geringem Muth
Laß ich hinter mir mein unschuldig Blut.
Ich fahr aus dieser Welt dahin,
Aus Noth ich nun erlöset bin.«


## Die untreue Braut

Ein Mädchen von achtzehn Jahren,
Das hatte zwei Knaben lieb,
Der eine war ein Schiffmann,
Der andre ein Kaufmannssohn.

Sie gieng zu ihren Verwandten,
Und sprach ein Wort davon:
Laß du den Schiffmann fahren,
Und nimm den Kaufmannssohn.

Als das der Schiffmann hörte,
Der auf dem Wasser war,
Er fuhr von Land zu Lande
Bis er das Mädchen fand.

Ich hab mir laßen sagen,
Du nehmst den Krämersknab,
So gieb die Trau mir wieder,
Die ich dir gegeben hab.

Einen Ring von achtzehn Kronen
Hab ich dir doch verehrt
Und einen goldnen Gürtel,
Der war wohl zwanzig werth.

Ich weiß von keiner Traue,
Ich weiß von keinem Gold.
Der Reiter soll mich holen,
Wenn ich von Traue weiß.

Das währte bis zum dritten Tag,
Da gieng die Hochzeit an.
Da kam ein stolzer Reiter,
Der setzt sich obenan.

Was soll man ihm einschenken,
Ein Glas mit kühlem Wein?
Er wollte weder eßen noch trinken,
Die Braut wollt er allein.

Um Eines mocht ich bitten!
Zu tanzen mit der Braut.
Er schwenkt sie dreimal herumme
Und dann zum Fenster heraus.

Er nahm sie unter die Arme,
Zerbrach ihr Hals und Bein:
Ihr Mädchen, das laßt euch warnen,
Und liebelt nicht mit Zwei'n.

Der Bräutigam hinter der Thüre stand
Ganz traurig und betrübt:
Warum bist du so traurig,
Ganz traurig und betrübt?

»Warum sollt ich nicht traurig sein,
Ganz traurig und betrübt?
Meine Ehr hab ich verloren,
Dazu mein feines Herzlieb.«

### Falsche Liebe

Es stehen drei Sterne am Himmel,
Die geben der Lieb einen Schein,
Gott grüß euch, schönes Jungfräulein,
Wo bind ich mein Rösselein hin?

Nimm du es, dein Rösslein, beim Ziegel, beim Zaum,
Binds an den Feigenbaum,
Setz dich eine kleine Weil nieder,
Mach mir eine kleine Kurzweil.

Ich kann und mag nicht sitzen,
Mag auch nicht lustig sein,
Mein Herz möcht mir zerspringen,
Feins Lieb, von wegen dein.

Was zog er aus seiner Taschen?
Ein Meßer, war scharf und spitz.
Er stachs seiner Lieben durchs Herze,
Das rothe Blut gegen ihn spritzt.

Und da ers wieder heraußer zog,
Von Blut war es so roth.
»Ach reicher Gott vom Himmel,
Wie bitter wird mir der Tod!

Was zog er ab vom Finger?
Ein rothes Goldringelein,
Er warf es in flüßig Wasser,
Es gab seinen klaren Schein.

Schwimm hin, schwimm her, Goldringelein,
Bis an die tiefe See.
Mein Feinslieb ist mir gestorben,
Jetzt hab ich kein Feinslieb meh.

So geht's, wenn ein Mädel zwei Knaben lieb hat,
Thut wunderselten gut.
Das haben wir zwei erfahren
Was falsche Liebe thut.


## Die Kindesmörderin

Es wollt ein Hirtlein treiben aus,
Er trieb wohl in den Wald hinaus.

Und als er trieb ins Dorf hinein,
Da hört er schrein ein Kindelein.

Ich hör dich rufen und seh dich nicht,
Ich hör, daß du ein Kindlein bist.

Ich bin hier in den Baum gesteckt,
Mit Eichenspänen zugedeckt.

O nimm mich, nimm mich, Hirtelein,
Und trag mich in das Dorf hinein.

Da trag mich in dasselbe Haus,
Wo meine Mutter ist die Braut.

Sie darf kein grünes Kränzlein tragen,
Sie hat drei kleine Kinder begraben.

Das erste hat sie in den Mist versenkt,
Das andre hat sie im Waßer ertränkt.

Mich hat sie in die hohle Weide gesteckt,
Und mit Eichenspänen zugedeckt.

Und wie sie in das Haus hinein kam'n,
Da fieng das Kind zu reden an:

Grüß Gott, grüß Gott, ihr Hochzeitsgäst,
Meine Mutter sitzt dort im Winkel fest.

Wie kann ich deine Mutter sein?
Ich trage von Raut ein Kränzelein.

»Wohl kannst du meine Mutter sein,
Du hast geboren drei Kindelein.

Das erste hast du in den Mist versenkt,
Das andre hast du im Waßer ertränkt.

Mich hast du in eine hohle Weide gesteckt,
Und mit Eichenspänen zugedeckt.«

Soll ich den Kindern ihre Mutter sein?
Viel lieber will ich des Teufels sein.

Das Wort war kaum aus ihrem Mund,
Der Teufel vor der Thüre stund.

So komm nur her, du schöne Braut,
Du hast deinen Himmel in die Hölle gebaut.

Er nahm sie bei der linken Hand
Und führte sie in den feurigen Tanz.

## Der Zimmergesell

Es war ein feiner Zimmergesell,
War gar ein jung frisch Blut,
Er baut dem jungen Markgrafen ein Haus,
Sechshundert Schauläden hinaus.

Und als das Haus gebauet war,
Legt er sich nieder und schlief,
Da kam des jungen Markgrafen sein Weib,
Zum zweiten und drittenmal rief:

Steh auf, steh auf, junger Zimmergesell,
Denn es ist an der Stund,
Hast du so wohl ja gebaut das Haus,
So küss mich an den Mund.

Ach nein, ach nein, Markgräfin fein,
Das wär uns beiden ein Schand,
Wenn es der junge Markgraf erführ,
Der jagte mich wohl aus dem Land.

Und da sie beide zusammen warn,
Sie meinen sie wären allein,
Da schlich wohl das älteste Kammerweib her,
Zum Schlüßelloch sah sie hinein.

»Ach edler Herr, ach edler Herr,
Groß Wunder, zu dieser Stund
Da küsset der jung frische Zimmergesell
Die Frau Markgräfin an'n Mund.«

Und hat er geküsst meine schöne Frau,
Des Todes muß er mir sein:
Einen Galgen soll er sich selber baun
Zu Schaffhausen draus an dem Rhein.

Und als der Galgen gebauet war
Sechshundert Schauläden hinaus,
Von lauter Silber und Edelgestein
Setzt er darauf einen Strauß.

Und als die Markgräfin das vernahm,
Ihrem Knappen rief sie schnell:
Mein Pferdchen sollst du mir satteln bald
Um den jung frischen Zimmergesell.

Und als ihr Pferdchen gesattelt war,
Gen Schaffhausen ritt sie schnell:
Da stieg die Leiter eben hinan
Der jung frische Zimmergesell.

»Ihr Herrn, und käm die Frau Markgräfin
Vor euer Bettchen zu stahn,
Würdet ihr sie halsen und küssen,
Oder würdet sie laßen gahn?«

Sie sprachen: Und käm die Frau Markgräfin,
Vor unser Bettchen gegahn,
Wir wollten sie halsen und küssen,
Und wollten sie freundlich umfahn.

»Wolltct ihr sie halsen und küssen
Und wolltet sie freundlich umfahn,
So hat auch der jung frische Zimmergesell
So Arges nicht gethan.«

Da sprach der Markgraf selber wohl:
»Wir wollen ihn leben lahn;
Ist keiner doch unter uns allen hier,
Der dieß nicht hätte gethan.«

Was zog er aus der Taschen?
Wohl hundert Goldkronen so roth:
»Geh mir, geh mir aus dem Land hinaus,
Du findest wohl überall Brot.«

Und als er hinaus gezogen war,
Da gieng er über die Haid,
Da steht wohl des jungen Markgrafen sein Weib
In ihrem schneeweißen Kleid.

Was zog sie aus ihrer Taschen gar schnell?
Viel hundert Ducaten von Gold:
Nimms hin, du schöner, du feiner Gesell,
Nimms hin zu deinem Sold.

Und wenn dir Wein zu sauer ist,
So trinke du Malvasier,
Und wenn mein Mündlein dir süßer ist,
So komm nur wieder zu mir.

## Die Königskinder

Es waren zwei Edelkönigskinder,
Die hatten einander so lieb,
Sie konnten beisammen nicht kommen,
Das Wasser war viel zu tief.

»Ach Liebster kannst du schwimmen,
So schwimm doch herüber zu mir,
Drei Kerzchen will ich anzünden,
Die sollen auch leuchten dir.«

Das hört ein loses Nönnchen,
Das thät als wenn es schlief,
Es thät die Kerzlein ausblasen,
Der Jüngling ertrank so tief.

Und als der Jüngling zu Grunde gieng,
Sie schrieen und weinten so sehr,
Sie gieng mit weinenden Augen
Wohl vor der Mutter Thür.

»Ach Mutter, herzliebste Mutter,
Mein Kopf thut mir so weh,
Laß mich ein wenig spazieren
Wohl an die tiefe See.«

Ach Tochter, herzliebste Tochter,
Allein sollst du nicht gehn,
Ruf deinen jüngsten Bruder
Und der soll mit dir gehn.

»Ach Mutter, herzliebste Mutter,
Mein Bruder ist noch ein Kind,
Er schießt ja all die Vögelein,
Die auf grüner Haide sind.«

Ach Tochter, herzliebste Tochter,
Allein sollst du nicht gehn,
Weck deine jüngste Schwester
Und die soll mit dir gehn.

»Ach Mutter, herzliebste Mutter,
Meine Schwester ist noch ein Kind,
Sie pflückt ja all die Blümelein,
Die auf grüner Haide sind.«

Die Mutter gieng zur Kirche,
Die Tochter gieng ihren Gang,
Sie gieng so lang spazieren
Bis sie einen Fischer fand.

»Ach Fischer, liebster Fischer,
Willst du verdienen Lohn,
So senk dein Netz ins Wasser,
Fisch mir den Königssohn.«

Er senkte sein Netz ins Wasser,
Und nahm sie in den Kahn,
Er fischt und fischte so lange
Bis sie den Königssohn sahn.

Was nahm sie von ihrem Haupte?
Eine goldne Königskron:
»Sieh da, viel edler Fischer,
Das ist dein verdienter Lohn.«

Was zog sie von ihrem Finger?
Ein Ringlein von Gold so roth:
»Sieh da, du armer Fischer,
Kauf deinen Kindern Brot.«

Sie schloß ihn in ihre Arme,
Küßt ihm den bleichen Mund:
»Ach Mündlein, könntest du sprechen,
So wäre mein Herz gesund.«

Sie schloß ihn an ihr Herze
Und sprang mit ihm ins Meer:
»Gute Nacht, mein Vater und Mutter,
Ihr seht mich nimmermehr.«

Da hörte man Glöcklein läuten,
Da hörte man Jammer und Noth.
Hier liegen zwei Königskinder,
Die sind alle beide todt.

## *Johann Wilhelm Ludwig Gleim*

### *1719–1803*

### *Marianne*

Traurige und betrübte Folgen der schändlichen Eifersucht,
wie auch Heilsamer Unterricht, daß Eltern, die ihre Kinder lieben, sie zu keiner Heirat zwingen,
sondern ihnen ihren freien Willen lassen sollen; enthalten in der Geschichte
Herrn Isaac Veltens, der sich am 11. April 1756 zu Berlin eigenhändig umgebracht, nachdem er seine
getreue Ehegattin Marianne und derselben unschuldigen Liebhaber jämmerlich ermordet

Die Eh' ist für uns arme Sünder
    Ein Marterstand;
Drum, Eltern! zwingt doch keine Kinder
    In's Eheband!
Es hilft zum höchsten Glück der Liebe
    Kein Rittergut,
Es helfen zarte, gleiche Triebe
    Und frisches Blut!

Dies wußte Fräulein Marianne
    So gut als ich;
Dem schönsten, jüngsten, treusten Manne
    Ergab sie sich.
»Mama«, sprach sie, »ich bin zum Freien
    Nicht mehr zu jung;
Und, einem Manne mich zu weihen,
    Schon klug genug!«

»Ich kann's nun länger nicht verhehlen
    In meinem Sinn,
Mama, daß ich von Grund der Seelen
    Verliebet bin!«

Verliebt? in wen? – »Ich will ihn nennen,
    Ich will, allein
Sie müssen ihn nicht hassen können,
    Und gnädig sein.

Versprechen Sie mir das, Mamachen!
    Sein Sie so gut,
Dann weiß ich ja, daß mein Papachen
    Es auch gleich tut!
Leander! – – Ach! Sie wollen schelten,
    Ich seh' es schon!«
Leander, Kind? o, nein! Herr Velten
    Sei Schwiegersohn!

Ja, ja! Herrn Velten sollst du nehmen,
    Denn der hat Geld,
Und du mußt dich zu dem bequemen,
    Was mir gefällt.
Wie können junge Mädchen wissen,
    Was nützlich ist?
Die meisten sind erpicht auf's Küssen,
    Wie du auch bist.

»Herrn Velten soll ich? Ach, ich Arme!
    Was soll mir der?
Ach, daß der Himmel sich erbarme,
    Was soll mir der?« –
Es schwillt von Millionen Tränen
    Ihr schön Gesicht;
Und tausend Mal sagt sie mit Stöhnen:
    »Ich will ihn nicht!«

Du willst ihn nicht? Ich muß nur lachen,
    Sagt die Mama,
Wir wollen dir den Willen machen,
    Ich und Papa!
Man schleppt sie fort in einen Wagen,
    Hält sie vermummt;
Man bittet sie, noch ja zu sagen,
    Und sie verstummt.

Sie sieht nach einer kurzen Reise
    Sich eingesperrt,
Wo, nach beliebter alter Weise,
    Die Nonne plärrt.
Da soll sie beten und nicht lieben;
    Allein sie weint,
Sie weint, und will sich tot betrüben
    Um ihren Freund.

Einst aber geht, mit schwarzer Lüge,
    Mama zu ihr:
Kind, sagt sie, kennst du wohl die Züge
    Des Schreibens hier?
Der ew'ge Treue dir geschworen,
    Hat sie verfehlt;
Leander ist für dich verloren,
    Er ist vermählt.

Schnell rollt in einem goldnen Wagen
    Herr Velten her;
Auch kommt ein Mann mit weißem Kragen
    Von ungefähr!
Gequälet wird, von Jung und Alten,
    Das arme Kind,
Und die Verlöbnis wird gehalten,
    Ach, wie geschwind!

Nun freu't ein Haufen Anverwandten
    Sich auf den Tanz;
Nun binden Mütter, Nichten, Tanten
    Am Myrtenkranz!

Nun schickt sich zu drei wilden Tagen
    Das ganze Haus;
Und Priester gehn mit leerem Magen
    Zum Hochzeitsschmaus!

Nur für die Braut ist keine Freude
    Und keine Lust;
Sie quält sich mit geheimen Leide
    Tief in der Brust!
Betrübt hört sie des Priesters Segen;
    Sieht Velten an,
Und seufzt bei lauten Herzensschlägen:
    »Ach, welch ein Mann!«

Am Abend mehret sich ihr Jammer
    Und ihre Pein;
Denn, ach! sie soll nun in die Kammer
    Mit ihm hinein!
Wie man ein Lamm zur Schlachtbank führet,
    So führt man sie.
»Seht«, spricht Mama, »wie sie sich zieret,
    Die Närrin die!«

Jedoch sie war am frühen Morgen
    Nun eine Frau!
Sie teilte nun des Mannes Sorgen,
    War nun genau,
Ihm seine Wirtschaft recht zu führen,
    So Tag, als Nacht,
Und keinen Heller zu verlieren
    War sie bedacht!

Ach, aber ach! geheime Schmerzen
    Verzehren sie;
Leander herrscht in ihrem Herzen,
    So spät, als früh!
»Wie mag er sich um mich nicht kränken!
    Lebt er wohl noch?«
Sie will nicht mehr an ihn gedenken,
    Und tut es doch.

Oft sitzt sie unter einer Linde,
    Und spricht mit sich:
»Ach, an ihn denken, das ist Sünde,
    Und die tu' ich!
Könnt' ich sie meiden, nicht mehr wissen
    Im fünften Jahr,
Daß, ach! Leander meinen Küssen
    Einst lieber war!«

Von so schwermütigen Gedanken
　　Wird sie geplagt;
Sie schränkt in heil'ger Ehe Schranken
　　Sich ein und klagt.
Einst, als sie sich dem Gram ergibet
　　Und einsam sitzt,
Und ihrem Ehmann, den sie liebet,
　　Mit Spinnen nützt,

Da tritt er in ihr stilles Zimmer
　　Vergnügt hinein,
Und bittet sie: doch nur nicht immer
　　Betrübt zu sein!
Ihm folgt ein Kaufmann, der Juwelen
　　Und Perlen trägt,
Und der im Innersten der Seelen
　　Betrübnis hegt.

»Kind«, spricht er, »kauf dir von den Waren,
　　Was dir gefällt;
Wir dürfen ja nicht immer sparen,
　　Sieh, hier ist Geld!«
Er gibt ihr Taler, ungezählet,
　　Und pfeift und lacht,
Und geht, weil ihm ein Braten fehlet,
　　Fort auf die Jagd.

Nun steht mit zitternden Gebärden
　　Der Kaufmann da,
Voll Furcht, von der gehaßt zu werden,
　　Die ihn jetzt sah;
Weil, statt der Rosen seiner Wangen,
　　Ein langer Bart
Herabhing, und wie sie vergangen,
　　Gesehen ward!

Die Augen, niederwärts geschlagen,
　　Sieht sie ihn an;
»Was habt ihr«, fängt sie an zu fragen,
　　»Mein lieber Mann?«
Er zeigt ihr seine Waren, schweiget,
　　Und spricht kein Wort;
Doch geht, so oft er ihr was zeiget,
　　Ein Seufzer fort.

»Warum«, denkt sie, »ist er betrübet?
　　Er jammert mich!
Sein Gram ist groß; gewiß, er liebet
　　Und seufzt, wie ich.«

Sie fragt ihn: »Was für stille Schmerzen
　　Erduldet ihr?
Ist Liebesgram in eurem Herzen,
　　So sagt es mir!«

»Der Gram, mit welchem ich mich quäle,
　　Verzehret mich,
Madam! er bleibt in meiner Seele
　　Wohl ewiglich!
Ein einzig Kleinod war auf Erden,
　　Das wünscht' ich mir;
Dadurch der Glücklichste zu werden,
　　Das wünscht' ich mir!

Ich bat zu Gott, es mir zu geben
　　Zum Eigentum;
Mein Hab und Gut und selbst mein Leben
　　Bot ich darum!
Mein einz'ger Wunsch und meine Freude
　　War, es zu sehn!
Wie war es meiner Augen Weide,
　　Wie war's so schön!

Ach, aber ach! in tausend Stücken
　　Zerriß der Schmerz,
Der nicht mit Worten auszudrücken
　　Mein armes Herz!
Verzweiflung, Treue, Glück und Ehre
　　Bestritt mein Haupt,
Als ich vernahm: das Kleinod wäre
　　Mir weggeraubt!«

»Was für ein Kleinod? darf ich's wissen?
　　Welch Kleinod kann
Euch so betrüben? – darf ich's wissen,
　　Mein lieber Mann?
Ich dächt', euch wäre Leben lieber,
　　Als Stein und Gold;
Mich wundert, daß ihr euch darüber
　　Totgrämen wollt.«

»Madam, was von entfernten Mohren
　　Der Geiz sich holt,
Ist Kleinigkeit! Was ich verloren
　　Ersetzt kein Gold;
Es war mir teurer als mein Leben,
　　Und Gut und Geld!
Ach! was hätt' ich darum gegeben! –
　　Die ganze Welt!

Einst malt' ich mir aus dem Gedächtnis
　　Das werte Bild,
Des Himmels einziges Vermächtnis,
　　Das Kummer stillt.« –
»Ein Bild ist es, darum ihr klaget?
　　O zeigt es mir!«
Er zieht es aus dem Busen, saget:
　　»Hier ist es, hier!«

Sie nimmt es hin, er sieht's mit Freuden
　　In ihrer Hand;
Es war gehüllt in Gold und Seiden;
　　Auswendig stand:
»Von meinen zärtlich treuen Tränen
　　Entstand ein Bach!
Und floß auf dieses Bild der Schönen!
　　Ach, Himmel, ach!«

Sie macht es auf – – Allein erblasset,
　　Vom Schreck erfüllt,
Fällt sie in Ohnmacht, denn sie fasset
　　Ihr eigen Bild.
»Ach, Marianne! Marianne!
　　Ach, stirb doch nicht!
Ach, sieh mich, Engel; ach ermanne
　　Dein blaß Gesicht.«

Erweckt vom Schalle dieser Worte,
　　Kommt sie zu sich.
»Freund«, spricht sie, »flieh von diesem Orte!
　　Freund, meide mich!
Ein andrer Mann«, sagt die Getreue,
　　»Hat meine Hand;
Entferne dich, denn meine Treue
　　Hält ihm Bestand!«

Er eilt, gehorsam dem Befehle,
　　Urplötzlich fort.
»Ach!« seufzt er, »ach, geliebte Seele,
　　Nur noch ein Wort!
Ich sterb' um dich!« Er faßt im Gehen
　　Die Hand ihr an;
Zum letzten Mal will er sie sehen,
　　Da kommt der Mann!

»Stirb«, sagt er, »Räuber meiner Ehre,
　　Mit tausend Schmerz!«
Er tobt und stößt mit Mordgewehre
　　Durch beider Herz.
Leander stirbt, und Marianne
　　Seufzt: »Himmel, ich
Verdient' es nicht!« Sie spricht zum Manne:
　　»Du jammerst mich!«

Der Mann hat keine frohe Stunde;
　　Des Nachts erscheint
Das treue Weib, zeigt ihre Wunde
　　Dem Mann' und weint!
Ein klägliches Gewinsel irret
　　Um ihn herum;
Ihn reut die Tat, er wird verwirret,
　　Er bringt sich um!

Bei'm Hören dieser Mordgeschichte
　　Sieht jeder Mann
Mit liebreich freundlichem Gesichte
　　Sein Weibchen an,
Und denkt: »Wenn ich's einmal so fände,
　　So dächt' ich: Nun,
Sie geben sich ja nur die Hände,
　　Das laß sie tun!«

# Johann Friedrich Löwen

## 1727–1771

### Die Wut der Frauen

Bänkelballade über eine wahre Begebenheit, die sich im Januar ereignete

Ach! hört mit Furcht und Grauen
ihr guten Männer an,
wozu die Wut der Frauen
euch alle reizen kann.

Glaubt nicht, daß ihr auf Erden
stets euren Himmel habt,
wenn euch bei viel Beschwerden
der Kuß der Schönen labt.

Quält in dem Weltgetümmel
den Mann des Ehstands Pflicht:
so glaubt, der gute Himmel
schloß seine Ehe nicht.

So glaubt, er kaufte teuer
den kurzen Zeitvertreib;
so glaubt, ein Fegefeuer
ward ihm sein liebes Weib.

Dann kennt er ohne Zweifel
die Hölle ganz genau:
denn mehr als sieben Teufel
quält eine böse Frau.

In Eheprüfungsstunden
hat mancher Hahnrei oft
beim Trost, den er empfunden,
auf Rache mit gehofft.

Er dacht an seine Brüder
und an der Ehe Lauf
und setzte manchem wieder
zwölfend'ge Hörner auf.

Drum nehmt, geplagte Männer,
Geduld und Tröstung wahr:
zankt eure Frau im Jenner,
zankt ihr im Februar.

Hat sie im März von Ränken
das starre Köpfchen voll,
greift im April zu Schwänken
und macht im Mai sie toll.

So standhaft wechselt immer;
merkt diesen treuen Rat:
tut nie, was einstens schlimmer
ein armer Ehmann tat.

Er, der bei grauen Haaren
ein rasches Mädchen nahm
und nunmehr schnell erfahren,
wie man zu Hörnern kam, –

er glaubte, da zur Rache
sein Alter ihn gelähmt,
es sei sein schöner Drache
durch Schmeicheln leicht gezähmt.

Allein, wie grimmig flogen
nicht oft dem armen Tropf,
der schrecklich sich betrogen,
die Schlüssel nach dem Kopf.

Sie droht, er mußte fliegen
und kommen, wenn sie rief,
und unterm Stuhle kriechen,
saß ihr das Kopfzeug schief.

Zehn scharfe Nägel fuhren
ihm öfters durch den Bart
und hinterließen Spuren
von ihrer Gegenwart.

Einst, schrecklich ist's zu sagen!
wollt er das erstemal
zu widersprechen wagen,
da seh er seine Qual.

Mir, rief sie, mir zu wehren!
und ich, ich schweige still?
Dein Wunder sollst du hören,
ein Wort ist gnug: ich will.

Schon flammten ihre Blicke;
ein Wörtchen sprach er nur,
als schnell in die Perücke
Glas und Pantoffel fuhr.

Er schwieg und lief verzaget
fünf Treppen unters Dach;
da hat er viel geklaget –
du Muse, klag ihm nach.

Ach! ist ein Mann auf Erden
wohl so geplagt als du?
Erst muß ich Hahnrei werden,
dann Prügel noch dazu?«

Er dachte drauf mit Schmerzen
an alle seine Not
und fühlte Wut im Herzen
und knirscht und rief den Tod.

Der Tod, der ungebeten
oft kömmt mit Ungestüm,
kroch doch in diesen Nöten
nicht unters Dach zu ihm.

Und weil er nicht gekommen,
so hat er wehmutsvoll
gar den Entschluß genommen,
den keiner nehmen soll.

»Der, welcher sich erhenket,
schloß er, fühlt kurze Pein.
Mein Weib, wenn man's bedenket,
wird stets mein Henker sein.

Was acht ich denn der Qualen
von einem Augenblick?
da schon zu tausend Malen –
komm her, geliebter Strick!«

Es war der letzte Jenner,
als sich der Geck erhing
und für geplagte Männer
die Märterkron empfing.

# Gottlieb Konrad Pfeffel

## 1736–1809

### Die Wahl

Graf Hunerich, ein deutscher Mann,
Hielt sich und seinem Weib,
Frau Hedwig, einen Schloßkaplan
Zum frommen Zeitvertreib.

Der Mönch vergaß beim leckern Tisch
Des Grafen sein Brevier;
Aß auch am Freitag selten Fisch.
Trank lieber Wein als Bier.

Einst weckt ihn was um Mitternacht;
Da stand mit stillem Grimm,
Gehörnt, in schwefelgelber Tracht,
Fürst Luzifer vor ihm.

Wähl, sprach er, unter dreien eins:
Ermorde Hunerich,
Entehr' sein Weib, sauf dich voll Weins,
Sonst hol' ich morgen dich.

Er wählt die Flasche, treibt berauscht
Mit Hedwig frevle Lust,
Und stößt dem Mann, der sie belauscht,
Ein Messer in die Brust.

# Matthias Claudius
### 1740–1815

## Kriegslied

's ist Krieg! 's ist Krieg! O Gottes Engel wehre,
     Und rede du darein!
's ist leider Krieg – und ich begehre
     Nicht schuld daran zu sein!

Was sollt ich machen, wenn im Schlaf mit Grämen
     Und blutig, bleich und blaß,
Die Geister der Erschlagnen zu mir kämen,
     Und vor mir weinten, was?

Wenn wackre Männer, die sich Ehre suchten,
     Verstümmelt und halb tot
Im Staub sich vor mir wälzten, und mir fluchten
     In ihrer Todesnot?

Wenn tausend tausend Väter, Mütter, Bräute,
     So glücklich vor dem Krieg,
Nun alle elend, alle arme Leute,
     Wehklagten über mich?

Wenn Hunger, böse Seuch und ihre Nöten
     Freund, Freund und Feind ins Grab
Versammleten, und mir zu Ehren krähten
     Von einer Leich herab?

Was hülf mir Kron und Land und Gold und Ehre?
     Die könnten mich nicht freun!
's ist leider Krieg – und ich begehre
     Nicht schuld daran zu sein!

# Johann Heinrich Jung-Stilling
## 1740–1817

### Die Giftmörderin

Es ritt ein Ritter wohl übers Feld,
er hatte kein'n Freund, kein Gut, kein Geld.
Sein Schwesterlein war hübsch und fein:
»Ach Schwesterlein! ich sage dir Adie,
ich sehe dich ja nimmermehr;
ich reite weg in ein fremdes Land,
reich du mir deine weiße Hand!
Adie! Adie! Adie!«

»Ich sah, mein schönstes Brüderlein,
ein buntig, artig Vögelein,
es hüpfte im Wachholderbaum;
ich warf's mit meinem Ringelein,
es nahm ihn in sein Schnäbelein
und flog weg in dem Walde fort;
Adie! Adie! Adie!«

»Schließ du dein Schloß wohl feste zu,
halt dich fein still in guter Ruh;
laß niemand in dein Kämmerlein:
Der Ritter mit dem schwarzen Pferd
hat dich zumalen lieb und wert;
nimm dich vor ihm gar wohl in acht,
manch Mägdlein hat er zu Fall gebracht,
Adie! Adie! Adie!«

Das Mägdlein weinte bitterlich;
der Bruder sah noch hinter sich
und grüßte sie noch einmal schön.
Da ging sie in ihr Kämmerlein
und konnte da nicht fröhlich sein:
den Ritter mit dem schwarzen Pferd
hätt' sie vor allem lieb und wert.
Adie! Adie! Adie!

Der Ritter mit dem schwarzen Roß
hätt' Güter und viel Reichtum groß;
er kame zum Jungfräulein zart,
er kame oft um Mitternacht
und ginge, wann der Tag anbrach.
Es führt sie in sein Schlösselein
zum anderen Jungfräulein fein.
Adie! Adie! Adie!

Sie kam dahin in schwarzer Nacht,
sie sah, daß er zu Fall gebracht
viel edele Jungfrauen zart.
Sie nahm wohl einen kühlen Wein
und goß ein schnödes Gift hinein
und trank's dem schwarzen Ritter zu,
es gingen beiden die Äuglein zu.
Adie! Adie! Adie!

Sie begruben den Ritter im Schlosse fein,
das Mägdlein inbei ein Brünnelein;
sie schläft da im kühlen Gras.
Um Mitternacht da wandelt sie umher
im Mondenschein, dann seufzet sie so sehr,
sie wandelt da im weißigen Kleid
und klaget da dem Wald ihr Leid.
Adie! Adie! Adie!

Der edle Bruder eilt herein
bei diesem klaren Brünnelein
und sah es, sein Schwesterlein zart,
»Was machst du, mein Schwesterlein, allhier?
du seufzest so, was fehlt dann dir?«
»Ich hab den Ritter in schwarzer Nacht
und mich mit bösem Gift umgebracht:
Adie! Adie! Adie!«

Wie Nebel in dem weiten Raum
flog auf das Mägdlein durch den Baum,
man sah sie wohl nimmermehr.
Ins Klöster ging der Rittersmann
und fing ein frommes Leben an.
Da betete er fürs Schwesterlein,
auf daß sie möchte selig sein.
Adie! Adie! Adie!

# Daniel Schiebeler

## 1741–1771

### Pyreneus und die Musen

Die Musen waren ausspaziert,
Nachdem sie gnug gesessen;
Da kam ein Sturm mit Regenflut,
Sie hatten Schirm und Sonnenhut
Zum Ungelück vergessen.

Fürst Pyreneus wohnte hier
Recht in der Fluren Mitte.
Er sah die Not der heilgen Neun,
Und lud sie in sein Schloß herein;
Genehmigt ward die Bitte.

Er schützte hübsche Mädchen gern
Vor Sturm und Ungewitter.
Er war im Lande weit und breit
Das Schrecken und das Herzeleid
Der Männer und der Mütter.

Der Hof war, seinem König gleich,
Den Lüsten ganz ergeben.
Es galt für ihre Schwelgerei
Frau, Witwe, Jungfer einerlei;
Welch ein verruchtes Leben!

Neun artge Mädchen auf einmal!
Erwünscht war diese Beute.
Geordnet ward ein prächtger Schmaus,
Ein jeder griff ein Mädchen aus,
Und saß an ihrer Seite.

Nach aufgehobner Tafel ließ
Das heitre Licht sich sehen;
Die schönen Kinder neigten sich,
Und nahmen Abschied dankbarlich,
Und wollten weiter gehen.

Allein der Wirt ersuchte sie,
Die Zeche zu bezahlen.
In welcher Münze! Himmel, ach!
Für keusche Mädchen, welche Schmach!
Wer kann ihr Schrecken malen?

Man kam zu räubrisch kühner Wut,
Verriegelte die Türen.
Dort standen, schön, und weich, und groß,
Drei Kanapees, fürwahr! nicht bloß
Das Zimmer auszuzieren.

Der König wagt's, Melpomenen
In seinen Arm zu fassen.
Sie zog ein gräßliches Gesicht;
Doch dies bewog den Wütrich nicht,
Den schönen Raub zu lassen.

Und ach! Thalia ward das Teil
Des trunknen Hofpoeten.
Er greift sie an, voll Rachbegier
Daß er so oft umsonst von ihr
Begeisterung gebeten.

Die Frevler waren schon bereit,
Die Bosheit zu vollenden;
Doch plötzlich rief das Musenchor
Der Gottheit ganze Macht hervor,
Das Unglück abzuwenden.

In bunte Vögel seltner Art
Verkehrten sich die Schönen;
Ein Fenster, das sie offen sahn,
Gab ihrem Fluge freie Bahn;
Fort gingen die Kamönen.

Die Frevler blieben sprachlos stehn,
Und mit verwirrtem Blicke.
Der König sprang den Musen nach
Vom hohen Fenster, fiel, und brach
Erbärmlich das Genicke.

Die ihr dies Märchen angehört,
Es kann euch Nutzen bringen.
Wenn ihr den Musen nicht gefallt,
Versucht es ja nicht durch Gewalt;
Sie lassen sich nicht zwingen.

# Ludwig Christoph Heinrich Hölty
## 1748–1776

### Adelstan und Röschen

Der schöne Maienmond begann
 Und alles wurde froh;
Als Ritter Veit von Adelstan
 Der Königsstadt entfloh.
Von Geigern und Kastraten fern
 Und vom Redoutentanz,
Vertauscht' er seinen goldnen Stern
 Mit einem Schäferkranz.

Der Schoß der Au', der Wiesenklee,
 Verlieh ihm süßre Rast
Als Himmelbett und Kanapee
 Im fürstlichen Palast.
Er irrte täglich durch den Hain,
 Mit einer Brust voll Ruh,
Und sah dem Spiel und sah dem Reihn
 Der Dörferinnen zu;

Sah unter niederm Hüttendach
 Der Schäfermädchen Preis;
Und plötzlich schlug sein Herzensschlag
 Wohl noch einmal so heiß.
Sie wurden drauf gar bald vertraut;
 Was Wunder doch! er war
Ein Mann von Welt und wohlgebaut,
 Und Röschen achtzehn Jahr.

Sie gab, durch manchen Tränenguß
 Erweichet, ihm Gehör;
Zuerst bekam er einen Kuß,
 Zuletzt noch etwas mehr.
Itzt wurde nach des Hofes Brauch
 Sein Busen plötzlich lau;
Er saß nicht mehr am Schlehenstrauch
 Mit Röschen auf der Au.

Des Dorfes und des Mädchens satt,
 Warf er sich auf sein Roß,
Flog wieder in die Königsstadt
 Und in sein Marmorschloß.

Hier taumelt' er von Ball zu Ball,
 Vergaß der Rasenbank,
Wo beim Getön der Nachtigall
 Sein Mädchen ihn umschlang.

Und Röschen, das auf Wiesengrün
 Im Haselschatten saß,
Sah Mann und Roß vorüberfliehn
 Und wurde totenblaß.
Mein Adelstan! Ich armes Blut!-
 Er sah und hörte nicht,
Und drückte sich den Reisehut
 Nur tiefer ins Gesicht.

Sie zupft', auf ihren Hirtenstab
 Gelehnt, am Busenband,
Bis er dem Roß die Sporen gab
 Und ihrem Aug' entschwand;
Und schluchzt' und warf sich in das Gras,
 Verbarg sich im Gesträuch,
Weint' ihren schönen Busen naß
 Und ihre Wangen bleich.

Kein Tanz, kein Spiel behagt ihr mehr,
 Kein Abendrot, kein West;
Das Dörfchen dünkt ihr freudenleer,
 Die Flur ein Otternnest.
Ein melancholisch Heimchen zirpt
 Vor ihrer Kammertür;
Das Leichhuhn schreit. Ach Gott! sie stirbt,
 Des Dorfes beste Zier!

Die dumpfe Totenglocke schallt
 Drauf in das Dorf. Man bringt
Den Sarg daher; der Küster wallt
 Der Bahre vor und singt.
Der Pfarrer hält ihr den Sermon
 Und wünscht dem Schatten Ruh,
Der diesem Jammertal entflohn,
 Und klagt und weint dazu.

Man pflanzt ein Kreuz, mit Flittergold
  Bekränzet, auf ihr Grab;
Und auf den frischen Hügel rollt
  So manche Trän' herab.
Es wurde Nacht. Ein düstrer Flor
  Bedeckte Tal und Höhn;
Auch kam der liebe Mond hervor
  Und leuchtete so schön.

Vernehmt nun, wie's dem Ritter ging!
  Der Ritter lag auf Flaum,
Um welchen Gold und Seide hing,
  Und hatte manchen Traum.
Er zittert auf. Mit blauem Licht
  Wird sein Gemach erfüllt,
Ein Mädchen tritt ihm vors Gesicht,
  Ins Leichentuch verhüllt.

Ach, Röschen ist's, das arme Kind,
  Das Adelstan berückt!
Die Rosen ihrer Wangen sind
  Vom Tode weggepflückt.
Sie legt die eine kalte Hand
  Dem Ritter auf das Kinn,
Und hält ihr moderndes Gewand
  Ihm mit der andern hin;

Blickt drauf den ehrvergeßnen Mann,
  Den Schauer überschleicht,
Dreimal mit hohlen Augen an,
  Und wimmert und entweicht.

Sie zeigte, wann es zwölfe schlug,
  Itzt alle Nächte sich,
Verhüllet in ein Totentuch,
  Und wimmert' und entwich.

Der Ritter fiel in kurzer Zeit
  Drob in Melancholei
Und ward, verzehrt von Traurigkeit,
  Des Todes Konterfei.
Mit einem Dolch bewaffnet, floh
  Er aus der Stadt und lief
Zum Gottesacker hin, allwo
  Das arme Röschen schlief;

Wankt an die frische Gruft, den Dolch
  Dem Herzen zugekehrt,
Und sank. Folg'! ruft ein Teufel, folg'!
  Und seine Seel' entfährt.
Der Dolch ging mitten durch das Herz,
  Entsetzlich anzuschaun!
Die Augen starrten himmelwärts
  Und blickten Furcht und Graun.

Sein Grab ragt an der Kirchhofmaur,
  Der Landmann, der es sieht,
Wenn's Abend wird, fühlt kalten Schaur
  Und schlägt ein Kreuz und flieht.
Auch pflegt er, bis die Hahnen krähn,
  Den Blutdolch in der Brust,
Mit glühnden Augen umzugehn,
  Wie männiglich bewußt.

## Die Nonne

Es liebt' in Welschland irgendwo
  Ein schöner junger Ritter
Ein Mädchen, das der Welt entfloh,
  Trotz Klostertor und Gitter;
Sprach viel von seiner Liebespein,
  Und schwur, auf seinen Knien,
Sie aus dem Kerker zu befrein,
  Und stets für sie zu glühen.

»Bei diesem Muttergottesbild,
  Bei diesem Jesuskinde,
Das ihre Mutterarme füllt,
  Schwör ich's dir, o Belinde!

Dir ist mein ganzes Herz geweiht,
  So lang ich Odem habe,
Bei meiner Seelen Seligkeit!
  Dich lieb' ich bis zum Grabe.«

Was glaubt ein armes Mädchen nicht,
  Zumal in einer Zelle?
Ach! sie vergaß der Nonnenpflicht,
  Des Himmels und der Hölle.
Die, von den Engeln angeschaut,
  Sich ihrem Jesu weihte,
Die reine schöne Gottesbraut,
  Ward eines Frevlers Beute.

Drauf wurde, wie die Männer sind,
    Sein Herz von Stund an lauer,
Er überließ das arme Kind
    Auf ewig ihrer Trauer.
Vergaß der alten Zärtlichkeit,
    Und aller seiner Eide,
Und flog, im bunten Galakleid,
    Nach neuer Augenweide.

Begann mit andern Weibern Reihn,
    Im kerzenhellen Saale,
Gab andern Weibern Schmeichelein,
    Beim lauten Traubenmahle.
Und rühmte sich des Minneglücks
    Bei seiner schönen Nonne,
Und jedes Kusses, jedes Blicks,
    Und jeder andern Wonne.

Die Nonne, voll von welscher Wut,
    Entglüht' in ihrem Mute,
Und sann auf nichts als Dolch und Blut,
    Und schwamm in lauter Blute.
Sie dingte plötzlich eine Schar
    Von wilden Meuchelmördern,
Den Mann, der treulos worden war,
    Ins Totenreich zu fördern.

Die bohren manches Mörderschwert
    In seine schwarze Seele.
Sein schwarzer, falscher Geist entfährt,
    Wie Schwefeldampf der Höhle.
Er wimmert durch die Luft, wo sein
    Ein Krallenteufel harret.
Drauf ward sein blutendes Gebein
    In eine Gruft verscharret.

Die Nonne flog, wie Nacht begann,
    Zur kleinen Dorfkapelle,
Und riß den wunden Rittersmann
    Aus seiner Ruhestelle.
Riß ihm das Bubenherz heraus,
    Recht ihren Zorn zu büßen,
Und trat es, daß das Gotteshaus
    Erschallte, mit den Füßen.

Ihr Geist soll, wie die Sagen gehn,
    In dieser Kirche weilen,
Und, bis im Dorf die Hahnen krähn,
    Bald wimmern, und bald heulen.
Sobald der Zeiger zwölfe schlägt,
    Rauscht sie, an Grabsteinwänden,
Aus einer Gruft empor, und trägt
    Ein blutend Herz in Händen.

Die tiefen, hohlen Augen sprühn
    Ein düsterrotes Feuer,
Und glühn, wie Schwefelflammen glühn,
    Durch ihren weißen Schleier.
Sie gafft auf das zerrißne Herz,
    Mit wilder Rachgebärde,
Und hebt es dreimal himmelwärts,
    Und wirft es auf die Erde.

Und rollt die Augen, voller Wut,
    Die eine Hölle blicken,
Und schüttelt aus dem Schleier Blut,
    Und stampft das Herz in Stücken.
Ein dunkler Totenflimmer macht
    Indes die Fenster helle.
Der Wächter, der das Dorf bewacht,
    Sah's in der Landkapelle.

## Der alte Landmann an seinen Sohn

Üb' immer Treu' und Redlichkeit
Bis an dein kühles Grab,
Und weiche keinen Finger breit
Von Gottes Wegen ab!
Dann wirst du, wie auf grünen Au'n,
Durch's Pilgerleben gehn;
Dann kannst du sonder Furcht und Graun
Dem Tod' entgegen sehn.

Dann wird die Sichel und der Pflug
In deiner Hand so leicht;
Dann singest du beim Wasserkrug',
Als wär' dir Wein gereicht.
Dem Bösewicht wird alles schwer,
Er tue, was er tu';
Der Teufel treibt ihn hin und her,
Und läßt ihm keine Ruh.

Der schöne Frühling lacht ihm nicht,
Ihm lacht kein Ährenfeld;
Er ist auf Lug und Trug erpicht,
Und wünscht sich nichts als Geld.
Der Wind im Hain, das Laub am Baum,
Saust ihm Entsetzen zu;
Er findet nach des Lebens Raum
Im Grabe keine Ruh.

Dann muß er um die Geisterstund'
Aus seinem Grabe gehn;
Und oft als schwarzer Kettenhund
Vor seiner Haustür stehn.
Die Spinnerinnen, die, das Rad
Im Arm, nach Hause gehn,
Erzittern wie ein Espenlaub,
Wenn sie ihn liegen sehn.

Und jede Spinnestube spricht
Von diesem Abenteu'r,
Und wünscht den toten Bösewicht
Ins tiefste Höllenfeu'r.
Der alte Kunz war bis ans Grab
Ein rechter Höllenbrand:
Er pflügte seinem Nachbar ab,
Und stahl ihm vieles Land.

Nun pflügt er, als ein Feuermann,
Auf seines Nachbarn Flur,
Und mißt das Land hinab hinan
Mit einer glüh'nden Schnur.
Er brennet, wie ein Schober Stroh,
Dem glüh'nden Pfluge nach,
Und pflügt, und brennet lichterloh
Bis an den hellen Tag.

Der Amtmann, der die Bauern schund,
Und hurt' und Hirsche schoß,
Trabt Nachts mit einem schwarzen Hund'
Im Wald auf glüh'ndem Roß.
Oft geht er auch am Knotenstock
Als rauher Brummbär um,
Und meckert oft als Ziegenbock
Im ganzen Dorf herum.

Der Pfarrer, der aufs Tanzen schalt,
Und Filz und Wuchrer war,
Steht Nachts als schwarze Spukgestalt
Um zwölf Uhr am Altar;
Paukt dann mit dumpfigem Geschrei
Die Kanzel, daß es gellt,
Und zählet in der Sakristei
Sein Beicht- und Opfergeld.

Der Junker, der bei Spiel und Ball
Der Wittwen Habe fraß,
Kutschirt, umbraust von Seufzerhall,
Zum Fest des Satanas.
Im blauen Schwefelflammenrock
Fährt er zur Burg hinauf,
Ein Teufel auf dem Kutschenbock,
Zween Teufel hintenauf.

Sohn, übe Treu und Redlichkeit
Bis an dein kühles Grab,
Und weiche keinen Finger breit
Von Gottes Wegen ab!
Dann suchen Enkel deine Gruft,
Und weinen Tränen drauf,
Und Sommerblumen, voll von Duft,
Blühn aus den Tränen auf.

## Der Sänger und die Königsmaid

Ich weiß eine Mär aus verklungener Zeit
Es liebte der Sänger die Königsmaid
Oh weh ihm, er konnte nicht schweigen !

Die Saiten erklangen in Lust und Schmerz
Sie lockten, sie zwangen das lauschende Herz
Oh weh ihm, er konnte nicht schweigen !

Halb hat sie geschenkt ihm, halb hat er geraubt
Ein goldenes Löcklein von ihrem Haupt
Oh weh ihm, er konnte nicht schweigen !

Sie bot ihm den heißen, den duftigen Mund
Den hat er geküsst in seliger Stund
Oh weh ihm, er konnte nicht schweigen !

Nun zischels wie Schlangen die Gassen hindurch
Und zischels hinauf bis zur Königsburg
Oh weh ihm, er konnte nicht schweigen !

Der Mond schien traurig, das Henkerbeil klang
Der Sturmwind pfiff den Grabgesang
Oh weh ihm, er konnte nicht schweigen !

# Johann Martin Miller

*1750–1814*

### Ritter Richard

Der Ritter Richard sah einmal
  Das Fräulein Adelgund,
Und herzlich tat er seine Qual
  Ihr unter Tränen kund;

Und wurde bald erhört. Es sprach
  Die Lieb' aus ihrem Blick,
Sie sahen sich an jedem Tag,
  Und täglich wuchs ihr Glück.

Doch schneller schwand es, als der Strahl
  Vom falben Abendlicht;
Hienieden dau'rt kein Glück, zumal
  Das Glück der Liebe nicht.

Er soll in Krieg, er wappnet sich,
  Gibt ihr den Scheidekuß;
Und sie umarmt ihn inniglich
  Mit einem Tränenguß.

Doch trocknen, wie ein jeder weiß,
  Der Mädchen Tränen bald;
Ihr Busen, eben noch so heiß,
  Ward augenblicklich kalt.

Ein schöngeputzter Edelmann,
  Herr Robert jung und fein,
Sah sie mit Liebesblicken an,
  Und nahm sie jählings ein.

Zwar hatt' er, wie ihr Richard, nicht
  Ein Herz ohn' allen Trug,
Doch lieblich war sein Angesicht,
  Und das ist Mädchen g'nug.

Bald, schrieb ihr Richard, bin ich dein,
  Ich komm', o Teure, schon;
Sie aber las, und lachte sein,
  Und sprach ihm bittern Hohn;

Und flog zu ihrem Robert hin,
  Und sprach: Bin ich dir wert,
So laß die Trauung uns vollziehn,
  Eh' uns ein andrer stört.

Kein Augenblick ward da gespart,
  Man fuhr hinaus aufs Land,
Und gleich der zweite Morgen ward
  Zum Trauungstag ernannt.

Indessen kömmt, mit Ruhm bekränzt,
  Der Ritter Richard an;
Sein Busen pocht, sein Auge glänzt,
  Das Fräulein zu empfahn.

Ach, was er da vernimmt! Die ist
  Des Ritter Roberts Braut,
Und, eh' der zweite Tag verfließt,
  Wird sie ihm angetraut.

Er flucht und betet, springt aufs Roß,
  Und rennt im wilden Trab
Vor Fräulein Adelgundens Schloß,
  Und hastig springt er ab;

Und will im ersten Augenblick
  Die falsche Dirne sehn:
Doch höhnisch weist man ihn zurück,
  Und läßt ihn staunend stehn.

Gott! ruft er rasend, welch ein Lohn!
  Und stampft, und knirscht, und lacht,
Und eilt mit seinem Roß davon
  Und tobt die ganze Nacht.

Die Dirn' indessen lachte sein
  Mit ihrem Bräutigam,
Und hüllt' ins Brautgewand sich ein,
  Sobald der Morgen kam.

Ein frischgeflochtner Blumenkranz
  Umschlang ihr blondes Haar,
Und alles ging, in Prunk und Glanz,
  Mit ihnen zum Altar.

Des Priesters Stimme schallte schon,
  Sie sprachen beid' ihr Ja.
Gott segn' euch! – Fluch euch! hallt' ein Ton
  Und flugs war Richard da;

Und stieß das Schwert mit einem Stoß
  Ins Herz dem Bräutigam,
Daß quellend sich sein Blut ergoß
  Und schwarz am Altar schwamm;

Und mit der andern Hand ergriff
  Er ungestüm das Weib,
Und stieß das Schwert, noch rauchend, tief
  Ihr in den falschen Leib.

Dann warf er neben sich das Schwert,
  Und knirscht' in wilder Wut,
Den Blick gen Himmel hingekehrt,
  Und stampft' in ihrem Blut.

Dann floh er weg; der Haufen sah
  Ihn unbeweglich fliehn,
In tiefem Schweigen stand er da,
  Und ließ den Mörder ziehn.

Die beiden lagen ausgestreckt
  Und röchelten nicht mehr;
Ihr Blumenkranz mit Blut befleckt,
  Sein Aug' empfindungsleer.

Drauf ward ein doppelt Grab gemacht.
  Ein feierlicher Zug
Kam um die stille Mitternacht,
  Der die Erschlagnen trug.

Erst senkte man beim Fackelschein,
  Der blasse Leuchtung gab,
Den toten Ritter Robert ein,
  Dann ging's zu ihrem Grab.

Und – Gott im Himmel – Richard riß
  Sich wütend aus der Gruft,
Und sank, indem er sich durchstieß,
  Mit Schreien in die Kluft.

Die Träger flohen alsofort
  Zum Kirchhoftor hinaus,
Und jetzo noch ist dieser Ort
  Dem ganzen Land ein Graus.

Um tiefe Mitternacht erscheint
  Das Fräulein hier im Flor,
Und ringt die bleichen Händ' und weint,
  Und Robert steigt empor;

Und hinter ihm hebt wild und stumm
  Sich Richard aus dem Grab,
Und beide sinken wiederum
  Mit Zeterschrei hinab.

# Friedrich Leopold Graf zu Stolberg
## 1750–1819

### Die Büßende

Hört, ihr lieben deutschen Frauen,
Die ihr in der Blüte seid,
Eine Mär' aus alter Zeit,
Die ich selbst nicht ohne Grauen
Euren Ohren kann vertrauen;
Denn mit Schrecken sollt ihr schauen,
Wie ein Ritter sonder Glimpf
Rächte seines Bettes Schimpf.

In den alten Biederzeiten,
Da noch Keuschheit Sitte war,
Und ein Weib nicht um ein Haar
Durft' aus ihrem Wege gleiten,
Kam ein Rittersmann von weiten,
Der zum Kaiser sollte reiten,
Von Navarras Fürst gesandt,
In das heil'ge deutsche Land.

Einst, da Strom und Nachtwind brauste,
Und sein Roß ermüdet war,
Ward er eine Burg gewahr,
Wo ein deutscher Ritter hauste,
Dessen Hof der Sturm durchsauste,
Und der Ulmen Haupt zerzauste;
Freudig führte er sein Roß
An das hochgetürmte Schloß.

Laut klopft' er ans Tor, es klappen
Ihm die Zähn', er war erstarrt,
Denn der Winterfrost war hart.
Bald erschienen edle Knappen,
Forschten nach des Fremdlings Wappen,
Hielten seinen treuen Rappen,
Führten dann bei Fackelschein
Ihn in den Palast hinein.

Herzlich, nach der Deutschen Weise,
Ging auf ihn der Deutsche zu:
»Komm, geneuß bei mir der Ruh,
Nach der schweren Winterreise,
Und erfrische dich mit Speise.
Sieh, es glänzt von Reif und Eise
Dir das Haupthaar und der Bart;
Auch ist deine Hand erstarrt.«

Bei der krummen Hörner Schalle,
Führt' er den erfrornen Mann,
Einen Windelsteig hinan,
In die kerzenvolle Halle.
Seine Väter standen alle
Aus gegossenem Metalle,
Schöngewappnet ohne Zahl,
In dem ungeheuren Saal.

Hier heißt er das Mahl bereiten,
Und schon sitzen sie am Tisch;
Unsre Helden trinken frisch,
Aus Pokalen und aus breiten
Tummlern, nach dem Brauch der Zeiten;
Rheinwein und Tokayer gleiten
In die Kehlen glatt hinein,
Welscher und Burgunder Wein.

Aber mitten in der Freude
öffnet eine Türe sich.
Stumm und langsam feierlich,
Kömmt ein Weib in schwarzem Kleide,
Ohne Gold, Geschmuck und Seide,
Abgehärmt von bitterm Leide,
Mit geschornem Haupte, schön
Wie der blasse Mond zu sehn.

Grauen überfiel und Beben
Den Navarrer, er ward blaß,
Ihm entsank ein Doppelglas,
Und er zweifelte, ob Leben
Wär' im Weibe, ob sie schweben,
Senken oder sich erheben
Würde, ein Gespenst der Nacht,
Das dem Arm des Grabes lacht.

Aber näher kam sie ihnen,
Setzte nun sich an den Tisch,
Aß zween Bissen Brot und Fisch.
Und sie schellte; da erschienen,
Mit des Mitleids trüben Mienen,
Knappen, ihrer Frau zu dienen.
Einem winkt sie, er versteht
Ihren Jammerblick, und geht.

Und schon hält er in der Linken
Einen Schädel, spült ihn rein,
Gießet Wasser dann hinein,
Hält's ihr schweigend dar zu trinken.
Ach! sie läßt die Augen sinken,
Sieht den nassen Schädel blinken,
Starret vor sich, trinkt ihn aus,
Setzt ihn hin, und wankt hinaus.

»Ich beschwöre dich, zu sagen«,
Hub der fremde Ritter an,
»Was hat dir dies Weib getan?
Wie kannst du mit diesen Plagen
So sie martern? wie ertragen
Ihrer Tränen stumme Klagen?
Sie ist schön, wie Engel sind,
Und geduldig, wie ein Kind.«

»Fremdling, sie ist schön! Ich baute
Auf die Schönheit all mein Glück,
Weidete an ihrem Blick,
Wenn sie bei der sanften Laute
Fromm und liebend auf mich schaute!
Ach! mein ganzes Herz vertraute
Ich ihr ohne Zweifeln an,
War ein hochbeglückter Mann!

Ihre schönen Augen logen!
Wer ergründet Weibessinn?
Ihre Liebe war dahin,
Einem Buben zugeflogen,
Den ich in der Burg erzogen!
Lange hat sie mich betrogen;
Meines Herzens Lieb' und Treu
Blieb sich immer gleich und neu!

Als ich einst von frohen Siegen
Unvermutet kam zurück;
Ach! da sah mein erster Blick,
Der sie fand, nach langen Kriegen,
Sie in meinem Bette liegen
Mit dem Ehebrecher! Schmiegen
Tät er wie ein Lindwurm sich,
Doch ihn traf der Todesstich!

Aber sie fiel mir zu Füßen,
Flehend: »Herr, erbarme dich
Meiner, und erwürge mich!
Laß mich mein Verbrechen büßen!
Sieh, das Eisen möcht' ich küssen,
Das da soll mein Blut vergießen,
Und mich bald in jener Welt
Meinem Trauten zugesellt!«

In dem Augenblick gedachte
Ich in meinem Zorne doch
Ihrer armen Seele noch,
Und das Bild der Höllen brachte
Schrecken in mein Herz; doch wachte
Meine Rache noch, und fachte
Meines Zornes Glut; ich sprach:
»Büßen sollst du meine Schmach:

Aber nicht mit deinem Leben!
Denn was hätt' ich deß Gewinn,
So du führst zum Teufel hin?
Nein, mit Tränen, Flehn und Beben,
Magst du nach dem Heile streben,
Ob dir wolle Gott vergeben;
Aber Jammer, Angst und Not
Geb' ich dir bis an den Tod!«

Da tät ich ihr Haupt bescheren,
Nahm ihr Gold und Edelstein,
Hüllte sie in Trauer ein,
Ungerührt von ihren Zähren.
Welche Schmerzen sie verzehren,
Magst du von ihr selber hören.
Fasse dich, und folge mir
Hier durch diese Seitentür.«

Und er führt' ihn eine lange,
Steile, dunkle Trepp' hinab.
»Ach! du führst mich in ein Grab!«
Rief der Ritter, und ward bange. –
»Graut dir schon vor diesem Gange?
Aber horch dem leisen Klange
Einer Laute! Bei dem Klang
Singt sie ihren Bußgesang.«

»Halt! nun sind wir an der Schwelle!«
Rief der Deutsche, stieß ans Schloß.
Rasselnd sprang die Feder los,
Und sie sahn sie in der Zelle.
Von den Augen stürzt die helle,
Gottgeweihte Tränenquelle,
Fließet aus zerknirschtem Sinn
Auf das offne Psalmbuch hin.

»Ach! wie ist ihr Schicksal bitter!«
Ruft der Gast, und geht hinein.
Stracks führt' ihn an einen Schrein
Der gestrenge deutsche Ritter.
Wie getroffen vom Gewitter,
Sieht er hinter einem Gitter,
O, wer hätte das geglaubt?
Ein Gerippe sonder Haupt.

Als der Fremdling sich ermannte,
Sprach der Deutsche: »Sieh den Mann,
Der dies Weib hier liebgewann,
Erst für sie im Stillen brannte,
Dann sein Feuer ihr bekannte,
Den sie ihren Trauten nannte,
Der mit seiner Freveltat
Mir mein Bett beschimpfet hat!«

»Das ist nun ihr größtes Leiden,
Daß sie ihren Ehemann,
Der solch Leid ihr angetan,
Muß beständig um sich leiden!
Jenes Anblick gab ihr Freuden
Sonst, nun möcht' sie gern ihn meiden!
Doch sie sieht ihn, und beim Mahl
Ist sein Schädel ihr Pokal.«

Ehe sie das Weib verlassen,
Wünscht der Fremdling ihr Geduld
Und Erlassung ihrer Schuld.
Sie antwortete gelassen,
Mit gesenktem Blick, und blassen
Lippen: »Ritter, nicht zu fassen,
Ist mit Worten mein Vergehn!
Deiner Magd ist recht geschehn!«

Freundlich wünschte sie den Rittern
Gute Nacht. Sie gehen fort
Aus dem jammervollen Ort.
Bilder ihrer Angst erschüttern
Den Navarrer, sie verbittern
Ihm den dunkeln Weg, es zittern
Seine Kniee, banger Schweiß
Überläuft ihn, kalt wie Eis.

Endlich kömmt er in ein Zimmer.
Bang' und kummervoll durchwacht
Er die lange Winternacht.
Ach! er sah ihr Bildnis immer,
Wie sie bei der Lampe Schimmer
Spielte, sang und weinte. Nimmer
Ward wohl je ein Weib gesehn,
Das so elend war und schön.

Bei der goldnen Morgenröte,
Tät er seine Rüstung an,
Ging hinein zum deutschen Mann,
Nahm ihn bei der Hand, und flehte,
Daß er, eh der Gram sie töte,
Aus dem Jammer sie errette;
Sprach es, schwang sich auf sein Roß,
Und verließ das alte Schloß.

Jahre währten ihre Leiden;
Ihre helle Träne sank
Täglich in den bittern Trank.
Abgestorben allen Freuden,
Tät sie jedes Labsal meiden,
Tät an ihrem Gram sich weiden,
Sang den frommen Bußgesang
Täglich bei der Laute Klang.

Endlich rührt' ihr leises Stöhnen
Und ihr demutvoller Schmerz
Des gestrengen Mannes Herz.
Wer vermag sich zu den Tönen
Leiser Klage zu gewöhnen?
Rührender bewegen Tränen
Einer stummen Dulderin
Jeden felsenharten Sinn.

Sieh, er ließ sein rasches Dräuen,
Ihr die ganze Lebenszeit
Anzufügen solches Leid,
Sich aus Herzensgrunde reuen,
Nahm sie in sein Bett von neuen,
Tät sich weidlich mit ihr freuen,
Zeugte Söhne, stark von Art,
Töchter, wie die Mutter, zart.

Unsre Frauen zu belehren,
Hab' ich solches kund gemacht,
Und in saubre Reimlein bracht;
Auch die Herrchen zu bekehren,
Die der Weiblein Herz betören,
Und sich täglich bei uns mehren.
Tausend Schädel, die wir sehn,
Sollten auf dem Schenktisch stehn.

## Romanze

In der Väter Hallen ruhte
  Ritter Rudolf's Heldenarm,
Rudolf, den die Schlacht erfreute,
Rudolf, welchen Frankreich scheute
  Und der Sarazenen Schwarm.

Er, der letzte seines Stammes,
  Weinte seiner Söhne Fall;
Zwischen moosbewachs'nen Mauern
Tönte seiner Klage Trauern
  In der Zellen Widerhall.

Agnes mit den goldnen Locken
  War des Greises Trost und Stab;
Sanft wie Tauben, weiß wie Schwäne,
Küßte sie des Vaters Thräne
  Von den grauen Wimpern ab.

Ach! Sie weinte selbst im Stillen,
  Wenn der Mond ins Fenster schien.
Albrecht mit der offnen Stirne
Brannte für die edle Dirne,
  Und die Dirne liebte ihn!

Aber Horst, der hundert Krieger
  Unterhielt in eignem Sold,
Rühmte seines Stammes Ahnen,
Prahlte mit erfocht'nen Fahnen,
  Und der Vater war ihm hold.

Einst beim freien Mahle küßte
  Albrecht ihre weiche Hand,
Ihre sanften Augen strebten
Ihn zu strafen, ach! da bebten
  Thränen auf das Busenband.

Horst erbrannte, blickte seitwärts
  Auf sein schweres Mordgewehr,
Auf des Ritters Wange glühte
Zorn und Liebe; Feuer sprühte
  Aus den Augen wild umher.

Drohend warf er seinen Handschuh
  In der Agnes keuschen Schoos;
»Albrecht nimm! zu dieser Stunde
Harr' ich dein im Mühlengrunde!«
  Kaum gesagt, schon flog sein Roß.

Albrecht nahm das Fehdezeichen
　Ruhig, und bestieg sein Roß;
Freute sich des Mädchens Zähre,
Die, der Lieb’ und ihm zur Ehre,
　Aus dem blauen Auge floß.

Röthlich schimmerte die Rüstung
　In der Abendsonne Strahl;
Von den Hufen ihrer Pferde
Tönte weit umher die Erde
　Und die Hirsche flohn ins Thal.

Auf des Söllers Gitter lehnte
　Die betäube Agnes sich,
Sah die blanken Speere blinken,
Sah den edlen Ritter sinken –
　Sank, wie Albrecht, und erblich.

Bang’ von leiser Ahndung spornet
　Horst sein schaumbedecktes Pferd;
Höret nun des Hauses Jammer,
Eilet in des Fräuleins Kammer,
　Starrt und stürzt sich in sein Schwert.

Rudolf nahm die kalte Tochter
　In den väterlichen Arm,
Hielt sie so zwei lange Tage,
Thränenlos und ohne Klage.
　Und verschied im stummen Harm.

## Gottfried August Bürger

### 1747–1794

### Der wilde Jäger

Der Wild- und Rheingraf stieß ins Horn:
»Hallo, hallo, zu Fuß und Roß!«
Sein Hengst erhob sich wiehernd vorn;
Lautrasselnd stürzt’ ihm nach der Troß;
Laut klifft’ es und klafft’ es, frei vom Koppel
Durch Korn und Dorn, durch Heid’ und Stoppel.

Vom Strahl der Sonntagsfrühe war
Des hohen Domes Kuppel blank.
Zum Hochamt rufet dumpf und klar
Der Glocken ernster Feierklang.
Fern tönten lieblich die Gesänge
Der andachtsvollen Christenmenge.

Rischrasch quer übern Kreuzweg ging’s
Wie Horrido und Hussassa!
Sieh da! Sieh da, kam rechts und links
Ein Reiter hier, ein Reiter da!
Des Rechten Roß war Silberblinken,
Ein Feuerfarbner trug den Linken.

Wer waren Reiter links und rechts?
Ich ahnt es wohl, doch weiß ich’s nicht.
Lichthehr erschien der Reiter rechts
Mit mildem Frühlingsangesicht.
Graß, dunkelgelb der linke Ritter
Schoß Blitz vom Aug wie Ungewitter.

»Willkommen hier zu rechter Frist,
Willkommen zu der edlen Jagd!
Auf Erden und im Himmel ist
Kein Spiel, das lieblicher behagt.« –
Er rief’s, schlug laut sich an die Hüfte
Und schwang den Hut hoch in die Lüfte.

»Schlecht stimmet deines Hornes Klang«,
Sprach der zur Rechten sanften Muts,
»Zu Feierglock und Chorgesang.
Kehr um! Erjagst dir heut nichts Guts.
Laß dich den guten Engel warnen
Und nicht vom Bösen dich umgarnen!« –

»Jagt zu, jagt zu, mein edler Herr!«
Fiel rasch der linke Ritter drein.
»Was Glockenklang? Was Chorgeplärr?
Die Jagdlust mag Euch baß erfreun,
Laßt mich, was fürstlich ist, Euch lehren
Und Euch von jenem nicht betören!«

»Ha, wohlgesprochen, linker Mann!
Du bist ein Held nach meinem Sinn,
Wer nicht des Weidwerks pflegen kann,
Der scher' ans Paternoster hin!
Magst, frommer Narr, dich baß verdrießen,
So will ich meine Lust doch büßen!«

Und hurre hurre vorwärts ging's,
Feldein und -aus, bergab und -an.
Stets ritten Reiter rechts und links
Zu beiden Seiten nebenan.
Auf sprang ein weißer Hirsch von ferne
Mit sechzehnzackigem Gehörne.

Und lauter stieß der Graf ins Horn,
Und rascher flog's zu Fuß und Roß;
Und sieh! bald hinten und bald vorn
Stürzt einer tot dahin vom Troß.
»Laß stürzen! Laß zur Hölle stürzen!
Das darf nicht Fürstenlust verwürzen!«

Das Wild duckt sich ins Ährenfeld
Und hofft da sichern Aufenthalt.
Sieh da, ein armer Landmann stellt
Sich dar in kläglicher Gestalt:
»Erbarmen, lieber Herr, Erbarmen!
Verschont den sauern Schweiß der Armen!«

Der rechte Ritter sprengt heran
Und warnt den Grafen sanft und gut.
Doch baß hetzt ihn der linke Mann
Zu schadenfrohem Frevelmut.
Der Graf verschmäht des Rechten Warnen
Und läßt vom Linken sich umgarnen.

»Hinweg, du Hund!« schnaubt fürchterlich
Der Graf den armen Pflüger an.
»Sonst hetz ich selbst, beim Teufel! Dich.
Hallo, Gesellen, drauf und dran!
Zum Zeichen, daß ich wahr geschworen,
Knallt ihm die Peitschen um die Ohren!«

Gesagt, getan! Der Wildgraf schwang
Sich übern Hagen rasch voran
Und hinterher bei Knall und Klang
Der Troß mit Hund und Roß und Mann;
Und Hund und Roß und Mann zerstampfte
Die Halmen, daß der Acker dampfte.

Vom nahen Lärm emporgescheucht,
Feldein und aus, bergab und an
Gesprengt, verfolgt, doch unerreicht,
Ereilt das Wild des Angers Plan
Und mischt sich, da verschont zu werden,
Schlau mitten zwischen zahme Herden.

Doch hin und her durch Flur und Wald
Und her und hin durch Wald und Flur
Verfolgen und erwittern bald
Die raschen Hunde seine Spur.
Der Hirt, voll Angst für seine Herde,
Wirft vor dem Grafen sich zur Erde.

»Erbarmen, Herr, Erbarmen! Laßt
Mein armes, stilles Vieh in Ruh!
Bedenket, lieber Herr, hier grast
So mancher armen Witwe Kuh.
Ihr Ein und Alles spart der Armen!
Erbarmen, lieber Herr, Erbarmen!«

Der rechte Ritter sprengt heran
Und warnt den Grafen sanft und gut.
Doch baß hetzt ihn der linke Mann
Zu schadenfrohem Frevelmut.
Der Graf verschmäht des Rechten Warnen
Und läßt vom Linken sich umgarnen.

»Verwegner Hund, der du mir wehrst!
Ha, daß du deiner besten Kuh
Selbst um- und angewachsen wärst
Und jede Vettel noch dazu!
So sollt es baß mein Herz ergötzen,
Euch stracks ins Himmelreich zu hetzen.

Hallo, Gesellen, drauf und dran!
Jo! Doho! Hussa-Hussassa!« –
Und jeder Hund fiel wütend an,
Was er zunächst vor sich ersah.
Bluttriefend sank der Hirt zur Erde,
Bluttriefend, Stück für Stück, die Herde.

Dem Mordgewühl entrafft sich kaum
Das Wild mit immer schwächerm Lauf.
Mit Blut besprengt, bedeckt mit Schaum,
Nimmt jetzt des Waldes Nacht es auf.
Tief birgt sich's in des Waldes Mitte
In eines Klausners Gotteshütte.

Risch ohne Rast mit Peitschenknall,
Mit Horrido und Hussassa,
Mit Kliff und Klaff und Hörnerschall
Verfolgt's der wilde Schwarm auch da.
Entgegen tritt mit sanfter Bitte
Der fromme Klausner vor die Hütte.

»Laß ab, laß ab von dieser Spur!
Entweihe Gottes Freistatt nicht!
Zum Himmel ächzt die Kreatur
Und heischt von Gott dein Strafgericht.
Zum letzten Male laß dich warnen,
Sonst wird Verderben dich umgarnen!«

Der Rechte sprengt besorgt heran
Und warnt den Grafen sanft und gut.
Doch baß hetzt ihn der linke Mann
Zu schadenfrohem Frevelmut.
Und wehe! trotz des Rechten Warnen
Läßt er vom Linken sich umgarnen.

»Verderben hin, Verderben her!
Das«, ruft er, »macht mir wenig Graus.
Und wenns im dritten Himmel wär,
So acht ich keine Fledermaus.
Mags Gott und dich, du Narr, verdrießen,
So will ich meine Lust doch büßen!«

Er schwingt die Peitsche, stößt ins Horn:
»Hallo, Gesellen, drauf und dran!«
Hui, schwinden Mann und Hütte vorn,
Und hinten schwinden Roß und Mann;
Und Knall und Schall und Jagdgebrülle
Verschlingt auf einmal Totenstille.

Erschrocken blickt der Graf umher;
Er stößt ins Horn, es tönet nicht;
Er ruft, und hört sich selbst nicht mehr;
Der Schwung der Peitsche sauset nicht;
Er spornt sein Roß in beide Seiten
Und kann nicht vor-, nicht rückwärts reiten.

Drauf wird es düster um ihn her
Und immer düstrer, wie ein Grab.
Dumpf rauscht es, wie ein fernes Meer.
Hoch über seinem Haupt herab
Ruft furchtbar, mit Gewittergrimme
Dies Urteil eine Donnerstimme:

»Du Wütrich teuflischer Natur,
Frech gegen Gott und Mensch und Tier!
Das Ach und Weh der Kreatur
Und deine Missetat an ihr
Hat laut dich vor Gericht gefodert
Wo hoch der Rache Fackel lodert.

Fleuch, Unhold, fleuch, und werde jetzt,
Von nun an bis in Ewigkeit,
Von Höll und Teufel selbst gehetzt
Zum Schreck der Fürsten jeder Zeit,
Die, um verruchter Lust zu fronen,
Nicht Schöpfer noch Geschöpf verschonen!«

Ein schwefelgelber Wetterschein
Umzieht hierauf des Waldes Laub.
Angst rieselt ihm durch Mark und Bein,
Ihm wird so schwül, so dumpf und taub.
Entgegen weht ihm kaltes Grausen,
Dem Nacken folgt Gewittersausen.

Das Grausen weht, das Wetter saust,
Und aus der Erd empor, huhu!
Fährt eine schwarze Riesenfaust;
Sie spannt sich auf, sie krallt sich zu:
Hui! will sie ihn beim Wirbel packen;
Hui! steht sein Angesicht im Nacken.

Es flimmt und flammt rund um ihn her
Mit grüner, blauer, roter Glut;
Es wallt um ihn ein Feuermeer,
Darinnen wimmelt Höllenbrut.
Jach fahren tausend Höllenhunde,
Laut angehetzt, empor vom Schlunde.

Er rafft sich auf durch Wald und Feld
Und flieht, laut heulend Weh und Ach;
Doch durch die ganze weite Welt
Rauscht bellend ihm die Hölle nach,
Bei Tag tief durch der Erde Klüfte,
Um Mitternacht hoch durch die Lüfte.

Im Nacken bleibt sein Antlitz stehn,
So rasch die Flucht ihn vorwärtsreißt.
Er muß die Ungeheuer sehn,
Laut angehetzt vom bösen Geist,
Muß sehn das Knirschen und das Jappen
Der Rachen, welche nach ihm schnappen.

Das ist des wilden Heeres Jagd,
Die bis zum Jüngsten Tage währt
Und oft dem Wüstling noch bei Nacht
Zu Schreck und Graus vorüberfährt.
Das könnte, müßt er sonst nicht schweigen,
Wohl manches Jägers Mund bezeugen.

## Lenardo und Blandine

Blandine sah her, Lenardo sah hin
Mit Augen, erleuchtet vom zärtlichsten Sinn,
Blandine, die schönste Prinzessin der Welt,
Lenardo, der Schönsten zum Diener bestellt.

Zu Land und zu Wasser, von nah und von fern
Erschienen viel Fürsten und Grafen und Herrn
Mit Perlen, Gold, Ringen und Edelgestein,
Die schönste der schönsten Prinzessen zu frein.

Allein die Prinzessin war Perlen und Gold,
War Ringen mit blankem Gestein nicht so hold,
Als oft sie ein würziges Blümlein entzückt,
Vom Finger des schönsten der Diener gepflückt.

Der schönste der Diener trug hohes Gemüt,
Obschon nicht entsprossen aus hohem Geblüt.
Gott schuf ja aus Erden den Ritter und Knecht.
Ein hoher Sinn adelt auch niedres Geschlecht.

Und als sie mal draußen in fröhlicher Schar,
Von Schranzen umlagert, am Apfelbaum war,
Und alle genossen der lieblichen Frucht,
Die emsig der flinke Lenardo gesucht,

Da bot die Prinzessin ein Äpfelchen rar
Aus ihrem hellsilbernen Körbchen ihm dar,
Ein Äpfelchen, rosicht und gülden und rund;
Dazu sprach ihr holdseliger Mund:

»Nimm hin für die Mühe! Der Apfel sei dein!
Das Leckere wuchs nicht für Prinzen allein.
Es ist ja so lieblich von außen zu sehn;
Will wünschen, was drin ist, sei zehnmal so schön.«

Und als sich der Jüngling gestohlen nach Haus,
Da zog er, o Wunder! Ein Blättchen heraus.
Das Blättchen im Apfel saß heimlich und tief;
Drauf stand gar traulich geschrieben ein Brief:

»Du schönster der Schönen von nah und von fern,
Du schönster vor Fürsten und Grafen und Herrn,
Der du trägst züchtiger höher Gemüt
Als Fürsten und Grafen aus hohem Geblüt!

Dich hab ich vor allen zum Liebsten erwählt;
Dich trag' ich im Herzen, das sehnend sich quält.
Mich labet nicht Ruhe, mich labet nicht Rast,
Bevor du gestillet dies Sehnen mir hast.

Zur Mitternachtsstunde laß Schlummer und Traum,
Laß Bette, laß Kammer und suche den Baum,
Den Baum, der den Apfel der Liebe dir trug!
Dein harret was Liebes; nun weißt du genug.« –

Das däuchte dem Diener so wohl und so bang'!
So bang' und so wohl! Er zweifelte lang';
Viel zweifelt' er her, viel zweifelt' er hin;
Von Hoffen und Ahnden war trunken sein Sinn.

Doch als es nun tief um Mitternacht war
Und still herabblinkte der Sternlein Schar,
Da sprang er vom Lager, ließ Schlummer und Traum
Und eilt' in den Garten und suchte den Baum.

Und als er still harrend am Liebesbaum saß,
Da säuselt' im Laube, da schlich es durchs Gras;
Und eh' er sich wandte, umschlang ihn ein Arm,
Da weht' ihn ein Odem an, lieblich und warm.

Und als er die Lippen eröffnet zum Gruß,
Verschlang ihm die Rede manch durstiger Kuß;
Und eh' es ihm zugeflüstert ein Wort,
Da zog es mit sammtenem Händchen ihn fort.

Es führt' ihn allmählich mit heimlichem Tritt:
»Komm süßer, komm, lieblicher Junge, komm mit!
Kalt wehen die Lüftchen; kein Dach und kein Fach
Beschirmet uns; komm in mein stilles Gemach!«

Und führt' ihn durch Dornen und Nessel und Stein
In einen zertrümmerten Keller hinein.
Hier flimmert' ein Lämpchen; es zog ihn entlang
Beim Schimmer des Lämpchens den heimlichen Gang. –

In Schlummer gehüllet war jedes Gesicht;
Doch ach! Das Verräteraug' schlummerte nicht.
Lenardo! Lenardo! Wie wird dir's ergehn,
Noch ehe die Hähne das Morgenlied krähn? –

Weit her, von Hispaniens reichster Provinz,
War kommen ein hochstolzierender Prinz
Mit Perlen, Gold, Ringen und Edelgestein,
Die schönste der schönsten Prinzessen zu frein.

Ihm brannte der Busen, ihm lechzte der Mund;
Doch hofft' er und harrt' er umsonst in Burgund;
Er warb wohl und warb doch vergebens manch Jahr
Und wollte nicht wanken noch weichen von dar.

Drob hatte der hochstolzierende Gast
Bei Nacht und bei Tag nicht Ruhe noch Rast
Und hatte zur selbigen Stunde der Nacht
Sich auf und hinaus in den Garten gemacht

Und hatt' es vernommen und hatt' es gesehn,
Was jetzt kaum drei Schritte weit von ihm geschehn.
Er knirschte die Zähne, biß blutig den Mund:
»Zur Stunde soll's wissen der Fürst von Burgund!«

Und eilte zur selbigen Stunde der Nacht;
Ihm wehrte vergebens die fürstliche Wacht:
»Jetzt will ich, jetzt muß ich zum König hinein!
Weil Hochverrat ihn und Aufruhr bedräun. –

»Hallo! Wach' auf! du Fürst von Burgund!
Dein Königsgeschmeide besudelt ein Hund;
Blandinen, dein gleißendes Töchterlein, schwächt,
Zur Stunde jetzt schwächt sie ein schändlicher Knecht.«

Das krachte dem Alten ins dumpfe Gehör.
Er liebte die einzige Tochter so sehr;
Er schätzte sie höher als Scepter und Kron'
Und höher als seinen hellstrahlenden Thron.

Wild raffte der Fürst von Burgund sich empor:
»Das leugst du, Verräter, das leugst du mir vor!
Dein Blut mir's entgelte! Das trinke Burgund,
Wofern mich belogen dein giftiger Mund.«

»Hier stell' ich, o Alter, zum Pfande mich dar.
Auf! eile! so findet's dein Auge noch wahr.
Mein Blut dir's entgelte! Das trinke Burgund,
wofern dich belogen mein redlicher Mund.«

Da rannte der Alte mit blinkendem Dolch.
Ihm nach kroch der verrätrische Molch
Und wies ihn durch Dornen und Nessel und Stein
Stracks in den zertrümmerten Keller hinein.

Hier prangte vor Zeiten ein luftiges Schloß,
Das längst schon in Schutt und in Trümmer zerschoß.
Noch wölbten sich Keller und Halle. Von vorn
Verbargen sie Nessel und Distel und Dorn.

Die Halle war wenigen Augen bekannt;
Doch wer der Halle war kundig, der fand
Den Weg durch eine verborgene Tür
Wol in der Prinzessin ihr Sommerlosier. –

Noch sendete durch den heimlichen Gang
Das Lämpchen der Liebe den Schimmer entlang.
Sie atmeten leise, sie schlichen gemach
Dem Schimmer des Lämpchens der Liebe sich nach

Und kamen bald vor die verborgene Tür
Und standen und harrten und lauschten allhier:
»Horch König! Da flüstert's, - horch, König! Da spricht's. –
Da! Glaubest du noch nicht, so glaubest du nichts.«

Und als sich der Alte zum Horchen geneigt,
Erkannt' er der Liebenden Stimme gar leicht.
Sie trieben bei Küssen und tändelndem Spiel
Des süßen Geschwätzes der Liebe gar viel:

»O Lieber! mein Lieber! was zaget dein Sinn
Vor mir, die ich ewig dein eigen nun bin?
Prinzessin am Tage nur; aber bei Nacht
Magst du mir gebieten als eigener Magd!« –

»O schönste Prinzessin! o wärest du nur
Das dürftigste Mädchen auf dürftiger Flur!
Wie wollt' ich dann schmecken der Freuden so viel!
Nun setzet dein Lieben mir Kummer ans Ziel!« –

O Lieber! mein Lieber! laß fahren den Wahn!
Bin keine Prinzessin! Drauf sieh mich nur an!
Statt Vaters Gewalt, Reich, Scepter und Kron'
Erkies' ich den Schoß mir der Liebe zum Thron.« –

»O schönste der Schönen! dies zärtliche Wort,
Das kannst du, das wirst du nicht halten hinfort.
Durch Werben und Werben von nah und von fern
Erwirbt dich noch einer der stattlichen Herrn.

Wohl schwellen die Wasser, wohl hebt sich der Wind;
Doch Winde verwehen, doch Wasser verrinnt.
Wie Wind und wie Wasser ist weiblicher Sinn,
So wehet, so rinnet dein Lieben dahin.« –

»Laß werben und werben von nah und von fern!
Erwirbt mich doch keiner der stattlichen Herrn!
O Süßer! o Lieber! mein zärtliches Wort,
Das kann ich, das werd' ich dir halten hinfort.

Wie Wasser und Wind ist mein liebender Sinn.
Wohl wehen die Winde, wohl Wasser rinnt hin;
Doch alle verwehn und verrinnen ja nicht,
So ewig mein quellendes Lieben auch nicht.«

»O süße Prinzessin, noch zag' ich so sehr!
Mir ahndet's im Herzen, mir ahndet's, wie schwer!
Die Bande zerreißen, der Treuring zerbricht,
Worüber der Himmel den Segen nicht spricht.

Und wenn es der König, o, wenn er's erfährt,
So triefet mein Leben am blutigen Schwert,
So mußt du dein Leben, verriegelt allein,
Tief unter dem Turm im Gewölbe verschrein.« –

»Ach Lieber! der Himmel zerreißet ja nicht
Die Knoten, so Treue, so Liebe sich flicht.
Der seligen Wonne bei nächtlicher Ruh',
Der höret, der sieht kein Verräter ja zu.

Komm her, o komm her nun, mein trauter Gemahl,
Und küss' mir den Kuß der Verlobung einmal!«
Da kam er und küßt' ihr den rosichten Mund,
Drob alle sein Zagen im Herzen verschwund.

Sie trieben bei Küssen und tändelndem Spiel
Des süßen Geschwätzes der Liebe noch viel.
Da knirschte der König, da wollt' er hinein;
Doch ließen ihn Schlösser und Riegel nicht ein.

Nun harrt' er und harrte mit schäumendem Mund,
Wie vor der Höhle des Wildes ein Hund.
Den Liebenden drin, nach gepflogener Lust,
Ward enger und banger von Ahndung die Brust. –

»Wach' auf, Prinzessin! Der Hahn hat gekräht!
Nun laß mich, bevor sich der Morgen erhöht!« –
»Ach Lieber, ach bleib noch! Es kündet der Hahn
Die erste der nächtlichen Wachen nur an.« –

»Schau' auf, Prinzessin! Der Morgen schon graut!
Nun laß mich, bevor uns der Morgen erschaut!« –
»Ach, Trauter, ach bleib noch! Der Sternlein Licht
Verrät ja die Gänge der Liebenden nicht.« –

»Horch auf, Prinzessin! Da wirbelt ein Ton,
Da wirbelt die Schwalbe das Morgenlied schon!« –
»Ach Süßer! ach bleib noch! Es ist ja der Schall
Der liebesflötenden Nachtigall.« …

»Nein! Laß mich! Der Hahn hat zum Morgen gekräht;
Schon leuchtet der Morgen; die Morgenluft weht;
Schon wirbelt die Schwalbe den Morgengesang,
O laß mich! Wie wird mir ums Herze so bang!« …

»Ach Süßer! … Leb' wohl dann! … Nein, bleib noch! … Ade! …
O weh mir! Wie tut's mir im Busen so weh! …
Weis' her mir dein Herzchen! … Ach, pocht ja so sehr! …
Hab lieb mich, du Herzchen! Auf morgen Nacht mehr! –

Schlaf süß! Schlaf wohl!« Da schlüpft' er hinaus;
Ihm fuhren durchs Leben Entsetzen und Graus;
Es roch ihm wie Leichen; er stolpert' entlang
Beim Schimmer des traurigen Lämpchens den Gang.

Hui! sprangen die beiden vom Winkel herbei
Und bohrten ihn nieder mit dumpfem Geschrei:
»Da! Hast du gefreit um den Thron von Burgund,
Da hast du die Mitgift! da hast du sie, Hund!« –

»O Jesu Maria! erbarme dich mein!« –
Drauf hüllte sein brechendes Auge sich ein.
Ohne Beicht', ohne Nachtmahl, ohn' Absolution
Flog seine verzagende Seele davon.

Der Prinz von Hispania, schäumend vor Wut,
Zerhieb ihm den Busen mit knirschendem Mut;
»Weis' her mir dein Herzchen! Ach, pocht ja so sehr! –
Hast lieb gehabt, Herzchen? Hab's morgen Nacht mehr!« –

Und riß ihm vom Busen das zuckende Herz
Und kühlte sein Mütchen mit gräßlichem Scherz:
»Da hab' ich dich, Herzchen! Ach pochst ja so sehr!
Hab' lieb nun, du Herzchen! Hab's morgen Nacht mehr!« –

Indeß die Prinzessin, ach! zagte so sehr!
Zerwarf sich im Schlummer und träumte, wie schwer!
Von blutigen Perlen in blutigem Kranz,
Von blutigem Gastmahl und höllischem Tanz.

Sie warf sich im Bette, so müde, so krank,
Den kommenden Morgen und Tag entlang:
»Oh wenn's doch erst wieder tief Mitternacht wär'!
Komm, Mitternacht, führe mein Labsal mir her!«

Und als es nun wieder tief Mitternacht war
Und still herabblinkte der Sternlein Schar:
»O weh mir! Mein Busen! was ahndet wohl dir?«
Horch, horch! Da knarrte die heimliche Tür.

Ein Junker in Flor und in Trauergewand
Trug Fackel und Leichengedeck in der Hand,
Trug einen zerbrochenen blutigen Ring
Und legt' es danieder stillschweigend und ging.

Ihm folgt' ein Junker im Purpurgewand,
Der trug ein goldnes Geschirr in der Hand,
Versehen mit Henkel und Deckel und Knauf
Und oben ein königlich Siegel darauf.

Ihm folgt' ein Junker im Silbergewand
Mit einem versiegelten Brief in der Hand,
Er gab der erstarrten Prinzessin den Brief
Und ging und neigte sich schweigend und tief.

Und als die erstarrte Prinzessin den Brief
Erbrach und mit rollenden Augen durchlief,
Umflirrt' es ihr Antlitz wie Nebel und Duft;
Sie stürzte zusammen und schnappte nach Luft. –

Und als sie mit zuckender, strebender Kraft
Sich wieder ermannt und dem Boden entrafft:
»Juchheisa!« da sprang sie, »Juchheisa, Tralla!
Auf lustig, ihr Fiedler, mein Brauttag ist da!

Juchheisa! Ihr Fiedler, zum lustigen Tanz!
Mir schweben die Füße, mir flattert der Kranz!
Nun tanzet, ihr Prinzen von nah und von fern!
Auf lustig, ihr Damen! Juchheisa, ihr Herrn!

Ha! Seht ihr nicht meinen Herzliebsten sich drehn
Im Silbergewande, wie herrlich, wie schön!
Ihn zieret am Busen ein purpurner Stern.
Juchheisa, ihr Damen! Juchheisa, ihr Herrn!

Auf! lustig zum Tanze! Was steht ihr so fern?
Was rümpft ihr die Nasen, ihr Damen und Herrn?
Mein Bräutigam ist er! Ich heiße die Braut!
Uns haben die Engel im Himmel getraut.

»Zu Tanze, zu Tanze! Was grinset ihr fern?
Was rümpft ihr die Nasen, ihr Damen und Herrn? –
Weg, Edelgesindel! Pfui! stinkest mir an!
Du stinkest nach stinkender Hoffart mir an.

Wer schuf wohl aus Erden den Ritter und Knecht?
Ein hoher Sinn adelt auch niedres Geschlecht.
Mein Schönster trägt hohen und züchtigen Mut
Und speiet in euer hochadliches Blut.

Juchheisa! Ihr Fiedler, zum lustigen Tanz!
Mir schweben die Füße, mir flattert der Kranz!
Juchheisa! Trallala! Juchheisa! Tralla!
Auf lustig, ihr Fiedler! Mein Brauttag ist da!«

So sang sie zum Sprunge, so sprang sie zum Sang,
Bis aus der Stirn ihr der Todestau drang.
Der Todestau troff ihr die Wangen herab;
Sie taumelt und keuchte zu Boden hinab.

Und als sich ihr Leben zum letzten ermannt,
Da streckte sie nach dem Gefäße die Hand,
Und schlang's in die Arme und hielt es im Schoß
Und deckte, was drinnen verborgen war, bloß.

Da rauchte, da pocht' ihr entgegen sein Herz,
Als fühlt' es noch Leben, als fühlt' es noch Schmerz.
Jetzt tat sich ihr blutiger Tränenquell auf
Und strömte wie Regen vom Dache darauf.

»O Jammer! Nun gleichest du Wasser und Wind!
Wohl Winde verwehen, wohl Wasser verrinnt;
Doch alle verwehn und verrinnen ja nie! –
So du, o blutiger Jammer, auch nie!«

Drauf sank sie mit hohlem gebrochenen Blick
In dumpfen Todestaumel zurück
Und drückte noch fest mit zermalmendem Schmerz
Das Blutgefäß an ihr liebendes Herz.

»Dir lebt' ich, o Herzchen, dir sterb' ich mit Lust! –
O weh mir! O weh! – Du zerdrückst mir die Brust! –
Herab! – Herab! – den zerquetschenden Stein!
O! – Jesu Maria! – erbarme dich mein!« –

Drauf schloß sie die Augen, drauf schloß sie den Mund.
Nun rannten die Boten; dem König ward's kund;
Laut scholl durch die Säle das Zetergeschrei:
»Prinzessin ist hin! Auf, König, herbei!«

Das krachte dem Alten ins dumpfe Gehör.
Er liebte die einzige Tochter so sehr;
Er schätzte sie höher als Scepter und Kron'
Und höher als seinen hellstrahlenden Thron. –

Und als auch herbei der Verräter mit sprang,
Ergrimmte der Alte: »Das hab' ich dir Dank!
Dein Blut mir's entgelte! Das trinke Burgund!
Weil das mir geraten dein giftiger Mund.

Ihr Herzblut verklagt dich vor Gottes Gericht,
Das dir dein blutiges Urteil schon spricht.«
Rasch zuckte der Alte den blinkenden Dolch
Und bohrte danieder den spanischen Molch.

»Lenardo! du Armer! Blandine, mein Kind! –
O heiliger Himmel! verzeih mir die Sünd'!
Verklaget nicht mich auch vor Gottes Gericht!
Ich bin ja, - bin Vater! – Verklaget mich nicht!« –

So weinte der König, so reut' ihn zu spat,
Schwer reut' ihn die himmelanschreiende Tat.
Drauf wurde bereitet ein silberner Sarg,
Worin er die Leichen der Liebenden barg.

## Lenore

Lenore fuhr ums Morgenrot
Empor aus schweren Träumen:
»Bist untreu, Wilhelm, oder tot?
Wie lange willst du säumen?« –
Er war mit König Friedrichs Macht
Gezogen in die Prager Schlacht
Und hatte nicht geschrieben,
Ob er gesund geblieben.

Der König und die Kaiserin,
Des langen Haders müde,
Erweichten ihren harten Sinn
Und machten endlich Friede;
Und jedes Heer, mit Sing und Sang,
Mit Paukenschlag und Kling und Klang,
Geschmückt mit grünen Reisern,
Zog heim zu seinen Häusern.

Und überall, allüberall,
Auf Wegen und auf Stegen,
Zog alt und jung dem Jubelschall
Der Kommenden entgegen.
»Gottlob!« rief Kind und Gattin laut,
»Willkommen!« manche frohe Braut,
Ach! aber für Lenoren
War Gruß und Kuß verloren.

Sie frug den Zug wohl auf und ab
Und frug nach allen Namen;
Doch keiner war, der Kundschaft gab,
Von allen, so da kamen.
Als nun das Heer vorüber war,
Zerraufte sie ihr Rabenhaar
Und warf sich hin zur Erde
Mit wütiger Gebärde.

Die Mutter lief wohl hin zu ihr:
»Ach, daß sich Gott erbarme!
Du trautes Kind, was ist mit dir?«
Und schloß sie in die Arme. –
»O Mutter, Mutter! hin ist hin!
Nun fahre Welt und alles hin!
Bei Gott ist kein Erbarmen.
O weh, o weh mir Armen!« –

»Hilf Gott, hilf! Sieh uns gnädig an!
Kind, bet ein Vaterunser!
Was Gott tut, das ist wohlgetan;
Gott, Gott erbarmt sich unser!« –
»O Mutter, Mutter! eitler Wahn!
Gott hat an mir nicht wohlgetan!
Was half, was half mein Beten?
Nun ists nicht mehr vonnöten.« –

»Hilf Gott, hilf! Wer den Vater kennt,
Der weiß, er hilft den Kindern.
Das hochgelobte Sakrament
Wird deinen Jammer lindern.« –
»O Mutter, Mutter, was mich brennt,
Das lindert mir kein Sakrament!
Kein Sakrament mag Leben
Den Toten wiedergeben.« –

»Hör, Kind! Wie, wenn der falsche Mann
Im fernen Ungarlande
Sich seines Glaubens abgetan
Zum neuen Ehebande?
Laß fahren, Kind, sein Herz dahin!
Er hat es nimmermehr Gewinn!
Wann Seel und Leib sich trennen,
wird ihn sein Meineid brennen.« –

»O Mutter, Mutter! hin ist hin!
Verloren ist verloren!
Der Tod, der Tod ist mein Gewinn!
O wär ich nie geboren!
Lisch aus, mein Licht, auf ewig aus!
Stirb hin, stirb hin in Nacht und Graus!
Bei Gott ist kein Erbarmen;
O weh, o weh mir Armen!«

»Hilf Gott, hilf! Geh nicht ins Gericht
Mit deinem armen Kinde!
Sie weiß nicht, was die Zunge spricht;
Behalt ihr nicht die Sünde!
Ach Kind, vergiß dein irdisch Leid
Und denk an Gott und Seligkeit,
So wird doch deiner Seelen
Der Bräutigam nicht fehlen.« –

»O Mutter, was ist Seligkeit?
O Mutter! was ist Hölle?
Bei ihm, bei ihm ist Seligkeit,
Und ohne Wilhelm Hölle! –
Lisch aus, mein Licht, auf ewig aus!
Stirb hin, stirb hin in Nacht und Graus!
Ohn ihn mag ich auf Erden,
Mag dort nicht selig werden.«

So wütete Verzweifelung
Ihr in Gehirn und Adern.
Sie fuhr mit Gottes Vorsehung
Vermessen fort zu hadern,

Zerschlug den Busen und zerrang
Die Hand bis Sonnenuntergang,
Bis auf am Himmelsbogen
Die goldnen Sterne zogen.

Und außen, horch! gings trapp trapp trapp,
Als wie von Rosseshufen,
Und klirrend stieg ein Reiter ab
An des Geländers Stufen.
Und horch! und horch den Pfortenring,
Ganz lose, leise, klinglingling!
Dann kamen durch die Pforte
Vernehmlich diese Worte:

»Holla, holla! Tu auf, mein Kind!
Schläfst, Liebchen, oder wachst du?
Wie bist noch gegen mich gesinnt?
Und weinest oder lachst du?« –
»Ach, Wilhelm, du? … So spät, bei Nacht? …
Geweinet hab ich und gewacht;
Ach, großes Leid erlitten!
Wo kommst du hergeritten?

»Wir satteln nur um Mitternacht.
Weit ritt ich her von Böhmen.
Ich habe spät mich aufgemacht
Und will dich mit mir nehmen.« –
»Ach, Wilhelm, erst herein geschwind!
Den Hagedorn durchsaust der Wind,
Herein, in meinen Armen,
Herzliebster, zu erwarmen!«

»Laß sausen durch den Hagedorn,
Laß sausen, Kind, laß sausen!
Der Rappe scharrt; es klirrt der Sporn.
Ich darf allhier nicht hausen.
Komm, schürze, spring und schwinge dich
Auf meinen Rappen hinter mich!
Muß heut noch hundert Meilen
Mit dir ins Brautbett eilen.« –

»Ach, wolltest hundert Meilen noch
Mich heut ins Brautbett tragen?
Und horch, es brummt die Glocke noch,
Die elf schon angeschlagen.« –
»Sieh hin, sieh her, der Mond scheint hell.
Wir und die Toten reiten schnell.
Ich bringe dich, zur Wette,
Noch heut ins Hochzeitsbette.« –

»Sag an, wo ist dein Kämmerlein?
Wo? Wie dein Hochzeitsbettchen?« –
»Weit, weit von hier! … Still, kühl und klein!
Sechs Bretter und zwei Brettchen!« –
»Hats Raum für mich?« – »Für dich und mich!
Komm, schürze, spring und schwinge dich!
Die Hochzeitsgäste hoffen;
Die Kammer steht uns offen.«

Schön Liebchen schürzte, sprang und schwang
Sich auf das Roß behende;
Wohl um den trauten Reiter schlang
Sie ihre Lilienhände;
Und hurre hurre, hopp hopp hopp!
Gings fort in sausendem Galopp,
Daß Roß und Reiter schnoben
Und Kies und Funken stoben.

Zur rechten und zur linken Hand,
Vorbei vor ihren Blicken,
Wie flogen Anger, Heid und Land!
Wie donnerten die Brücken! –
»Graut Liebchen auch? … Der Mond scheint hell!
Hurra! Die Toten reiten schnell!
Graut Liebchen auch vor Toten?« –
»Ach nein! … Doch laß die Toten!« –

Was klang dort für Gesang und Klang?
Was flatterten die Raben?
Horch Glockenklang! Horch Totensang;
»Laßt uns den Leib begraben!«
Und näher zog ein Leichenzug,
Der Sarg und Totenbahre trug.
Das Lied war zu vergleichen
Dem Unkenruf in Teichen.

»Nach Mitternacht begrabt den Leib
Mit Klang und Sang und Klage!
Jetzt führ ich heim mein junges Weib;
Mit, mit zum Brautgelage! …
Komm, Küster, hier! komm mit dem Chor
Und gurgle mir das Brautlied vor!
Komm, Pfaff, und sprich den Segen,
Eh wir zu Bett uns legen!«

Still Klang und Sang … Die Bahre schwand …
Gehorsam seinen Rufen,
Kams hurre hurre! nachgerannt
Hart hinters Rappen Hufen.

Und immer weiter, hopp hopp hopp!
Gings fort in sausendem Galopp,
Daß Roß und Reiter schnoben
Und Kies und Funken stoben.

Wie flogen rechts, wie flogen links
Gebirge, Bäum und Hecken!
Wie flogen links und rechts und links
Die Dörfer, Städt und Flecken! –
»Graut Liebchen auch? … Der Mond scheint hell!
Hurra! Die Toten reiten schnell!
Graut Liebchen auch vor Toten?« –
»Ach! Laß sie ruhn, die Toten.« –

Sieh da! sieh da! Am Hochgericht
Tanzt um des Rades Spindel,
Halb sichtbarlich bei Mondenlicht,
Ein luftiges Gesindel.
»Sa sa! Gesindel, hier! komm hier!
Gesindel, komm und folge mir!
Tanz uns den Hochzeitsreigen,
Wann wir zu Bette steigen!« –

Und das Gesindel, husch husch husch!
Kam hinten nachgeprasselt,
Wie Wirbelwind am Haselbusch
Durch dürre Blätter rasselt.
Und weiter, weiter, hopp hopp hopp!
Gings fort in sausendem Galopp,
Daß Roß und Reiter schnoben
Und Kies und Funken stoben.

Wie flog, was rund der Mond beschien,
Wie flog es in die Ferne!
Wie flogen oben überhin
Der Himmel und die Sterne! –
»Graut Liebchen auch? … Der Mond scheint hell!
Hurra! Die Toten reiten schnell! –
Graut Liebchen auch vor Toten?« –
»O weh! Laß ruhn die Toten!«

»Rapp! Rapp! mich dünkt, der Hahn schon ruft …
Bald wird der Sand verrinnen ..       .
Rapp! Rapp! Ich wittre Morgenluft …
Rapp! tummle dich von hinnen!
Vollbracht, vollbracht ist unser Lauf!
Das Hochzeitsbette tut sich auf!
Die Toten reiten schnelle!
Wir sind, wir sind zur Stelle.«

Rasch auf ein eisern Gittertor
Gings mit verhängtem Zügel;
Mit schwanker Gert ein Schlag davor
Zersprengte Schloß und Riegel.
Die Flügel flogen klirrend auf,
Und über Gräber ging der Lauf;
Es blinkten Leichensteine
Rundum im Mondenscheine.

Ha sieh! Ha sieh! Im Augenblick,
Huhu! ein gräßlich Wunder!
Des Reiters Koller, Stück für Stück,
Fiel ab wie mürber Zunder.
Zum Schädel ohne Zopf und Schopf,
Zum nackten Schädel ward sein Kopf,
Sein Körper zum Gerippe
Mit Stundenglas und Hippe.

Hoch bäumte sich, wild schnob der Rapp
Und sprühte Feuerfunken;
Und hui! wars unter ihr hinab
Verschwunden und versunken.
Geheul! Geheul aus hoher Luft,
Gewinsel kam aus tiefer Gruft.
Lenorens Herz mit Beben
Rang zwischen Tod und Leben.

Nun tanzten wohl bei Mondenglanz
Rundum herum im Kreise
Die Geister einen Kettentanz
Und heulten diese Weise:
»Geduld! Geduld! Wenns Herz auch bricht!
Mit Gott im Himmel hadre nicht!
Des Leibes bist du ledig;
Gott sei der Seele gnädig!«

## Des Pfarrers Tochter von Taubenhain

Im Garten des Pfarrers von Taubenhain
Geht's irre bei Nacht in der Laube.
Da flüstert und stöhnt's so ängstiglich;
Da rasselt, da flattert und sträubet es sich,
Wie gegen den Falken die Taube.

Es schleicht ein Flämmchen am Unkenteich,
Das flimmert und flammert so traurig.
Da ist ein Plätzchen, da wächst kein Gras;
Das wird vom Tau und vom Regen nicht naß;
Da wehen die Lüftchen so schaurig. –

Des Pfarrers Tochter von Taubenhain
War schuldlos wie ein Täubchen.
Das Mädel war jung, war lieblich und fein,
Viel ritten der Freier nach Taubenhain
Und wünschten Rosetten zum Weibchen. –

Von drüben herüber, von drüben herab,
Dort jenseits des Baches vom Hügel,
Blinkt stattlich ein Schloß auf das Dörfchen im Tal,
Die Mauern wie Silber, die Dächer wie Stahl,
Die Fenster wie brennende Spiegel.

Da trieb es der Junker von Falkenstein
In Hüll' und in Füll' und in Freude.
Dem Jüngferchen lacht' in die Augen das Schloß,
Ihr lacht' in das Herzchen der Junker zu Roß,
Im funkelnden Jägergeschmeide. –

Er schrieb ihr ein Briefchen auf Seidenpapier,
Umrändelt mit goldenen Kanten.
Er schickt' ihr sein Bildnis, so lachend und hold,
Versteckt in ein Herzchen von Perlen und Gold;
Dabei war ein Ring mit Demanten. –

»Laß du sie nur reiten und fahren und gehn,
Laß du sie sich werben zuschanden!
Rosettchen, dir ist wohl was Bessers beschert.
Ich achte des stattlichsten Ritters dich wert,
Beliehen mit Leuten und Landen.

Ich hab' ein gut Wörtchen zu kosen mit dir;
Das muß ich dir heimlich vertrauen.
Drauf hätt' ich gern heimlich erwünschten Bescheid.
Lieb Mädel, um Mitternacht bin ich nicht weit;
Sei wacker und laß dir nicht grauen!

Heut Mitternacht horch auf den Wachtelgesang
Im Weizenfeld hinter dem Garten.
Ein Nachtigallmännchen wird locken die Braut
Mit lieblichem tief aufflötenden Laut;
Sei wacker und laß mich nicht warten!« –

Er kam in Mantel und Kappe vermummt,
Er kam um die Mitternachtstunde,
Er schlich, umgürtet mit Waffen und Wehr,
So leise, so lose, wie Nebel, einher
Und stillte mit Brocken die Hunde.

Er schlug der Wachtel hellgellenden Schlag,
Im Weizenfeld hinter dem Garten.
Dann lockte das Nachtigallmännchen die Braut
Mit lieblichem tief aufflötenden Laut;
Und Röschen, ach! – ließ ihn nicht warten. –

Er wußte sein Wörtchen so traulich und süß
In Ohr und Herz ihr zu girren! –
Ach, Liebender Glauben ist willig und zahm!
Er sparte kein Locken, die schüchterne Scham
Zu seinem Gelüste zu kirren.

Er schwur sich bei allem, was heilig und hehr,
Auf ewig zu ihrem Getreuen.
Und als sie sich sträubte, und als er sie zog,
Vermaß er sich teuer, vermaß er sich hoch:
»Lieb Mädel, es soll dich nicht reuen!«

Er zog sie zur Laube, so düster und still,
Von blühenden Bohnen umdüftet.
Da pocht' ihr das Herzchen; da schwoll ihr die Brust;
Da wurde vom glühenden Hauche der Lust
Die Unschuld zu Töde vergiftet.– –

Bald, als auf duftendem Bohnenbeet
Die rötlichen Blumen verblühten,
Da wurde dem Mädel so übel und weh;
Da bleichten die rosichten Wangen zu Schnee;
Die funkelnden Augen verglühten.

Und als die Schote nun allgemach
Sich dehnt' in die Breit' und Länge;
Als Erdbeer' und Kirsche sich rötet' und schwoll,
Da wurde dem Mädel das Brüstchen zu voll,
Das seidene Röckchen zu enge.

Und als die Sichel zu Felde ging,
Hub's an sich zu regen und strecken.
Und als der Herbstwind über die Flur
Und über die Stoppel des Habers fuhr,
Da konnte sie's nicht mehr verstecken.

Der Vater, ein harter und zorniger Mann,
Schalt laut die arme Rosette:
»Hast du dir erbuhlt für die Wiege das Kind,
So hebe dich mir aus den Augen geschwind
Und schaff' auch den Mann dir ins Bette!«

Er schlang ihr fliegendes Haar um die Faust;
Er hieb sie mit knotigen Riemen.
Er hieb, das schallte so schrecklich und laut!
Er hieb ihr die samtene Lilienhaut
Voll schwellender blutiger Striemen.

Er stieß sie hinaus in der finstersten Nacht
Bei eisigem Regen und Winden.
Sie klimmt' am dornigen Felsen empor,
Und tappte sich fort bis an Falkensteins Tor,
Dem Liebsten ihr Leid zu verkünden. –

»O weh mir, daß du mich zur Mutter gemacht,
Bevor du mich machtest zum Weibe!
Sieh her! Sieh her! Mit Jammer und Hohn
Trag' ich dafür nun den schmerzlichen Lohn
An meinem zerschlagenen Leibe!«

Sie warf sich ihm bitterlich schluchzend ans Herz;
Sie bat, sie beschwur ihn mit Zähren:
»O mach' es nun gut, was du übel gemacht!
Bist du es, der so mich in Schande gebracht,
So bring' auch mich wieder zu Ehren!« –

»Arm Närrchen«, versetzt' er, »das tut mir ja leid!
Wir wollen's am Alten schon rächen.
Erst gib dich zufrieden und harre bei mir!
Ich will dich schon hegen und pflegen allhier.
Dann wollen wir's ferner besprechen.« –

»Ach, hier ist kein Säumen, kein Pflegen, noch Ruh'n!
Das bringt mich nicht wieder zu Ehren.
Hast du einst treulich geschworen der Braut,
So laß auch an Gottes Altare nun laut
Vor Priester und Zeugen es hören!«

»Ho, Närrchen, so hab' ich es nimmer gemeint!
Wie kann ich zum Weibe dich nehmen?
Ich bin ja entsprossen aus adligem Blut.
Nur Gleiches zu Gleichem gesellet sich gut;
Sonst müßte mein Stamm sich ja schämen.

Lieb Närrchen, ich halte dir's, wie ich's gemeint:
Mein Liebchen sollst immerdar bleiben.
Und wenn dir mein wackerer Jäger gefällt,
So laß' ich's mir kosten ein gutes Stück Geld.
Dann können wir's ferner noch treiben.« –

»Daß Gott dich! – du schändlicher, bübischer Mann! –
Daß Gott dich zur Hölle verdamme! –
Entehr' ich als Gattin dein adliges Blut,
Warum denn, o Bösewicht, war ich einst gut
Für deine unehrliche Flamme? –

So geh dann und nimm dir ein adliges Weib! –
Das Blättchen soll schrecklich sich wenden!
Gott siehet und höret und richtet uns recht.
So müsse dereinst dein niedrigster Knecht
Das adlige Bette dir schänden!

Dann fühle, Verräter, dann fühle, wie's tut,
An Ehr' und an Glück zu verzweifeln!
Dann stoß' an die Mauer die schändliche Stirn
Und jag' eine Kugel dir fluchend durchs Hirn!
Dann, Teufel, dann fahre zu Teufeln!« –

Sie riß sich zusammen, sie raffte sich auf,
Sie rannte verzweifelnd von hinnen,
Mit blutigen Füßen, durch Distel und Dorn,
Durch Moor und Geröhricht, vor Jammer und Zorn
Zerrüttet an allen fünf Sinnen.

»Wohin nun, wohin, o barmherziger Gott,
Wohin nun auf Erden mich wenden?« –
Sie rannte, verzweifelnd an Ehr' und an Glück,
Und kam in den Garten der Heimat zurück,
Ihr klägliches Leben zu enden.

Sie taumelt', an Händen und Füßen verklomt,
Sie kroch zur unseligen Laube;
Und jach durchzuckte sie Weh auf Weh,
Auf ärmlichem Lager, bestreuet mit Schnee,
Von Reisicht und rasselndem Laube.

Es wand ihr ein Knäbchen sich weinend vom Schoß,
Bei wildem unsäglichem Schmerze.
Und als das Knäbchen geboren war,
Da riß sie die silberne Nadel vom Haar,
Und stieß sie dem Knaben ins Herze.

Erst, als sie vollendet die blutige Tat,
Mußt', ach! ihr Wahnsinn sich enden.
Kalt wehten Entsetzen und Grausen sie an. –
»O Jesu, mein Heiland, was hab' ich getan?«
Sie wand sich den Bast von den Händen.

Sie kratzte mit blutigen Nägeln ein Grab
Am schilfigen Unkengestade.
»Da ruh du, mein Armes, da ruh nun in Gott,
Geborgen auf immer vor Elend und Spott! –
Mich hacken die Raben vom Rade!« –

Das ist das Flämmchen am Unkenteich;
Das flimmert und flammert so traurig.
Das ist das Plätzchen, da wächst kein Gras;
Das wird vom Tau und vom Regen nicht naß!
Da wehen die Lüftchen so schaurig!

Hoch hinter dem Garten vom Rabenstein,
Hoch über dem Steine vom Rade
Blickt, hohl und düster, ein Schädel herab,
Das ist ihr Schädel, der blicket aufs Grab,
Drei Spannen lang an dem Gestade.

Allnächtlich herunter vom Rabenstein,
Allnächtlich herunter vom Rade
Huscht bleich und molkicht ein Schattengesicht,
Will löschen das Flämmchen, und kann es doch nicht,
Und wimmert am Unkengestade.

## Das Lied vom braven Manne

Hoch klingt das Lied vom braven Mann,
Wie Orgelton und Glockenklang.
Wer hohes Muts sich rühmen kann,
Den lohnt nicht Gold, den lohnt Gesang.
Gottlob! daß ich singen und preisen kann:
Zu singen und preisen den braven Mann.

Der Tauwind kam vom Mittagsmeer,
Und schnob durch Welschland, trüb und feucht.
Die Wolken flogen vor ihm her,
Wie wann der Wolf die Herde scheucht.
Er fegte die Felder; zerbrach den Forst;
Auf Seen und Strömen das Grundeis borst.

Am Hochgebirge schmolz der Schnee;
Der Sturz von tausend Wassern scholl;
Das Wiesental begrub ein See;
Des Landes Heerstrom wuchs und schwoll;
Hoch rollten die Wogen, entlang ihr Gleis,
Und rollten gewaltige Felsen Eis.

Auf Pfeilern und auf Bogen schwer,
Aus Quaderstein von unten auf,
Lag eine Brücke drüber her;
Und mitten stand ein Häuschen drauf.
Hier wohnte der Zöllner, mit Weib und Kind. –
»O Zöllner! o Zöllner! Entfleuch geschwind!«

Es dröhnt' und dröhnte dumpf heran,
Laut heulten Sturm und Wog' ums Haus.
Der Zöllner sprang zum Dach hinan,
Und blickt' in den Tumult hinaus. –
»Barmherziger Himmel! Erbarme dich!
Verloren! Verloren! Wer rettet mich?« –

Die Schollen rollten, Schuß auf Schuß,
Von beiden Ufern, hier und dort,
Von beiden Ufern riß der Fluß
Die Pfeiler samt den Bogen fort.
Der bebende Zöllner, mit Weib und Kind,
Er heulte noch lauter, als Strom und Wind.

Die Schollen rollten, Stoß auf Stoß,
An beiden Enden, hier und dort,
Zerborsten und zertrümmert, schoß
Ein Pfeiler nach dem andern fort.
Bald nahte der Mitte der Umsturz sich. –
»Barmherziger Himmel! Erbarme dich!« –

Hoch auf dem fernen Ufer stand
Ein Schwarm von Gaffern, groß und klein;
Und jeder schrie und rang die Hand,
Doch mochte niemand Retter sein.
Der bebende Zöllner, mit Weib und Kind,
Durchheulte nach Rettung den Strom und Wind.

Wann klingst du, Lied vom braven Mann,
Wie Orgelton und Glockenklang?
Wohlan! So nenn ihn, nenn ihn dann!
Wann nennst du ihn, mein schönster Sang?
Bald nahet der Mitte der Umsturz sich.
O braver Mann! braver Mann! zeige dich!

Rasch galoppiert' ein Graf hervor,
Auf hohem Roß ein edler Graf.
Was hielt des Grafen Hand empor?
Ein Beutel war es, voll und straff. –
»Zweihundert Pistolen sind zugesagt
Dem, welcher die Rettung der Armen wagt.«

Wer ist der Brave? Ist's der Graf?
Sag an, mein braver Sang, sag an! –
Der Graf, beim höchsten Gott! war brav!
Doch weiß ich einen bravern Mann. –
O braver Mann! braver Mann! Zeige dich!
Schon naht das Verderben sich fürchterlich. –

Und immer höher schwoll die Flut;
Und immer lauter schnob der Wind;
Und immer tiefer sank der Mut. –
O Retter! Retter! Komm geschwind! –
Stets Pfeiler bei Pfeiler zerborst und brach.
Laut krachten und stürzten die Bogen nach.

»Hallo! Hallo! Frischauf gewagt!«
Hoch hielt der Graf den Preis empor.
Ein jeder hört's, doch jeder zagt,
Aus Tausenden tritt keiner vor.
Vergebens durchheulte, mit Weib und Kind,
Der Zöllner nach Rettung den Strom und Wind. –

Sieh, schlecht und recht, ein Bauersmann
Am Wanderstabe schritt daher,
Mit grobem Kittel angetan,
An Wuchs und Antlitz hoch und hehr.
Er hörte den Grafen; vernahm sein Wort;
Und schaute das nahe Verderben dort.

Und kühn in Gottes Namen, sprang
Er in den nächsten Fischerkahn;
Trotz Wirbel, Sturm, und Wogendrang,
Kam der Erretter glücklich an:
Doch wehe! der Nachen war allzuklein,
Der Retter von allen zugleich zu sein.

Und dreimal zwang er seinen Kahn,
Trotz Wirbel, Sturm, und Wogendrang;
Und dreimal kam er glücklich an,
Bis ihm die Rettung ganz gelang.
Kaum kamen die letzten in sichern Port;
So rollte das letzte Getrümmer fort. –

Wer ist, wer ist der brave Mann?
Sag an, sag an, mein braver Sang!
Der Bauer wagt' ein Leben dran:
Doch tat er's wohl um Goldesklang?
Denn spendete nimmer der Graf sein Gut;
So wagte der Bauer vielleicht kein Blut. –

»Hier«, rief der Graf, »mein wackrer Freund!
Hier ist dein Preis! Komm her! Nimm hin!« –
Sag an, war das nicht brav gemeint? –
Bei Gott! der Graf trug hohen Sinn. –
Doch höher und himmlischer, wahrlich! schlug
Das Herz, das der Bauer im Kittel trug.

»Mein Leben ist für Gold nicht feil.
Arm bin ich zwar, doch eß ich satt.
Dem Zöllner werd eur Gold zuteil,
Der Hab und Gut verloren hat!«
So rief er, mit herzlichem Biederton,
Und wandte den Rücken und ging davon. –

Hoch klingst du, Lied vom braven Mann,
Wie Orgelton und Glockenklang!
Wer solches Muts sich rühmen kann,
Den lohnt kein Gold, den lohnt Gesang.
Gottlob! daß ich singen und preisen kann,
Unsterblich zu preisen den braven Mann.

# Johann Gottfried Herder

### 1744–1803

## Edward

Dein Schwert, wie ist's von Blut so rot?
  Edward, Edward!
Dein Schwert, wie ist's von Blut so rot,
  Und gehst so traurig her? – O!
O ich hab geschlagen meinen Geier tot,
  Mutter, Mutter!
O ich hab geschlagen meinen Geier tot,
  Und keinen hab ich wie er – O!

Dein's Geiers Blut ist nicht so rot,
  Edward, Edward!
Dein's Geiers Blut ist nicht so rot,
  Mein Sohn, bekenn mir frei – O!
O ich hab geschlagen mein Rotroß tot,
  Mutter, Mutter!
O ich hab geschlagen mein Rotroß tot,
  Und 's war so stolz und treu – O!

Dein Roß war alt und hast's nicht not,
  Edward, Edward!
Dein Roß war alt und hast's nicht not,
  Dich drückt ein ander Schmerz – O!
O ich hab geschlagen meinen Vater tot,
  Mutter, Mutter!
O ich hab geschlagen meinen Vater tot,
  Und weh, weh ist mein Herz – O!

Und was für Buße willt du nun tun?
  Edward, Edward!
Und was für Buße willt du nun tun?
  Mein Sohn, bekenn mir mehr – O!
Auf Erden soll mein Fuß nicht ruhn,
  Mutter, Mutter!
Auf Erden soll mein Fuß nicht ruhn,
  Will gehn fern übers Meer – O!

Und was soll werden dein Hof und Hall?
  Edward, Edward!
Und was soll werden dein Hof und Hall?
  So herrlich sonst und schön – O!
Ich laß es stehn, bis es sink' und fall',
  Mutter, Mutter!
Ich laß es stehn, bis es sink' und fall',
  Mag nie es wieder sehn – O!

Und was soll werden dein Weib und Kind?
  Edward, Edward!
Und was soll werden dein Weib und Kind,
  Wann du gehst über Meer? – O!
Die Welt ist groß, laß sie betteln drin,
  Mutter, Mutter!
Die Welt ist groß, laß sie betteln drin,
  Ich seh sie nimmermehr – O!

Und was willt du lassen deiner Mutter teur?
  Edward, Edward!
Und was willt du lassen deiner Mutter teur?
  Mein Sohn, das sage mir – O!
Fluch will ich Euch lassen und höllisch Feur,
  Mutter, Mutter!
Fluch will ich Euch lassen und höllisch Feur,
  Denn ihr, ihr rietet's mir! – O!

## Erlkönigs Tochter

Herr Oluf reitet spät und weit,
Zu bieten auf seine Hochzeitleut';

Da tanzen die Elfen auf grünem Land',
Erlkönigs Tochter reicht ihm die Hand.

»Willkommen, Herr Oluf, was eilst von hier?
Tritt her in den Reihen und tanz' mit mir.«

»Ich darf nicht tanzen, nicht tanzen ich mag,
Frühmorgen ist mein Hochzeittag.«

»Hör an, Herr Oluf, tritt tanzen mit mir,
Zwei güldne Sporne schenk ich dir.

Ein Hemd von Seide so weiß und fein,
Meine Mutter bleicht's mit Mondenschein.«

»Ich darf nicht tanzen, nicht tanzen ich mag,
Frühmorgen ist mein Hochzeittag.«

»Hör an, Herr Oluf, tritt tanzen mit mir,
Einen Haufen Goldes schenk ich dir.«

»Einen Haufen Goldes nähm ich wohl;
Doch tanzen ich nicht darf noch soll.«

»Und willt, Herr Oluf, nicht tanzen mit mir;
Soll Seuch und Krankheit folgen dir.«

Sie tät einen Schlag ihm auf sein Herz,
Noch nimmer fühlt' er solchen Schmerz.

Sie hob ihn bleichend auf sein Pferd,
»Reit heim nun zu dein'm Fräulein wert.«

Und als er kam vor Hauses Tür,
Seine Mutter zitternd stand dafür.

»Hör an, mein Sohn, sag an mir gleich,
Wie ist dein' Farbe blaß und bleich?«

»Und sollt sie nicht sein blaß und bleich,
Ich traf in Erlenkönigs Reich.«

»Hör an, mein Sohn, so lieb und traut,
Was soll ich nun sagen deiner Braut?«

»Sagt ihr, ich sei im Wald zur Stund,
Zu proben da mein Pferd und Hund.«

Frühmorgen und als es Tag kaum war,
Da kam die Braut mit der Hochzeitschar.

Sie schenkten Met, sie schenkten Wein;
»Wo ist Herr Oluf, der Bräutgam mein?«

»Herr Oluf, er ritt' in Wald zur Stund,
Er probt allda sein Pferd und Hund.«

Die Braut hob auf den Scharlach rot,
Da lag Herr Oluf und er war tot.

## Wilhelms Geist

Da kam ein Geist zu Gretchens Tür,
Mit manchem Weh und Ach!
Und drückt' am Schloß und kehrt' am Schloß,
Und ächzte traurig nach,

»Ist dies mein Vater Philipp?
Oder ist's mein Bruder Johann?
Oder ist's mein Treulieb Wilhelm,
Aus Schottland kommen an?«

»Ist nicht dein Vater Philipp.
Ist nicht dein Bruder Johann!
Es ist dein Treulieb Wilhelm,
Aus Schottland kommen an.

O Gretchen süß, o Gretchen lieb,
Ich bitt' dich, sprich zu mir,
Gib Gretchen mir mein Wort und Treu,
Das ich gegeben dir.«

»Dein Wort und Treu geb ich dir nicht,
Geb's nimmer wieder dir;
Bis du in meine Kammer kömmst
Mit Liebeskuß zu mir.«

»Wenn ich soll kommen in deine Kammer – –
Ich bin kein Erdenmann:
Und küssen deinen Rosenmund
So küß' ich Tod dir an.

O Gretchen süß, o Gretchen lieb,
Ich bitt dich, sprich zu mir:
Gib, Gretchen, mir mein Wort und Treu,
Das ich gegeben dir.«

»Dein Wort und Treu geb ich dir nicht,
Geb's nimmer wieder dir,
Bis du mich führst zum Kirchhof hin,
Mit Bräutgamsring dafür.«

»Und auf dem Kirchhof lieg ich schon
Fernweg, hinüber dem Meer!
Es ist mein Geist nur, Gretchen,
Der hier kommt zu dir her.«

Ausstreckt sie ihre Lilienhand
Streckt eilig sie ihm zu:
»Da nimm dein Treuwort Wilhelm
Und geh, und geh zur Ruh.«

Nun hat sie geworfen die Kleider an,
Ein Stück hinunter das Knie,
Und all die lange Winternacht
Ging nach dem Geiste sie.

»Ist Raum noch, Wilhelm, dir zu Haupt,
Oder Raum zu Füßen dir?
Oder Raum noch, Wilhelm, dir zur Seit,
Daß ein ich schlüpf zu dir.«

»Kein Raum ist, Gretchen, mir zu Haupt,
Zu Füßen und überall;
Kein Raum zur Seit' mir, Gretchen,
Mein Sarg ist eng und schmal.«

Da kräht der Hahn, da schlug die Uhr!
Da brach der Morgen für!
»Ist Zeit, ist Zeit nun, Gretchen,
Zu scheiden weg von dir!«

Nicht mehr der Geist zu Gretchen sprach,
Und ächzend tief darein,
Schwand er in Nacht und Nebel hin
Und ließ sie stehn allein.

O bleib, mein Ein Treulieber, bleib,
Dein Gretchen ruft dir nach – – –
Die Wange, blaß, ersank ihr Leib,
Und sanft ihr Auge brach.

## Elvershöh

Ich legte mein Haupt auf Elvershöh,
Meine Augen begannen zu sinken.
Da kamen gegangen zwei Jungfraun schön,
Die täten mir lieblich winken.

Die eine, die strich mein weißes Kinn,
Die andere lispelt ins Ohr mir:
»Steh auf, du muntrer Jüngling,
Und erhebe den Tanz hier!

Meine Jungfraun sollen dir Lieder singen,
Die schönsten Lieder zu hören.«
Die eine begann zu singen ein Lied,
Die Schönste aller Schönen;

Der brausende Strom, er floß nicht mehr
Und horcht den Zaubertönen,
Der brausende Strom, er floß nicht mehr,
Stand still und horchte fühlend.

Die Fischlein all' in heller Flut,
Sie scherzten auf und nieder,
Die Vöglein all' im grünen Hain,
Sie hüpften und zirpten Lieder.

»Hör' an, du muntrer Jüngling, hör' an,
Willst du hier bei uns bleiben?
Wir wollen dich lehren das Runenbuch
und Zaubereien schreiben.

Wir wollen dich lehren, den wilden Bär
zu binden mit Wort und Zeichen.
Der Drache, der ruht auf rotem Gold,
soll vor dir fliehn und weichen.«

Sie tanzten hin, sie tanzten her;
Zu buhlen ihr Herz begehret.
Der muntre Jüngling, er
Saß da, gestützt auf seinem Schwerte.

»Hör’ an, du muntrer Jüngling, hör’ an!
Willst du nicht mit uns sprechen,
So reissen wir dir mit Messer und Schwert
Das Herz aus, uns zu rächen.«

Und da, mein gutes, gutes Glück!
Der Hahn fing an zu krähn.
Ich wär sonst blieben auf Elvershöh,
Bei Elvers Jungfraun schön.

Drum rat ich jedem Jüngling an,
Der zieht nach Hofe fein,
Er setze sich nicht auf Elvershöh,
Allda zu schlummern ein.

# Johann Wolfgang Goethe

## 1749–1832

### Heidenröslein

Sah ein Knab’ ein Röslein stehn,
Röslein auf der Heiden,
War so jung und morgenschön,
Lief er schnell, es nah zu sehn,
Sah’s mit vielen Freuden.
Röslein, Röslein, Röslein rot,
Röslein auf der Heiden.

Knabe sprach: Ich breche dich,
Röslein auf der Heiden!
Röslein sprach: Ich steche dich,
Daß du ewig denkst an mich,
Und ich will’s nicht leiden.
Röslein, Röslein, Röslein rot,
Röslein auf der Heiden.

Und der wilde Knabe brach
’s Röslein auf der Heiden;
Röslein wehrte sich und stach,
Half ihr doch kein Weh und Ach,
Mußt’ es eben leiden.
Röslein, Röslein, Röslein rot,
Röslein auf der Heiden.

## Der König in Thule

Es war ein König in Thule
Gar treu bis an das Grab,
Dem sterbend seine Buhle
Einen goldnen Becher gab.

Es ging ihm nichts darüber,
Er leert' ihn jeden Schmaus;
Die Augen gingen ihm über,
So oft er trank daraus.

Und als er kam zu sterben,
Zählt' er seine Städt' im Reich,
Gönnt' alles seinem Erben,
Den Becher nicht zugleich.

Er saß beim Königsmahle,
Die Ritter um ihn her,
Auf hohem Vätersaale
Dort auf dem Schloß am Meer.

Dort stand der alte Zecher,
Trank letzte Lebensglut
Und warf den heil'gen Becher
Hinunter in die Flut.

Er sah ihn stürzen, trinken
Und sinken tief ins Meer.
Die Augen täten ihm sinken;
Trank nie einen Tropfen mehr.

## Der untreue Knabe

Es war ein Buhle frech genung,
War erst aus Frankreich kommen,
Der hat ein armes Maidel jung
Gar oft in Arm genommen,
Und liebgekost und liebgeherzt,
Als Bräutigam herumgescherzt,
Und endlich sie verlassen.

Das arme Maidel das erfuhr,
Vergingen ihr die Sinnen,
Sie lacht' und weint' und bet' und schwur
So fuhr die Seel' von hinnen.
Die Stund, da sie verschieden war,
Wird bang dem Buben, graust sein Haar,
Es treibt ihn fort zu Pferde.

Er gab die Sporen kreuz und quer
Und ritt auf alle Seiten,
Herüber, 'nüber, hin und her,
Kann keine Ruh' erreiten;
Reit' sieben Tag und sieben Nacht –
Es blitzt und donnert, stürmt und kracht,
Die Fluten reißen über;

Und reit' im Blitz und Wetterschein
Gemäuerwerk entgegen,
Bindt 's Pferd hauß an und kriecht hinein
Und duckt sich vor dem Regen.
Und wie er tappt und wie er fühlt,
Sich unter ihm die Erd' erwühlt:
Er stürzt wohl hundert Klafter.

Und als er sich ermannt vom Schlag,
Sieht er drei Lichtlein schleichen.
Er rafft sich auf und krapelt nach,
Die Lichtlein ferne weichen,
Irrführen ihn die Quer und Läng',
Treppauf treppab durch enge Gäng',
Verfallne wüste Keller.

Auf einmal steht er hoch im Saal,
Sieht sitzen hundert Gäste,
Hohläugig grinsen allzumal
Und winken ihm zum Feste.
Er sieht sein Schätzel unten an
Mit weißen Tüchern angetan,
Die wend't sich –

## Der Fischer

Das Wasser rauscht', das Wasser schwoll,
Ein Fischer saß daran,
Sah nach dem Angel ruhevoll,
Kühl bis ans Herz hinan.
Und wie er sitzt, und wie er lauscht,
Teilt sich die Flut empor;
Aus dem bewegten Wasser rauscht
Ein feuchtes Weib hervor.

Sie sang zu ihm, sie sprach zu ihm:
»Was lockst du meine Brut
Mit Menschenwitz und Menschenlist
Hinauf in Todesglut?
Ach wüßtest du, wie's Fischlein ist
So wohlig auf dem Grund,
Du stiegst herunter, wie du bist,
Und würdest erst gesund.

Labt sich die liebe Sonne nicht,
Der Mond sich nicht im Meer?
Kehrt wellenatmend ihr Gesicht
Nicht doppelt schöner her?
Lockt dich der tiefe Himmel nicht,
Das feuchtverklärte Blau?
Lockt dich dein eigen Angesicht
Nicht her in ew'gen Tau?«

Das Wasser rauscht', das Wasser schwoll,
Netzt' ihm den nackten Fuß;
Sein Herz wuchs ihm so sehnsuchtsvoll,
Wie bei der Liebsten Gruß.
Sie sprach zu ihm, sie sang zu ihm;
Da war's um ihn geschehn:
Halb zog sie ihn, halb sank er hin,
Und ward nicht mehr gesehn.

## Erlkönig

Wer reitet so spät durch Nacht und Wind?
Es ist der Vater mit seinem Kind;
Er hat den Knaben wohl in dem Arm,
Er faßt ihn sicher, er hält ihn warm. –

Mein Sohn, was birgst du so bang dein Gesicht? –
Siehst, Vater, du den Erlkönig nicht?
Den Erlenkönig, mit Kron' und Schweif? –
Mein Sohn, es ist ein Nebelstreif. –

"Du liebes Kind, komm, geh mit mir!
Gar schöne Spiele spiel' ich mit dir;
Manch' bunte Blumen sind an dem Strand;
Meine Mutter hat manch' gülden Gewand.«

Mein Vater, mein Vater, und hörest du nicht,
Was Erlenkönig mir leise verspricht? –
Sei ruhig, bleibe ruhig, mein Kind!
In dürren Blättern säuselt der Wind. –

»Willst, feiner Knabe, du mit mir gehn?
Meine Töchter sollen dich warten schön;
Meine Töchter führen den nächtlichen Reihn
Und wiegen und tanzen und singen dich ein.«

Mein Vater, mein Vater, und siehst du nicht dort
Erlkönigs Töchter am düstern Ort? –
Mein Sohn, mein Sohn, ich seh' es genau;
Es scheinen die alten Weiden so grau. –

»Ich liebe dich, mich reizt deine schöne Gestalt;
Und bist du nicht willig, so brauch' ich Gewalt.« –
Mein Vater, mein Vater, jetzt faßt er mich an!
Erlkönig hat mir ein Leids getan! –

Dem Vater grauset's, er reitet geschwind,
Er hält in Armen das ächzende Kind,
Erreicht den Hof mit Mühe und Not;
In seinen Armen das Kind war tot.


### Der Schatzgräber

Arm am Beutel, krank am Herzen,
Schleppt' ich meine langen Tage.
Armut ist die größte Plage,
Reichtum ist das höchste Gut!
Und zu enden meine Schmerzen,
Ging ich, einen Schatz zu graben.
»Meine Seele sollst du haben!«
Schrieb ich hin mit eignem Blut.

Und so zog ich Kreis' um Kreise,
Stellte wunderbare Flammen,
Kraut und Knochenwerk zusammen:
Die Beschwörung war vollbracht.
Und auf die gelernte Weise
Grub ich nach dem alten Schatze
Auf dem angezeigten Platze.
Schwarz und stürmisch war die Nacht.

Und ich sah ein Licht von weiten,
Und es kam gleich einem Sterne
Hinten aus der fernsten Ferne,
Eben als es zwölfe schlug.
Und da galt kein Vorbereiten.
Heller ward's mit einem Male
Von dem Glanz der vollen Schale,
Die ein schöner Knabe trug.

Holde Augen sah ich blinken
Unter dichtem Blumenkranze;
In des Trankes Himmelsglanze
Trat er in den Kreis herein.
Und er hieß mich freundlich trinken;
Und ich dacht': es kann der Knabe
Mit der schönen lichten Gabe
Wahrlich nicht der Böse sein.

»Trinke Mut des reinen Lebens!
Dann verstehst du die Belehrung,
Kommst mit ängstlicher Beschwörung
Nicht zurück an diesen Ort.
Grabe hier nicht mehr vergebens!
Tages Arbeit, abends Gäste!
Saure Wochen, frohe Feste!
Sei dein künftig Zauberwort.«

## Die Braut von Korinth

Nach Korinthus von Athen gezogen
Kam ein Jüngling, dort noch unbekannt.
Einen Bürger hofft' er sich gewogen;
Beide Väter waren gastverwandt,
Hatten frühe schon
Töchterchen und Sohn
Braut und Bräutigam voraus genannt.

Aber wird er auch willkommen scheinen,
Wenn er teuer nicht die Gunst erkauft?
Er ist noch ein Heide mit den Seinen,
Und sie sind schon Christen und getauft.
Keimt ein Glaube neu,
Wird oft Lieb' und Treu'
Wie ein böses Unkraut ausgerauft.

Und schon lag das ganze Haus im Stillen,
Vater, Töchter, nur die Mutter wacht;
Sie empfängt den Gast mit bestem Willen,
Gleich ins Prunkgemach wird er gebracht.
Wein und Essen prangt,
Eh' er es verlangt:
So versorgend wünscht sie gute Nacht.

Aber bei dem wohlbestellten Essen
Wird die Lust der Speise nicht erregt;
Müdigkeit läßt Speis' und Trank vergessen,
Daß er angekleidet sich aufs Bette legt;
Und er schlummert fast,
Als ein seltner Gast
Sich zur offnen Tür herein bewegt.

Denn er sieht, bei seiner Lampe Schimmer
Tritt, mit weißem Schleier und Gewand,
Sittsam still ein Mädchen in das Zimmer,
Um die Stirn ein schwarz- und goldnes Band.
Wie sie ihn erblickt,
Hebt sie, die erschrickt,
Mit Erstaunen eine weiße Hand.

»Bin ich«, rief sie aus, »so fremd im Hause,
Daß ich von dem Gaste nichts vernahm?
Ach, so hält man mich in meiner Klause!
Und nun überfällt mich hier die Scham.
Ruhe nur so fort
Auf dem Lager dort,
Und ich gehe schnell, so wie ich kam.«

»Bleibe, schönes Mädchen!« ruft der Knabe,
Rafft von seinem Lager sich geschwind:
»Hier ist Ceres', hier ist Bacchus' Gabe;
Und du bringst den Amor, liebes Kind!
Bist vor Schrecken blaß!
Liebe, komm und laß,
Laß uns sehn, wie froh die Götter sind.«

»Ferne bleib', o Jüngling, bleibe stehen!
Ich gehöre nicht den Freuden an.
Schon der letzte Schritt ist, ach! geschehen
Durch der guten Mutter kranken Wahn,
Die genesend schwur:
Jugend und Natur
Sei dem Himmel künftig Untertan.

Und der alten Götter bunt Gewimmel
Hat sogleich das stille Haus geleert.
Unsichtbar wird Einer nur im Himmel,
Und ein Heiland wird am Kreuz verehrt;
Opfer fallen hier,
Weder Lamm noch Stier,
Aber Menschenopfer unerhört.«

Und er fragt und wäget alle Worte,
Deren keines seinem Geist entgeht.
Ist es möglich, daß am stillen Orte
Die geliebte Braut hier vor mir steht?
»Sei die Meine nur!
Unsrer Väter Schwur
Hat vom Himmel Segen uns erfleht.«

»Mich erhältst du nicht, du gute Seele!
Meiner zweiten Schwester gönnt man dich.
Wenn ich mich in stiller Klause quäle,
Ach! in ihren Armen denk' an mich,
Die an dich nur denkt,
Die sich liebend kränkt;
In die Erde bald verbirgt sie sich.«

»Nein! bei dieser Flamme sei's geschworen,
Gütig zeigt sie Hymen uns voraus;
Bist der Freude nicht und mir verloren,
Kommst mit mir in meines Vaters Haus.
Liebchen, bleibe hier!
Feire gleich mit mir
Unerwartet unsern Hochzeitschmaus.«

Und schon wechseln sie der Treue Zeichen:
Golden reicht sie ihm die Kette dar,
Und er will ihr eine Schale reichen,
Silbern, künstlich, wie nicht eine war.
»Die ist nicht für mich;
Doch, ich bitte dich,
Eine Locke gib von deinem Haar.«

Eben schlug die dumpfe Geisterstunde,
Und nun schien es ihr erst wohl zu sein.
Gierig schlürfte sie mit blassem Munde
Nun den dunkel blutgefärbten Wein.
Doch vom Weizenbrot,
Das er freundlich bot,
Nahm sie nicht den kleinsten Bissen ein.

Und dem Jüngling reichte sie die Schale,
Der, wie sie, nun hastig lüstern trank.
Liebe fordert er beim stillen Mahle;
Ach, sein armes Herz war liebekrank.
Doch sie widersteht,
Wie er immer fleht,
Bis er weinend auf das Bette sank.

Und sie kommt und wirft sich zu ihm nieder:
»Ach, wie ungern seh' ich dich gequält!
Aber, ach! berührst du meine Glieder,
Fühlst du schaudernd, was ich dir verhehlt.
Wie der Schnee so weiß,
Aber kalt wie Eis
Ist das Liebchen, das du dir erwählt.«

Heftig faßt er sie mit starken Armen,
Von der Liebe Jugendkraft durchmannt:
»Hoffe doch bei mir noch zu erwarmen,
Wärst du selbst mir aus dem Grab gesandt!«
Wechselhauch und Kuß!
Liebesüberfluß!
»Brennst du nicht und fühlest mich entbrannt?«

Liebe schließet fester sie zusammen,
Tränen mischen sich in ihre Lust;
Gierig saugt sie seines Mundes Flammen,
Eins ist nur im andern sich bewußt.
Seine Liebeswut
Wärmt ihr starres Blut,
Doch es schlägt kein Herz in ihrer Brust.

Unterdessen schleichet auf dem Gange
Häuslich spät die Mutter noch vorbei,
Horchet an der Tür und horchet lange,
Welch ein sonderbarer Ton es sei.
Klag- und Wonnelaut
Bräutigams und Braut
Und des Liebestammelns Raserei.

Unbeweglich bleibt sie an der Türe,
Weil sie erst sich überzeugen muß,
Und sie hört die höchsten Liebesschwüre,
Lieb- und Schmeichelworte mit Verdruß:
»Still! der Hahn erwacht!« –
»Aber morgen nacht
Bist du wieder da?« – und Kuß auf Kuß.

Länger hält die Mutter nicht das Zürnen,
Öffnet das bekannte Schloß geschwind:
»Gibt es hier im Hause solche Dirnen,
Die dem Fremden gleich zu Willen sind?«
So zur Tür hinein.
Bei der Lampe Schein
Sieht sie – Gott! sie sieht ihr eigen Kind.

Und der Jüngling will im ersten Schrecken
Mit des Mädchens eignem Schleierflor,
Mit dem Teppich die Geliebte decken;
Doch sie windet gleich sich selbst hervor.
Wie mit Geists Gewalt
Hebet die Gestalt
Lang und langsam sich im Bett empor.

»Mutter! Mutter!« spricht sie hohle Worte,
»So mißgönnt Ihr mir die schöne Nacht!
Ihr vertreibt mich von dem warmen Orte.
Bin ich zur Verzweiflung nur erwacht?
Ist's Euch nicht genug,
Daß ins Leichentuch,
Daß Ihr früh mich in das Grab gebracht?

Aber aus der schwerbedeckten Enge
Treibet mich ein eigenes Gericht.
Eurer Priester summende Gesänge
Und ihr Segen haben kein Gewicht;
Salz und Wasser kühlt
Nicht, wo Jugend fühlt;
Ach, die Erde kühlt die Liebe nicht!

Dieser Jüngling war mir erst versprochen,
Als noch Venus' heitrer Tempel stand.
Mutter, habt Ihr doch das Wort gebrochen,
Weil ein fremd, ein falsch Gelübd' Euch band!
Doch kein Gott erhört,
Wenn die Mutter schwört,
Zu versagen ihrer Tochter Hand.

Aus dem Grabe werd' ich ausgetrieben,
Noch zu suchen das vermißte Gut,
Noch den schon verlornen Mann zu lieben
Und zu saugen seines Herzens Blut.
Ist's um den geschehn,
Muß nach andern gehn,
Und das junge Volk erliegt der Wut.

Schöner Jüngling! kannst nicht länger leben;
Du versiechest nun an diesem Ort.
Meine Kette hab' ich dir gegeben;
Deine Locke nehm' ich mit mir fort.
Sieh sie an genau!
Morgen bist du grau,
Und nur braun erscheinst du wieder dort.

Höre, Mutter, nun die letzte Bitte:
Einen Scheiterhaufen schichte du;
Öffne meine bange, kleine Hütte,
Bring' in Flammen Liebende zur Ruh'!
Wenn der Funke sprüht,
Wenn die Asche glüht,
Eilen wir den alten Göttern zu.«

## Der Zauberlehrling

Hat der alte Hexenmeister
Sich doch einmal wegbegeben!
Und nun sollen seine Geister
Auch nach meinem Willen leben.
Seine Wort' und Werke
Merkt' ich und den Brauch,
Und mit Geistesstärke
Tu' ich Wunder auch.

Walle! walle
Manche Strecke,
Daß zum Zwecke
Wasser fließe,
Und mit reichem, vollem Schwalle
Zu dem Bade sich ergieße!

Und nun komm, du alter Besen!
Nimm die schlechten Lumpenhüllen!
Bist schon lange Knecht gewesen;
Nun erfülle meinen Willen!
Auf zwei Beinen stehe,
Oben sei ein Kopf,
Eile nun und gehe
Mit dem Wassertopf!

Walle! walle
Manche Strecke,
Daß zum Zwecke
Wasser fließe,
Und mit reichem, vollem Schwalle
Zu dem Bade sich ergieße!

Seht, er läuft zum Ufer nieder;
Wahrlich! ist schon an dem Flusse,
Und mit Blitzesschnelle wieder
Ist er hier mit raschem Gusse.
Schon zum zweiten Male!
Wie das Becken schwillt!
Wie sich jede Schale
Voll mit Wasser füllt!

Stehe! stehe!
Denn wir haben
Deiner Gaben
Vollgemessen! –
Ach, ich merk' es! Wehe! wehe!
Hab' ich doch das Wort vergessen!

Ach, das Wort, worauf am Ende
Er das wird, was er gewesen.
Ach, er läuft und bringt behende!
Wärst du doch der alte Besen!
Immer neue Güsse
Bringt er schnell herein,
Ach! und hundert Flüsse
Stürzen auf mich ein.

Nein, nicht länger
Kann ich's lassen;
Will ihn fassen.
Das ist Tücke!
Ach! nun wird mir immer bänger!
Welche Miene! welche Blicke!

O, du Ausgeburt der Hölle!
Soll das ganze Haus ersaufen?
Seh' ich über jede Schwelle
Doch schon Wasserströme laufen.
Ein verruchter Besen,
Der nicht hören will!
Stock, der du gewesen,
Steh doch wieder still!

    Willst's am Ende
    Gar nicht lassen?
    Will dich fassen,
    Will dich halten,
    Und das alte Holz behende
    Mit dem scharfen Beile spalten.

Seht, da kommt er schleppend wieder!
Wie ich mich nun auf dich werfe,
Gleich, o Kobold, liegst du nieder;
Krachend trifft die glatte Schärfe!
Wahrlich, brav getroffen!
Seht, er ist entzwei!
Und nun kann ich hoffen,
Und ich atme frei!

    Wehe! wehe!
    Beide Teile
    Stehn in Eile
    Schon als Knechte
    Völlig fertig in die Höhe!
    Helft mir, ach! ihr hohen Mächte!

Und sie laufen! Naß und nässer
Wird's im Saal und auf den Stufen.
Welch entsetzliches Gewässer!
Herr und Meister! hör' mich rufen! –
Ach, da kommt der Meister!
Herr, die Not ist groß!
Die ich rief, die Geister,
Werd' ich nun nicht los.

    »In die Ecke,
    Besen! Besen!
    Seid's gewesen!
    Denn als Geister
    Ruft euch nur zu seinem Zwecke
    Erst hervor der alte Meister.«

## Der getreue Eckart

    »O wären wir weiter, o wär' ich zu Haus!
    Sie kommen; da kommt schon der nächtliche Graus:
    Sie sind's, die unholdigen Schwestern.
    Sie streifen heran, und sie finden uns hier,
    Sie trinken das mühsam geholte, das Bier,
    Und lassen nur leer uns die Krüge.«

    So sprechen die Kinder und drücken sich schnell;
    Da zeigt sich vor ihnen ein alter Gesell:
    »Nur stille, Kind! Kinderlein, stille!
    Die Hulden, sie kommen von durstiger Jagd,
    Und laßt ihr sie trinken, wie's jeder behagt,
    Dann sind sie euch hold, die Unholden.«

Gesagt, so geschehn! und da naht sich der Graus
Und siehet so grau und so schattenhaft aus,
Doch schlürft es und schlampft es aufs beste.
Das Bier ist verschwunden, die Krüge sind leer;
Nun saust es und braust es, das wütige Heer,
Ins weite Getal und Gebirge.

Die Kinderlein ängstlich gen Hause so schnell,
Gesellt sich zu ihnen der fromme Gesell:
»Ihr Püppchen, nur seid mir nicht traurig.« –
»Wir kriegen nun Schelten und Streich' bis aufs Blut.«
»Nein, keineswegs, alles geht herrlich und gut,
Nur schweiget und horchet wie Mäuslein.

Und der es euch anrät, und der es befiehlt,
Er ist es, der gern mit den Kindelein spielt,
Der alte Getreue, der Eckart.
Vom Wundermann hat man euch immer erzählt,
Nur hat die Bestätigung jedem gefehlt;
Die habt ihr nun köstlich in Händen.«

Sie kommen nach Hause, sie setzen den Krug
Ein jedes den Eltern bescheiden genug
Und harren der Schläg' und der Schelten.
Doch siehe, man kostet: ein herrliches Bier!
Man trinkt in die Runde schon dreimal und vier,
Und noch nimmt der Krug nicht ein Ende.

Das Wunder, es dauert zum morgenden Tag.
Doch fraget, wer immer zu fragen vermag:
»Wie ist's mit den Krügen ergangen?«
Die Mäuslein, sie lächeln, im stillen ergetzt;
Sie stammeln und stottern und schwatzen zuletzt,
Und gleich sind vertrocknet die Krüge.

Und wenn euch, ihr Kinder, mit treuem Gesicht
Ein Vater, ein Lehrer, ein Aldermann spricht,
So horchet und folget ihm pünktlich!
Und liegt auch das Zünglein in peinlicher Hut,
Verplaudern ist schädlich, verschweigen ist gut;
Dann füllt sich das Bier in den Krügen.

## Der Totentanz

Der Türmer, der schaut zu Mitten der Nacht
Hinab auf die Gräber in Lage;
Der Mond, der hat alles ins Helle gebracht,
Der Kirchhof, er liegt wie am Tage.
Da regt sich ein Grab und ein anderes dann:
Sie kommen hervor, ein Weib da, ein Mann,
In weißen und schleppenden Hemden.

Das reckt nun, es will sich ergetzen sogleich,
Die Knöchel zur Runde, zum Kranze,
So arm und so jung, und so alt und so reich;
Doch hindern die Schleppen am Tanze.
Und weil hier die Scham nun nicht weiter gebeut,
Sie schütteln sich alle, da liegen zerstreut
Die Hemdelein über den Hügeln.

Nun hebt sich der Schenkel, nun wackelt das Bein,
Gebärden da gibt es vertrackte;
Dann klippert's und klappert's mitunter hinein,
Als schlüg' man die Hölzlein zum Takte.
Das kommt nun dem Türmer so lächerlich vor;
Da raunt ihm der Schalk, der Versucher, ins Ohr:
Geh! hole dir einen der Laken.

Getan wie gedacht! und er flüchtet sich schnell
Nun hinter geheiligte Türen.
Der Mond, und noch immer er scheinet so hell
Zum Tanz, den sie schauderlich führen.
Doch endlich verlieret sich dieser und der,
Schleicht eins nach dem andern gekleidet einher,
Und, husch, ist es unter dem Rasen.

Nur einer, der trippelt und stolpert zuletzt
Und tappet und grapst an den Grüften;
Doch hat kein Geselle so schwer ihn verletzt,
Er wittert das Tuch in den Lüften.
Er rüttelt die Turmtür, sie schlägt ihn zurück,
Geziert und gesegnet, dem Türmer zum Glück,
Sie blinkt von metallenen Kreuzen.

Das Hemd muß er haben, da rastet er nicht,
Da gilt auch kein langes Besinnen,
Den gotischen Zierrat ergreift nun der Wicht
Und klettert von Zinne zu Zinnen.
Nun ist's um den armen, den Türmer getan!
Es ruckt sich von Schnörkel zu Schnörkel hinan,
Langbeinigen Spinnen vergleichbar.

Der Türmer erbleichet, der Türmer erbebt,
Gern gäb er ihn wieder, den Laken.
Da häkelt – jetzt hat er am längsten gelebt –
Den Zipfel ein eiserner Zacken.
Schon trübet der Mond sich verschwindenden Scheins,
Die Glocke, sie donnert ein mächtiges Eins –
Und unten zerschellt das Gerippe.

## Die wandelnde Glocke

Es war ein Kind, das wollte nie
Zur Kirche sich bequemen,
Und Sonntags fand es stets ein Wie,
Den Weg ins Feld zu nehmen.

Die Mutter sprach: »Die Glocke tönt,
Und so ist dir's befohlen,
Und hast du dich nicht hingewöhnt,
Sie kommt und wird dich holen.«

Das Kind, es denkt: die Glocke hängt
Da droben auf dem Stuhle.
Schon hat's den Weg ins Feld gelenkt,
Als lief' es aus der Schule.

Die Glocke, Glocke tönt nicht mehr,
Die Mutter hat gefackelt.
Doch welch ein Schrecken! Hinterher
Die Glocke kommt gewackelt.

Sie wackelt schnell, man glaubt es kaum;
Das arme Kind im Schrecken,
Es läuft, es kommt als wie im Traum;
Die Glocke wird es decken.

Doch nimmt es richtig seinen Husch,
Und mit gewandter Schnelle
Eilt es durch Anger, Feld und Busch
Zur Kirche, zur Kapelle.

Und jeden Sonn- und Feiertag
Gedenkt es an den Schaden,
Läßt durch den ersten Glockenschlag
Nicht in Person sich laden.

# Jakob Michael Reinhold Lenz

### 1751–1792

## Die Geschichte auf der Aar

»Was machst du hier, lieb Mägdelein,
Am Wasser tief und schnelle
Und sitzest da am Bach allein
Mit nassen roten Bäckelein
Und guckst auf eine Stelle?
Hat dich die Mutter was bedroht?
Bekamst du heut kein Morgenbrot?
Hat Bruder dich geschlagen?
Du kannst mir alles sagen.«

Das Mägdlein schaut ihm ins Gesicht,
Sieht, kehrt sich weg und redet nicht.
»Sag, wo bist du zu Hause?«
»Herr! dort in jener Klause.«

Er kriecht zur kleinen Tür herein
Und findet ein hagres Mütterlein
Auf schlechten Binsen liegen.
»Sagt, liebe Frau, was fehlt dem Kind,
Es sitzt da draußen in dem Wind
Und ist nicht still zu kriegen.«

»Ach, lieber Herr«, das Mütterlein
Mit schwerem Husten saget,
»Es geht den ganzen Tag allein
Und leidt nicht, daß mans fraget;
Es hat von seiner Kindheit an
Nichts als beständig weinen 'tan.«

»So wahr ein Gott im Himmel ist,
Euch muß was heimlich quälen,
Ihr sagt nicht alles, was Ihr wißt;
Ihr sollt mir nichts verhehlen.«

»Nun, lieber Herr« – und faßt den Mann
Mit beiden welken Händen an:
»Geht an den Strom, fallt auf die Knie
Und dann kommt wieder, morgen früh;
Wird sich mein Husten kehren,
So sollt ihr alles hören.«

Der Blick, der Ton, der Händedruck
Dem Fremden an die Seele schlug;
Er geht zum Bach, fällt auf die Knie,
Kommt zu dem Weiblein morgens früh,
Findt sie in bittren Zähren,
»Ach, Herr! was uns verlorenging,
Kann dieses Blatt und dieser Ring
Euch baß denn ich erklären.«

Mit diesem Wort zieht sie ein Tuch
Aus ihrer Brust, darin ein Buch
Und in dem Buch ein Blättlein war,
Bemalt mit plumpen Farben zwar,
Und an dem Farben-Blättlein hing
Als Siegel ihr Verlöbnis-Ring.

Auf diesem Blättlein schwamm ein Weib
Im höchsten Strom mit halbem Leib,
Ihr Kahn war umgeschlagen,
Und an des Weibes Zipfel faßt'
Ihr Ehmann sich, doch diese Last
Schiens Wasser nicht zu tragen.

Je mehr der Fremd aufs Blättlein sieht,
Je mehr ihm Aug und Stirne glüht
Und darf sie nichts mehr fragen;
Bis sie die Brust tät schlagen
Und weint' und heulte außer sich:
»Seht, lieber Herr, das Weib bin ich!
Um mich mußt er ertrinken!

Ich in dem Schrecken rief ihm: Mann!
Ach, warum faßt du mich denn an?
Und gleich sah ich ihn sinken.
Er rief« – bei dieser Stelle quoll
Ihr starrend Auge minder –,
»Er rief im Sinken: Weib! Leb wohl!
Und sorg für unsre Kinder.«

# August Friedrich Ernst Langbein
## 1757–1835

### Die Sage vom Bischof Hatto

Den Segen des Halmes im Mainzer Lande
Schlang Hatto's Speicher begierig ein.
Es däuchte der geistlichen Macht keine Schande,
Der eisernsten Wucherer Haupt zu sein;
Und flehten verkümmerte Schatten um Brot,
Ward ihnen mit Kerker und Geißel gedroht.

Des Hungers Schwert, das Tausende mähte,
Zerhieb die Bande der Tyrannei.
Ein Aufruhr durchstürmte die Hauptstadt, es krähte
Der rote Hahn auf dem Vorratsgebäu,
Er schwang die feurigen Flügel ums Dach,
Die Mauern stürzten mit Donnergekrach.

Zur Brandstätte flog, mit dem Trupp seiner Reiter,
Der Bischof schnaubend: »Ergreift die Brut!«
Die rohen Kriegsknechte warfen die Meuter,
Auf sein Gebot, in das Meer der Glut.
Hohnlachend hört' er die Sterbenden schrei'n;
»Ha!« rief er, »wie pfeifen die Kornmäuse fein!« –

Hoch sah von den Sternen hernieder ein Rächer,
Und sprach das Urteil der Blutschuld aus.
Heim trabte der Wütrich zum schäumenden Becher,
Doch sieh, was schwimmt auf dem Wein? – Eine Maus!
Bleich bebte der Pfaff, und mit Grausen trat
Vor sein Gewissen die ruchlose Tat.

Urplötzlich zerborst an unzählbaren Orten
Der glänzende Marmorspiegel der Wand,
Und aus den weit aufgähnenden Pforten
Kam eine Heerde von Mäusen gerannt.
Sie pfiffen und heulten ein gräßliches Chor,
Und sprangen am starrenden Bischof empor.

Er floh, mit aufwärts sich sträubenden Haaren,
Er keuchte die Hallen der Burg entlang;
Umsonst! ihn verfolgten die pfeifenden Schaaren,
Und eine furchtbare Stimm' erklang:
»Und hättest du Flügel, sie frommten dir nicht,
Denn tausendmal schneller ist Gottes Gericht!« –

Danieder gedonnert von Todesschrecken,
Indeß um ihn her das Geziefer zerstob,
Verbarg er sich unter des Ruhebetts Decken,
Bleich wie ein Gespenst, das der Gruft sich enthob.
Die Furcht hielt lang' ihm zu Häupten Wacht,
Doch schloß sein Auge die Mitternacht.

Jetzt sah er, in scheußlicher Larven Gedränge,
Zerbrechen seinen bischöflichen Stab,
Und sich, gedrückt in des Sarges Enge,
Lebendig versenken in Nacht und Grab;
Und als er sich losriß vom peinlichen Traum,
Durchschlüpften die Mäuse des Bettes Raum.

»O Jammerleben voll Ekel und Grauen!
Ihr Traumgespenster verkörpert euch,
Erwürgt mich, zerfleischt mich mit Drachenklauen,
Und schleppt mich hinunter ins Totenreich!«
So rief er, indem er vom Lager sprang,
Und voll Verzweiflung die Hände rang.

Er wandelte seufzend, mit zagendem Schritte,
Wie ein Geächteter, durch den Palast,
Erschreckt von dem Hall seiner eigenen Tritte,
Und neidend des schlafenden Hofgesinds Rast.
Es regte sich rings keine Lebensspur,
Das Flämmchen der Ampeln bewegte sich nur.

Die leuchtenden Augen des Morgens sahen
Ihn noch in der graunvollen Einöde wach.
Er hörte geschäftige Diener sich nahen,
Entschlich vor Scham zum verlaßnen Gemach,
Betrat die Schwelle mit spähender Scheu,
Gewahrte kein Schrecknis, und lebte wie neu.

Doch als er am Mittag, sammt Chorherr'n und Rittern,
In Freude genoß des Nektars vom Rhein,
Sah man ihn jähling erblassen und zittern,
Denn ach! die Bluträcher stellten sich ein.
Sie wimmelten zahllos aus seinem Gewand,
Und rafften ihm gierig das Brot aus der Hand.

Er blickte mit Grimm der Verzweiflung gen Himmel,
Und warf in der Eilflucht den Sessel um.
Ihm nach, wie ein Schweif, zog das graue Gewimmel,
Die Gäste saßen wie Bildsäulen stumm,
Und schleunig, nach kaum erst begonnenem Mahl,
Verließen sie schaudernd den Tisch und den Saal.

So spukte die lästige Wundererscheinung
In Hatto's Palaste drei Monate fort.
Bald einzeln geneckt, bald in Schaarenvereinung,
Blieb nirgends dem Bischof ein ruhiger Ort.
Die Unholden störten zuletzt ihn sogar
Im Sange der Hochmesse vor dem Altar.

Er bot für ein Mittel, sie aufzureiben,
Durch Herolde manchen anlockenden Preis;
Er ließ hochberühmte Beschwörer verschreiben,
Sie zogen ums Schloß einen magischen Kreis:
Doch schlug ihr Bannspruch und Talisman
So wenig als künstliche Giftmischung an.

»O wär' ich unglücklicher Mann nicht geboren!«
Rief Hatto mit himmelwärts flammendem Blick.
»Hindrängen will mich zu des Grabes Toren
Dein eherner Arm, verhülltes Geschick!
Ich trotze dir aber und all deiner Wut:
Dir obsiegt der Mensch durch beharrlichen Mut!«

Er ließ, daß er sich vor den Peinigern rette,
Sofort einen Turm – ein steinernes Rund,
Auf einer Insel, im Wogenbette
Des Rheinstroms, erbauen auf Felsengrund.
Dort hofft' er, umarmt von dem mächtigen Rhein,
Vor flutscheuen Feinden gesichert zu sein.

Die Wasserburg stieg mit tätiger Schnelle
Hoch aus dem Schoße des Felsens empor;
Vom härtesten Marmor gewölbt war die Zelle,
Die Hatto sich drinnen zur Wohnung erkor,
Und brennende Sehnsucht nach Ruhegewinn
Spannt' ihm die Segel zur Reise dorthin.

Sein Schiff umrauschten des Rheines Wogen,
Doch waren sie ihm keine schützende Wehr:
Es schwammen behend, wie im Wasser erzogen,
Die schrecklichen Plagedämonen umher,
Verfolgten gedrängt der Gondel Bahn,
Und klommen in Schaaren den Bord hinan.

Und eine Stimme vernahm er mit Beben,
Die, wie aus den Wolken herunter, sprach:
»Durch Blutschuld hast du verwirkt dein Leben,
Dein Schicksal eilt, wie dein Schatten, dir nach!
Es stieg mit dir in das flüchtende Boot,
Und mitten in Fluten ergreift dich der Tod!«

Drauf fand man einst Morgens im Turmgemache
Ihn starr am Fußboden hingestreckt,
Und, gleich einem Schwarme von Mücken am Bache,
Mit nagender Mäuse Gewühl ihn bedeckt.
Wie Blitze verschwand das gräuliche Heer,
Doch zuckte der blutende Leichnam nicht mehr.

Man nennt den Turm, wo sich dieß, nach der Sage,
Vor achthundert Jahren bei Bingen begab,
Den Mäuseturm bis zum heutigen Tage,
Und graunweckend sieht er den Rhein noch hinab.
Kornwucherer, blickt auf dieß Hochgericht hin,
Und Schauder durchbeb' euch den eisernen Sinn!

## Der fahle Vatermörder

Graf Eulenfels war reich an Gold,
doch arm an Lebensfreuden,
so wie der Uhu einsam grollt,
sah man ihn Menschen meiden.
Ihn nagt ein Wurm, der nimmer wich
und doppelt hart ihn quälte,
als seine Tochter Anna sich
mit Junker Horst vermählte.

Sein düstrer Blick verscheuchte ganz
die Fröhlichkeit vom Feste,
und seiner hundert Kerzen Glanz
bestrahlte stumme Gäste.
Ein fremder Ritter, Karl von Sturm,
befand sich unter diesen.
Ihm ward ein Zimmer hoch am Turm
des Schlosses angewiesen.

Um Mitternacht entschlief er kaum
im weichen Schwanenbette,
da weckt ihn aus dem ersten Traum
das Klirren einer Kette.
Erschrocken rafft er sich empor,
denkt, seine Sinne trügen;
doch klirrt es stärker als zuvor
und kommt herauf die Stiegen.

Es tappt im Vorsaal her und hin,
schleicht jetzt herein und rasselt
am Bett vorüber zum Kamin,
wo noch die Flamme prasselt.
Hier bleibt's und stöhnet schauerlich
wie Ruf aus einem Grabe:
»Huhu wie lange, seit ich mich
nicht mehr gewärmet habe!«

Karl zog sich grausend an die Wand;
dann schob er die Gardine
des Betts zurück mit leiser Hand
und blickte zum Kamine.
Hier saß, des Todes Bild, ein Greis,
mit Lumpen nur behangen;
sein langer Bart floß silberweiß
von leichenfahlen Wangen.

Bald sah er irr und wirr umher,
bald starr hin nach den Dielen;
es schien, als wogt in ihm ein Meer
von marternden Gefühlen.
Denn wie zerrüttet im Gehirn
rang er die Knochenhände
und stieß verzweifelnd seine Stirn
ans Mauerwerk der Wände.

»Halt ein!« rief Karl, »wer du auch bist!
halt ein! was ist dein Jammer,
lebst du noch wirklich, oder ist
das Beinhaus deine Kammer?« –
Der Greis schrak auf und schwankte hin
ans Bette: »Fremdling, bebe
nicht vor mir armen Mann! Ich bin
kein böser Geist, ich lebe!«

»Nun denn, Nachtwandler, beichte frei!
Was drücken dich für Leiden?
Ich helfe dir, bei Rittertreu!
so du's verdienst, mit Freuden.« –
»Ja, Rittersmann ich will mein Leid
Euch offenherzig klagen;
doch sagt mir erst, was rollten heut
durchs Schloß so viele Wagen?

Ich konnt in meinem Felsennest
vor dem Getös nicht schlafen;
was gab's?« – »Je nun, das Hochzeitsfest
der Tochter von dem Grafen.« –
»Des Grafen? Meiner Enkelin?
O Gott! sei ihr Berater!
Ihr glaubt, ich rase. Nein ich bin,
ich bin – des Grafen Vater.

Ja, Herr, ich sag es noch einmal:
mein Sohn ist der verruchte
Graf Eulenfels, den ich zur Qual
des Abgrunds oft verfluchte.
Es hat, der selt'ne Bösewicht,
mit Ketten mich beladen,
denn seiner Habsucht fraßen nicht
mich früh genug die Maden.

Der Unmensch! ach, er zeiget klar,
da noch die Kinderstube
der Schauplatz seiner Taten war,
sich schon als böser Bube.
Mit seinem Wuchs stieg Tritt auf Tritt
die Bosheit. Jener machte
zum Gipfel kaum den letzten Schritt,
als sie ihn auch vollbrachte.

Und diese schwarze Tat begann
in seiner Brust zu kochen,
als er einst einen Edelmann,
des Vater seit vier Wochen
begraben war, umgeben fand
von Reichtum und Vasallen.
Da fiel er von der Menschheit Rand
dem Teufel in die Krallen.

Er kam zurück, ging wie ein Bär
herum und pries mit Brummen
des Edelmanns Vasallenheer
und die ererbten Summen.
Dann warf er scheele Blick' auf mich,
worin ich hell geschrieben
den großen Wunsch las: wenn wir dich
doch heute schon begrüben!

So trieb er's einen Monat lang,
daß jedermann ihn scheute.
Nun wird sein Plan zur Tat: es drang
ein Trupp vermummter Leute
bei Nacht in meinem Zimmer ein,
riß nackt mich aus dem Bette
und legte, taub bei meinem Schrein,
im Turm mich an die Kette.

Drei Tage saß ich schwermutsvoll;
dann hört ich Glocken läuten
und Totensang. Das mochte wohl
auf mein Begräbnis deuten.
Vollführt war nun die Scheidewand,
die von der Welt mich trennte.
O daß ich Euch, was ich empfand,
recht klar beschreiben könnte!

Ich flehte hundertmal: laßt doch,
eh meine Augen brechen,
mich nur zwei Augenblicke noch
mein Kind, den Grafen, sprechen!
Doch ganz umsonst. Allmorgens bringt
ein Stallknecht des Tyrannen
mir Brot und Wasser, pfeift und singt
und gehet kalt von dannen.

Schon zwanzig Jahre hab ich hier
im Burgverlies durchjammert.
Mein Wärter hatte heut die Tür
nicht fest genug verklammert;
drum hab ich Euch in Angst gebracht.
Der Hahn fängt an zu krähen.
Schlaft ruhig, Ritter! Ich will sacht
zurück nun wieder gehen.«

Bewegt rief Karl: »Ihr armer Mann!
wie schrecklich was ich hörte!
Für Euch zu tun, was ich nur kann
schwör ich bei meinem Schwerte!
Kommt, eh die Ungeheuer hier
vom Schlummer noch erwachen!
kommt eilend fort, dann wollen wir
das übrige schon machen!« –

»Mein Ritter! Mir ist Einsamkeit,
fern von den wilden Horden
der Menschen, wie ein Alltagskleid
nun lieb und wert geworden.
Die Stille meines Kerkers mag
ich nicht um Lärm vertauschen;
drum laßt mich gehn! Schon graut der Tag,
man möcht uns hier belauschen!« –

»Mag lauschen Mordlust und Verrat,
Euch darf davor nicht grauen.
Mein Schwert soll Euch gebahnten Pfad
durch Eure Feinde hauen!
Wollt Ihr in ew'ger Tränenflut
hier Euer Leben enden?
Nein, geht mit mir, und Gut und Blut
will ich für Euch verspenden.

Welch Zaudern, Graf! Verlanget Ihr,
daß ich zur Hauptstadt jage
und Euren Sohn, das Tigertier,
beim Fürsten dort verklage?« –
»Nein, braver Mann! Gewissensnot
ist drückender als Ketten,
und ach! von dieser kann kein Gott,
geschweig' ein Fürst, mich retten.

Seht Ihr das Blut dort an der Wand?
dies Blut hier wo wir stehen?
Und flöh ich an des Meeres Strand,
so würd ich's dort auch sehen!
Dies Blut ist meines Vaters Blut,
wird mich bei Gott verklagen.
Hier hab ich, um sein Geld und Gut
zu erben, ihn erschlagen!

Die Stelle brennt wie Höllenglut –
lebt wohl! – mögt für mich beten!
O schaut Ihr dort den Mann voll Blut,
der mir den Weg vertreten?« –
»Hinab, hinab, erzürnter Geist,
hinab in deine Höhle!«
»Ich folge – Gott! mein Herz zerreißt –
erbarm dich meiner Seele! – «

Der Vatermörder fiel, um sich
nie wieder zu erheben;
denn um ihn stritten fürchterlich
im Staube Tod und Leben.
Entsetzen, kalt wie Eis ergoß
sich durch des Ritters Glieder;
er floh das grauenvolle Schloß
sofort und sah's nie wieder.

# Friedrich Schiller

## 1759–1805

### Die Kindsmörderin

Horch – die Glocken weinen dumpf zusammen,
  Und der Zeiger hat vollbracht den Lauf,
Nun, so seis denn! – Nun, in Gottes Namen!
  Grabgefährten, brecht zum Richtplatz auf.
Nimm, o Welt, die letzten Abschiedsküsse!
  Diese Tränen nimm, o Welt, noch hin!
Deine Gifte – o sie schmeckten süße! –
  Wir sind quitt, du Herzvergifterin!

Fahret wohl, ihr Freuden dieser Sonne,
  Gegen schwarzen Moder umgetauscht!
Fahre wohl, du Rosenzeit voll Wonne,
  Die so oft das Mädchen lustberauscht!
Fahret wohl, ihr goldgewebten Träume,
  Paradieseskinder-Phantasien! –
Weh! sie starben schon im Morgenkeime,
  Ewig nimmer an das Licht zu blühn.

Schön geschmückt mit rosenroten Schleifen
  Deckte mich der Unschuld Schwanenkleid,
In der blonden Locken loses Schweifen
  Waren junge Rosen eingestreut: –
Wehe! – die Geopferte der Hölle
  Schmückt noch itzt das weißlichte Gewand,
Aber ach! – der Rosenschleifen Stelle
  Nahm ein schwarzes Totenband.

Weinet um mich, die ihr nie gefallen,
  Denen noch der Unschuld Lilien blühn,
Denen zu dem weichen Busenwallen
  Heldenstärke die Natur verliehn!
Wehe! menschlich hat dies Herz empfunden! –
  Und Empfindung soll mein Richtschwert sein! –
Weh! vom Arm des falschen Manns umwunden,
  Schlief Louisens Tugend ein.

Ach vielleicht umflattert eine andre,
    Mein vergessen, dieses Schlangenherz,
Überfließt, wenn ich zum Grabe wandre,
    An dem Putztisch in verliebten Scherz?
Spielt vielleicht mit seines Mädchens Locke?
    Schlingt den Kuß, den sie entgegenbringt?
Wenn, verspritzt auf diesem Todesblocke,
    Hoch mein Blut vom Rumpfe springt.

Joseph! Joseph! auf entfernte Meilen
    Folge dir Louisens Totenchor,
Und des Glockenturmes dumpfes Heulen
    Schlage schrecklich mahnend an dein Ohr –
Wenn von eines Mädchens weichem Munde
    Dir der Liebe sanft Gelispel quillt,
Bohr es plötzlich eine Höllenwunde
    In der Wollust Rosenbild!

Ha Verräter! nicht Louisens Schmerzen?
    Nicht des Weibes Schande, harter Mann?
Nicht das Knäblein unter meinem Herzen?
    Nicht was Löw und Tiger milden kann?
Seine Segel fliegen stolz vom Lande,
    Meine Augen zittern dunkel nach,
Um die Mädchen an der *Seine* Strande
    Winselt er sein falsches Ach! – –

Und das Kindlein – in der Mutter Schoße
    Lag es da in süßer, goldner Ruh,
In dem Reiz der jungen Morgenrose
    Lachte mir der holde Kleine zu,
Tödlichlieblich sprang aus allen Zügen
    Des geliebten Schelmen Konterfei,
Den beklommnen Mutterbusen wiegen
    Liebe und – Verräterei.

»Weib, wo ist mein Vater?« lallte
    Seiner Unschuld stumme Donnersprach,
»Weib, wo ist dein Gatte?« hallte
    Jeder Winkel meines Herzens nach –
Weh, umsonst wirst, Waise, du ihn suchen,
    Der vielleicht schon andre Kinder herzt,
Wirst der Stunde unsrer Wollust fluchen,
    Wenn dich einst der Name Bastard schwärzt.

Deine Mutter – o im Busen Hölle! –
　　Einsam sitzt sie in dem All der Welt,
Durstet ewig an der Freudenquelle,
　　Die dein Anblick fürchterlich vergällt,
Ach, in jedem Laut von dir erwachet
　　Toter Wonne Qualerinnerung,
Jeder deiner holden Blicke fachet
　　Die unsterbliche Verzweifelung.

Hölle, Hölle, wo ich dich vermisse,
　　Hölle, wo mein Auge dich erblickt,
Eumenidenruten deine Küsse,
　　Die von *seinen* Lippen mich entzückt,
Seine Eide donnern aus dem Grabe wieder,
　　Ewig, ewig würgt sein Meineid fort,
Ewig – hier umstrickte mich die Hyder; –
　　Und vollendet war der Mord –

Joseph! Joseph! auf entfernte Meilen
　　Jage dir der grimme Schatten nach,
Mög mit kalten Armen dich ereilen,
　　Donnre dich aus Wonneträumen wach,
Im Geflimmer sanfter Sterne zucke
　　Dir des Kindes grasser Sterbeblick,
Es begegne dir im blutgen Schmucke,
　　Geißle dich vom Paradies zurück.

Seht! Da lag es – lag im warmen Blute,
　　Das noch kurz im Mutterherzen sprang,
Hingemetzelt mit Erinnysmute,
　　Wie ein Veilchen unter Sensenklang; – –
Schrecklich pocht schon des Gerichtes Bote,
　　Schrecklicher mein Herz!
Freudig eilt’ ich, in dem kalten Tode
　　Auszulöschen meinen Flammenschmerz.

Joseph! Gott im Himmel kann verzeihen,
　　Dir verzeiht die Sünderin.
Meinen Groll will ich der Erde weihen,
　　Schlage, Flamme, durch den Holzstoß hin –
Glücklich! glücklich! Seine Briefe lodern,
　　Seine Eide frißt ein siegend Feur,
Seine Küsse! – wie sie hochauflodern! –
　　Was auf Erden war mir einst so teur?

Trauet nicht den Rosen eurer Jugend,
    Trauet, Schwestern, Männerschwüren nie!
Schönheit war die Falle meiner Tugend,
    Auf der Richtstatt hier verfluch ich sie! –
Zähren? Zähren in des Würgers Blicken?
    Schnell die Binde um mein Angesicht!
Henker, kannst du keine Lilie knicken?
    Bleicher Henker, zittre nicht! – – –


### Das verschleierte Bild zu Sais

Ein Jüngling, den des Wissens heißer Durst
Nach Sais in Ägypten trieb, der Priester
Geheime Weisheit zu erlernen, hatte
Schon manchen Grad mit schnellem Geist durcheilt,
Stets riß ihn seine Forschbegierde weiter,
Und kaum besänftigte der Hierophant
Den ungeduldig Strebenden. »Was hab ich,
Wenn ich nicht alles habe?« sprach der Jüngling,
»Gibts etwa hier ein Weniger und Mehr?
Ist deine Wahrheit wie der Sinne Glück
Nur eine Summe, die man größer, kleiner
Besitzen kann und immer doch besitzt?
Ist sie nicht eine einzge, ungeteilte?
Nimm einen Ton aus einer Harmonie,
Nimm eine Farbe aus dem Regenbogen,
Und alles, was dir bleibt, ist nichts, solang
Das schöne All der Töne fehlt und Farben.«

Indem sie einst so sprachen, standen sie
In einer einsamen Rotonde still,
Wo ein verschleiert Bild von Riesengröße
Dem Jüngling in die Augen fiel. Verwundert
Blickt er den Führer an und spricht: »Was ists,
Das hinter diesem Schleier sich verbirgt?«
»Die Wahrheit«, ist die Antwort. – »Wie?« ruft jener,
»Nach Wahrheit streb ich ja allein, und diese
Gerade ist es, die man mir verhüllt?«

»Das mache mit der Gottheit aus«, versetzt
Der Hierophant. »Kein Sterblicher, sagt sie,
Rückt diesen Schleier, bis ich selbst ihn hebe.
Und wer mit ungeweihter, schuldger Hand
Den heiligen, verbotnen früher hebt,
Der, spricht die Gottheit – « – »Nun?« – »Der *sieht* die Wahrheit.«

»Ein seltsamer Orakelspruch! Du selbst,
Du hättest also niemals ihn gehoben?«
»Ich? Wahrlich nicht! Und war auch nie dazu
Versucht.« – »Das fass ich nicht. Wenn von der Wahrheit
Nur diese dünne Scheidewand mich trennte – «
»Und ein Gesetz«, fällt ihm sein Führer ein.
»Gewichtiger, mein Sohn, als du es meinst,
Ist dieser dünne Flor – für deine Hand
Zwar leicht, doch zentnerschwer für dein Gewissen.«

Der Jüngling ging gedankenvoll nach Hause,
Ihm raubt des Wissens brennende Begier
Den Schlaf, er wälzt sich glühend auf dem Lager
Und rafft sich auf um Mitternacht. Zum Tempel
Führt unfreiwillig ihn der scheue Tritt.
Leicht ward es ihm, die Mauer zu ersteigen,
Und mitten in das Innre der Rotonde
Trägt ein beherzter Sprung den Wagenden.

Hier steht er nun, und grauenvoll umfängt
Den Einsamen die lebenlose Stille,
Die nur der Tritte hohler Widerhall
In den geheimen Grüften unterbricht.
Von oben durch der Kuppel Öffnung wirft
Der Mond den bleichen, silberblauen Schein,
Und furchtbar wie ein gegenwärtger Gott
Erglänzt durch des Gewölbes Finsternisse
In ihrem langen Schleier die Gestalt.

Er tritt hinan mit ungewissem Schritt,
Schon will die freche Hand das Heilige berühren,
Da zuckt es heiß und kühl durch sein Gebein
Und stößt ihn weg mit unsichtbarem Arme.
Unglücklicher, was willst du tun? So ruft
In seinem Innern eine treue Stimme.
Versuchen den Allheiligen willst du?
Kein Sterblicher, sprach des Orakels Mund,
Rückt diesen Schleier, bis ich selbst ihn hebe.
Doch setzte nicht derselbe Mund hinzu:
Wer diesen Schleier hebt, soll Wahrheit schauen?
»Sei hinter ihm, was will! Ich heb ihn auf.«
(Er rufts mit lauter Stimm.) »Ich will sie schauen.« Schauen!
Gellt ihm ein langes Echo spottend nach.

Er sprichts und hat den Schleier aufgedeckt.
Nun, fragt ihr, und was zeigte sich ihm hier?
Ich weiß es nicht. Besinnungslos und bleich,
So fanden ihn am andern Tag die Priester
Am Fußgestell der Isis ausgestreckt.
Was er allda gesehen und erfahren,
Hat seine Zunge nie bekannt. Auf ewig
War seines Lebens Heiterkeit dahin,
Ihn riß ein tiefer Gram zum frühen Grabe.
»Weh dem«, dies war sein warnungsvolles Wort,
Wenn ungestüme Frager in ihn drangen,
»Weh dem, der zu der Wahrheit geht durch Schuld,
Sie wird ihm nimmermehr erfreulich sein.«


### Der Ring des Polykrates

Er stand auf seines Daches Zinnen,
Er schaute mit vergnügten Sinnen
Auf das beherrschte Samos hin.
»Dies alles ist mir untertänig«,
Begann er zu Ägyptens König,
»Gestehe, daß ich glücklich bin.«

»Du hast der Götter Gunst erfahren!
Die vormals deinesgleichen waren,
Sie zwingt jetzt deines Szepters Macht.
Doch einer lebt noch, sie zu rächen,
Dich kann mein Mund nicht glücklich sprechen,
Solang des Feindes Auge wacht.«

Und eh der König noch geendet,
Da stellt sich, von Milet gesendet,
Ein Bote dem Tyrannen dar:
»Laß, Herr! des Opfers Düfte steigen
Und mit des Lorbeers muntern Zweigen
Bekränze dir dein festlich Haar.

Getroffen sank dein Feind vom Speere,
Mich sendet mit der frohen Märe
Dein treuer Feldherr Polydor – «
Und nimmt aus einem schwarzen Becken,
Noch blutig, zu der beiden Schrecken,
Ein wohlbekanntes Haupt hervor.

Der König tritt zurück mit Grauen:
»Doch warn ich dich, dem Glück zu trauen«,
Versetzt er mit besorgtem Blick.
»Bedenk, auf ungetreuen Wellen,
Wie leicht kann sie der Sturm zerschellen,
Schwimmt deiner Flotte zweifelnd Glück.«

Und eh er noch das Wort gesprochen,
Hat ihn der Jubel unterbrochen,
Der von der Reede jauchzend schallt.
Mit fremden Schätzen reich beladen,
Kehrt zu den heimischen Gestaden
Der Schiffe mastenreicher Wald.

Der königliche Gast erstaunet:
»Dein Glück ist heute gut gelaunet,
Doch fürchte seinen Unbestand.
Der Kreter waffenkundge Scharen
Bedräuen dich mit Kriegsgefahren,
Schon nahe sind sie diesem Strand.«

Und eh ihm noch das Wort entfallen,
Da sieht mans von den Schiffen wallen,
Und tausend Stimmen rufen: »Sieg!
Von Feindesnot sind wir befreiet,
Die Kreter hat der Sturm zerstreuet,
Vorbei, geendet ist der Krieg.«

Das hört der Gastfreund mit Entsetzen:
»Fürwahr, ich muß dich glücklich schätzen,
Doch«, spricht er, »zittr ich für dein Heil.
Mir grauet vor der Götter Neide,
Des Lebens ungemischte Freude
Ward keinem Irdischen zuteil.

Auch mir ist alles wohlgeraten,
Bei allen meinen Herrschertaten
Begleitet mich des Himmels Huld,
Doch hatt ich einen teuren Erben,
Den nahm mir Gott, ich sah ihn sterben,
Dem Glück bezahlt' ich meine Schuld.

Drum, willst du dich vor Leid bewahren,
So flehe zu den Unsichtbaren,
Daß sie zum Glück den Schmerz verleihn.
Noch keinen sah ich fröhlich enden,
Auf den mit immer vollen Händen
Die Götter ihre Gaben streun.

Und wenns die Götter nicht gewähren,
So acht auf eines Freundes Lehren
Und rufe selbst das Unglück her,
Und was von allen deinen Schätzen
Dein Herz am höchsten mag ergötzen,
Das nimm und wirfs in dieses Meer.«

Und jener spricht, von Furcht beweget:
»Von allem, was die Insel heget,
Ist dieser Ring mein höchstes Gut.
Ihn will ich den Erinnen weihen,
Ob sie mein Glück mir dann verzeihen.«
Und wirft das Kleinod in die Flut.

Und bei des nächsten Morgens Lichte,
Da tritt mit fröhlichem Gesichte
Ein Fischer vor den Fürsten hin:
»Herr, diesen Fisch hab ich gefangen,
Wie keiner noch ins Netz gegangen,
Dir zum Geschenke bring ich ihn.«

Und als der Koch den Fisch zerteilet,
Kommt er bestürzt herbeigeeilet
Und ruft mit hocherstauntem Blick:
»Sieh, Herr, den Ring, den du getragen,
Ihn fand ich in des Fisches Magen,
O, ohne Grenzen ist dein Glück!«

Hier wendet sich der Gast mit Grausen:
»So kann ich hier nicht ferner hausen,
Mein Freund kannst du nicht weiter sein.
Die Götter wollen dein Verderben,
Fort eil ich, nicht mit dir zu sterben.«
Und sprachs und schiffte schnell sich ein.

## Die Kraniche des Ibykus

Zum Kampf der Wagen und Gesänge,
Der auf Korinthus' Landesenge
Der Griechen Stämme froh vereint,
Zog Ibykus, der Götterfreund.
Ihm schenkte des Gesanges Gabe,
Der Lieder süßen Mund Apoll,
So wandert' er, an leichtem Stabe,
Aus Rhegium, des Gottes voll.

Schon winkt auf hohem Bergesrücken
Akrokorinth des Wandrers Blicken,
Und in Poseidons Fichtenhain
Tritt er mit frommem Schauder ein.
Nichts regt sich um ihn her, nur Schwärme
Von Kranichen begleiten ihn,
Die fernhin nach des Südens Wärme
In graulichtem Geschwader ziehn.

»Seid mir gegrüßt, befreundte Scharen!
Die mir zur See Begleiter waren,
Zum guten Zeichen nehm ich euch,
Mein Los, es ist dem euren gleich.
Von fernher kommen wir gezogen
Und flehen um ein wirtlich Dach.
Sei uns der Gastliche gewogen,
Der von dem Fremdling wehrt die Schmach!«

Und munter fördert er die Schritte
Und sieht sich in des Waldes Mitte,
Da sperren, auf gedrangem Steg,
Zwei Mörder plötzlich seinen Weg.
Zum Kampfe muß er sich bereiten,
Doch bald ermattet sinkt die Hand,
Sie hat der Leier zarte Saiten,
Doch nie des Bogens Kraft gespannt.

Er ruft die Menschen an, die Götter,
Sein Flehen dringt zu keinem Retter,
Wie weit er auch die Stimme schickt,
Nichts Lebendes wird hier erblickt.
»So muß ich hier verlassen sterben,
Auf fremdem Boden, unbeweint,
Durch böser Buben Hand verderben,
Wo auch kein Rächer mir erscheint!«

Und schwer getroffen sinkt er nieder,
Da rauscht der Kraniche Gefieder,
Er hört, schon kann er nicht mehr sehn,
Die nahen Stimmen furchtbar krähn.
»Von euch, ihr Kraniche dort oben!
Wenn keine andre Stimme spricht,
Sei meines Mordes Klag erhoben!«
Er ruft es, und sein Auge bricht.

Der nackte Leichnam wird gefunden,
Und bald, obgleich entstellt von Wunden,
Erkennt der Gastfreund in Korinth
Die Züge, die ihm teuer sind.
»Und muß ich so dich wiederfinden,
Und hoffte mit der Fichte Kranz
Des Sängers Schläfe zu umwinden,
Bestrahlt von seines Ruhmes Glanz!«

Und jammernd hören's alle Gäste,
Versammelt bei Poseidons Feste,
Ganz Griechenland ergreift der Schmerz,
Verloren hat ihn jedes Herz.
Und stürmend drängt sich zum Prytanen
Das Volk, es fodert seine Wut,
Zu rächen des Erschlagnen Manen,
Zu sühnen mit des Mörders Blut.

Doch wo die Spur, die aus der Menge,
Der Völker flutendem Gedränge,
Gelocket von der Spiele Pracht,
Den schwarzen Täter kenntlich macht?
Sinds Räuber, die ihn feig erschlagen?
Tats neidisch ein verborgner Feind?
Nur Helios vermag's zu sagen,
Der alles Irdische bescheint.

Er geht vielleicht mit frechem Schritte
Jetzt eben durch der Griechen Mitte,
Und während ihn die Rache sucht,
Genießt er seines Frevels Frucht.

Auf ihres eignen Tempels Schwelle
Trotzt er vielleicht den Göttern, mengt
Sich dreist in jene Menschenwelle,
Die dort sich zum Theater drängt.

Denn Bank an Bank gedränget sitzen,
Es brechen fast der Bühne Stützen,
Herbeigeströmt von fern und nah,
Der Griechen Völker wartend da,
Dumpfbrausend wie des Meeres Wogen;
Von Menschen wimmelnd, wächst der Bau
In weiter stets geschweiftem Bogen
Hinauf bis in des Himmels Blau.

Wer zählt die Völker, nennt die Namen,
Die gastlich hier zusammenkamen?
Von Kekrops' Stadt, von Aulis Strand,
Von Phokis, vom Spartanerland,
Von Asiens entlegner Küste,
Von allen Inseln kamen sie
Und horchen von dem Schaugerüste
Des *Chores* grauser Melodie,

Der streng und ernst, nach alter Sitte,
Mit langsam abgemeßnem Schritte,
Hervortritt aus dem Hintergrund,
Umwandelnd des Theaters Rund.
So schreiten keine irdschen Weiber,
Die zeugete kein sterblich Haus!
Es steigt das Riesenmaß der Leiber
Hoch über menschliches hinaus.

Ein schwarzer Mantel schlägt die Lenden,
Sie schwingen in entfleischten Händen
Der Fackel düsterrote Glut,
In ihren Wangen fließt kein Blut.
Und wo die Haare lieblich flattern,
Um Menschenstirnen freundlich wehn,
Da sieht man Schlangen hier und Nattern
Die giftgeschwollnen Bäuche blähn.

Und schauerlich gedreht im Kreise
Beginnen sie des Hymnus Weise,
Der durch das Herz zerreißend dringt,
Die Bande um den Frevler schlingt.
Besinnungraubend, herzbetörend
Schallt der Erinnyen Gesang,
Er schallt, des Hörers Mark verzehrend,
Und duldet nicht der Leier Klang:

»Wohl dem, der frei von Schuld und Fehle
Bewahrt die kindlich reine Seele!
Ihm dürfen wir nicht rächend nahn,
Er wandelt frei des Lebens Bahn.
Doch wehe, wehe, wer verstohlen
Des Mordes schwere Tat vollbracht,
Wir heften uns an seine Sohlen,
Das furchtbare Geschlecht der Nacht!

Und glaubt er fliehend zu entspringen,
Geflügelt sind wir da, die Schlingen
Ihm werfend um den flüchtgen Fuß,
Daß er zu Boden fallen muß.
So jagen wir ihn, ohn Ermatten,
Versöhnen kann uns keine Reu,
Ihn fort und fort bis zu den Schatten,
Und geben ihn auch dort nicht frei.«

So singend, tanzen sie den Reigen,
Und Stille wie des Todes Schweigen
Liegt überm ganzen Hause schwer,
Als ob die Gottheit nahe wär.
Und feierlich, nach alter Sitte
Umwandelnd des Theaters Rund
Mit langsam abgemeßnem Schritte,
Verschwinden sie im Hintergrund.

Und zwischen Trug und Wahrheit schwebet
Noch zweifelnd jede Brust und bebet
Und huldiget der furchtbarn Macht,
Die richtend im Verborgnen wacht,
Die unerforschlich, unergründet
Des Schicksals dunkeln Knäuel flicht,
Dem tiefen Herzen sich verkündet,
Doch fliehet vor dem Sonnenlicht.

Da hört man auf den höchsten Stufen
Auf einmal eine Stimme rufen:
»Sieh da! Sieh da, Timotheus,
Die Kraniche des Ibykus!« –
Und finster plötzlich wird der Himmel,
Und über dem Theater hin
Sieht man in schwärzlichem Gewimmel
Ein Kranichheer vorüberziehn.

»Des Ibykus!« – Der teure Name
Rührt jede Brust mit neuem Grame,
Und, wie im Meere Well auf Well,
So läufts von Mund zu Munde schnell:
»Des Ibykus, den wir beweinen,
Den eine Mörderhand erschlug!
Was ists mit dem? Was kann er meinen?
Was ists mit diesem Kranichzug?« –

Und lauter immer wird die Frage,
Und ahnend fliegts mit Blitzesschlage
Durch alle Herzen. »Gebet acht!
Das ist der Eumeniden Macht!
Der fromme Dichter wird gerochen,
Der Mörder bietet selbst sich dar!
Ergreift ihn, der das Wort gesprochen,
Und ihn, an dens gerichtet war.«

Doch dem war kaum das Wort entfahren,
Möcht ers im Busen gern bewahren;
Umsonst, der schreckenbleiche Mund
Macht schnell die Schuldbewußten kund.
Man reißt und schleppt sie vor den Richter,
Die Szene wird zum Tribunal,
Und es gestehn die Bösewichter,
Getroffen von der Rache Strahl.

## Die Bürgschaft

Zu Dionys, dem Tyrannen, schlich
Damon, den Dolch im Gewande;
Ihn schlugen die Häscher in Bande.
»Was wolltest du mit dem Dolche, sprich!«
Entgegnet ihm finster der Wüterich.
»Die Stadt vom Tyrannen befreien!«
»Das sollst du am Kreuze bereuen.«

»Ich bin«, spricht jener, »zu sterben bereit
Und bitte nicht um mein Leben,
Doch willst du Gnade mir geben,
Ich flehe dich um drei Tage Zeit,
Bis ich die Schwester dem Gatten gefreit,
Ich lasse den Freund dir als Bürgen,
Ihn magst du, entrinn ich, erwürgen.«

Da lächelt der König mit arger List
Und spricht nach kurzem Bedenken:
»Drei Tage will ich dir schenken.
Doch wisse! Wenn sie verstrichen, die Frist,
Eh du zurück mir gegeben bist,
So muß er statt deiner erblassen,
Doch dir ist die Strafe erlassen.«

Und er kommt zum Freunde: »Der König gebeut,
Daß ich am Kreuz mit dem Leben
Bezahle das frevelnde Streben,
Doch will er mir gönnen drei Tage Zeit,
Bis ich die Schwester dem Gatten gefreit,
So bleib du dem König zum Pfande,
Bis ich komme, zu lösen die Bande.«

Und schweigend umarmt ihn der treue Freund
Und liefert sich aus dem Tyrannen,
Der andere ziehet von dannen.
Und ehe das dritte Morgenrot scheint,
Hat er schnell mit dem Gatten die Schwester vereint,
Eilt heim mit sorgender Seele,
Damit er die Frist nicht verfehle.

Da gießt unendlicher Regen herab,
Von den Bergen stürzen die Quellen,
Und die Bäche, die Ströme schwellen.
Und er kommt ans Ufer mit wanderndem Stab,
Da reißet die Brücke der Strudel hinab,
Und donnernd sprengen die Wogen
Des Gewölbes krachenden Bogen.

Und trostlos irrt er an Ufers Rand,
Wie weit er auch spähet und blicket
Und die Stimme, die rufende, schicket,
Da stoßet kein Nachen vom sichern Strand,
Der ihn setze an das gewünschte Land,
Kein Schiffer lenket die Fähre,
Und der wilde Strom wird zum Meere.

Da sinkt er ans Ufer und weint und fleht,
Die Hände zum Zeus erhoben:
»O hemme des Stromes Toben!
Es eilen die Stunden, im Mittag steht
Die Sonne, und wenn sie niedergeht
Und ich kann die Stadt nicht erreichen,
So muß der Freund mir erbleichen.«

Doch wachsend erneut sich des Stromes Wut,
Und Welle auf Welle zerrinnet,
Und Stunde an Stunde entrinnet.
Da treibt ihn die Angst, da faßt er sich Mut
Und wirft sich hinein in die brausende Flut
Und teilt mit gewaltigen Armen
Den Strom, und ein Gott hat Erbarmen.

Und gewinnt das Ufer und eilet fort
Und danket dem rettenden Gotte,
Da stürzet die raubende Rotte
Hervor aus des Waldes nächtlichem Ort,
Den Pfad ihm sperrend, und schnaubet Mord
Und hemmet des Wanderers Eile
Mit drohend geschwungener Keule.

»Was wollt ihr?« ruft er, für Schrecken bleich,
»Ich habe nichts als mein Leben,
Das muß ich dem Könige geben!«
Und entreißt die Keule dem nächsten gleich:
»Um des Freundes willen erbarmet euch!«
Und drei mit gewaltigen Streichen
Erlegt er, die andern entweichen.

Und die Sonne versendet glühenden Brand,
Und von der unendlichen Mühe
Ermattet sinken die Kniee:
»O hast du mich gnädig aus Räubershand,
Aus dem Strom mich gerettet ans heilige Land,
Und soll hier verschmachtend verderben,
Und der Freund mir, der liebende, sterben!«

Und horch! da sprudelt es silberhell,
Ganz nahe, wie rieselndes Rauschen,
Und stille hält er, zu lauschen,
Und sieh, aus dem Felsen, geschwätzig, schnell,
Springt murmelnd hervor ein lebendiger Quell,
Und freudig bückt er sich nieder
Und erfrischet die brennenden Glieder.

Und die Sonne blickt durch der Zweige Grün
Und malt auf den glänzenden Matten
Der Bäume gigantische Schatten;
Und zwei Wanderer sieht er die Straße ziehn,
Will eilenden Laufes vorüberfliehn,
Da hört er die Worte sie sagen:
»Jetzt wird er ans Kreuz geschlagen.«

Und die Angst beflügelt den eilenden Fuß,
Ihn jagen der Sorge Qualen,
Da schimmern in Abendrots Strahlen
Von ferne die Zinnen von Syrakus,
Und entgegen kommt ihm Philostratus,
Des Hauses redlicher Hüter,
Der erkennet entsetzt den Gebieter:

»Zurück! du rettest den Freund nicht mehr,
So rette das eigene Leben!
Den Tod erleidet er eben.
Von Stunde zu Stunde gewartet' er
Mit hoffender Seele der Wiederkehr,
Ihm konnte den mutigen Glauben
Der Hohn des Tyrannen nicht rauben.«

»Und ist es zu spät, und kann ich ihm nicht
Ein Retter willkommen erscheinen,
So soll mich der Tod ihm vereinen.
Des rühme der blutge Tyrann sich nicht,
Daß der Freund dem Freunde gebrochen die Pflicht,
Er schlachte der Opfer zweie
Und glaube an Liebe und Treue.«

Und die Sonne geht unter, da steht er am Tor
Und sieht das Kreuz schon erhöhet,
Das die Menge gaffend umstehet,
An dem Seile schon zieht man den Freund empor,
Da zertrennt er gewaltig den dichten Chor:
»Mich, Henker!« ruft er, »erwürget!
Da bin ich, für den er gebürget!«

Und Erstaunen ergreifet das Volk umher,
In den Armen liegen sich beide
Und weinen für Schmerzen und Freude.
Da sieht man kein Auge tränenleer,
Und zum Könige bringt man die Wundermär,
Der fühlt ein menschliches Rühren,
Läßt schnell vor den Thron sie führen.

Und blicket sie lange verwundert an.
Drauf spricht er: »Es ist euch gelungen,
Ihr habt das Herz mir bezwungen,
Und die Treue, sie ist doch kein leerer Wahn,
So nehmet auch mich zum Genossen an,
Ich sei, gewährt mir die Bitte,
In eurem Bunde der Dritte.«

## Kassandra

Freude war in Trojas Hallen,
Eh die hohe Feste fiel,
Jubelhymnen hört man schallen
In der Saiten goldnes Spiel.
Alle Hände ruhen müde
Von dem tränenvollen Streit,
Weil der herrliche Pelide
Priams schöne Tochter freit.

Und geschmückt mit Lorbeerreisern,
Festlich wallet Schar auf Schar
Nach der Götter heilgen Häusern,
Zu des Thymbriers Altar.
Dumpferbrausend durch die Gassen
Wälzt sich die bacchantische Lust,
Und in ihrem Schmerz verlassen
War nur *eine* traurge Brust.

Freudlos in der Freude Fülle,
Ungesellig und allein,
Wandelte Kassandra stille
In Apollos Lorbeerhain.
In des Waldes tiefste Gründe
Flüchtete die Seherin,
Und sie warf die Priesterbinde
Zu der Erde zürnend hin:

»Alles ist der Freude offen
Alle Herzen sind beglückt,
Und die alten Eltern hoffen,
Und die Schwester steht geschmückt.
Ich allein muß einsam trauern,
Denn mich flieht der süße Wahn,
Und geflügelt diesen Mauern
Seh ich das Verderben nahn.

Eine Fackel seh ich glühen,
Aber nicht in Hymens Hand,
Nach den Wolken seh ichs ziehen,
Aber nicht wie Opferbrand.
Feste seh ich froh bereiten,
Doch im ahnungsvollen Geist
Hör ich schon des Gottes Schreiten,
Der sie jammervoll zerreißt.

Und sie schelten meine Klagen,
Und sie höhnen meinen Schmerz,
Einsam in die Wüste tragen
Muß ich mein gequältes Herz,
Von den Glücklichen gemieden
Und den Fröhlichen ein Spott!
Schweres hast du mir beschieden,
Pythischer, du arger Gott!

Dein Orakel zu verkünden,
Warum warfest du mich hin
In die Stadt der ewig Blinden
Mit dem aufgeschloßnen Sinn?
Warum gabst du mir zu sehen,
Was ich doch nicht wenden kann?
Das Verhängte muß geschehen,
Das Gefürchtete muß nahn.

Frommts, den Schleier aufzuheben,
Wo das nahe Schrecknis droht?
Nur der Irrtum ist das Leben,
Und das Wissen ist der Tod.
Nimm, o nimm die traurge Klarheit,
Mir vom Aug den blutgen Schein,
Schrecklich ist es, deiner Wahrheit
Sterbliches Gefäß zu sein.

Meine Blindheit gib mir wieder
Und den fröhlich dunkeln Sinn,
Nimmer sang ich freudge Lieder,
Seit ich *deine* Stimme bin.
Zukunft hast du mir gegeben,
Doch du nahmst den Augenblick,
Nahmst der Stunde fröhlich Leben,
Nimm dein falsch Geschenk zurück.

Nimmer mit dem Schmuck der Bräute
Kränzt ich mir das duftge Haar,
Seit ich deinem Dienst mich weihte
An dem traurigen Altar.
Meine Jugend war nur Weinen,
Und ich kannte nur den Schmerz,
Jede herbe Not der Meinen
Schlug an mein empfindend Herz.

Fröhlich seh ich die Gespielen,
Alles um mich lebt und liebt
In der Jugend Lustgefühlen,
Mir nur ist das Herz getrübt.
Mir erscheint der Lenz vergebens,
Der die Erde festlich schmückt,
Wer erfreute sich des Lebens,
Der in seine Tiefen blickt!

Selig preis ich Polyxenen
In des Herzens trunknem Wahn,
Denn den besten der Hellenen
Hofft sie bräutlich zu umfahn.
Stolz ist ihre Brust gehoben,
Ihre Wonne faßt sie kaum,
Nicht euch Himmlische dort oben
Neidet sie in ihrem Traum.

Und auch ich hab ihn gesehen,
Den das Herz verlangend wählt,
Seine schönen Blicke flehen,
Von der Liebe Glut beseelt.
Gerne möcht ich mit dem Gatten
In die heimsche Wohnung ziehn,
Doch es tritt ein stygscher Schatten
Nächtlich zwischen mich und ihn.

Ihre bleichen Larven alle
Sendet mir Proserpina,
Wo ich wandre, wo ich walle,
Stehen mir die Geister da.
In der Jugend frohe Spiele
Drängen sie sich grausend ein,
Ein entsetzliches Gewühle,
Nimmer kann ich fröhlich sein.

Und den Mordstahl seh ich blinken
Und das Mörderauge glühn,
Nicht zur Rechten, nicht zur Linken
Kann ich vor dem Schrecknis fliehn,
Nicht die Blicke darf ich wenden,
Wissend, schauend, unverwandt
Muß ich mein Geschick vollenden,
Fallend in dem fremden Land.« –

Und noch hallen ihre Worte,
Horch! da dringt verworrner Ton
Fernher aus des Tempels Pforte,
Tot lag Thetis' großer Sohn!
Eris schüttelt ihre Schlangen,
Alle Götter fliehn davon,
Und des Donners Wolken hangen
Schwer herab auf Ilion.


*Der Taucher*


»Wer wagt es, Rittersmann oder Knapp,
Zu tauchen in diesen Schlund?
Einen goldnen Becher werf ich hinab,
Verschlungen schon hat ihn der schwarze Mund.
Wer mir den Becher kann wieder zeigen,
Er mag ihn behalten, er ist sein eigen.«

Der König spricht es und wirft von der Höh
Der Klippe, die schroff und steil
Hinaushängt in die unendliche See,
Den Becher in der Charybde Geheul.
»Wer ist der Beherzte, ich frage wieder,
Zu tauchen in diese Tiefe nieder?«

Und die Ritter, die Knappen um ihn her
Vernehmens und schweigen still,
Sehen hinab in das wilde Meer,
Und keiner den Becher gewinnen will.
Und der König zum drittenmal wieder fraget:
»Ist keiner, der sich hinunterwaget?«

Doch alles noch stumm bleibt wie zuvor,
Und ein Edelknecht, sanft und keck,
Tritt aus der Knappen zagendem Chor,
Und den Gürtel wirft er, den Mantel weg,
Und alle die Männer umher und Frauen
Auf den herrlichen Jüngling verwundert schauen.

Und wie er tritt an des Felsen Hang
Und blickt in den Schlund hinab,
Die Wasser, die sie hinunterschlang,
Die Charybde jetzt brüllend wiedergab,
Und wie mit des fernen Donners Getose
Entstürzen sie schäumend dem finstern Schoße.

Und es wallet und siedet und brauset und zischt,
Wie wenn Wasser mit Feuer sich mengt,
Bis zum Himmel spritzet der dampfende Gischt,
Und Flut auf Flut sich ohn Ende drängt,
Und will sich nimmer erschöpfen und leeren,
Als wollte das Meer noch ein Meer gebären.

Doch endlich, da legt sich die wilde Gewalt,
Und schwarz aus dem weißen Schaum
Klafft hinunter ein gähnender Spalt,
Grundlos, als gings in den Höllenraum,
Und reißend sieht man die brandenden Wogen
Hinab in den strudelnden Trichter gezogen.

Jetzt schnell, eh die Brandung wiederkehrt,
Der Jüngling sich Gott befiehlt,
Und – ein Schrei des Entsetzens wird rings gehört,
Und schon hat ihn der Wirbel hinweggespült,
Und geheimnisvoll über dem kühnen Schwimmer
Schließt sich der Rachen, er zeigt sich nimmer.

Und stille wirds über dem Wasserschlund,
In der Tiefe nur brauset es hohl,
Und bebend hört man von Mund zu Mund:
»Hochherziger Jüngling, fahre wohl!«
Und hohler und hohler hört mans heulen,
Und es harrt noch mit bangem, mit schrecklichem Weilen.

Und wärfst du die Krone selber hinein
Und sprächst: Wer mir bringet die Kron,
Er soll sie tragen und König sein,
Mich gelüstete nicht nach dem teuren Lohn.
Was die heulende Tiefe da unten verhehle,
Das erzählt keine lebende glückliche Seele.

Wohl manches Fahrzeug, vom Strudel gefaßt,
Schoß gäh in die Tiefe hinab,
Doch zerschmettert nur rangen sich Kiel und Mast
Hervor aus dem alles verschlingenden Grab –
Und heller und heller wie Sturmes Sausen
Hört mans näher und immer näher brausen.

Und es wallet und siedet und brauset und zischt,
Wie wenn Wasser mit Feuer sich mengt,
Bis zum Himmel spritzet der dampfende Gischt,
Und Well auf Well sich ohn Ende drängt,
Und wie mit des fernen Donners Getose
Entstürzt es brüllend dem finstern Schoße.

Und sieh! aus dem finster flutenden Schoß
Da hebet sichs schwanenweiß,
Und ein Arm und ein glänzender Nacken wird bloß,
Und es rudert mit Kraft und mit emsigem Fleiß,
Und er ists, und hoch in seiner Linken
Schwingt er den Becher mit freudigem Winken.

Und atmete lang und atmete tief
Und begrüßte das himmlische Licht.
Mit Frohlocken es einer dem andern rief:
»Er lebt! Er ist da! Es behielt ihn nicht.
Aus dem Grab, aus der strudelnden Wasserhöhle
Hat der Brave gerettet die lebende Seele.«

Und er kommt, es umringt ihn die jubelnde Schar,
Zu des Königs Füßen er sinkt,
Den Becher reicht er ihm kniend dar,
Und der König der lieblichen Tochter winkt,
Die füllt ihn mit funkelndem Wein bis zum Rande,
Und der Jüngling sich also zum König wandte:

»Lang lebe der König! Es freue sich,
Wer da atmet im rosigten Licht!
Da unten aber ists fürchterlich,
Und der Mensch versuche die Götter nicht
Und begehre nimmer und nimmer zu schauen,
Was sie gnädig bedecken mit Nacht und Grauen.

Es riß mich hinunter blitzesschnell,
Da stürzt' mir aus felsigtem Schacht
Wildflutend entgegen ein reißender Quell,
Mich packte des Doppelstroms wütende Macht,
Und wie einen Kreisel mit schwindelndem Drehen
Trieb michs um, ich konnte nicht widerstehen.

Da zeigte mir Gott, zu dem ich rief
In der höchsten schrecklichen Not,
Aus der Tiefe ragend ein Felsenriff,
Das erfaßt' ich behend und entrann dem Tod,
Und da hing auch der Becher an spitzen Korallen,
Sonst wär er ins Bodenlose gefallen.

Denn unter mir lags noch, bergetief,
In purpurner Finsternis da,
Und obs hier dem Ohre gleich ewig schlief,
Das Auge mit Schaudern hinuntersah,
Wie's von Salamandern und Molchen und Drachen
Sich regt' in dem furchtbaren Höllenrachen.

Schwarz wimmelten da, in grausem Gemisch,
Zu scheußlichen Klumpen geballt,
Der stachligte Roche, der Klippenfisch,
Des Hammers greuliche Ungestalt,
Und dräuend wies mir die grimmigen Zähne
Der entsetzliche Hai, des Meeres Hyäne.

Und da hing ich und wars mir mit Grausen bewußt,
Von der menschlichen Hülfe so weit,
Unter Larven die einzige fühlende Brust,
Allein in der gräßlichen Einsamkeit,
Tief unter dem Schall der menschlichen Rede
Bei den Ungeheuern der traurigen Öde.

Und schaudernd dacht ichs, da krochs heran,
Regte hundert Gelenke zugleich,
Will schnappen nach mir; in des Schreckens Wahn
Laß ich los der Koralle umklammerten Zweig,
Gleich faßt mich der Strudel mit rasendem Toben,
Doch es war mir zum Heil, er riß mich nach oben.«

Der König darob sich verwundert schier
Und spricht: »Der Becher ist dein,
Und diesen Ring noch bestimm ich dir,
Geschmückt mit dem köstlichsten Edelgestein,
Versuchst du's noch einmal und bringst mir Kunde,
Was du sahst auf des Meeres tiefunterstem Grunde.«

Das hörte die Tochter mit weichem Gefühl,
Und mit schmeichelndem Munde sie fleht:
»Laßt, Vater, genug sein das grausame Spiel,
Er hat Euch bestanden, was keiner besteht,
Und könnt Ihr des Herzens Gelüsten nicht zähmen,
So mögen die Ritter den Knappen beschämen.«

Drauf der König greift nach dem Becher schnell,
In den Strudel ihn schleudert hinein:
»Und schaffst du den Becher mir wieder zur Stell,
So sollst du der trefflichste Ritter mir sein
Und sollst sie als Ehgemahl heut noch umarmen,
Die jetzt für dich bittet mit zartem Erbarmen.«

Da ergreifts ihm die Seele mit Himmelsgewalt,
Und es blitzt aus den Augen ihm kühn,
Und er siehet erröten die schöne Gestalt
Und sieht sie erbleichen und sinken hin,
Da treibts ihn, den köstlichen Preis zu erwerben,
Und stürzt hinunter auf Leben und Sterben.

Wohl hört man die Brandung, wohl kehrt sie zurück,
Sie verkündigt der donnernde Schall,
Da bückt sichs hinunter mit liebendem Blick,
Es kommen, es kommen die Wasser all,
Sie rauschen herauf, sie rauschen nieder,
Den Jüngling bringt keines wieder.

## Der Handschuh

Vor seinem Löwengarten,
Das Kampfspiel zu erwarten,
Saß König Franz,
Und um ihn die Großen der Krone,
Und rings auf hohem Balkone
Die Damen in schönem Kranz.

Und wie er winkt mit dem Finger,
Auf tut sich der weite Zwinger,
Und hinein mit bedächtigem Schritt
Ein Löwe tritt,
Und sieht sich stumm
Rings um,
Mit langem Gähnen,
Und schüttelt die Mähnen,
Und streckt die Glieder,
Und legt sich nieder.

Und der König winkt wieder,
Da öffnet sich behend
Ein zweites Tor,
Daraus rennt
Mit wildem Sprunge
Ein Tiger hervor,
Wie der den Löwen erschaut,
Brüllt er laut,
Schlägt mit dem Schweif
Einen furchtbaren Reif,
Und recket die Zunge,
Und im Kreise scheu
Umgeht er den Leu
Grimmig schnurrend,
Drauf streckt er sich murrend
Zur Seite nieder.

Und der König winkt wieder,
Da speit das doppelt geöffnete Haus
Zwei Leoparden auf einmal aus,
Die stürzen mit mutiger Kampfbegier
Auf das Tigertier,
Das packt sie mit seinen grimmigen Tatzen,
Und der Leu mit Gebrüll
Richtet sich auf, da wirds still,
Und herum im Kreis,
Von Mordsucht heiß,
Lagern die greulichen Katzen.

Da fällt von des Altans Rand
Ein Handschuh von schöner Hand
Zwischen den Tiger und den Leun
Mitten hinein.

Und zu Ritter Delorges spottenderweis
Wendet sich Fräulein Kunigund:
»Herr Ritter, ist Eure Lieb so heiß,
Wie Ihr mirs schwört zu jeder Stund,
Ei, so hebt mir den Handschuh auf.«

Und der Ritter in schnellem Lauf
Steigt hinab in den furchtbarn Zwinger
Mit festem Schritte,
Und aus der Ungeheuer Mitte
Nimmt er den Handschuh mit keckem Finger.

Und mit Erstaunen und mit Grauen
Sehens die Ritter und Edelfrauen,
Und gelassen bringt er den Handschuh zurück,
Da schallt ihm sein Lob aus jedem Munde,
Aber mit zärtlichem Liebesblick –
Er verheißt ihm sein nahes Glück –
Empfängt ihn Fräulein Kunigunde.
Und er wirft ihr den Handschuh ins Gesicht:
»Den Dank, Dame, begehr ich nicht«,
Und verläßt sie zur selben Stunde.

## Das Lied von der Glocke

> Vivos voco
> Mortuos plango
> Fulguta frango

Fest gemauert in der Erden
Steht die Form, aus Lehm gebrannt.
Heute muß die Glocke werden,
Frisch, Gesellen, seid zur Hand.
    Von der Stirne heiß
    Rinnen muß der Schweiß,
Soll das Werk den Meister loben,
Doch der Segen kommt von oben.

Zum Werke, das wir ernst bereiten,
Geziemt sich wohl ein ernstes Wort;
Wenn gute Reden sie begleiten,
Dann fließt die Arbeit munter fort.
So laßt uns jetzt mit Fleiß betrachten,
Was durch die schwache Kraft entspringt,
Den schlechten Mann muß man verachten,
Der nie bedacht, was er vollbringt.
Das ists ja, was den Menschen zieret,
Und dazu ward ihm der Verstand,
Daß er im innern Herzen spüret,
Was er erschafft mit seiner Hand.

    Nehmet Holz vom Fichtenstamme,
    Doch recht trocken laßt es sein,
    Daß die eingepreßte Flamme
    Schlage zu dem Schwalch hinein.
        Kocht des Kupfers Brei,
        Schnell das Zinn herbei,
    Daß die zähe Glockenspeise
    Fließe nach der rechten Weise.

Was in des Dammes tiefer Grube
Die Hand mit Feuers Hülfe baut,
Hoch auf des Turmes Glockenstube
Da wird es von uns zeugen laut.
Noch dauern wirds in späten Tagen,
Und rühren vieler Menschen Ohr
Und wird mit dem Betrübten klagen
Und stimmen zu der Andacht Chor.
Was unten tief dem Erdensohne
Das wechselnde Verhängnis bringt,
Das schlägt an die metallne Krone,
Die es erbaulich weiterklingt.

Weiße Blasen seh ich springen,
Wohl! die Massen sind im Fluß.
Laßts mit Aschensalz durchdringen,
Das befördert schnell den Guß.
    Auch von Schaume rein
    Muß die Mischung sein,
Daß vom reinlichen Metalle
Rein und voll die Stimme schalle.

Denn mit der Freude Feierklange
Begrüßt sie das geliebte Kind
Auf seines Lebens erstem Gange,
Den es in Schlafes Arm beginnt;
Ihm ruhen noch im Zeitenschoße
Die schwarzen und die heitern Lose,
Der Mutterliebe zarte Sorgen
Bewachen seinen goldnen Morgen. –
Die Jahre fliehen pfeilgeschwind.
Vom Mädchen reißt sich stolz der Knabe,
Er stürmt ins Leben wild hinaus,
Durchmißt die Welt am Wanderstabe.
Fremd kehrt er heim ins Vaterhaus,
Und herrlich, in der Jugend Prangen,
Wie ein Gebild aus Himmelshöhn,
Mit züchtigen, verschämten Wangen
Sieht er die Jungfrau vor sich stehn.
Da faßt ein namenloses Sehnen
Des Jünglings Herz, er irrt allein,
Aus seinen Augen brechen Tränen,
Er flieht der Brüder wilden Reihn.
Errötend folgt er ihren Spuren
Und ist von ihrem Gruß beglückt,
Das Schönste sucht er auf den Fluren,
Womit er seine Liebe schmückt.
O! zarte Sehnsucht, süßes Hoffen,
Der ersten Liebe goldne Zeit,
Das Auge sieht den Himmel offen,
Es schwelgt das Herz in Seligkeit,
O! daß sie ewig grünen bliebe,
Die schöne Zeit der jungen Liebe!

Wie sich schon die Pfeifen bräunen!
Dieses Stäbchen tauch ich ein,
Sehn wirs überglast erscheinen,
Wirds zum Gusse zeitig sein.
　　Jetzt, Gesellen, frisch!
　　Prüft mir das Gemisch,
Ob das Spröde mit dem Weichen
Sich vereint zum guten Zeichen.

Denn wo das Strenge mit dem Zarten,
Wo Starkes sich und Mildes paarten,
Da gibt es einen guten Klang.
Drum prüfe, wer sich ewig bindet,
Ob sich das Herz zum Herzen findet!
Der Wahn ist kurz, die Reu ist lang.
Lieblich in der Bräute Locken
Spielt der jungfräuliche Kranz,
Wenn die hellen Kirchenglocken
Laden zu des Festes Glanz.
Ach! des Lebens schönste Feier
Endigt auch den Lebensmai,
Mit dem Gürtel, mit dem Schleier
Reißt der schöne Wahn entzwei.
Die Leidenschaft flieht!
Die Liebe muß bleiben,
Die Blume verblüht,
Die Frucht muß treiben.
Der Mann muß hinaus
Ins feindliche Leben,
Muß wirken und streben
Und pflanzen und schaffen,
Erlisten, erraffen,
Muß wetten und wagen,
Das Glück zu erjagen.
Da strömet herbei die unendliche Gabe,
Es füllt sich der Speicher mit köstlicher Habe,
Die Räume wachsen, es dehnt sich das Haus.
Und drinnen waltet
Die züchtige Hausfrau,
Die Mutter der Kinder,
Und herrschet weise
Im häuslichen Kreise,
Und lehret die Mädchen
Und wehret den Knaben,
Und reget ohn Ende
Die fleißigen Hände,
Und mehrt den Gewinn
Mit ordnendem Sinn.
Und füllet mit Schätzen die duftenden Laden,

Und dreht um die schnurrende Spindel den
　　　　　　　　　　　Faden,
Und sammelt im reinlich geglätteten Schrein
Die schimmernde Wolle, den schneeigten
　　　　　　　　　　　Lein,
Und füget zum Guten den Glanz und den
　　　　　　　　　　　Schimmer,
Und ruhet nimmer.

Und der Vater mit frohem Blick
Von des Hauses weitschauendem Giebel
Überzählet sein blühend Glück,
Siehet der Pfosten ragende Bäume
Und der Scheunen gefüllte Räume
Und die Speicher, vom Segen gebogen,
Und des Kornes bewegte Wogen,
Rühmt sich mit stolzem Mund:
Fest, wie der Erde Grund,
Gegen des Unglücks Macht
Steht mir des Hauses Pracht!
Doch mit des Geschickes Mächten
Ist kein ewger Bund zu flechten,
Und das Unglück schreitet schnell.

　　Wohl! Nun kann der Guß beginnen,
　　Schön gezacket ist der Bruch.
　　Doch, bevor wirs lassen rinnen,
　　Betet einen frommen Spruch!
　　　　Stoßt den Zapfen aus!
　　　　Gott bewahr das Haus.
　　Rauchend in des Henkels Bogen
　　Schießts mit feuerbraunen Wogen.

Wohltätig ist des Feuers Macht,
Wenn sie der Mensch bezähmt, bewacht,
Und was er bildet, was er schafft,
Das dankt er dieser Himmelskraft,
Doch furchtbar wird die Himmelskraft;
Wenn sie der Fessel sich entrafft,
Einhertritt auf der eignen Spur
Die freie Tochter der Natur.
Wehe, wenn sie losgelassen
Wachsend ohne Widerstand
Durch die volkbelebten Gassen
Wälzt den ungeheuren Brand!
Denn die Elemente hassen
Das Gebild der Menschenhand.
Aus der Wolke
Quillt der Segen,

Strömt der Regen,
Aus der Wolke, ohne Wahl,
Zuckt der Strahl!
Hört ihrs wimmern hoch vom Turm?
Das ist Sturm!
Rot wie Blut
Ist der Himmel,
Das ist nicht des Tages Glut!
Welch Getümmel

Straßen auf!
Dampf wallt auf!
Flackernd steigt die Feuersäule,
Durch der Straße lange Zeile
Wächst es fort mit Windeseile,
Kochend wie aus Ofens Rachen
Glühn die Lüfte, Balken krachen,
Pfosten stürzen, Fenster klirren,
Kinder jammern, Mütter irren,
Tiere wimmern
Unter Trümmern,
Alles rennet, rettet, flüchtet,
Taghell ist die Nacht gelichtet,
Durch der Hände lange Kette
Um die Wette
Fliegt der Eimer, hoch im Bogen
Sprützen Quellen, Wasserwogen.
Heulend kommt der Sturm geflogen,
Der die Flamme brausend sucht.
Prasselnd in die dürre Frucht
Fällt sie, in des Speichers Räume,
In der Sparren dürre Bäume,
Und als wollte sie im Wehen
Mit sich fort der Erde Wucht
Reißen, in gewaltger Flucht,
Wächst sie in des Himmels Höhen
Riesengroß!
Hoffnungslos
Weicht der Mensch der Götterstärke,
Müßig sieht er seine Werke
Und bewundernd untergehen.

Leergebrannt
Ist die Stätte,
Wilder Stürme rauhes Bette,
In den öden Fensterhöhlen
Wohnt das Grauen,
Und des Himmels Wolken schauen
Hoch hinein.

Einen Blick
Nach dem Grabe
Seiner Habe
Sendet noch der Mensch zurück –
Greift fröhlich dann zum Wanderstabe,
Was Feuers Wut ihm auch geraubt,
Ein süßer Trost ist ihm geblieben,
Er zählt die Häupter seiner Lieben,
Und sieh! ihm fehlt kein teures Haupt.

In die Erd ists aufgenommen,
Glücklich ist die Form gefüllt,
Wirds auch schön zutage kommen,
Daß es Fleiß und Kunst vergilt?
    Wenn der Guß mißlang?
    Wenn die Form zersprang?
Ach! vielleicht, indem wir hoffen,
Hat uns Unheil schon getroffen.

Dem dunkeln Schoß der heilgen Erde
Vertrauen wir der Hände Tat,
Vertraut der Sämann seine Saat
Und hofft, daß sie entkeimen werde
Zum Segen, nach des Himmels Rat.
Noch köstlicheren Samen bergen
Wir traurend in der Erde Schoß
Und hoffen, daß er aus den Särgen
Erblühen soll zu schönerm Los.

Von dem Dome,
Schwer und bang,
Tönt die Glocke
Grabgesang.

Ernst begleiten ihre Trauerschläge
Einen Wandrer auf dem letzten Wege.

Ach! die Gattin ists, die teure,
Ach! es ist die treue Mutter,
Die der schwarze Fürst der Schatten
Wegführt aus dem Arm des Gatten,
Aus der zarten Kinder Schar,
Die sie blühend ihm gebar,
Die sie an der treuen Brust
Wachsen sah mit Mutterlust –

Ach! des Hauses zarte Bande
Sind gelöst auf immerdar,
Denn sie wohnt im Schattenlande,
Die des Hauses Mutter war,
Denn es fehlt ihr treues Walten,
Ihre Sorge wacht nicht mehr,
An verwaister Stätte schalten
Wird die Fremde, liebeleer.

    Bis die Glocke sich verkühlet,
    Laßt die strenge Arbeit ruhn,
    Wie im Laub der Vogel spielet,
    Mag sich jeder gütlich tun.
      Winkt der Sterne Licht,
      Ledig aller Pflicht
    Hört der Pursch die Vesper schlagen,
    Meister muß sich immer plagen.

Munter fördert seine Schritte
Fern im wilden Forst der Wandrer
Nach der lieben Heimathütte.
Blökend ziehen heim die Schafe,
Und der Rinder
Breitgestirnte, glatte Scharen
Kommen brüllend,
Die gewohnten Ställe füllend.

Schwer herein
Schwankt der Wagen,
Kornbeladen,
Bunt von Farben
Auf den Garben
Liegt der Kranz,
Und das junge Volk der Schnitter
Fliegt zum Tanz.
Markt und Straße werden stiller,
Um des Lichts gesellge Flamme
Sammeln sich die Hausbewohner,
Und das Stadttor schließt sich knarrend.
Schwarz bedecket
Sich die Erde,
Doch den sichern Bürger schrecket
Nicht die Nacht,
Die den Bösen gräßlich wecket,
Denn das Auge des Gesetzes wacht.

Heilge Ordnung, segenreiche
Himmelstochter, die das Gleiche
Frei und leicht und freudig bindet,
Die der Städte Bau gegründet,
Die herein von den Gefilden
Rief den ungesellgen Wilden,
Eintrat in der Menschen Hütten,
Sie gewöhnt zu sanften Sitten
Und das teuerste der Bande
Wob, den Trieb zum Vaterlande!

Tausend fleißge Hände regen,
Helfen sich in munterm Bund,
Und in feurigem Bewegen
Werden alle Kräfte kund.
Meister rührt sich und Geselle
In der Freiheit heilgem Schutz.

Jeder freut sich seiner Stelle,
Bietet dem Verächter Trutz.
Arbeit ist des Bürgers Zierde,
Segen ist der Mühe Preis,
Ehrt den König seine Würde,
Ehret *uns* der Hände Fleiß.

Holder Friede,
Süße Eintracht,
Weilet, weilet
Freundlich über dieser Stadt!
Möge nie der Tag erscheinen,
Wo des rauhen Krieges Horden
Dieses stille Tal durchtoben,
Wo der Himmel,
Den des Abends sanfte Röte
Lieblich malt,
Von der Dörfer, von der Städte
Wildem Brande schrecklich strahlt!

    Nun zerbrecht mir das Gebäude,
    Seine Absicht hats erfüllt,
    Daß sich Herz und Auge weide
    An dem wohlgelungnen Bild.
      Schwingt den Hammer, schwingt,
      Bis der Mantel springt,
    Wenn die Glock soll auferstehen,
    Muß die Form in Stücken gehen.

Der Meister kann die Form zerbrechen
Mit weiser Hand, zur rechten Zeit,
Doch wehe, wenn in Flammenbächen
Das glühnde Erz sich selbst befreit!
Blindwütend mit des Donners Krachen
Zersprengt es das geborstne Haus,
Und wie aus offnem Höllenrachen
Speit es Verderben zündend aus;
Wo rohe Kräfte sinnlos walten,
Da kann sich kein Gebild gestalten,
Wenn sich die Völker selbst befrein,
Da kann die Wohlfahrt nicht gedeihn.

Weh, wenn sich in dem Schoß der Städte
Der Feuerzunder still gehäuft,
Das Volk, zerreißend seine Kette,
Zur Eigenhilfe schrecklich greift!
Da zerret an der Glocke Strängen
Der Aufruhr, daß sie heulend schallt
Und, nur geweiht zu Friedensklängen,
Die Losung anstimmt zur Gewalt.

Freiheit und Gleichheit! hört man schallen,
Der ruhge Bürger greift zur Wehr,
Die Straßen füllen sich, die Hallen,
Und Würgerbanden ziehn umher,
Da werden Weiber zu Hyänen
Und treiben mit Entsetzen Scherz,
Noch zuckend, mit des Panthers Zähnen,
Zerreißen sie des Feindes Herz.
Nichts Heiliges ist mehr, es lösen
Sich alle Bande frommer Scheu,
Der Gute räumt den Platz dem Bösen,
Und alle Laster walten frei.
Gefährlich ists, den Leu zu wecken,
Verderblich ist des Tigers Zahn,
Jedoch der schrecklichste der Schrecken,
Das ist der Mensch in seinem Wahn.
Weh denen, die dem Ewigblinden
Des Lichtes Himmelsfackel leihn!
Sie strahlt ihm nicht, sie kann nur zünden
Und äschert Stadt und Länder ein.

Freude hat mir Gott gegeben!
Sehet! wie ein goldner Stern
Aus der Hülse, blank und eben,
Schält sich der metallne Kern.
    Von dem Helm zum Kranz
    Spielts wie Sonnenglanz,
Auch des Wappens nette Schilder
Loben den erfahrnen Bilder.

Herein! herein!
Gesellen alle, schließt den Reihen,
Daß wir die Glocke taufend weihen,
*Concordia* soll ihr Name sein,
Zur Eintracht, zu herzinnigem Vereine
Versammle sie die liebende Gemeine.

Und dies sei fortan ihr Beruf,
Wozu der Meister sie erschuf!
Hoch überm niedern Erdenleben
Soll sie in blauem Himmelszelt
Die Nachbarin des Donners schweben
Und grenzen an die Sternenwelt,
Soll eine Stimme sein von oben,
Wie der Gestirne helle Schar,
Die ihren Schöpfer wandelnd loben
Und führen das bekränzte Jahr.
Nur ewigen und ernsten Dingen
Sei ihr metallner Mund geweiht,
Und stündlich mit den schnellen Schwingen
Berühr im Fluge sie die Zeit,
Dem Schicksal leihe sie die Zunge,
*Selbst* herzlos, ohne Mitgefühl,
Begleite sie mit ihrem Schwunge
Des Lebens wechselvolles Spiel.
Und wie der Klang im Ohr vergehet,
Der mächtig tönend ihr entschallt,
So lehre sie, daß nichts bestehet,
Das alles Irdische verhallt.

Jetzo mit der Kraft des Stranges
Wiegt die Glock mir aus der Gruft,
Daß sie in das Reich des Klanges
Steige, in die Himmelsluft.
    Ziehet, ziehet, hebt!
    Sie bewegt sich, schwebt,
Freude dieser Stadt bedeute,
*Friede* sei ihr erst Geläute.

# Friedrich von Matthisson

### 1761–1831

## Romanze

Ein Fräulein klagt' im finstern Turm
   Am Seegestad' erbaut.
Es rauscht' und heulte Wog' und Sturm
   In ihres Jammers Laut.

Rosalia von Montanvert
   Hieß manchem Troubadour
Und einem ganzen Ritterheer
   Die Krone der Natur.

Doch ehe noch ihr Herz die Macht
   Der süßen Minn' empfand,
Erlag der Vater in der Schlacht
   Am Sarazenenstrand.

Der Ohm, ein Ritter Manfry, ward
   Zum Schirmvogt ihr bestellt;
Dem lacht' ins Herz, wie Felsen hart,
   Des Fräuleins Gut und Geld.

Bald überall im Lande ging
   Die Trauerkund' umher:
»Des Todes kalte Nacht umfing
   Die Rose Montanvert.«

Ein schwarzes Totenfähnlein wallt
   Hoch auf des Fräuleins Burg;
Die dumpfe Leichenglocke schallt
   Drei Tag' und Nächt' hindurch.

Auf ewig hin, auf ewig tot,
   O Rose Montanvert!
Nun milderst du der Witwe Not,
   Der Waise Schmerz nicht mehr.

So klagt' einmütig Alt und Jung,
   Den Blick von Tränen schwer,
Vom Frührot bis zur Dämmerung,
   Die Rose Montanvert.

Der Ohm in einem Turm sie barg
   Erfüllt mit Moderduft.
Drauf senkte man den leeren Sarg
   Wohl in der Väter Gruft.

Das Fräulein horchte, still und bang,
   Der Priester Litanei'n;
Trüb' in des Kerkers Gitter drang
   Der Fackeln roter Schein.

Sie ahnte schaudernd ihr Geschick,
   Ihr ward so dumpf und schwer;
Im Todesgraun erstarb ihr Blick,
   Sie sank und war nicht mehr.

Des Turms Ruinen an der See
   Sind heute noch zu schaun.
Den Wandrer faßt in ihrer Näh'
   Ein wundersames Graun.

Auch mancher Hirt verkündet euch,
   Daß er, bei Nacht, allda
Oft, einer Silberwolke gleich,
   Das Fräulein schweben sah.

# Johann Peter Hebel
## 1760–1826

### Der Karfunkel

Wie seinen Tabak der Vater sich schnitzelt, so sieht ihn die Marei
Freundlich und bittweis an: »Erzähl uns doch wieder was, Vater;
Weißt? wie gestern nacht, wo die Gundel hat einschlafen wollen?«
Drüber rücken die Gundel und Anne-Bäbe und Marei
Mit den Kunkeln ans Licht und spannen die Saiten und streichen
Mit der Schwarte das Rad und zupfen einander am Ärmel.
Und der Jakob nimmt eine Hand voll Späne und setzt sich
Neben den Lichtstock hin und sagt: »Für das will ich sorgen.«
Aber der Hansjörg liegt, so lang wie er ist, überm Ofen,
Guckt herunter und denkt: Hier oben hör ichs am besten
Und bin niemand im Weg. Drauf, wie der Vater den Tabak
Sich geschnitten unds Pfeifchen gestopft, so kommt er zum Lichtspan
Und hebts Pfeifchen darunter und trinkt in gierigen Zügen,
Bis es brennt; drauf drückt er das Feuer hinab mit den Fingern
Und machts Deckelchen zu. »So will ich denn etwas erzählen«,
Sagt er und sitzt nieder, »doch müßt ihr ordentlich still sein,
Daß ich mich nicht verwirre, eh's aus ist; und du dort oben,
Pack dich vom Ofen! Du wußtest wohl wieder nicht, wo dich zu lassen?
Ist dirs zu wohl und gelüstet dich wieder nach einem Karfunkel?
Nur nach keinem, wie der einer war, den ich jetzt im Sinn hab. –

's ist wo irgend ein Ort, da geht nicht Egge noch Pflug drauf,
Strauch an Strauch schon hundert Jahr und giftige Kräuter;
Keine Drossel singt drin, kein Sommervöglein besucht sie:
Breite Kröten hüten da einen gezeichneten Leichnam.
Nicht uneben sei er gewesen, so sagt man, doch hab er
Früh das Wirtshaus geliebt, und über Gesangbuch und Bibel
Sei'n ihm die Karten gewesen am Samstagabend und Sonntag.
Fluchen habe er können – die Hexe im rußigen Schornstein
Hat sich bekreuzt, und die Sterne am Himmel haben gezittert.

Einmal hat im grünen Rock ein borstiger Jäger
Zugeschaut, wie sie spielen. Mit unerhörtem Gefluche
Hat der Michel Stich um Stich und Groschen verloren.
»Du entläufst mir nicht!« sagt für sich selber der Grünrock.

Hörte es noch die Wirtin und dachte: Was gilt es? Ein Werber! –
's ist kein Werber gewesen; ihr werdets besser erfahren,
Wenn der Michel geheiratet hat und das Gütchen verlumpet.
Was hat des Straßenwirts Tochter gedacht? Sie hat ihm aus Liebe
Hand und Jawort gegeben; doch nicht aus Liebe zum Michel,
Nein, zu Vater und Mutter, es war ihr Wunsch und ihr Wille.
Selbigen Abend schläft sie ein in schweren Gedanken,

Selbige Mitternacht da träumt sie schwer und bedeutsam.
War ihr, wie wenn sie von Staufen hervor zur Landstraße komme;
An der Landstraße geht ein Kapuziner und betet.
»Schenkt mir ein Heiligenbildchen, Herr Pater, wollt Ihr so gut sein!
Bin ich nicht Braut? Kann sein, es hat eine gute Bedeutung.«
Langsam schüttelt den Kopf der Pater, und unter der Kutte
Langt er ein Häufchen Bilder. »Da zieh du selber dir eines!«
Sagts, und wie sie nun zieht, da greift sie in schmutzige Karten.

»Hast wohl das Eckstein-As? – Das bedeutet roten Karfunkel;
's ist kein gutes Glück.« – »Ja wirklich«, sagt sie, »das hab ich.«
Wieder sagt der Pater: »Weißt was, du Bräutlein, zieh anders!
Hast wohl sieben Kreuze?« – »Ja wirklich«, sagt sie und seufzet. –
»Tröste dich Gott, zieh anders! kann sein, die dritte ist besser. –
Hast du ein Blutiges Herz?« – »Ja wirklich«, und läßt es fallen.
»Jetzo zieh noch einmal; kann sein, dein Heiliger kommt noch!
Ist es der Schaufelbub?« – »Ich weiß nicht, beschauet ihn selber!«
»Ja, du hast ihn! Tröste dich Gott! Der schaufelt dich drunter.«
So hats dem Kätterl geträumt und so hats damals geschlafen.
Straßenwirts Tochter, was dachtest du, und nahmst mir ihn dennoch?
Ja, sie hat ja gemußt und gesagt: »In des Herrgotts Namen!
Nach den sieben Kreuzen und hinter dem Blutigen Herzen
Kommt mein Heiliger, wills der Herr, und schaufelt mich drunter.«
Anfangs ging es noch an. Zwar manchmal hat wohl der Michel
Wieder gespielt, getrunken, geflucht und 's Kätterl geplaget.
Manchmal ist er in sich gegangen, wenn sie mit Tränen
Betete und ihn bat. Einmal da sagt er: »Jetzt will ich
Akkordieren mit dir, und die Karten will ich verfluchen.
Soll mich der Teufel holen, sobald ich eine noch anrühr!
Aber ins Wirtshaus geh ich und 's Wirtshaus kann ich nicht lassen.
Brumm und heul, so lang dirs gefällt, ich kann dir nicht helfen!«

Hielt er das erste zwar nicht, beim zweiten blieb er getreulich.
Wo er ins Wirtshaus kommt, so sitzt mein borstiger Grünrock
Hinterm Tisch, selbdritt, und mischelt die Karten und ruft ihm:
»Hältst du mit mir, Kamerad? so komm, so wolln wir eins machen!«
»Ich nicht«, sagt der Michel. »Bas Margret, lang mir ein Schöpplein!«

»Du nicht?« sagt der Grüne. »Komm nur, bis du deinen Schoppen
Aus hast; und es geht um nichts, 's eben zur Kurzweil!«
»Ha«, denkt bei sich selber der Michel, »wenn es um nichts geht,
Das ist ja nicht gespielt«, und setzt sich richtig zum Grünrock.
Kommt ein Jüngling ans Fenster mit lockiger Stirne und ruft ihm:
»Meister Michel, auf ein Wort! der Straßenwirt schickt mich.«
»Schick ihn wieder«, sagt er, »ich weiß schon, was er wird wollen.
Wer spielt aus? und was ist Trumpf? Und gestochen der Eckstein!«

Drauf und drauf! Zuletzt sagt der Grünrock: »Hör, du spielst glücklich!
Wollen wirs um einen Kreuzer machen?« – Das ist einerlei jetzt,
Denkt der Michel, gespielt ist gespielt, und »Meinetwegen« sagt er.
»Kommet!« ruft der Jüngling und pochelt wieder am Fenster,
»Nur auf ein einziges Wörtlein!« – »Laß du mich jetzt ungeschoren!
Kreuz dem Baum, und Schippen danach, und noch einmal Schippen!«
Und so gehts vom Kreuzer bis endlich hinauf zur Dublone.
Wie sie aufstehn, sagt der Grünrock: »Michel, ich kann dir
Jetzt nicht zahlen. Du kannst dafür meinen Ring hier behalten,
Bis ich wieder ihn lös. Es sind verborgene Kräfte
In dem roten Karfunkel. O schau, wie er einen nur anblitzt.«

Klopfts zum dritten am Fenster: »O Michel, kommt, weil es Zeit ist!«
»Laß ihn schwatzen«, sagt der Grünrock, »wenn er nicht gehn will!
Nimm du da meinen Fingerring; und wenn keinen Kreuzer
Geld du zu Hause und nirgend hast, es kann dir nicht fehlen.
Wenn der Ring am Finger steckt und du greifst in die Tasche
Alle Tage einmal, so hast einen bayrischen Taler.
Nur an 'nem Feiertag nicht! das wollt ich dir selber nicht raten.
Kannst du mich weiter brauchen, so ruf mir nur immer! Ich hör dich.
Heiß ich nicht Vitzli Putzli und hab ich die Ohren nicht bei mir?«

Derweil weint die Frau daheim im einsamen Stübchen
Und liest in der Bibel und im zerrißnen Gebetbuch.

Und der Michel kommt und schimpft: »Da find ich dich wieder
Bei deinem ewigen Beten und sackermentischen Heulen?
Schau hier, was ich gewonnen hab, einen roten Karfunkel!«
Kätterli schrickt zusammen: »O Jesus«, sagt es, »was seh ich!
's ist kein gutes Glück!« – und sinkt zu Boden in Ohnmacht.

Wärst du doch nie mehr erwacht, wie manchen bittern Kummer
Hättst du verschlafen, du arme Frau, der deiner noch wartet!

Jetzt wirds täglich schlimmer. Auf allen Märkten flaniert er,
Jede Kirchweih besucht er, und kommt man wo in ein Wirtshaus,
Nachts um Zwölfe, vormittags oder auch abends um Viere,
Sitzt der Michel dort und mischelt trügliche Karten.
Drüber verwildert das Kind, verschwindet das Gut, an den Stab kommt
Acker um Acker, die Frau vergeht in bitteren Tränen.
Geht er einmal nach Haus, gibts schnöde Rede und Antwort:
»Kommst du Lump?« Und so und so. – Mit trunkenen Lippen
Flucht der Michel, schlägt seine Frau. Jetzt muß er zum Pfarrer,
Jetzt vors Oberamt, und mit dem Hatschierer dem Turm zu.
Geht er schlimm, so kommt er ärger, wenn ihm der Vitzli
Putzli wieder die Ohren steift und Galle ins Blut mischt.

So währts sieben Jahr. Einmal da bringt ihn der Putzli
Wieder aus dem Turm und »Allons, gehn wir ins Wirtshaus,
Eh du nach Hause gehst mit den Prügeln, die du bekommen;
Was dir die Frau zum Willkomm köchelt, wird dich nicht brennen.
Hör, du tust mir leid; bedenk ichs, könnt michs zersprengen,
Wie's dir geht und wie dir die Frau dein Leben verbittert.
So ein Mann wie du, der Tags seinen Taler vertun kann.
Glücklich bist du im Spielen, doch nach dem leidigen Sprichwort
Mit dem Heiraten hasts nicht getroffen, kann ich dir sagen.
Wärst du allein, wie hättst dus so gut und lebtest so ruhig!
's quält dich schon, man schaut dirs an, und es schwellen die Adern,
Trink ein Schlückchen Gebrannten, der wird deine Hitze dir kühlen!«

Aber die Frau daheim, mit zusammengeschlagenen Händen
Sitzt sie derweil auf der Bank und blickt durch Tränen zum Himmel.
»Sieben Jahre und sieben Kreuze«, schluchzet sie endlich.
»Mir wirds redlich wahr, und Gott im Himmel wolls enden!«

Sagts und nimmt ein Buch und betet in Todesgedanken.
Drüber schnellt der Michel die Tür auf und fürchterlich schnauzt er:
»Heulst schon wieder? du hast es nötig, falsche Kanaille!
Sauerkraut koch mir!« Kätterli sagt: »Es ist nirgends mehr Feuer.«
»Sauerkraut will ich! Schau her, ich dreh dirs Messer im Leib um.«
»Lieber heut als morgen. Du bringst mich unter die Erde
So oder so, und das Bübli, das hast du mir auch schon gemordet.«
»Dich soll Donner und Wetter hinab in die Erde verschlagen!«
Sagts und zuckt, und das Kätterli schwankt bewußtlos zu Boden.
»O mein Blutiges Herz!« so stöhnts noch leise im Fallen.
»Komm, o Schaufelbub, da hast du mich, schaufle mich drunter!«

Jetzt der Michel fort, vom schnellen Schrecken ergriffen,
Läuft ins Feld, der Boden schwankt und es rasselt im Nußbaum.
»Vitzli Putzli, rate mir du!« so ruft er. Der Putzli,
Hinterm Nußbaum steht er, und kommt, und fragt ihn: »Was fehlt dir?«
»Kätterli hab ich erstochen; jetzt rate mir, was soll ich machen?«
»Ist das alles?« sagt der Putzli. »Wahrhaftig, du kannst doch
Einen erschrecken, daß man meint, was Wunder passiert sei!
Narr, jetzt kannst du im Land nicht bleiben, Verdruß möcht es geben.
Ist dort nicht der Rhein? Und komm, ich will dich begleiten;
's steht am Ufer ein Schiff.« – Jetzt steigen sie drüben im Sundgau
Frisch ans Land, und quer durchs Feld. Im einsamen Wirtshaus
Brennt ein Licht. »Wir wollen doch zuschaun, wer noch da drin ist«,
Sagt der Grüne: »Wer weiß, du kannst dir die Grillen vertreiben!«

Aber im Wirtshaus sitzen noch späte nächtige Burschen
Und von vorne gehts an mit Bankettieren und Spielen.
»Kreuz ist Trumpf! Und noch einmal! Und könnet ihr die da?
Die gestochen! und noch ein Trumpf! Und – gestochen das Herze!« –
Schon halb zwölfe ists. Will denn mit lockiger Stirne
Jetzt kein Jüngling erscheinen? Nein wahrlich! Michel! Es endet!
O wie spielest du doch so schlecht! »Gestochen das Herze«
Greift ihm tief in die Seele, und immer wenn er einen Stich macht,
Wiederholts der Grüne und wirft dem Michel 'nen Blick zu.
Drüber warnt es auf zwölf. Mit allemal schlechteren Karten
Spielt er allemal schlechter und zahlt allmählich mit Kreide.
Drauf schlägts zwölf Uhr aus. Jetzt greift seine Hand mit dem Ringe
Frisch in die Tasche. »Wer wechselt mir noch einen bayrischen Taler?«

Schlechte Münze, Herr Michel! Er greift in gläserne Scherben,
Tut einen Schrei und blickt mit Grausen und Schreck auf den Grünen.
Aber der Putzli leert sein Branntweingläschen und schmatzet:
»Michel, komm jetzt fort; der Wirt wird wollen zu Bett gehn.
's kommen ja heut viel Gäste, es ist ein lustiger Fei'rtag.
Ist nicht Ludwigstag, der fünfundzwanzigst' Augusti?
Dreh am Finger, so lange du willst, du bringst ihn nicht runter!« –
O wie horchte der Michel auf – ein lustiger Fei'rtag!
O wie verklammerte er die Füße unten am Tischbein!
's hilft nicht lange und tut nicht gut. Mit ängstlichem Beben
Steht er auf, und sagt kein Wort, und sie gehn miteinander,
Vorne an der Grüne, und an der Ferse der Michel,
Wie ein Kalb dem Metzger folgt zur blutigen Schlachtbank.
Wohl einen Büchsenschuß vom Wirtshaus stellt ihn der Putzli.
»Michel«, sagt er, »schau: es steht kein Sternlein am Himmel!
Schau, der Himmel hangt voll Wetter über und über!
's geht keine Luft, es schwankt kein Ast, es rührt sich kein Läublein,
Und du bist mir auch so stille. Du wirst doch nicht beten?
Machst du dir etwa die Rechnung und ist dirs Leben verleidet?
Wie du meinst! Deine Wahl ist schlecht, ich muß dirs bekennen.
So, da hast du ein Messer! Ich kauft es am Blotzheimer Jahrmarkt!
Hau dir selber die Gurgel ab, so kost't dichs kein Trinkgeld!«

Also erzählt der Vater, und mit engbrüstigem Atem
Sagt jetzt die Mutter: »Bist du bald fertig? Mach mir die Mädchen
Nicht so furchtsam, es sind doch nur erdichtete Märchen!« –
»Ja, ich bin fertig!« erwidert der Vater: »Dort liegt er
Samt seinem Ring im Dornengesträuch, wo die Drosseln nicht singen.«
Aber die Marei sagt: »O Mutter, wer wird sich denn fürchten!
Denkst du, ich merke es nicht, was er meint und was er will sagen?
Ja, der Vitzli Putzli, das ist die böse Versuchung.
Lockt sie nicht, und führt sie nicht in Sünden und Elend,
Wenn der Mensch nicht beten mag, und folgt nicht, und tut nichts?
Und der Jüngling, der ist das Gewissen, das warnet zum Guten.
O, ich kenne den Vater wohl und seine Gedanken!«

# Carl Philipp Conz
### 1762–1827

### Des Ritters Herz

Zu der heil'gen Heerfahrt mahnen
   Ludwig's Boten weit umher;
Nach dem Osten wehn die Fahnen,
   Winkt der Krieger Schild und Speer.
Aus den Erkern sehn die Frauen,
   Lichte Augen sind getrübt;
An den Seufzern kann man schauen,
   Was geliebet wird und liebt.

Seiner Dame naht ein Ritter
   An der Gartenmauer sich;
Aus dem stillen Fenstergitter
   Blickt sie nieder tugendlich.
»Hat mein Lied dir süß geklungen«,
   Ruft er, hold gebeugt das Knie;
»Hab' ich deine Huld errungen,
   O vergiß mich ewig nie!

Eine Bitte! Nicht versagen
   Wird die Bitte deine Hand.
Nur ein Zeichen laß mich tragen,
   Deiner Gunst ein Unterpfand!
Daß es mich zur Schlacht begleite,
   Als ein heilig Weihegut,
Mich begeist're, wenn ich streite,
   Mit des Mannsinns höchster Glut!«

Und das köstlichste Geschmeide,
   Eine Lock' aus ihrem Haar,
Schön in Perlen und in Seide
   Eingefaßt, reicht sie ihm dar:
Nimm dies Denkmal schöner Stunden,
   Nimm's auf Leben oder Tod!
Was die Liebe zart gebunden,
   Trennet nimmer rauhe Not!

Traurig-freudig mit den Scharen
   Eilt er in das heil'ge Land,
Dürstend nach des Kriegs Gefahren,
   Auf dem Helm das teure Pfand.

Wo die kühnsten Banner wallen,
   Weht sein Helmbusch hoch daher;
Viel der Sarazenen fallen
   Unter seinem starken Speer.

Eine Feste zu befreien
   Aus der wilden Syrer Hand,
Kommen jetzt der Franken Reihen
   Mit dem Ritter angerannt.
Schon erstiegen sind die Wälle;
   Auf der Zinne steht der Held,
Als, gezückt mit Blitzesschnelle,
   Giftiges Geschoß ihn fällt.

Und er ruft herbei den lieben
   Knappen, nah' der letzten Not:
»Meine Augen«, sagt' er, »trüben
   Schon, umdämmert, sich dem Tod.
Eile, nimm die heil'ge Binde
   Mir vom Helme, nimm mein Herz,
Wenn ich tot bin, und umwinde
   Mit dem Schmuck das treue Herz.

Meiner Dame dies Vermächtnis
   Bringe heimlich deine Hand!
Gib zu ewigem Gedächtnis
   Wohl verwahrt ihr dieses Pfand!
Schwöre, meinen letzten Willen,
   Wenn ich je dich treu erfand,
Deinem Freunde zu erfüllen,
   Schwör' ihm's an des Todes Rand!

Sag' ihr: Wo der Herr gelitten,
   Uns von Sünden zu befrei'n,
Hab' ich ehrlich auch gestritten,
   Freudig bis zur letzten Pein.
In des Krieges schwülen Stunden
   War Begeist'rung mir ihr Bild,
Hat gelabt mir manche Wunden,
   Mich mit Trost im Tod erfüllt.«

Und der wackre Speergeselle,
    Als er sah den Ritter tot:
Weinend tut er, doch mit Schnelle,
    Jetzt, was Schwur und Treu' gebot.
Fort von des Orontes Strande,
    Eilt er mit dem teuren Hort,
Durch die weiten Meer' und Lande
    Nach der Heimat süßem Ort.

Jetzt dem Schloß der Dame nahe,
    Fest des Eides eingedenk,
Sinnt er, daß geheim empfahe
    Sie des toten Herrn Geschenk:
Und er reicht der Dienerinnen
    Jüngsten das geweihte Pfand.
Wo er Treue will gewinnen,
    Hat Verrat sein Netz gespannt.

Schwur und Eide sind verloren,
    Und verloren Geld und Gut;
Selbst die Wände haben Ohren,
    Hält die Eifersucht die Hut.
Ach! im Kerker muß er büßen
    Seine Treu' in herber Not,
Der Ertappte; Tränen fließen
    Auf sein hartes Botenbrot.

Bald der Herr zu frohem Mahle
    Ladet rings die Ritter ein;
Festlich blinken die Pokale,
    und der Tisch von Speis' und Wein.

In dem Becher kreist die Freude,
    Und Getümmel herrscht im Saal.
Auch geheilt vom kranken Leide
    Scheint das adlige Gemahl.

Schnell sich jetzt die Tür erschließet,
    Und ein Harfner tritt hervor,
Singend er die Gäste grüßet,
    Und es lauschet jedes Ohr;
Und er singet von dem Streiter,
    Der, als er zu sterben kam,
Noch sein Herz, im Tode heiter,
    Treu vermachte seiner Dam'!

Als jetzt Klang und Sang verklungen,
    Rasch den wallenden Talar
Hinter sich zurück geschwungen,
    Ein Gefäße zeigt er dar,
Naht der Frau mit ernstem Gange,
    Und der Schloßherr ruft entbrannt:
»Nimm, verräterische Schlange!
    Nimm, dies ist dein Buhlerpfand!«

Alle Gäste stehn erschrocken:
    Als zerstückelt sie das Herz
Schauet und den Schmuck der Locken,
    Überfällt sie jäher Schmerz:
Von dem Stuhle sinkt sie nieder,
    Und es bricht ihr Herz die Qual:
Nimmer, ach! erstand sie wieder,
    Und Entsetzen füllt den Saal.

## Der fremde Spielmann

Was rennen die Straßen auf und ab
die Väter, die Mütter so bange?
»Schon sank hinunter der Sonnenschein,
schon grauet die Nacht von den Bergen herein;
wo bleiben die Kinder so lange?«

Als jetzt die Abendglock' erklang
mit dumpf verhallenden Tönen,
der Pförtner die Tore zu schließen begann,
da wuchs bis zur Verzweiflung an
das tief bekümmerte Sehnen.

Ein Spielmann kam gezogen daher,
gar bunt und seltsam geschmücket;
schön weht ihm vom Hute die Feder, ein Band
wallt von der Schulter, in seine Hand
eine goldene Harf man erblicket.

Er rührt die Saiten, das klang so süß,
so wunderneu in den Ohren,
es rauschte der Töne bezaubernde Flut,
daß sich in berückender Wollust Glut
die Sinne dem Hörer verloren.

Und als das Städtchen ab und auf
er wandelte spielend und singend,
da sammeln sich all die Kindlein zu Hauf
wohl durch das Städtchen ab und auf,
ihm nach mit Entzücken sich dringend.

Und immer, immer gedrängter die Schar,
und wirbelnder immer die Saiten;
es tanzten, es sangen und sprangen empor
die Knaben und Mädchen in hellem Chor,
ein Wunder vor allen Leuten.

So zog mit dem Trupp er hinab ans Tor;
ob schalten, ob baten die Alten,
was auch die Mutter vom Fenster schrie:
»Geht nicht vors Tor, oh bleibet noch hie!«
Doch keins ließ sich mehr halten.

Und an dem Tor ein grauer Mann
mit wunderbarlichen Falten
dreimal hohl rufend, ein Warner, schrie:
»O Kinder, Kinder bleibt doch hie!«
Doch keines ließ sich mehr halten.

Zu dem Tore sie stürmen all hinaus;
voran mit Singen und Klingen
der Spielmann eilet, sie hinterher,
bald tönen die Saiten so dumpf und schwer,
daß Ängsten ihr Herz durchdringen.

Er führt sie an einen Wald so graus;
jetzt ringen umsonst sie zu fliehen.
Weh! überqualmet von schweflichtem Duft,
weit gähnend eröffnet sich eine Kluft;
hinunter die Klänge sie ziehen.

Und rasch die Kluft jetzt zusammen sich schlang
unter kläglichem Heulen und Weinen,
O weh! wie brach jetzt voll Jammer und Schmerz
als die Kund erscholl, manch Mutterherz
um die armen verlorenen Kleinen! –

Ein Wanderer, der mit Entsetzen es sah,
erzählt es frühmorgens mit Tränen.
Nichts fanden die Sucher; der Waidmann allein
hört oft im Grauen der Nacht dort ein Schrein
in dumpfen, verlorenen Tönen.

## Aloys Wilhelm Schreiber

### 1761–1841

### Die Jungfrau auf Burg Windeck

Es steh'n zwei alte Türme
Hoch unter Schutt und Graus,
Der Berggeist und die Stürme,
Die zieh'n da ein und aus.

Durch den zerfall'nen Bogen
Stieg ich als Knab' hinan;
Die wilden Blumen zogen
Mich wunderbarlich an.

Da trat aus dem Gemäuer
Ein zartes Jungfräulein,
Sie sah im weißen Schleier
Fast wie ein Engel drein.

Sie trug aus grünen Weiden
Ein Körblein in der Hand,
Sie pflückte Moos und Haiden,
Und was sie sonst noch fand.

Da rief es aus dem Boden –
Sie wurde lilienbleich
Und sprach: „Nur still, ihr Toten,
Ich komm, ich komme gleich."

Die weiße Haiderose,
Die steckte sie in's Haar,
Die Dolden und die Moose
Bot sie mir freundlich dar.

Mich überlief ein Schauer,
Ich wurde heiß und kalt,
Schnell an der Epheumauer
Verschwand jetzt die Gestalt.

Das Bild ist mir geblieben,
Noch seh' ich sie vor mir!
Ach könnt' ein Schatten lieben,
Ich ging' alsbald zu ihr.

## Der Mummelsee

Hoch auf dem Tannenberge,
Da ist ein schwarzer See,
Und auf dem See da schwimmet
Ein Röslein, weiß wie Schnee.

Es kommt ein Hirtenknabe
Mit einem Haselstab:
„Das Röslein muß ich haben,
Das Röslein brech' ich ab!"

Er zieht es mit dem Stabe
Wohl an den Binsenrand,
Doch aus dem Wasser hebet
Sich eine weiße Hand.

Sie zieht das Röslein nieder
Tief in den dunklen Grund:
„Komm, lieber Knab', ich mache
Dir viel Geheimes kund!

Im See am Boden wurzelt
Das Röslein, das du liebst.
Da will ich dir es brechen,
Wenn du dich mir ergiebst."

Den Knaben faßt ein Grauen,
Er eilt hinweg vom See,
Doch immer ist sein Sinnen
Das Röslein weiß wie Schnee.

Er irret durch die Berge;
Der Gram das Herz ihm frißt, –
Und Niemand weiß zu sagen,
Wo er geblieben ist.

# August Wilhelm von Schlegel
## 1767–1845

### Arion

#### Romanze

Arion war der Töne Meister,
Die Cither lebt' in seiner Hand;
Damit ergötzt' er alle Geister,
Und gern empfing ihn jedes Land.
    Er schiffte goldbeladen
    Jetzt von Tarents Gestaden,
Zum schönen Hellas heimgewandt.

Zum Freunde zieht ihn sein Verlagen,
Ihn liebt der Herrscher von Korinth.
Eh' in die Fremd er ausgegangen,
Bat der ihn, brüderlich gesinnt:
    Laß dir's in meinen Hallen
    Doch ruhig wohlgefallen!
Viel kann verlieren wer gewinnt.

Arion sprach: »Ein wandernd Leben
Gefällt der freien Dichterbrust.
Die Kunst, die mir ein Gott gegeben,
Sie sei auch vieler Tausend Lust.
    An wohlerworbnen Gaben
    Wie werd ich einst mich laben,
Des weiten Ruhmes froh bewußt!«

Er steht im Schiff am zweiten Morgen,
Die Lüfte wehen lind und warm,
»O Periander, eitle Sorgen!
Vergiß sie nun in meinem Arm!
    Wir wollen mit Geschenken
    Die Götter reich bedenken,
Und jubeln in der Gäste Schwarm.« –

Es bleiben Wind und See gewogen,
Auch nicht ein fernes Wölkchen graut;
Er hat nicht allzuviel den Wogen,
Den Menschen allzuviel vertraut.
    Er hört die Schiffer flüstern,
    Nach seinen Schätzen lüstern;
Doch bald umringen sie ihn laut.

»Du darfst, Arion, nicht mehr leben:
Begehrst du auf dem Land' ein Grab,
So mußt du hier den Tod dir geben;
Sonst wirf dich in das Meer hinab.« –
    So wollt ihr mich verderben?
    Ihr mögt mein Gold erwerben,
Ich kaufe gern mein Blut euch ab. –

»Nein, nein! wir lassen dich nicht wandern,
Du wärst ein zu gefährlich Haupt.
Wo blieben wir vor Periandern,
Verrietst du, daß wir dich beraubt?
    Uns kann dein Gold nicht frommen,
    Wenn wieder heimzukommen
Uns nimmermehr die Furcht erlaubt.« –

»Gewährt mir denn noch Eine Bitte,
Gilt, mich zu retten, kein Vertrag;
Daß ich nach Citherspieler-Sitte,
Wie ich gelebet, sterben mag.
    Wann ich mein Lied gesungen,
    Die Saiten ausgeklungen,
Dann fahre hin des Lebens Tag.

Die Bitte kann sie nicht beschämen,
Sie denken nur an den Gewinn.
Doch solchen Sänger zu vernehmen,
Das reizet ihren wilden Sinn.
    Und wollt ihr ruhig lauschen,
    Laßt mich die Kleider tauschen:
Im Schmuck nur reißt Apoll mich hin.« –

Der Jüngling hüllt die schönen Glieder
In Gold und Purpur wunderbar
Bis auf die Sohlen wallt hernieder
Ein leichter faltiger Talar;
    Die Arme zieren Spangen,
    Um Hals und Stirn und Wangen
Fliegt duftend das bekränzte Haar.

Die Cither ruht in seiner Linken,
Die Rechte hält das Elfenbein.
Er scheint erquickt die Luft zu trinken,
Er strahlt im Morgensonnenschein.
    Es staunt der Schiffer Bande;
    Er schreitet vorn zum Rande,
Und sieht in's blaue Meer hinein.

Er sang: »Gefährtin meiner Stimme!
Komm, folge mir ins Schattenreich!
Ob auch der Höllenhund ergrimme,
Die Macht der Töne zähmt ihn gleich.
    Elysiums Heroen,
    Dem dunkeln Strom entflohen!
Ihr friedlichen, schon grüß' ich euch!

Doch könnt ihr mich des Grams entbinden?
Ich lasse meinen Freund zurück.
Du gingst, Euryndieen zu finden;
Der Hades barg dein süßes Glück.
    Da wie ein Traum zerronnen
    Was dir dein Lied gewonnen,
Verfluchtest du der Sonne Blick. –

Ich muß hinab, ich will nicht zagen!
Die Götter schauen aus der Höh.
Die ihr mich wehrlos habt erschlagen,
Erblaßet, wenn ich untergeh'!
    Den Gast, zu euch gebettet,
    Ihr Nereïden, rettet!« –
So sprang er in die tiefe See.

Ihn decken alsobald die Wogen,
Die sichern Schiffer segeln fort.
Delphine waren nachgezogen,
Als lockte sie ein Zauberwort:
 Eh Fluten ihn ersticken,
 Beut einer ihm den Rücken
Und trägt ihn sorgsam hin zum Port.

Des Meers verworrenes Gebrause
Ward stummen Fischen nur verliehn;
Doch lockt Musik aus salz'gem Hause
Zu frohen Sprüngen den Delphin.
 Sie konnt' ihn oft bestricken,
 Mit sehnsuchtsvollen Blicken
Dem falschen Jäger nachzuziehn.

So trägt den Sänger mit Entzücken
Das menschenliebend sinn'ge Thier.
Er schwebt auf dem gewölbten Rücken,
Hält im Triumph der Leier Zier,
 Und kleine Wellen springen
 Wie nach der Saiten Klingen
Rings in dem blaulichen Revier.

Wo der Delphin sich sein entladen,
Der ihn gerettet uferwärts,
Da wird dereinst an Felsgestaden
Das Wunder aufgestellt in Erz.
 Jetzt, da sich jedes trennte
 Zu seinem Elemente,
Grüßt ihn Arions volles Herz:

»Leb' wohl und könnt' ich dich belohnen,
Du treuer, freundlicher Delphin!
Du kannst nur hier, ich dort nur wohnen:
Gemeinschaft ist uns nicht verliehn.
 Dich wird auf feuchten Spiegeln
 Noch Galatea zügeln,
Du wirst sie stolz und heilig ziehn.« –

Arion eilt nun leicht von hinnen,
Wie einst er in die Fremde fuhr;
Schon glänzen ihm Korinthus Zinnen,
Er wandelt singend durch die Flur.
 Mit Lieb' und Lust geboren,
 Vergißt er, was verloren,
Bleibt ihm der Freund, die Cither, nur.

Er tritt hinein: »Vom Wanderleben
Nun ruh' ich, Freund, an deiner Brust.
Die Kunst, die nur ein Gott gegeben,
Sie wurde vieler Tausend Lust.
 Zwar falsche Räuber haben
 Die wohlerworbnen Gaben,
Doch bin ich mir des Ruhms bewußt.«

Dann spricht er von den Wunderdingen,
Daß Periander staunend horcht.
»Soll Jenen solch ein Raub gelingen?
Ich hätt' umsonst die Macht geborgt.
 Die Täter zu entdecken,
 Mußt du dich hier verstecken,
So nah'n sie wohl sich unbesorgt.« –

Und als im Hafen Schiffer kommen,
Bescheidet er sie zu sich her.
»Habt vom Arion ihr vernommen?
Mich kümmert seine Wiederkehr.« –
 Wir ließen, recht im Glücke,
 Ihn zu Tarent zurücke. –
Da, siehe! tritt Arion her.

Gehüllt sind seine schönen Glieder
In Gold und Purpur wunderbar.
Bis auf die Sohlen wallt hernieder
Ein leichter, faltiger Talar;
 Die Arme zieren Spangen,
 Um Hals und Stirn und Wangen
Fliegt duftend das bekränzte Haar.

Die Cither ruht in seiner Linken,
Die Rechte hält das Elfenbein.
Sie müßen ihm zu Füßen sinken,
Es trifft sie wie des Blitzes Schein.
 »Ihn wollten wir ermorden;
 Er ist zum Gotte worden:
O schläng' uns nur die Erd' hinein!« –

»Er lebet noch, der Töne Meister;
Der Sänger steht in heil'ger Hut.
Ich rufe nicht der Rache Geister,
Arion will nicht euer Blut.
 Fern mögt ihr zu Barbaren,
 Des Geizes Knechte, fahren;
Nie labe Schönes euren Muth.«

## Fortunat

Traurig in des Mondscheins Mantel
liegt die stille Sommernacht,
und ein Ritter reitet singend
Wiesenplan und Wald entlang.

Munter zu, mein gutes Pferdchen!
sagt er, klatscht ihm sanft den Hals;
weißt du nicht, daß wartend Lila
an dem offnen Fenster wacht?

Bist ja kein Turnier- und Streitroß,
wie sein Reiter steif und starr,
das den Stachel an der Stirne,
nur so blindlings rennen mag.

Nein, du trägst auf seinen Zügen
den behenden Fortunat,
Schmiegst mit ihm dich still im Dunkel
über Stege, glatt und schmal.

Bald zu dieser, bald zu jener
ging die heimlich nächt'ge Bahn;
abends hin mit raschem Sehnen,
früh zurück mit trägem Gram.

Wann ich oft von deinem Rücken
mich zur hohen Kammer schwang,
standst du still, bis mich empfangen
der Geliebten zarter Arm.

Ja, ich weiß, wenn eine Spröde
Herz und Tür verschlösse gar,
würdest du mit leisem Hufe
klopfen, bis sie aufgetan.

Wie er noch die Worte redet,
öffnet sich ein heimlich Tal.
Bin ich, sprach er, irr geritten?
ist mir's doch so unbekannt.

Wunderlich durch Sträuch' und Bäume
schleicht des Mondes blasser Strahl,
und ein Busch mit blühenden Rosen
winkt von drüben voll und schlank.

Busch, ich grüß in dir mein Bildnis,
Rosen trägst du ohne Zahl,
und mir blüht im regen Herzen
so der Liebe süße Wahl.

Manche reif, und Knospen andre,
alle doch verblühn sie bald,
und der Saft, der jene füllte,
wird den jüngern zugewandt.

Denn den Kelch, der sich entblättert,
schließet keines Willens Kraft,
Lila, Lila! diese Knospen
drohn dir meinen Unbestand.

Aber daß du nicht ihn ahndest,
komm ich mit dem Kranz im Haar,
biet ein schön errötend Sträußchen
deinem weißen Busen dar.

Rosen, Rosen! laßt euch pflücken,
so zu sterben ist kein Harm:
o wie will ich euch zerdrücken
zwischen Brust und Brust so warm!

Und er lenkt das Roß entgegen,
doch es scheut sich, wie es naht,
und er kann von keiner Seite
dicht zur Rosenlaub' hinan.

So gewohnt bei Nacht zu wandern,
töricht Roß, wie kommt dir das?
Fürchtest du die Licht' und Schatten,
wankend auf dem feuchten Gras?

Doch es tritt zurück und bäumt sich,
wie er spornt und wie er mahnt;
drauf mit seinen Vorderfüßen
stampfet es den Grund und scharrt.

Wühlet weg den lockern Boden,
tief und tiefer sich hinab.
Schätze, glaub ich, willst du graben;
eben ist's ja Mitternacht.

Unter seinem Huf nun dröhnt es,
das sind Bretter, ist ein Sarg,
und es traf ein Schlag gewaltig,
daß der schwarze Deckel sprang.

Schwingen will er sich vom Sattel,
doch er fühlt sich dran gebannt,
und der Gaul steht jetzo ruhig
vor dem Sarg, im Boden halb.

Und es hebt sich wie vom Schlummer
eine weibliche Gestalt,
deren Züge blasser Kummer,
aber sanfte Lieb umwallt.

Kommst du, hier mich zu besuchen,
deine Clara, Fortunat?
Diese Linden, diese Buchen
waren Zeugen unsrer Tat.

Wie du Treue mir geschworen,
wie dein Mund so flehend bat,
meine Ros' ich dann verloren.
Und die Scham danieder trat.

Doch die Sünde ward mir teuer,
mahnte nun mich früh und spat;
für des Angedenkens Feuer
wußt ich keinen andern Rat,

als mich hier so kühl zu betten,
wie du siehst, daß ich getan.
Ach! ich hofft in Liebesketten
dich noch einmal hier zu fahn.

Von des stillen Tales Schoße
wird geschirmt die bange Scham;
Lieb erzog hier manche Rose
für die eine, die sie nahm.

Sieh dies Lager, traut und enge,
wie ich sorgsam anbefahl,
daß es uns zusammendränge
zu der süßen Wollust Qual.

Durch des Vorhangs grünen Schleier
bricht kein unwillkommner Strahl,
und uns weckt aus ew'ger Feier
keiner Mond' und Sonnen Zahl.

In den kühlen Arm zu sinken,
beut die heiße Brust mir dar.
Deine Seel' im Kusse trinken
will ich nun und immerdar.

Leise zieht sie ihn hernieder:
schöner Jüngling, so erstarrt?
Kaum gebrochne Augen hebend,
sinkt er zu ihr in den Sarg.

Lila, Lila! wollt er lispeln,
doch es ward ein sterbend Ach,
weil alsbald des Grabes Schauer
seinen Lebenshauch verschlang.

Mit Getöse taumeln wieder
fest die Bretter auf den Sarg,
und ein Sturm verwühlt die Erde,
die der Gaul hat aufgescharrt.

Heftig bricht er alle Rosen,
säuselnd blättern sie sich ab,
streun sich zu des Brautbetts Weihe
purpurn auf das grüne Gras.

Weit ist schon das Roß entsprungen,
flüchtig durch Gebirg und Wald,
kommt erst mit des Tages Anbruch
vor der Hütte Lilas an.

Bleibt da stehn, gezäumt, gesattelt,
ledig, mit gesenktem Hals,
bis die arme schlummerlose
seine Botschaft wohl verstand.

Und dann floh es in die Wildnis,
wo kein Aug' es wieder sah,
wollte keinem Ritter dienen
nach dem schlanken Fortunat.

## Die Warnung

Es tritt ein Wandersmann herfür
An eines Dorfes Schenke,
Er setzt sich vor des Hauses Tür
Im Schatten auf die Bänke;
Legt sein Bündel neben sich,
Bittet den Wirt bescheidentlich,
Mit einem Trunk ihn zu laben.

Da zechen an dem nächsten Tisch
Zwei wilde rohe Buben.
Heda, Herr Wirt! und gebt uns frisch
Was kauzt ihr in den Stuben?
Diese Nacht so durchgeschwärmt,
Heute von morgens früh gelärmt!
Wir wollen nicht nüchtern werden.

Ha, Bruder, war das nicht ein Spaß,
Es geht mir nichts darüber.
Und lieb’ ich schon das volle Glas,
Hab’ ich doch Unfug lieber.
Ach wie wird verwundert sein
All die werte Christengemein!
Wie wird der Pfaffe nicht toben!

Da draußen erst den Nepomuk
Mit seinen sieben Sternen,
Ich schob ihn an den Rand zuruck,
Bald muß er schwimmen lernen,
Schultert was, so plumpt er ’nein,
Rudert wohl mit dem Jesulein,
Den hält der Narr in den Armen.

Alsdann hinunter längs dem Tal
Der Wallfahrt Stationen,
Die dreizehn Steine allzumal
Mit Christi Passionen,
So beschmiert, verziert auf’s Fest,
Daß das Lachen kein einz’ger läßt,
Wenn sie zum Beten da knieen.

Der Andre sprach: Wenn’s Prahlen gilt,
So steh’ ich alle Wetten.
Der Schnurrbart am Marienbild,
Und dann die Kron’ aus Kletten,
Die ich ihm zu Nacht beschert,
Sind wohl deine Geschichten wert,
Und es ist noch nicht das beste.

Dort auf dem Fels am hohen Kreuz,
Statt Christi leid’ger Fratze,
Hängt nun – o in der Seel erfreut’s! –
Des Nachbars tote Katze.
Wenn sie nun auf ihrer Bahn
Ziehn die Stufen zur Kirch’ hinan,
Das wird was Erbauliches werden.

Der Wandersmann schaut ernst und still,
Da sie die Red’ erhuben.
Sie achten erst nicht, was er will,
In ihrem Rausch, die Buben.
Beide riefen dann zugleich:
Kümmert euch, Duckmäuser, um euch!
Was soll das Gaffen und Horchen?

Der Wandersmann sagt nicht ein Wort,
Und schaut nur unbeweglich,
Und ihnen wurde fort und fort
Sein Blick mehr unerträglich.
Wenn ihr nicht die Frechheit laßt,
Sagten sie, solchen Heuchler-Gast,
Den muß man mit Schlägen verjagen.

Mich schlägt ein Andrer wohl als ihr,
Ihr mögt kein Haar mir kränken.
Ich bin auf kurze Frist nur hier,
Doch sollt ihr mein gedenken.
Junges Blut hat Frevelmut:
Tut nicht ferner, so wie ihr tut,
Und laßt bei Zeiten euch warnen.

Sonst schließt ihr einen Bund der Treu
Mit Judas falscher Rotte:
Den Heiland kreuzigt ihr auf’s neu
Mit solchem kecken Spotte. –
Ja doch, da geschäh’ ihm recht,
Weil sich der einfältige Knecht
Das erstemal kreuzigen lassen. –

Ich weiß gewiß, ihr spärcht nicht so,
Wärt ihr einst mitgegangen;
Ihr hättet nicht, der Qualen froh,
Am Kreuz ihn sehen hangen,
Wie aus bittern Wunden quoll,
Aller Lieb’ und Erbarmung voll,
Sein heilig göttliches Leben.

Wie um ihn, ewig hoffnungslos,
Die Freund' und Mutter standen,
Und er im Busen trug ihr Los,
Bei grimmen Todesbanden;
Neigt sein Haupt in Finsternis,
Durch die Himmel geschieht ein Riß,
Und innerlich schauert die Erde. –

Ei seht, der macht uns glauben gar,
Er wär' dabei gewesen.
Was er erzählt, kann man fürwahr
In alten Tröstern lesen.
Sagt uns doch, wie alt ihr seid,
Daß ihr sah't, was vor ew'ger Zeit
Und nimmer vielleicht ist geschehen? –

Ich bin nicht alt, ich bin nicht jung,
Mein Leben ist kein Leben.
Wie rastlos kreist der Sonnen Schwung,
Muß ich hier unten schweben.
Greiser wird das Haar mir nicht,
Nicht gerunzelter mein Gesicht,
Das niemals lachet noch weinet.

Ich war wie ihr von frechem Mut
In meinen ersten Tagen.
An mir tat keine Lehre gut,
Kein Warnen half noch Sagen.
Als der Hohenpriester Amt
Heuchlerisch nun den Christ verdammt,
Da wollt' ich mein Mütchen auch kühlen.

Und als mit schwerer Kreuzeslast
Zum Tor ihn schleppt die Menge,
Da hatt' ich vor den andern Hast,
Und stieß ihn im Gedränge.
Matt und lechzend, ohne Schrei'n,
Wollt' er rasten auf einem Stein,
Da schlug ich ihn mit den Fäusten.

Geh, rief ich, Jesus! fort mit dir!
Zum Tod dich endlich schicke!
Der Heiland sah sich um nach mir,
Und sprach mit stillem Blicke:
Ich zwar gehe bald zur Ruh,
Aber wandern sollst nun du,
Und warten, bis ich komme.

Dies Wort, dies Wort, dies Eine Wort
War Heil mir und Verderben.
Es schirmt mich vor der Seele Mord,
Doch wehrt's mein leiblich Sterben.
Und mich treibt's von Land zu Land,
Und bin manchem zum Grau'n bekannt,
Der ewige wandernde Jude.

Der Fremdling sprach es alles aus
Mit unbewegter Miene,
Doch brennend durch die Stirn heraus
Ein blutrot Kreuz erschiene.
Als die Zwei das Zeichen sahn,
Fällt sie an der Verzweiflung Wahn,
Sie glaubten sich schon in der Hölle.

Und eh sie Seel' und Leibeskraft
Und Sinne wiederfunden,
Hat er sein Bündel aufgerafft,
Und ist schon weit verschwunden.
An des letzten Hügels Rand,
Sehn sie noch, den Stab in der Hand,
Die irre Gestalt hinwanken.

# Johann August Apel
### 1771–1816

## Das Schreckbild

König Erich zog wohl auf und ab,
er traf an ein mächtiges Hünengrab.

»Wer wälzt mir vom Grabe den schweren Stein?«
Drin ruft es, als litt es viel grimmige Pein.

»O Herr, nicht gut ist's in Gräber zu schaun;
drin wohnet Entsetzen und finstres Graun;

drin sitzen die Geister mit grimmigem Blick
und halten verborgene Schätze zurück.«

»Die Geister zwinget mein Zauberschwert,
den Eingang lassen sie unversehrt.«

Da regt sich der Stein von der Männer Gewalt
und es öffnet sich langsam ein finsterer Spalt;

und es öffnet sich weiter das finstre Tor,
ein greuliches Schreckbild drängt sich hervor.

Bleich ist es zu schaun wie der bleiche Tod,
von triefendem Blut sind die Wangen rot.

Die Glieder sind zitterndes Totengebein,
und modernde Tücher hüllen sie ein.

Und der König entsetzet sich ob dem Gesicht,
da hebt es die Hände empor und spricht:

»O König, wende dein Auge nicht ab!
Ein Lebender bin ich, doch wohn ich im Grab;

mein Nam' ist dir und den Helden bekannt,
Asvit ward ich einst im Ruhme genannt.«

Da staunt der König, es staunt das Heer:
»Asvit, wie kamst du ins Grab hierher?«

»O König, ich schloß den Freundschaftsbund
auf Tod und Grab mit dem Held Asmund.

Wir trugen zusammen die Freud' und das Leid
wir fochten zusammen den heißen Streit.

Und als Asmund zu sterben kam,
seine Roß und Hunde er mit sich nahm.

Seine Roß und Hund' und das beste Kleid,
und ich folgt ihm ins Grab nach meinem Eid.

Die erste Nacht und den ersten Tag,
beweinend den Toten, ich trauernd lag;

den zweiten Tag und die zweite Nacht
ergriff mich brennend des Hungers Macht;

am dritten wühlt ich in Roß und Hund;
doch graute vor solcher Speise dem Mund;

am vierten erlag ich der gräßlichen Qual,
ich schwelgt in dem blutigen Leichenmahl.

Das störte den Toten in finsterer Nacht
und der modernde Leichnam Asmunds erwacht.

Gewendet war seine Lieb in Haß,
seine Stimme war grimmig, sein Blick war graß.

Er stürzt auf mich in entsetzlicher Wut,
er saugt aus Gliedern und Wangen das Blut;

aus Lippen und Mund er den Atem mir saugt
und Grabesluft in die Brust mir haucht.

Allnachts ward grauser das Totengebein
und grimmer sein Blick und wilder sein Schrein.

Allnachts mit dem Toten der Lebende rang
und doch nimmer die morschen Gebeine bezwang.

Drum seht ihr mich bleich, wie den bleichen Tod,
von triefendem Blut nur die Wangen rot.

Drum sind meine Glieder wie Totengebein,
und modernde Lumpen hüllen sie ein.«

Da sprach der König: »Du treuer Mann,
deinem Schwur hast du wahrlich genug getan.

Der Lebend'ge sich nicht zu den Toten gesellt,
dem Toten der Lebende nicht gefällt.

Nun sollst du des Königs Gefährte sein,
und den Toten verschließe des Grabes Stein!«

# Novalis
## (Friedrich von Hardenberg)

### 1772–1801

### Der Himmel war umzogen

Der Himmel war umzogen,
Es war so trüb' und schwühl,
Heiß kam der Wind geflogen
Und trieb sein seltsam Spiel.

Ich schlich in tiefen Sinnen,
Von stillem Gram verzehrt –
Was sollt ich nun beginnen?
Mein Wunsch blieb unerhört.

Wenn Menschen könnten leben
Wie kleine Vögelein,
So wollt ich zu ihr schweben
Und fröhlich mit ihr sein.

Wär hier nichts mehr zu finden,
Wär Feld und Staude leer,
So flögen, gleich den Winden
Wir übers dunkle Meer.

Wir blieben bei dem Lenze
Und von dem Winter weit,
Wir hätten Frücht' und Kränze
Und immer gute Zeit.

Die Myrthe sproßt im Tritte
Der Wohlfahrt leicht hervor,
Doch um des Elends Hütte
Schießt Unkraut nur empor.

Mir war so bang zu Mute
Da sprang ein Kind heran,
Schwang fröhlich eine Rute
Und sah mich freundlich an.

Warum mußt du dich grämen?
O! weine doch nicht so,
Kannst meine Gerte nehmen,
Dann wirst du wieder froh.

Ich nahm sie und es hüpfte
Mit Freunden wieder fort
Und stille Rührung knüpfte
Sich an des Kindes Wort.

Wie ich so bei mir dachte,
Was soll die Rute dir?
Schwankt aus den Büschen sachte
Ein grüner Glanz zu mir.

Die Königin der Schlangen
Schlich durch die Dämmerung.
Sie schien gleich goldnen Spangen,
In wunderbarem Prunk.

Ihr Krönchen sah ich funkeln
Mit bunten Strahlen weit,
Und alles war im Dunkeln
Mit grünem Gold bestreut.

Ich nahte mich ihr leise
Und traf sie mit dem Zweig,
So wunderbarer Weise
Ward ich unsäglich reich.

# Samuel Christian Pape
## 1774–1817

### Die Lautensängerin

Draußen auf der braunen Heide,
Linker Hand zum Tor hinaus,
Unter einer Pappelweide
Liegt ein kleines Schäferhaus.

Wo die hohen Pappelbäume,
Wo das stille Hüttchen liegt,
Wurd' ich oft in süße Träume
Unter Tränen eingewiegt.

In der Hütte wohnt' ein Mädchen,
Eine Lautensängerin.
Öfters ging ich aus dem Städtchen
Nach den Pappelweiden hin.

Mußte dann das gute Mädchen
An der Tür mich wandern sehn,
Ließ es wohl das Spinnerädchen
In der Myrthenlaube stehn,

Nahm wohl seine süße Laute
In die zarte, weiße Hand,
Spielte, bis der Abend graute,
Bis der Mond am Himmel stand.

Und sie sang von ihren Tränen,
Und von treuer Liebe Not,
Wie die Liebenden sich sehnen
Nur nach Grabgeläut' und Tod.

Daß sie wiederfinden wollte
Ihren Liebsten, der sie kennt,
Wo ihrs Niemand wehren sollte,
Wo kein Tod sie wieder trennt.

Vieles hat sie schon getragen;
Willig trägt sie's; aber dann
Allen Engeln will sie's klagen,
Was sie litt von Jugend an.

Meine Tränen flossen immer,
Immer naht' ich ihr so gern;
Aber, ach! ich wagt' es nimmer,
Denn die Mutter war nicht fern.

Mußte bald das Hüttchen meiden,
Wo das gute Mädchen wohnt:
In die Fremde mußt' ich scheiden,
Weh mir! im Septembermond.

Monde gingen mir vorüber,
Sieben Monde gingen hin,
Immer dacht' ich noch hinüber
An die Lautensängerin.

Und die Vöglein sangen Lieder,
Und der schöne Lenz begann;
Und im Maien kam ich wieder
In der lieben Heimat an.

Täglich ging ich aus dem Städtchen,
Nach den Pappelweiden hin,
Nach der Hütte, nach dem Mädchen,
Nach der Lautensängerin.

Konnt' ich doch das gute Mädchen
Nimmer vor der Hütte sehn!
Sah ich doch kein Spinnerädchen
In der Myrthenlaube stehn.

Hörte keine süße Laute
Von der zarten, weißen Hand,
Harrend, bis der Abend graute,
Bis der Mond am Himmel stand! –

Da gedacht' ich ihrer Tränen,
Und der treuen Liebe Not,
Wie die Liebenden sich sehnen,
Nur nach Grabgeläut' und Tod.

Heimlich in der Abendstunde
Ging ich nun zum Kirchhof hin,
Und der Kirchhof gab mir Kunde
Von der Lautensängerin.

# Johann Joseph von Görres
## 1776–1848

### Der Todesengel

Auf dem Throne saß der hohe Herrscher in dem Geisterreich,
Salomon, der Weltberühmte, dem an Weisheit niemand gleich.
Mit ihm sprach der Todesengel, von dem Herrn herabgesandt.
Daß dem König er verkünde, was beschlossen Gottes Hand.

Als der finstre Todesengel von dem Fürsten Abschied nahm,
Da gewahrte er den Kanzler, der zu raten eben kam.
Einen Blick des größten Staunens warf der Engel, eh er ging.
Auf den greisen, alten Kanzler, daß er an zu zittern fing.

»Was soll mir der Blick bedeuten?« rief der Alte bang und bleich,
»Will der Engel mich entführen in sein finstres Totenreich?
Hab ich treulich dir gedienet, weiser, großer Salomon,
Gib das schnellste deiner Rosse, hoher Herrscher, mir zum Lohn!

Nimmer läßt der Blick mich ruhen! Oh, mein König, laß mich ziehn!
Auf dem schnellsten deiner Rosse laß dem Engel mich entfliehn!«
»Was du bittest«, sprach der König, »sei von Herzen dir verliehn;
Doch dem gottverhängten Lose wirst du nie, mein Sohn, entfliehn!«

Auf des Morgens schnellstem Rosse flog wie Wind der bange Greis
Über Berge, Meere, Länder, nach der Erde fernstem Kreis.
Viele, viele tausend Meilen war mit ihm das Tier gerannt,
Als es müd bei einem Steine abends in der Wüste stand.

Da ergriff ein Schreck den Alten, daß das Leben ihm entschwand,
Als er einsam auf dem Steine schon den Engel sitzend fand.
Sterbend sprach er zu dem Engel: »Eh du führest mich zur Ruh,
Sprich, warum du mir am Morgen warfst den Blick des Staunens zu!«

»Wunderbarlich«, rief der Engel, »sind, o Herr, die Wege dein!
Einsam hieß er mich erwarten abends dich auf diesem Stein.
Heute sah ich noch am Morgen staunend dich bei Salomon,
Sieh, da bist du noch vor Abend zur bestimmten Stelle schon!

Staunend traut' ich nicht den Augen, weil ich's möglich nie gedacht,
Daß so viele tausend Meilen würd' ein schwacher Greis gebracht!« –
Also sprach der Todesengel; sterbend sank der Alte hin,
Der so fern herbeigeritten, um dem Tode zu entfliehn.

# Heinrich von Kleist
## 1777–1811

### Der Engel am Grabe des Herrn

Als still und kalt, mit sieben Todeswunden,
Der Herr in seinem Grabe lag; das Grab,
Als sollt es zehn lebendge Riesen fesseln,
In eine Felskluft schmetternd eingehauen;
Gewälzet, mit der Männer Kraft, verschloß
Ein Sandstein, der Bestechung taub, die Türe;
Rings war des Landvogts Siegel aufgedrückt:
Es hätte der Gedanke selber nicht
Der Höhle unbemerkt entschlüpfen können;
Und gleichwohl noch, als ob zu fürchten sei,
Es könnt auch der Granitblock sich bekehren,
Ging eine Schar von Hütern auf und ab,
Und starrte nach des Siegels Bildern hin:
Da kamen, bei des Morgens Strahl,
Des ewgen Glaubens voll, die drei Marien her,
Zu sehn, ob Jesus noch darinnen sei:
Denn Er, versprochen hatt er ihnen,
Er werd am dritten Tage auferstehn.
Da nun die Fraun, die gläubigen, sich nahten
Der Grabeshöhle: was erblickten sie?
Die Hüter, die das Grab bewachen sollten,
Gestürzt, das Angesicht in Staub,
Wie Tote, um den Felsen lagen sie;
Der Stein war weit hinweggewälzt vom Eingang;
Und auf dem Rande saß, das Flügelpaar noch regend,
Ein Engel, wie der Blitz erscheint,
Und sein Gewand so weiß wie junger Schnee.
Da stürzten sie, wie Leichen, selbst, getroffen,
Zu Boden hin, und fühlten sich wie Staub,
Und meinten, gleich im Glanze zu vergehn:
Doch er, er sprach, der Cherub: »Fürchtet nicht!
Ihr suchtet Jesum, den Gekreuzigten –
Der aber ist nicht hier, er ist erstanden:
Kommt her, und schaut die öde Stätte an.«
Und fuhr, als sie, mit hocherhobnen Händen,
Sprachlos die Grabesstätte leer erschaut,
In seiner hehren Milde also fort:
»Geht hin, ihr Fraun, und kündigt es nunmehr
Den Jüngern an, die er sich auserkoren,
Daß sie es allen Erdenvölkern lehren,
Und tun also, wie er getan«: und schwand.

# Luise Brachmann
## 1777–1822

### Der Befreite

Blühend standen die Orangenhaine
In des Königsgartens Lustgebiet,
Und die Mandeln und die Rosen alle,
Und am Springquell und am Wasserfalle
War der ganze Blumenflor entglüht.

Doch was ist des Lebens höchste Fülle
Ohne Freuden süßer Harmonie?
Bagdad's Herrscher saß im goldnen Saale
Mäßig, leer beim üppig reichen Mahle,
Weil ihm nichts des Lebens Geist verlieh.

Horch, da klang der Zauber mächt'ger Saiten
Von dem Eingang, weckend Mut und Lust;
Und ein Sänger naht in fremder Hülle,
Glanzlos, schon ergrauend, doch die Fülle
Süßen Wohllauts wohnt in seiner Brust.

Wonne stieg in alle Herzen nieder
Bei des Liedes Himmelsmelodie.
»Fordre, süßer Sänger!« rief der König;
»Jeder Lohn ist deiner Kunst zu wenig.
Nur zu scheiden, Fremdling, denke nie!«

»Du gebeut'st, o König!« sprach der Sänger,
»Wohl, ein volles Jahr verweil' ich hier,
Aber jetzt in deiner Großen Mitte,
Schwöre mir: Gewähr dann einer Bitte!
Meine Kunst, sie weih' ich treulich dir.«

Und der König schwur, von Freude trunken,
Und der Sänger weilt ein volles Jahr,
Werter stets dem König und den Großen,
Aber fest, als nun die Zeit verflossen,
Stellt er mutig sich zum Abschied dar.

»Wohl, ich weiß den Eid, den ich geschworen«,
Sprach der König: »nimm denn Gut und Gold!« –
»Gut und Gold kann deinen Schwur nicht retten;
Doch ein Ritter ist in deinen Ketten,
Seine Freiheit sei der Lieder Sold!

Kennst du ihn? sein Gang ist hoch und edel,
Ist er gleich des Unglücks armer Sohn;
Seine Wange glich der Rosenblüte,
Seine Brust bewohnte Mut und Güte;
Aber Schmach war seiner Wunden Lohn.«

So der Alte; brach des Ritters Bande,
Doch den Dank verschmäht er stolz und hehr;
Eh' der Arme Worte noch gefunden,
War sein edler Retter schon verschwunden,
Und der Freie sah ihn nimmermehr.

Und der Jüngling stürzt' auf's Antlitz nieder:
»Dank, o Freund, vom Himmel mir gesandt;
Meines Landes ferne, teure Höhen,
Die Geliebte werd' ich wiedersehen,
Und den Sohn, der Liebe heil'ges Pfand!« –

Über Meer und Land und Tal und Hügel
Zog der Ritter zu der Heimat Schoß.
Jetzt erblickt er im bekannten Tale
Seine Burg im roten Abendstrahle,
Trat entzückt in seiner Väter Schloß.

Und von aller Reize Macht umgeben,
Schloß die schöne Gattin ihn an's Herz,
Führt' ihn an des kleinen Schläfers Wiege;
Der Beglückte fand die eignen Züge,
Und vergaß der bittern Tage Schmerz.

Glücklich wär' ihm so sein Los erschienen,
Hätt' er nicht der Freundschaft Wort gehört;
Doch die treuen Freunde, streng und bieder,
Schlugen bald den Traum von Wonne nieder,
Der so süß in's treue Herz gekehrt.

»Ha! ich Schwacher!« rief empört der Ritter,
Als er heim vom Mahl der Freunde kam,
»Schöne Schlange, konnt' ich je dir trauen?
Kehrt' ich nie doch zu der Heimat Auen! –
Flieh'! und laß mich der Verzweiflung Gram!

Während mich des Elends Bande drückten,
Schweiftest du mit Buhlen weit und breit,
Höhntest selbst dem heiligsten der Triebe,
Dachtest nicht des Kindes treuer Liebe
Sprich, wo warst du in der langen Zeit?« –

»O, du mein Geliebter, teures Leben!
Du verbannst von deinem Antlitz mich?
Wohl, ich geh'; doch nur noch einmal wieder
Senk auf mich die lieben Augen nieder!
Harr' ein Weilchen, hier begrüß' ich dich.«

Sie verschwand; er blieb, den Kampf im Busen,
Sieh', der graue Sänger trat herein,
Riß die Hülle von der Locken Golde:
»Kennst du mich, mein Liebling?« sprach die Holde.
Und – ein Himmel schloß den Treusten ein.

## Clemens Brentano

### 1778–1842

### Lureley

Zu Bacharach am Rheine,
Wohnt eine Zauberin,
Die war so schön und feine
Und riß viel Herzen hin,

Und machte viel zuschanden
Der Männer rings umher,
Aus ihren Liebesbanden
War keine Rettung mehr.

Der Bischof ließ sie laden
Vor geistliche Gewalt,
Und mußte sie begnaden,
So schön war ihr' Gestalt.

Er sprach zu ihr gerühret,
»Du arme Lore Lay.
Wer hat dich dann verführet
Zu böser Zauberei.«

»Herr Bischof laßt mich sterben,
Ich bin des Lebens müd,
Weil jeder muß verderben
Der meine Augen sieht.

Die Augen sind zwei Flammen,
Mein Arm ein Zauberstab,
O schickt mich in die Flammen,
O brechet mir den Stab.«

»Den Stab kann ich nicht brechen,
Du schöne Lore Lay,
Ich müßte dann zerbrechen,
Mein eigen Herz entzwei.

Ich kann dich nicht verdammen,
Bis du mir erst bekennt
Warum in deinen Flammen
Mein eignes Herz schon brennt.«

»Herr Bischof mit mir Armen
Treibt nicht so bösen Spott,
Und bittet um Erbarmen
Für mich den lieben Gott,

Ich darf nicht länger leben,
Ich lieb' kein Leben mehr,
Den Tod sollt ihr mir geben,
Drum kam ich zu euch her.

Ein Mann hat mich betrogen,
Hat sich von mir gewandt,
Ist fort von mir gezogen
Fort in ein andres Land.

Die Blicke sanft und wilde,
Die Wangen rot und weiß,
Die Worte still und milde,
Die sind mein Zauberkreis.

Ich selbst muß drin verderben,
Das Herz tut mir so weh,
Vor Jammer möcht' ich sterben,
Wenn ich zum Spiegel seh.

Drum laßt mein Recht mich finden,
Mich sterben, wie ein Christ,
Denn alles muß verschwinden
Weil er mir treulos ist.«

Drei Ritter ließ er holen:
»Bringt sie ins Kloster hin,
Geh Lore! Gott befohlen,
Sei dein berückter Sinn.

Du sollst ein Nönnchen werden,
Ein Nönnchen schwarz und weiß.
Bereite dich auf Erden
Zum Tod mit Gottes Preis.«

Zum Kloster sie nun ritten
Die Ritter alle drei,
Und traurig in der Mitten
Die schöne Lore Lay.

»O Ritter laßt mich gehen,
Auf diesen Felsen groß,
Ich will noch einmal sehen,
Nach meines Buhlen Schloß,

Ich will noch einmal sehen
Wohl in den tiefen Rhein,
Und dann ins Kloster gehen,
Und Gottes Jungfrau sein.«

Der Felsen ist so jähe,
So steil ist seine Wand,
Sie klimmen in die Höhe,
Da tritt sie an den Rand,

Und sprach: »Willkomm, da wehet
Ein Segel auf dem Rhein,
Der in dem Schifflein stehet,
Der soll mein Liebster sein.

Mein Herz wird mir so munter,
Er muß der Liebste sein«,
Da lehnt sie sich hinunter
Und stürzet in den Rhein.

Es fuhr mit Kreuz und Fahne
Das Schifflein an das Land,
Der Bischof saß im Kahne,
Sie hat ihn wohl erkannt.

Daß er das Schwert gelassen,
Dem Zauber zu entgehn,
Daß er zum Kreuz tät fassen,
Das konnt' sie nicht verstehn.

Wer hat dies Lied gesungen
Ein Priester auf dem Rhein
Und immer hat's geklungen,
Vom hohen Felsenstein

Lureley
Lureley
Lureley.
Als wären es meiner drei!

## Auf dem Rhein

Ein Fischer saß im Kahne,
Ihm war das Herz so schwer
Sein Lieb war ihm gestorben,
Das glaubt er nimmermehr.

Und bis die Sternlein blinken,
Und bis zum Mondenschein
Harrt er sein Lieb zu fahren
Wohl auf dem tiefen Rhein.

Da kömmt sie bleich geschlichen,
Und schwebet in den Kahn
Und schwanket in den Knieen,
Hat nur ein Hemdlein an.

Sie schwimmen auf den Wellen
Hinab in tiefer Ruh',
Da zittert sie, und wanket,
Feinsliebchen, frierest du?

Dein Hemdlein spielt im Winde,
Das Schifflein treibt so schnell,
Hüll' dich in meinen Mantel,
Die Nacht ist kühl und hell.

Stumm streckt sie nach den Bergen
Die weißen Arme aus,
Und lächelt, da der Vollmond
Aus Wolken blickt heraus.

Und nickt den alten Türmen,
Und will den Sternenschein
Mit ihren starren Händlein
Erfassen in dem Rhein.

O halte dich doch stille,
Herzallerliebstes Gut!
Dein Hemdlein spielt im Winde,
Und reißt dich in die Flut.

Da fliegen große Städte,
An ihrem Kahn vorbei,
Und in den Städten klingen
Wohl Glocken mancherlei.

Da kniet das Mägdlein nieder,
Und faltet seine Händ'
Aus seinen hellen Augen
Ein tiefes Feuer brennt.

Feinsliebchen bet' hübsch stille,
Schwank' nit so hin und her,
Der Kahn möcht' uns versinken,
Der Wirbel reißt so sehr.

In einem Nonnenkloster
Da singen Stimmen fein,
Und aus dem Kirchenfenster
Bricht her der Kerzenschein.

Da singt Feinslieb gar helle,
Die Metten in dem Kahn,
Und sieht dabei mit Tränen
Den Fischerknaben an.

Da singt der Knab' gar traurig
Die Metten in dem Kahn
Und sieht dazu Feinsliebchen
Mit stummen Blicken an.

Und rot und immer röter
Wird nun die tiefe Flut,
Und bleich und immer bleicher
Feinsliebchen werden tut.

Der Mond ist schon zerronnen
Kein Sternlein mehr zu sehn,
Und auch dem lieben Mägdlein
Die Augen schon vergehn.

Lieb Mägdlein, guten Morgen,
Lieb Mägdlein, gute Nacht!
Warum willst du nun schlafen,
Da schon der Tag erwacht?

Die Türme blinken sonnig,
Es rauscht der grüne Wald,
Vor wildentbrannten Weisen,
Der Vogelsang erschallt.

Da will er sie erwecken,
Daß sie die Freude hör',
Er schaut zu ihr hinüber,
Und findet sie nicht mehr.

Ein Schwälblein strich vorüber,
Und netzte seine Brust,
Woher, wohin geflogen,
Das hat kein Mensch gewußt.

Der Knabe liegt im Kahne
Läßt alles Rudern sein,
Und treibet weiter, weiter
Bis in die See hinein.

Ich schwamm im Meeresschiffe
Aus fremder Welt einher,
Und dacht' an Lieb und Leben,
Und sehnte mich so sehr.

Ein Schwälblein flog vorüber,
Der Kahn schwamm still einher,
Der Fischer sang dies Liedchen,
Als ob ich's selber wär'.

# Karl Streckfuß
## 1778–1844

### Der Herulerkönig und der Sklav'

»Auf, Sklav', geschwind! – Dort wird die Schlacht geschlagen!
Zu jener Buche Wipfel steig empor
Und zög're nicht, den Sieg mir anzusagen.

Scharf lug aufs Schlachtfeld hin – doch sieh dich vor:
Flugs fällt dein Haupt, verletzt mit einem Worte
Von Niederlag' und Flucht dein Mund mein Ohr.«

Der König herrscht's und sinkt am kühlen Orte
Behaglich auf den weichen Rasen hin
Und schließt dem eig'nen Schau'n des Auges Pforte.

Auf klimmt der Sklav' und denkt in seinem Sinn:
Schlaf ruhig, Herr! Hier wird mein Haupt nicht fallen!
Sei du so sicher als ich sicher bin!

Klar sieht er hier und dort die Banner wallen
Von Freund und Feind – sieht deutlich Schar an Schar
Und hört von fern des Krieges Brausen schallen,

Nimmt jegliche Bewegung sorglich wahr,
Und schwer gedrängt, schon nahe dem Erliegen
Stellt sich des Königs Kriegesheer ihm dar.

Und wie heran des Feindes Reiter fliegen,
Da weicht's. Der König ruft: »Wie steht die Schlacht?«
Laut brüllt der Sklav' vom Gipfel her: »Sie siegen!«

»Wer siegt?« so fragt der Herr – doch wohl bedacht
Schreit nur der Sklav': »Sie siegen, siegen« wieder,
Je mehr befragt, mit desto stärk'rer Macht.

Indessen sind gelöst des Heeres Glieder,
Der Widerstand ist nur noch Todeskrampf,
Schon sinkt in Staub das letzte Banner nieder.

Schon naht der Feind dem König ohne Kampf,
Und nah und näher an sein Ohr getragen
Ertönen Siegsgeschrei und Roßgestampf.

»Mein Feldherr schickt, den Sieg mir anzusagen!«
Er ruft's, springt auf, eilt vor und sieht den Feind
Und schreit entsetzt, erblaßt: »Wir sind geschlagen!« –

»Ihr sagt's, nicht ich!« so jauchzt der Sklav' und scheint
Des Lebens froh und sonder Gram und Klagen,
Indem er sich im besten Rechte meint.

Der König, von ohnmächt'ger Wut befangen,
Blickt noch zur Buch' empor mit eitlem Droh'n
Und geht voran vom Feind geführt, gefangen.

»Fällt fürder auch mein Haupt«, so ruft mit Hohn
Der Sklav' ihm nach, »wenn ich euch wahr berichte?«
Und schon gestürzt sind schmählich Reich und Thron. –

Wißt, wahr und alt und neu ist die Geschichte.

# Matthäus Casimir von Collin
### 1779–1824

## Der Zwerg

Im trüben Licht verschwinden schon die Berge,
Es schwebt das Schiff auf glatten Meereswogen,
Worauf die Königin mit ihrem Zwerge.

Sie schaut empor zum hoch gewölbten Bogen,
Hinauf zur lichtdurchwirkten blauen Ferne,
Die mit der Milch des Himmels blau durchzogen.

Nie habt ihr mir gelogen noch, ihr Sterne,
So ruft sie aus, bald werd ich nun entschwinden,
Ihr sagt es mir; doch sterb ich wahrlich gerne.

Da tritt der Zwerg zur Königin, mag binden
Um ihren Hals die Schnur von roter Seide,
Und weint, als wollt er schnell vor Gram erblinden.

Er spricht: „Du selbst bist schuld an diesem Leide,
Weil um den König du mich hast verlassen;
Jetzt weckt dein Sterben einzig mir noch Freude.

Zwar wird ich ewiglich mich selber hassen,
Der dir mit dieser Hand den Tod gegeben,
Doch mußt zum frühen Grab du nun erblassen."

Sie legt die Hand aufs Herz voll jungem Leben,
Und aus dem Aug die schweren Tränen rinnen,
Das sie zum Himmel betend will erheben.

„Mögst du nicht Schmerz durch meinen Tod gewinnen!"
Sie sagt's; da küßt der Zwerg die bleichen Wangen,
Drauf alsobald vergehen ihr die Sinnen.

Der Zwerg schaut an die Frau vom Tod befangen,
Er senkt sie tief ins Meer mit eignen Händen,
Ihm brennt nach ihr das Herz so voll Verlangen.
An keiner Küste wird er je mehr landen.

# Friedrich Gottlob Wetzel
## 1779–1819

### Das Wunderbild

Vom Himmel war ein Bild gefallen,
   Gleich als die Sonne hell und klar,
Kein Meister forscht es aus von allen,
   Aus welchem Stoff das Bildnis war;
Des Goldes Glanz, der Edelsteine,
Erlosch an dieses Bildes Scheine.

Und wie die Wundermär' erklungen,
   Da macht alsbald sich Hauf bei Hauf,
Aus allen Landen, allen Zungen,
   Den selt'nen Schatz zu heben auf;
Doch keinem will der Fund gelingen,
Ob auch viel Tausend suchen gingen.

Ein Knabe saß bei seinen Schafen,
   Ein Knabe schön wie Engel sind,
Ein's Tages war das Kind entschlafen,
   Erwacht am kühlen Abendwind,
Und wie es aufsteht von der Erde,
Fehlt ihm das liebste Lamm der Herde.

Der Knabe weint, das Lamm zu missen,
   Sucht auf den Bergen weit und breit,
Und – plötzlich liegt vor seinen Füßen
   Das Bild der ew'gen Herrlichkeit,
Das Kind, es bleibt verwundert stehen.
Und steht und kann nicht weiter gehen.

Da will das Bild lebendig werden,
   Es küßt des Knaben Angesicht,
Und sieh', von nun an ist auf Erden
   Des Kindes Bleiben länger nicht.
Kein Auge sah hinfort den Knaben,
Und niemand weiß, wo er begraben.

# Karoline von Günderrode
## 1780–1806

### Der Traurende und die Elfen

Zum Grab der Trauten schleicht der Knabe,
Ihm ist das Herz so bang und schwer;
Da sinkt die dunkle Nacht hernieder
Und bleiche Geister geh'n umher;
Des Abends feuchte Nebel tauen,
Der Nachtwind wühlt in seinem Haar,
Das Alles wird er nicht gewahr.

In Träumen ist er ganz verloren,
Er merket nicht der Stunden Gang;
Da weckt ihn aus dem dumpfen Schlummer
Musik und froher Chorgesang,
Er blicket auf: und schaut den Reigen
Der Elfen, deren munt'rer Tanz
Sich schlingt um frischer Gräber Kranz.

Und sieh! ihm naht der Elfen Schönste,
Und spricht: »was trauerst du so sehr?
Komm! ist dein Mädchen dir gestorben?
Vergiß sie! komm zum Tanze her.
Frei sind wir Elfen, ohne Sorgen,
Leicht wie der Sinn ist unser Fuß,
Und froh und leicht sind Lieb und Kuß.

O zögre nicht! nur wenig Stunden
So moderst du, nur kurze Zeit
So welket Alles was jetzt blühet,
Drum komm! entsag dem schweren Leid'.« –
Wild springt er auf zum raschen Tanze
Und über seiner Braut Gebein
Schlingt sich der lust'ge Elfenreihn.

Er tanzt, vergisset die Geliebte,
Leicht, wie der Elfen, wird sein Sinn,
Entbunden aller Erdensorgen
Schwingt er sich über Wolken hin.
Er sieht Geschlechter kommen, sterben,
Kann Alles froh und lustig sehn
Der Dinge Blühen und Vergehn.

# Johann Friedrich Castelli
## 1781–1862

### Sankt Martin

#### Eine Legende

Sankt Martin mit viel Rittersblut'
Wohl über's Feld zum Jagen rei't,
Und als sie kamen an einen Hag,
Ein nackter Mann an der Straße lag,
Dem klapperten vor Frost die Zähne
Und an der Wimper fror ihm die Träne. –
Er rang die Hände und bat mit Beben:
Sie möchten ihm ein Almosen geben. –

Und alle die Ritter zogen fürbas,
Dem nackten Armen gab keiner was;
Sie wendeten von ihm das Angesicht,
Die Jammergestalt zu schauen nicht. –
Der Martin aber sein Roß hielt an:
»Von mir, du Armer, sollst was ha'n!« –
Er nimmt das Schwert und allsogleich
Haut er seinen Mantel – gesticket reich
Mit Gold und Silber – entzwei in Eil'
Und gibt dem Nackten einen Teil,
Die andre Hälfte er selber behalt'
Und reitet den Andern nach in den Wald. –

Und wie den Martinus erblicket die Rott',
Überhäufen sie ihn mit Hohn und Spott:
»Da seht nun einmal den Narren an,
Teilt sein Kleid mit dem Bettelmann;
Der halbe Mantel steht ihm gar schön,
Er kann damit zum Banquette gehn,
Damit ihn künftig mag Jeder kennen,
So woll'n wir den halben Ritter ihn nennen.«
Sie lachten und witzelten noch gar viel,
Martinus war all ihres Spottes Ziel. –

Doch wie der Abend zu dämmern beginnt,
So wehet ein kalter, schneidender Wind;
Die Ritter hüllten sich alle fein
In ihre großen Mäntel ein,
Und wollten reiten sogleich von hinnen,
Doch konnten sie keinen Ausweg gewinnen,
Nur immer tiefer kommens in den Wald
Und pfiff der Wind noch einmal so kalt,
Sie jammerten sehr und vermeinten schier,
Sie müßten vor Kälte heut' sterben hier;
Martinus nur mit dem halben Kleid,
Empfindet's nicht, daß der Wind so schneid't,
Er lächelt über ihr Schnappern und Bangen
Und sitzt auf dem Roß mit glühenden Wangen. –

Und jetzo ein rosenfarbiges Licht
Hervor aus der dunkelen Wildnis bricht,
Und unter die Starrenden tritt heran
Herr Christ, mit dem halben Kleid angetan,
Das jenem Armen Martinus gegeben,
Und um ihn herum seine Engelein schweben.
Und Jesus sich zu Martinus wendet:
»Ja, wahrlich, was Ihr den Armen spendet,
Das habet Ihr mir selber gegeben,
Und Früchte trägt's Euch im Tod' und im Leben;
Jedwede Wohltat – noch so klein –

Wird Euch erwärmen und lohnend sein.« –
Sie fielen All' auf ihr Angesicht
Und Jesus verschwand; – doch des Glaubens Licht,
Es leuchtete über dem heidnischen Haufen,
Sie ließen sich alle zu Christen taufen.

# Achim von Arnim

## 1781–1831

## Frühlingsnacht

Geraubet war ihm das Fräulein sein,
Er suchet im Morgen und Abend.
Er suchet im Sonn- und Mondenschein,
Auf glänzendem Rosse trabend.
Wohin, wohin mein wildes Herz?
Er rufet, es sausen die Wälder von Schmerz.

Er suchet in seinen Gedanken auf
Die Blicke voll Lust und voll Liebe,
Und drücket die Augen fest zu im Lauf,
In's Wasser die Sonne taucht trübe.
Wie weit, wie weit bringt Frühlingstag
Das weite Land, wie's Keiner vermag.

Er lernet der Sprachen Mannichfalt,
Zu fragen nach ihr in allen;
Er lernet auch eine, die Keinem schallt,
Der stummen Blumen Gefallen.
Woher, woher der deutende Strauß?
Er fiel zum Fenster des Turmes heraus.

O Schicksal, du spielest mit Blumen bunt!
Sie will in die Arme mich fassen.
Da drückt er die Blumen an seinen Mund,
Und kann sich selber kaum fassen.
Wozu, wozu nun alle der Schmerz?
Sie sinket im Mondenschein bald an sein Herz.

Und als der Mond den Bogen hell
Spannt über dem Turme, und zielet
Und schießet die silbernen Pfeile schnell
In's Auge, die brennend er fühlet.
Wie weit, wie weit bringt Liebesmacht
Zwei liebende Herzen in einer Nacht!

Er spannet die Arme zum Turme aus:
»O fülle die Arme, du Liebe!
Wie du mir versprochen, im bunten Strauß.«
Sie hört es, und folget dem Triebe.
Woher, woher vom Turme herab?
Sie stürzt in die Arme ihm, beider Grab.

Am Morgen da flogen zwei Lerchen auf;
Sie überfliegen einander.
Wohin, wohin der schnelle Lauf?
Sie singen es jubelnd einander.
Warum, warum viel liebe Not?
Aus Armen der Nacht steigt Morgenrot.

## Getrennte Liebe

Zwei schöne, liebe Kinder,
Die hatten sich so lieb,
Daß eines dem andern im Winter
Mit Singen die Zeit vertrieb,
Diesseit und jenseit am Wasserfall
Höret ihr immer den Doppelschall.

Der Winter bauet Brücken,
Sie beide hat vereint,
Und jedes mit frohem Entzücken
Die Brücke nun ewig meint;
Diesseit und jenseit am Wasserfall
Wohnten die Eltern getrennt im Tal.

Der Frühling ist gekommen,
Das Eis will nun aufgehn,
Da werden sie beide beklommen,
Die laulichen Winde wehn;
Diesseit und jenseit am Wasserfall
Stürzen die Bäche mit wildem Schall.

Was hilft der helle Bogen,
Womit der Fall entzückt,
Von ihnen so liebreich erzogen,
Zum erstenmal bunt geschmückt;
Diesseit und jenseit am Wasserfall
Höret sie klagen getrennt im Tal.

Die Vögel über fliegen,
Die Kinder traurig stehn,
Und müssen sich einsam begnügen
Einander von fern zu sehn;
Diesseit und jenseit am Wasserfall
Kreuzen die Schwalben mit lautem Schall.

Sie möchten zusammen mit Singen,
So wie der Vögel Brut,
Den himmlischen Frühling verbringen,
Das Scheiden so wehe tut;
Diesseit und jenseit am Wasserfall
Sehn sie sich endlich zum letztenmal.

Der Knabe kriegt zur Freude
Ein Röckchen wie ein Mann,
Das Mädchen ein Kleidchen von Seide
Nun gehet die Schule an;
Diesseit und jenseit am Wasserfall
Gehn sie zum Kloster bei Glockenschall.

Sie sahn sich lang nicht wieder,
Sie kannten sich nicht mehr,
Das Mädchen mit vollem Mieder,
Der Knabe ein Mönch schon wär;
Diesseit und jenseit am Wasserfall
Kamen und riefen sie sich im Tal.

Das Mädchen ruft so helle,
Der Knabe singt so tief;
Verstehen sich endlich doch schnelle,
Als alles im Hause schlief;
Diesseit und jenseit am Wasserfall
Springen im Mondschein die Fische all.

Froh in der nächtgen Frische,
Sie kühlen sich im Fluß,
Sie können nicht schwimmen wie Fische,
Und suchen sich doch zum Kuß;
Diesseit und jenseit am Wasserfall
Reißen die Strudel sie fort mit Schall.

Die Eltern hören singen
Und schaun aus hohem Haus,
Zwei Schwäne im Sternenschein ringen
Zum Dampfe des Falls hinaus;
Diesseit und jenseit am Wasserfall
Hören sie Echo mit lautem Schall.

Die Schwäne herrlich sangen
Ihr letztes schönstes Lied,
Und leuchtende Wölkchen hangen,
Manch Engelein nieder sieht;
Diesseit und jenseit am Wasserfall
Schwebet wie Blüte ein süßer Schall.

Der Mond sieht aus dem Bette
Des glatten Falls empor,
Die Nacht mit der Blumenkette
Erhebet zu sich dies Chor;
Diesseit und jenseit am Wasserfall,
Grünt es von Tränen nun überall.

## Des ersten Bergmanns ewige Jugend

Ein Knabe lacht sich an im Bronnen,
Hält Festtagskuchen in der Hand,
Er hatte lange nachgesonnen,
Was drunten für ein neues Land.
Gar lange hatte er gesonnen
Wie drunten sei der Quelle Lauf;
So grub er endlich einen Bronnen,
Und rufet still in sich: »Glückauf!«
Ihm ist sein Kopf voll Fröhlichkeiten,
Von selber lacht der schöne Mund,
Er weiß nicht, was es kann bedeuten,
Doch tut sich ihm so vieles kund.

Er höret fern den Tanz erschallen,
Er ist zum Tanzen noch zu jung,
Der Wasserbilder spiegelnd Wallen
Umzieht ihn mit Verwandelung,
Es wandelte wie Wetterleuchten
Der hellen Wolken Wunderschar,
Doch anders will es ihm noch deuchten,
Als eine Frau sich stellet dar:
Da weichen alle bunten Wellen,
Sie schauet, küßt sein spiegelnd Bild,
Er sieht sie, wo er sich mag stellen,
Auch ist sie gar kein Spiegelbild.

»Ich hab nicht Fest, nicht Festes Kuchen,
Bin in den Tiefen lang verbannt!«
So spricht sie, möchte ihn versuchen,
Er reicht ein Stück ihr mit der Hand;
Er kann es gar kein Wunder nennen,
Viel wunderbarer ist ihm heut,
In seinem Kopf viel Lichter brennen
Und ihn umfängt ganz neue Freud;
Von seiner Schule dumpfem Zimmer,
Von seiner Eltern Scheltwort frei,
Umfließet ihn ein sel'ger Schimmer,
Und alles ist ihm einerlei.

Sie faßt die Hand, dem Knaben schaudert,
Sie ziehet stark, der Knabe lacht,
Kein Augenblick sein Mut verzaudert,
Er zieht mit seiner ganzen Macht,
Und hat sie kräftig überrungen
Die Königin der dunklen Welt,

Sie fürchtet harte Mißhandlungen
Und bietet ihm ihr blankes Geld.
»Mag nicht Rubin, nicht Goldgeflimmer«,
Der starke Knabe schmeichelnd spricht,
»Ich mag den dunklen Feuerschimmer
Von deinem wilden Angesicht.«

»So komm zur Kühlung mit hinunter!«
Die Königin, ihm schmeichelnd, sagt,
»Da unten blüht die Hoffnung bunter,
Wo bleichend sich das Grün versagt.
Dort zeige ich dir große Schätze,
Die reich den lieben Eltern hin,
Die streichen da nach dem Gesetze,
Wie ich dir streiche übers Kinn.«
So rührt sie seiner Sehnsucht Saiten,
Die Sehnsucht nach der Unterwelt,
Gar schöne Melodien leiten
Ihn in ihr starres Lagerzelt.

Gar freudig klettert er hinunter,
Sie zeigt ihm ihrer Adern Gold,
In Flammen spielt Kristall da munter,
Der Knabe spielt in Minnesold.
Er ist so gar ein wackrer Hauer
Mit wilder Kühnheit angetan,
Hat um sein Leben keine Trauer,
Macht in den Tiefen neue Bahn,
Und bringet dann die goldnen Stufen
Von seiner Kön'gin Kammertür,
Als ihn die Eltern lange rufen
Zu seinen Eltern kühn herfür.

Die Eltern freuen sich der Gaben
Und sie erzwingen von ihm mehr,
Viel Schlösser sie erbauet haben
Und sie besolden bald ein Heer:
Er muß in strenger Arbeit geben,
Worin sie prunken ohne Not.
Einst hört er oben festlich Leben,
Den trocknen Kuchen man ihm bot.
Da kann die Kön'gin ihn nicht halten,
Mit irdisch kaltem Todesarm,
Denn in dem Knaben aufwärts wallten,
So Licht als Liebe herzlich warm.

Er tritt zum Schloß zum frohen Feste,
Die Eltern staunen ihn da an,
Es blickt zu ihm der Jungfraun Beste,
Es faßt ihr Blick den schönen Mann,
Im Bergkleid tritt er mit zum Tanze
Und hat die Jungfrau sich erwählt,
Und sie beschenkt ihn mit dem Kranze,
Er hat die Küsse nicht gezählt.
Da sind die Brüder zugetreten
Und seine Eltern allzugleich,
Die alle haben ihn gebeten,
Daß er doch von dem Feste weich.

Da hat er trotzig ausgerufen:
»Ich will auch einmal lustig sein,
Und morgen bring ich wieder Stufen
Und heute geh ich auf das Frein!«
Da hat er einen Ring genommen,
Vom Gold, wie es noch keiner fand,
Den hat die Jungfrau angenommen,
Als er ihn steckt an ihre Hand,
Dann sitzt er froh mit ihr zum Weine,
Hat manches Glas hinein gestürzt;
Spät schwankt er fort und ganz alleine,
Manch liebreich Bild die Zeit verkürzt.

Die Lieb ist aus, das Haus geschlossen
Im Schacht der reichen Königin;
Er hat die Türe eingestoßen
Und steigt so nach Gewohnheit hin.
Die Eifersücht'ge hört ihn rufen,
Sie leuchtet nicht, er stürzt herab,
Er fand zur Kammer nicht die Stufen,
So findet er nun dort sein Grab.
Nun seufzt sie, wie er schön gewesen,
Und legt ihn in ein Grab von Gold,
Das ihn bewahrt vor dem Verwesen,
Das ist ihr letzter Minnesold.

Die Eltern haben ihn vergessen,
Da er nicht kommt zum Licht zurück,
Und andre Kinder unterdessen
Erwühlen neu der Erde Glück,
Und bringen andre schöne Gaben,
An Silber, Kupfer, Eisen, Blei,

Doch mit dem Gold, was er gegraben,
Damit scheint es nun ganz vorbei.
Die Jungfrau lebet nur in Tränen,
Die Liebe nimmt der Hoffnung Lauf
Und meint in ihrer Hoffnung Wähnen,
Ihr steh das Glück noch einmal auf.

Glück auf! nach funfzig sauren Jahren
Ein kühner Durchschlag wird gemacht,
Die Kön'gin kämpfet mit den Scharen
Und hat gar viele umgebracht.
Sie hat gestellt viel böse Wetter,
Die um des Lieblings Grabmal stehn,
Doch Klugheit wird der Kühnen Retter,
Sie lassen die Maschinen gehn;
Da haben sie den Knaben funden
In kalten Händen kaltes Gold,
So hat er sterbend noch umwunden
Die Königin, die ihm einst hold.

Zur Luft ihn tragend alle fragen:
»Weiß keiner, wer der Knabe war,
Ein schöner Bursche, zum Beklagen,
Gar viele rafft hinweg das Jahr,
Doch keiner je so wohl erhalten
Kam aus der Erde Schoß zurück,
Denn selbst die flüchtigen Farben walten
Noch auf der Wangen frohem Glück;
Es sind noch weich die starken Sehnen,
Es zeigt die Tracht auf alte Zeit,
Er kostete wohl viele Tränen,
Jetzt kennt ihn keiner weit und breit.«

Die Jungfrau war tief alt geworden,
Seit jenem Fest, wo sie ihn sah,
Spät trat sie in den Nonnenorden
Und geht vorbei und ist ihm nah;
Sie kommt gar mühsam hergegangen,
Gestützt auf einem Krückenstab,
Ein Traum hielt sie die Nacht umfangen,
Daß sie den Bräut'gam wieder hab.
Sie sieht ihn da mit frischen Wangen,
Als schliefe er nach schöner Lust,
Gern weckte sie ihn mit Verlangen,
Hier stürzt sie auf die stille Brust.

Da fühlt sie nicht das Herz mehr schlagen,
Die Männer sehn verwundert zu:
»Was will die Hexe mit dem Knaben,
Sie sollt ihm gönnen seine Ruh.
Das wär doch gar ein schlimm Erwachen,
Wenn er erwachte, frisch gesund,
Und sie ihn wollte froh anlachen
Und hätte keinen Zahn im Mund.«
Jetzt schauet sie sein hart Erstarren,
An dieser neuen Himmelsluft,
Die Farbe will nicht länger harren,
Die treu bewahrt der Kön'gin Gruft.

Hier ist die Jugend, dort die Liebe,
Doch sind sie beide nicht vereint,
Die schöne Jugend scheint so müde,
Die alte Liebe trostlos weint.
Was half es ihr, wenn er nun lebte,
Und wäre nun ein alter Greis,

Ihr Herz wohl nicht mehr zu ihm strebte,
Wie jetzt zu dieses Toten Preis.
Wie eine Statue er da scheinet
Von einem lang vergeßnen Gott,
Die Alte treu im Dienst erscheinet
Und ist der jungen Welt zum Spott.

Es mag der Fürst sie nimmer scheiden,
Er schenket ihr den Leichnam mild,
Verlaßne möchten ihr wohl neiden
Ein also gleich und ähnlich Bild.
Da sitzet sie nun vor dem Bilde,
Die Hände sanft gefalten sind,
Und sieht es an und lächelt milde,
Und spricht: »Du liebes, liebes Kind,
Kaum haben solche alte Frauen,
Wie ich noch solche Kinder schön,
Als meinen Enkel muß ich schauen,
Den ich als Bräut'gam einst gesehn.«

# Adelbert von Chamisso
## 1781–1838

### Minnedienst

Während dort im hellen Saale
  Lustberauscht die Gäste wogen,
Hält ein Ritter vom Gedränge
  Einsam sich zurückgezogen.

Wie er von dem Sofa aufblickt,
  Wo er ruhet in Gedanken,
Sieht er neben sich die Dame,
  Der er dienet sonder Wanken.

»Sind es Sterne, sind es Sonnen,
  Die in meiner Nacht sich zeigen?
Sind's die Augen meiner Herrin,
  Welche über mich sich neigen?«

»Schmeichler! Schmeichler! Sterne, Sonnen
  Sind es nicht, wovon Ihr dichtet;
Sind die Augen einer Dame,
  die auf Euch sie bittend richtet.« –

»Herz und Klinge sind Euch eigen,
  Schickt mich aus auf Abenteuer,
Heißt im Kampfe mich bestehen
  Riesen, Drachen, Ungeheuer.« –

»Nein, um mich, mein werter Ritter,
  Soll kein Blut den Boden färben;
Um ein Glas Gefrornes bitt ich,
  Lasset nicht vor Durst mich sterben.« –

»Herrin, in dem Dienst der Minne
  Wollt ich gern mein Leben wagen,
Aber hier durch das Gedränge
  Wird es schwer, sich durchzuschlagen.«

Und sie bittet, und er gehet, –
  Kommt zurück, wie er gegangen:
»Nein! ich konnte, hohe Herrin,
  Kein Gefrorenes erlangen.«

Und sie bittet wieder, wieder
  Wagt er's, immer noch vergebens:
»Nein! man dringt durch jene Türe
  Mit Gefahr nur seines Lebens.«

»Ritter, Ritter, von Gefahren
  Sprachet Ihr, von Kämpfen, Schlachten;
Und Ihr laßt vor Euren Augen
  Ohne Hülfe mich verschmachten.«

Und ins wogende Gewühle
  Ist der Ritter vorgedrungen,
Dort verfolgt er einen Diener
  Hat den Raub ihm abgerungen.

Und die Dame schaut von ferne,
  Wie mit hochgehaltner Schale
Er sich durch den Reigen windet
  In dem engen, vollen Saale;

Sieht in eines Fensters Ecke
  Glücklich seinen Fang ihn bergen,
Sieht ihn hinter die Gardine
  Ihren Augen sich verbergen;

Sieht ihn selber dort gemächlich
  Das Eroberte verschlingen,
Wischen sich den Mund und kommen,
  Ihr betrübte Kunde bringen:

»Gern will ich mein Leben wagen,
  Schickt mich aus auf Abenteuer,
Heißt im Kampfe mich besiegen
  Riesen, Drachen, Ungeheuer.

Aber hier, o meine Herrin,
  Hier ist alles doch vergebens,
Und man dringt durch jene Türe
  Mit Gefahr nur seines Lebens.«

## Das Burgfräulein von Windeck

Halt an den schnaubenden Rappen,
  Verblendeter Rittersmann!
Gen Windeck fleucht, dich verlockend,
  Der luftige Hirsch hinan.

Und vor den mächtigen Türmen,
  Vom äußern verfallenen Tor
Durchschweifte sein Auge die Trümmer,
  Worunter das Wild sich verlor.

Da war es so einsam und stille,
  Es brannte die Sonne so heiß,
Er trocknete tiefaufatmend
  Von seiner Stirne den Schweiß.

»Wer brächte des köstlichen Weines
  Mir nur ein Trinkhorn voll,
Den hier der verschüttete Keller
  Verborgen noch hegen soll?«

Kaum war das Wort beflügelt
  Von seinen Lippen entflohn,
So bog um die Efeu-Mauer
  Die sorgende Schaffnerin schon.

Die zarte, die herrliche Jungfrau,
  In blendend weißem Gewand,
Den Schlüsselbund im Gürtel,
  Das Trinkhorn hoch in der Hand.

Er schlürfte mit gierigem Munde
  Den würzig köstlichen Wein,
Er schlürfte verzehrende Flammen
  In seinen Busen hinein.

Des Auges klare Tiefe!
  Der Locken flüssiges Gold! –
Es falteten seine Hände
  Sich flehend um Minnesold.

Sie sah ihn an mitleidig
  Und ernst und wunderbar,
Und war so schnell verschwunden,
  Wie schnell sie erschienen war.

Er hat seit dieser Stunde,
  An Windecks Trümmer gebannt,
Nicht Ruh, nicht Rast gefunden,
  Und keine Hoffnung gekannt.

Er schlich im wachen Traume,
   Gespenstig, siech und bleich,
Zu sterben nicht vermögend,
   Und keinem Lebendigen gleich.

Sie sagen: sie sei ihm zum andern
   Erschienen nach langer Zeit,
Und hab ihn geküßt auf die Lippen,
   Und so ihn vom Leben befreit.

## Treue Liebe

### (Litauisch)

Es schallten muntre Lieder
   Hell durch den Fichtenwald,
Es kam ein muntrer Reiter
   Zum Försterhause bald.

Frau Muhme, guten Morgen,
   Wo bleibt die Liebste mein? –
Sie lieget, krank zum Sterben,
   Im obern Kämmerlein.

Er stieg in bittern Tränen
   Die Treppe wohl hinauf,
Er hemmte, vor der Türe
   Der Liebsten, ihren Lauf.

Herein, herein, Geliebter,
   Zu schmerzlichem Besuch!
Die heim du holen wolltest,
   Deckt bald das Leichentuch.

Sie schläft in engem Sarge,
   Drauf liegt der Myrtenkranz;
Du wirst nicht heim sie führen,
   Nicht bei Gesang und Tanz.

Sie werden fort mich tragen
   Und tief mich scharren ein,
Du wirst mir Tränen weinen
   Und eine andre frein. –

Die du mich nie betrübet,
   Du meine Zier und Lust,
Wie hast du jetzt geschnitten
   Mir scharf in meine Brust!

Drauf sahen sie einander
   Die beiden ernst und mild,
Verschlungen ihre Hände,
   Ein schönes, bleiches Bild.

Da schied sie sanft hinüber,
   Er aber zog zur Stund
Das Ringlein sich vom Finger
   Und steckt's in ihren Mund.

Ob er geweinet habe,
   Als solches ist geschehn? –
Ich selber floß in Tränen,
   Ich hab es nicht gesehn.

Es gräbt der Totengräber
   Ein Grab und noch ein Grab:
Er kommt an ihre Seite,
   Der ihr das Ringlein gab.

## Der alte Müller

Es wütet der Sturm mit entsetzlicher Macht,
Die Windmühl schwankt, das Gebälk erkracht.
Hilf, Himmel, erbarme dich unser!

Der Meister ist nicht, der alte, zur Hand,
Er steht an der Felswand schwindligem Rand.
   Hilf, Himmel, erbarme dich unser!

Da steht er allein, mit dem Winde vertraut,
Und spricht mit den Lüften vernehmlich und laut.
   Hilf, Himmel, erbarme dich unser!

Er schüttelt im Sturme sein weißes Haar,
Und was er da spricht, klingt sonderbar.
   Hilf, Himmel, erbarme dich unser!

Willkommen, willkommen, großmächtiger Wind!
Was bringst du mir Neues, verkünd es geschwind.
   Hilf, Himmel, erbarme dich unser!

Du hast mich gewiegt, du hast mich genährt,
Du hast mich geliebt, du hast mich gelehrt.
   Hilf, Himmel, erbarme dich unser!

Du hast mir die Worte wohl hinterbracht,
Die Worte der Weisheit, von Toren verlacht.
   Hilf, Himmel, erbarme dich unser!

Ihr Toren, ihr Toren, die faßtet ihr nicht,
Die faßte der Wind auf, der gab mir Bericht.
   Hilf, Himmel, erbarme dich unser!

Das Wort wird Tat, das Kind wird Mann,
Der Wind wird Sturm, wer zweifelt daran?
   Hilf, Himmel, erbarme dich unser!

Willkommen, willkommen, großmächtiger Wind!
Und was du auch bringest, vollend es geschwind.
   Hilf, Himmel, erbarme dich unser!

Das Maß ist voll, die Zeit ist aus;
Jetzt kommt das Gericht in Zerstörung und Graus.
   Hilf, Himmel, erbarme dich unser!

Ein Wirbelwind faßt den Alten zumal
Und schleudert zerschmettert ihn tief in das Tal.
   Hilf, Himmel, erbarme dich unser!

Zerschellt ist der Mühle zerbrechlicher Bau,
Und Wogen von Sand bedecken die Au.
   Hilf, Himmel, erbarme dich unser!

## Muttertraum

Die Mutter betet herzig und schaut
    Entzückt auf den schlummernden Kleinen;
Er ruht in der Wiege so sanft, so traut,
    Ein Engel muß er ihr scheinen.

Sie küßt ihn und herzt ihn; sie hält sich kaum,
    Vergessen der irdischen Schmerzen;
Es schweift in der Zukunft ihr Hoffnungstraum;
    So träumen Mütter im Herzen.

Der Rab indes mit der Sippschaft sein
    Kreischt draußen am Fenster die Weise:
Dein Engel, dein Engel wird unser sein!
    Der Räuber dient uns zur Speise!

## Der Soldat

Er geht bei gedämpfter Trommel Klang;
Wie weit noch die Stätte! der Weg wie lang!
O wär er zur Ruh und alles vorbei!
Ich glaub, es bricht mir das Herz entzwei!

Ich hab in der Welt nur ihn geliebt,
Nur ihn, dem jetzt man den Tod doch gibt.
Bei klingendem Spiele wird paradiert,
Dazu bin auch ich kommandiert.

Nun schaut er auf zum letzten Mal
In Gottes Sonne freudigen Strahl, –
Nun binden sie ihm die Augen zu,–
Dir schenke Gott die ewige Ruh.

Es haben die neun wohl angelegt,
Acht Kugeln haben vorbei gefegt;
Sie zitterten alle vor Jammer und Schmerz –
Ich aber, ich traf ihn mitten ins Herz.

## Der Spielmann

Im Städtchen gibt es des Jubels viel,
Da halten sie Hochzeit mit Tanz und mit Spiel,
Den Fröhlichen blinket der Wein so rot,
Die Braut nur gleicht dem getünchten Tod.

Ja tot für den, den nicht sie vergißt,
Der doch beim Fest nicht Bräutigam ist;
Da steht er inmitten der Gäste im Krug,
Und streichet die Geige, lustig genug!

Er streichet die Geige, sein Haar ergraut,
Es springen die Saiten gellend und laut,
Er drückt sie ans Herz und achtet es nicht,
Ob auch sie in tausend Stücken zerbricht.

Es ist gar grausig, wenn einer so stirbt,
Wann jung sein Herz um Freude noch wirbt;
Ich mag und will nicht länger es sehn,
Das möchte den Kopf mir schwindelnd verdrehn. –

Wer heißt euch mit Fingern zeigen auf mich?
O Gott! bewahr uns gnädiglich,
Daß keinen der Wahnsinn übermannt;
Bin selber ein armer Musikant.

## Böser Markt

Einer kam vom Königsmahle
In den Park sich zu bewegen,
Aus dem Busch mit einem Male
Trat ein andrer ihm entgegen;
Zwischen Rock und Kamisole
Griff der schnell, und die Pistole
    Setzt er jenem auf die Brust.

»Leise, leise! muß ich bitten;
Was wir hier für Handel treiben,
Mag vom unberufnen Dritten
Füglich unbelauschet bleiben.
Wollt Ihr Uhren nebst Gehenken
Wohl verkaufen? nicht verschenken;
    Nehmt drei Batzen Ihr dafür?« –

»Mit Vergnügen!« – »Nimmer richtig
Ist die Dorfuhr noch gegangen;
Tut der Küster auch so wichtig,
Weiß er's doch nicht anzufangen;
Jeder weiß in unsern Tagen,
Was die Glocke hat geschlagen;
    Gottlob! nun erfahr ich's auch.

Sagt mir ferner: könnt Ihr missen,
Was da blinkt an Euren Fingern?
Meine Hausfrau, sollt Ihr wissen,
Ist gar arg nach solchen Dingern;
Solche Ringe, solche Sterne,
Wie Ihr da habt, kauf ich gerne;
    Nehmt drei Batzen Ihr dafür?« –

»Mit Vergnügen!« – »Habt Ihr künftig
Mehr zu handeln, laßt mich holen;
Edel seid Ihr und vernünftig,
Und ich lob Euch unverhohlen.
Gleich mich dankbar Euch zu zeigen,
Laß ich jede Rücksicht schweigen,
    Und verkauf Euch, was Ihr wollt.

Seht den Ring da, den ich habe;
Nur von Messing, schlecht, unscheinsam,
Aber, meiner Liebsten Gabe;
Ach sie starb, und ließ mich einsam!
Nicht um einen Goldesheufen … !
Aber Ihr, wollt Ihr ihn kaufen,
    Gebt mir zehn Dukaten nur.« –

»Mit Vergnügen!« – »Ei! was seh ich?!
Schöner Beutel goldgeschwollen,
Du gefällst mir, das gesteh ich;
Die Pistole für den vollen!
Sie ist von dem besten Meister,
Kuchenreuter, glaub ich, heißt er,
    Nehmt sie für den Beutel hin!« –

»Mit Vergnügen! Nun Geselle,
Ist die Reih an mich gekommen!
Her den Beutel auf der Stelle!
Her, was du mir abgenommen!
Gib mir das Geraubte wieder,
Gleich! ich schieße sonst dich nieder,
    Wie man einen Hund erschießt!«

»Schießt nur, schießt nur! wahrlich, Schaden
Wärt Ihr fähig anzurichten,
Wäre nur das Ding geladen.
Ihr gefallt mir so mit nichten.
Unfein dürft ich wohl Euch schelten;
Abgeschloßne Händel gelten,
    Merkt es Euch und, gute Nacht!«

Ihn verlachend unumwunden,
Langgebeint, mit leichten Sätzen,
War er in dem Busch verschwunden
Mit den eingetauschten Schätzen.
Jener mit dem Kuchenreuter
In der Hand, sah nicht gescheuter
    Aus, als augenblicks zuvor.

## Der rechte Barbier

Und soll ich nach Philisterart
   Mir Kinn und Wange putzen,
So will ich meinen langen Bart
   Den letzten Tag noch nutzen;
Ja! ärgerlich, wie ich nun bin,
Vor meinem Groll, vor meinem Kinn,
   Soll mancher noch erzittern.

»Holla! Herr Wirt, mein Pferd! macht fort!
   Ihm wird der Hafer frommen.
Habt ihr Barbiere hier im Ort?
   Laßt gleich den rechten kommen.
Waldaus, waldein, verfluchtes Land!
Ich ritt die Kreuz und Quer und fand
   Doch nirgends noch den rechten.

Tritt her, Bartputzer, aufgeschaut!
   Du sollst den Bart mir kratzen;
Doch kitzlich sehr ist meine Haut,
   Ich biete hundert Batzen;
Nur, machst du nicht die Sache gut,
Und fließt ein einz'ges Tröpflein Blut, –
   Fährt dir mein Dolch ins Herze.«

Das spitze, kalte Eisen sah
   Man auf dem Tische blitzen,
Und dem verwünschten Ding gar nah
   Auf seinem Schemmel sitzen
Den grimm'gen schwarzbehaarten Mann
Im schwarzen, kurzen Wams, woran
   Noch schwärzre Troddeln hingen.

Dem Meister wird's zu grausig fast,
   Er will die Messer wetzen,
Er sieht den Dolch, er sieht den Gast,
   Es packt ihn das Entsetzen;
Er zittert wie das Espenlaub,
Er macht sich plötzlich aus dem Staub
   Und sendet den Gesellen.

»Ein Hundert Batzen mein Gebot,
   Falls du die Kunst besitzest;
Doch, merk es dir, dich stech ich tot,
   So du die Haut mir ritzest.«
Und der Gesell: »Den Teufel auch!
Das ist des Landes nicht der Brauch.«
   Er läuft und schickt den Jungen.

»Bist du der rechte, kleiner Molch?
   Frisch auf! fang an zu schaben;
Hier ist das Geld, hier ist der Dolch,
   Das beides ist zu haben;
Und schneidest, ritzest du mich bloß,
So geb ich dir den Gnadenstoß;
   Du wärest nicht der erste.«

Der Junge denkt der Batzen, druckst
   Nicht lang und ruft verwegen:
»Nur still gesessen! nicht gemuckst!
   Gott geb Euch seinen Segen!«
Er seift ihn ein ganz unverdutzt,
Er wetzt, er stutzt, er kratzt, er putzt:
   »Gottlob! nun seid Ihr fertig.«

»Nimm, kleiner Knirps, dein Geld nur hin;
   Du bist ein wahrer Teufel!
Kein andrer mochte den Gewinn,
   Du hegtest keinen Zweifel,
Es kam das Zittern dich nicht an,
Und wenn ein Tröpflein Blutes rann,
   So stach ich doch dich nieder.«

»Ei! guter Herr, so stand es nicht,
   Ich hielt Euch an der Kehle,
Verzucktet Ihr nur das Gesicht
   Und ging der Schnitt mir fehle,
So ließ ich Euch dazu nicht Zeit,
Entschlossen war ich und bereit
   Die Kehl Euch abzuschneiden.« –

»So so! ein ganz verwünschter Spaß!«
   Dem Herrn ward's unbehaglich,
Er wurd auf einmal leichenblaß
   Und zitterte nachträglich:
»So so! das hatt ich nicht bedacht,
Doch hat es Gott noch gut gemacht;
   Ich will's mir aber merken.«

## *Ein Lied von der Weibertreue*

> S'il est un conte usé, commun et rebattu,
> C'est celui qu'en ces vers j'accommode à ma guise.
> La Fontaine

Sie haben zwei Tote zur Ruhe gebracht;
Der Hauptmann fiel in rühmlicher Schlacht,
Mit Ehren ward er beigesetzt,
Und der, den jüngst er wacker gehetzt,
    Der Räuber hängt am Galgen.

Da hält die Wacht als Schildergast
Ein junger Landsknecht, verdrießlich fast;
Die Nacht ist kalt, er flucht und friert,
Und wird ihm geraubt, der den Galgen ziert,
    So muß für ihn er hangen.

Im Grabgewölb bei des Hauptmanns Leib
Verweilt verzweiflungsvoll sein Weib,
Sie hat geschworen in bittrer Not,
Für ihn zu sterben den Hungertod;
    Die Amme, zur Gesellschaft.

Die Amme spricht: »Gebieterin,
Ich habe geschworen nach Eurem Sinn;
Beklagt und lobt den sel'gen Herrn,
Da stimm ich mit ein, von Herzen gern,
    Doch plagt mich sehr der Hunger.

Er war, so alt er war, gar gut,
Nicht eifersüchtig, von sanftem Mut;
Ach, edle Frau, Ihr findet zwar
Den zweiten nicht, wie der erste war,
    Doch plagt mich sehr der Hunger.

Euch war's, es ist mir wohl bewußt,
Ein harter Schlag, ein großer Verlust;
Doch seid Ihr noch schön, doch seid Ihr noch jung,
Und könntet noch haben der Freude genung;
    Es plagt mich sehr der Hunger!«

Die Amme so; und stumm beharrt
Die edle Frau im Schmerz erstarrt,
Erloschen scheint der Augen Licht,
Sie klaget nicht, sie weinet nicht,
    Es plagt sie sehr der Hunger.

Und draußen bläst der Wind gar scharf;
Der Landsknecht läuft, so weit er darf,
Indem er sich zu erwärmen sucht;
Und wie er läuft, und wie er flucht,
    So sieht ein Licht er schimmern.

Von wannen mag der Schimmer sein?
Er schleicht hinzu, er tritt hinein:
»Gegrüßet mir, ihr edle Fraun;
Wie muß ich hier im Grabe schaun
    So hoher Schönheit Schimmer!«

So staunend er; und stumm beharrt
Die edle Frau im Schmerz erstarrt,
Erloschen scheint der Augen Licht,
Sie klaget nicht, sie weinet nicht,
    Es plagt sie sehr der Hunger.

Die Amme drauf: »Das seht Ihr ja,
Wir trauern um den Toten da;
Wir haben geschworen in bittrer Not,
Für ihn zu sterben den Hungertod,
    Es plagt mich sehr der Hunger.«

Drauf er: »Das ist nicht wohlgetan,
Und hilft zu nichts dem toten Mann.
So schön! so jung! ihr seid nicht klug,
Es hat die Welt der Freude genug;
    Entsetzlich nagt der Hunger!

Ich sage nur: ihr Frauen sollt
Mich essen sehn, dann tun, was ihr wollt.
Hier hab ich Brot, hier hab ich Wurst,
Hier eine Flasche für den Durst;
    Es plagt auch mich der Hunger.«

Und wie er tut, was er gesagt,
Und ihm so wohl das Essen behagt,
Da sinkt der Alten ganz der Mut:
»Ach! edle Frau, das schmeckt so gut!
    Und, ach! mich plagt der Hunger!«

Drauf er: »So eßt, ich habe für zwei
Genug, und habe genug für drei,
Ich esse sonst allein für vier;
So eßt und trinkt getrost mit mir;
    Das hilft schon für den Hunger.«

Die Amme versucht, auf gutes Glück,
Ein Stückchen erst und dann ein Stück;
Sie sieht der Herrin ins Angesicht;
Sie klaget nicht, sie weinet nicht,
　　Es plagt sie sehr der Hunger.

»Ach, edle Frau, das schmeckt so gut,
Ihr wißt schon, wie der Hunger tut,
Was hat davon Euer Herr Gemahl?
Es sei genug für dieses Mal,
　　Entsetzlich nagt der Hunger!«

Er tritt zu ihr: »Versucht es nur.«
Sie aber spricht: »Mein Schwur! mein Schwur!«
Und stößt ihn dennoch nicht zurück,
Sie nimmt ein Stückchen und dann ein Stück,
　　Das hilft denn für den Hunger.

Er fällt vor ihr auf seine Knie:
»Ich sah ein schöneres Weib noch nie,
Nur sollt Ihr hinfort mir klüger sein.
Nun muß ich gehen, gedenket mein,
　　Ich komme morgen wieder;

Nichts da von Lebensüberdruß!«
Er spricht's und raubt ihr einen Kuß,
Und stürzt hinaus, er ist schon fort;
Die Alte ruft: »So halt auch Wort,
　　Du lieber, lieber Landsknecht!«

Und ferner spricht sie zu der Frau:
»Bedenk ich, Herrin, die Sache genau,
Er hat es gar nicht schlecht gemacht,
Und uns auf guten Weg gebracht,
　　Der liebe, liebe Landsknecht!«

Sie sagt nicht nein, sie sagt nicht ja,
Sie steht betroffen, errötend da,
Gibt ihren Tränen freien Lauf,
Und seufzet leiseratmend auf:
　　»Du lieber, lieber Landsknecht!«

Der Landsknecht aber verwundert sich sehr,
Er steht vor dem Galgen und der steht leer.
»Blitz Hagel! das war mein Henkersschmaus;
Den Platz da füll ich morgen noch aus!
　　Ich armer, armer Landsknecht!«

Er läuft zurück: »Nun schafft auch Rat,
Sonst muß ich hangen; ich kam zu spat.«
Sie fragen ihn aus; wie er alles gesagt,
Da weint die edle Frau und klagt:
  »Du armer, lieber Landsknecht!«

Die Alte spricht: »Geduld! Geduld!
Ich wasch ihn rein von aller Schuld;
Er hat uns errettet, das wißt Ihr doch,
Versteht mich, Frau, was zaudern wir noch?
  Du lieber, lieber Landsknecht!

Man hat ihm seinen Toten geraubt,
Wir haben auch einen, wenn Ihr es erlaubt,
Gebt ihm den Unsern, gebt Euren Schatz,
Der füllt, wie einer, seinen Platz.
  Du lieber, lieber Landsknecht!

Und wer betrachtet's scharf genug,
Daß er entdeckte den Betrug?
Frisch angefaßt und schnell ans Werk!
Daß keiner dort den Mangel merk.
  Du lieber, lieber Landsknecht!«

Wie er die Hand an den Toten legt,
Da ruft der Landsknecht tief bewegt:
»Mein Hauptmann! was? du bist es fürwahr!
Nun bring ich dich an den Galgen gar!
  Du lieber, guter Hauptmann!«

Die Frau versetzt: »Was zauderst du?
Geschwind! sonst kommen noch Leute dazu,
Geschwind! ich helfe, was ich kann,
Geschwind! geschwind! du lieber Mann,
  Du lieber, lieber Landsknecht!«

Und er darauf: »Es geht nicht an;
Dem Räuber fehlt ein Vorder-Zahn.«
Da nimmt sie selber einen Stein
Und schlägt den Zahn dem Toten ein:
  Du lieber, lieber Landsknecht!

So schleifen hinaus ihn alle drei
Und hängen ihn an den Galgen frei;
Und streift nun der Wind die Heide entlang,
So geben die Knochen gar guten Klang
  Zum Lied von der Weibertreue.

## Die Löwenbraut

Mit der Myrte geschmückt und dem Brautgeschmeid,
Des Wärters Tochter, die rosige Maid,
Tritt ein in den Zwinger des Löwen; er liegt
Der Herrin zu Füßen, vor der er sich schmiegt.

Der Gewaltige, wild und unbändig zuvor,
Schaut fromm und verständig zur Herrin empor;
Die Jungfrau, zart und wonnereich,
Liebstreichelt ihn sanft und weinet zugleich:

»Wir waren in Tagen, die nicht mehr sind,
Gar treue Gespielen wie Kind und Kind,
Und hatten uns lieb, und hatten uns gern;
Die Tage der Kindheit, sie liegen uns fern.

Du schütteltest machtvoll, eh wir's geglaubt,
Dein mähnen-umwogtes, königlich Haupt;
Ich wuchs heran, du siehst es, ich bin
Das Kind nicht mehr mit kindischem Sinn.

O wär ich das Kind noch und bliebe bei dir,
Mein starkes, getreues, mein redliches Tier;
Ich aber muß folgen, sie taten's mir an,
Hinaus in die Fremde dem fremden Mann.

Es fiel ihm ein, daß schön ich sei,
Ich wurde gefreiet, es ist nun vorbei; --
Der Kranz im Haare, mein guter Gesell,
Und nicht vor Tränen die Blicke mehr hell.

Verstehst du mich ganz? schaust grimmig dazu;
Ich bin ja gefaßt, sei ruhig auch du;
Dort seh ich ihn kommen, dem folgen ich muß,
So geb ich denn, Freund, dir den letzten Kuß!«

Und wie ihn die Lippe des Mädchens berührt,
Da hat man den Zwinger erzittern gespürt;
Und wie er am Gitter den Jüngling erschaut,
Erfaßt Entsetzen die bangende Braut.

Er stellt an die Tür sich des Zwingers zur Wacht,
Er schwinget den Schweif, er brüllet mit Macht;
Sie flehend, gebietend und drohend begehrt
Hinaus; er im Zorn den Ausgang wehrt.

Und draußen erhebt sich verworren Geschrei,
Der Jüngling ruft: »Bringt Waffen herbei;
Ich schieß ihn nieder, ich treff ihn gut!«
Auf brüllt der Gereizte, schäumend vor Wut.

Die Unselige wagt's, sich der Türe zu nahn,
Da fällt er verwandelt die Herrin an;
Die schöne Gestalt, ein gräßlicher Raub,
Liegt blutig, zerrissen, entstellt in dem Staub.

Und wie er vergossen das teure Blut,
Er legt sich zur Leiche mit finsterem Mut,
Er liegt so versunken in Trauer und Schmerz,
Bis tödlich die Kugel ihn trifft in das Herz.


## Der Bettler und sein Hund

Drei Taler erlegen für meinen Hund!
So schlage das Wetter mich gleich in den Grund!
Was denken die Herrn von der Polizei?
Was soll nun wieder die Schinderei?

Ich bin ein alter, ein kranker Mann,
Der keinen Groschen verdienen kann;
Ich habe nicht Geld, ich habe nicht Brot,
Ich lebe ja nur von Hunger und Not.

Und wann ich erkrankt, und wann ich verarmt,
Wer hat sich da noch meiner erbarmt?
Wer hat, wann ich auf Gottes Welt
Allein mich fand, zu mir sich gesellt?

Wer hat mich geliebt, wann ich mich gehärmt?
Wer, wann ich fror, hat mich gewärmt?
Wer hat mit mir, wann ich hungrig gemurrt,
Getrost gehungert und nicht geknurrt?

Es geht zur Neige mit uns zwein,
Es muß, mein Tier, geschieden sein;
Du bist, wie ich, nun alt und krank,
Ich soll dich ersäufen, das ist der Dank!

Das ist der Dank, das ist der Lohn!
Dir geht's, wie manchem Erdensohn.
Zum Teufel! ich war bei mancher Schlacht,
Den Henker hab ich noch nicht gemacht.

Das ist der Strick, das ist der Stein,
Das ist das Wasser, – es muß ja sein.
Komm her, du Köter, und sieh mich nicht an,
Noch nur ein Fußstoß, so ist es getan.

Wie er in die Schlinge den Hals ihm gesteckt,
Hat wedelnd der Hund die Hand ihm geleckt,
Da zog er die Schlinge sogleich zurück,
Und warf sie schnell um sein eigen Genick.

Und tat einen Fluch, gar schauderhaft,
Und raffte zusammen die letzte Kraft,
Und stürzt' in die Flut sich, die tönend stieg,
In Kreise sich zog und über ihm schwieg.

Wohl sprang der Hund zur Rettung hinzu,
Wohl heult' er die Schiffer aus ihrer Ruh,
Wohl zog er sie winselnd und zerrend her, –
Wie sie ihn fanden, da war er nicht mehr.

Er ward verscharret in stiller Stund,
Es folgt' ihm winselnd nur der Hund,
Der hat, wo den Leib die Erde deckt,
Sich hingestreckt und ist da verreckt.

## *Die Sonne bringt es an den Tag*

Gemächlich in der Werkstatt saß
Zum Frühtrunk Meister Nikolas,
Die junge Hausfrau schenkt' ihm ein,
Es war im heitern Sonnenschein. –
    Die Sonne bringt es an den Tag.

Die Sonne blinkt von der Schale Rand,
Malt zitternde Kringeln an die Wand,
Und wie den Schein er ins Auge faßt,
So spricht er für sich, indem er erblaßt:
    »Du bringst es doch nicht an den Tag.«

»Wer nicht? was nicht?« die Frau fragt gleich,
»Was stierst du so an? was wirst du so bleich?«
Und er darauf: »Sei still, nur still;
Ich's doch nicht sagen kann, noch will.
    Die Sonne bringt's nicht an den Tag.«

Die Frau nur dringender forscht und fragt,
Mit Schmeicheln ihn und Hadern plagt,
Mit süßem und mit bitterm Wort,
Sie fragt und plagt ihn fort und fort:
    »Was bringt die Sonne nicht an den Tag?«

»Nein, nimmermehr!« – »Du sagst es mir noch.« –
»Ich sag es nicht.« – »Du sagst es mir doch.« –
Da ward zuletzt er müd und schwach,
Und gab der Ungestümen nach. –
    Die Sonne bringt es an den Tag.

»Auf der Wanderschaft, 's sind zwanzig Jahr,
Da traf es mich einst gar sonderbar,
Ich hatt nicht Geld, nicht Ranzen, noch Schuh',
War hungrig und durstig und zornig dazu. –
    Die Sonne bringt's nicht an den Tag.

Da kam mir just ein Jud in die Quer,
Ringsher war's still und menschenleer:
Du hilfst mir, Hund, aus meiner Not;
Den Beutel her, sonst schlag ich dich tot!
    Die Sonne bringt's nicht an den Tag.

Und er: Vergieße nicht mein Blut,
Acht Pfennige sind mein ganzes Gut!
Ich glaubt ihm nicht, und fiel ihn an;
Er war ein alter, schwacher Mann –
    Die Sonne bringt's nicht an den Tag.

So rücklings lag er blutend da,
Sein brechendes Aug in die Sonne sah;
Noch hob er zuckend die Hand empor,
Noch schrie er röchelnd mir ins Ohr:
　　Die Sonne bringt es an den Tag.

Ich macht ihn schnell noch vollends stumm,
Und kehrt ihm die Taschen um und um:
Acht Pfenn'ge, das war das ganze Geld.
Ich scharrt ihn ein auf selbigem Feld –
　　Die Sonne bringt's nicht an den Tag.

Dann zog ich weit und weiter hinaus,
Kam hier ins Land, bin jetzt zu Haus. –
Du weißt nun meine Heimlichkeit,
So halte den Mund und sei gescheit;
　　Die Sonne bringt's nicht an den Tag.

Wann aber sie so flimmernd scheint,
Ich merk es wohl, was sie da meint,
Wie sie sich müht und sich erbost, –
Du, schau nicht hin, und sei getrost:
　　Sie bringt es doch nicht an den Tag.«

So hatte die Sonn eine Zunge nun,
Der Frauen Zungen ja nimmer ruhn. –
Gevatterin, um Jesus Christ!
Laßt Euch nicht merken, was Ihr nun wißt. –
　　Nun bringt's die Sonne an den Tag.

Die Raben ziehen krächzend zumal
Nach dem Hochgericht, zu halten ihr Mahl.
Wen flechten sie aufs Rad zur Stund?
Was hat er getan? wie ward es kund?
　　Die Sonne bracht es an den Tag.

### Die Giftmischerin

Dies hier der Block und dorten klafft die Gruft.
Laßt einmal noch mich atmen diese Luft,
Und meine Leichenrede selber halten.
Was schauet ihr mich an so grausenvoll?
Ich führte Krieg, wie jeder tut und soll,
　　Gen feindliche Gewalten.
Ich tat nur eben, was ihr alle tut,
Nur besser; drum, begehret ihr mein Blut,
　　So tut ihr gut.

Es sinnt Gewalt und List nur dies Geschlecht;
Was will, was soll, was heißet denn das Recht?
Hast du die Macht, du hast das Recht auf Erden.
Selbstsüchtig schuf der Stärkre das Gesetz,
Ein Schlächterbeil zugleich und Fangenetz
     Für Schwächere zu werden.
Der Herrschaft Zauber aber ist das Geld:
Ich weiß mir Beßres nichts auf dieser Welt,
     Als Gift und Geld.

Ich habe mich aus tiefer Schmach entrafft,
Vor Kindermärchen Ruhe mir geschafft,
Die Schrecken vor Gespenstern überwunden.
Das Gift erschleicht im Dunkeln Geld und Macht,
Ich hab es zum Genossen mir erdacht,
     Und hab es gut befunden.
Hinunter stieß ich in das Schattenreich
Mann, Brüder, Vater und ich ward zugleich
     Geehrt und reich.

Drei Kinder waren annoch mir zur Last,
Drei Kinder meines Leibes; mir verhaßt,
Erschwerten sie mein Ziel mir zu erreichen.
Ich habe sie vergiftet, sie gesehn,
Zu mir um Hilfe rufend, untergehn,
     Bald stumme, kalte Leichen.
Ich hielt die Leichen lang auf meinem Schoß
Und schien mir, so betrachtend tränenlos,
     Erst stark und groß.

Nun fröhnt ich sicher heimlichem Genuß,
Mein Gift verwahrte mich vor Überdruß
Und ließ die Zeugen nach der Tat verschwinden.
Daß Lust am Gift, am Morden ich gewann,
Wer, was ich tat, erwägt und fassen kann,
     Der wird's begreiflich finden.
Ich teilte Gift wie milde Spenden aus,
Und weilte lüstern Auges, wo im Haus
     Der Tod hielt Schmaus.

Ich habe mich zu sicher nur geglaubt,
Und büß es billig mit dem eignen Haupt,
Daß ich der Vorsicht einmal mich begeben.
Den Fehl, den einen Fehl bereu ich nur,
Und gäbe, zu vertilgen dessen Spur,
     Wie viele eurer Leben!
Du, schlachte mich nun ab, es muß ja sein.
Ich blicke starr und fest vom Rabenstein
     Ins Nichts hinein.

## Der Graf und der Leibeigene

### 1

Laß, Graf, die Jagd und wende dein Roß;
Es wird, bevor du erreichest dein Schloß,
Wo kreißend die Gräfin begehret dein,
Der Erbe vielleicht dir geboren sein.

Wie sprengt er daher mit freudigem Mut!
Wie trieft der Rappe von Schweiß und von Blut!
Die Burg erreicht er mit letzter Kraft, –
Verwirrung herrscht in der Dienerschaft.

Es dringt in das Frauengemach der Graf;
Die Wöchnerin liegt in ruhigem Schlaf,
Die Frauen entfernt, die Fenster verhängt,
Die Wiege dicht an das Bette gedrängt.

Er deckt die Wieg auf, atmend kaum; –
Zwei Knaben faßt der enge Raum,
Zu Haupt liegt einer, der andre am Fuß;
Wie schwelgt nun sein Herz in Überfluß!

Er hebt den einen, den andern mit Lust
Aus enger Wiege an seine Brust,
Er legt sie beisammen, und wieder hervor
Sie hebend hält er die beiden empor.

»Wie bin ich so reich, wie war ich so arm!
Nun wieg ich der Sprößlinge zwei im Arm,
Nun grünt mein Stamm in Üppigkeit,
Nun soll er mir ragen in Herrlichkeit!«

Da kommt die Wehemutter herein,
Sie ahndet schon, was geschehen mag sein,
Sie hört und sieht ihn erschrocken an:
»Was hast du Graf, was hast du getan?

Entbunden ward mit der Herrin zugleich
Die Schaffnerin, – was wirst du so bleich? –
Sie hat, die hier sich geschäftig verletzt,
Der Kinder eins in die Welt gesetzt.

Zu Häupten lag, der dir gehört,
Der andre zu Füßen, wie sich's gehört.
Wer ist dein Blut, wer dein Geschlecht?
Leibeigen wer und niedrer Knecht?«

Da ruft er entsetzt: »Was hab ich getan?
Mein Sohn, mein Sohn! wer zeigt mir ihn an?«
Erwachend ruft die Gräfin: »Mein Kind!
O gebt mein eigenes Kind mir geschwind!«

Vergebliche Klage: kein Zeuge spricht,
Zu kennen sind die Kinder nicht,
Verloren ist der Irrung Spur,
Die Zeichen schweigen, es schweigt die Natur.

### 2

»Bald legt sich der Alte zur letzten Ruh
Und fällt sein brechendes Aug erst zu, –
Auf welcher Seite sei das Recht, –
So bin ich der Herr, so bist du der Knecht.« –

»Du, Doppelgänger, bist mir fast,
So wie ich dir, in der Seele verhaßt;
Und schläft er … ich frage nach keinem Recht,
So bin ich der Herr, so bist du der Knecht.« –

»Ich bin der Graf, wer widersagt
Dem hochgeborenen Herrn? wer wagt
Verblendet gegen mich den Raub?
Vor mir, Leibeigener, in den Staub!« –

»Ich bin der Graf und dulde hier
Dein blasses Bild nicht neben mir;
Ich werfe dich in den tiefsten Turm;
Zu meinen Füßen kreuch, du Wurm!« –

»Wenn schmähen deine Zunge darf,
Ist doch dein Schwert viel minder scharf,
Sonst müßte bald entschieden sein
Wohl zwischen uns das Mein und Dein.« –

»Was warten wir, daß sein Auge bricht?
Ich fälle dich gleich, du Bösewicht!« –
»Was warten wir? das sprachst du gut;
Gleich dünge mein Land dein schwarzes Blut!

Vernahmst du, Graf, der Waffen Klang
Vom Hag herüber die Halle entlang?
Was trägt dein schwankender Fuß dich dahin?
Ach! Unheil ahndet dein finsterer Sinn.

Und über zwei Leichen auf blutigem Grund,
Da ringt er verwaist die Hände wund,
Und weint die alten Augen blind,
Und schüttelt sein greises Haar in dem Wind.

## Der Waldmann

Der Wandrer eilt das Tal hinauf,
Er steigert fast den Schritt zum Lauf,
Der Pfad ist steil, die Nacht bricht ein,
Die Sonne sinkt in blut'gem Schein,
Die Nebel ziehn um den Drachenstein.

Und wie er bald das Dorf erreicht,
Ein seltsam Bild vorüber schleicht,
Gespenstisch fast, unheimlicher Gast; –
Drückt ihn annoch des Lebens Last?
Gewährt das Grab ihm keine Rast?

»Ihr friedlichen Leute, was zaget ihr,
Und kreuziget euch, und zittert schier?« –
Ob mir das Haar zu Berge steigt,
Ich sag's dir an, wenn alles schweigt:
Es hat der Waldmann sich gezeigt.

»Der Waldmann?« – Ja. Du wirst nicht bleich,
Du bist hier fremd, ich dacht es gleich;
Ich bin ein achtzigjähr'ger Mann,
Und war ein Kind, als sich's entspann,
Ich bin's, der Kunde geben kann.

Die Drachenburg stand dazumal
Stolz funkelnd noch im Sonnenstrahl;
Da lebte der Graf in Herrlichkeit,
Bei ihm, bewundert weit und breit,
Das junge Fräulein Adelheid.

Der Schreiber Waldmann, höflicher Art,
Trübsinnig, blaß und hochgelahrt,
Erfreute sich der Gunst des Herrn;
Er sah das Fräulein nur zu gern,
Und der Versucher blieb nicht fern.

Zu reden wie er, kein andrer verstund;
Er webte fein mit falschem Mund
Das Netz, womit er sie umschlang;
Er sprach von Lieb, er sprach von Rang,
Von freier Wahl und hartem Zwang;

Von Gott und Christo nebenbei,
Und Sündenhaftes allerlei;
So hat er sie bestürmt, geplagt,
Gequält, umgarnt, sei's Gott geklagt,
Bis sie ihm Liebe zugesagt.

Spät ward's dem Vater hinterbracht,
Sein Zorn, sein Mitleid sind erwacht;
Sein Kind Erbarmen bei ihm fand,
Der falsche Schreiber ward verbannt
Bei Leibesstrafe von Burg und Land.

Schön Adelheid in Tränen zerfloß,
Der Waldmann aber irrt' um das Schloß;
Er kannt nicht Ruh, er wußt nicht Rat,
Er wütete, brütete früh und spat,
Und sann auf schauerliche Tat.

Er sandt ihr heimlich einen Brief,
Wovor es kalt sie überlief:
»Zusammen sterben!« hieß es darin,
»Getrennt zu leben, bringt keinen Gewinn,
Nach einem Dolchstoß steht mein Sinn.

Du schleichst zu Nacht aus des Schlosses Raum
Und stellst dich ein beim Kästenbaum;
Bestellt das Brautbett findest du,
Das Bett zur langen, langen Ruh,
Am Morgen deckt dein Vater uns zu.«

Und wie in schwerem Fiebertraum
Zog's sie zu Nacht nach dem Kästenbaum.
Ob da sie selbst den Tod begehrt,
Ob widerstrebt, ob sich gewehrt,
Die Nacht verbirgt's, kein Mensch es erfährt.

Der Tag, wie er in Osten ergraut,
Hat erst das blut'ge Werk geschaut:
Er hat in der Geliebten Brust,
Die Liebe nur atmet und süße Lust,
Den Dolchstoß sicher zu führen gewußt.

Wie aber sie sank in seinen Arm,
Ihr Blut verspritzte so rot und warm,
Da merkt' er erst, wie das Sterben tut,
Da ward er feig, da sank sein Mut,
Da dünkt' es ihn zu leben gut.

Er hat die Leiche hingestreckt,
Und ist entflohn, und hat sich versteckt.
Es ward das Schrecknis offenbar,
Wie kaum die Arme verblichen war;
Der Vater zerraufte sein greises Haar.

Er hat dem Mörder grausig geflucht:
Dem Tod zu entkommen, der drohend ihn sucht;
Er hat das Grab der Tochter bestellt,
Er hat sich bald zu derselben gesellt;
Sein Stamm verdorrt, die Burg zerfällt.

Der Waldmann dort bei den Gräbern haust,
Beim Kästenbaum, wann der Sturm erbraust,
Gespenstisch fast, unheimlicher Gast; –
Drückt ihn annoch des Lebens Last?
Gewährt das Grab ihm keine Rast?

Man weiß es nicht, doch wann er steigt
Hinab zu Tal, im Dorfe sich zeigt,
So folgt ihm Unheil auf dem Fuß;
Verderben bringt sein ferner Gruß,
Und wen er anhaucht, sterben muß.

## Das Riesen-Spielzeug

Burg Niedeck ist im Elsaß der Sage wohlbekannt,
Die Höhe, wo vor Zeiten die Burg der Riesen stand;
Sie selbst ist nun verfallen, die Stätte wüst und leer,
Du fragest nach den Riesen, du findest sie nicht mehr.

Einst kam das Riesen-Fräulein aus jener Burg hervor,
Erging sich sonder Wartung und spielend vor dem Tor,
Und stieg hinab den Abhang bis in das Tal hinein,
Neugierig zu erkunden, wie's unten möchte sein.

Mit wen'gen raschen Schritten durchkreuzte sie den Wald,
Erreichte gegen Haslach das Land der Menschen bald,
Und Städte dort und Dörfer und das bestellte Feld
Erschienen ihren Augen gar eine fremde Welt.

Wie jetzt zu ihren Füßen sie spähend niederschaut,
Bemerkt sie einen Bauer, der seinen Acker baut;
Es kriecht das kleine Wesen einher so sonderbar,
Es glitzert in der Sonne der Pflug so blank und klar.

»Ei! artig Spielding!« ruft sie, »das nehm ich mit nach Haus.«
Sie knieet nieder, spreitet behend ihr Tüchlein aus,
Und fegt mit den Händen, was da sich alles regt,
Zu Haufen in das Tüchlein, das sie zusammen schlägt;

Und eilt mit freud'gen Sprüngen, man weiß, wie Kinder sind,
Zur Burg hinan und suchet den Vater auf geschwind:
»Ei Vater, lieber Vater, ein Spielding wunderschön!
So Allerliebstes sah ich noch nie auf unsern Höhn.«

Der Alte saß am Tische und trank den kühlen Wein,
Er schaut sie an behaglich, er fragt das Töchterlein:
»Was Zappeliches bringst du in deinem Tuch herbei?
Du hüpfest ja vor Freuden; laß sehen, was es sei.«

Sie spreitet aus das Tüchlein und fängt behutsam an,
Den Bauer aufzustellen, den Pflug und das Gespann;
Wie alles auf dem Tische sie zierlich aufgebaut,
So klatscht sie in die Hände und springt und jubelt laut.

Der Alte wird gar ernsthaft und wiegt sein Haupt und spricht:
»Was hast du angerichtet? das ist kein Spielzeug nicht;
Wo du es hergenommen, da trag es wieder hin,
Der Bauer ist kein Spielzeug, was kommt dir in den Sinn!

Sollst gleich und ohne Murren erfüllen mein Gebot;
Denn, wäre nicht der Bauer, so hättest du kein Brot;
Es sprießt der Stamm der Riesen aus Bauernmark hervor,
Der Bauer ist kein Spielzeug, da sei uns Gott davor!«

Burg Niedeck ist im Elsaß der Sage wohlbekannt,
Die Höhe, wo vor Zeiten die Burg der Riesen stand,
Sie selbst ist nun verfallen, die Stätte wüst und leer,
Und fragst du nach den Riesen, du findest sie nicht mehr.


## Erscheinung

Die zwölfte Stunde war beim Klang der Becher
    Und wüstem Treiben schon herangewacht,
      Als ich hinaus mich stahl, ein müder Zecher.
Und um mich lag die kalte, finstre Nacht;
    Ich hörte durch die Stille widerhallen
      Den eignen Tritt und fernen Ruf der Wacht.
Wie aus den klangreich fest-erhellten Hallen
    In Einsamkeit sich meine Schritte wandten,
      Ward ich von seltsam trübem Mut befallen.
Und meinem Hause nah, dem wohlbekannten,
    Gewahrt ich, und ich stand versteinert fast,
      Daß hinter meinem Fenster Lichter brannten.
Ich prüfte zweifelnd eine lange Rast,
    Und fragte: macht es nur in mir der Wein?
      Wie käm zu dieser Stunde mir ein Gast?

Ich trat hinzu und konnte bei dem Schein
    Im wohlverschloßnen Schloß den Schlüssel drehen,
    Und öffnete die Tür, und trat hinein.
Und, wie die Blicke nach dem Lichte spähen,
    Da ward mir ein Gesicht gar schreckensreich, –
    Ich sah mich selbst an meinem Pulte stehen.
Ich rief: »Wer bist du, Spuk?« – er rief sogleich:
    »Wer stört mich auf in später Geisterstunde?«
    Und sah mich an, und ward, wie ich, auch bleich.
Und unermeßlich wollte die Sekunde
    Sich dehnen, da wir starrend wechselseitig
    Uns ansahn, sprachberaubt mit offnem Munde.
Und aus beklommner Brust zuerst befreit ich
    Das schnelle Wort: »Du grause Truggestalt,
    Entweiche, mache mir den Platz nicht streitig!«
Und er, als einer, über den Gewalt
    Die Furcht nur hat, erzwingend sich ein leises
    Und scheues Lächeln, sprach erwidernd: »Halt!
Ich bin's, du willst es sein; – um dieses Kreises,
    Des wahnsinn-drohnden, Quadratur zu finden,
    Bist du der rechte, wie du sagst, beweis es;
Ins Wesenlose will ich dann verschwinden.
    Du Spuk, wie du mich nennst, gehst du das ein,
    Und willst auch du zu Gleichem dich verbinden?«
Drauf ich entrüstet: »Ja, so soll es sein!
    Es soll mein echtes Ich sich offenbaren,
    Zu Nichts zerfließen dessen leerer Schein!«
Und er: »So laß uns, wer du seist, erfahren!«
    Und ich: »Ein solcher bin ich, der getrachtet
    Nur einzig nach dem Schönen, Guten, Wahren;
Der Opfer nie dem Götzendienst geschlachtet,
    Und nie gefrönt dem weltlich eitlen Brauch,
    Verkannt, verhöhnt, der Schmerzen nie geachtet;
Der irrend zwar und träumend oft den Rauch
    Für Flamme hielt, doch mutig beim Erwachen
    Das Rechte nur verfocht: – bist du das auch?«
Und er, mit wildem, kreischend lautem Lachen:
    »Der du dich rühmst zu sein, der bin ich nicht.
    Gar anders ist's bestellt um meine Sachen.
Ich bin ein feiger, lügenhafter Wicht,
    Ein Heuchler mir und andern, tief im Herzen
    Nur Eigennutz und Trug im Angesicht.
Verkannter Edler du mit deinen Schmerzen,
    Wer kennt sich nun? Wer gab das rechte Zeichen?
    Wer soll, ich oder du, sein Selbst verscherzen?
Tritt her, so du es wagst, ich will dir weichen!«
    Drauf mit Entsetzen ich zu jenem Graus:
    »Du bist es, bleib, und laß hinweg mich schleichen!« –
Und schlich, zu weinen, in die Nacht hinaus.

## Das Auge

Dir ist der alte Müller bekannt,
Bolei, der wackre, wird er genannt,
Bettlägerig ins zwanzigste Jahr,
Der Geist noch kräftig heiter und klar.

Ihn rührte der Schlag in der Schreckensnacht,
Wo vom Stall herüber, vom Sturme gefacht,
Der ungeheure Brand das Schloß
Ergriff und über das Dorf sich ergoß.

Wo's galt zu retten, war er dabei
Der erste, der kühnste, der wackre Bolei;
Er meint' und sprang in die Glut hinein,
Der Stallknecht möchte zu retten noch sein.

Den Fritz begrub der lodernde Graus,
Selbst kam er mit brennenden Kleidern heraus,
Und wie er darauf ins Wasser sprang
Ward er gelähmt auf sein Leben lang.

Sein Aug ist wunderbarlich hell,
Den Kindern und Reinen ein freudiger Quell,
Doch nimmer den scharfen Lichtblick erträgt,
Wer selbst im Busen Nächtliches hegt.

Bolei war jüngst im Haus allein,
Es trat ein fremdes Weib zu ihm ein,
Ein Fäßlein Branntwein trug sie daher,
Den bot sie feil und rühmte ihn sehr.

»Es steht nach Branntwein nicht mein Sinn,
Geh du mit Gott nur wieder hin.«
Sie ließ sich nicht abweisen und trat
Zudringlich näher und trotzte und bat.

Er sah sie an verwundert schier:
»Geh du mit Gott! was suchst du noch hier?«
Sie machte frech der Worte noch viel,
Bis scharf sein Blick ihr ins Auge fiel.

Dem wollte sie noch nicht weichen sogleich
Und wurde doch stumm, und wurde doch bleich,
Da schrie sie auf: »Was siehst du mich an?
Was willst du? Was hab ich Böses getan?«

Er aber lag auf dem Lager dort,
Sah bloß sie an und sprach kein Wort;
Und zitternd stand sie gefesselt und schien
Unmächtig sich dem Blick zu entziehn.

»Was willst du von mir, Entsetzlicher, sprich!
Laß ab von mir! was peinigst du mich!
Ich bin nicht schuldig: was hältst du Gericht!
Wend ab dein Auge, halte mich nicht!«

Er aber lag auf dem Lager dort,
Sah scharf sie an und sprach kein Wort.
Und heftiger immer erzitterte sie
Und rang, sich los zu reißen, und schrie:

»Wend ab dein Auge! was hast du erdacht?
Was hältst du mich fest? wer gibt dir die Macht?
Was dringt dein Blick mit dem blutigen Schein
Des lodernden Brandes so auf mich ein?!

Wer redet vom Brande? was geht der mich an?
Wie darfst du sagen: ich hab es getan?!
Ich sage: nein! was keiner weiß,
Das macht mich nicht bang, und macht mich nicht heiß.«

Er aber saß auf dem Lager dort,
Sah schärfer sie an und sprach kein Wort.
Sie rang, wie ihrer selbst nicht bewußt,
Da erscholl ein Schrei aus zerrissener Brust:

»Du weißt es schon, daß ich es war!
Nun ja! nun ja! es ist doch wahr!
Der böse Feind hat mich versucht,
Die Liebe, was weiß ich? die Eifersucht!

Das weißt du, Fritz, der die Eh mir versprach,
Ging jetzt der Anne Marie doch nach;
Ich hatt's ihm gesagt, und – wie er schlief –
Das Messer war scharf, der Schnitt war tief. –

Er zappelte noch und röchelte bang;
Das Blut, das rann die Dielen entlang;
Er hatte des Blutes entsetzlich viel!
Es trieb der Böse damit sein Spiel.

Ja! wenn die Flamme das Blut nur leckt
Mit roter Zunge, so wird es verdeckt.
Und unten im Stall war willig das Stroh,
Auf einmal flackert es lichterloh!«

Sie sprach's und stöhnte, und raffte sich auf
Und war verschwunden im schnellen Lauf.
Er sah ihr nach erschrocken fast,
Bis er zum Beten sich stille gefaßt.

## Der Müllergesell

Frei nach dem Dänischen des Andersen

Ich hab in dieser Mühle gedienet schon als Kind,
Die Tage meiner Jugend mir hier entschwunden sind;
Wie war des Müllers Tochter so herzig und so traut,
Wie hat man zu den Augen ihr in das Herz geschaut.

Sie setzte sich vertraulich am Abend oft zu mir,
Wir sprachen viel zusammen und alles sagt ich ihr;
Sie teilte meinen Kummer und teilte meine Lust. –
Das Eine nur verschwieg ich, die Lieb in meiner Brust.

Das hätte sie gesehen, wenn selber sie geliebt.
Ist's denn das Wort, das arme, das die Verständ'gung gibt?
Ich sprach zu meinem Herzen: Laß fahren und sei still!
Für dich, du armer Bursche, sich's doch nicht schicken will.

Und wie ich still mich härmte, da sprach sie liebereich:
»Wie hast du dich verändert, wie bist du worden bleich?
Mußt wieder fröhlich werden! mir ist um dich so bang!«
So kam's, daß ich aus Liebe die Liebe selbst bezwang.

Sie kam mir nachgesprungen einst bei der Felsenwand,
Ihr Auge strahlte heller, sie faßte meine Hand:
»Nun mußt du Glück mir wünschen, dich grüßet eine Braut,
Und du, du bist der erste, dem ich mein Glück vertraut.«

Wie ich die Hand ihr küßte, verbarg ich mein Gesicht,
Es flossen meine Tränen und reden konnt' ich nicht;
Es ward mir, als verschlänge vor mir zur selb'gen Stund
Mein Denken und mein Hoffen der Erde tiefster Grund,

Am Abend war Verlobung, wobei ich selber war;
Ich saß am Ehrenplatze vor dem beglückten Paar;
Man ließ die Gläser klingen und stimmte Lieder an;
Ich mußte fröhlich scheinen, da sie mich alle sahn.

Es ging am andern Morgen mir in dem Kopf herum,
Inmitten ihrer Freude war ich verwirrt und stumm.
Was fehlte mir? Nur Eines! Es war so wundersam;
Sie liebten ja mich alle, sie selbst, ihr Bräutigam.

Sie trugen mich auf Händen, und wußten nicht mein Weh.
Wie sie einander liebten und kosten, daß ich's seh,
Kam mir die Lust zu wandern weit in die Welt hinein.
Ich schnürte gleich mein Bündel; geschieden mußt es sein.

Ich bat: »Laßt jetzt mich sehen die Welt und ihre Lust«;
Ich meinte nur: vergessen die Welt in meiner Brust.
Sie sah mich an und sagte: »O Gott! was fällt dir ein?
Wir lieben dich so herzlich; wo kannst du besser sein?«

Da stürzten meine Tränen. Diesmal war's guter Brauch;
Man weint ja, wenn man scheidet: sie sagt' es selber auch.
Sie haben mich geleitet, als ich mich fortgemacht, –
Sie haben krank zum Sterben mich wieder heimgebracht.

Sie pflegen in der Mühle mich gar mit Zärtlichkeit,
Sie kommt mit ihrem Liebsten zu mir zu aller Zeit;
Im Juli wird die Hochzeit, sie aber wollen's so:
Ich soll mit ihnen ziehen und werden wieder froh.

Ich höre stumm dem Brausen des Wasserrades zu,
Und denke: Tief da unten, da fänd ich erst die Ruh!
Dann wär ich ohne Schmerzen und ledig aller Pein!
Das wollen ja die beiden: ich soll zufrieden sein.


## Bettina von Arnim

### 1785–1859


### Seelied

Es schien der Mond gar helle,
Die Sterne blinkten klar,
Es schliefen tief die Wellen,
Das Meer ganz stille war.

Ein Schifflein lag vor Anker,
Ein Schiffer trat herfür:
Ach wenn doch all mein Leiden
Hier tief versunken wär'.

Mein Schifflein liegt vor Anker,
Hat keine Ladung drin,
Ich lad' ihm auf mein Leiden
Und lass' es fahren hin.

Und als er sich entrissen
Die Schmerzen mit Gewalt,
Da war sein Herz zerrissen,
Sein Leben war erkalt'.

Die Leiden all schon schwimmen
Auf hohem Meere frei,
Da heben sie an zu singen
Eine finstre Melodei.

Wir haben festgesessen
In eines Mannes Brust,
Wo tapfer wir gestritten
Mit seines Lebens Lust.

Nun müssen wir hier irren
Im Schifflein hin und her:
Ein Sturm wird uns verschlingen,
Ein Ungeheuer im Meer.

Da mußten die Wellen erwachen
Bei diesem trüben Sang;
Verschlangen still den Nachen
Mit allem Leiden bang.

## Das Königslied

Es lag ein junger König
In seinem guldenen Bett.
Die Kron drückt ihn nicht wenig,
Die er auf dem Haupte hätt.
Doch drückten ihn wohl im Herzen
Die Liebesgedanken noch mehr.
Er sprach zu seinem Diener:
»Ruf mir den Narren her!
Er soll ein Liedlein mir singen,
Des Herzens Gram bezwingen.«
Der Narre kam gelaufen
Mit seiner güldnen Harfen:
»Herr König, weil die Sinnen
So schwer und glühend dir sind,
Will ich ein Liedlein singen
Vom leichten kühlen Wind.«
»Vom Winde willst du singen,
Von kühler Nächte Duft?
Laß sein, ich will's nicht hören,
Will selber an die Luft.
Den Fels will ich erklimmen
In dieser grausen Nacht,
Und Lieder will ich dort singen,
Bis daß der Tag erwacht.«
»Laß bleiben, laß bleiben, Herr König,
Die Wind haben keinen Respekt,
Die achten dein gar wenig,
Sie werfen dich in Dreck.«
»Und schleudern sie mich vom Felsen
Wohl tief in das Wasser hinein,
So mögen sie doch auch wohl kühlen
Die Gluten im Herzen mein.«
»Ei König, wie willst du gehen,
Barfuß und ohne Zierd,
Ich bitt, laß mich erflehen,
Kleid dich, wie dir's gebührt.
Bind an die Füße Sandalen,
Häng um die goldene Kett,
Und deine nackten Schultern
Mit dem roten Purpur bedeck,
Und in die Augen drücke
Dir tief die schwere Kron,
Damit sie dir nicht trage
Der erste Wind davon.
Und um die Lenden gürte
Dir fest dein stählern Schwert,
Damit den Winden ein König
Zum leichtesten Spiel nicht werd!

Und in den Gürtel stecke
Dir noch den Zepter dein
Und um die Schulter hänge
Dir noch die Harfen mein.«
Da kann der König nicht gehen,
Es zog ihn schwer zurück,
Da trat er in seinem Zorne
Die Harfen in tausend Stück.
Der Narre begann zu weinen,
Da er die Harfen sah
In tausend Stücken liegen,
Die ach so schöne war.
Der König den Fels erklomm,
Wo tausend Bächlein flossen
Und unten in einem Strom
Zusammen sich ergossen.
Die Winde hatten gesehen
In dunkel schwarzer Nacht
Den roten Purpur wehen
Und auch der Krone Pracht.
Sie breiten aus die Schwingen
Und kommen alle herbei,
Zu hören, wie er tät singen,
Zu sehen sein herrliches Kleid.
Und als sie hatten gehöret
Das trübe Königslied,
Da hatten sie ihren Gefallen,
Es sollt ihnen werden ein Spiel.
Der eine tat hoch aufbrausen
In seinem Purpur rot,
Der andre zog durch die Krone
Die Locken wild hervor.
Der dritt tät mit dem Schwerte
Wohl klappern hin und her,
Der Hirt zog ihn an der Kette
Wie an dem Zaum ein Pferd.
Er muß die Lethe trinken
Mit schwerem Atemzug.
Muß immer tiefer sinken
In seinem grausen Flug.
Um Hilf der König schreiet,
Die Winde sprechen ihm Hohn,
Sie tragen ihn vom Felsen
Herunter in den Strom.
Da eben stand der Narre,
Der sah die Winde fliegen
Und in dem nassen Grabe
Sah er den König liegen.

| | |
|---|---|
| Da wandelt er sich um | Hoch in das grün Gezweige, |
| In lauter grün Gezweig, | Eh Wurzel es gefaßt. |
| Das schöne Blüten trug | Die Wurzel faßt es tief |
| Und goldne Frücht zugleich. | Ins jungen Königs Herz, |
| Ein Adler kam geflogen | Der eben fest gar schlief |
| Und baut sein kühnes Nest, | Und nimmer fühlte Schmerz. |

## Ernst Benjamin Raupach
### 1784–1852

### Das nächtliche Nebellied

»Ach Mutter, Mutter! laß mich hinaus,
schon schwirret lustig die Fledermaus;
und sieh, wie des Mondes kindliches Licht
zum Nebelkranze die Berge verflicht,
wie fromm und gut
das wilde, brausende Leben ruht!«

So sprach das Fräulein vom Bodenstein.
Sie sehnte sich stets in die Nacht hinein,
und wie der Sphinx mit dämmernder Nacht
zum Rundflug auf duftigen Blumen erwacht,
erwachen auch
des Fräuleins Geister beim Abendhauch.

Die Mutter wohl sprach: »Des Tages Gold,
mein Töchterlein ist dem Guten hold,
des Mondes Silber ist totenbleich,
und die Nacht an Betrug und Tücke reich;
drum bleib, mein Kind,
daß nicht der Versucher dich einst umspinnt!«

Das Fräulein vergaß die Mahnung schnell;
wie ahnend auch scholl der Hunde Gebell,
wie warnend auch klang der Eulen Schrein,
ging träumend sie doch in die Nacht hinein,
ging sonder Graus
ins matt erleuchtete Totenhaus.

Sie schmähte die Wahrheit am Tageslicht,
die frostig zum frostigen Geiste spricht;
und mit den Schatten, schwankend und bleich,
dem Feuerwurm, der Unk' im Teich
und dem Nebelgebild,
mit allen koste sie liebend mild.

Sie schaut auf das dunkelsaphirne Meer
und auf der silbernen Wölklein Heer
und dacht und sehnte sich freventlich:
»O trügen der Wolken Flügel mich,
vom Himmelsrand
zu schauen die Erd' im Nachtgewand!«

Vom Bodenstein hallte die elfte Stund,
da schwebte hervor aus dem düstern Grund
ein Wölklein, dunkel im innern Raum,
ringsum verbrämt mit purpurnem Saum,
und berührte den Fuß,
des staunenden Fräuleins mit purpurnem Kuß.

Es stand ein Jüngling im luftigen Kahn,
wie ein riesiger Knabe fast angetan;
aus Regenbogen war sein Gewand,
das um die Hüften ein Mondstrahl band;
auf dem goldenen Haar
von buntem Gestein die Krone war.

»Fräulein, Fräulein! was sitzest du hier,
die Armut beschauend für und für?
Komm, steig in meinen flüchtigen Kahn!
Ich führe dich schnell auf der Stürme Bahn
zu dem wonnigen Raum,
wo Traum ist Leben und Leben Traum. –«

Es bot ihr der Jüngling die rosige Hand;
das Fräulein dem Locken nicht widerstand;
es trug sie ein Zephir aus Blumenduft
bald hin, bald her durch die silberne Luft,
bis an Bergeshöhn
das Wolkenschifflein blieb stille stehn.

Es legte der Wolke Saum sich rund
um des Blocksbergs Felsen als Purpurbund,
und des Jünglings Regenbogenwand
flugs über die Kuppe war ausgespannt;
und der Steuermann
das Fräulein führte den Berg hinan.

Hier stellt dem schwärmenden Mägdlein sich dar
der eigenen Träume verwirrende Schar;
was wachend und schlummernd die Seel' ihr je
geschaffen hatte zu Lust und zu Weh
mit einem Sein
erblickt sie's hier in bunten Reihn.

Auch sah sie der Frauen und Mägdlein viel,
gleich ihr ergeben dem träumrischen Spiel,
und jede, gleich ihr, von der Träume Schar,
die sie selbst geboren, umgeben war;
wie Waldgesang
und Flöten die Rede der Schatten klang.

Nun reihten sich alle beim grünlichen Glanz
der Feuerwürmchen zum schwebenden Tanz,
dann aßen sie Brot von Blumenstaub
und tranken Tau von Zypressenlaub
und sangen zum Mahl,
vergessend des sonnigen Lebens Qual.

Das Fräulein saß wieder bei Morgenschein
wohl auf dem Berg beim Bodenstein,
doch war's dasselbe Fräulein nicht mehr,
denn ach! der Busen war liebeleer;
wie des Tages Licht,
so floh sie der Menschen Angesicht.

Den Geistern und Träumen lebte sie bloß,
sie sagte von Mutter und Schwester sich los,
sie sagte sich los von dem liebenden Mann,
der werbend sie schon zur Braut gewann;
in der Höhle Nacht
begrub sie sich vor der Sonne Pracht.

Sie durchschweifte die Nacht mit tränendem Blick
und sehnte sich heiß nach der Höhe zurück;
die Höhe blieb fern, das Herz war matt,
im Strome fand sie die Ruhestatt.
Sanft ruh ihr Gebein!
der Seele wird Gott ja gnädig sein.

# Joseph Freiherr von Eichendorff
## 1788–1857

### Auf einer Burg

Eingeschlafen auf der Lauer
Oben ist der alte Ritter;
Drüber gehen Regenschauer,
Und der Wald rauscht durch das Gitter.

Eingewachsen Bart und Haare,
Und versteinert Brust und Krause,
Sitzt er viele hundert Jahre
Oben in der stillen Klause.

Draußen ist es still und friedlich,
Alle sind ins Tal gezogen,
Waldesvögel einsam singen
In den leeren Fensterbogen.

Eine Hochzeit fährt da unten
Auf dem Rhein im Sonnenscheine,
Musikanten spielen munter,
Und die schöne Braut die weinet.

### Die zwei Gesellen

Es zogen zwei rüst'ge Gesellen
Zum erstenmal von Haus,
So jubelnd recht in die hellen,
Klingenden, singenden Wellen
Des vollen Frühlings hinaus.

Die strebten nach hohen Dingen,
Die wollten, trotz Lust und Schmerz,
Was Rechts in der Welt vollbringen,
Und wem sie vorübergingen,
Dem lachten Sinnen und Herz. –

Der erste, der fand ein Liebchen,
Die Schwieger kauft' Hof und Haus;
Der wiegte gar bald ein Bübchen,
Und sah aus heimlichem Stübchen
Behaglich ins Feld hinaus.

Dem zweiten sangen und logen
Die tausend Stimmen im Grund,
Verlockend' Sirenen, und zogen
Ihn in der buhlenden Wogen
Farbig klingenden Schlund.

Und wie er auftaucht' vom Schlunde,
Da war er müde und alt,
Sein Schifflein das lag im Grunde,
So still war's rings in die Runde,
Und über die Wasser weht's kalt.

Es singen und klingen die Wellen
Des Frühlings wohl über mir;
Und seh ich so kecke Gesellen,
Die Tränen im Auge mir schwellen –
Ach Gott, führ uns liebreich zu dir!

### Der Geist

Nächtlich dehnen sich die Stunden,
Unschuld schläft in stiller Bucht,
Fernab ist die Welt verschwunden,
Die das Herz in Träumen sucht.

Und der Geist tritt auf die Zinne,
Und noch stiller wird's umher,
Schauet mit dem starren Sinne
In das wesenlose Meer.

Wer ihn sah bei Wetterblicken
Stehn in seiner Rüstung blank:
Den mag nimmermehr erquicken
Reichen Lebens frischer Drang. –

Fröhlich an den öden Mauern
Schweift der Morgensonne Blick,
Da versinkt das Bild mit Schauern
Einsam in sich selbst zurück.

## Die Zauberin im Walde

»Schon vor vielen, vielen Jahren
Saß ich drüben an dem Ufer,
Sah manch Schiff vorüberfahren
Weit hinein ins Waldesdunkel.

Denn ein Vogel jeden Frühling
An dem grünen Waldessaume
Sang mit wunderbarem Schalle,
Wie ein Waldhorn klang's im Traume.

Und gar seltsam hohe Blumen
Standen an dem Rand der Schlünde,
Sprach der Strom so dunkle Worte,
's war, als ob ich sie verstünde.

Und wie ich so sinnend atme
Stromeskühl und Waldesdüfte,
Und ein wundersam Gelüsten
Mich hinabzog nach den Klüften:

Sah ich auf kristallnem Nachen,
Tief im Herzensgrund erschrocken,
Eine wunderschöne Fraue,
Ganz umwallt von goldnen Locken.

Und von ihrem Hals behende
Tät sie lösen eine Kette,
Reicht' mit ihren weißen Händen
Mir die allerschönste Perle.

Nur ein Wort von fremdem Klange
Sprach sie da mit rotem Munde,
Doch im Herzen ewig stehen
Wird des Worts geheime Kunde.

Seitdem saß ich wie gebannt dort,
Und wenn neu der Lenz erwachte,
Immer von dem Halsgeschmeide
Eine Perle sie mir brachte.

Ich barg all' im Waldesgrunde,
Und aus jeder Perl der Fraue
Sproßte eine Blum zur Stunde,
Wie ihr Auge anzuschauen.

Und so bin ich aufgewachsen,
Tät der Blumen treulich warten,
Schlummert oft und träumte golden
In dem schwülen Waldesgarten.

Fortgespült ist nun der Garten
Und die Blumen all' verschwunden,
Und die Gegend, wo sie standen,
Hab ich nimmermehr gefunden.

In der Fern liegt jetzt mein Leben,
Breitend sich wie junge Träume,
Schimmert stets so seltsam lockend
Durch die alten, dunklen Bäume.

Jetzt erst weiß ich, was der Vogel
Ewig ruft so bange, bange,
Unbekannt zieht ew'ge Treue
Mich hinunter zu dem Sange.

»Wie die Wälder kühle rauschen,
Zwischendurch das alte Rufen,
Wo bin ich so lang gewesen? –
O ich muß hinab zur Ruhe!«

Und es stieg vom Schloß hinunter
Schnell der süße Florimunde,
Weit hinab und immer weiter
Zu dem dunkelgrünen Grunde.

Hört' die Ströme stärker rauschen,
Sah in Nacht des Vaters Burge
Stillerleuchtet ferne stehen,
Alles Leben weit versunken.

Und der Vater schaut' vom Berge,
Schaut' zum dunklen Grunde immer,
Regte sich der Wald so grausig,
Doch den Sohn erblickt' er nimmer.

Und es kam der Winter balde,
Und viel' Lenze kehrten wieder,
Doch der Vogel in dem Walde
Sang nie mehr die Wunderlieder.

Und das Waldhorn war verklungen
Und die Zauberin verschwunden,
Wollte keinen andern haben
Nach dem süßen Florimunde. –

## Nachtwanderer

Er reitet nachts auf einem braunen Roß,
Er reitet vorüber an manchem Schloß:
Schlaf droben, mein Kind, bis der Tag erscheint,
Die finstre Nacht ist des Menschen Feind!

Er reitet vorüber an einem Teich,
Da stehet ein schönes Mädchen bleich
Und singt, ihr Hemdlein flattert im Wind:
Vorüber, vorüber, mir graut vor dem Kind!

Er reitet vorüber an einem Fluß,
Da ruft ihm der Wassermann seinen Gruß,
Taucht wieder unter dann mit Gesaus,
Und stille wird's über dem kühlen Haus.

Wenn Tag und Nacht in verworrenem Streit,
Schon Hähne krähen in Dörfern weit,
Da schauert sein Roß und wühlet hinab,
Scharret ihm schnaubend sein eigenes Grab.

## Der stille Grund

Der Mondenschein verwirret
Die Täler weit und breit,
Die Bächlein, wie verirret,
Gehn durch die Einsamkeit.

Da drüben sah ich stehen
Den Wald auf steiler Höh,
Die finstern Tannen sehen
In einen tiefen See.

Ein Kahn wohl sah ich ragen,
Doch niemand, der es lenkt,
Das Ruder war zerschlagen,
Das Schifflein halb versenkt.

Eine Nixe auf dem Steine
Flocht dort ihr goldnes Haar,
Sie meint' sie wär alleine,
Und sang so wunderbar.

Sie sang und sang, in den Bäumen
Und Quellen rauscht' es sacht
Und flüsterte wie in Träumen
Die mondbeglänzte Nacht.

Ich aber stand erschrocken,
Denn über Wald und Kluft
Klangen die Morgenglocken
Schon ferne durch die Luft.

Und hätt ich nicht vernommen
Den Klang zu guter Stund,
Wär nimmermehr gekommen
Aus diesem stillen Grund.

## Waldgespräch

»Es ist schon spät, es wird schon kalt,
Was reitst du einsam durch den Wald?
Der Wald ist lang, du bist allein,
Du schöne Braut! Ich führ dich heim!«

»Groß ist der Männer Trug und List,
Vor Schmerz mein Herz gebrochen ist,
Wohl irrt das Waldhorn her und hin,
O flieh! Du weißt nicht, wer ich bin.«

So reich geschmückt ist Roß und Weib,
So wunderschön der junge Leib,
»Jetzt kenn ich dich – Gott steh mir bei!
Du bist die Hexe Lorelei.«

»Du kennst mich wohl – von hohem Stein
Schaut still mein Schloß tief in den Rhein.
Es ist schon spät, es wird schon kalt,
Kommst nimmermehr aus diesem Wald!«

## Verloren

Still bei Nacht fährt manches Schiff,
Meerfei kämmt ihr Haar am Riff,
Hebt von Inseln an zu singen,
Die im Meer dort untergingen.

Wann die Morgenwinde wehn,
Ist nicht Riff noch Fei zu sehn,
Und das Schifflein ist versunken,
Und der Schiffer ist ertrunken.

## Die weinende Braut

Du warst so herrlich anzuschauen,
So kühn und wild und doch so lieb,
Dir mußt ich Leib und Seel vertrauen,
Ich mocht nichts mehr, das meine blieb!
Da hast du, Falscher, mich verlassen
Und Blumen, Lust und Frühlingsschein,
Die ganze Welt sah ich erblassen,
Ach Gott, wie bin ich nun allein.

Wohl jahrlang sah ich von den Höhen
Und grüßte dich vieltausendmal,
Und unten sah ich viele gehen,
Doch du erschienst nicht in dem Tal.
Und mancher Lenz mit bunten Scherzen
Kam und verflog im luft'gen Lauf,
Doch ach! in dem betrognen Herzen
Geht niemals mehr der Frühling auf.

Ein Kränzlein trag ich nun im Haare,
In reichen Kleidern schön geschmückt,
Führt mich ein andrer zum Altare,
Die Eltern sind so hochbeglückt.

Und fröhlich kann ich mich wohl zeigen,
Die Sonne hell wie damals scheint,
Und vor dem Jauchzen und dem Geigen
Hört keiner, wie die Braut still weint.

Die Frühlingslieder neu beginnen –
Du kehrst nach manchem Jahr zurück,
Und stehest still, dich zu besinnen,
Wie auf ein längstvergangnes Glück.
Doch wüst verwachsen liegt der Garten,
Das Haus steht lange still und leer,
Kein Lieb will dein am Fenster warten,
Und dich und mich kennt niemand mehr.

Doch eine Lerche siehst du steigen
Vom Tal zum blauen Himmelsport,
Ein Bächlein rauschet da so eigen,
Als weinte es in einem fort.
Dort haben sie mich hingetragen,
Bedeckten mir mit Stein den Mund –
Nun kann ich dir nicht einmal sagen,
Wie ich dich liebe aus Herzensgrund.

## Das zerbrochene Ringlein

In einem kühlen Grunde
Da geht ein Mühlenrad,
Mein Liebste ist verschwunden,
Die dort gewohnet hat.

Sie hat mir Treu versprochen,
Gab mir ein'n Ring dabei,
Sie hat die Treu gebrochen,
Mein Ringlein sprang entzwei.

Ich möcht als Spielmann reisen
Weit in die Welt hinaus,
Und singen meine Weisen,
Und gehn von Haus zu Haus.

Ich möcht als Reiter fliegen
Wohl in die blut'ge Schlacht,
Um stille Feuer liegen
Im Feld bei dunkler Nacht.

Hör ich das Mühlrad gehen:
Ich weiß nicht, was ich will –
Ich möcht am liebsten sterben,
Da wär's auf einmal still!

## Der Gefangene

In goldner Morgenstunde,
Weil alles freudig stand,
Da ritt im heitern Grunde
Ein Ritter über Land.

Rings sangen auf das beste
Die Vöglein mannigfalt,
Es schüttelte die Äste
Vor Lust der grüne Wald.

Den Nacken, stolz gebogen,
Klopft er dem Rösselein –
So ist er hingezogen
Tief in den Wald hinein.

Sein Roß hat er getrieben,
Ihn trieb der frische Mut:
»Ist alles fern geblieben,
So ist mir wohl und gut!«

Mit Freuden mußt er sehen
Im Wald ein' grüne Au,
Wo Brünnlein kühle gehen,
Von Blumen rot und blau.

Vom Roß ist er gesprungen,
Legt' sich zum kühlen Bach,
Die Wellen lieblich klungen,
Das ganze Herz zog nach.

So grüne war der Rasen,
Es rauschte Bach und Baum,
Sein Roß tät stille grasen,
Und alles wie ein Traum.

Die Wolken sah er gehen,
Die schifften immerzu,
Er konnt nicht widerstehen –
Die Augen sanken ihm zu.

Nun hört' er Stimmen rinnen,
Als wie der Liebsten Gruß,
Er konnt sich nicht besinnen –
Bis ihn erweckt' ein Kuß.

Wie prächtig glänzt' die Aue!
Wie Gold der Quell nun floß,
Und einer süßen Fraue
Lag er im weichen Schoß.

»Herr Ritter! wollt Ihr wohnen
Bei mir im grünen Haus:
Aus allen Blumenkronen
Wind' ich Euch einen Strauß!

Der Wald ringsum wird wachen,
Wie wir beisammen sein,
Der Kuckuck schelmisch lachen,
Und alles fröhlich sein.«

Es bog ihr Angesichte
Auf ihn, den süßen Leib,
Schaut' mit den Augen lichte
Das wunderschöne Weib.

Sie nahm sein'n Helm herunter,
Löst Krause ihm und Bund,
Spielt mit den Locken munter,
Küßt ihm den roten Mund.

Und spielt' viel süße Spiele
Wohl in geheimer Lust,
Es flog so kühl und schwüle
Ihm um die offne Brust.

Um ihn nun tät sie schlagen
Die Arme weich und bloß,
Er konnte nichts mehr sagen,
Sie ließ ihn nicht mehr los.

Und diese Au zur Stunde
Ward ein kristallnes Schloß,
Der Bach ein Strom, gewunden
Ringsum gewaltig floß.

Auf diesem Strome gingen
Viel Schiffe wohl vorbei,
Es konnt ihn keines bringen
Aus böser Zauberei.

## Der Reitersmann

Hoch über den stillen Höhen
Stand in dem Wald ein Haus,
Dort war's so einsam zu sehen
Weit übern Wald hinaus.

Drin saß ein Mädchen am Rocken
Den ganzen Abend lang,
Der wurden die Augen nicht trocken,
Sie spann und sann und sang:

»Mein Liebster, der war ein Reiter,
Dem schwur ich Treu bis in Tod,
Der zog über Land und weiter,
Zu Krieges Lust und Not.

Und als ein Jahr war vergangen,
Und wieder blühte das Land,
Da stand ich voller Verlangen
Hoch an des Waldes Rand.

Und zwischen den Bergesbogen,
Wohl über den grünen Plan,
Kam mancher Reiter gezogen,
Der meine kam nicht mit an.

Und zwischen den Bergesbogen,
Wohl über den grünen Plan,
Ein Jägersmann kam geflogen,
Der sah mich so mutig an.

So lieblich die Sonne schiene,
Das Waldhorn scholl weit und breit,
Da führt' er mich in das Grüne,
Das war eine schöne Zeit! –

Der hat so lieblich gelogen
Mich aus der Treue heraus,
Der Falsche hat mich betrogen,
Zog weit in die Welt hinaus.«

Sie konnte nicht weitersingen,
Vor bitterem Schmerz und Leid,
Die Augen ihr übergingen
In ihrer Einsamkeit.

Die Muhme, die saß beim Feuer
Und wärmte sich am Kamin,
Es flackert' und sprüht' das Feuer,
Hell über die Stube es schien.

Sie sprach: »Ein Kränzlein in Haaren,
Das stünde dir heut gar schön,
Willst draußen auf dem See nicht fahren?
Hohe Blumen am Ufer dort stehn.«

»Ich kann nicht holen die Blumen,
Im Hemdlein weiß am Teich
Ein Mädchen hütet die Blumen,
Die sieht so totenbleich.«

»Und hoch auf des Sees Weite,
Wenn alles finster und still,
Da rudern zwei stille Leute, –
Der eine dich haben will.«

»Sie schauen wie alte Bekannte,
Still, ewig stille sie sind.
Doch einmal der eine sich wandte,
Da faßt' mich ein eiskalter Wind. –

Mir ist zu wehe zum Weinen –
Die Uhr so gleichförmig pickt,
Das Rädlein, das schnurrt so in einem,
Mir ist, als wär ich verrückt. –

Ach Gott! wann wird sich doch röten
Die fröhliche Morgenstund!
Ich möchte hinausgehn und beten,
Und beten aus Herzensgrund!

So bleich schon werden die Sterne,
Es rührt sich stärker der Wald,
Schon krähen die Hähne von ferne,
Mich friert, es wird so kalt!

Ach, Muhme! was ist Euch geschehen?
Die Nase wird Euch so lang,
Die Augen sich seltsam verdrehen –
Wie wird mir vor Euch so bang!«

Und wie sie so grauenvoll klagte,
Klopft's draußen ans Fensterlein,
Ein Mann aus der Finsternis ragte,
Schaut' still in die Stube herein.

Die Haare wild umgehangen,
Von blutigen Tropfen naß.
Zwei blutige Streifen sich schlangen,
Wie Kränzlein, ums Antlitz blaß.

Er grüßt' sie so fürchterlich heiter,
Seine Braut wohl heißet er sie,
Da kannt sie mit Schaudern den Reiter,
Fällt nieder auf ihre Knie.

Er zielt' mit dem Rohre durchs Gitter
Auf die schneeweiße Brust hin;
»Ach, wie ist das Sterben so bitter,
Erbarm dich, weil ich so jung noch bin!« –

Stumm blieb sein steinerner Wille,
Es blitzte so rosenrot,
Da wurd es auf einmal stille
Im Walde und Haus und Hof. –

Frühmorgens da lag so schaurig
Verfallen im Walde das Haus,
Ein Waldvöglein sang so traurig,
Flog über den See hinaus.


## Das kalte Liebchen

Er.   Laß mich ein, mein süßes Schätzchen!
Sie.   Finster ist mein Kämmerlein.
Er.   Ach, ich finde doch ein Plätzchen.
Sie.   Und mein Bett ist eng und klein.

Er.   Fern komm ich vom weichen Pfühle.
Sie.   Ach, mein Lager ist von Stein.
Er.   Draußen ist die Nacht so kühle.
Sie.   Hier wird's noch viel kühler sein.

Er.   Sieh! die Sterne schon erblassen,
Sie.   Schwerer Schlummer fällt mich an. –
Er.   Nun, so will ich schnell dich fassen!
Sie.   Rühr mich nicht so glühend an.

Er.   Fieberschauer mich durchbeben.
Sie.   Wahnsinn bringt der Toten Kuß. –
Er.   Weh! es bricht mein junges Leben!
Sie.   Mit ins Grab hinunter muß.

## Die verlorene Braut

Vater und Kind gestorben
Ruhten im Grabe tief,
Die Mutter hatt erworben
Seitdem ein ander Lieb.

Da droben auf dem Schlosse
Da schallt das Hochzeitsfest,
Da lacht's und wiehern Rosse,
Durchs Grün ziehn bunte Gäst.

Die Braut schaut' ins Gefilde
Noch einmal vom Altan,
Es sah so ernst und milde
Sie da der Abend an.

Rings waren schon verdunkelt
Die Täler und der Rhein,
In ihrem Brautschmuck funkelt
Nur noch der Abendschein.

Sie hörte Glocken gehen
Im weiten, tiefen Tal,
Es bracht der Lüfte Wehen
Fern übern Wald den Schall.

Sie dacht: »O falscher Abend!
Wen das bedeuten mag?
Wen läuten sie zu Grabe
An meinem Hochzeitstag?«

Sie hört' im Garten rauschen
Die Brunnen immerdar,
Und durch der Wälder Rauschen
Ein Singen wunderbar.

Sie sprach: »Wie wirres Klingen
Kommt durch die Einsamkeit,
Das Lied wohl hör ich singen
In alter, schöner Zeit.«

Es klang, als wollt sie's rufen
Und grüßen tausendmal –
So stieg sie von den Stufen,
So kühle rauscht' das Tal.

So zwischen Weingehängen,
Stieg sinnend sie ins Land
Hinunter zu den Klängen,
Bis sie im Walde stand.

Dort ging sie, wie in Träumen,
Im weiten, stillen Rund,
Das Lied klang in den Bäumen,
Von Quellen rauscht' der Grund. –

Derweil von Mund zu Munde
Durchs Haus, erst heimlich sacht,
Und lauter geht die Kunde:
Die Braut irrt in der Nacht!

Der Bräut'gam tät erbleichen,
Er hört im Tal das Lied,
Ein dunkelrotes Zeichen
Ihm von der Stirne glüht.

Und Tanz und Jubel enden,
Er und die Gäst im Saal,
Windlichter in den Händen,
Sich stürzen in das Tal.

Da schweifen rote Scheine,
Schall nun und Rosseshuf,
Es hallen die Gesteine
Rings von verworrnem Ruf.

Doch einsam irrt die Fraue
Im Walde schön und bleich,
Die Nacht hat tiefes Grauen,
Das ist von Sternen so reich.

Und als sie war gelanget
Zum allerstillsten Grund,
Ein Kind am Felsenhange
Dort freundlich lächelnd stund.

Das trug in seinen Locken
Einen weißen Rosenkranz,
Sie schaut' es an erschrocken
Beim irren Mondesglanz.

»Solch Augen hat das meine,
Ach meines bist du nicht,
Das ruht ja unterm Steine,
Den niemand mehr zerbricht.

Ich weiß nicht, was mir grauset,
Blick nicht so fremd auf mich!
Ich wollt, ich wär zu Hause.« –
»Nach Hause führ ich dich.«

Sie gehn nun miteinander,
So trübe weht der Wind,
Die Fraue sprach im Wandern:
»Ich weiß nicht, wo wir sind.

Wen tragen sie beim Scheine
Der Fackeln durch die Schluft?
O Gott, der stürzt' vom Steine
Sich tot in dieser Kluft!«

Das Kind sagt: »Den sie tragen,
Dein Bräut'gam heute war,
Er hat meinen Vater erschlagen,
's ist diese Stund ein Jahr.

Wir alle müssen's büßen,
Bald wird es besser sein,
Der Vater läßt dich grüßen,
Mein liebes Mütterlein.«

Ihr schauert's durch die Glieder:
»Du bist mein totes Kind!
Wie funkeln die Sterne nieder,
Jetzt weiß ich, wo wir sind.« –

Da löst' sie Kranz und Spangen,
Und über ihr Angesicht
Perlen und Tränen rannen,
Man unterschied sie nicht.

Und über die Schultern nieder
Rollten die Locken sacht,
Verdunkelnd Augen und Glieder,
Wie eine prächtige Nacht.

Ums Kind den Arm geschlagen,
Sank sie ins Gras hinein –
Dort hatten sie erschlagen
Den Vater im Gestein.

Die Hochzeitsgäste riefen
Im Walde auf und ab,
Die Gründe alle schliefen,
Nur Echo Antwort gab.

Und als sich leis erhoben
Der erste Morgenduft,
Hörten die Hirten droben
Ein Singen in stiller Luft.

## Zauberblick

Die Burg, die liegt verfallen
In schöner Einsamkeit,
Dort saß ich vor den Hallen
Bei stiller Mittagszeit.

Es ruhten in der Kühle
Die Rehe auf dem Wall
Und tief in blauer Schwüle
Die sonn'gen Täler all.

Tief unten hört ich Glocken
In weiter Ferne gehn,
Ich aber mußt erschrocken
Zum alten Erker sehn.

Denn in dem Fensterbogen
Ein' schöne Fraue stand,

Als hütete sie droben
Die Wälder und das Land.

Ihr Haar, wie 'n goldner Mantel,
War tief herabgerollt;
Auf einmal sie sich wandte,
Als ob sie sprechen wollt.

Und als ich schauernd lauschte –
Da war ich aufgewacht,
Und unter mir schon rauschte
So wunderbar die Nacht.

Träumt ich im Mondesschimmer?
Ich weiß nicht, was mir graut,
Doch das vergeß ich nimmer,
Wie sie mich angeschaut!

## Die späte Hochzeit

Der Mond ging unter – jetzt ist's Zeit. –
  Der Bräut'gam steigt vom Roß,
Er hat so lange schon gefreit –
  Da tut sich auf das Schloß,
Und in der Halle sitzt die Braut
  Auf diamantnem Sitz,
Von ihrem Schmuck tut's durch den Bau
  Ein'n langen roten Blitz. –

Blass' Knaben warten schweigend auf,
  Still' Gäste stehn herum,
Da richt't die Braut sich langsam auf,
  So hoch und bleich und stumm.
Sie schlägt zurück ihr Goldgewand,
  Da schauert ihn vor Lust,
Sie langt mit kalter, weißer Hand
  Das Herz ihm aus der Brust.

## Die wunderliche Prinzessin

Weit in einem Walde droben
Zwischen hoher Felsen Zinnen,
Steht ein altes Schloß erhoben,
Wohnet eine Zaub'rin drinnen.
Von dem Schloß, der Zaub'rin Schöne
Gehen wunderbare Sagen,
Lockend schweifen fremde Töne
Plötzlich her oft aus dem Walde.
Wem sie recht das Herz getroffen,
Der muß nach dem Walde gehen,
Ewig diesen Klängen folgend,
Und wird nimmer mehr gesehen.
Tief in wundersamer Grüne
Steht das Schloß, schon halb verfallen,
Hell die goldnen Zinnen glühen,
Einsam sind die weiten Hallen.
Auf des Hofes stein'gem Rasen
Sitzen von der Tafelrunde
All die Helden dort gelagert,
Überdeckt mit Staub und Wunden.
Heinrich liegt auf seinem Löwen,
Gottfried auch, Siegfried der Scharfe,
König Alfred, eingeschlafen
Über seiner goldnen Harfe.
Don Quijote hoch auf der Mauer
Sinnend tief in nächt'ger Stunde,
Steht gerüstet auf der Lauer
Und bewacht die heil'ge Runde.
Unter fremdes Volk verschlagen,
Arm und ausgehöhnt, verraten,
Hat er treu sich durchgeschlagen,
Eingedenk der Heldentaten

Und der großen, alten Zeiten,
Bis er, ganz von Wahnsinn trunken,
Endlich so nach langem Streiten
Seine Brüder hat gefunden.

Einen wunderbaren Hofstaat
Die Prinzessin dorthin führet,
Hat ein'n wunderlichen Alten,
Der das ganze Haus regieret.
Einen Mantel trägt der Alte,
Schillernd bunt in allen Farben
Mit unzähligen Zieraten,
Spielzeug hat er in den Falten.
Scheint der Monden helle draußen,
Wolken fliegen überm Grunde:
Fängt er draußen an zu hausen,
Kramt sein Spielzeug aus zur Stunde.
Und das Spielzeug um den Alten
Rührt sich bald beim Mondenscheine,
Zupfet ihn beim langen Barte,
Schlingt um ihn die bunten Kreise,
Auch die Blümlein nach ihm langen,
Möchten doch sich sittsam zeigen,
Ziehn verstohlen ihn beim Mantel,
Lachen dann in sich gar heimlich.
Und ringsum die ganze Runde
Zieht Gesichter ihm und rauschet,
Unterhält aus dunklem Grunde
Sich mit ihm als wie im Traume.
Und er spricht und sinnt und sinnet,
Bunt verwirrend alle Zeiten,
Weinet bitterlich und lachet,
Seine Seele ist so heiter.

Bei ihm sitzt dann die Prinzessin,
Spielt mit seinen Seltsamkeiten,
Immer neue Wunder blinkend
Muß er aus dem Mantel breiten.
Und der wunderliche Alte
Hielt sie sich bei seinen Bildern
Neidisch immerfort gefangen,
Weit von aller Welt geschieden.
Aber der Prinzessin wurde
Mitten in dem Spiele bange
Unter diesen Zauberblumen,
Zwischen dieser Quellen Rauschen.
Frisches Morgenrot im Herzen
Und voll freudiger Gedanken,
Sind die Augen wie zwei Kerzen,
Schön, die Welt dran zu entflammen.
Und die wunderschöne Erde,
Wie Aurora sie berühret,
Will mit ird'scher Lust und Schmerzen
Ewig neu sie stets verführen.
Denn aus dem bewegten Leben
Spüret sie ein Hochzeitsgrüßen,
Mitten zwischen ihren Spielen
Muß sie sich bezwungen fühlen.

Und es hebt die ewig Schöne,
Da der Morgen herrlich schiene,
In den Augen große Tränen,
Hell die jugendlichen Glieder.
»Wie so anders war es damals,
Da mich, bräutlich Ausgeschmückte.
Aus dem heimatlichen Garten
Hier herab der Vater schickte!
Wie die Erde frisch und jung noch,
Von Gesängen rings erklingend,
Schauernd in Erinnerungen,
Helle in das Herz mir blickte,
Daß ich, schamhaft mich verhüllend,
Meinen Ring, von Glanz geblendet,
Schleudert in die prächt'ge Fülle,
Als die ew'ge Braut der Erde.
Wo ist nun die Pracht geblieben,
Treuer Ernst im rüst'gen Treiben,
Rechtes Tun und rechtes Lieben
Und die Schönheit und die Freude?
Ach! ringsum die Helden alle,
Die sonst schön und helle schauten,
Um mich in den lichten Tagen
Durch die Welt sich fröhlich hauten,
Strecken steinern nun die Glieder,

Eingehüllt in ihre Fahnen,
Sind seitdem so alt geworden,
Nur ich bin so jung wie damals. –
Von der Welt kann ich nicht lassen,
Liebeln nicht von fern mit Reden,
Muß mit Armen warm umfassen! –
Laß mich lieben, laß mich leben!«

Nun verliebt die Augen gehen
Über ihres Gartens Mauer,
War so einsam dort zu sehen
Schimmernd Land und Ström und Auen.
Und wo ihre Augen gingen:
Quellen aus der Grüne sprangen,
Berg und Wald verzaubert standen,
Tausend Vögel schwirrend sangen.
Golden blitzt es überm Grunde,
Seltne Farben irrend schweifen,
Wie zu lang entbehrtem Feste
Will die Erde sich bereiten.
Und nun kamen angezogen
Freier bald von allen Seiten,
Federn bunt im Winde flogen,
Jäger schmuck im Walde reiten.
Hörner munter drein erschallen
Auf und unter durch das Grüne,
Pilger fromm dazwischen wallen,
Die das Heimatsfieber spüren.
Auf vielsonn'gen Wiesen flöten
Schäfer bei schneeflock'gen Schafen,
Ritter in der Abendröte
Knien auf des Berges Hange,
Und die Nächte von Gitarren
Und Gesängen weich erschallen,
Daß der wunderliche Alte
Wie verrückt beginnt zu tanzen.
Die Prinzessin schmückt mit Kränzen
Wieder sich die schönen Haare,
Und die vollen Kränze glänzen
Und sie blickt verlangend nieder.

Doch die alten Helden alle,
Draußen vor der Burg gelagert,
Saßen dort im Morgenglanze,
Die das schöne Kind bewachten.
An das Tor die Freier kamen
Nun gesprengt, gehüpft, gelaufen,
Ritter, Jäger, Provençalen,
Bunte, helle, lichte Haufen.
Und vor allen junge Recken

Stolzen Blicks den Berg berannten,
Die die alten Helden weckten,
Sie vertraulich Brüder nannten.
Doch wie diese uralt blicken,
An die Eisenbrust geschlossen,
Brüderlich die Jungen drücken,
Fallen die erdrückt zu Boden.
Andre lagern sich zum Alten,
Graust ihn'n gleich bei seinen Mienen,
Ordnen sein verworrnes Walten,
Daß es jedem wohlgefiele;
Doch sie fühlen schauernd balde,
Daß sie ihn nicht können zwingen,
Selbst zu Spielzeug sind verwandelt,
Und der Alte spielt mit ihnen.
Und sie müssen töricht tanzen,
Manche mit der Kron geschmücket
Und im purpurnen Talare

Feierlich den Reigen führen.
Andre schweben lispelnd lose,
Andre müssen männlich lärmen,
Rittern reißen aus die Rosse,
Und die schreien gar erbärmlich.
Bis sie endlich alle müde
Wieder kommen zu Verstande,
Mit der ganzen Welt im Frieden,
Legen ab die Maskerade.
»Jäger sind wir nicht, noch Ritter«,
Hört man sie von fern noch summen,
»Spiel nur war das – wir sind Dichter!« –
So vertost der ganze Plunder,
Nüchtern liegt die Welt wie ehe,
Und die Zaubrin bei dem Alten
Spielt' die vor'gen Spiele wieder
Einsam wohl noch lange Jahre. –

## Meeresstille

Ich seh von des Schiffes Rande
Tief in die Flut hinein:
Gebirge und grüne Lande
Und Trümmer im falben Schein
Und zackige Türme im Grunde,
Wie ich's oft im Traum mir gedacht,
Das dämmert alles da unten
Als wie eine prächtige Nacht.

Seekönig auf seiner Warte
Sitzt in der Dämmrung tief,
Als ob er mit langem Barte
Über seiner Harfe schlief';
Da kommen und gehen die Schiffe
Darüber, er merkt es kaum,
Von seinem Korallenriffe
Grüßt er sie wie im Traum.

## Der Kehraus

Es fiedeln die Geigen,
Da tritt in den Reigen
Ein seltsamer Gast,
Kennt keiner den Dürren,
Galant aus dem Schwirren
Die Braut er sich faßt.

Hebt an, sich zu schwenken
In allen Gelenken.
Das Fräulein im Kranz:
»Euch knacken die Beine –«
»Bald rasseln auch deine,
Frisch auf spielt zum Tanz!«

Die Spröde hinterm Fächer,
Der Zecher vom Becher,
Der Dichter so lind,
Muß auch mit zum Tanze,
Daß die Lorbeern vom Kranze
Fliegen im Wind.

So schnurret der Reigen
Zum Saal raus ins Schweigen
Der prächtigen Nacht,
Die Klänge verwehen,
Die Hähne schon krähen,
Da verstieben sie sacht. –

So ging's schon vorzeiten
Und geht es noch heute,
Und hörest du hell
Aufspielen zum Reigen,
Wer weiß, wem sie geigen –
Hüt dich, Gesell!

## Die Hochzeitsnacht

Nachts durch die stille Runde
Rauschte des Rheines Lauf,
Ein Schifflein zog im Grunde,
Ein Ritter stand darauf.

Die Blicke irre schweifen
Von seines Schiffes Rand,
Ein blutigroter Streifen
Sich um das Haupt ihm wand.

Der sprach: »Da oben stehet
Ein Schlößlein überm Rhein,
Die an dem Fenster stehet:
Das ist die Liebste mein.

Sie hat mir Treu versprochen,
Bis ich gekommen sei,
Sie hat die Treu gebrochen,
Und alles ist vorbei.«

Viel Hochzeitleute drehen
Sich oben laut und bunt,
Sie bleibet einsam stehen,
Und lauschet in den Grund.

Und wie sie tanzen munter,
Und Schiff und Schiffer schwand,
Stieg sie vom Schloß herunter,
Bis sie im Garten stand.

Die Spielleut musizierten,
Sie sann gar mancherlei,
Die Töne sie so rührten,
Als müßt das Herz entzwei.

Da trat ihr Bräut'gam süße
Zu ihr aus stiller Nacht,
So freundlich er sie grüßte,
Daß ihr das Herze lacht.

Er sprach: »Was willst du weinen,
Weil alle fröhlich sein?
Die Stern so helle scheinen,
So lustig geht der Rhein.

Das Kränzlein in den Haaren
Steht dir so wunderfein,
Wir wollen etwas fahren
Hinunter auf dem Rhein.«

Zum Kahn folgt' sie behende,
Setzt' sich ganz vorne hin,
Er setzt' sich an das Ende
Und ließ das Schifflein ziehn.

Sie sprach: »Die Töne kommen
Verworren durch den Wind,
Die Fenster sind verglommen,
Wir fahren so geschwind.

Was sind das für so lange
Gebirge weit und breit?
Mir wird auf einmal bange
In dieser Einsamkeit!

Und fremde Leute stehen
Auf mancher Felsenwand,
Und stehen still und sehen
So schwindlig übern Rand.« –

Der Bräut'gam schien so traurig
Und sprach kein einzig Wort,
Schaut in die Wellen schaurig
Und rudert immerfort.

Sie sprach: »Schon seh ich Streifen
So rot im Morgen stehn,
Und Stimmen hör ich schweifen,
Vom Ufer Hähne krähn.

Du siehst so still und wilde,
So bleich ist dein Gesicht,
Mir graut vor deinem Bilde –
Du bist mein Bräut'gam nicht!« –

Da stand er auf – das Sausen
Hielt an in Flut und Wald –
Es rührt mit Lust und Grausen
Das Herz ihr die Gestalt.

Und wie mit steinern'n Armen
Hob er sie auf voll Lust,
Drückt ihren schönen, warmen
Leib an die eis'ge Brust.

Licht wurden Wald und Höhen,
Der Morgen schien blutrot,
Das Schifflein sah man gehen,
Die schöne Braut drin tot.

## Ernst Moritz Arndt
### 1769–1860

### Klage um den kleinen Jakob

Wo ist der kleine Jakob geblieben?
Hatte die Kühe waldein getrieben,
Kam nimmer wieder.
Schwestern und Brüder
Gingen ihn suchen in'n Wald hinaus –
Kleiner Jakob! kleiner Jakob! Komm zuhaus!

Wohin ist der kleine Jakob gegangen?
Es hat ihn ein Unterirdscher gefangen,
Muß unten wohnen,
Trägt goldne Kronen,
Gläserne Schuh, hat ein gläsern Haus –
Kleiner Jakob! kleiner Jakob! Komm zuhaus!

Was macht der kleine Jakob da unten?
Streuet als Diener das Estrich mit bunten
Blumen und schenket
Wein ein und denket:
Wärest du wieder zum Wald hinaus!
Kleiner Jakob! kleiner Jakob! Komm zuhaus!

So muß der kleine Jakob da wohnen,
Helfen ihm nichts seine güldenen Kronen,
Schuhe noch Kleider,
Weinet sich leider –
Ach! armer Jakob! – die Äuglein aus.
Kleiner Jakob! kleiner Jakob! Komm zuhaus!

## Justinus Kerner
### 1786–1862

### Der schwere Traum

Mir träumt', ich flög' gar bange
Weit in die Welt hinaus,
Zu Straßburg durch alle Gassen
Bis vor Feinsliebchens Haus.

Feinsliebchen ist betrübet,
Als ich so flieg' und weint':
Wer dich so fliegen lehret,
Das ist der böse Feind.

Feinsliebchen! was hilft lügen,
Da du doch alles weißt!
Wer mich so fliegen lehrte,
Das ist der böse Geist.

Feinsliebchen weint und schreiet,
Daß ich am Schrei erwacht,
Da lieg ich, ach! in Augsburg
Gefangen auf der Wacht.

Und morgen muß ich hangen,
Feinslieb mich nicht mehr ruft,
Wohl morgen als ein Vogel
Schweb' ich in freier Luft.

### Die Mühle steht stille

Herr Irrwing reitet nachts durchs Tal der Mühle,
Ein Lichtstrahl folgt ihm und ein Windhauch kühle.
Herr Irrwing denkt: das ist des Mondes Licht;
Da haucht es hohl: »Der Mondstrahl redet nicht!«
Die Mühle steht stille.

Herr Irrwing denkt: das ist des Baches Tönen!
Da haucht es hohl: »Vom Bach aus Blut und Tränen!«
Herr Irrwing spornt sein Roß zu schnellem Lauf,
Doch plötzlich geht ihm innres Schauen auf.
Die Mühle steht stille.

»Das ist nicht Mondenstrahl, nicht Baches Wogen,
Gespenstig kömmt ein Weib mir nachgeflogen,
Vom Leichentuch getragen, bleich und wund,
Ein kalter Hauch entströmet ihrem Mund.«
Die Mühle steht stille.

Herr Irrwing läßt dem scheuen Roß die Zügel,
Der Geist doch auf des Leichentuches Flügel
Erreilt ihn bald und hauchet in die Luft:
»Schnell wie kein Vogel fliegt ein Geist der Gruft.«
Die Mühle steht stille.

Und wie Herr Irrwing schaut, sieht er gespalten
Des Geistes Haupt, er siehet in den kalten,
Gespenst'gen Schädel, tief bis auf den Grund,
Da haucht also des Geistes kalter Mund:
Die Mühle steht stille.

»Schau diese Spalte, draus entfloß mein Leben,
Sie hat mein Mann, John Mulling, mir gegeben,
Der Müller dort, den Sarg schlug selbst er zu
Und sprach: 'Ein Schlag gab ihr die ew'ge Ruh'!«
Die Mühle steht stille.

»Nun irr' ich ungerochnes Weib als Schatte,
Johannens jüngern Leib umfängt mein Gatte,
Die trägt den Goldkranz mein im Haare dicht,
Der trinkt er zu mein röm'sches Glas so licht.
Die Mühle steht stille.

»Die schläft im Bette mein, hat all' mein Habe,
Hungrig mein Knäblein weint auf meinem Grabe.
Herr Irwing! daß ihr meinen Worten glaubt,
Werft Euren Goldring mir ins offne Haupt!«
Die Mühle steht stille.

Herr Irrwing spricht: »In Jesu Christi Namen
Werf' ich den Goldring mein ins Haupt dir, Amen!«
Er wirft den Goldring in der Spalte Blut,
Zu klappt der Schädel laut, der Wurf war gut.
Die Mühle steht stille.

Der Geist verschwindet, aus löscht alle Helle,
Ein kalter Graus Herrn Irrwing packt zur Stelle,
Er braucht zu spornen nicht sein weißes Roß,
Von selber rennt es vor des Richters Schloß.
Die Mühle steht stille.

»Herr Richter«, spricht er, »eine Bitt' ich habe,
Kommt auf den Kirchhof mit zu Elsbeths Grabe!«
Sie graben lange da, sie graben tief,
Bis zu dem Sarge, drin Frau Elsbeth schlief.
Die Mühle steht stille.

Sie brechen auf den Deckel, daß es schallte,
Da liegt die Leiche mit des Schädels Spalte,
Herr Irrwing spricht: »So war's!« und plötzlich rollt
Hell aus der Spalte Irrwings Ring von Gold.
Die Mühle steht stille.

Was sammeln sich die Raben dort in Banden?
John Mulling hat die blut'ge Tat gestanden:
Hoch auf dem Berge bleichet sein Gebein,
Frau Elsbeth ging in Gottes Himmel ein.
Die Mühle steht stille.


### Der Wassermann

Es war in des Maien mildem Glanz,
Da hielten die Jungfern von Tübingen Tanz.

Sie tanzten und tanzten wohl allzumal
Um eine Linde im grünen Tal.

Ein fremder Jüngling, in stolzem Kleid,
Sich wandte bald zu der schönsten Maid.

Er reichte ihr da die Hände zum Tanz;
Er setzt' ihr aufs Haupt einen meergrünen Kranz.

O Jüngling! warum ist so kalt dein Arm?
»In Neckars Tiefen da ists nicht warm.«

O Jüngling, warum ist so bleich deine Hand?
»Ins Wasser dringt nicht der Sonne Brand!«

Er tanzt mit ihr von der Linde weit.
Laß Jüngling! horch, die Mutter mir schreit!

Er tanzt mit ihr den Neckar entlang.
Laß Jüngling! weh! mir wird so bang!

Er faßt sie fest um den schlanken Leib:
»Schön Maid! du bist des Wassermanns Weib!«

Er tanzt mit ihr in die Wellen hinein:
O Vater und du, o Mutter mein!

Er führt sie in einen kristallenen Saal.
Ade, ihr Schwestern im grünen Tal!

## Das treue Roß

Graf Turneck kam nach hartem Strauß
Bei Nacht wohl vor ein Gotteshaus.

Das Haus, das lag im Walde tief,
In seiner Gruft ein König schlief.

Hier auszuruhn gedenkt der Graf,
Er weiß nicht, daß ein Pfeil ihn traf.

Der Graf steigt ab vom weißen Roß:
»Gras', bis ich wieder komm', im Moos!«

Auf fährt das Tor mit dumpfem Schall,
Dann schweigt es in der weiten Hall'.

Der Graf tappt hin an kalter Wand,
Bald einen alten Sarg er fand.

»Der müde Leib soll rasten hier;
Versteinert Holz, brichst nicht mit mir.«

Der Graf sich legt, so lang er war,
Wohl auf dieselbe Totenbahr'.

Die Sonn' kam über Berge rot,
Der Graf kam nicht, der Graf war tot.

Seitdem verstrich manch hundert Jahr,
Sein harrt das Roß noch immerdar.

Vom Gotteshaus steht noch ein Stein,
Dran grast das Roß im Mondenschein.

## Der Ring

Ein fremder Kavalier
Stieg ab vom schwarzen Roß,
Trat in den Königssaal,
Mit andern Herren groß.

Derselbe Kavalier
Trug einen Edelstein,
Wie man noch keinen sah,
Von wundersamem Schein.

Ein Stein von hohem Wert
In Königs Krone saß,
Doch schien vor diesem er
Ein mattgeschliffen Glas.

Der König bot ihm Gold,
Er bot ihm Leut' und Land,
Doch lassen wollt' er nicht
Den edlen Diamant.

Der König des erbost,
Spricht zu dem Hauptmann sein:
Bringt mir des Mannes Hand
Samt seinem Edelstein.

Der Hauptmann reckt das Schwert,
Haut nach des Mannes Hand,
Doch statt des Kavaliers
Der Teufel vor ihm stand.

Glut strömt aus seinem Ring,
Zur Hölle wächst der Stein,
Schleußt Burg und König bald
Samt allen Dienern ein.

## Die traurige Hochzeit

Zu Augsburg in dem hohen Saal
Herr Fugger hielt sein Hochzeitmahl.

Kunigunde hieß die junge Braut,
Saß krank und bleich, gab keinen Laut.

Zwölf goldne Becher gingen herum,
Nichts trank Herr Fugger, so bleich und stumm.

Zwölf Blumenkörbe bot man umher,
Die Braut verlangte kein Blümlein mehr.

Zwölf Harfner lockten zum Fackeltanz,
Die Fackeln gaben so matten Glanz.

Die Gäste tanzten in langen Reih'n,
Zwo weiße Gestalten hinterdrein.

Die Gäste tanzten zum Saal hinaus,
Sie tanzten und tanzten wohl aus dem Haus.

Die Saiten der Harfen sprangen zumal,
Stumm schlichen die Harfner sich aus dem Saal.

Im Saale vernahm man keinen Laut,
Tot saßen im Dunkel Bräut'gam und Braut.


# Otto Heinrich Graf von Loeben
## 1786–1825


### Der Tod beim Hochzeitstanz

Zur Hochzeit ward gefahren
nach einer Stadt am Rhein;
die Braut war jung an Jahren,
doch nicht von Herzen rein;
das Spiel, der Tanz nahm nie ein End,
das Sausen und das Brausen
sich weder legt noch wendt.

Die Braut in Feierkleidern
saß über Tag und Nacht
vor Fiedlern, Narren und Schneidern:
ward nicht an Gott gedacht.
Der Bräutgam ließ sein Geschäft;
das Gesind schwänzt hin und wieder;
den Gästen schwanden ihre Kräft'.

Nun waren sie just beim Tanze,
die Braut hoffärtig spricht:
Von meinem Myrtenkranze
kehrt sich mein Angesicht;
mein Antlitz und das ist so rot,
die grünen Blätter sind welke,
neue Blumen mir tun not!

Da trat der Tod nun eben
mit Sens' und Stundenglas herein:
»Frische Blumen dir will ich geben,
die sollen auf deinem Grabe sein.
Dein Stündlein ist gelaufen ab,
hast deine Ehr' verjubelt,
mußt in das kühle Grab!

Du lebtest hoch in Freuden
und kanntest keinen Schmerz,
die Welt lag golden und seiden
vor deinem reinen Herz.
Ach! hättest du geliebet treu,
du wärst es nun zufrieden,
daß mit dem Fest deine Frist vorbei.«

Es schwang die Braut behende
aus Tanz und Spiel heraus,
er gab ihr beide Hände,
er nahm sie mit sich in sein Haus.
Sie mußte tanzen atemlos,
da lag sie nun im Kühlen –
tief ist der Erde Schoß.

# Heinrich Döring
## 1789–1862

### Die Königswahl

Ein König lag, erschöpft und bleich,
Fast in den letzten Zügen,
Und wollte über Thron und Reich
Nach seinem Tod verfügen;
Doch unerbittlich trieb Freund Hein,
Die ernste Schuld des Lebens ein,
Und ließ sich nicht bewegen,
Aus Achtung für der Ärzte Kur,
Ihm auch ein Viertelstündchen nur
Großmütig zuzulegen.

Noch war sein Mund verschlossen, seit
Der Landesfürst verschieden
Da störte blut'ger Zwist und Streit
Den lang bewahrten Frieden.
Zwei tapfre Söhne, rauh und wild,
Eröffneten dies Kampfgefild,
Um durch die Macht der Waffen
Den, seit uralten Zeiten schon
Dem Erstling zuerkannten Thron
Sich selber zu verschaffen.

Da sprach, als lange hin und her
Des Sieges Glück sich neigte,
und sich, bei tapfrer Gegenwehr,
Kein froher Ausgang zeigte,
Ein Ritter: » Hört des Greises Wort,
Der lang ein treuer Schirm und Hort
Des Königreichs gewesen!
Ich will den Knoten, der geschürzt,
Euch trostlos ins Verderben stürzt,
So ihr mir's gönnet, lösen.«

Fast schien's, als ob das rohe Paar
Des Greises Warnung rührte;
Sie folgten willig ihm sogar,
Als er in's Schloß sie führte.
Hier sahn, in Purpur eingehüllt,
Sie ihres Vaters Mumienbild
Auf einem Sessel prangen;
Die Krone schmückt sein Silberhaar,
Und über'm Haupt des Toten war
Sein Bogen aufgehangen.

Der Alte nahm ihn von der Wand,
Und sprach, da an der Pforte
Das Kleeblatt in Verwirrung stand,
Mit ernstem Ton die Worte:
»Wehrt nicht das Blut, so leider floß,
Und gönnt, durch dieses Jagdgeschoß,
Euch gütlich zu vergleichen.
Dem's glückt, den strahlenden Rubin
Der Krone zu erreichen.«

Und wirklich – o Entsetzen! nahm
Der Älteste den Bogen,
Und rasch, die Sehne spannend, kam
Der Pfeil herabgeflogen,
Der aber, fern vom güldnen Reif
Der Krone, an des Kragens Streif
Bald matt vorüber schwirrte;
Allein noch schlechter war der Schuß
Des Zweiten, der gar bis zum Fuß
Des Toten sich verirrte.

Der jüngste Bruder aber stand
Betroffen, und erbleichte,
Als jetzt auch ihm des Greises Hand
Den Schicksalsbogen reichte.
Er warf ihn fort, und sprach »Verzeiht
Dem Jüngling, der in hartem Streit
Mit kindischen Gefühlen
Sich nicht so leicht entschließen kann,
Wie seine Brüder rasch getan,
Auf's – Vaterherz zu zielen.

Nein, lieber will ich Reich und Staat
Für immerdar entsagen,
Als das Bewußtsein solcher Tat
Qualvoll im Busen tragen!« –
»Dein ist das Reich, und dein der Thron!«

Rief jener, mit bewegtem Ton
Und freudetrunk'nem Blicke:
»Heil jedem, der den Vater ehrt
Wie du, o Prinz, denn er ist wert,
Daß ihn der Szepter schmücke.«

Dem alten Buch in Quart, woher
Wir dies Gedicht entlehnen,
beliebt's, mit keiner Silbe mehr
Der Brüder zu erwähnen;
Allein die Folge macht es klar,
Daß Reue wohl das kecke Paar
Zu milderer Denkart führte,
Weil unsre Quelle deutlich sagt,
Daß der Gekrönte hochbetagt
In Ruh' und Glück regierte.

## Ludwig Uhland

### 1787–1862

### Das Schloß am Meere

Hast du das Schloß gesehen,
Das hohe Schloß am Meer?
Golden und rosig wehen
Die Wolken drüber her.

Es möchte sich niederneigen
In die spiegelklare Flut;
Es möchte streben und steigen
In der Abendwolken Glut.

»Wohl hab ich es gesehen,
Das hohe Schloß am Meer,
Und den Mond darüber stehen
Und Nebel weit umher.«

Der Wind und des Meeres Wallen
Gaben sie frischen Klang?
Vernahmst du aus hohen Hallen
Saiten und Festgesang?

»Die Winde, die Wogen alle
Lagen in tiefer Ruh,
Einem Klagelied aus der Halle
Hört ich mit Tränen zu.«

Sähest du oben gehen
Den König und sein Gemahl?
Der roten Mäntel Wehen,
Der goldnen Kronen Strahl?

Führten sie nicht mit Wonne
Eine schöne Jungfrau dar,
Herrlich wie eine Sonne,
Strahlend im goldnen Haar?

»Wohl sah ich die Eltern beide,
Ohne der Kronen Licht,
Im schwarzen Trauerkleide;
Die Jungfrau sah ich nicht.«

## Des Knaben Tod

»Zeuch nicht den dunklen Wald hinab!
Es gilt dein Leben, du junger Knab!« –
»Mein Gott im Himmel, der ist mein Licht,
Der läßt mich im dunkeln Walde nicht.«

Da zeucht er hinunter, der junge Knab,
Es braust ihm zu Füßen der Strom hinab,
Es saust ihm zu Haupte der schwarze Wald,
Und die Sonne versinket in Wolken bald.

Und er kommt ans finstere Räuberhaus,
Eine holde Jungfrau schauet heraus:
»O wehe, du bist so ein junger Knab,
Was kommst du ins Tal des Todes herab?«

Aus dem Tor die mördrische Rotte bricht,
Die Jungfrau decket ihr Angesicht,
Sie stoßen ihn nieder, sie rauben sein Gut,
Sie lassen ihn liegen in seinem Blut.

»O weh, wie dunkel! keine Sonne, kein Stern!
Wen ruf ich an? ist mein Gott so fern?
Ha! Jungfrau dort, im himmlischen Schein,
Nimm auf meine Seel in die Hände dein!«

## Der Traum

Im schönsten Garten wallten
Zwei Buhlen Hand in Hand,
Zwo bleiche, kranke Gestalten,
Sie saßen in's Blumenland.

Sie küßten sich auf die Wangen
Und küßten sich auf den Mund,
Sie hielten sich fest umfangen,
Sie wurden jung und gesund.

Zwei Glöcklein klangen helle,
Der Traum entschwand zur Stund;
Sie lag in der Klosterzelle,
Er fern in Turmes Grund.

## Drei Fräulein

1.

Drei Fräulein sahn vom Schlosse
Hinab ins tiefe Tal.
Ihr Vater kam zu Rosse,
Er trug ein Kleid von Stahl.
»Willkomm, Herr Vater, gottwillkomm!
Was bringst du deinen Kindern?
Wir waren alle fromm.«

»Mein Kind im gelben Kleide!
Heut hab ich dein gedacht.
Der Schmuck ist deine Freude,
Dein Liebstes ist die Pracht.

Von rotem Gold die Kette hier
Nahm ich dem stolzen Ritter,
Gab ihm den Tod dafür.«

Das Fräulein schnell die Kette
Um ihren Nacken band.
Sie ging hinab zur Stätte,
Da sie den Toten fand.
»Du liegst am Wege wie ein Dieb
Und bist ein edler Ritter,
Und bist mein feines Lieb.«

Sie trug ihn auf den Armen
Zum Gotteshaus hinab;
Sie legt' ihn mit Erbarmen
In seiner Väter Grab.
Die Kett, die ihr am Halse schien,
Die zog sie fest zusammen,
Und sank zum Lieb dahin.

2.

Zwei Fräulein sahn vom Schlosse
Hinab ins tiefe Tal.
Ihr Vater kam zu Rosse,
Er trug ein Kleid von Stahl.
»Willkomm, Herr Vater, gottwillkomm!
Was bringst du deinen Kindern?
Wir waren beide fromm.«

»Mein Kind im grünen Kleide!
Heut hab ich dein gedacht.
Die Jagd ist deine Freude
Bei Tag und auch bei Nacht.
Den Spieß an goldnem Bande hier
Nahm ich dem wilden Jäger,
Gab ihm den Tod dafür.«

Sie nahm den Spieß zu Händen,
Den ihr der Vater bot,
Tät in den Wald sich wenden,
Ihr Jagdruf war der Tod.
Dort in der Linde Schatten traf
Sie bei den treuen Bracken
Ihr Lieb im tiefen Schlaf.

»Ich komme zu der Linde,
Wie ich dem Lieb verhieß.«
Da stieß sie gar geschwinde
In ihre Brust den Spieß.
Sie ruhten bei einander kühl,
Waldvöglein sangen oben,
Grün Laub herunter fiel.

3.

Ein Fräulein sah vom Schlosse
Hinab ins tiefe Tal.
Ihr Vater kam zu Rosse,
Er trug ein Kleid von Stahl.
»Willkomm, Herr Vater, gottwillkomm!
Was bringst du deinem Kinde?
Ich war wohl still und fromm.«

»Mein Kind im weißen Kleide!
Heut hab ich dein gedacht.
Die Blumen sind dein Freude,
Mehr als des Goldes Pracht.
Das Blümlein, klar wie Silber, hier
Nahm ich dem kühnen Gärtner,
Gab ihm den Tod dafür.«

»Wie war er so verwegen?
Warum erschlugst du ihn?
Er tät der Blümlein pflegen,
Die werden nun verblühn.« –
»Er hat mir wunderkühn versagt
Die schönste Blum im Garten,
Die spart' er seiner Magd.«

Das Blümlein lag der Zarten
An ihrer weichen Brust.
Sie ging in einen Garten,
Der war wohl ihre Lust.
Da schwoll ein frischer Hügel auf,
Dort bei den weißen Lilien,
Sie setzte sich darauf.

»O könnt ich tun zur Stunde
Den lieben Schwestern gleich!
Doch's Blümlein gibt kein Wunde,
Es ist so zart und weich.«
Aufs Blümlein sah sie, bleich und krank,
Bis daß ihr Blümlein welkte,
Bis daß sie niedersank.

## Der schwarze Ritter

Pfingsten war, das Fest der Freude,
Das da feiern Wald und Heide.
Hub der König an zu sprechen:
»Auch aus den Hallen
Der alten Hofburg allen
Soll ein reicher Frühling brechen!«

Trommeln und Trommeten schallen,
Rote Fahnen festlich wallen.
Sah der König vom Balkone;
In Lanzenspielen
Die Ritter alle fielen
Vor des Königs starkem Sohne.

Aber vor des Kampfes Gitter
Ritt zuletzt ein schwarzer Ritter.
»Herr! wie ist Eu'r Nam und Zeichen?« –
»Würd ich es sagen,
Ihr möchtet zittern und zagen,
Bin ein Fürst von großen Reichen.«

Als er in die Bahn gezogen,
Dunkel ward des Himmels Bogen,
Und das Schloß begann zu beben.
Beim ersten Stoße
Der Jüngling sank vom Rosse,
Konnte kaum sich wieder heben.

Pfeif und Geige ruft zu Tänzen,
Fackeln durch die Säle glänzen;
Wankt ein großer Schatten drinnen.
Er tät mit Sitten
Des Königs Tochter bitten,
Tät den Tanz mit ihr beginnen.

Tanzt im schwarzen Kleid von Eisen,
Tanzet schauerliche Weisen,
Schlingt sich kalt um ihre Glieder.
Von Brust und Haaren
Entfallen ihr die klaren
Blümlein welk zur Erde nieder.

Und zur reichen Tafel kamen
Alle Ritter, alle Damen.
Zwischen Sohn und Tochter innen
Mit bangem Mute
Der alte König ruhte,
Sah sie an mit stillem Sinnen.

Bleich die Kinder beide schienen;
Bot der Gast den Becher ihnen:
»Goldner Wein macht euch genesen.«
Die Kinder tranken,
Sie täten höflich danken:
»Kühl ist dieser Trunk gewesen.«

An des Vaters Brust sich schlangen
Sohn und Tochter; ihre Wangen
Täten völlig sich entfärben.
Wohin der graue,
Erschrockne Vater schaue,
Sieht er eins der Kinder sterben.

»Weh! die holden Kinder beide
Nahmst du hin in Jugendfreude,
Nimm auch mich, den Freudelosen!«
Da sprach der Grimme
Mit hohler, dumpfer Stimme:
»Greis! im Frühling brech ich Rosen.«

## Die drei Lieder

In der hohen Hall saß König Sifrid:
»Ihr Harfner! wer weiß mir das schönste Lied?«
Und ein Jüngling trat aus der Schar behende,
Die Harf in der Hand, das Schwert an der Lende.

»Drei Lieder weiß ich; den ersten Sang,
Den hast du ja wohl vergessen schon lang:
Meinen Bruder hast du meuchlings erstochen!
Und aber: hast ihn meuchlings erstochen!

Das andre Lied, das hab ich erdacht
In einer finstern, stürmischen Nacht:
Mußt mit mir fechten auf Leben und Sterben!
Und aber: mußt fechten auf Leben und Sterben!«

Da lehnt' er die Harfe wohl an den Tisch,
Und sie zogen beide die Schwerter frisch
Und fochten lange mit wildem Schalle,
Bis der König sank in der hohen Halle.

»Nun sing ich das dritte, das schönste Lied,
Das werd ich nimmer zu singen müd:
König Sifrid liegt in seim roten Blute!
Und aber: liegt in seim roten Blute!«

### Schwäbische Kunde

Als Kaiser Rotbart lobesam
Zum heil'gen Land gezogen kam,
Da mußt' er mit dem frommen Heer
Durch ein Gebirge, wüst und leer.
Daselbst erhub sich große Not,
Viel Steine gab's und wenig Brot,
Und mancher deutsche Reitersmann
Hat dort den Trunk sich abgetan.
Den Pferden war's so schwach im Magen,
Fast mußte der Reiter die Mähre tragen.
Nun war ein Herr aus Schwabenland,
Von hohem Wuchs und starker Hand,
Des Rößlein war so krank und schwach,
Er zog es nur am Zaume nach,
Er hätt es nimmer aufgegeben
Und kostet's ihn das eigne Leben.
So blieb er bald ein gutes Stück
Hinter dem Heereszug zurück;
Da sprengten plötzlich in die Quer
Fünfzig türkische Reiter daher,
Die huben an, auf ihn zu schießen,
Nach ihm zu werfen mit den Spießen.
Der wackre Schwabe forcht sich nit,
Ging seines Weges Schritt vor Schritt,
Ließ sich den Schild mit Pfeilen spicken
Und tät nur spöttlich um sich blicken,
Bis einer, dem die Zeit zu lang,
Auf ihn den krummen Säbel schwang.

Da wallt dem Deutschen auch sein Blut,
Er trifft des Türken Pferd so gut,
Er haut ihm ab mit einem Streich
Die beiden Vorderfüß zugleich.
Als er das Tier zu Fall gebracht,
Da faßt er erst sein Schwert mit Macht,
Er schwingt es auf des Reiters Kopf,
Haut durch bis auf den Sattelknopf,
Haut auch den Sattel noch zu Stücken
Und tief noch in des Pferdes Rücken;
Zur Rechten sieht man wie zur Linken
Einen halben Türken heruntersinken.
Da packt die andern kalter Graus,
Sie fliehen in alle Welt hinaus,
Und jedem ist's, als würd ihm mitten
Durch Kopf und Leib hindurchgeschnitten.
Drauf kam des Wegs 'ne Christenschar,
Die auch zurückgeblieben war,
Die sahen nun mit gutem Bedacht,
Was Arbeit unser Held gemacht.
Von denen hat's der Kaiser vernommen,
Der ließ den Schwaben vor sich kommen,
Er sprach: »Sag an, mein Ritter wert!
Wer hat dich solche Streich gelehrt?«
Der Held bedacht sich nicht zu lang:
»Die Streiche sind bei uns im Schwang,
Sie sind bekannt im ganzen Reiche,
Man nennt sie halt nur Schwabenstreiche.«

## Die Rache

Der Knecht hat erstochen den edeln Herrn,
Der Knecht wär selber ein Ritter gern.

Er hat ihn erstochen im dunkeln Hain
Und den Leib versenket im tiefen Rhein.

Hat angeleget die Rüstung blank,
Auf des Herren Roß sich geschwungen frank.

Und als er sprengen will über die Brück,
Da stutzet das Roß und bäumt sich zurück.

Und als er die güldnen Sporen ihm gab,
Da schleudert's ihn wild in den Strom hinab.

Mit Arm, mit Fuß er rudert und ringt,
Der schwere Panzer ihn niederzwingt.


## Roland Schildträger

Der König Karl saß einst zu Tisch
Zu Aachen mit den Fürsten,
Man stellte Wildbret auf und Fisch
Und ließ auch keinen dürsten.
Viel Goldgeschirr von klarem Schein,
Manch roten, grünen Edelstein
Sah man im Saale leuchten.

Da sprach Herr Karl, der starke Held:
»Was soll der eitle Schimmer?
Das beste Kleinod dieser Welt,
Das fehlet uns noch immer.
Dies Kleinod, hell wie Sonnenschein,
Ein Riese trägt's im Schilde sein,
Tief im Ardennerwalde.«

Graf Richard, Erzbischof Turpin,
Herr Haimon, Naim von Bayern,
Milon von Anglant, Graf Garin,
Die wollten da nicht feiern.
Sie haben Stahlgewand begehrt
Und hießen satteln ihre Pferd,
Zu reiten nach dem Riesen.

Jung Roland, Sohn des Milon, sprach:
»Lieb Vater! hört, ich bitte!
Vermeint Ihr mich zu jung und schwach,
Daß ich mit Riesen stritte,
Doch bin ich nicht zu winzig mehr,
Euch nachzutragen Euern Speer
Samt Eurem guten Schilde.«

Die sechs Genossen ritten bald
Vereint nach den Ardennen,
Doch als sie kamen in den Wald,
Da täten sie sich trennen.
Roland ritt hinterm Vater her;
Wie wohl ihm war, des Helden Speer,
Des Helden Schild zu tragen!

Bei Sonnenschein und Mondenlicht
Streiften die kühnen Degen,
Doch fanden sie den Riesen nicht
In Felsen noch Gehegen.
Zur Mittagsstund am vierten Tag
Der Herzog Milon schlafen lag
In einer Eiche Schatten.

Roland sah in der Ferne bald
Ein Blitzen und ein Leuchten,
Davon die Strahlen in dem Wald
Die Hirsch und Reh aufscheuchten;
Er sah, es kam von einem Schild,
Den trug ein Riese, groß und wild,
Vom Berge niedersteigend.

Roland gedacht im Herzen sein:
»Was ist das für ein Schrecken!
Soll ich den lieben Vater mein
Im besten Schlaf erwecken?
Es wachet ja sein gutes Pferd,
Es wacht sein Speer, sein Schild und Schwert,
Es wacht Roland, der junge.«

Roland das Schwert zur Seite band,
Herrn Milons starkes Waffen,
Die Lanze nahm er in die Hand
Und tät den Schild aufraffen.
Herrn Milons Roß bestieg er dann
Und ritt erst sachte durch den Tann,
Den Vater nicht zu wecken.

Und als er kam zur Felsenwand,
Da sprach der Ries mit Lachen:
»Was will doch dieser kleine Fant
Auf solchem Rosse machen?
Sein Schwert ist zwier so lang als er,
Vom Rosse zieht ihn schier der Speer,
Der Schild will ihn erdrücken.«

Jung Roland rief: »Wohlauf zum Streit!
Dich reuet noch dein Necken.
Hab ich die Tartsche lang und breit,
Kann sie mich besser decken;
Ein kleiner Mann, ein großes Pferd,
Ein kurzer Arm, ein langes Schwert,
Muß eins dem andern helfen.«

Der Riese mit der Stange schlug,
Auslangend in die Weite,
Jung Roland schwenkte schnell genug
Sein Roß noch auf die Seite.
Die Lanz er auf den Riesen schwang,
Doch von dem Wunderschilde sprang
Auf Roland sie zurücke.

Jung Roland nahm in großer Hast
Das Schwert in beide Hände,
Der Riese nach dem seinen faßt',
Er war zu unbehende;
Mit flinkem Hiebe schlug Roland
Ihm unterm Schild die linke Hand,
Daß Hand und Schild entrollten.

Dem Riesen schwand der Mut dahin,
Wie ihm der Schild entrissen,
Das Kleinod, das ihm Kraft verliehn,
Mußt er mit Schmerzen missen.
Zwar lief er gleich dem Schilde nach,
Doch Roland in das Knie ihn stach,
Daß er zu Boden stürzte.

Roland ihn bei den Haaren griff,
Hieb ihm das Haupt herunter,
Ein großer Strom von Blute lief
Ins tiefe Tal hinunter;
Und aus des Toten Schild hernach
Roland das lichte Kleinod brach
Und freute sich am Glanze.

Dann barg er's unterm Kleide gut
Und ging zu einem Quelle,
Da wusch er sich von Staub und Blut
Gewand und Waffen helle.
Zurücke ritt der jung Roland
Dahin, wo er den Vater fand
Noch schlafend bei der Eiche.

Er legt' sich an des Vaters Seit,
Vom Schlafe selbst bezwungen,
Bis in der kühlen Abendzeit
Herr Milon aufgesprungen:
»Wach auf, wach auf, mein Sohn Roland!
Nimm Schild und Lanze schnell zur Hand,
Daß wir den Riesen suchen!«

Sie stiegen auf und eilten sehr,
Zu schweifen in der Wilde,
Roland ritt hinterm Vater her
Mit dessen Speer und Schilde.
Sie kamen bald zu jener Stätt,
Wo Roland jüngst gestritten hätt,
Der Riese lag im Blute.

Roland kaum seinen Augen glaubt',
Als nicht mehr war zu schauen
Die linke Hand, dazu das Haupt,
So er ihm abgehauen,
Nicht mehr des Riesen Schwert und Speer,
Auch nicht sein Schild und Harnisch mehr,
Nur Rumpf und blut'ge Glieder.

Milon besah den großen Rumpf:
»Was ist das für 'ne Leiche?
Man sieht noch am zerhaunen Stumpf,
Wie mächtig war die Eiche.
Das ist der Riese! frag ich mehr?
Verschlafen hab ich Sieg und Ehr,
Drum muß ich ewig trauern.« –

Zu Aachen vor dem Schlosse stund
Der König Karl gar bange:
»Sind meine Helden wohl gesund?
Sie weilen allzu lange.
Doch seh ich recht, auf Königswort!
So reitet Herzog Haimon dort,
Des Riesen Haupt am Speere.«

Herr Haimon ritt in trübem Mut,
Und mit gesenktem Spieße
Legt' er das Haupt, besprengt mit Blut,
Dem König vor die Füße:
»Ich fand den Kopf im wilden Hag,
Und fünfzig Schritte weiter lag
Des Riesen Rumpf am Boden.«

Bald auch der Erzbischof Turpin
Den Riesenhandschuh brachte,
Die ungefüge Hand noch drin,
Er zog sie aus und lachte:
»Das ist ein schön Reliquienstück,
Ich bring es aus dem Wald zurück,
Fand es schon zugehauen.«

Der Herzog Naim von Bayerland
Kam mit des Riesen Stange:
»Schaut an, was ich im Walde fand!
Ein Waffen, stark und lange.
Wohl schwitz ich von dem schweren Druck;
Hei! bayrisch Bier, ein guter Schluck,
Sollt mir gar köstlich munden!«

Graf Richard kam zu Fuß daher,
Ging neben seinem Pferde,
Das trug des Riesen schwere Wehr,
Den Harnisch samt dem Schwerte:
»Wer suchen will im wilden Tann,
Manch Waffenstück noch finden kann,
Ist mir zu viel gewesen.«

Der Graf Garin tät ferne schon
Den Schild des Riesen schwingen.
»Der hat den Schild, des ist die Kron,
Der wird das Kleinod bringen!«
»Den Schild hab ich, ihr lieben Herrn!
Das Kleinod hätt ich gar zu gern,
Doch das ist ausgebrochen.«

Zuletzt tät man Herrn Milon sehn,
Der nach dem Schlosse lenkte,
Er ließ das Rößlein langsam gehn,
Das Haupt er traurig senkte.
Roland ritt hinterm Vater her
Und trug ihm seinen starken Speer
Zusamt dem festen Schilde.

Doch wie sie kamen vor das Schloß
Und zu den Herrn geritten,
Macht' er von Vaters Schilde los
Den Zierat in der Mitten;
Das Riesenkleinod setzt' er ein,
Das gab so wunderklaren Schein
Als wie die liebe Sonne.

Und als nun diese helle Glut
Im Schilde Milons brannte,
Da rief der König frohgemut:
»Heil Milon von Anglante!
Der hat den Riesen übermannt,
Ihm abgeschlagen Haupt und Hand,
Das Kleinod ihm entrissen!«

Herr Milon hatte sich gewandt,
Sah staunend all die Helle:
»Roland! sag an, du junger Fant!
Wer gab dir das, Geselle?«
»Um Gott, Herr Vater! zürnt mir nicht,
Daß ich erschlug den groben Wicht,
Derweil Ihr eben schliefet!«

## Das Glück von Edenhall

Von Edenhall der junge Lord
Läßt schmettern Festtrommetenschall,
Er hebt sich an des Tisches Bord
Und ruft in trunkner Gäste Schwall:
»Nun her mit dem Glücke von Edenhall!«

Der Schenk vernimmt ungern den Spruch,
Des Hauses ältester Vasall,
Nimmt zögernd aus dem seidnen Tuch
Das hohe Trinkglas von Kristall,
Sie nennen's: das Glück von Edenhall.

Darauf der Lord: »Dem Glas zum Preis
Schenk roten ein aus Portugal!«
Mit Händezittern gießt der Greis,
Und purpurn Licht wird überall,
Es strahlt aus dem Glücke von Edenhall.

Da spricht der Lord und schwingt's dabei:
»Dies Glas von leuchtendem Kristall
Gab meinem Ahn am Quell die Fei,
Drein schrieb sie: kommt dies Glas zu Fall,
Fahr wohl dann, o Glück von Edenhall!

Ein Kelchglas ward zum Los mit Fug
Dem freud'gen Stamm von Edenhall;
Wir schlürfen gern in vollem Zug,
Wir läuten gern mit lautem Schall;
Stoßt an mit dem Glücke von Edenhall!«

Erst klingt es milde, tief und voll,
Gleich dem Gesang der Nachtigall,
Dann wie des Waldstroms laut Geroll,
Zuletzt erdröhnt wie Donnerhall
Das herrliche Glück von Edenhall.

»Zum Horte nimmt ein kühn Geschlecht
Sich den zerbrechlichen Kristall;
Er dauert länger schon als recht,
Stoßt an! mit diesem kräft'gen Prall
Versuch ich das Glück von Edenhall.«

Und als das Trinkglas gellend springt,
Springt das Gewölb mit jähem Knall,
Und aus dem Riß die Flamme dringt;
Die Gäste sind zerstoben all
Mit dem brechenden Glücke von Edenhall.

Ein stürmt der Feind mit Brand und Mord,
Der in der Nacht erstieg den Wall,
Vom Schwerte fällt der junge Lord,
Hält in der Hand noch den Kristall,
Das zersprungene Glück von Edenhall.

Am Morgen irrt der Schenk allein,
Der Greis, in der zerstörten Hall,
Er sucht des Herrn verbrannt Gebein,
Er sucht im grausen Trümmerfall
Die Scherben des Glücks von Edenhall.

»Die Steinwand«, spricht er, »springt zu Stück,
Die hohe Säule muß zu Fall,
Glas ist der Erde Stolz und Glück,
In Splitter fällt der Erdenball
Einst gleich dem Glücke von Edenhall.«

## Des Sängers Fluch

Es stand in alten Zeiten ein Schloß so hoch und hehr,
Weit glänzt' es über die Lande bis an das blaue Meer,
Und rings von duft'gen Gärten ein blütenreicher Kranz,
Drin sprangen frische Brunnen in Regenbogenglanz.

Dort saß ein stolzer König, an Land und Siegen reich,
Er saß auf seinem Throne so finster und so bleich;
Denn was er sinnt, ist Schrecken, und was er blickt, ist Wut,
Und was er spricht, ist Geißel, und was er schreibt, ist Blut.

Einst zog nach diesem Schlosse ein edles Sängerpaar,
Der ein' in goldnen Locken, der andre grau von Haar;
Der Alte mit der Harfe, der saß auf schmuckem Roß,
Es schritt ihm frisch zur Seite der blühende Genoß.

Der Alte sprach zum Jungen: »Nun sei bereit, mein Sohn!
Denk unsrer tiefsten Lieder, stimm an den vollsten Ton!
Nimm alle Kraft zusammen, die Lust und auch den Schmerz!
Es gilt uns heut, zu rühren des Königs steinern Herz.«

Schon stehn die beiden Sänger im hohen Säulensaal,
Und auf dem Throne sitzen der König und sein Gemahl;
Der König furchtbar prächtig, wie blut'ger Nordlichtschein,
Die Königin süß und milde, als blickte Vollmond drein.

Da schlug der Greis die Saiten, er schlug sie wundervoll,
Daß reicher, immer reicher der Klang zum Ohre schwoll,
Dann strömte himmlisch helle des Jünglings Stimme vor,
Des Alten Sang dazwischen wie dumpfer Geisterchor.

Sie singen von Lenz und Liebe, von sel'ger goldner Zeit,
Von Freiheit, Männerwürde, von Treu und Heiligkeit;
Sie singen von allem Süßen, was Menschenbrust durchbebt,
Sie singen von allem Hohen, was Menschenherz erhebt.

Die Höflingsschar im Kreise verlernet jeden Spott,
Des Königs trotz'ge Krieger, sie beugen sich vor Gott,
Die Königin, zerflossen in Wehmut und in Lust,
Sie wirft den Sängern nieder die Rose von ihrer Brust.

»Ihr habt mein Volk verführet, verlockt ihr nun mein Weib?«
Der König schreit es wütend, er bebt am ganzen Leib,
Er wirft sein Schwert, das blitzend des Jünglings Brust durchdringt,
Draus statt der goldnen Lieder ein Blutstrahl hochauf springt.

Und wie vom Sturm zerstoben ist all der Hörer Schwarm,
Der Jüngling hat verröchelt in seines Meisters Arm,
Der schlägt um ihn den Mantel und setzt ihn auf das Roß,
Er bind't ihn aufrecht feste, verläßt mit ihm das Schloß.

Doch vor dem hohen Tore, da hält der Sängergreis,
Da faßt er seine Harfe, sie aller Harfen Preis,
An einer Marmorsäule, da hat er sie zerschellt,
Dann ruft er, daß es schaurig durch Schloß und Gärten gellt:

»Weh euch, ihr stolzen Hallen! nie töne süßer Klang
Durch eure Räume wieder, nie Saite noch Gesang,
Nein! Seufzer nur und Stöhnen und scheuer Sklavenschritt,
Bis euch zu Schutt und Moder der Rachegeist zertritt!

Weh euch, ihr duft'gen Gärten im holden Maienlicht!
Euch zeig ich dieses Toten entstelltes Angesicht,
Daß ihr darob verdorret, daß jeder Quell versiegt,
Daß ihr in künft'gen Tagen versteint, verödet liegt.

Weh dir, verruchter Mörder! du Fluch des Sängertums!
Umsonst sei all dein Ringen nach Kränzen blut'gen Ruhms,
Dein Name sei vergessen, in ew'ge Nacht getaucht,
Sei wie ein letztes Röcheln in leere Luft verhaucht!«

Der Alte hat's gerufen, der Himmel hat's gehört,
Die Mauern liegen nieder, die Hallen sind zerstört,
Noch eine hohe Säule zeugt von verschwundner Pracht,
Auch diese, schon geborsten, kann stürzen über Nacht.

Und rings statt duft'ger Gärten ein ödes Heideland,
Kein Baum verstreuet Schatten, kein Quell durchdringt den Sand,
Des Königs Namen meldet kein Lied, kein Heldenbuch;
Versunken und vergessen! das ist des Sängers Fluch.

## Das versunkene Kloster

Ein Kloster ist versunken
Tief in den wilden See,
Die Nonnen sind ertrunken
Zusamt dem Pater, weh!
Der Nixen muntre Scharen,
Sie schwimmen stracks herbei,
Nun einmal zu erfahren,
Was in den Mauern sei.

Das plätschert und das rauschet
In Kreuzgang und Dorment!
Am Lokutorium lauschet
Der schäkernde Konvent;
Man hört Gesang im Chore
Und lustig Orgelspiel;
Das Glöcklein ruft zur Hore,
Wann's ihnen just gefiel.

Bei heitrem Vollmondglanze
Lockt sie der grüne Strand
Zu einem Ringeltanze
In geistlichem Gewand;
Die weißen Schleier flattern,
Die schwarzen Stolen wehn,
Die Kerzenflämmchen knattern,
Wie sie im Sprung sich drehn.

Der Kobold dort im Schutte
Der hohlen Felsenwand,
Er nimmt des Paters Kutte,
Die er am Ufer fand;
Die Tänzerinnen schreckend,
Kommt er zur Mummerei,
Sie aber tauchen neckend
Hinab in die Abtei.

## Graf Richard Ohnefurcht

### 1.

Graf Richard von der Normandie
Erschrak in seinem Leben nie.
Er schweifte Nacht wie Tag umher,
Manchem Gespenst begegnet' er,
Doch hat ihm nie was Graun gemacht
Bei Tage noch um Mitternacht.
Weil er so viel bei Nacht tät reiten,
So ging die Sage bei den Leuten:
Er seh in tiefer Nacht so licht
Als mancher wohl am Tage nicht.
Er pflegte, wann er schweift' im Land,
So oft er wo ein Münster fand,
Wenn's offen war, hineinzutreten,
Wo nicht, doch außerhalb zu beten.
So traf er in der Nacht einmal
Ein Münster an im öden Tal;
Da ging er fern von seinen Leuten,
Nachdenklich, ließ sie fürbaß reiten,
Sein Pferd er an die Pforte band,
Im Innern einen Leichnam fand.
Er ging vorbei hart an der Bahre
Und kniete nieder am Altare,
Warf auf 'nen Stuhl die Handschuh eilig,
Den Boden küßt' er, der ihm heilig.
Noch hatt er nicht gebetet lange,
Da rührte hinter ihm im Gange
Der Leichnam sich auf dem Gestelle;
Der Graf sah um und rief: »Geselle!
Du seist ein Guter oder Schlimmer,
Leg dich aufs Ohr und rühr dich nimmer!«
Dann erst er sein Gebet beschloß,
Weiß nicht, ob's klein war oder groß.
Sprach dann, sich segnend: »Herr! mein Seel
Zu deinen Handen ich empfehl.«
Sein Schwert er faßt' und wollte gehen,
Da sah er das Gespenst aufstehen,
Sich drohend ihm entgegenrecken,
Die Arme in die Weite strecken,
Als wollt es mit Gewalt ihn fassen
Und nicht mehr aus der Kirche lassen.
Richard besann sich kurze Weile,
Er schlug das Haupt ihm in zwei Teile;
Ich weiß nicht, ob es wehgeschrien,
Doch mußt's den Grafen lassen ziehn.
Er fand sein Pferd am rechten Orte;
Schon ist er aus des Kirchhofs Pforte,

Als er der Handschuh erst gedenkt.
Er läßt sie nicht, zurück er lenkt,
Hat sie vom Stuhle weggenommen;
Wohl mancher wär nicht wieder kommen.

### 2.

In der Abtei von Sankt Ouen
War dazumal ein Sakristan;
Er war als frommer Mönch genannt,
Ihm gutes Zeugnis zuerkannt.
Allein je mehr die Seele wert,
Je mehr der Teufel ihr begehrt.
Einst ging der Mönch, von dem ich sprach,
Im Münster seinem Amte nach,
Da mußt er eine Dame sehen,
Er liebt sie, kann nicht widerstehen,
Er stirbt, wird sie ihm Gunst versagen,
Er will an sie sein Alles wagen.
Wie er nun bat, wie er verhieß,
Die Dame sich bereden ließ,
Sie zeigte Zeit und Ort ihm an,
Wo er zu Nacht sie treffen kann.
Als nun die Nacht gedunkelt tief
Und alles in dem Kloster schlief,
Begann der Bruder seinen Gang,
Er suchte nicht Gesellschaft lang.
Zum Haus der Dame war kein Weg
Als über einen schmalen Steg,
Darüber wollt er eilig gehen;
Nun weiß ich nicht, wie ihm geschehen,
Ob er sich stieß, sich übertrat,
Ob einen falschen Tritt er tat:
Er fiel ins Wasser und versank,
Ohn alle Rettung er ertrank.
Ein Teufel gleich die Seele nahm,
So warm sie aus dem Leibe kam:
Er wollte sie zur Hölle ziehn,
Da trat ein Engel vor ihn hin.
Sie täten um die Seele streiten,
Mit Gründen wechselnd sich bedeuten.
Der Teufel sprach: »Es ziemt dir schlecht,
Zu greifen in mein bestes Recht.
Du weißt, die Seel ist mir gebunden,
Die ich ob bösen Werken funden.
Ich traf den Mönch ob bösen Werken,
Wie an dem Wege leicht zu merken,
Der Weg hat ihm den Stab gebrochen.

Du weißt, es hat der Herr gesprochen:
Wo ich dich find, will ich dich richten.«
Der Engel sprach darauf. »Mit nichten!
Der Bruder lebte wandelfrei,
Solang er war in der Abtei.
Nun hat die Schrift uns klar bedeutet:
Dem Guten ist sein Lohn bereitet.
Dem Unsern muß der Lohn nun werden
Des Guten, das er tat auf Erden.
Die Sünde war noch nicht erfüllt,
Darum du schon ihn richten willt.
Er ist aus der Abtei getreten,
Er hat die Planke zwar betreten,
Allein er konnte noch zurücke,
Wär er gestürzt nicht von der Brücke.
Des Bösen, das er nicht getan,
Darf er die Strafe nicht empfahn,
Und um ein wenig Wollen, nein!
Kann er nicht ein Verdammter sein.
Doch klage keiner übern andern,
Laß uns zum Grafen Richard wandern!
Von ihm sei unser Span geschlichtet!
Er hat noch immer gut gerichtet.«
Der Teufel sprach: »Ich bin's zufrieden,
Von ihm sei zwischen uns entschieden!«
Sie eilten ins Gemach des Grafen,
Er lag im Bett und hatt geschlafen,
Doch war er jetzo eben wach
Und dachte manchen Dingen nach.
Sie meldeten ihm alles klar,
Wie's mit der Seel ergangen war.
Sie bäten ihn nun zu entscheiden,
Wem sie gehören sollt von beiden.
Herr Richard hielt nicht lange Rat,
Er kürzlich diesen Ausspruch tat:
»Die Seele gebt dem Leib zurücke
Und stellt das Pfäfflein auf die Brücke
Dahin gerade, wo es fiel!
Dann mische keiner sich ins Spiel!
Und rennt es in gestrecktem Lauf
Voran und schaut nicht um noch auf,

So fall es in des Bösen Schlinge
Ohn Widerspruch und lang Gedinge!
Doch wenn es anders sich entschieden
Und sich zurückzieht, hab es Frieden!«
Der Rechtsspruch, den der Graf getan,
Stund einem wie dem andern an,
Die Seele sie dem Leib einbliesen,
Dem Mönch die alte Stelle wiesen.
Als sich der Bruder wiederfand
Und frisch auf beiden Beinen stand,
Zog schneller er zurück den Schritt,
Als wer auf eine Schlange tritt.
Kaum hätten sie ihn losgelassen,
Tät er mit Abschied kurz sich fassen,
Er floh in größter Hast nach Haus,
Verkroch sich, wand die Kleider aus.
Noch immer er zu sterben bebte,
Er war im Zweifel, ob er lebte.
Als nun der Morgen brach heran,
Da ging der Graf nach Sankt Ouen,
Berief die Brüderschaft zuhand,
Den Mönch in nassen Kledern fand.
Richard ihn zu sich kommen ließ
Und vor den Abt ihn treten hieß:
»Herr Bruder! wie ist's Euch ergangen,
Was habt Ihr Schlimmes angefangen?
Ein andermal habt besser acht
Beim Plankengehen in der Nacht!
Erzählt dem Abte frei und offen,
Was Euch in dieser Nacht betroffen!«
Der Bruder schämte sich zu Tod,
Er ward bis über die Ohren rot,
Vor Abt und Grafen so zu stehen,
Doch tät er alles frei gestehen.
Der Graf bestärkte den Bericht,
So kam die Wahrheit an das Licht,
Und in der Normandie noch lange
War dieses Stichelwort im Schwange:
»Mein frommer Bruder, wandelt sacht
Und nehmt auf Stegen Euch in acht!«

# Lahmbein

## Schottische Ballade

Der beste Maurer war Lahmbein,
Der je gebaut mit Stein;
Er baute wohl Lord Wearies Schloß,
Doch ging kein Lohn ihm ein.

»O zahl mich, zahl mich, Lord Wearie,
Mach mir den Lohn nicht schwer!«
»Ich kann nicht zahlen dich, Lahmbein,
Muß fahren über Meer.«

»O zahl mich einmal, Lord Wearie,
Zahl mich aus deiner Hand!«
»Ich kann nicht zahlen dich, Lahmbein,
Verkauf ich nicht mein Land.«

»Und willst du nicht mich zahlen,
Schwör ich hier einen Eid:
Bevor du wieder kommst nach Haus,
Soll es dir werden leid!«

Lord Wearie nahm sich ein schmuckes Schiff,
Zu segeln ins Meer hinaus;
Hieß hüten seine Frau das Schloß,
Bis er gekehrt nach Haus.

Doch die Amme war das falscheste Weib,
Das je am Baumast hing;
Sie hatt einen Rat mit Lahmbein,
Als ihr Herr zu Schiffe ging.

Sie hatt einen Rat mit Lahmbein,
Als die Knechte waren zu Tal,
Sie ließ ihn schnell zum Laden ein,
Und bracht ihn nach dem Saal.

»Wo sind die Männer von diesem Haus,
Die mir rufen: Lahmbein?«
»Sie sind in der Scheuer und dreschen all,
Die kommen so bald nicht herein.«

»Und wo sind die Weiber von diesem Haus,
Die mir rufen: Lahmbein?«
»Sie sind am Brunnen und waschen all,
Die kommen so bald nicht herein.«

»Und wo sind die Kinder von diesem Haus,
Die mir rufen: Lahmbein?«
»Sie sind in der Schul und lernen all,
Die kommen vor Nacht nicht herein.«

»Doch wo ist die Frau von diesem Haus,
Die mir den Namen gab?«
»Sie ist oben in ihrem Gemach und näht,
Die bringen wir bald herab.«

Da nahm Lahmbein ein Messer scharf,
Das hing ihm an der Seit,
Und er schnitt dem kleinen, schmucken Kind
Eine Wunde so tief und weit.

Da war's Lahmbein, der wiegte,
Und die falsche Amme, die sang,
Bis zu jedem Gitterloche,
Das rote Blut aussprang.

Da rief die Frau vom Hause,
Sie trat an die Staffeln her:
»Was fehlt meinem Kindlein, Amme,
Daß es weinet so sehr?

O schweig mein Kindlein, Amme,
O schweig es mit dem Brei!«
»Es will nicht still sein, gnäd'ge Frau,
Mit Brei ist's all vorbei.«

»O schweig mein Kindlein, Amme,
Nimm nur die Rut zur Hand!«
»Es will nicht still sein, gnäd'ge Frau,
Um all seines Vaters Land.«

»O schweig mein Kindlein, Amme,
Läut ihm das Glöcklein hell!«
»Es will nicht still sein, gnäd'ge Frau,
Ihr kämt denn selbst zur Stell.«

Den ersten Schritt, den sie trat,
Da trat sie auf einen Stein;
Den nächsten Tritt, den sie trat,
Da traf sie auf Lahmbein.

»Erbarm dich, erbarm dich, Lahmbein,
Erbarme du dich mein!
Hast du erschlagen mir den Sohn,
Laß mich am Leben sein!«

»Soll ich sie töten, Amme,
Oder soll ich schonen ihr Blut?«
»Stich immerzu, stich immerzu!
Sie war mir niemals gut.«

»Feg aus das Becken, Amme,
Feg rein und blank es aus,
Wohl für das Herzblut dieser Frau,
Sie ist von edlem Haus.«

»Da braucht's kein Becken, Lahmbein,
Laß laufen, das gilt gleich,
Ist denn das Herzblut besser,
Wer arm ist oder reich?« –

Drei Monat waren kaum vorbei,
Lord Wearie kam daher;
Als er zuerst sein Haus betrat,
Wie schwer sein Herz, wie schwer!

»Wes Blut ist dies«, so sprach er,
»Das liegt auf diesem Stein?«
»Das ist ja das Herzblut Eurer Frau,
Ist wie Rubin so rein.«

»Und wessen Blut dies«, sprach er,
»Das liegt auf dieser Diel?«
»Es ist ja das Herzblut Eures Kinds,
Das reinste, das noch fiel.« –

O lieblich sang die Amsel,
Die auf dem Zweige saß;
Viel bittrer weinte Lahmbein,
Als man sein Urteil las.

Und lustig sang die Drossel
Aus dem Farrenkraut im Tal;
Viel bittrer weinte die Amme,
Als man sie band an den Pfahl.


# Theodor Körner

## 1791–1813


### Lützows wilde Jagd

Was glänzt dort vom Walde im Sonnenschein?
Hör's näher und näher brausen.
Es zieht sich herunter in düsteren Reihn,
Und gellende Hörner schallen darein,
Und erfüllen die Seele mit Grausen.
Und wenn ihr die schwarzen Gesellen fragt:
Das ist Lützows wilde verwegene Jagd.

Was zieht dort rasch durch den finstern Wald
Und streift von Bergen zu Bergen?
Es legt sich in nächtlichen Hinterhalt;
Das Hurra jauchzt, und die Büchse knallt,
Es fallen die fränkischen Schergen.
Und wenn ihr die schwarzen Jäger fragt:
Das ist Lützows wilde verwegene Jagd.

Wo die Reben dort glühen, dort braus't der Rhein,
Der Wütrich geborgen sich meinte,
Da naht es schnell mit Gewitterschein,
Und wirft sich mit rüst'gen Armen hinein,
Und springt ans Ufer der Feinde.
Und wenn ihr die schwarzen Schwimmer fragt:
Das ist Lützows wilde verwegene Jagd.

Was braus't dort im Tale die laute Schlacht,
Was schlagen die Schwerter zusammen?
Wildherzige Reiter schlagen die Schlacht,
Und der Funke der Freiheit ist glühend erwacht
Und lodert in blutigen Flammen.
Und wenn ihr die schwarzen Reiter fragt:
Das ist Lützows wilde verwegene Jagd.

Wer scheidet dort röchelnd vom Sonnenlicht,
Unter winselnde Feinde gebettet?
Es zuckt der Tod auf dem Angesicht,
Doch die wackern Herzen erzittern nicht;
Das Vaterland ist ja gerettet!
Und wenn ihr die schwarzen Gefallnen fragt:
Das war Lützows wilde verwegene Jagd.

Die wilde Jagd und die deutsche Jagd
Auf Henkersblut und Tyrannen! –
Drum, die ihr uns liebt, nicht geweint und geklagt!
Das Land ist ja frei, und der Morgen tagt,
Wenn wir's auch nur sterbend gewannen!
Und von Enkeln zu Enkeln sei's nachgesagt:
Das war Lützows wilde verwegene Jagd.

# Wilhelm Müller
### 1794–1827

## Der Glockenguß zu Breslau

War einst ein Glockengießer
zu Breslau in der Stadt,
ein ehrenwerter Meister,
gewandt in Rat und Tat.

Er hatte schon gegossen
viel Glocken, gelb und weiß,
für Kirchen und Kapellen
zu Gottes Lob und Preis.

Und seine Glocken klangen
so voll, so hell, so rein:
Er goß auch Lieb und Glauben
mit in die Form hinein.

Doch aller Glocken Krone,
die er gegossen hat,
das ist die Sünderglocke
zu Breslau in der Stadt.

Im Magdalenenturme
da hängt das Meisterstück,
rief schon manch starres Herze
zu seinem Gott zurück.

Wie hat der gute Meister
so treu das Werk bedacht!
Wie hat er seine Hände
gerührt bei Tag und Nacht!

Und als die Stunde kommen,
daß alles fertig war,
die Form ist eingemauert,
die Speise gut und gar:

Da ruft er seinen Buben
zur Feuerwacht herein:
»Ich laß auf kurze Weile
beim Kessel dich allein.

Will mich mit einem Trunke
noch stärken zu dem Guß;
das gibt der zähen Speise
erst einen vollen Fluß.

Doch hüte dich, und rühre
den Hahn mir nimmer an:
Sonst wär es um dein Leben,
Fürwitziger, getan!«

Der Bube steht am Kessel,
schaut in die Glut hinein:
Das wogt und wallt und wirbelt
und will entfesselt sein.

Und zischt ihm in die Ohren,
und zuckt ihm durch den Sinn,
und zieht an allen Fingern
ihn nach dem Hahne hin.

Er fühlt ihn in den Händen,
er hat ihn umgedreht:
Da wird ihm angst und bange,
er weiß nicht, was er tät.

Und läuft hinaus zum Meister,
die Schuld ihm zu gestehn,
will seine Knie umfassen
und ihn um Gnade flehn.

Doch wie der nur vernommen
des Knaben erstes Wort,
da reißt die kluge Rechte
der jähe Zorn ihm fort.

Er stößt sein scharfes Messer
dem Buben in die Brust,
dann stürzt er nach dem Kessel,
sein selber nicht bewußt.

Vielleicht, daß er noch retten,
den Strom noch hemmen kann:
Doch sieh, der Guß ist fertig,
es fehlt kein Tropfen dran.

Da eilt er abzuräumen
und sieht, und wills nicht sehn,
ganz ohne Fleck und Makel
die Glocke vor sich stehn.

Der Knabe liegt am Boden,
er schaut sein Werk nicht mehr.
Ach, Meister, wilder Meister,
du stießest gar zu sehr!

Er stellt sich dem Gerichte,
er klagt sich selber an:
Es tut den Richtern wehe
wohl um den wackern Mann.

Doch kann ihn keiner retten,
und Blut will wieder Blut:
Er hört sein Todesurteil
mit ungebeugtem Mut.

Und als der Tag gekommen,
daß man ihn führt hinaus,
da wird ihm angeboten
der letzte Gnadenschmaus.

»Ich dank euch«, spricht der Meister,
»ihr Herren, lieb und wert,
doch eine andre Gnade,
mein Herz von euch begehrt.

Laßt mich nur einmal hören
der neuen Glocke Klang!
Ich hab sie ja bereitet:
Möcht wissen, ob's gelang.«

Die Bitte ward gewähret,
sie schien den Herrn gering,
die Glocke ward geläutet,
als er zum Tode ging.

Der Meister hört sie klingen,
so voll, so hell, so rein:
Die Augen gehn ihm über,
es muß vor Freude sein.

Und seine Blicke leuchten,
als wären sie verklärt:
Er hat in ihrem Klange
wohl mehr als Klang gehört.

Hat auch geneigt den Nacken
zum Streich voll Zuversicht;
und was der Tod versprochen,
das bricht das Leben nicht.

Das ist der Glocken Krone,
die er gegossen hat,
die Magdalenenglocke
zu Breslau in der Stadt.

Die ward zur Sünderglocke
seit jenem Tag geweiht:
Weiß nicht, ob's anders worden
in dieser neuen Zeit.

## Der Lindenbaum

Am Brunnen vor dem Tore,
da steht ein Lindenbaum:
Ich träumt' in seinem Schatten
so manchen süßen Traum.

Ich schnitt in seine Rinde
so manches liebe Wort;
es zog in Freud und Leide
zu ihm mich immer fort.

Ich mußt' auch heute wandern
vorbei in tiefer Nacht,
da hab ich noch im Dunkel
die Augen zugemacht.

Und seine Zweige rauschten,
als riefen sie mir zu:
Komm her zu mir, Geselle,
hier findst du deine Ruh!

Die kalten Winde bliesen
mir grad ins Angesicht,
der Hut flog mir vom Kopfe,
ich wendete mich nicht.

Nun bin ich manche Stunde
entfernt von jenem Ort,
und immer hör ich's rauschen:
Du fändest Ruhe dort!

## Nachtstück

Es fällt ein Stern vom Himmel,
Ich fing ihn auf so gern!
Wohin bist du gefallen,
Du wunderschöner Stern?

»Ins Meer bin ich gefallen,
Tief in die schwarze Flut;
Das Leuchten muß ich lassen,
Und in mir brennt die Glut.«

Dianen seh ich wandeln
Wohl über das tiefe Meer.
Was schleichst du, keusche Göttin,
So traurig hin und her?

»Mein Stern ist mir gefallen
Tief in die schwarze Flut;
Heraus möcht ich ihn ziehen:
Wer sagt mir, wo er ruht?

Ihr Sternlein, helft mir suchen,
Steigt nieder auf das Meer,
Mit euren Silberlampen
Schwebt leuchtend um mich her!

Hör ich die Wogen rauschen,
Mir ist's, als ob es ruft –
Will es empor zum Himmel?
Soll ich hinab zur Gruft?«

So trieben's Mond und Sterne
Die liebe, lange Nacht,
Und weil ich nicht kann tauchen,
Hab ich ein Lied gemacht.

## Vineta

*Anmerkung: Die Volkssage von der alten prächtigen Stadt Vineta, die zwischen Pommern und Rügen in das Meer gesunken sein soll, ist umso poetischer, je weniger das Dasein derselben geschichtlich zu erweisen ist. Die Schiffer hören die Glocken derselben aus dem Grunde des Meeres heraufklingen, und das Wiedererscheinen ihrer Zinnen auf dem Wasserspiegel nennen sie das Wafeln, eine nordische Fata Morgana.*

Aus des Meeres tiefem, tiefem Grunde
Klingen Abendglocken dumpf und matt,
Uns zu geben wunderbare Kunde
Von der schönen alten Wunderstadt.

In der Fluten Schoß hinabgesunken,
Blieben unten ihre Trümmer stehn.
Ihre Zinnen lassen goldne Funken
Wiederscheinend auf dem Spiegel sehn.

Und der Schiffer, der den Zauberschimmer
Einmal sah im hellen Abendrot,
Nach derselben Stelle schifft er immer,
Ob auch rings umher die Klippe droht.

Aus des Herzens tiefem, tiefem Grunde
Klingt es mir, wie Glocken, dumpf und matt.
Ach, sie geben wunderbare Kunde
Von der Liebe, die geliebt es hat.

Eine schöne Welt ist da versunken,
Ihre Trümmer blieben unten stehn,
Lassen sich als goldne Himmelsfunken
Oft im Spiegel meiner Träume sehn.

Und dann möcht ich tauchen in die Tiefen,
Mich versenken in den Wiederschein,
Und mir ist, als ob mich Engel riefen
In die alte Wunderstadt herein.

## Das Hünengrab

*Anmerkung: Die Hünengräber auf Rügen liegen fast alle auf den schönsten, höchsten, weit umschauenden Plätzen. Daher vielleicht die Sage, daß jene Gräber sich alle hundert Jahre einmal öffnen, um ihre Inhaber in die freie Welt hinausschauen zu lassen.*

Schon wieder hundert Jahre!
Ich darf aus meiner Gruft
Heraus die Blicke senden
Und schöpfen frische Luft.

Die Luft so frisch wie immer,
Das Meer noch dunkelblau,
Die alten weißen Dünen,
Die junge grüne Au'!

Du, Mensch, nur immer kleiner,
Und größer stets dein Haus,
Die Gräber immer enger –
Wo denkst du, Mensch, hinaus?

Die erste Ruhestätte
Für eine Spanne Zeit,
Die bauest auf der Höhe
So prächtig und so weit.

Und läßt dein Grab dir graben
So eng, so kurz, so schmal,
Dort zwischen dumpfen Mauern,
Im tief versteckten Tal.

Dort mußt du lange wohnen,
Dort ist dein rechtes Haus,
Und darfst aus dem nicht gehen
Auf Berg und Strand hinaus.

Schau ich aus meinem Grabe,
Ich schaue weit umher
Den hohen blauen Himmel,
Die Küsten und das Meer.

Das Meer, das ich durchschwommen
Mit meinem starken Arm,
Den Strand, wo ich gestanden
In meiner Feinde Schwarm.

Du guckst aus deiner Grube
In Wust und Graus hinein,
In schwarze Föhrenschatten,
Auf deinen Leichenstein.

# Friedrich Rückert

## 1788–1866

### Das versunkene Dorf

Es ist eine Wüstung gelegen,
Ist Abermannsdorf genannt;
Es heißt noch ein Dorf bis heute,
Aber die ältesten Leute
Haben das Dorf nicht gekannt.

Es ist verschlungen worden,
In den Erdboden hinein
Ist es worden verschlungen
Mit Alten und Jungen
Mit Mann, Maus und Stein.

Kein Malzeichen ist blieben,
Kein Trumm und keine Spur;
Von den Häusern kein Gebälke,
Von den Mauern kein Gekälke;
's ist ebene Wiesenflur.

Als Knab hab ich noch gesehen
Von der Dorflind einen Stumpf;
Jetzt ist auch der versunken,
Es hat wie mit Armen den Strunken
Gezogen hinab in den Sumpf.

Wenn man's Ohr legt auf den Boden,
Hört man's drunten wohl,
Wie die heimlichen Wasser brausen,
Wie sie fressen mit Grausen
Den Boden unter uns hohl.

Wohl hat es auf der Erde
Das Böse weit gebracht.
Wenn sie wollt alle Schande
Verschlingen, wer im Lande
Wär sicher bis Mitternacht?

## Der fehlende Schöppe

Zu Ebern hält man Hochgericht
Über Leben und Blut;
Zwölf Stühle sind zugericht
Für die zwölf Schöppen gut.
Elfe sind gekommen,
Han ihre Stühl eingenommen.

Der zwölfte Stuhl bleibt unberührt,
Niemand drauf sitzen darf;
Denn der Schöppe, dem er gehört
Ist aus Abermannsdorf;
Aber Abermannsdorf ist versunken,
Sein Schöpp hält Gericht bei den Unken.

Da reitet von den elfen
Ein Bote hinaus zu Roß,
Der den fehlenden zwölften
Herein laden muß.
Der Bot b'hälts Roß am Zügel,
Den linken Fuß im Bügel.

Mit dem rechten Fuß dreimal
Stampft er auf den Grund,
Und den Schöppen dreimal
Ruft er mit lautem Mund:
»Zu Ebern ist Schöppengericht,
Schöppe, säume dich nicht!«

Da wird es unter der Erde laut
Von furchtbarem Getos.
Der Bot nicht vor- noch rückwärts schaut,
Sondern springt auf sein Roß;
Und muß schnell fort sich machen,
Sonst verschlingt ihn der Erde Rachen.

## Chidher

Chidher, der ewig junge, sprach:
  Ich fuhr an einer Stadt vorbei,
  Ein Mann im Garten Früchte brach;
  Ich fragte, seit wann die Stadt hier sei?
  Er sprach, und pflückte die Früchte fort:
  Die Stadt steht ewig an diesem Ort,
  Und wird so stehen ewig fort.
    Und aber nach fünfhundert Jahren
    Kam ich desselbigen Wegs gefahren.

Da fand ich keine Spur der Stadt;
  Ein einsamer Schäfer blies die Schalmei,
  Die Herde weidete Laub und Blatt;
  Ich fragte: wie lang ist die Stadt vorbei?
  Er sprach, und blies auf dem Rohre fort:
  Das eine wächst, wenn das andre dorrt;
  Das ist mein ewiger Weideort.
    Und aber nach fünfhundert Jahren
    Kam ich desselbigen Wegs gefahren.

Da fand ich ein Meer, das Wellen schlug,
  Ein Schiffer warf die Netze frei,
Und als er ruhte vom schweren Zug,
  Fragt ich, seit wann das Meer hier sei?
Er sprach, und lachte meinem Wort:
Solang als schäumen die Wellen dort,
Fischt man und fischt man in diesem Port.
    Und aber nach fünfhundert Jahren
    Kam ich desselbigen Wegs gefahren.

Da fand ich einen waldigen Raum,
  Und einen Mann in der Siedelei,
Er fällte mit der Axt den Baum;
  Ich fragte, wie alt der Wald hier sei?
Er sprach: der Wald ist ein ewiger Hort;
Schon ewig wohn ich an diesem Ort,
Und ewig wachsen die Bäum hier fort.
    Und aber nach fünfhundert Jahren
    Kam ich desselbigen Wegs gefahren.

Da fand ich eine Stadt, und laut
  Erschallte der Markt vom Volksgeschrei.
Ich fragte: seit wann ist die Stadt erbaut?
  Wohin ist Wald und Meer und Schalmei?
Sie schrien, und hörten nicht mein Wort:
So ging es ewig an diesem Ort,
Und wird so gehen ewig fort.
    Und aber nach fünfhundert Jahren
    Will ich desselbigen Weges fahren.

## Barbarossa

Der alte Barbarossa,
  Der Kaiser Friederich,
Im unterird'schen Schlosse
  Hält er verzaubert sich.
Er ist niemals gestorben,
  Er lebt darin noch jetzt;
Er hat im Schloß verborgen
  Zum Schlaf sich hingesetzt.
Er hat hinabgenommen
  Des Reiches Herrlichkeit,
Und wird einst wiederkommen,
  Mit ihr zu seiner Zeit.
Der Stuhl ist elfenbeinern,
  Darauf der Kaiser sitzt:
Der Tisch ist marmelsteinern,
  Worauf sein Haupt er stützt.

Sein Bart ist nicht von Flachse,
  Er ist von Feuersglut,
Ist durch den Tisch gewachsen,
  Worauf sein Kinn ausruht.
Er nickt als wie im Traume,
  Sein Aug halb offen zwinkt;
Und je nach langem Raume
  Er einem Knaben winkt.
Er spricht im Schlaf zum Knaben:
  Geh hin vors Schloß, o Zwerg,
Und sieh, ob noch die Raben
  Herfliegen um den Berg.
Und wenn die alten Raben
  Noch fliegen immerdar,
So muß ich auch noch schlafen
  Verzaubert hundert Jahr.

## Nächtlicher Gang

Die Fahnen flattern
Im Mitternachtssturm,
Die Schiefern knattern
Am Kirchenturm:
Ein Windzug zischt,
Die Latern' verlischt –

Es muß doch zur Liebsten gehn!

Die Totenkapell'
Mit dem Knochenhaus;
Der Mond guckt hell
Zum Fenster heraus;
Haussen jeder Tritt
Geht drinnen auch mit –

Es muß doch zur Liebsten gehn!

Der Judengott'sacker
Am Berg dort herab
Ein weißes Geflacker
Auf jedem Grab;
Ein Uhu ruft
Den andern: Schuft –

Es muß doch zur Liebsten gehn!

Drüben am Bach
Auf dem Wintereis
Ein Geplatz, ein Gekrach
Als ging' dort, wer weiß;
Jetzt wieder ganz still.
Laß sein, was will –

Es muß doch zur Liebsten gehn!

Am Pachthof vorbei;
Aus dem Hundehaus
Fahren kohlschwarz zwei
Statt des einen heraus,
Gähnen mich an
Mit glührotem Zahn –

Es muß doch zur Liebsten gehn!

Dort vor dem Fenster,
Dahinter sie ruht,
Stehn zwei Gespenster
Und halten die Hut;
Drin schläft die Braut,
Ächzt im Traume laut –

Es muß doch zur Liebsten gehn!

## Parabel

Es ging ein Mann im Syrerland,
Führt' ein Kamel am Halfterband.
Das Tier mit grimmigen Gebärden
Urplötzlich anfing, scheu zu werden,
Und tat so ganz entsetzlich schnaufen,
Der Führer vor ihm mußt' entlaufen.
Er lief und einen Brunnen sah
Von ungefähr am Wege da.
Das Tier hört er im Rücken schnauben,
Das mußt' ihm die Besinnung rauben.
Er in den Schacht des Brunnens kroch,
Er stürzte nicht, er schwebte noch.
Gewachsen war ein Brombeerstrauch
Aus des geborstnen Brunnens Bauch;
Daran der Mann sich fest tat klammern,
Und seinen Zustand drauf bejammern.

Er blickte in die Höh', und sah
Dort das Kamelhaupt furchtbar nah,
Das ihn wollt oben fassen wieder.
Dann blickt er in den Brunnen nieder;
Da sah am Grund er einen Drachen
Aufgähnen mit entsperrtem Rachen,
Der drunten ihn verschlingen wollte,
Wenn er hinunterfallen sollte.
So schwebend in der beiden Mitte
Da sah der Arme noch das Dritte.
Wo in die Mauerspalte ging
Des Sträuchleins Wurzel, dran er hing,
Da sah er still ein Mäusepaar,
Schwarz eine, weiß die andere war.
Er sah die schwarze mit der weißen
Abwechselnd an der Wurzel beißen.

Sie nagten, zausten, gruben, wühlten,
Die Erd' ab von der Wurzel spülten;
Und wie sie rieselnd niederrann,
Der Drach im Grund aufblickte dann,
Zu sehn, wie bald mit seiner Bürde
Der Strauch entwurzelt fallen würde.
Der Mann in Angst und Furcht und Not,
Umstellt, umlagert und umdroht,
Im Stand des jammerhaften Schwebens,
Sah sich nach Rettung um vergebens.
Und, da er also um sich blickte,
Sah er ein Zweiglein, welches nickte
Vom Brombeerstrauch mit reifen Beeren;
Da konnt' er doch der Lust nicht wehren.
Er sah nicht des Kameles Wut,
Und nicht den Drachen in der Flut,
Und nicht der Mäuse Tückespiel,
Als ihm die Beer' ins Auge fiel.
Er ließ das Tier von oben rauschen,
Und unter sich den Drachen lauschen,
Und neben sich die Mäuse nagen,
Griff nach den Beerlein mit Behagen,
Sie däuchten ihm zu essen gut,
Aß Beer auf Beerlein wohlgemut,
Und durch die Süßigkeit im Essen
War alle seine Furcht vergessen.

Du fragst: Wer ist der töricht Mann,
Der so die Furcht vergessen kann?
So wiß, o Freund, der Mann bist du;
Vernimm die Deutung auch dazu.
Es ist der Drach im Brunnengrund
Des Todes aufgesperrter Schlund;
Und das Kamel, das oben droht,
Es ist des Lebens Angst und Not.
Du bist's, der zwischen Tod und Leben
Am grünen Strauch der Welt muß schweben.
Die beiden, so die Wurzel nagen,
Dich samt den Zweigen, die dich tragen,
Zu liefern in des Todes Macht,
Die Mäuse heißen Tag und Nacht.
Es nagt die schwarze wohl verborgen
Vom Abend heimlich bis zum Morgen,
Es nagt vom Morgen bis zum Abend
Die weiße, wurzeluntergrabend.
Und zwischen diesem Graus und Wust
Lockt dich der Beere Sinnenlust,
Daß du Kamel die Lebensnot
Daß du im Grund den Drachen Tod,
Daß du die Mäuse Tag und Nacht
Vergissest, und auf Nichts hast acht,
Als daß du recht viel Beerlein haschest
Aus Grabes Brunnenritzen naschest.

## In diesem Wetter, in diesem Braus

In diesem Wetter, in diesem Braus,
Nie hätt' ich gesendet die Kinder hinaus!
Man hat sie getragen hinaus,
Ich durfte nichts dazu sagen!

In diesem Wetter, in diesem Saus,
Nie hätt' ich gelassen die Kinder hinaus,
Ich fürchtete sie erkranken;
Das sind nun eitle Gedanken,

In diesem Wetter, in diesem Graus,
Nie hätt' ich gelassen die Kinder hinaus,
Ich sorgte, sie stürben morgen;
Das ist nun nicht zu besorgen.

In diesem Wetter, in diesem Graus,
Nie hätt' ich gesendet die Kinder hinaus,
Man hat sie hinaus getragen,
Ich durfte nichts dazu sagen!

In diesem Wetter, in diesem Saus,
In diesem Braus,
Sie ruh'n als wie in der Mutter Haus,
Von keinem Sturm erschrecket,
Von Gottes Hand bedecket,
Sie ruh'n wie in der Mutter Haus.

## Oft denk' ich, sie sind nur ausgegangen

Oft denk' ich, sie sind nur ausgegangen!
Bald werden sie wieder nach Hause gelangen!
Der Tag ist schön! O sei nicht bang!
Sie machen nur einen weiten Gang!
Jawohl, sie sind nur ausgegangen
Und werden jetzt nach Hause gelangen!
O, sei nicht bang, der Tag is schön!
Sie machen nur den Gang zu jenen Höh'n!
Sie sind uns nur vorausgegangen
Und werden nicht wieder nach Hause gelangen!
Wir holen sie ein auf jenen Höh'n
Im Sonnenschein!
Der Tag ist schön auf jenen Höh'n!

# Franz Grillparzer
### 1791–1872

## Incubus

Fragst du mich, wie er heißt,
Jener finstere Geist,
Der meine Brust hat zum Reich,
Davon ich so düster und bleich?

Unfried ist er genennt,
Weil er den Frieden nicht kennt,
Weil er den Frieden nicht gönnt
Jemals der Brust wo er brennt.

Der hat im Busen sein Reich,
Der macht mich düster und bleich,
Der läßt mir nimmermehr Rast,
Seit er mich einmal gefaßt.

Schau ich zum Himmel empor,
Lagert er brütend sich vor,
Zeiget mir Wolken zur Hand,
Wolken – und keinen Bestand.

Alles der Menschen Gewühl
Nennt er Getrieb ohne Ziel;
Ob ich's auch anders gewußt,
Schweigt er das Haupt durch die Brust.

Flücht ich zu ihr, die mein Glück,
Tadellos jeglichem Blick;
Er findet Tadel mir auf,
Wär's aus der Hölle herauf;

Und auf den Punkt, den er meint,
Hält er die Lichter vereint,
Daß es dem Aug nicht entging,
Wenn es auch Blindheit umfing:

Lacht sie – so nennt er sie leicht;
Weint sie – von Schuld wohl erweicht,
Spricht sie – im heuchelnden Mut,
Schweigt sie – voll anderer Glut.

Und wenn's mir einmal gelang,
Durchzubrechen den Drang,
Frei, mit des Geistes Gewalt,
Durch, bis zu Licht und Gestalt:

Unter der Hand es sich bildet und hebt,
Lebendiges Leben das Tote belebt,
Und es nun dasteht, ein atmendes Bild,
Vom Geiste des All und des Bildners erfüllt;

Da stiehlt er hinein sich mit list'gem Bemerk
Und grinset mich an aus dem eigenen Werk:
»Bin's, Meister nur ich, dem die Wohnung du
                                          wölbst,
Sieh nichtig dein Werklein und nichtig du
                                          selbst!«

Und schaudernd seh ich's, Entsetzen-betört,
Wie mein eigenes Selbst gen mich sich empört,
Verwünsche mein Werk, und mich selber ins
                                          Grab;
Dann folgt er auch dahin wohl quälend
                                          hinab?

## Karl Gottlieb Prätzel
### 1785–1861

### Die Erscheinung

Es steht der Meister bei Lampenlicht
Mit düster schweifenden Sinnen,
Mit zagender Brust und bleichem Gesicht
Ein dringendes Werk zu beginnen.
Die Säge, den Hobel nimmt er zur Hand,
Und seitwärts, an des Kamines Rand
Steht glänzender Firniß bereitet
Der peinliche Dünste verbreitet.

Dem blühenden Kindlein, das ihm entschlief,
Beginnt er mit Grämen und Grauen
Zum langen Schlummer im Grabe tief
Die enge Behausung zu bauen.
Fahr' hin, seufzt er mit finsterm Blick,
Du fernres Hoffen auf irdisches Glück!
Was könnt' ich nicht meiden und missen,
Nun mir der Frühling entrissen!

Doch kaum, daß in Übung der düstren Pflicht
Die Worte den Lippen entgleiten,
Sieht er ein seltsam schimmerndes Licht
Sich durch die Werkstatt verbreiten.
Ein Klingen vernimmt er, wie Harfenlaut,
Und wie er betroffen zur Seite schaut,
Ist grüßend mit lächelnden Mienen
Des Kindleins Gestalt ihm erschienen.

Von lieblich grünendem Myrthenkranz
Sind ihm die Locken umfangen;
Es strahlt das Auge von frischem Glanz
Und rosig blühen die Wangen.

Durch Todesschauer zum Engel verklärt,
Erscheint es im Dunkel der Erde
Mit freundlicher Trostesgeberde.

»Laß ab«, beginnt es mit sanftem Laut,
»Die Seele zum Kummer zu neigen!
Mir ist ein Blumengezelt erbaut
Aus unverwelklichen Zweigen.
Dort hegen und weiden sich Blick und Brust
An Bildern ewiger Frühlingslust:
Und was man verloren im Leben,
Wird schöner dort wiedergegeben!

Eh' mich die schnöden Lüste der Welt
Durch sündige Lockung gewonnen,
Eh', von verderblichem Garn umstellt,
Ich noch zu straucheln begonnen,
Der makelfreien Lilie gleich,
Ging ich ins himmlische Freudenreich;
Dort eilt ich aus Blumengehegen
Dir freudigen Grußes entgegen!« –

Dem Meister wird's dunkel um den Sinn,
Als er den Trostspruch vernommen;
Er neigt sich über den Sarg dahin,
Und stöhnet bang und beklommen,
Doch wie der dämmernde Tag erwacht,
Hat er sein irdisches Wandern vollbracht,
Und ist, von Sehnsucht befangen,
Zum Liebling hinüber gegangen.

# Gustav Schwab
### 1792–1850

### Der Reiter und der Bodensee

Der Reiter reitet durchs helle Tal,
Auf Schneefeld schimmert der Sonne Strahl.

Er trabet im Schweiß durch den kalten Schnee,
Er will noch heut an den Bodensee;

Noch heut mit dem Pferd in den sichern Kahn,
Will drüben landen vor Nacht noch an.

Auf schlimmem Weg, über Dorn und Stein,
Er braust auf rüstigem Roß feldein.

Aus den Bergen heraus, ins ebene Land,
Da sieht er den Schnee sich dehnen wie Sand.

Weit hinter ihm schwinden Dorf und Stadt,
Der Weg wird eben, die Bahn wird glatt.

In weiter Fläche kein Bühl, kein Haus.
Die Bäume gingen, die Felsen aus;

So flieget er hin eine Meil', und zwei,
Er hört in den Lüften der Schneegans Schrei;

Es flattert das Wasserhuhn empor,
Nicht anderen Laut vernimmt sein Ohr;

Keinen Wandersmann sein Auge schaut,
Der ihm den rechten Pfad vertraut.

Fort gehts, wie auf Samt, auf dem weichen Schnee,
Wann rauscht das Wasser, wann glänzt der See?

Da bricht der Abend, der frühe, herein:
Von Lichtern blinket ein ferner Schein.

Es hebt aus dem Nebel sich Baum an Baum,
Und Hügel schließen den weiten Raum.

Er spürt auf dem Boden Stein und Dorn,
Dem Rosse gibt er den scharfen Sporn.

Und Hunde bellen empor am Pferd,
Und es winkt im Dorf ihm der warme Herd.

»Willkommen am Fenster, Mägdelein,
An den See, an den See, wie weit mags sein?«

Die Maid, sie staunet den Reiter an:
»Der See liegt hinter dir und der Kahn,

Und deckt' ihn die Rinde von Eis nicht zu,
Ich spräch', aus dem Nachen stiegest du.«

Der Fremde schaudert, er atmet schwer:
»Dort hinten die Eb'ne, die ritt ich her!«

Da recket die Magd die Arm' in die Höh':
»Herr Gott! so rittest du über den See:

An den Schlund, an die Tiefe bodenlos,
Hat gepocht des rasenden Hufes Stoß!

Und unter dir zürnten die Wasser nicht?
Nicht krachte hinunter die Rinde dicht?

Und du wardst nicht die Speise der stummen Brut?
Der hungrigen Hecht' in der kalten Flut?«

Sie rufet das Dorf herbei zu der Mär',
Es stellen die Knaben sich um ihn her;

Die Mütter, die Greise, sie sammeln sich:
»Glückseliger Mann, ja, segne du dich!

Herein zum Ofen, zum dampfenden Tisch,
Brich mit uns das Brot und iß vom Fisch!«

Der Reiter erstarret auf seinem Pferd,
Er hat nur das erste Wort gehört.

Es stocket sein Herz, es sträubt sich sein Haar,
Dicht hinter ihm grinst noch die grause Gefahr.

Es siehet sein Blick nur den gräßlichen Schlund,
Sein Geist versinkt in den schwarzen Grund.

Im Ohr ihm donnerts, wie krachend Eis,
Wie die Well' umrieselt ihn kalter Schweiß.

Da seufzt er, da sinkt er vom Roß herab,
Da ward ihm am Ufer ein trocken Grab.

## Das Gewitter

Urahne, Großmutter, Mutter und Kind
In dumpfer Stube beisammen sind;
Es spielet das Kind, die Mutter sich schmückt,
Großmutter spinnet, Urahne gebückt
Sitzt hinter dem Ofen im Pfühl –
Wie wehen die Lüfte so schwül!

Das Kind spricht: »Morgen ist's Feiertag,
Wie will ich spielen im grünen Hag,
Wie will ich springen durch Tal und Höh'n,
Wie will ich pflücken viel Blumen schön;
Dem Anger, dem bin ich hold!« –
Hört ihr's, wie der Donner grollt?

Die Mutter spricht: »Morgen ist's Feiertag,
Da halten wir alle fröhlich Gelag,
Ich selber, ich rüste mein Feierkleid;
Das Leben, es hat auch Lust nach Leid,
Dann scheint die Sonne wie Gold!« –
Hört ihr's, wie der Donner grollt?

Großmutter spricht: »Morgen ist's Feiertag,
Großmutter hat keinen Feiertag,
Sie kochet das Mahl, sie spinnet das Kleid,
Das Leben ist Sorg' und viel Arbeit;
Wohl dem, der tat, was er sollt!« –
Hört ihr's, wie der Donner grollt?

Urahne spricht: »Morgen ist's Feiertag,
Am liebsten morgen ich sterben mag:
Ich kann nicht singen und scherzen mehr,
Ich kann nicht sorgen und schaffen schwer,
Was tu' ich noch auf der Welt?« –
Seht ihr, wie der Blitz dort fällt?

Sie hören's nicht, sie sehen's nicht,
Es flammet die Stube wie lauter Licht:
Urahne, Großmutter, Mutter und Kind
Vom Strahl miteinander getroffen sind,
Vier Leben endet ein Schlag –
Und morgen ist's Feiertag.

# August Graf von Platen
## 1796–1835

### Der Pilgrim vor St. Just

#### 1819

Nacht ist's und Stürme sausen für und für,
Hispanische Mönche, schließt mir auf die Tür!

Laßt hier mich ruhn, bis Glockenton mich weckt,
Der zum Gebet euch in die Kirche schreckt!

Bereitet mir was euer Haus vermag,
Ein Ordenskleid und einen Sarkophag!

Gönnt mir die kleine Zelle, weiht mich ein,
Mehr als die Hälfte dieser Welt war mein.

Das Haupt, das nun der Schere sich bequemt,
Mit mancher Krone ward's bediademt.

Die Schulter, die der Kutte nun sich bückt,
Hat kaiserlicher Hermelin geschmückt.

Nun bin ich vor dem Tod den Toten gleich,
Und fall in Trümmer, wie das alte Reich.

## Das Grab im Busento

1820

Nächtlich am Busento lispeln, bei Cosenza, dumpfe Lieder,
Aus den Wassern schallt es Antwort, und in Wirbeln klingt es wider!

Und den Fluß hinauf, hinunter, ziehn die Schatten tapfrer Goten,
Die den Alarich beweinen, ihres Volkes besten Toten.

Allzufrüh und fern der Heimat mußten hier sie ihn begraben,
Während noch die Jugendlocken seine Schulter blond umgaben.

Und am Ufer des Busento reihten sie sich um die Wette,
Um die Strömung abzuleiten, gruben sie ein frisches Bette.

In der wogenleeren Höhlung wühlten sie empor die Erde,
Senkten tief hinein den Leichnam, mit der Rüstung, auf dem Pferde.

Deckten dann mit Erde wieder ihn und seine stolze Habe,
Daß die hohen Stromgewächse wüchsen aus dem Heldengrabe.

Abgelenkt zum zweiten Male, ward der Fluß herbeigezogen:
Mächtig in ihr altes Bette schäumten die Busentowogen.

Und es sang ein Chor von Männern: Schlaf in deinen Heldenehren!
Keines Römers schnöde Habsucht soll dir je dein Grab versehren!

Sangen's, und die Lobgesänge tönten fort im Gotenheere;
Wälze sie, Busentowelle, wälze sie von Meer zu Meere!

## *Der grundlose Brunnen*

(Fragment, 1820)

Die Sonnenfackel tauchte rosenfarben
Sich in die Berge fernhin und erblich,
Ein Schnitterhaufen führte heim die Garben,
Und sang und jubelt' und ergötzte sich;
Doch als die heitern Melodien erstarben,
Trat in den Burghof Herzog Udalrich,
Die Knaben aber grüßten ihn und schieden,
Denn er war gern allein und gern vermieden.

Es quoll ein Brunnen in des Hofes Mitte,
Aus dem die röm'schen Männer schon getrunken,
Als hier sie wandelten im Siegerschritte,
Lang eh' man Burg und Kirche hier sah prunken,
Und eh' man betete nach Christensitte:
Schon war das Mauerwerk halb eingesunken,
Doch standen rings uralte Lindenbäume,
Die ihre Schatten warfen in die Schäume.

Dort ließ nun traurig sich der Herzog nieder,
Und Seufzer hoben seinen Busen schwer,
Tief in die Welle schaut er hin und wieder,
Doch kein Genüge schaut und findet er:
Da kommt des Schlosses Vogt, getreu und bieder,
Der vielbejahrte Diener kommt daher,
Ob er den Herrn gelaunt zu Worten träfe,
Entblößt das Haupt er und die greise Schläfe.

Schon lange sinn' ich, spricht er, was euch bange,
Erlauchter Herzog, was euch düster macht:
Wie habt ihr sonst beim Sonnenuntergange
Gescherzt mit Freunden und euch frohgelacht!
Und, wie's geziemet eurem Fürstenrange,
Die schönen Tage ritterlich verbracht!
Wie scholl's von Waffen und vom Jägerhorne!
Nun sitzt ihr ewig träumerisch am Borne.

Verschwanden jene Bilder, die den Knaben,
Von einst'gem Waffenruhm, von Kampf und Sieg,
Vom Habedank aus schöner Hand, umgaben?
Ihr wolltet ziehen in den heil'gen Krieg,
Zur Stätte, wo den Herren sie begraben,
Wo er gen Himmel durch den Äther stieg;
So träumend sonst von Fahrt und Abenteuer
Seid ihr gefesselt nun an dies Gemäuer?

Was staunst du, daß ich stets mich hier befinde,
Sobald die Strahlen im Gebirg verglühten?
Aus dieser Quelle steigen kühle Winde,
Und wenn die Flut zu kräuseln sie sich mühten,
Dann ziehn sie säuselnd durch die laub'ge Linde,
Und wehn herunter den Geruch der Blüten,
Die Blüten selbst, sie fallen oft, betrogen,
Zu Sternen, die sich spiegeln in den Wogen.

Laßt euch beschwören, Herr, bei eurem Ruhme,
Spricht jener! Trotzt dem Zauber, der euch band!
Der Bronnen stammt noch aus dem Heidentume,
Und ward gegraben von Druidenhand;
Drum wird verzaubert jede Blüt' und Blume,
Die hier emporwächst an des Wassers Rand:
Hier ward noch nie ein frommes Werk begonnen,
Und Nixen hausen, wie man sagt, im Bronnen.

Zwar ist das Wasser hier von großer Güte,
Doch ohne wahre, heiligende Kraft:
Denn als vordem, mit gläubigem Gemüte,
Der heil'ge Winfried, der so riesenhaft
Sich um dies Land und um dies Volk bemühte,
Von Sünden reinigte die Heidenschaft,
Da sah man nie mit dieser Flut ihn heilen,
So wird erzählt, und je die Tauf' erteilen.

Auch sagen sie, und solches könnt ihr stündlich
Mit Senkblei selbst erproben oder Stange,
Daß diese Flut so völlig unergründlich,
Daß auf den Boden nie ein Stein gelange:
Drum hütet euch, versucht nicht keck und sündlich,
Ob mit der Hölle sie zusammenhange!
Der Alte rief's, und zog ihn weg vom Orte,
Da sprach der Herzog diese sanften Worte:

O wollte Gott, ich hätte nie vernommen,
Wie viele Seligkeiten wunderbar
Aus dieses Bronnens heil'ger Tiefe kommen,
Vielleicht bedünkte, was du sagst, mich wahr!
Als einst die Sterne schon am Himmel glommen,
Dem Geiste rätselhaft, dem Auge klar,
Trat ich hierher, mich freuend ihrer Helle
Dort oben und hier unten in der Welle.

Da scholl ein Tönen, wie auf tiefer Vase,
Ausdrückend Sehnen halb und halb Vergnügen,
Ich lauschte hier bewegungslos im Grase,
Und zog den Ton in mich in vollen Zügen:
Mir schien's als wären's Lilien von Glase,
An die metallne Schmetterlinge schlügen,
So rein erscholl's, so tief ergriff's die Seele,
Ach, wohl kein Lied aus einer Menschenkehle!

Doch war's ein Lied, noch in mir klingt es rein,
Noch klingt es, doch es klingt zu meinem Schmerze.
Nun find' ich hier mich jeden Abend ein,
Daß ich kein zweites schönes Lied verscherze,
Doch, ach! nicht zweimal sollt' ich glücklich sein,
Und unbefriedigt bleibt mein armes Herze,
Stets horchend auf die wundersam geheime,
Fremdart'ge Weise, die gelinden Reime.

Es war, erwidert ihm der Vogt, ein Traum:
Oft kann ein Traum der Seele Frieden stören,
Zum Schlafe lockt hier schattig Baum an Baum,
So mocht' euch wohl die Phantasie betören,
Denn niemals ließen aus dem tiefen Raum
Sich menschenähnliche Gesänge hören,
Nur Käfer summen hier mit sachten Stimmen,
Die auf den Blättchen in der Quelle schwimmen.

Doch wißt, woher euch dieser Wunsch entsprossen,
Der nun euch die gewohnte Ruhe raubt?
Ihr seid in frischer Jugend aufgeschossen,
Und dichte Locken fliegen euch ums Haupt;
Doch Frauenliebe habt ihr nie genossen,
An Frauenanteil habt ihr nie geglaubt,
Nun regen sich, wenn auch noch halb verborgen,
In euch die kommenden, die lieben Sorgen.

O hört mich an mit gütigem Vertrauen,
Wenn je mein wohlgemeinter Rat euch galt,
In diesen Tälern wächst, in diesen Auen,
Wie manche jungfräuliche Wohlgestalt;
So laßt die Ritter, Herr, und Edelfrauen
Nach eurem Schlosse laden, jung und alt,
Schmückt einmal wieder eure Burg zum Feste,
und kommen sie, so wählet euch die Beste.

Der Herzog hört's, zwar mit beklemmtem Herzen,
Doch seine Stirn entwölkte sich, die hohe,
Und sei's ein Wechsel nur von Schmerz um Schmerzen,
Des Wechsels freu'n sich Traurige wie Frohe.
Das Fest erscheint, es flackern tausend Kerzen
Den Saal entlang in schöner, goldner Lohe,
Und wie den Reigen schlingen zarte Hände,
Da wiederhallen von Musik die Wände.

Der laute Ton von Zitter, Flöt' und Horne
Durchscholl den Burghof, hallte durchs Gestein,
Und drang hinab, wo tief im Silberborne
Die Meerfrau wohnte mit drei Töchterlein.
Der ältesten und lieblichsten, Hydorne,
Fuhr jeder Laut ins tiefe Herz hinein,
Und leicht bereit, ein kühnes Wort zu wagen,
Begann sie so der Mutter vorzuklagen:

Das Bad ist kühlend hier im Wasserschwalle,
Viel goldne Fische tauchen in die Wogen,
Viel Edelsteine kleben an der Halle,
Die weit geräumig ist und hoch im Bogen
Gewölbt aus einem einzigen Kristalle,
Vom Lotosteppich lieblich überzogen,
Und ihr geheim und unterirdisch Dunkel
Erhellt durch einen magischen Karfunkel.

Doch hast du, Mutter, uns nicht selbst berichtet,
Um wie viel schöner es sich lebt dort oben,
Das Licht, hier im Karfunkel nur verdichtet,
Ist dort in Strahlen durch die Welt zerstoben,
Und wenn die Nacht der Sonne Kraft vernichtet,
So schmückt der Himmel sich mit goldnen Globen,
Der Mond mit ihnen, eine Silberfähre;
Man sollte meinen, daß es Dichtung wäre!

Die Erde, sagt man, dehnt sich, und ihr dienen
Der Kräuter viel zu Stickerei'n und Zier,
Viel Rosen, gleich lebendigen Rubinen,
Und Tau dran, wie beweglicher Saphir.
O hättest nimmer du erzählt von ihnen,
Sie duften, sagst du, dufteten sie mir!
Umgäbe mich ihr freundliches Gewimmel,
Und drüber hin der amethystne Himmel!

O laß uns drum, empor zum Borne steigend,
Ergötzen uns, nur bis die Nacht verschwunden,
Hydorne sprach's, zwar nicht in Worten zeigend,
Daß jene Töne sie so sehr gebunden,
Doch nicht aus falschem Herzen es verschweigend,
Von Scham vielleicht im Stillen überwunden,
Von einer Scham, die sie sich nicht erklärte.
Die Mutter sprach zur Tochter, und gewährte:

Geh mit den Schwestern nur hinauf, Hydorne,
Freut euch der Sternchen und des Mondenkahnes,
Der Blumen auf den Wiesen und im Korne,
Und all des überird'schen Menschenwahnes,
Doch reizt die Nixenfürstin nicht zum Zorne,
Und eilt zurück beim ersten Ruf des Hahnes,
Daß nicht ein Sonnenstrahl euch etwa leuchte,
Bevor ihr kehrt ins unterirdisch Feuchte.

Indessen strömten durch die Burggemächer
Der Gäste viel, und alles regte sich,
Es jubelten die Tänzer und die Zecher,
Solang man Flöte blies und Geige strich;
Doch auch nicht einmal hob den goldnen Becher
Noch flog im Tanze Herzog Udalrich,
Noch blickt er jemals nach den Mädchen allen
Mit einer Miene nur von Wohlgefallen.

Da wandeln plötzlich durch die muntern Scharen
Drei holde Jungfrau'n, doch wie Lilien bleich.
Sie hatten feine Schleier in den Haaren,
Die bis zur Erde hingen faltenreich
Und von durchsichtigem Gewebe waren,
Der Spinne zarten Silberstoffen gleich.
Ihr Gürtel wob sich aus korall'nen Bändern,
Doch feucht erschien der Saum an den Gewändern ...


## Karl Leberecht Immermann

### 1796–1840


### Der Student von Prag

Was klingt daher für Tosen? Welch lärmend Festgelag?
Des Vaters Gut verprasset der wilde Student von Prag.
Er sitzt und singet Lieder, davor dem Menschen graust,
die Dirne auf dem Schoße, den Becher in der Faust.

Der alte Diener schleichet herzu und flüstert scheu:
»Wollt Ihr nicht enden, Junker? 's ist Zwölfe meiner Treu!«
»Schweig still, du alter Rabe, und laß dein heis'res Schrei'n!
So lang der Wein hier helle, will ich noch lustig sein.«

Auf hebt er seinen Becher; ein großer Wurm liegt drin:
»Gott gibt ein Zeichen, Junker; o wendet Euren Sinn!«
»Schweig still, du alter Rabe, und krächze andern was!
So lang die Dirne küsset, hab' ich noch guten Spaß!«

Er will die Dirne küssen, die auf vom Schoß ihm fährt,
sie schreit, greift nach dem Herzen, und sinket tot zur Erd'.
Der alte Diener stürzet vor ihm auf beide Knie':
»Gott gibt ein Zeichen, Junker! o sieh das Zeichen, sieh!«

»Zur Hölle, du Unglücksvogel! Für all mein rotes Gold
kauf ich mir Wein die Fülle, ist jede Maid mir hold!
So lang' der alte Tor noch, mein Vater, lebt und gibt,
ich schwör's beim Höllenpfuhle, wird auch gezecht, geliebt.«

Der Diener trägt entsetzet die Leiche aus der Stub',
aufs Lager wirft erschöpfet sich hin der wilde Bub;
die Kerze flackert trübe in Streifen blauen Scheins;
die Eulen heulen draußen, die Glocke schlägt halb eins.

Da rauschet auf die Türe, da weht ein Grabeshauch,
ein Schatten weht zum Lager, gleich einem bleichen Rauch,
er blickt mit Jammermienen auf den verlornen Sohn;
der Student knirscht frech im Traume, er lacht mit wüstem Hohn.

Der Schatten hebet warnend empor die Geisterhand;
rasch greift der Student im Traume nach dem Tuche an der Wand;
er schlägt mit seinem Tuche nach seines Vaters Bild,
da zittert und zerrinnet der Schemen irr und wild.

Der Student fährt aus dem Schlafe mit verstörtem Angesicht;
ins Fenster blickt der Morgen mit aschenfahlem Licht;
der Diener bringet weinend einen Brief mit schwarzem Rand;
dem Studenten sträubt die Locke, er hat die Schrift gekannt.

»Dich grüßt die Mutter, welche zur Witwe du gemacht;
dein Vater ist gestorben in dieser letzten Nacht.
Dein Vater hat zu Tode um dich gegrämet sich,
und hat nicht sterben können aus Not und Sorg um dich.

Er lag im Todeskampfe still einmal eine Weil',
ich hofft', er sei gegangen zu seinem ew'gen Heil.
Da schrie er auf: Der Bube schlägt mich mit seinem Tuch!
Und gab dir im Verscheiden, mein Sohn, des Vaters Fluch!«

Der Student von Prag läßt fallen den Brief und wanket fort;
er setzet stumm sich nieder an einen düstern Ort,
und schneidet mit der Schere ab seiner Haare Schopf,
und nimmt in beide Hände den kahlgeschornen Kopf. –

Was klingt denn nun für Singen aus des Studenten Haus?
Es sind acht Leichenträger, es ist ein Leichenschmaus;
sie singen vom Gesangbuch und trinken dazu Wein,
der Student trinkt nicht mit ihnen und stimmt ins Lied nicht ein.

## Annette von Droste-Hülshoff

### 1797–1848

### Der Heidemann

»Geht, Kinder, nicht zu weit ins Bruch,
Die Sonne sinkt, schon surrt den Flug
Die Biene matter, schlafgehemmt,
Am Grunde schwimmt ein blasses Tuch,
Der Heidemann kömmt!« –

Die Knaben spielen fort am Raine,
Sie rupfen Gräser, schnellen Steine,
Sie plätschern in des Teiches Rinne,
Erhaschen die Phalän' am Ried,
Und freun sich, wenn die Wasserspinne
Langbeinig in die Binsen flieht.

»Ihr Kinder, legt euch nicht ins Gras, –
Seht, wo noch grad' die Biene saß,
Wie weißer Rauch die Glocken füllt.
Scheu aus dem Busche glotzt der Has,
Der Heidemann schwillt!« –

Kaum hebt ihr schweres Haupt die Schmele
Noch aus dem Dunst, in seine Höhle
Schiebt sich der Käfer und am Halme
Die träge Motte höher kreucht,
Sich flüchtend vor dem feuchten Qualme,
Der unter ihre Flügel steigt.

»Ihr Kinder, haltet euch bei Haus!
Lauft ja nicht in das Bruch hinaus;
Seht, wie bereits der Dorn ergraut,
Die Drossel ächzt zum Nest hinaus,
Der Heidemann braut!« –

Man sieht des Hirten Pfeife glimmen,
Und vor ihm her die Herde schwimmen,
Wie Proteus seine Robbenscharen
Heimschwemmt im grauen Ozean.
Am Dach die Schwalben zwitschernd fahren
Und melancholisch kräht der Hahn.

»Ihr Kinder, bleibt am Hofe dicht!
Seht, wie die feuchte Nebelschicht
Schon an des Pförtchens Klinke reicht;
Am Grunde schwimmt ein falsches Licht,
Der Heidemann steigt!« –

Nun strecken nur der Föhren Wipfel
Noch aus dem Dunste grüne Gipfel,
Wie übern Schnee Wacholderbüsche;
Ein leises Brodeln quillt im Moor,
Ein schwaches Schrillen, ein Gezische
Dringt aus der Niederung hervor.

»Ihr Kinder, kommt, kommt schnell herein!
Das Irrlicht zündet seinen Schein,
Die Kröte schwillt, die Schlang' im Ried;
Jetzt ist's unheimlich draußen sein,
Der Heidemann zieht!« –

Nun sinkt die letzte Nadel, rauchend
Zergeht die Fichte, langsam tauchend
Steigt Nebelschemen aus dem Moore,
Mit Hünenschritten gleitet's fort;
Ein irres Leuchten zuckt im Rohre,
Der Krötenchor beginnt am Bord.

Und plötzlich scheint ein schwaches Glühen
Des Hünen Glieder zu durchziehen;
Es siedet auf, es färbt die Wellen,
Der Nord, der Nord entzündet sich –
Glutpfeile, Feuerspeere schnellen,
Der Horizont ein Lavastrich!

»Gott gnad' uns! wie es zuckt und dräut,
Wie's schwelet an der Dünenscheid'! –
Ihr Kinder, faltet eure Händ',
Das bringt uns Pest und teure Zeit –
Der Heidemann brennt!« –

## Der Knabe im Moor

O schaurig ist's übers Moor zu gehn,
Wenn es wimmelt vom Heiderauche,
Sich wie Phantome die Dünste drehn
Und die Ranke häkelt am Strauche,
Unter jedem Tritte ein Quellchen springt,
Wenn aus der Spalte es zischt und singt,
o schaurig ist's übers Moor zu gehn,
Wenn das Röhricht knistert im Hauche!

Fest hält die Fibel das zitternde Kind
Und rennt, als ob man es jage;
Hohl über die Fläche sauset der Wind –
Was raschelt drüben am Hage?
Das ist der gespenstige Gräberknecht,
Der dem Meister die besten Torfe verzecht;
Hu, hu, es bricht wie ein irres Rind!
Hinducket das Knäblein zage.

Vom Ufer starret Gestumpf hervor,
Unheimlich nicket die Föhre,
Der Knabe rennt, gespannt das Ohr,
Durch Riesenhalme wie Speere;
Und wie es rieselt und knittert darin!
Das ist die unselige Spinnerin,
Das ist die gebannte Spinnlenor',
Die den Haspel dreht im Geröhre!

Voran, voran! Nur immer im Lauf,
Voran, als woll' es ihn holen;
Vor seinem Fuße brodelt es auf,
Es pfeift ihm unter den Sohlen
Wie eine gespenstige Melodei;
Das ist der Geigenmann ungetreu,
Das ist der diebische Fiedler Knauf,
Der den Hochzeitheller gestohlen!

Da birst das Moor, ein Seufzer geht
Hervor aus der klaffenden Höhle;
Weh, weh, da ruft die verdammte Margret:
»Ho, ho, meine arme Seele!«
Der Knabe springt wie ein wundes Reh;
Wär' nicht Schutzengel in seiner Näh',
Seine bleichenden Knöchelchen fände spät
Ein Gräber im Moorgeschwele.

Da mählich gründet der Boden sich,
Und drüben, neben der Weide,
Die Lampe flimmert so heimatlich,
Der Knabe steht an der Scheide.
Tief atmet er auf, zum Moore zurück
Noch immer wirft er den scheuen Blick:
Ja, im Geröhre war's fürchterlich,
O schaurig war's in der Heide!

## Am Turme

Ich steh auf hohem Balkone am Turm,
Umstrichen vom schreienden Stare,
Und laß gleich einer Mänade den Sturm
Mir wühlen im flatternden Haare;
O wilder Geselle, o toller Fant,
Ich möchte dich kräftig umschlingen,
Und, Sehne an Sehne, zwei Schritte vom Rand
Auf Tod und Leben dann ringen!

Und drunten seh ich am Strand, so frisch
Wie spielende Doggen, die Wellen
Sich tummeln rings mit Geklaff und Gezisch,
Und glänzende Flocken schnellen.
O, springen möcht' ich hinein alsbald,
Recht in die tobende Meute,
Und jagen durch den korallenen Wald
Das Walroß, die lustige Beute!

Und drüben seh ich ein Wimpel wehn
So keck wie eine Standarte,
Seh auf und nieder den Kiel sich drehn
Von meiner luftigen Warte;
O, sitzen möcht' ich im kämpfenden Schiff,
Das Steuerruder ergreifen,
Und zischend über das brandende Riff
Wie eine Seemöwe streifen.

Wär' ich ein Jäger auf freier Flur,
Ein Stück nur von einem Soldaten,
Wär' ich ein Mann doch mindestens nur,
So würde der Himmel mir raten;
Nun muß ich sitzen so fein und klar,
Gleich einem artigen Kinde,
Und darf nur heimlich lösen mein Haar,
Und lassen es flattern im Winde!

## Das Fegefeuer des westfälischen Adels

Wo der selige Himmel, das wissen wir nicht,
Und nicht, wo der greuliche Höllenschlund,
Ob auch die Wolke zittert im Licht,
Ob siedet und qualmet Vulkanes Mund;
Doch wo die westfälischen Edeln müssen
Sich sauber brennen ihr rostig Gewissen,
Das wissen wir alle, das ward uns kund.

Grau war die Nacht, nicht öde und schwer,
Ein Aschenschleier hing in der Luft;
Der Wanderbursche schritt flink einher,
Mit Wollust saugend den Heimatduft;
O bald, bald wird er schauen sein Eigen,
Schon sieht am Lutterberge er steigen
Sich leise schattend die schwarze Kluft.

Er richtet sich, wie Trompetenstoß
Ein Holla ho! seiner Brust entsteigt –
Was ihm im Nacken? ein schnaubend Roß,
An seiner Schulter es rasselt, keucht,
Ein Rappe – grünliche Funken irren
Über die Flanken, die knistern und knirren,
Wie wenn man den murrenden Kater streicht.

»Jesus Maria!« – er setzt seitab,
Da langt vom Sattel es überzwerch –
Ein eherner Griff, und in wüstem Trab
Wie Wind und Wirbel zum Lutterberg!
An seinem Ohre hört er es raunen
Dumpf und hohl, wie gedämpfte Posaunen,
So an ihm raunt der gespenstige Scherg':

»Johannes Deweth! ich kenne dich!
Johann! du bist uns verfallen heut'!
Bei deinem Heile, nicht lach noch sprich,
Und rühre nicht an was man dir beut;
Vom Brote nur magst du brechen in Frieden,
Ewiges Heil ward dem Brote beschieden,
Als Christus in froner Nacht es geweiht!« –

Ob mehr gesprochen, man weiß es nicht,
Da seine Sinne der Bursche verlor,
Und spät erst hebt er sein bleiches Gesicht
Vom Estrich einer Halle empor;
Um ihn Gesumme, Geschwirr, Gemunkel,
Von tausend Flämmchen ein mattes Gefunkel,
Und drüber schwimmend ein Nebelflor.

Er reibt die Augen, er schwankt voran,
An hundert Tischen, die Halle entlang,
All edle Geschlechter, so Mann an Mann;
Es rühren die Gläser sich sonder Klang,
Es regen die Messer sich sonder Klirren,
Wechselnde Reden summen und schwirren.
Wie Glockengeläut, ein wirrer Gesang.

Ob jedem Haupte des Wappens Glast,
Das langsam schwellende Tropfen speit,
Und wenn sie fallen, dann zuckt der Gast,
Und drängt sich einen Moment zur Seit';
Und lauter, lauter dann wird das Rauschen,
Wie Stürme die zornigen Seufzer tauschen,
Und wirrer summet das Glockengeläut.

Strack steht Johann wie ein Lanzenknecht,
Nicht möchte der gleißenden Wand er traun,
Noch wäre der glimmernde Sitz ihm recht,
Wo rutschen die Knappen mit zuckenden Braun.
Da muß, o Himmel, wer sollt' es denken!
Den frommen Herrn, den Friedrich von Brenken,
Den alten stattlichen Ritter er schaun.

»Mein Heiland, mach' ihn der Sünden bar!«
Der Jüngling seufzet in schwerem Leid;
Er hat ihm gedienet ein ganzes Jahr;
Doch ungern kredenzt er den Becher ihm heut!
Bei jedem Schlucke sieht er ihn schüttern,
Ein blaues Wölkchen dem Schlund entzittern,
Wie wenn auf Kohlen man Weihrauch streut.

O manche Gestalt noch dämmert ihm auf,
Dort sitzt sein Pate, der Metternich,
Und eben durch den wimmelnden Hauf
Johann von Spiegel, der Schenke, strich;
Prälaten auch, je viere und viere,
Sie blättern und rispeln im grauen Breviere,
Und zuckend krümmen die Finger sich.

Und unten im Saale, da knöcheln frisch
Schaumburger Grafen um Leut' und Land,
Graf Simon schüttelt den Becher risch,
Und reibt mitunter die knisternde Hand;
Ein Knappe nähet, er surret leise –
Ha, welches Gesumse im weiten Kreise,
Wie hundert Schwärme an Klippenrand!

»Geschwind den Sessel, den Humpen wert,
Den schleichenden Wolf geschwinde herbei!«
Horch, wie es draußen rasselt und fährt!
Barhaupt stehet die Massonei,
Hundert Lanzen drängen nach binnen,
Hundert Lanzen und mitten darinnen
Der Asseburger, der blutige Weih!

Und als ihm alles entgegenzieht,
Da spricht Johannes ein Stoßgebet:
Dann risch hinein! sein Ärmel sprüht,
Ein Funken über die Finger ihm geht.
Voran – da »sieben« schwirren die Lüfte
»Sieben, sieben, sieben«, die Klüfte,
»In sieben Wochen, Johann Deweth!«

Der sinkt auf schwellenden Rasen hin,
Und schüttelt gegen den Mond die Hand,
Drei Finger die bröckeln und stäuben hin,
Zu Asch' und Knöchelchen abgebrannt.
Er rafft sich auf, er rennt, er schießet,
Und ach, die Vaterklause begrüßet
Ein grauer Mann, von keinem gekannt,

Der nimmer lächelt, nur des Gebets
Mag pflegen drüben im Klosterchor,
Denn »sieben, sieben«, flüstert es stets,
Und »sieben Wochen« ihm in das Ohr.
Und als die siebente Woche verronnen,
Da ist er versiegt wie ein dürrer Bronnen,
Gott hebe die arme Seele empor!


## Der Fundator

Im Westen schwimmt ein falber Strich,
Der Abendstern entzündet sich
Grad' überm Sankt Georg am Tore;
Schwer haucht der Dunst vom nahen Moore.
Schlaftrunkne Schwäne kreisen sacht
Ums Eiland, wo die graue Wacht
Sich hebt aus Wasserbins' und Rohre.

Auf ihrem Dach die Fledermaus,
Sie schaukelt sich, sie breitet aus
Den Rippenschirm des Schwingenflosses,
Und, mit dem Schwirren des Geschosses,
Entlang den Teich, hinauf, hinab,
Dann klammert sie am Fensterstab,
Und blinzt in das Gemach des Schlosses.

Ein weit Gelaß, im Sammetstaat!
Wo einst der mächtige Prälat
Des Hauses Chronik hat geschrieben.
Frisch ist der Baldachin geblieben,
Der güldne Tisch, an dem er saß,
Und seine Seelenmesse las
Man heut in der Kapelle drüben.

Heut sind es grade hundert Jahr,
Seit er gelegen auf der Bahr'
Mit seinem Kreuz und Silberstabe.
Die ew'ge Lamp' an seinem Grabe
Hat heute hundert Jahr gebrannt.
In seinem Sessel an der Wand
Sitzt heut ein schlichter alter Knabe.

Des Hauses Diener, Sigismund,
Harrt hier der Herrschaft, Stund' auf Stund':
Schon kam die Nacht mit ihren Flören,
Oft glaubt die Kutsche er zu hören,
Ihr Quitschern in des Weges Kies,
Er richtet sich – doch nein – es blies
Der Abendwind nur durch die Föhren.

's ist eine Dämmernacht, genau
Gemacht für Alp und weiße Frau.
Dem Junkerlein ward es zu lange,
Dort schläft es hinterm Damasthange.
Die Chronik hält der Alte noch,
Und blättert fort im Finstern, doch
Im Ohre summt es gleich Gesange:

»So hab' ich dieses Schloß erbaut.
Ihm mein Erworbnes anvertraut,
Zu des Geschlechtes Nutz und Walten;
Ein neuer Stamm sprießt aus dem alten,
Gott segne ihn! Gott mach' ihn groß! – «
Der Alte horcht, das Buch vom Schoß
Schiebt sacht er in der Lade Spalten:

Nein – durch das Fenster ein und aus
Zog schrillend nur die Fledermaus;
Nun schießt sie fort. – Der Alte lehnet
Am Simse. Wie der Teich sich dehnet
Ums Eiland, wo der Warte Rund,
Sich tief schattiert im matten Grund.
Das Röhricht knirrt, die Unke stöhnet.

Dort, denkt der Greis, dort hat gewacht
Der alte Kirchenfürst, wenn Nacht
Sich auf den Weiher hat ergossen.
Dort hat den Reiher er geschossen,
Und zugeschaut des Schlosses Bau,
Sein weiß Habit, sein Auge grau,
Lugt' drüben an den Fenstersprossen.

Wie scheint der Mond so kümmerlich!
– Er birgt wohl hinterm Tanne sich –
Schaut nicht der Turm wie 'ne Laterne,
Verhauchend, dunstig, aus der Ferne!
Wie steigt der blaue Duft im Rohr,
Und rollt sich am Gesims empor!
Wie seltsam blinken heut die Sterne!

Doch ha! – er blinzt, er spannt das Aug',
Denn dicht und dichter schwillt der Rauch,
Als ob ein Docht sich langsam fache,
Entzündet sich im Turmgemache
Wie Mondenschein ein graues Licht,
Und dennoch – dennoch – las er nicht,
Nicht Neumond heut im Almanache? –

Was ist das? deutlich, nur getrübt
Vom Dunst der hin und wieder schiebt,
Ein Tisch, ein Licht, in Turmes Mitten,
Und nun, – nun kömmt es hergeschritten,
Ganz wie ein Schatten an der Wand,
Es hebt den Arm, es regt die Hand, –
Nun ist es an den Tisch geglitten.

Und nieder sitzt es, langsam, steif,
Was in der Hand? – ein weißer Streif! –
Nun zieht es etwas aus der Scheiden
Und fingert mit den Händen beiden,
Ein Ding, – ein Stäbchen ungefähr, –
Dran fährt es langsam hin und her,
Es scheint die Feder anzuschneiden.

Der Diener blinzt und blinzt hinaus:
Der Schemen schwankt und bleichet aus,
Noch sieht er es die Feder tunken,
Da drüber gleitet es wie Funken,
Und in demselbigen Moment
Ist alles in das Element
Der spurlos finstern Nacht versunken.

Noch immer steht der Sigismund,
Noch starrt er nach der Warte Rund,
Ihn dünkt, des Weihers Flächen rauschen,
Weit beugt er übern Sims, zu lauschen;
Ein Ruder! – nein, die Schwäne ziehn!
Grad hört er längs dem Ufergrün
Sie sacht ihr tiefes Schnarchen tauschen.

Er schließt das Fenster. – »Licht, o Licht!«
Doch mag das Junkerlein er nicht
So plötzlich aus dem Schlafe fassen,
Noch minder es im Saale lassen.
Sacht schiebt er sich dem Sessel ein,
Zieht sein korallnes Nösterlein,
– Was klingelt drüben an den Tassen? –

Nein – eine Fliege schnurrt im Glas!
Dem Alten wird die Stirne naß;
Die Möbeln stehn wie Totenmale,
Es regt und rüttelt sich im Saale,
Allmählich weicht die Tür zurück,
Und in demselben Augenblick
Schlägt an die Dogge im Portale.

Der Alte drückt sich dicht zuhauf,
Er lauscht mit Doppelsinnen auf,
– Ja ! am Parkett ein leises Streichen,
Wie Wiesel nach der Stiege schleichen –
Und immer härter, Tapp an Tapp,
Wie mit Sandalen, auf und ab,
Es kömmt – es naht – er hört es keuchen; –

Sein Sessel knackt! – ihm schwimmt das Hirn –
Ein Odem, dicht an seiner Stirn!
Da fährt er auf und wild zurücke,
Errafft das Kind mit blindem Glücke
Und stürzt den Korridor entlang.
O, Gott sei Dank! ein Licht im Gang,
Die Kutsche rasselt auf die Brücke!

## Vorgeschichte (Second sight)

Kennst du die Blassen im Heideland,
Mit blonden flächsenen Haaren?
Mit Augen so klar wie an Weihers Rand
Die Blitze der Welle fahren?
O sprich ein Gebet, inbrünstig, echt,
Für die Seher der Nacht, das gequälte Geschlecht.

So klar die Lüfte, am Äther rein
Träumt nicht die zarteste Flocke,
Der Vollmond lagert den blauen Schein
Auf des schlafenden Freiherrn Locke,
Hernieder bohrend in kalter Kraft
Die Vampyrzunge, des Strahles Schaft.

Der Schläfer stöhnt, ein Traum voll Not
Scheint seine Sinne zu quälen,
Es zuckt die Wimper, ein leises Rot
Will über die Wange sich stehlen;
Schau, wie er woget und rudert und fährt,
Wie einer so gegen den Strom sich wehrt.

Nun zuckt er auf – ob ihn geträumt,
Nicht kann er sich dessen entsinnen –
Ihn fröstelt, fröstelt, ob's drinnen schäumt
Wie Fluten zum Strudel rinnen;
Was ihn geängstet, er weiß es auch:
Es war des Mondes giftiger Hauch.

O Fluch der Heide, gleich Ahasver
Unterm Nachtgestirne zu kreisen!
Wenn seiner Strahlen züngelndes Meer
Aufbohret der Seele Schleusen,
Und der Prophet, ein verzweifelnd Wild,
Kämpft gegen das mählich steigende Bild.

Im Mantel schaudernd mißt das Parkett
Der Freiherr die Läng' und Breite,
Und wo am Boden ein Schimmer steht,
Weitaus er beuget zur Seite,
Er hat einen Willen und hat eine Kraft,
Die sollen nicht liegen in Blutes Haft.

Es will ihn krallen, es saugt ihn an,
Wo Glanz die Scheiben umgleitet,
Doch langsam weichend, Spann' um Spann',
Wie ein wunder Edelhirsch schreitet,
In immer engerem Kreis gehetzt,
Des Lagers Pfosten ergreift er zuletzt.

Da steht er keuchend, sinnt und sinnt,
Die müde Seele zu laben,
Denkt an sein liebes einziges Kind,
Seinen zarten, schwächlichen Knaben,
Ob dessen Leben des Vaters Gebet
Wie eine zitternde Flamme steht.

Hat er des Kleinen Stammbaum doch
Gestellt an des Lagers Ende,
Nach dem Abendkusse und Segen noch
Drüber brünstig zu falten die Hände;
Im Monde flimmernd das Pergament
Zeigt Schild an Schilder, schier ohne End'.

Rechtsab des eigenen Blutes Gezweig,
Die alten freiherrlichen Wappen,
Drei Rosen im Silberfelde bleich,
Zwei Wölfe schildhaltende Knappen,
Wo Ros' an Rose sich breitet und blüht,
Wie überm Fürsten der Baldachin glüht.

Und links der milden Mutter Geschlecht,
Der frommen in Grabeszellen,
Wo Pfeil' an Pfeile, wie im Gefecht,
Durch blaue Lüfte sich schnellen.
Der Freiherr seufzt, die Stirn gesenkt,
Und – steht am Fenster, bevor er's denkt.

Gefangen! gefangen im kalten Strahl!
In dem Nebelnetze gefangen!
Und fest gedrückt an der Scheib' Oval,
Wie Tropfen am Glase hangen,
Verfallen sein klares Nixenaug',
Der Heidequal in des Mondes Hauch.

Welch ein Gewimmel! – er muß es sehn,
Ein Gemurmel! – er muß es hören,
Wie eine Säule, so muß er stehn.
Kann sich nicht regen noch kehren.
Es summt im Hofe ein dunkler Hauf,
Und einzelne Laute dringen hinauf.

Hei! eine Fackel! sie tanzt umher,
Sich neigend, steigend in Bogen,
Und nickend, zündend, ein Flammenheer
Hat den weiten Estrich umzogen.
All schwarze Gestalten im Trauerflor
Die Fackeln schwingen und halten empor.

Und alle gereihet am Mauerrand,
Der Freiherr kennet sie alle;
Der hat ihm so oft die Büchse gespannt,
Der pflegte die Ross' im Stalle,
Und der so lustig die Flasche leert,
Den hat er siebenzehn Jahre genährt.

Nun auch der würdige Kastellan,
Die breite Pleureuse am Hute,
Den sieht er langsam, schlurfend nahn,
Wie eine gebrochene Rute;
Noch deckt das Pflaster die dürre Hand,
Versengt erst gestern an Herdes Brand.

Ha, nun das Roß! aus des Stalles Tür,
In schwarzem Behang und Flore;
O, ist's Achill, das getreue Tier?
Oder ist's seines Knaben Medore?
Er starret, starrt und sieht nun auch,
Wie es hinkt, vernagelt nach altem Brauch.

Entlang der Mauer das Musikchor,
In Krepp gehüllt die Posaunen,
Haucht prüfend leise Kadenzen hervor,
Wie träumende Winde raunen;
Dann alles still. O Angst! o Qual!
Es tritt der Sarg aus des Schlosses Portal.

Wie prahlen die Wappen, farbig grell
Am schwarzen Sammet der Decke.
Ha! Ros' an Rose, der Todesquell
Hat gespritzet blutige Flecke!
Der Freiherr klammert das Gitter an:
»Die andre Seite!« stöhnet er dann.

Da langsam wenden die Träger, blank
Mit dem Monde die Schilder kosen.
»O«, – seufzt der Freiherr – »Gott sei Dank!
Kein Pfeil, kein Pfeil, nur Rosen!«
Dann hat er die Lampe still entfacht,
Und schreibt sein Testament in der Nacht.

## Der Graue

Im Walde steht die kleine Burg,
Aus rohem Quaderstein gefugt,
Mit Schart' und Fensterlein, wodurch
Der Doppelhaken einst gelugt;
Am Teiche rauscht des Rohres Speer,
Die Brücke wiegt und knarrt im Sturm,
Und in des Hofes Mitte, schwer,
Plump wie ein Mörser, steht der Turm.

Da siehst du jetzt umhergestellt
Manch feuerrotes Ziegeldach,
Und wie der Stempel steigt und fällt,
So pfeift die Dampfmaschine nach;
Es knackt die Form, der Bogen schrillt,
Es dunstet Scheidewassers Näh',
Und überm grauen Wappenschild
Liest man: Moulin à papier.

Doch wie der Kessel quillt und schäumt,
Den Brüßler Kaufherrn freut es kaum,
Der hatte einmal sich geträumt
Von Land und Luft den feinsten Traum;

Das war so recht ein Fleckchen, sich
Zu retten aus der Zahlen Haft!
Nicht groß, und doch ganz adelig,
Und brauchte wenig Dienerschaft.

Doch eine Nacht nur macht' er sich
Bequem es – oder unbequem –
In seinem Schlößchen, und er strich
Nur wie ein Vogel dran seitdem.
Sah dann er zu den Fenstern auf,
Verschlossen wie die Sakristein,
So zog er wohl die Schultern auf,
Mit einem Seufzer, oder zwein.

———

Es war um die Septemberzeit,
Als, schürend des Kamines Brand,
Gebückt, in regenfeuchtem Kleid,
Der Hausherr in der Halle stand,
Er und die Gäste, all im Rauch;
Van Neelen, Redel, Verney, Dahm,
Und dann der blonde Waller auch,
Der eben erst aus Smyrna kam.

Im Schlote schnob der Wind, es goß
Der Regen sprudelnd sich vom Dach,
Und wenn am Brand ein Flämmchen schoß,
Schien doppelt öde das Gemach.
Die Gäste waren all zur Hand,
Erleichternd ihres Wirtes Müh';
Van Neelen nur am Fenster stand,
Und schimpfte auf die Landpartie.

Doch nach und nach mag's besser gehn,
Schon hat der Wind die Glut gefacht,
Den Regen läßt man draußen stehn,
Champagnerflaschen sind gebracht.
Die Leuchter hatten wenig Wert,
Es ging wie beim Studentenfest:
Sobald die Flasche ist geleert.
Wird eine Kerze drauf gepreßt.

Je mehr es fehlt, so mehr man lacht,
Der Wein ist heiß, die Kost gewählt,
Manch derbes Späßchen wird gemacht,
Und mancher feine Streich erzählt.
Zuletzt von Wein und Reden glüh,
Rückt seinen Stuhl der Herr vom Haus:
»Ich lud euch zu 'ner Landpartie,
Es ward 'ne Wasserfahrt daraus.

Doch da die allerschönste Fracht
Am Ende nach dem Hafen schifft,
So, meine Herren, gute Nacht!
Und nehmt vorlieb, wie es sich trifft.«
Da lachend nach den Flaschen greift
Ein jeder. – Türen auf und zu. –
Und Waller, noch im Gehen, streift
Aus seinem Frack den Ivanhoe.

————

Es war tief in die Nacht hinein,
Und draußen heulte noch der Sturm,
Schnob zischend an dem Fensterstein
Und drillt' den Glockenstrang am Turm.
In seinem Bette Waller lag,
Und las so scharf im Ivanhoe,
Daß man gedacht, bevor es Tag
Sei Englands Königreich in Ruh.

Er sah nicht, daß die Kerze tief
Sich brannte in der Flasche Rand,
Der Talg in schweren Tropfen lief,
Und drunten eine Lache stand.

Wie träumend hört' er das Geknarr
Der Fenster, vom Rouleau gedämpft,
Und wie die Türe mit Geschnarr
In ihren Angeln zuckt und kämpft.

Sehr freut er sich am Bruder Tuck,
– Die Sehne schwirrt, es rauscht der Hain –
Da plötzlich ein gewalt'ger Ruck,
Und, hui! die Scheibe klirrt hinein.
Er fuhr empor, – weg war der Traum –
Und deckte mit der Hand das Licht,
Ha! wie so wüst des Zimmers Raum!
Selbst ein romantisches Gedicht!

Der Sessel feudalistisch Gold –
Am Marmortisch die Greifenklau' –
Und überm Spiegel flatternd rollt,
Ein Banner, der Tapete Blau,
Im Zug der durch die Lücke schnaubt;
Die Ahnenbilder leben fast,
Und schütteln ihr behelmtes Haupt
Ergrimmt ob dem plebejen Gast.

Der blonde Waller machte gern
Sich selber einen kleinen Graus,
So nickt' er spöttisch gen die Herrn,
Als fordert' er sie keck heraus.
Die Glocke summt – schon eins fürwahr!
Wie eine Boa dehnt' er sich,
Und sah nach dem Pistolenpaar,
Dann rüstet' er zum Schlafe sich.

Die Flasche hob er einmal noch
Und leuchtete die Wände an,
Ganz wie 'ne alte Halle doch
Aus einem Scottischen Roman!
Und – ist das Nebel oder Rauch,
Was durch der Türe Spalten quillt,
Und, wirbelnd in des Zuges Hauch,
Die dunstigen Paneele füllt?

Ein Ding – ein Ding – wie Grau in Grau,
Die Formen schwanken – sonderbar! –
Doch, ob der Blick sich schärft? den Bau
Von Gliedern nimmt er mählich wahr.
Wie überm Eisenhammer, schwer.
Und schwarz, des Rauches Säule wallt;
Ein Zucken flattert drüben her,
Doch – hat es menschliche Gestalt!

Er war ein hitziger Kumpan,
Wenn Wein die Lava hat geweckt.
»Qui vive!« – und leise knackt der Hahn,
Der Waller hat den Arm gestreckt:
»Qui vive!« – 'ne Pause, – »ou je tire!«
Und aus dem Lauf die Kugel knallt;
Er hört sie schlagen an die Tür,
Und abwärts prallen mit Gewalt.

Der Schuß dröhnt am Gewölbe nach,
Und, eine schwere Nebelschicht,
Füllt Pulverbrodem das Gemach;
Er teilt sich, schwindet, das Gesicht
Steht in des Zimmers Mitte jetzt,
Ganz wie ein graues Bild von Stein,
Die Formen scharf und unverletzt.
Die Züge edel, streng und rein.

Auf grauer Locke grau Barett,
Mit grauer Hahnenfeder drauf.
Der Waller hat so sacht und nett
Sich hergelangt den zweiten Lauf.
Noch zögert er – ist es ein Bild,
War's zu zerschießen lächerlich;
Und wär's ein Mensch – das Blut ihm quillt –
Ein Geck, der unterfinge sich – ?!

Ein neuer Ruck, und wieder Knall
Und Pulverrauch – war das Gestöhn?
Er hörte keiner Kugel Prall –
Es ist vorüber! ist geschehn!
Der Waller zuckt: »Verdammtes Hirn!«
Mit einmal ist er kalt wie Eis,
Der Angstschweiß tritt ihm auf die Stirn,
Er starret in den Nebelkreis.

Ein Ächzen! oder Windeshauch! –
Doch nein, der Scheibensplitter schwirrt.
O Gott, es zappelt! – nein – der Rauch
Gedrängt vom Zuge schwankt und irrt;
Es wirbelt aufwärts, woget, wallt,
Und, wie ein graues Bild von Stein,
Steht nun am Bette die Gestalt,
Da, wo der Vorhang sinkt hinein.

Und drüber knistert's, wie von Sand,
Wie Funke, der elektrisch lebt;
Nun zuckt ein Finger – nun die Hand –
Allmählich nun ein Fuß sich hebt, –
Hoch – immer höher – Waller winkt;
Dann macht er schnell gehörig Raum,
Und langsam in die Kissen sinkt
Es schwer, wie ein gefällter Baum.

»Ah, je te tiens!« er hat's gepackt,
Und schlingt die Arme wie 'nen Strick, –
Ein Leichnam! todessteif und nackt!
Mit einem Ruck fährt er zurück;
Da wälzt es langsam, schwer wie Blei,
Sich gleich dem Mühlstein über ihn;
Da tat der Waller einen Schrei,
Und seine Sinne waren hin.

Am nächsten Morgen fand man kalt
Ihn im Gemache ausgestreckt;
's war eine Ohnmacht nur, und bald
Ward zum Bewußtsein er geweckt.
Nicht irre war er, nur gepreßt,
Und fragt' ob keiner ward gestört?
Doch alle schliefen überfest,
Nicht einer hat den Schuß gehört.

So ward es denn für Traum sogleich,
Und alles für den Alp erkannt;
Doch zog man sich aus dem Bereich,
Und trollte hurtig über Land.
Sie waren alle viel zu klug,
Und vollends zu belesen gar;
Allein der blonde Waller trug
Seit dieser Nacht eisgraues Haar.

## Das Fräulein von Rodenschild

Sind denn so schwül die Nächt' im April?
Oder ist so siedend jungfräulich Blut?
Sie schließt die Wimper, sie liegt so still
Und horcht des Herzens pochender Flut.
»O will es denn nimmer und nimmer tagen!
O will denn nicht endlich die Stunde schlagen!
Ich wache, und selbst der Zeiger ruht!

Doch horch! es summt, eins, zwei und drei, –
Noch immer fort? – sechs, sieben und acht,
Elf, zwölf – o Himmel, war das ein Schrei?
Doch nein, Gesang steigt über der Wacht,
Nun wird mir's klar, mit frommem Munde
Begrüßt das Hausgesinde die Stunde,
Anbrach die hochheilige Osternacht.«

Seitab das Fräulein die Kissen stößt,
Und wie eine Hinde vom Lager setzt,
Sie hat des Mieders Schleifen gelöst,
Ins Häubchen drängt sie die Locken jetzt,
Dann leise das Fenster öffnend, leise,
Horcht sie der mählich schwellenden Weise,
Vom wimmernden Schrei der Eule durchsetzt.

O dunkel die Nacht! und schaurig der Wind!
Die Fahnen wirbeln am knarrenden Tor, –
Da tritt aus der Halle das Hausgesind'
Mit Blendlaternen und einzeln vor.
Der Pförtner dehnet sich, halb schon träumend,
Am Dochte zupfet der Jäger säumend,
Und wie ein Oger gähnet der Mohr.

Was ist? – wie das auseinanderschnellt!
In Reihen ordnen die Männer sich,
Und eine Wacht vor die Dirnen stellt
Die graue Zofe sich ehrbarlich,
»Ward ich gesehn an des Vorhangs Lücke?
Doch nein, zum Balkone starren die Blicke,
Nun langsam wenden die Häupter sich.

O weh meine Augen! bin ich verrückt?
Was gleitet entlang das Treppengeländ'?
Hab ich nicht so aus dem Spiegel geblickt?
Das sind meine Glieder, – welch ein Geblend'!
Nun hebt es die Hände, wie Zwirnes Flocken,
Das ist mein Strich über Stirn und Locken! –
Weh, bin ich toll, oder nahet mein End'?«

Das Fräulein erbleicht und wieder erglüht,
Das Fräulein wendet die Blicke nicht,
Und leise rührend die Stufen zieht
Am Steingelände das Nebelgesicht,
In seiner Rechten trägt es die Lampe,
Ihr Flämmchen zittert über der Rampe,
Verdämmernd, blau, wie ein Elfenlicht.

Nun schwebt es unter dem Sternendom,
Nachtwandlern gleich in Traumes Geleit,
Nun durch die Reihen zieht das Phantom,
Und jeder tritt einen Schritt zur Seit'. –
Nun lautlos gleitet's über die Schwelle, –
Nun wieder drinnen erscheint die Helle,
Hinauf sich windend die Stiegen breit.

Das Fräulein hört das Gemurmel nicht,
Sieht nicht die Blicke, stier und verscheucht,
Fest folgt ihr Auge dem bläulichen Licht,
Wie dunstig über die Scheiben es streicht.
– Nun ist's im Saale – nun im Archive –
Nun steht es still an der Nische Tiefe –
Nun matter, matter, – ha! es erbleicht!

»Du sollst mir stehen! ich will dich fahn!«
Und wie ein Aal die beherzte Maid
Durch Nacht und Krümmen schlüpft ihre Bahn,
Hier droht ein Stoß, dort häkelt das Kleid,
Leis tritt sie, leise, o Geistersinne
Sind scharf! daß nicht das Gesicht entrinne!
Ja, mutig ist sie, bei meinem Eid!

Ein dunkler Rahmen, Archives Tor;
– Ha, Schloß und Riegel! – sie steht gebannt,
Sacht, sacht das Auge und dann das Ohr
Drückt zögernd sie an der Spalte Rand,
Tiefdunkel drinnen – doch einem Rauschen
Der Pergamente glaubt sie zu lauschen,
Und einem Streichen entlang der Wand.

So niederkämpfend des Herzens Schlag,
Hält sie den Odem, sie lauscht, sie neigt –
Was dämmert ihr zur Seite gemach?
Ein Glühwurmleuchten – es schwillt, es steigt,
Und Arm an Arme, auf Schrittes Weite,
Lehnt das Gespenst an der Pforte Breite,
Gleich ihr zur Nachbarspalte gebeugt.

Sie fährt zurück, – das Gebilde auch –
Dann tritt sie näher – so die Gestalt –
Nun stehen die beiden, Auge in Aug,
Und bohren sich an mit Vampyres Gewalt.
Das gleiche Häubchen decket die Locken,
Das gleiche Linnen, wie Schnees Flocken,
Gleich ordnungslos um die Glieder wallt.

Langsam das Fräulein die Rechte streckt,
Und langsam, wie aus der Spiegelwand,
Sich Linie um Linie entgegenreckt
Mit gleichem Rubine die gleiche Hand;
Nun rührt sich's – die Lebendige spüret
Als ob ein Luftzug schneidend sie rühret,
Der Schemen dämmert, – zerrinnt – entschwand.

Und wo im Saale der Reihen fliegt,
Da siehst ein Mädchen du, schön und wild,
– Vor Jahren hat's eine Weile gesiecht –
Das stets in den Handschuh die Rechte hüllt.
Man sagt, kalt sei sie wie Eises Flimmer,
Doch lustig die Maid, sie hieß ja immer:
»Das tolle Fräulein von Rodenschild.«

## Der Geierpfiff

»Nun still! – Du an den Dohnenschlag!
Du links an den gespaltnen Baum!
Und hier der faule Fetzer mag
Sich lagern an der Klippe Saum:
Da seht fein offen übers Land
Die Kutsche ihr heranspazieren:
Und Rieder dort, der Höllenbrand,
Mag in den Steinbruch sich postieren!

Dann aufgepaßt mit Aug und Ohr,
Und bei dem ersten Räderhall
Den Eulenschrei! und tritt hervor
Die Fracht, dann wiederholt den Schall:
Doch naht Gefahr – Patrouillen gehn, –
Seht ihr die Landdragoner streifen,
Dann dreimal, wie von Riffeshöhn,
Laßt ihr den Lämmergeier pfeifen.

Nun, Rieder, noch ein Wort zu dir:
Mit Recht heißt du der Höllenbrand;
Kein Stückchen – ich verbitt' es mir –
Wie neulich mit der kalten Hand!«

Der Hauptmann spricht es; durch den Kreis
Ein Rauschen geht und feines Schwirren,
Als sie die Büchsen schultern leis,
Und in den Gurt die Messer klirren.

Seltsamer Troß! hier Riesenbau
Und hiebgespaltnes Angesicht,
Und dort ein Bübchen wie 'ne Frau.
Ein zierliches Spelunkenlicht;
Der drüben an dem Scheitelhaar
So sachte streift den blanken Fänger,
Schaut aus den blauen Augen gar
Wie ein verarmter Minnesänger.

's ist lichter Tag! die Bande scheut
Vor keiner Stunde – alles gleich; –
Es ist die rote Bande, weit
Verschrien, gefürchtet in dem Reich;
Das Knäbchen kauert unterm Stier
Und betet, raschelt es im Walde,
Und manches Weib verschließt die Tür,
Schreit nur ein Kuckuck an der Halde.

Die Posten haben sich zerstreut,
Und in die Hütte schlüpft der Troß –
Wildhüters Obdach, zu der Zeit,
Als jene Trümmer war ein Schloß:
Wie Ritter vor der Ahnengruft,
Fühlt sich der Räuber stolz gehoben
Am Schutte, dran ein gleicher Schuft
Vor Jahren einst den Brand geschoben.

Und als der letzte Schritt verhallt,
Der letzte Zweig zurückgerauscht,
Da wird es einsam in dem Wald,
Wo überm Ast die Sonne lauscht;
Und als es drinnen noch geklirrt,
Und noch ein Weilchen sich geschoben,
Da still es in der Hütte wird,
Vom wilden Weingerank umwoben.

Der scheue Vogel setzt sich kühn
Aufs Dach und wiegt sein glänzend Haupt,
Und summend durch der Reben Grün
Die wilde Biene Honig raubt;
Nur leise wie der Hauch im Tann,
Wie Weste durch die Halme streifen.
Hört drinnen leise, leise man,
Vorsichtig an den Messern schleifen. –

————

Ja, lieblich ist des Berges Maid
In ihrer festen Glieder Pracht,
In ihrer blanken Fröhlichkeit
Und ihrer Zöpfe Rabennacht;
Siehst du sie brechen durchs Genist
Der Brombeerranken, frisch, gedrungen,
Du denkst, die Zentifolie ist
Vor Übermut vom Stiel gesprungen.

Nun steht sie still und schaut sich um –
Allüberall nur Baum an Baum;
Ja, irre zieht im Walde um
Des Berges Maid und glaubt es kaum;
Noch zwei Minuten, wo sie sann,
Pulsieren ließ die heißen Glieder, –
Behende wie ein Marder dann
Schlüpft keck sie in den Steinbruch nieder.

Am Eingang steht ein Felsenblock,
Wo das Geschiebe überhängt;
Der Efeu schüttelt sein Gelock,
Zur grünen Laube vorgedrängt:

Da unterm Dache lagert sie,
Behaglich lehnend an dem Steine,
Und denkt: Ich sitze wahrlich wie
Ein Heil'genbildchen in dem Schreine!

Ihr ist so warm, der Zöpfe Paar
Sie löset mit der runden Hand,
Und nieder rauscht ihr schwarzes Haar
Wie Rabenfittiches Gewand.
Ei! denkt sie, bin ich doch allein!
Auf springt das Spangenpaar am Mieder;
Doch unbeweglich gleich dem Stein
Steht hinterm Block der wilde Rieder:

Er sieht sie nicht, nur ihren Fuß,
Der tändelnd schaukelt wie ein Schiff,
Zuweilen treibt des Windes Gruß
Auch eine Locke um das Riff,
Doch ihres heißen Odems Zug,
Samumes Hauch, glaubt er zu fühlen,
Verlorne Laute, wie im Flug
Lockvögel, um das Ohr ihm spielen.

So weich die Luft und badewarm,
Berauschend Thimianes Duft,
Sie lehnt sich, dehnt sich, ihren Arm,
Den vollen, streckt sie aus der Kluft,
Schließt dann ihr glänzend Augenpaar –
Nicht schlafen, ruhn nur eine Stunde –
So dämmert sie und die Gefahr
Wächst von Sekunde zu Sekunde.

Nun alles still – sie hat gewacht –
Doch hinterm Steine wird's belebt
Und seine Büchse sachte, sacht,
Der Rieder von der Schulter hebt,
Lehnt an die Klippe ihren Lauf,
Dann lockert er der Messer Klingen,
Hebt nun den Fuß – was hält ihn auf?
Ein Schrei scheint aus der Luft zu dringen!

Ha, das Signal! – er ballt die Faust –
Und wiederum des Geiers Pfiff
Ihm schrillend in die Ohren saust –
Noch zögert knirschend er am Riff –
Zum dritten Mal – und sein Gewehr
Hat er gefaßt – hinan die Klippe!
Daß bröckelnd Kies und Sand umher
Nachkollern von dem Steingerippe.

Und auch das Mädchen fährt empor:
»Ei, ist so locker das Gestein?«
Und langsam, gähnend tritt hervor
Sie aus dem falschen Heil'genschrein,
Hebt ihrer Augen feuchtes Glühn,
Will nach dem Sonnenstande schauen,
Da sieht sie einen Geier ziehn
Mit einem Lamm in seinen Klauen.

Und schnell gefaßt, der Wildnis Kind,
Tritt sie entgegen seinem Flug:
Der kam daher, wo Menschen sind,
Das ist der Bergesmaid genug.
Doch still! war das nicht Stimmenton
Und Räderknarren? still! sie lauscht –
Und wirklich, durch die Nadeln schon
Die schwere Kutsche ächzt und rauscht.

»He, Mädchen!« ruft es aus dem Schlag,
Mit feinem Knicks tritt sie heran:
»Zeig uns zum Dorf die Wege nach,
Wir fuhren irre in dem Tann!« –

»Herr«, spricht sie lachend, »nehmt mich auf,
Auch ich bin irr und führ' Euch doch.«
»Nun wohl, du schmuckes Kind, steig auf,
Nur frisch hinauf, du zögerst noch?«

»Herr, was ich weiß, ist nur gering,
Doch führt es Euch zu Menschen hin,
Und das ist schon ein köstlich Ding
Im Wald, mit Räuberhorden drin:
Seht, einen Weih am Bergeskamm
Sah steigen ich aus jenen Gründen,
Der in den Fängen trug ein Lamm;
Dort muß sich eine Herde finden.« –

Am Abend steht des Forstes Held
Und flucht die Steine warm und kalt:
Der Wechsler freut sich, daß sein Geld
Er klug gesteuert durch den Wald:
Und nur die gute, franke Maid
Nicht ahnet in der Träume Walten,
Daß über sie so gnädig heut
Der Himmel seinen Schild gehalten. –

## Die Schwestern

### I

Sacht pocht der Käfer im morschen Schrein,
Der Mond steht über den Fichten.
»Jesus Maria, wo mag sie sein!
Hin will meine Angst mich richten.
Helene, Helene, was ließ ich dich gehn
Allein zur Stadt mit den Hunden,
Du armes Kind, das sterbend mir
Auf die Seele die Mutter gebunden!«

Und wieder rennt Gertrude den Weg
Hinauf bis über die Steige.
Hier ist ein Tobel – sie lauscht am Steg,
Ein Strauch – sie rüttelt am Zweige.
Da drunten summet es elf im Turm,
Gertrude kniet an der Halde:
»Du armes Blut, du verlassener Wurm!
Wo magst du irren im Walde!«

Und zitternd löst sie den Rosenkranz
Von ihres Gürtels Gehänge,
Ihr Auge starrt in trübem Glanz,
Ob es die Dämmerung sprenge.
»Ave Maria – ein Licht, ein Licht!
Sie kömmt, 's ist ihre Laterne!
– Ach Gott, es ist nur ein Hirtenfeu'r,
Jetzt wirft es flatternde Sterne.

Vater unser, der du im Himmel bist
Geheiliget werde dein Name« –
Es rauscht am Hange, »heiliger Christ!«
Es bricht und knistert im Brahme,
Und drüber streckt sich ein schlanker Hals,
Zwei glänzende Augen starren.
»Ach Gott, es ist eine Hinde nur,
Jetzt setzt sie über die Farren.«

Gertrude klimmt die Halde hinauf,
Sie steht an des Raines Mitte.
Da – täuscht ihr Ohr? – ein flüchtiger Lauf,
Behend galoppierende Tritte –
Und um sie springt es in wüstem Kreis,
Und funkelt mit freud'gem Gestöhne.
»Fidel, Fidel!« so flüstert sie leis,
Dann ruft sie schluchzend: »Helene!«

»Helene!« schallt es am Felsenhang,
»Helen'!« von des Waldes Kante,
Es war ein einsamer trauriger Klang,
Den heimwärts die Echo sandte.
Wo drunten im Tobel das Mühlrad wacht,
Die staubigen Knecht' an der Wanne
Die haben gehorcht die ganze Nacht
Auf das irre Gespenst im Tanne.

Sie hörten sein Rufen von Stund zu Stund,
Sahn seiner Laterne Geflimmer,
Und schlugen ein Kreuz auf Brust und Mund,
Zog über den Tobel der Schimmer.
Und als die Müllerin Reisig las,
Frühmorgens an Waldes Saume,
Da fand sie die arme Gertrud im Gras,
Die ängstlich zuckte im Traume.

## II

Wie rollt in den Gassen das Marktgebraus!
Welch ein Getümmel, Geblitze!
Hanswurst schaut über die Bude hinaus,
Und winkt mit der klingelnden Mütze;
Karossen rasseln, der Trinker jucht,
Und Mädchen schrein im Gedränge,
Drehorgeln pfeifen, der Kärrner flucht,
O Babels würdige Klänge!

Da tritt ein Weib aus der Ladentür,
Eine schlichte Frau von den Flühen,
Die stieß an den klingelnden Harlekin schier,
Und hat nicht gelacht noch geschrien.
Ihr mattes Auge sucht auf dem Grund,
Als habe sie etwas verloren,
Und hinter ihr trabt ein zottiger Hund,
Verdutzt, mit hängenden Ohren.

»Zurück, Verwegne! siehst du denn nicht
Den Wagen, die schnaubenden Braunen?«
Schon dampfen die Nüstern ihr am Gesicht,
Da fährt sie zurück mit Staunen,
Und ist noch über die Rinne grad'
Mit raschem Sprunge gewichen,
Als an die Schürze das klirrende Rad
In wirbelndem Schwunge gestrichen.

Noch ein Moment, – sie taumelt, erbleicht,
Und dann ein plötzlich Erglühen,
O schau, wie durch das Gewühl sie keucht,
Mit Armen und Händen und Knieen!
Sie rudert, sie windet sich, – Stoß auf Stoß,
Scheltworte und Flüche wie Schloßen –
Das Fürtuch reißt, dann flattert es los,
Und ist in die Rinne geflossen.

Nun steht sie vor einem stattlichen Haus,
Ohne Schuh, besudelt mit Kote;
Dort hält die Karosse, dort schnauben aus
Die Braunen und rauchen wie Schlote.
Der Schlag ist offen, und eben sieht
Sie im Portale verschwinden
Eines Kleides Falte, die purpurn glüht,
Und den Schleier, segelnd in Winden.

»Ach« flüstert Gertrude, »was hab' ich gemacht,
Ich bin wohl verrückt geworden!
Kein Trost bei Tag, keine Ruh bei Nacht,
Das kann die Sinne schon morden.«
Da poltert es schreiend die Stiegen hinab,
Ein Fußtritt aus dem Portale,
Und wimmernd rollt von der Rampe herab
Ihr Hund, der zottige, fahle.

»Ja« seufzt Gertrude, »nun ist es klar,
Ich bin eine Irre leider!«
Erglühend streicht sie zurück ihr Haar,
Und ordnet die staubigen Kleider.
»Wie sah ich so deutlich ihr liebes Gesicht,
So deutlich am Schlage doch ragen!
Allein in Ewigkeit hätte sie nicht
Den armen Fidel geschlagen.«

## III

Zehn Jahre! – und mancher der keck umher
Die funkelnden Blicke geschossen,
Der schlägt sie heute zu Boden schwer,
Und mancher hat sie geschlossen.
Am Hafendamme geht eine Frau,
– Mich dünkt, wir müssen sie kennen,
Ihr Haar einst schwarz, nun schillerndes Grau,
Und hohl die Wangen ihr brennen.

Im Topfe trägt sie den Honigwab,
Zergehend in Juliushitze;
Die Trägerin trocknet den Schweiß sich ab,
Und ruft dem hinkenden Spitze.
Der sie bestellte, den Schiffspatron,
Sieht über die Planke sie kommen;
Wird er ihr kümmern den kargen Lohn?
Gertrude denkt es beklommen.

Doch nein, – wo sich die Matrosen geschart,
Zum Strande sieht sie ihn schreiten,
Er schüttelt das Haupt, er streicht den Bart,
Und scheint auf die Welle zu deuten.
Und schau den Spitz! er schnuppert am Grund –
»Was suchst du denn in den Gleisen?
Fidel, Fidel!« fort strauchelt der Hund,
Und heulet wie Wölfe im Eisen.

Barmherziger Himmel! ihr wird so bang,
Sie watet im brennenden Sande,
Und wieder erhebt sich so hohl und lang
Des Hundes Geheul vom Strande.
O Gott, eine triefende Leich' im Kies,
Eine Leich' mit dem Auge des Stieres!
Und drüber kreucht das zottige Vlies
Des lahmen wimmernden Tieres.

Gertrude steht, sie starret herab,
Mit Blicken irrer und irrer,
Dann beugt sie über die Leiche hinab,
Mit Lächeln wirrer und wirrer,
Sie wiegt das Haupt bald so bald so,
Sie flüstert mit zuckendem Munde,
Und eh die zweite Minute entfloh,
Da liegt sie kniend am Grunde.

Sie faßt der Toten geschwollene Hand,
Ihr Haar voll Muscheln und Tange,
Sie faßt ihr triefend zerlumptes Gewand,
Und säubert von Kiese die Wange;
Dann sachte schiebt sie das Tuch zurück,
Recht wo die Schultern sich runden,
So stier und bohrend verweilt ihr Blick,
Als habe sie etwas gefunden.

Nun zuckt sie auf, erhebt sich jach,
Und stößt ein wimmernd Gestöhne,
Grad eben als der Matrose sprach:
»Das ist die blonde Helene!
Noch jüngst juchheite sie dort vorbei
Mit trunknen Soldaten am Strande.«
Da tat Gertrud einen hohlen Schrei,
Und sank zusammen im Sande.

## IV

Jüngst stand ich unter den Föhren am See,
Meinen Büchsenspanner zur Seite.
Vom Hange schmälte das brünstige Reh,
Und strich durch des Aufschlags Breite;
Ich hörte es knistern so nah und klar,
Grad wo die Lichtung verdämmert,
Daß mich gestöret der Holzwurm gar,
Der unterm Fuße mir hämmert.

Dann sprang es ab, es mochte die Luft
Ihm unsre Witterung tragen;
»Herr«, sprach der Bursche: »links über die Kluft!
Wir müssen zur Linken uns schlagen!
Hier naht kein Wild, wo sie eingescharrt
Die tolle Gertrud vom Gestade,
Ich höre genau wie der Holzwurm pocht
In ihrer zerfallenden Lade.«

Zur Seite sprang ich, eisig durchgraut,
Mir war als hab' ich gesündigt,
Indes der Bursch mit flüsterndem Laut
Die schaurige Märe verkündigt:
Wie jene gesucht, bei Tag und Nacht,
Nach dem fremden ertrunkenen Weibe,
Das ihr der tückische See gebracht,
Verloren an Seele und Leibe.

Ob ihres Blutes? man wußte es nicht!
Kein Fragen löste das Schweigen.
Doch schlief die Welle, dann sah ihr Gesicht
Man über den Spiegel sich beugen,
Und zeigte er ihr das eigene Bild,
Dann flüsterte sie beklommen:
»Wie alt sie sieht, wie irre und wild,
Und wie entsetzlich verkommen!«

Doch wenn der Sturm die Woge gerührt,
Dann war sie vom Bösen geschlagen,
Was sie für bedenkliche Reden geführt,
Das möge er lieber nicht sagen.

So war sie gerannt vor Jahresfrist,
– Man sah's vom lavierenden Schiffe –
Zur Brandung, wo sie am hohlsten ist,
Und kopfüber gefahren vom Riffe.

Drum scharrte man sie ins Dickicht dort,
Wie eine verlorene Seele.
Ich schwieg, und sandte den Burschen fort,
Brach mir vom Grab eine Schmele:
»Du armes gehetztes Wild der Pein,
Wie mögen die Menschen dich richten!«
– Sacht pochte der Käfer im morschen Schrein,
Der Mond stand über den Fichten. –

## Meister Gerhard von Köln

### Ein Notturno

Wenn in den linden Vollmondnächten
Die Nebel lagern überm Rhein,
Und graue Silberfäden flechten
Ein Florgewand dem Heil'genschrein:
Es träumt die Waldung, duftumsäumt,
Es träumt die dunkle Flutenschlange,
Wie eine Robbe liegt am Hange
Der Schürg' und träumt.

Tief zieht die Nacht den feuchten Odem,
Des Walles Gräser zucken matt,
Und ein zerhauchter Grabesbrodem
Liegt über der entschlafnen Stadt:
Sie hört das Schlummerlied der Welln,
Das leise murmelnde Geschäume,
Und tiefer, tiefer sinkt in Träume
Das alte Köln.

Dort wo die graue Kathedrale,
Ein riesenhafter Zeitentraum,
Entsteigt dem düstern Trümmermale
Der Macht, die auch zerrann wie Schaum –
Dort, in der Scheibe Purpurrund
Hat taumelnd sich der Strahl gegossen
Und sinkt, und sinkt, in Traum zerflossen,
Bis auf den Grund.

Wie ist es schauerlich im weiten
Versteinten öden Palmenwald,
Wo die Gedanken niedergleiten
Wie Anakonden schwer und kalt;
Und blutig sich der Schatten hebt
Am blut'gen Märtyrer der Scheibe,
Wie neben dem gebannten Leibe
Die Seele schwebt.

Der Ampel Schein verlosch, im Schiffe
Schläft halbgeschlossen Blum' und Kraut;
Wie nackt gespülte Uferriffe
Die Streben lehnen, tief ergraut;
Anschwellend zum Altare dort,
Dann aufwärts dehnend, lang gezogen,
Schlingen die Häupter sie zu Bogen,
Und schlummern fort.

Und immer schwerer will es rinnen
Von Quader, Säulenknauf und Schaft,
Und in dem Strahle will's gewinnen
Ein dunstig Leben, geisterhaft:
Da horch! es dröhnt im Turme – ha!
Die Glocke summt – da leise säuselt
Der Dunst, er zucket, wimmelt, kräuselt, –
Nun steht es da! –

Ein Nebelmäntlein umgeschlagen,
Ein graues Käppchen, grau Gewand,
Am grauen Halse grauer Kragen,
Das Richtmaß in der Aschenhand.
Durch seine Glieder zitternd geht
Der Strahl wie in verhaltner Trauer,
Doch an dem Estrich, an der Mauer
Kein Schatten steht.

Es wiegt das Haupt nach allen Seiten,
Unhörbar schwebt es durch den Raum,
Nun sieh es um die Säulen gleiten,
Nun fährt es an der Orgel Saum;
Und allerorten legt es an
Sein Richtmaß, webert auf und nieder,
Und leise zuckt das Spiel der Glieder,
Wie Rauch im Tann. –

War das der Nacht gewalt'ger Odem? –
Ein weit zerfloßner Seufzerhall,
Ein Zitterlaut, ein Grabesbrodem
Durchquillt die öden Räume all:
Und an der Pforte, himmelan
Das Männlein ringt die Hand, die fahle,
Dann gleitet's aufwärts am Portale –
Es steht am Kran.

Und über die entschlafnen Wellen
Die Hand es mit dem Richtmaß streckt;
Ihr Schlangenleib beginnt zu schwellen,
Sie brodeln auf, wie halb geweckt;
Als drüber nun die Stimme dröhnt,
Ein dumpf, verhallend, fern Getose,
Wie träumend sich im Wolkenschoße
Der Donner dehnt.

»Ich habe diesen Bau gestellt,
Ich bin der Geist vergangner Jahre!
Weh! dieses dumpfe Schlummerfeld
Ist schlimmer viel als Totenbahre!
O wann, wann steigt die Stunde auf,
Wo ich soll lang Begrabnes schauen?
Mein starker Strom, ihr meine Gauen
Wann wacht ihr auf? –

Ich bin der Wächter an dem Turm,
Mein Ruf sind Felsenhieroglyphen,
Mein Hornesstoß der Zeitensturm,
Allein sie schliefen, schliefen, schliefen!
Und schlafen fort, ich höre nicht
Den Meißel klingen am Gesteine,
Wo tausend Hände sind wie eine,
Ich hör's nicht! –

Und kann nicht ruhn, ich sehe dann
Zuvor den alten Kran sich regen,
Daß ich mein treues Richtmaß kann
In eine treue Rechte legen!
Wenn durch das Land ein Handschlag schallt,
Wie einer alle Pulse klopfen,
Ein Strom die Millionen Tropfen –«
Da silbern wallt

Im Osten auf des Morgens Fahne,
Und, ein zerfloßner Nebelstreif,
Der Meister fährt empor am Krane. –
Mit Räderknarren und Gepfeif,
Ein rauchend Ungeheuer, schäumt
Das Dampfboot durch den Rhein, den blauen –
O deutsche Männer! deutsche Frauen!
Hab' ich geträumt? –

## Die Vergeltung

### I

Der Kapitän steht an der Spiere,
Das Fernrohr in gebräunter Hand,
Dem schwarzgelockten Passagiere
Hat er den Rücken zugewandt.
Nach einem Wolkenstreif in Sinnen
Die beiden wie zwei Pfeiler sehn,
Der Fremde spricht: »Was braut da drinnen?«
»Der Teufel«, brummt der Kapitän.

Da hebt von morschen Balkens Trümmer
Ein Kranker seine feuchte Stirn,
Des Äthers Blau, der See Geflimmer,
Ach, alles quält sein fiebernd Hirn!
Er läßt die Blicke, schwer und düster,
Entlängs dem harten Pfühle gehn,
Die eingegrabnen Worte liest er:
»Batavia. Fünfhundert Zehn.«

Die Wolke steigt, zur Mittagsstunde
Das Schiff ächzt auf der Wellen Höhn,
Gezisch, Geheul aus wüstem Grunde,
Die Bohlen weichen mit Gestöhn.
»Jesus, Marie! wir sind verloren!«
Vom Mast geschleudert der Matros',
Ein dumpfer Krach in aller Ohren,
Und langsam löst der Bau sich los.

Noch liegt der Kranke am Verdecke,
Um seinen Balken fest geklemmt,
Da kömmt die Flut, und eine Strecke
Wird er ins wüste Meer geschwemmt.
Was nicht geläng' der Kräfte Sporne,
Das leistet ihm der starre Krampf,
Und wie ein Narwal mit dem Horne
Schießt fort er durch der Wellen Dampf.

Wie lange so? er weiß es nimmer,
Dann trifft ein Strahl des Auges Ball,
Und langsam schwimmt er mit der Trümmer
Auf ödem glitzerndem Kristall.
Das Schiff! – die Mannschaft! – sie versanken.
Doch nein, dort auf der Wasserbahn,
Dort sieht den Passagier er schwanken
In einer Kiste morschem Kahn.

Armsel'ge Lade! sie wird sinken,
Er strengt die heisre Stimme an:
»Nur grade! Freund, du drückst zur Linken!«
Und immer näher schwankt's heran,
Und immer näher treibt die Trümmer,
Wie ein verwehtes Möwennest;
»Courage!« ruft der kranke Schwimmer,
»Mich dünkt ich sehe Land im West!«

Nun rühren sich der Fähren Ende,
Er sieht des fremden Auges Blitz,
Da plötzlich fühlt er starke Hände,
Fühlt wütend sich gezerrt vom Sitz.
»Barmherzigkeit! ich kann nicht kämpfen.«
Er klammert dort, er klemmt sich hier;
Ein heisrer Schrei, den Wellen dämpfen,
Am Balken schwimmt der Passagier.

Dann hat er kräftig sich geschwungen,
Und schaukelt durch das öde Blau,
Er sieht das Land wie Dämmerungen
Enttauchen und zergehn in Grau.
Noch lange ist er so geschwommen,
Umflattert von der Möwe Schrei,
Dann hat ein Schiff ihn aufgenommen,
Viktoria! nun ist er frei!

### II

Drei kurze Monde sind verronnen,
Und die Fregatte liegt am Strand,
Wo mittags sich die Robben sonnen,
Und Bursche klettern übern Rand,
Den Mädchen ist's ein Abenteuer
Es zu erschaun vom fernen Riff,
Denn noch zerstört ist nicht geheuer
Das greuliche Korsarenschiff.

Und vor der Stadt da ist ein Waten,
Ein Wühlen durch das Kiesgeschrill,
Da die verrufenen Piraten
Ein jeder sterben sehen will.
Aus Strandgebälken, morsch, zertrümmert,
Hat man den Galgen, dicht am Meer,
In wüster Eile aufgezimmert.
Dort dräut er von der Düne her!

Welch ein Getümmel an den Schranken! –
»Da kömmt der Frei – der Hessel jetzt –
Da bringen sie den schwarzen Franken,
Der hat geleugnet bis zuletzt.«
»Schiffbrüchig sei er hergeschwommen«,
Höhnt eine Alte: »Ei, wie kühn!
Doch keiner sprach zu seinem Frommen,
Die ganze Bande gegen ihn.«

Der Passagier, am Galgen stehend,
Hohläugig, mit zerbrochnem Mut,
Zu jedem Räuber flüstert flehend:
»Was tat dir mein unschuldig Blut!

Barmherzigkeit! – so muß ich sterben
Durch des Gesindels Lügenwort,
O mög' die Seele euch verderben!«
Da zieht ihn schon der Scherge fort.

Er sieht die Menge wogend spalten –
Er hört das Summen im Gewühl –
Nun weiß er, daß des Himmels Walten
Nur seiner Pfaffen Gaukelspiel!
Und als er in des Hohnes Stolze
Will starren nach den Ätherhöhn,
Da liest er an des Galgens Holze:
»Batavia. Fünfhundert Zehn.«

## Der Mutter Wiederkehr

Du frägst mich immer von neuem, Marie,
Warum ich mein Heimatland
Die alten lieben Gebilde flieh
Dem Herzen doch eingebrannt?
Nichts soll das Weib dem Manne verhehlen,
Und nichts dem treuen Weibe der Mann,
Drum setz dich her, ich will erzählen.
Doch abwärts sitze – schau mich nicht an.

Bei meinen Eltern ich war, – ein Kind,
Ein Kind und dessen nicht froh,
Im Hause wehte ein drückender Wind,
Der ehliche Friede floh,
Nicht Zank noch Scheltwort durfte ich hören.
Doch wie ein Fels auf allen es lag,
Sahn wir von Reisen den Vater kehren,
Das war uns Kindern ein trauriger Tag.

Ein Kaufmann, ernst, sein strenges Gemüt
Verbittert durch manchen Verlust,
Und meine Mutter die war so müd,
So keuchend ging ihre Brust!
Noch seh ich wie sie, die Augen gerötet,
Ein Bild der still verhärmten Geduld,
An unserm Bettchen gekniet und gebetet.
Gewiß, meine Mutter war frei von Schuld!

Doch trieb der Vater sich um – vielleicht
In London oder in Wien –
Dann lebten wir auf und atmeten leicht,
Und schossen wie Kressen so grün.

Durch lustige Schwänke machte uns lachen
Der gute Mesner, dürr und ergraut.
Der dann uns alle sollte bewachen,
Denn meiner Mutter ward nichts vertraut.

Da schickte der Himmel ein schweres Leid,
Sie schlich so lange umher,
Und härmte sich sachte ins Sterbekleid,
Wir machten das Scheiden ihr schwer!
Wir waren wie irre Vögel im Haine,
Zu früh entflattert dem treuen Nest,
Bald tobten wir toll über Blöcke und Steine,
Und duckten bald, in den Winkel gepreßt.

Dem alten Manne ward kalt und heiß,
Dem würdigen Sakristan,
Sah er besudelt mit Staub und Schweiß
Und glühend wie Öfen uns nahn;
Doch traten wir in die verödete Kammer,
Und sahn das Schemelchen am Klavier,
Dann strömte der unbändige Jammer,
Und nach der Mutter wimmerten wir.

Am sechsten Abend nachdem sie fort
– Wir kauerten am Kamin,
Der Alte lehnte am Simse dort
Und sah die Kohlen verglühn,
Wir sprachen nicht, uns war beklommen –
Da leis im Vorsaal dröhnte die Tür,
Und schlurfende Schritte hörten wir kommen.
Mein Brüderchen rief: »Die Mutter ist hier!«

Still, stille nur! – wir horchten all,
Zusammengedrängt und bang,
Wir hörten deutlich der Tritte Hall
Die knarrende Diel' entlang,
Genau wir hörten rücken die Stühle,
Am Schranke klirren den Schlüsselbund,
Und dann das schwere Krachen der Diele,
Als es vom Stuhle trat an den Grund.

Mein junges Blut in den Adern stand,
Ich sah den Alten wie Stein
Sich klammern an des Gesimses Rand,
Da langsam trat es herein.
O Gott, ich sah meine Mutter, Marie!
Marie, ich sah meine Mutter gehn,
Im schlichten Kleide, wie morgens frühe
Sie kam nach ihren zwei Knaben zu sehn!

Fest war ihr Blick zum Grunde gewandt,
So schwankte sie durch den Saal,
Den Schlüsselbund in der bleichen Hand,
Die Augen trüb wie Opal;
Sie hob den Arm, wir hörten's pfeifen.
Ganz wie ein Schlüssel im Schlosse sich dreht,
Und ins Klosett dann sahn wir sie streifen,
Drin unser Geld und Silbergerät.

Du denkst wohl, daß keines Odems Hauch
Die schaurige Öde brach,
Und still war's im Klosette auch,
Noch lange lauschten wir nach.
Da sah ich zusammen den Alten fallen,
Und seine Schläfe schlug an den Stein,
Da ließen wir unser Geschrei erschallen,
Da stürzten unsere Diener herein.

————

Du sagst mir nichts, doch zweifl' ich nicht,
Du schüttelst dein Haupt, Marie,
Ein Greis – zwei Kinder – im Dämmerlicht –
Da waltet die Phantasie!
Was wollte ich nicht um dein Lächeln geben,
Um deine Zweifel, du gute Frau,
Doch wieder sag' ich's: bei meinem Leben!
Marie, wir sahen und hörten genau!

Am Morgen kehrte der Vater heim,
Verstimmt und müde gehetzt,
Und war er nimmer ein Honigseim,
So war er ein Wermut jetzt.

Auch waren es wohl bedenkliche Worte,
Die er gesprochen zum alten Mann,
Denn laut sie haderten an der Pforte,
Und schieden in tiefer Empörung dann.

Nun ward durchstöbert das ganze Haus,
Ein jeder gefragt, gequält,
Die Beutel gewogen, geschüttet aus,
Die Silberbestecke gezählt,
Ob alles richtig, versperrt die Zimmer,
Nichts konnte dem Manne genügen doch;
Bis abends zählte und wog er immer,
Und meinte, der Schade finde sich noch.

Als nun die Dämmerung brach herein,
Ohne Mutter und Sakristan,
Wir kauerten auf dem staubigen Stein,
Und gähnten die Flamme an.
Verstimmt der Vater, am langen Tische,
Wühlt' in Papieren, schob und rückt',
Wir duckten an unserm Kamin, wie Fische,
Wenn drauf das Auge des Reihers drückt.

Da horch! – die Türe dröhnte am Gang,
Ein schlurfender Schritt darauf
Sich schleppte die knarrende Diel' entlang.
Der Vater horchte – stand auf –
Und wieder hörten wir rücken die Stühle,
Am Schranke klirren den Schlüsselbund,
Und wieder das schwere Krachen der Diele,
Als es vom Stuhle trat an den Grund.

Er stand, den Leib vornüber gebeugt,
Wie Jäger auf Wildes Spur,
Nicht Furcht noch Rührung sein Auge zeigt',
Man sah, er lauerte nur.
Und wieder sah ich die mich geboren,
Verbannt, verstoßen vom heiligen Grund,
O, nimmer hab' ich das Bild verloren,
Es folgt mir noch in der Todesstund'!

Und er? – hat keine Wimper geregt,
Und keine Muskel gezuckt,
Der Stuhl, auf den seine Hand gelegt,
Nur einmal leise geruckt.
Ihr folgend mit den stechenden Blicken
Wandt' er sich langsam wie sie schritt,
Doch als er sie ans Klosett sah drücken,
Da zuckte er auf, als wolle er mit.

Und »Arnold!« rief's aus dem Geldverlies,
– Er beugte vornüber, weit –
Und wieder »Arnold!« so klagend süß,
– Er legte die Feder beiseit' –
Zum dritten Mal, wie die blutige Trauer,
»Arnold!« – den Meerschaumkopf im Nu
Erfaßt' er, schleudert' ihn gegen die Mauer,
Schritt ins Klosett und riegelte zu.

Wir aber stürzten in wilder Hast
Hinaus an das Abendrot,
Wir hatten uns bei den Händen gefaßt,
Und weinten uns schier zu Tod.
Die ganze Nacht hat die Lampe geglommen,
Geknattert im Saal des Kamines Rost,
Und als der dritte Abend gekommen,
Da setzte der Vater sich auf die Post.

Ich habe ihm nicht Lebewohl gesagt,
Und nicht seine Hand geküßt,
Doch heißt es, daß er in dieser Nacht
Am Bettchen gestanden ist.
Und bei des nächsten Morgens Erglühen,
Das erste was meine Augen sahn,
Das war an unserem Lager knieen
Den tief erschütterten Sakristan.

Dem ward in der Früh' ein Brief gebracht,
Und dann ein Schlüsselchen noch;
»Ich will nicht lesen«, hat er gedacht
Und zögerte, las dann doch
Den Brief, in letzter Stunde geschrieben
Von meines unglücklichen Vaters Hand,
Der fest im Herzen mir ist geblieben,
Obwohl mein Bruder ihn einst verbrannt.

»Was mich betroffen, das sag' ich nicht,
Eh dorre die Zunge aus!
Doch ist es ein bitter, ein schwer Gericht,
Und treibt mich von Hof und Haus.
In dem Klosette da sind gelegen
Papiere, Wechsel, Briefe dabei.
Dir will ich auf deine Seele legen
Meine zwei Buben, denn du bist treu.

Sorg nicht um mich, was ich bedarf
Des hab' ich genügend noch.
Und forsch auch nimmer, – ich warne scharf –
Nach mir, es tröge dich doch.
Sei ruhig, Mann, ich will nicht töten,
Den Leib, der vieles noch muß bestehn,
Doch laß meine armen Kinderchen beten,
Denn sehr bedarf ich der Unschuld Flehn.«

Und im Klosette gefunden ward
Ein richtiges Testament,
Und alle Papiere nach Kaufmannsart
Geordnet und wohl benennt.
Und wir? – in der Fremde ließ man uns pflegen,
Da waren wir eben wie Buben sind,
Doch mit den Jahren da muß sich's regen,
Bin ich doch jetzt sein einziges Kind!

Du weißt es, wie ich auch noch so früh,
So hart den Bruder verlor,
Und hätte ich dich nicht, meine Marie,
Dann wär ich ein armer Tor! –
Ach Gott, was hab' ich nicht all geschrieben,
Aufrufe, Briefe, in meiner Not!
Umsonst doch alles, umsonst geblieben.
Ob er mag leben? – vermutlich tot!

———

Nie brachte wieder auf sein Geschick
Die gute Marie den Mann,
Der seines Lebens einziges Glück
In ihrer Liebe gewann.
So mild und schonend bot sie die Hände,
Bracht' ihm so manches blühende Kind,
Daß von der ehrlichen Stirn am Ende
Die düstern Falten gewichen sind.

Wohl führt' nach Jahren einmal sein Weg
Ihn dicht zur Heimat hinan,
Da ließ er halten am Mühlensteg,
Und schaute die Türme sich an.
Die Händ' gefaltet, schien er zu beten,
Ein Wink – die Kutsche rasselte fort;
Doch nimmer hat er den Ort betreten,
Und keinen Trunk Wasser nahm er dort.

## Der Schloßelf

In monderhellten Weihers Glanz
Liegt brütend wie ein Wasserdrach'
Das Schloß mit seinem Zackenkranz,
Mit Zinnenmoos und Schuppendach.
Die alten Eichen stehn von fern,
Respektvoll flüsternd mit den Wellen,
Wie eine graue Garde gern
Sich mag um graue Herrscher stellen.

Am Tore schwenkt, ein Steinkoloß,
Der Bannerherr die Kreuzesfahn',
Und kurbettierend schnaubt sein Roß
Jahrhunderte schon himmelan;
Und neben ihm, ein Tantalus,
Lechzt seit Jahrhunderten sein Dogge
Gesenkten Halses nach dem Fluß,
Im dürren Schlunde Mooses Flocke.

Ob längst die Mitternacht verklang,
Im Schlosse bleibt es immer wach;
Streiflichter gleiten rasch entlang
Den Korridor und das Gemach,
Zuweilen durch des Hofes Raum
Ein hüpfendes Laternchen ziehet;
Dann horcht der Wandrer, der am Saum
Des Weihers in den Binsen knieet.

»Ave Maria! stärke sie!
Und hilf ihr über diese Nacht!«
Ein frommer Bauer ist's, der früh
Sich auf die Wallfahrt hat gemacht.
Wohl weiß er, was der Lichterglanz
Mag seiner gnäd'gen Frau bedeuten;
Und eifrig läßt den Rosenkranz
Er durch die schwiel'gen Finger gleiten.

Doch durch sein christliches Gebet
Manch Heidennebel schwankt und raucht;
Ob wirklich, wie die Sage geht,
Der Elf sich in den Weiher taucht,
Sooft dem gräflichen Geschlecht
Der erste Sprosse wird geboren?
Der Bauer glaubt es nimmer recht,
Noch minder hätt' er es verschworen.

Scheu blickt er auf – die Nacht ist klar,
Und gänzlich nicht gespensterhaft,
Gleich drüben an dem Pappelpaar
Zählt man die Zweige längs dem Schaft;

Doch stille! In dem Eichenrund –
Sind das nicht Tritte? – Kindestritte?
Er hört wie an dem harten Grund
Sich wiegen, kurz und stramm, die Schritte.

Still! still! es raschelt übern Rain,
Wie eine Hinde, die im Tau,
Beherzt gemacht vom Mondenschein,
Vorsichtig äset längs der Au.
Der Bauer stutzt – die Nacht ist licht,
Die Blätter glänzen an dem Hagen,
Und dennoch – dennoch sieht er nicht,
Wen auf ihn zu die Schritte tragen.

Da, langsam knarrend, tut sich auf
Das schwere Heck zur rechten Hand,
Und, wieder langsam knarrend, drauf
Versinkt es in die grüne Wand.
Der Bauer ist ein frommer Christ;
Er schlägt behend des Kreuzes Zeichen;
»Und wenn du auch der Teufel bist,
Du mußt mir auf der Wallfahrt weichen!«

Da hui! streift's ihn, federweich,
Da hui! raschelt's in dem Grün,
Da hui! zischt es in den Teich,
Daß bläulich Schilf und Binsen glühn,
Und wie ein knisterndes Geschoß
Fährt an den Grund ein bläulich Feuer;
Im Augenblicke wo vom Schloß
Ein Schrei verzittert überm Weiher.

Der Alte hat sich vorgebeugt,
Ihm ist als schimmre, wie durch Glas,
Ein Kindesleib, phosphorisch, feucht,
Und dämmernd wie verlöschend Gas;
Ein Arm zerrinnt, ein Aug' verglimmt –
Lag denn ein Glühwurm in den Binsen?
Ein langes Fadenhaar verschwimmt,
– Am Ende scheinen's Wasserlinsen!

Der Bauer starrt, hinab, hinauf,
Bald in den Teich, bald in die Nacht;
Da klirrt ein Fenster drüben auf,
Und eine Stimme ruft mit Macht:
»Nur schnell gesattelt! schnell zur Stadt!
Gebt dem Polacken Gert' und Sporen!
Viktoria! soeben hat
Die Gräfin einen Sohn geboren!«

## Kurt von Spiegel

O frommer Prälat, was ließest so hoch
Des Marschalks frevlen Mut du steigen!
War's seine Gestalt deren Adel dich trog,
Sein flatternder Witz unter Bechern und Reigen?
O frommer Bischof, wie war dir zu Mut,
Als rauchend am Anger unschuldiges Blut
Verklagte, verklagte dein zögerndes Schweigen!

Am Wewelsberge schallt Wald-Hurra,
Des Rosses Flanke schäumt über den Bügel,
Es keucht der Hirsch, und dem Edelwild nah,
Ein flüchtiger Dogge, keucht Kurt von Spiegel;
Von Turmes Fahne begierig horcht
Der arme Tüncher, und unbesorgt
Hält in der Hand er den bröckelnden Ziegel.

Da horch! Halali! das Treiben ist aus,
Des Hirsches einzige Träne vergossen,
Ein Hörnerstoß durch das waldige Haus
Vereint zum Geweide die zott'gen Genossen,
Und bald aus der nickenden Zweige Geleit
Die Treiber so stumm, die Ritter so breit,
Ziehn langsam daher mit den stöhnenden Rossen.

Der Spiegel spornt sein rauchendes Tier,
»Verfluchte Kanaille, du hast mich bestohlen!«
Da sieht er, hoch an des Turmes Zimier,
Den armen Tüncher auf schwankenden Bohlen.
»Ha«, murrt er, »heute nicht Beute noch Schuß,
Nie kam ich noch wieder mit solchem Verdruß,
Ich möchte mir drüben den Spatzen wohl holen!«

Der Tüncher sieht wie er blinzelt empor,
Und will nach dem ärmlichen Hütlein greifen,
Da sieht er drunten visieren das Rohr,
Da hört er den Knall, und die Kugel noch pfeifen;
Getroffen, getroffen! – er schaukelt, er dreht,
Mit Ziegel und Bohle und Handwerksgerät
Kollert er nieder zum rasigen Streifen.

Als träf' ihn selber das Todesgeschoß
So zuckt der Prälat, seine Augen blitzen,
»Marschalk!« stöhnt er, die Stirne wird naß,
Am schwellenden Halse zittern die Spitzen,
Dann fährt auf die Wange ein glühendes Rot,
Und »Marschalk!« ruft er, »das bringt dir den Tod!
Greift ihn, greift ihn, meine Treiber und Schützen!«

Doch lächelnd der Spiegel vom Hengste schaut,
Er lächelt umher auf die bleichen Vasallen:
»Mein gnädigster Herr, nicht zu laut, nicht zu laut,
Eur Dräuen möchte im Winde verhallen!«
Dann wendet er rasch, im sausenden Lauf
Durchs Tor und die donnernde Brücke hinauf. –
Zu spät, zu spät sind die Gitter gefallen!

————

Im Dome zu Paderborn ist verhallt
Das Sterbegeläute des alten Prälaten,
Und wieder im Dom hat Kapitels Gewalt
Den neuen Beherrscher gewählt und beraten.
Stumm fährt das Gebirg' und die Felder hinein
Der neue Bischof zur Wewelsburg ein.
Geleitet von summenden Volkskomitaten.

Und als nun über die Brücke er rollt,
Und sieht die massigen Türme sich strecken,
Wie ihm im Busen es zittert und grollt!
An seiner Inful – o brandiger Flecken!
Des Spiegels Blut in dem Ahnenbaum hell!
Leis seufzet er auf, dann murmelt er schnell:
»Herr Truchseß, laßt unsre Tafel nun decken.«

Es kreisen die Becher beim Böllergeknall,
Die stattlichen Ritter, die artigen Damen,
Sich schleudernd des Witzes anmutigen Ball,
Fast von der Stirne die Falten ihm nahmen;
Da horch ! im Flure ein Schreiten in Eil;
Es knarren die Türen, es steht eine Säul',
Der Spiegel, der blutige Marschalk, im Rahmen!

Der Bischof schaut wie ein Laken so bleich, –
Im weiten Saal keines Odems Verhallen –
Ans Auge schlägt er die Rechte sogleich,
Und langsam läßt er zur Seite sie fallen.
Dann seufzt er hohl und düster und schwer:
»Kurt! – Kurt von Spiegel, wie kommst du daher! –
Greift ihn, ergreift ihn, ihr meine Vasallen!«

Kein Sünderglöckchen geläutet ward,
Kein Schandgerüst sah man zimmern und tragen,
Doch sieben Schüsse die knatterten hart,
Und eine Messe hörte man sagen.
Der Bischof schaut' auf den blutigen Stein,
Dann murmelt' er sacht ins Breve hinein:
»Es ist doch schwer eine Inful zu tragen!«

## Der Loup Garou

Brüderchen schläft, ihr Kinder, still!
Setzt euch ordentlich her zum Feuer!
Hört ihr der Eule wüst Geschrill?
Hu! im Walde ist's nicht geheuer.
Frommen Kindern geschieht kein Leid,
Drückt nur immer die Lippen zu,
Denn das böse, das lacht und schreit,
Holt die Eul' und der Loup Garou.

Wißt ihr, dort, wo das Naß vom Schiefer träuft
Und übern Weg 'ne andre Straße läuft,
Das nennt man Kreuzweg, und da geht er um,
Bald so, bald so, doch immer falsch und stumm,
Und immer schielend; vor dem Auge steht
Das Weiße ihm, so hat er es verdreht;
Dran ist er kenntlich, und am Kettenschleifen,
So trabt er, trabt, darf keinem Frommen nahn;
Die schlimmen Leute nur, die darf er greifen
Mit seinem langen, langen, langen Zahn.

Schiebt das Reisig der Flamme ein,
Puh! wie die Funken knistern und stäuben!
Pierrot, was soll das Wackeln sein?
Mußt ein Weilchen du ruhig bleiben,
Gleich wird die Zeit dir Jahre lang!
Laß doch den armen Hund in Ruh'!
Immer sind deine Händ' im Gang,
Denkst du denn nicht an den Loup Garou?

Vom reichen Kaufmann hab' ich euch erzählt,
Der seine dürft'gen Schuldner so gequält,
Und kam mit sieben Säcken von Bagnères,
Vier von Juwelen, drei von Golde schwer;
Wie er aus Geiz den schlimmen Führer nahm,
Und ihm das Untier auf den Nacken kam.
Am Halse sah man noch der Krallen Spuren,
Die sieben Säcke hat es weggezuckt,
Und seine Börse auch, und seine Uhren,
Die hat es all zerbissen und verschluckt.

Schließt die Tür, es brummt im Wald!
Als die Sonne sich heut verkrochen,
Lag das Wetter am Riff geballt,
Und nun hört man's sieden und kochen.
Ruhig, ruhig, du kleines Ding!
Hörst du? – drunten im Stalle – hu!
Hörst du? Hörst du's? kling, klang, kling,
Schüttelt die Kette der Loup Garou.

Doch von dem Trunkenbolde wißt ihr nicht,
Dem in der kalten Weihnacht am Gesicht
Das Tier gefressen, daß am heil'gen Tag
Er wund und scheußlich überm Schneee lag.
Zog von der Schenke aus, in jeder Hand
'ne Flasche, die man auch noch beide fand;
Doch wo die Wangen sonst, da waren Knochen,
Und wo die Augen, blut'ge Höhlen nur;
Und wo der Schädel hier und da zerbrochen,
Da sah man deutlich auch der Zähne Spur.

Wie am Giebel es knarrt und kracht!
Caton, schau auf die Bühne droben
– Aber nimm mir die Lamp' in acht –
Ob vor die Luke der Riegel geschoben.
Pierrot, Schlingel! das rutscht herab
Von der Bank, ohne Strümpf und Schuh!
Willst du bleiben! tapp, tipp, tapp,
Geht auf dem Söller der Loup Garou.

Und meine Mutter hat mir oft gesagt
Von einem tauben Manne, hochbetagt,
Fast hundertjährig, dem es noch geschehn,
Als Kind, daß er das Scheuel hat gesehn,
Recht wie 'nen Hund, nur weiß wie Schnee und ganz
Verkehrt die Augen, eingeklemmt den Schwanz,
Und spannenlang die Zunge aus dem Schlunde,
So mit der Kette weg an Waldes Bord,
Dann wieder sah er ihn im Tobelgrunde,
Und wieder sah er hin – da war er fort.

Hab' ich es nicht gedacht? es schneit!
Ho, wie fliegen die Flocken am Fenster!
Heilige Frau von Embrun! wer heut
Draußen wandelt, braucht keine Gespenster;
Irrlicht ist ihm die Nebelsäul',
Führt ihn schwankend dem Abgrund zu,
Sturmes Flügel die Toteneul',
Und der Tobel sein Loup Garou.

## Der Nachtwandler

Siehst du das Ziegeldach am Hage dort?
Die Dämmrung sinkt, laß uns vorüber eilen,
Bald steigt der Vollmond an des Moores Bord,
Dann ist's nicht gut in dieser Nähe weilen,
Hier schwebt kein Spuk den Heideweg hinauf,
Kein Räuber paßt in jenem Schuppen auf,
Ein Bürgerhaus! – ein bürgerlich Beginnen!
Es wohnt ein Greis, es wohnen Diener drinnen.

Alt ist der Herr, wie alt, man weiß es kaum,
Er liebt es nicht, im Kirchenbuch zu deuten,
Ihm starb ein Weib vor langer Jahre Raum
Und auch ein Kind – das sind verschollne Zeiten!
Es heißt, er habe ihr den Arzt versagt,
Mit schlechter Kost sein krankes Kind geplagt;
Was sagt man nicht, um Leute zu verdammen,
Wo sich das Gold in Haufen drängt zusammen!

Einst war er arm, hat kümmerlich gezehrt,
Wohl kümmerlicher noch als andre eben,
Da, sagt man, hab' um eines Talers Wert
Er einen Leib dem Galgen übergeben;
Jung sei der Dieb gewesen, hungerbleich,
Und seine Mutter krank, wer glaubt es gleich!
Neid folgt dem Reichen, sieh die Hüttenwände,
Dort wohnt die Armut, sein ist das Gelände.

Man kann ihn fleißig in der Kirche sehn,
Und seine Sitten durfte keiner rügen,
Doch seit des Körpers Kräfte ihm vergehn,
Muß übelem Gebrest der Greis erliegen,
So oft die Mondesscheibe füllt den Schein,
Hüllt er sich schlafend in das Leilach ein
Und klimmt vom Bett, das Schwefelhölzchen fachend,
Ein Diener folgt ihm, seinen Schritt bewachend.

Aus jener Hütte sieht der Fröner ihn
Dann stundenlang am Fensterglase zählen,
Das Gold befeilen, Federstriche ziehn
Und öfters greifen wie nach Diebeskehlen,
Dann ist auch wohl ein Schrei hinaus geschallt,
Als tue seiner Seele man Gewalt,
Bis ihm die Arme sinken wie verwittert
Und weiter er mit seinem Lämpchen zittert.

Nach jener Kammer ist sein nächster Gang,
Wo bei dem größrem Lager steht ein kleines,
Dort wiegt er sich am Bettchen – stundenlang –,
Als schüttl' er eine Flasche edlen Weines,
Und gießt und gießt, als würd' es nie genug,
Und stopft und stopft wie Bissen gen das Tuch,
Und tastend scheint er einen Puls zu greifen,
Gebückt, als lausch' er schwachen Odems Pfeifen.

Und an dem andern Lager steht er dann,
Scheint tröpfelnd über Arzenein zu bücken,
Er breitet schweigend eine Decke an,
Und einen Schirm scheint er hinan zu rücken,
Im Hui hat er dann das Glas erreicht,
Das Fenster, wo sich fern der Galgen zeigt,
Der Diener springt, man hört ein dumpf Gewimmer,
Das Fenster klirrt, und dunkel ist das Zimmer.

Schreit schneller, schneller – an der Scheibe dort,
Sieh, wie es leise glimmt und Funken zittert,
Nun zuckt ein blaues Flämmchen – fort, nur fort!
Mir ist, wie wenn die ganze Luft gewittert;
Schau nicht zurück, Verwegner, fluch ihm nicht,
Laß ihn allein mit Gott und dem Gericht,
Meinst du, ein Fluch vergrößre seine Leiden?
Oh, laß den Dieb am Galgen ihn beneiden!


# Wilhelm Meinhold

## 1797–1851


### Die Harfe

Eine Romanze
1820


War eine Grafentochter in alter grauer Zeit,
Die wußte süße Weisen, die minnigliche Maid.
Und welche Sänger kamen, die Maid sie überwand,
Das macht die Harfe schöne in ihrer weißen Hand!

Die klingt so wunderhehre, daß jedes Herz sie bricht,
D'rum also stolziglichen die edle Dirne spricht:
»Ihr Ritter und ihr Grafen laßt euer Minnen sein,
Könnt ihr mich nicht bezwingen auf dieser Harfe mein!«

Da gingen voller Schwere die edlen Degen gut,
Bis Holdy kam gezogen, ein Sänger wohlgemut.
Dem ging an seiner Rechten ein edles Mägdelein,
So daß in allen Landen kein schönres mochte sein.

Und hoch in seiner Linken er eine Harfe trug,
Da weinten Aller Augen, als er die Harfe schlug;
Und minniglichen Blickes darauf das Fräulein spricht:
»Ach! Holdy, lieber Sänger, dir widersteh' ich nicht.

Komm! gib mir deine Harfe und nimm das Herze mein,
Du sollst von sieben Burgen ein Herr und Ritter sein!«
»Das wolle Gott verhüten«, zu ihr der Sänger sagt,
»Sollt' ich um dich verlassen hier diese treue Magd!«

»O weh, du stolzer Sänger, so gib die Harfe mir,
Willst du mein Herz nicht haben, so nimm mein Gold dafür!«
»Das wolle Gott verhüten, daß ich um schnödes Gold
Das schöne Spiel dir ließe, um das die Welt mir hold.«

Und sprach's und zog von dannen der wundertreue Mann,
Manch lobigliche Fraue umsonst ihn liebgewann.
An einem Wintertage er so zu zieh'n begunnt
Von Basel an dem Rheine ins schöne Land Burgund.

Doch bald auf einem Berge gewann er große Not,
Denn weh, der Winter harte blies ihm das Mädel tot!
Was soll ich nun beginnen, ich armer, armer Mann?
Wohl mächt' ich ihr ein Feure, doch seh' ich keinen Tann.

Hilf Gott mir armen Manne, ich nehm' die Harfe mein,
Ach Harfe, liebe Harfe, du mußt zerschlagen sein!
Und ob auch manche Zähre ihm aus den Augen fiel,
Doch sieht man ihn zerschlagen das teure Saitenspiel.

Und schnell auf einem Steine macht er ein Feuer an,
Daß balde zu gesunden die kranke Maid begann.
Doch wie er frohgemutet sie noch umfangen hält,
Da trabt auf stolzem Rosse ein Ritter übers Feld:

»Gott grüß euch«, sprach der Degen, »ich hab' ein warmes Schloß,
Komm mit, du schöne Dirne, und setz' dich auf mein Roß.
Hilf Gott, daß ich dich kenne, du Traute, komm doch her!
Kennst du den frohen Knappen vom Thurgau denn nicht mehr?

Hab' manchen Kranz gewunden dir um dein blondes Haupt,
Hab' manchen Kuß in Ehren dir, süße Magd, geraubt.
Komm auf mein Roß! o komme!« – Da hob er sie empor
Und raunte freventlichen sein Sehnen ihr ins Ohr.

O Sänger, lieber Sänger! wie kann es möglich sein? –
Der Bube überwindet die falsche Dirne dein! –
Sie spricht mit bösen Listen: »O weh, ich armes Weib,
Find' ich nicht hie des Wassers, verlass' ich meinen Leib!«

Wie schnelle von dem Haupte der Bub' den Helm sich reißt:
»Lauft, Sänger, zu dem Borne, der dort im Tale fleußt.«
Wohl läuft er zu dem Borne, der treue Liebeshort;
Doch wie er wiederkehret, sind Magd und Ritter fort.

Da klagt er also sehre ob seines Weibes Lug:
»O weh, ich armer Sänger, daß ich mein Spiel zerschlug!«
So saß er auf dem Boden den langen Wintertag
Und klagte, bis am Abend das treue Herz ihm brach.

# Christian Friedrich Scherenberg
## 1798–1881

### Die beiden Reiter

Es schlief ein Reiter mit seinem Roß,
und als es begann zu tagen,
da schirrt er auf, in den Sattel er schoß,
wohl auf in den Tag zu jagen;
und kalt und schweigend hinter ihm drauf
schirrt noch ein Reiter das Rößlein auf.

Und sorglos tummelt der erste sich hin,
dem rosigen Morgen entgegen
ohn Zaum und Zügel hinauszuziehn,
wie's luftigem Renner gelegen;
der zweite lautlos hinter ihm her,
wie wenn er die Spur des ersten wär.

Der lustige Vordermann sah ihn nicht,
aufjauchzend in Jubel und Wonnen,
es tanzten vor seinem muntern Gesicht
nur goldene Wolken und Sonnen;
der Stille dachte: du wirst mich sehn
wenn erst die Sonne wird hinter dir stehn.

Und als die Sonne hinter ihm stand
und die rosigen Wolken verflogen,
da hat er den Schatten des Stillen erkannt,

vor den Hufschlag düster gezogen;
und schwer und schwerer blickt er ihn an,
und um das Tummeln da wars getan.

Die Zügel faßt er mit sorglicher Hand,
dem Schatten da möchte er entgehen,
doch hat er den Renner nimmer gewandt,
den Mann des Schattens zu sehen;
verstohlen lenkt er in wechselndem Schritt,
doch wie er lenket, der Mann lenkt mit.

Und wie er spornt, bergauf, bergab,
den Hintermann wills nicht ermatten,
und tiefer sinket die Sonne herab,
und höher wachsen die Schatten;
es fröstelt den flüchtigen Reitersmann,
und matter setzt er die Sporen an.

Und matter der Renner, und stumpf und müd,
wie des Reiters Künste auch treiben,
als ob ihn der Hintermann rückwärts zieht,
bis Roß und Reiter stehen bleiben;
zum Abendrot schauet er heiß hinan,
kalt über ihn reitet der Hintermann.

## *Das Köhlerhaus*

Es schlug der Sturm um's Köhlerhaus
  Als wollt' er sich Ruh erjagen,
Zum Windbruch stöbert der Wolf hinaus,
  Und pirschte durch Felder und Hagen:
    Die wilden Gesellen, sie machten die Runde
    Der mitternächtigen Hungerstunde.

Am Hause, da lag der Köhler wach,
  Mit ihm die Not und die Sünde,
»Es hungert dein Kind!« – sie heimlich sprach –
  Verschwiegen sind Nacht und Gründe. –
    Es nahet ein Mann, schnell will er vorüber,
    Jach wirft der Köhler die Schling' ihm über.

»Was machst du draußen, lieb Vater mein?«
  So ruft's durch die jagenden Winde,
»Du stichst ihn ja in das Herz hinein!«
  Der Vater fährt auf zu dem Kinde,
    Das eilend aus wohligem Bettlein gekommen,
    Als Wandrers Ruf es drinnen vernommen.

»Mein Sohn, mein Sohn, was ficht dich an?
  Ich tat nur dem Manne zu Wille;
Es hat mein Messer ihm wohlgetan,
  Mein Sohn, drum ist er so stille.
    Hinein in dein Bette geschwinde, geschwinde,
    Es wehen so kalt hier draußen die Winde.«

Der Köhler faßte den stillen Mann,
  Trug fern ihn vom Hause zur Seiten,
Da ließ er, mit dem er ihm wohlgetan,
  Sein Messer zur Erde gleiten,
    Den Buben, den lockt es so funkelnd und schön.
    Heran an's Messer des Vaters zu gehn.

Und als der Wandrer zur Ruh gebracht,
  Wohl unter den Windbruch begraben,
Und Wolf und Sturm, die Meute der Nacht,
  Das Grablied gesungen ihm haben,
    Und heimwärts der Vater beladen gekommen
    Mit Gold und Leben, so er genommen:

Da saß auf der Schwelle der Bube sein,
  Das Messer, es funkelt daneben.
»Was tust du, mein Sohn, mit dem Messer mein?
  Ich hab' es dir nimmer gegeben!«
    »Mein Vater ich habe mir wohlgetan«,
    Fing bitter der Bube zu weinen an. –

»Ich habe getan mit dem Messer dein,
   Wie du dem Manne zu Wille.«
Er weinte die Träne in's Herzblut hinein,
   Und Träne und Herze ward – stille.
      Es horchte der Vater durch Sturm und Wind,
      Die Wetter sie heulten, still blieb sein Kind.

Hinweg! hinweg! du Gold der Nacht!
   Er faßte sein Kind in die Arme –
Mein Sohn, ich hab' es nicht wohlgemacht,
   Daß Gott sich meiner erbarme!
      Aus Nacht in die Nacht da schritt er hinein,
      Und Gold und Messer, sie blieben allein.

Es legt der Sturm sich um's Köhlerhaus,
   Wohl mocht' er sich Ruhe erjagen;
Der Wolf schlug heim sich, wo er hinaus,
   Vom Pirschen durch Felder und Hagen;
      Die wilden Gesellen der hungrigen Stunde,
      Sie lagen gesättigt von nächtiger Runde.

## Willibald Alexis

### 1798–1871

### Der späte Gast

Was klopft ans Tor? – Über die rote Heide
Geht nur mein Sohn, und ich, wir beide.
Wir beide wohnen in der Wildnis allein,
Mein Sohn siecht dort im Kämmerlein.
   Wer will herein?

»Mütterlein, nimm mich ins kleine Haus,
Draußen wehet es kalt und graus.
Oft schon kreuzt' ich die rote Heide,
Oft schon sahen wir uns beide,
   O laß mich ein!« –

Bist du ein Unhold, und locktest ins Moor
Meine Tochter, als ich das Kind verlor? –
»Ich bin kein Unhold, ich bin dir verwandt,
Deine Tochter habe ich Schwester genannt.
   O laß mich ein.«

Verwandt ist mir niemand, niemand wert,
Ich sitze allein an meinem Herd. –
»Ich kann nicht schlafen, auf welkem Gras,
Von Tau und Regen ist's kalt und naß.
   O laß mich ein.«

Vorm Fremden schlüge an der Hund,
Was zittert und stiert er, wie stumm und wund! –
»Der Hund hat sieben Jahr mich gekannt,
Seit ich ihn drüben am Kiesweg fand.
   O laß mich ein!«

Was hast du die trauernde Mutter geneckt?
Was hast aus dem Traume mich aufgeschreckt,
Was schläfst du nicht ruhig im Kämmerlein,
Was sprangst du hinaus in den Mondenschein?
   Mein Sohn herein!

»Mutter, dein Sohn steht draußen nicht,
Aber mich brachte dein Schoß an's Licht.
Dein Sohn liegt noch im Kämmerlein,
Aber ich schwebe im Mondenschein.
     O laß mich ein!«

Mein Sohn, mein Sohn, drück auf die Tür,
Ich bin so schwach, und komme zu mir.
Leicht Flechtwerk ist's vom Elsenwald,
Und draußen weht der Wind so kalt.
     O komm herein! –

»Viel tausend Meilen wohl bin ich von dir,
Öffnen kann ich nicht mehr die Tür,
Selbst wie der Wind bin ich leicht und
schwach,
O mache zurecht mein klein Gemach,
     Und laß mich ein!«

Deine Kammer ist fertig; vorm Windesstoß
Hab' ich sie verstopft mit Schilf und Moos. –
»Sechs Bretter sind für mich genug,
Und lege hinein ein weißes Tuch.
     O laß mich ein!«

Ich öffne geschwind, mein liebes Kind.
Wo bist du? – Es saust vorbei der Wind. –
»Der Wind weht fort mich, Mütterlein!« –
Ihr Sohn lag blaß wie Mondenschein
     Im Kämmerlein.

## Walpurgisnacht

Liebe Mutter, heut' Nacht heulte Regen und Wind.
»Ist heute der erste Mai, liebes Kind.«

Liebe Mutter, es donnerte auf dem Brocken droben.
»Liebes Kind, es waren die Hexen oben.«

Liebe Mutter, ich möcht keine Hexen sehn.
»Liebes Kind, es ist wohl schon oft geschehn.«

Liebe Mutter, ob wohl im Dorf Hexen sind?
»Sie sind dir wohl näher, mein liebes Kind.«

Liebe Mutter, worauf fliegen die Hexen zum Berg?
»Liebes Kind, auf dem Rauche von heißem Werg.«

Liebe Mutter, worauf reiten die Hexen zum Spiel?
»Liebes Kind, sie reiten auf'nem Besenstiel.«

Liebe Mutter, ich sah gestern im Dorf viel Besen.
»Es sind auch viel Hexen auf'm Brocken gewesen.«

Liebe Mutter, 's hat gestern im Schornstein geraucht.
»Liebes Kind, es hat Einer das Werg gebraucht.«

Liebe Mutter, in der Nacht war dein Besen nicht zu Haus.
»Liebes Kind, so war er zum Blocksberg hinaus.«

Liebe Mutter, dein Bett war leer in der Nacht.
»Deine Mutter hat oben auf dem Blocksberg gewacht.«

# August Kopisch
## 1799–1853

### Der Nöck

Es tönt des Nöcken Harfenschall:
da steht der wilde Wasserfall,
   umschwebt mit Schaum und Wogen
   den Nöck im Regenbogen.
     Die Bäume neigen
     sich tief und schweigen,
und atmend horcht die Nachtigall. –

»O Nöck, was hilft das Singen dein?
Du kannst ja doch nicht selig sein!
   Wie kann dein Singen taugen?« –
   Der Nöck erhebt die Augen,
     sieht an die Kleinen,
     beginnt zu weinen …
und senkt sich in die Flut hinein.

Da rauscht und braust der Wasserfall,
hoch fliegt hinweg die Nachtigall,
   die Bäume heben mächtig
   die Häupter grün und prächtig.
     O weh, es haben
     die wilden Knaben
den Nöck betrübt im Wasserfall!

»Komm wieder, Nöck, du singst so schön!
Wer singt, kann in den Himmel gehn!
   Du wirst mit deinem Klingen
   zum Paradiese dringen!
     O komm, es haben
     gescherzt die Knaben:
Komm wieder, Nöck, und singe schön!«

Da tönt des Nöcken Harfenschall,
und wieder steht der Wasserfall,
   umschwebt mit Schaum und Wogen
   den Nöck im Regenbogen.
     Die Bäume neigen
     sich tief und schweigen,
und atmend horcht die Nachtigall.

Es spielt der Nöck und singt mit Macht
von Meer und Erd und Himmelspracht.
   Mit Singen kann er lachen
   und selig weinen machen! –
     Der Wald erbebet,
     die Sonn entschwebet …
Er singt bis in die Sternennacht!

### Der Mäuseturm

Am Mäuseturm, um Mitternacht,
Des Bischofs Hatto Geist erwacht:
Er flieht um die Zinnen im Höllenschein,
Und glühende Mäuslein hinter ihm drein!

Der Hungrigen hast du, Hatto, gelacht,
Die Scheuer Gottes zur Hölle gemacht.
Drum ward jedes Körnlein im Speicher dein
Verkehrt in ein nagendes Mäuselein!

Du flohst auf den Rhein in den Inselturm,
Doch hinter dir rauschte der Mäusesturm.
Du schlossest den Turm mit eherner Tür,
Sie nagten den Stein und drangen herfür.

Sie fraßen die Speise, die Lagerstatt,
Sie fraßen den Tisch dir und wurden nicht satt!
Sie fraßen dich selber zu aller Graus,
Und nagen den Namen dein überall aus. –

Fern rudern die Schiffer um Mitternacht,
Wenn schwirrend dein irrender Geist erwacht:
Er flieht um die Zinnen im Höllenschein,
Und glühende Mäuslein hinter ihm drein.

## Die Wettersäule

Vom Meere wirbelt's auf wie Rauch,
und aus der Wolke senkt sich auch
der finstre Hang.
Die Wettersäule stürmt ums Riff
und faßt bereits des Helden Schiff:
da trotzet Swend
und ruft: »Ein Feenwirbelwind!«
und wirft danach sein Messer geschwind –
da tönt ein Schrei!
Da faßt das Wirbeln ihn allein, –
die andern sollen gerettet sein; –
er aber fliegt
mit den wirbelnden Wassern ans End' der Welt:
auf öder Insel er niederfällt,
da liegt er betäubt. –
Und wie er aufs neu zum Leben erwacht,
hell leuchtet's um ihn mit Wunderpracht:
auf blicket Swend –
und sieht halbschwebend vor sich stehn
die schönste der lichten Meeresfeen:
die weinet sehr! –
Durch Tränen blickt die holde Gestalt.
Da ergreift ihn der Liebe Zaubergewalt;
sie aber spricht:
»Swend Alf, zu Kühner, was hast du getan?
sieh meine Seite, die blutet, an!« –
Da schreit er auf
und windet zu Füßen ihr sich in Schmerz
und ruft: »Das traf mein eigen Herz,
süßholde Frau!
Wie soll ich sühnen, was ich gefehlt?«
Der kühne Swend liebt lieb-entseelt
in tiefem Weh. –
Die Huld der Fee nicht lange weilt:
»Traf es dein Herz, so ist geheilt
mein herbes Leid.
Oh sieh, es schwindet der Wunde Spur
und Schmerz wird süße Sehnsucht nur
von Herz zu Herz.
Sieh, blumigen Rasen schwellt zur Stund'
des vormals dürren Eilands Grund
und ladet zur Ruh –
und laubige Schatten hüllen uns ein
zu liebseligem Huldverein.«
Da küßt sie ihn,
da küßt er sie, schlingt liebewarm
um die wonneschwere Gestalt den Arm,
der kühne Swend.

Rings dunkelt Nacht, – den Strand entlang
tönt wallender Wogen Brautgesang
und Kühlungen wehn;
und Nachtigallen mit süßem Schall
ziehn dichter im Wald allüberall
das Liebesnetz.
Allseelige Tage lebt der Held
und entzückende Nächte, fern der Welt,
der kühne Swend.
Und jeder Wunsch wird ihm erfüllt,
und jedes Sehnen scheint gestillt
dem kühnen Swend.
Sie reicht ihm die hehre Speise der Fein,
sie selbst kredenzt ihm den Purpurwein
im Kelch von Kristall.
In prächtiger Grotte wohnt das Paar,
umglüht von Gesteinen wunderbar,
von Bernsteingold,
von Muscheln, Korallen und Perlen licht!
Allein die Ruhe behaget ihm nicht:
er sehnt sich fort,
säh lieber seiner Hütte Rauch
und seine kühnen Genossen auch
am Silter Strand.
Und wie die Meerfei schlief einmal,
er ihren Zaubergürtel stahl,
der kühne Swend.
Er dreht einen Ring – da fliegt er hoch,
den zweiten – da fliegt er schneller noch
ob Land und Meer.
Er fliegt, wo er nur hin begehrt,
und als er nah der Heimat fährt,
da jauchzt er laut!
Er hat die Türme schon erkannt
und hört bereits die Stimmen am Land:
laut bellt sein Hund! –
Da dreht er vor Freude den dritten Ring;
doch wunderbar es ihm erging –
ihn hebt ein Sturm,
der wirbelt tausend Meilen von dort
besinnungsraubend den Kühnen fort,
zurück, zurück.
Er fliegt hoch über Land und Meer
in Zauberkreisen wild umher
zurück, zurück –
zurück bis wieder zur Meeresfrau,
schon sieht er den Strand, die Höhle genau:
wild stürmt's ihn hin.

Und Blitze fliegen und Donner erschallt:
die Fei reißt alles hinab mit Gewalt
ins untre Meer.
Swend kehrt nicht mehr zu der Menschen Land,
und die Sonne wird ihm unbekannt:
in blauer Nacht,

hoch über ihm der Fische Heer,
im wallenden, erdumdonnernden Meer
wehklaget Swend.
Gern säh er seiner Hütte Rauch
und seine kühnen Genossen auch
am Silter Strand! –

### Die Heinzelmännchen

Wie war zu Köln es doch vordem
mit Heinzelmännchen so bequem!
Denn, war man faul, – man legte sich
hin auf die Bank und pflegte sich:
    da kamen bei Nacht,
    eh mans gedacht,
    die Männlein und schwärmten
    und klappten und lärmten,
        und rupften
        und zupften,
    und hüpften und trabten
    und putzten und schabten –
und eh ein Faulpelz noch erwacht, –
war all sein Tagewerk – bereits gemacht!

Die Zimmerleute streckten sich
hin auf die Spän und reckten sich.
Indessen kam die Geisterschar
und sah, was da zu zimmern war,
    nahm Meißel und Beil
    und die Säg in Eil;
    sie sägten und stachen
    und hieben und brachen,
        berappten
        und kappten,
    visierten wie Falken
    und setzten die Balken –
eh sichs der Zimmermann versah, –
klapp! stand das ganze Haus – schon fertig da!

Beim Bäckermeister war nicht Not,
die Heinzelmännchen backten Brot.
Die faulen Burschen legten sich,
die Heinzelmännchen regten sich –
    und ächzten daher
    mit den Säcken schwer!
    Und kneteten tüchtig
    und wogen es richtig

und hoben
und schoben
und fegten und backten
und klopften und hackten.
Die Burschen schnarchten noch im Chor:
da rückte schon das Brot, – das neue, vor!

Beim Fleischer ging es just so zu:
Gesell und Bursche lag in Ruh.
Indessen kamen die Männlein her
und hackten das Schwein die Kreuz und Quer.
Das ging so geschwind
wie die Mühl im Wind!
Die klappten mit Beilen,
die schnitzten an Speilen,
die spülten,
die wühlten
und mengten und mischten
und stopften und wischten.
Tat der Gesell die Augen auf, –
wapp! hing die Wurst schon da im Ausverkauf!

Beim Schenken war es so: es trank
der Küfer, bis er niedersank,
am hohen Fasse schlief er ein,
die Männlein sorgten um den Wein
und schwefelten fein
die Fässer ein
und rollten und hoben
mit Winden und Kloben
und schwenkten
und senkten
und gossen und panschten
und mengten und manschten,
und eh der Küfer noch erwacht,
war schon der Wein geschönt und fein gemacht!

Einst hatt ein Schneider große Pein:
der Staatsrock sollte fertig sein;
warf hin das Zeug und legte sich
hin auf das Ohr und pflegte sich.
Da schlüpften sie frisch
in den Schneidertisch
und schnitten und rückten
und nähten und stickten
und faßten
und paßten
und strichen und guckten
und zupften und ruckten,
und eh mein Schneiderlein erwacht,
war Bürgermeisters Rock – bereits gemacht!

Neugierig war des Schneiders Weib
und macht sich diesen Zeitvertreib:
streut Erbsen hin die andre Nacht.
Die Heinzelmännchen kommen sacht:
  eins fährt nun aus,
  schlägt hin im Haus,
 die gleiten von Stufen
 und plumpen in Kufen,
  die fallen
  mit Schallen,
 die lärmen und schreien
 und vermaledeien!
Sie springt hinunter auf den Schall
mit Licht: husch husch husch husch! – verschwinden all!

O weh! nun sind sie alle fort,
und keines ist mehr hier am Ort!
Man kann nicht mehr wie sonsten ruhn,
man muß nun alles selber tun!
  Ein jeder muß fein
  selbst fleißig sein
 und kratzen und schaben
 und rennen und traben
  und schniegeln
  und biegeln
 und klopfen und hacken
 und kochen und backen.
Ach, daß es noch wie damals war!
Doch kommt die schöne Zeit nicht wieder her!


### Des kleinen Volkes Überfahrt

Steh auf, steh auf! Es pocht ans Haus –
 »tipp, tipp!« – wer mag das sein?
Der alte Fährmann geht hinaus.
 »Tipp, tipp!« – wer mag das sein?
Nichts sieht er, – halb nur scheint der Mond,
die Sache deucht ihm ungewohnt! –
 Da flüstert es fein:
 »O Fährmann mein,
wir sind ein winzig Völkelein
und haben Weib und Kindelein.
Fahr über uns! die Müh ist klein,
und jedes zahlt sein Hellerlein.
 Es lärmt zu sehr im Lande,
 wir wollen zum andern Strande.

Unheimlich wirds an diesem Ort,
 es gellt hier zu viel Hammerschlag
und schießt und trommelt fort und fort,
 die Glocken läuten Tag für Tag!« –
– Der Fährmann steigt in seinen Kahn:
»Ich will euch fahren: kommt heran!
 Werft ohne Betrug
 das Geld in den Krug!« –
O welchen Lärm vernahm er da,
obwohl er nichts am Ufer sah.
Er wußte nicht, wie ihm geschah,
es klang wie fern und war doch nah:
 zehntausend kleine Stimmchen,
 viel feiner als die Immchen.

Der Schiffer ruft dem Knechte sein;
   er kommt. Die kleinen Wesen schrein:
»Zertritt uns nicht, wir sind so klein!«
   Da mußt er wohl behutsam sein!
Tück, tück! fiels in den Krug hinab,
wie jeder seinen Heller gab.
   Pirr! trippelts heran
   und stapft zum Kahn
und ächzt wie mit Kisten und Kasten schwer,
rückt, drückt und schiebt sich hin und her,
es drängt und zwängt sich immer mehr,
weint, ruft und zankt sich überquer:
   »Fahr ab, der Kahn will sinken,
   fort! eh wir all ertrinken!«

Der Schiffer stößt vom Ufer los,
   und als er jetzo drüben war,
geht an das Schiff mit leichtem Stoß,
   »Au!« schrie die ganze kleine Schar,
in Ohnmacht fiel da manche Frau,
das hörte man am Ton genau.
   Nun dappelts hinaus
   mit Katz und Maus,
mit Kind und Kegel und Stuhl und Tisch,
mit Kisten und Kasten und Flederwisch.
Es war ein Lärmen und ein Gemisch
von Ruf und Zank und Stillgezisch.
   Nichts sieht man, doch am Schalle
   hört man, hinaus sind alle. –

Nach holt er wieder neue Schar.
   Die lärmt hinaus: er fährt zurück.
Als dreißigmal gefahren war,
   läßt nach im Krug das Tück tück tück. –
Er fährt den letzten Teil zum Strand:
der Mond geht unter am Himmelsrand.
   Doch dunkelt es nicht:
   was glänzt so licht?
Am Strand gehn tausend Lichter klein,
wie von Johanniswürmelein. –
Da rafft der Knecht vom Uferrain
Erdboden in den Hut hinein,
   setzt auf und kann nun schauen,
   die Männlein und die Frauen.

O welche Wunder er nun sah:
   der ganze Strand war all bedeckt,
sie liefen mit Laternchen da,
   von Gras und Blumen oft versteckt,
und trugen Kindlein wunderhold
und Edelstein und rotes Gold. –
   »Hei«, denkt der Knecht,
   »das kommt mir recht!«
und langt begierig aus dem Kahn
am Uferrande weit hinan: –
da merket ihn ein kleiner Mann,
der fängt ein Zeterschreien an! –
   Puh, puh! sind aus die Lichte,
   verschwunden alle Wichte!

Drauf flog es her, wie Erbsen klein:
   es mochten kleine Steinchen sein;
die warfen sie mit großer Pein
   und ächzten mühsam hinterdrein! –
»Es sprühet immer mehr wie toll!
Fort, fort von hier, der Kahn wird voll!« –
   Sie wenden geschwind
   herum wie der Wind
und stoßen eilig ab vom Land
und fahren in Angst sich fest im Sand,
bald rechter Hand, bald linker Hand.
Und immer ruft es noch vom Strand:
   »Das Fliehn war euer Glücke,
   sonst kamt ihr nicht zurücke!«

## Schlitzörchen

»Schlitzörchen, grüne Unke',
Wo steckst du in der Tunke?
Komm her, du alter Krötengeist,
Und sieh, wer dir die Zähne weist.

Schlitzörchen unten im Wasser,
Was bist du für ein Prasser!
Du trinkst aus keinem Deckelglas,
Du machst dich über und über nass.

Schlitzörchen unter der Blume,
Was kocht dir deine Muhme?
Sollt es wohl Mückensuppe sein?
So nimm dir Salz und Pfeffer drein.«

Der Knabe warf, doch leise
Kam, in besondrer Weise,
Schlitzörchen hinten an den Steg.
Und, husch!, hatt' es den Necker weg.

Bei Mellrichstadt am Brückchen,
Und wusch ihm das Perückchen,
Dann schwamm es an den nächsten Rand
Und warf hinaus ihn auf den Sand.

Dann duckt es auf und nieder:
»Du kommst so bald nicht wieder!«
Der Knabe hatte das Necken satt,
Ging gar bescheiden nach Mellrichstadt.

## Die Roggenmuhme

Laß stehn die Blume!
Geh nicht ins Korn!
Die Roggenmuhme
Zieht um da vorn!
Bald duckt sie nieder,
Bald guckt sie wieder:
Sie wird die Kinder fangen,
Die nach den Blumen langen!

## Der Fischer von Gotin

Was regt sich dort um Mitternacht?
Elz hat das Netz zu Strand gebracht,
   die Havel hegt viel Fische.

Da rufts von drüben mit fremdem Laut:
»Hol über!« so wüst, daß Eulen graut,
   Elz aber frägt: »Wer ruft da?«

»Hol über!« rufts mit grimmem Ton;
ein andrer wär da bald entflohn,
   Elz aber ruft: »Wer seid Ihr?«

»Hol über!« rufts mit solcher Wut,
daß her zum Nachen rauscht die Flut,
   Elz aber nimmt das Ruder,

kennt keine Furcht und keinen Schreck,
er springt ins Schiff und rudert keck,
   bis er gelangt zum Strande.

Da schleppt sich herab aus wildem Wald
ein riesige dunkle Graungestalt
   ins Schiff wie mit bleiernen Füßen,

so schwer, daß fast es niedergeht.
Doch Elz stößt ab das Boot und steht
   hochschwebend am andern Ende.

Wie auch das schwanke Holz erkracht,
Elz stehet fest und lenkts mit Macht
   hin durch den Strom der Havel.

Der Fremde blickt ihn furchtbar an,
Elz wieder ihn, als echter Mann,
   und schwingt gemach das Ruder.

Und wie er kommt zum andern Strand,
steigt schweren Tritts der Gast ans Land,
   Elz aber heischt das Fährgeld.

»Es liegt im Schiff, worin ich saß,
den keiner zu fahren sich je vermaß
   als du allein, du Kühner!

Denn wisse, daß der Tod ich bin:
ich ziehe vor Tage nach Gotin,
   und alles wird da sterben.

Nur du sollst spät mich sonder Graun
mit leichten Flügeln wiederschaun
   als sanften Seelenlöser.«

So sprach der Riese und verschwand,
Elz aber sah ins Schiff und fand
   es strahlend voll von Golde.

## Der unsichtbare Flöter

Es klingt so süß im Apfelbaum:
Wach auf, wach auf vom Mittagstraum!
Wie fallen auf dich der Blüten so viel!
Sie löste der Flöter mit seinem Spiel,
der Unsichtbare, der Frühlingsgeist,
der Nachtigallen unterweist.

Da flattert hernieder der süße Klang,
und hinter ihm folget der Kinderdrang;
auf dem Platz im Dorfe weilt er mehr,
da ringeln die Kleinen um ihn her.
Jetzt scheint er mitten, nun wieder dort:
Es wechselt alles mit ihm den Ort.

Und wo er hinflattert und wo er hingeht,
kein Mensch auf den richtigen Füßen
steht,
das ganze Dorf, es folgt dem Schall
und jubelt und jauchzt allüberall,
die Wassermühle stehet still,
den holden Geist sie hören will.

Einst hatt ihn einer ins Haus gelockt,
die süßeste Milch ihm eingebrockt:
Da spielt' er eine Weile schön,
doch mußt er am End durchs Fenster gehn,
biribitz, wie der Blitz die Scheiben hinaus!
Es sprangen die Fenster im ganzen Haus.

Er leidet niemals einen Zwang;
in der Stube wird ihm die Zeit zu lang;
doch draußen, so weit der Himmel blau,
spielt gern er den Hirten in Feld und Au.
Man sieht ihn nicht; es ist der Geist,
der Nachtigallen unterweist.

# Franz Freiherr von Gaudy
### 1800–1840

## Das Orakel

Die Mutter hält auf dem Schoße
Das Knäblein zart und hold,
Lippen glüh'n ihm wie Rose,
Löckchen glänzen wie Gold.

Das Küssen und das Herzen,
Heute bekommt sie's nicht satt;
Ein Jahr ist's, daß sie viel Schmerzen
Um ihn gelitten hat.

»Ein Jahr ist's, daß ich viel Schmerzen
Um dich erduldet hab';
Ein Jahr seit den Himmel im Herzen
Die Mutterbrust dir gab.

Wie so reizend entfaltet
Hast du, mein Knöspchen, dich.
Engel des Himmels erhaltet,
Schützt ihn mildiglich!«

»Herrin, wollt mir erlauben«,
So flüstert jetzt die Magd,
»Daß nach des Volkes Glauben
Das Schicksal werde befragt.

Laßt losen das jahresalte
Knäblein am heutigen Tag.
Der Himmel gnädig walte,
Daß er's wohl treffen mag.

Ich bringe die heilige Bibel,
den Apfel, das Talerstück.
Ein Los verkündet Unheil,
Zwei Lose verkünden Glück.

Rot bleibt er wie Apfels Bäckchen,
Wenn er die Frucht erkiest;
Nie fehlen die Taler im Säckchen,
Wenn er das Silber erliest.«

»Und«, fragt die Mutter bebend,
»Erwählt er das heilige Buch?«
Die Magd spricht widerstrebend:
»Dann wird ihm das Leichentuch.« –

»O nimmer, nimmer wage
Dies Spiel. Ihm bleib' es fern.
Dies hieße mit sündlicher Frage
Versuchen Gott den Herrn.«

Die Magd trägt in die Kammer
Wohl die drei Lose zurück.
Die Bibel mit silberner Klammer,
Sie fesselt des Kindes Blick.

Zappelnd und ringend windet
Es sich von der Mutter Schoß,
Tappt in das Kämmerlein, findet
Das ernste Todeslos.

Am goldig-gleißenden Schnitte
Erkennt er das Erbestück.
Mit kurzem, schwankenden Schritte
Bringt er's der Mutter zurück.

»Schon jetzt deine Tränen fließen?
Warte noch, Mutter, ein Jahr,
Dann mußt du die bittern vergießen,
Dann wird das Orakel wahr.«

## Die Reiterin

Ich sah jüngst – es war im Traume –
Einen wunderseltnen Ritt;
Auf bejahrtem, steifem Klepper,
Welcher, schleichend Schritt vor Schritt,
Mit den Ranken, Dornen, Nesseln
Sich schwerfäll'gen Hufes stritt,
Saß ein Weib, das schlafend nickte
Und doch nicht vom Sattel glitt.

Saß verkehrt doch gar die Donna,
In der Hand den Schwanz als Zaum,
Wankt' hinüber und herüber,
Murmelt' auch, doch wie im Traum.

Wen'ge Worte nur vernahm ich,
Die ich hört' verstand ich kaum,
Gab auch nicht drauf acht, und mustert'
Ihres Kleides bunten Saum.

Sah ich doch, Zeit meines Lebens,
Nicht so farbigen Talar;
Grau nur gegen ihn bedünkte
Mich der Regenbogen gar,
Große Lappen, kleine Fetzen
Angestückt fast wunderbar:
Nun, der Himmel mag es wissen,
Wer des Kleides Schneider war.

Groß und herrlich war zu schauen
Dieser Edelfrau Gestalt,
Zeigte gleich gebogner Nacken
Spuren von der Zeit Gewalt,
Hatte sie mit häm'schen Finger
Gleich manch Fältchen eingekrallt –
Immer ließ sich noch ermessen,
Daß die Frau mit Ehren alt.

Zu erwachen schien die Dame,
Leis' und schüchtern fragt' ich da:
Wenn nicht meine Ahnung lüget,
Seid Ihr Frau Germania? –
»Bis zu Achtzehnhundert neune
Ward ich so genannt. O ja.«
Und jetzt? – »Hab' ich hundert Namen.
Nennt mich Frau Etcätera.«

Wie Ihr wollt. Doch edle Herrin,
Welchen fabelhaften Gaul
Reitet Ihr? So abgetrieben,
Buglahm, hinkend, träg' und faul.
Seht – doch nein Ihr könnt nicht sehen –
Im Moraste wühlt sein Maul;
Kommt nicht haarbreit von der Stelle.
Schafft ihn ab. Es ist ein Grau'l.

»Naseweiser Neurungstümler,
Welch ein übermüt'ger Wahn
Treibt Euch, meinen Gaul zu lästern,
Dem ich herzlich zugetan?
Der mich schon seit grauen Jahren
Sicher trug auf dorn'ger Bahn,
Der den ält'sten Stammbaum vorweist –
Ihn, den alten Schlendrian?«

## Alexander Graf von Württemberg

### 1801–1844

### Sultan Alp Arslan

Eine wahre Begebenheit aus dem elften Jahrhundert

»Sklaven! reichet mir den starken
Bogen von des Zeltes Wand!
Den Verräter *Ali* strafen
Will ich schwer mit eig'ner Hand.«

Also spricht der tapf're Führer
Der Seldschuken zornesrot,
Unter seinem Turban blitzen
Dunkle Augen Mord und Tod.

Wilder schüttelt seine Mähnen
Neben ihm der Lieblings-Leu,
Und die feigen Sklaven zittern
Vor dem Herrscher todesscheu.

Eine Schaar mordlust'ger Neger
Bricht sich durch die Menge Bahn,
Und nach seinem Opfer blicket
Rachedurstig *Alp Arslan*.

Mag des Herrschers Auge drohen,
Wild entflammt im Rachestrahl,
Ruhig blickt entgegen *Ali*,
Fest geschnürt am Henkerpfahl.

Und den schweren, todgeübten
Bogen, den kein and'rer spannt,
Faßt und rüstet zorneseilig
Sultan *Arslans* starke Hand.

Scharf nun zielt er, und die Waffe
Zischend von der Sehne schwirrt;
Doch zum erstenmal am Herzen
Ist sein Pfeil vorbei geirrt.

Von der Feder kaum berührt
Schleudert *Ali* ihm zurück,
Stolz, mit lächelnder Verachtung,
Seinen Pfeil und Todesblick.

*Arslan* staunt dem Unerhörten;
Wütend über solche Schmach
Schießt er dem verhöhnten Pfeile
Rasch den zweiten, schärfern nach.

Heißer ihm auf Stirn und Wangen
Glüht herauf der Rache Glut;
Brausend fliegt das scharfe Eisen –
Doch es fließt kein Tropfen Blut.

Schnaubend, ein gereizter Tiger,
Greifet nun zum dritten Mal
Rasch der Sultan in den Köcher,
Rufend, daß es hallt im Tal:

»*Allah selbst* vom fernsten Himmel
»Trifft mit seinem Donnerkeil
»Das erwählte Todesopfer
»Sich'rer nicht als *dieser* Pfeil!« –

Und er spannet bis zur Schulter
Das gewaltige Geschoß;
Wie ein Blitz durchzuckt's die Lüfte –
Doch kein Tropfen Blutes floß. –

Seht! urplötzlich reißt sich *Ali*
Los vom eh'rnen Kettenjoch,
Und er springt vom Todespfahle
Übermenschlich, riesenhoch.

Die zerknickte Eisenkette
Höhnend hin zur Erde klirrt;
Auf den Sultan stürmt nun *Ali*
Schneller als der Pfeil geschwirrt.

*Sultan Arslan* stürzt zu Boden
Unter *Ali's* grimmer Faust,
Wie vom Streich der Axt im Walde
Laut die Eiche niederbraust.

»*Allah! Allah!* durch den Sklaven
»Trifft mich mein verdienter Tod,
»Dein vergaß ich übermütig,
»Frevelnd brach ich dein Gebot.

»Als ich heut' im Morgenstrahle
»Musterte mein tapf'res Heer,
»Dacht' ich, *Allah!* zu gebieten
»Dir gleich über Land und Meer.

»*Allah!* Dir sich gleich zu wähnen
»Wage nie ein Muselmann!«
Spricht es, und es stirbt des Orients
Schrecken – Sultan *Alp Arslan*.

## Der Organist aus dem Grabe

Wenn von dem alten Dome
die Geisterglocke schallt,
der Organist im Grabe,
die Faust zusammenballt.

Er reißt den schweren Deckel
von dem bestaubten Sarg,
der viele lange Jahre
den greisen Leichmann barg.

Er eilt im Geisterfluge,
es flattert sein Gewand,
das Tor zur Gotenkirche
sprengt seine Knochenhand.

Er steigt empor zur Orgel,
die er sich einst gebaut;
der Sturmwind treibt die Bälge
und Donner werden laut.

Von acht gewalt'gen Glocken
er nun die Stränge zieht
und läutet längst Verstorbenen
ein Auferstehungslied.

Aus trübem Schattenreiche
kommt düster angeschwebt
die Schar gefallner Geister,
die einst mit ihm gelebt.

Zur grauenvollen Stunde
wird jeder Geist ein Ton
und klagt mit bangem Zagen
ob seinem Sündenlohn.

Der Orgler in die Tasten
greift nun mit Geisterkraft,
laut tönt der Chor der Seelen
nach langer Grabeshaft.

Und von den fernsten Sternen
hallt wider ihr Gesang.
Wie dünkt den armen Sündern
die Ewigkeit so lang!

Er zieht ein manch Register,
er rast auf dem Pedal,
es braust der Baß der Männer
Verzweiflung, Höllenqual.

Der kleinen Kinder Jammern
tönt wider im Diskant;
der Weiber banges Klagen
erbebt im Tremulant.

So tobt der Sang der Geister
bis Früh zum Hahnenschrei;
die Messe ist vorüber,
der Sturmwind zieht vorbei.

Die Tasten werden Bahren,
drin birgt sich jeder Ton;
der bleiche Orgelmeister
schleicht sich zuletzt davon.

## Ludwig Bechstein

### 1801–1860

### Der Verfolger Heer

Es reitet ein Ritter durch Nacht und Graus
nach seinem sicheren Felsenhaus.
Des Weges ist er kundig gut,
gar manchen Tag er ihn reiten tut.

Übern Gottesacker sein Roß ihn trägt,
und nimmer hat Furcht sein Herz bewegt.
Und wenn er über den Totenhof zieht,
Da singt er leis ein frommes Lied:

»Aus der Tiefe ruf ich Herr, zu dir,
gib Frieden allen, die schlummern hier!«
Und einstmals ängstlich der Ritter sprengt
rasch über den Friedhof, vom Feind bedrängt.

»Aus der Tiefe ruf ich Herr, zu dir!
gib Schutz vor meinen Verfolgern mir!«
Da sind die Toten all erwacht,
da steigt's empor aus der Gräber Nacht.

Die Toten schwingen wild die Wehr,
Und Schrecken bannt der Verfolger Heer.
Sie sind vom starken Entsetzen stumm,
sie wenden zur schnellsten Flucht sich um.

Die Toten hielten dem Ritter zu,
der oft gebetet für ihre Ruh.
Der fromme Ritter durch Nacht und Graus
kam sicher nach seinem Felsenhaus.

# Karl Egon Ritter von Ebert

## 1801–1882

### Frau Hitt

Wo schroff die Straße und schwindlig jäh
Herniederleitet zum Inn,
Dort saß auf der mächtigen Bergeshöh
Am Weg eine Bettlerin.

Ein nacktes Kindlein lag ihr im Arm,
Und schlummert' in süßer Ruh;
Die zärtliche Mutter hüllt' es warm
Und wiegt' es und seufzte dazu:

»Du freundlicher Knabe, du liebliches Kind,
Dich zieh ich gewiss nicht groß,
Bist ja der Sonne, dem Schnee und dem Wind
Und allem Elend bloß.

Zur Speise hast du ein hartes Brot,
Das ein anderer nimmer mag,
Und wenn dir jemand ein Äpflein bot,
So war es dein bester Tag.

Und blickt doch, du Armer, dein Auge hold,
Wie des Junkers Auge so klar,
Und ist doch dein Haar so reines Gold,
Wie des reichsten Knaben Haar.«

So klagte sie bitter und weinte sehr,
Als Lärmen ans Ohr ihr schlug,
Mit Jauchzen trabte die Straße einher
Ein glänzender Reiterzug.

Voran auf falbem, schnaubendem Ross
Die herrlichste aller Fraun,
Im Mantel, der strahlend vom Nacken ihr floss,
Wie ein schimmernder Stern zu schaun.

Die strahlende Herrin Frau Hitt,
Die Reichste im ganzen Land,
Doch auch die Ärmste an Tugend und Sitt,
Die rings im Lande man fand.

Ihr Goldross hielt die Stolze an
Und hob sich mit leuchtendem Blick
Und spähte hinunter und spähte hinan
Und wandte sich dann zurück.

»Blickt rechts, blickt links in die Fern,
Blickt vor- und rückwärts herum,
So weit ihr überall schaut, ihr Herrn,
Ist all mein Eigentum.

Viel tapfre Vasallen gehorchen mir,
Beim ersten Winke bereit,
Fürwahr, ich bin eine Fürstin hier
Und fehlt nur das Purpurkleid.«

Die Bettlerin hörts und rafft sich auf
Und steht vor der Schimmernden schon
Und hält den weinenden Knaben hinauf
Und fleht in kläglichem Ton:

»O seht dies Kind, des Jammers Bild!
Erbarmet, erbarmet Euch sein,
Und hüllet das zitternde Würmlein mild
In ein Stückchen Linnen ein!«

»Weib, bist du rasend?«, zürnt die Frau.
»Wo nahm ich Linnen her?
Nur Seid ist all, was an mir ich schau,
Von funkelndem Golde schwer.«

»Gott hüte, dass ich begehren sollt,
Was fremde mein Mund nur nennt,
O so gebt mir, gebet, was Ihr wollt,
Und was Ihr entbehren könnt!«

Da zieht Frau Hitt ein hämisch Gesicht
Und neigt sich zur Seite hin
Und bricht einen Stein aus der Felsenschicht
Und reicht ihn der Bettlerin.

Da ergreift die Verachtete wütender Schmerz,
Sie schreit, dass die Felswand dröhnt:
»O würdest du selber zu hartem Erz,
Die den Jammer des Armen höhnt!«

Den stutzenden Falben spornt Frau Hitt –
»Ei, Wilder, was bist du so faul?«
Sie treibt ihn durch Hiebe und Stöße zum Ritt,
Doch fühllos steht der Gaul.

Und plötzlich fühlt sie sich selbst so erschlafft
Und gebrochen den kecken Mut;
In jeglicher Sehne stirbt die Kraft,
In den Adern stockt das Blut.

Herunter will sie sich schwingen vom Ross,
Doch versagen ihr Fuß und Hand,
Entsetzt will sie rufen den Rittertross,
Doch die Zunge ist festgebannt.

Ihr Antlitz wird so finster und bleich,
Ihr herrisches Aug erstarrt;
Ihr Leib, so glatt und zart und weich,
Wird rauh und grau und hart.

Und unter ihr strecken sich Felsen hervor
Und heben vom Boden sie auf,
Und wachsen und steigen riesig empor
In die schaurige Nacht hinauf.

Und droben sitzt, ein Bild von Stein,
Frau Hitt im Donnergeroll,
Und schaut, umzuckt von der Blitze Schein,
Ins Land so grauenvoll.

## *Nikolaus Lenau*
### *1802–1850*

### *Die drei Indianer*

Mächtig zürnt der Himmel im Gewitter,
Schmettert manche Rieseneich' in Splitter,
Übertönt des Niagara Stimme,
Und mit seiner Blitze Flammenruten
Peitscht er schneller die beschäumten Fluten,
Daß sie stürzen mit empörtem Grimme.

Indianer stehn am lauten Strande,
Lauschen nach dem wilden Wogenbrande,
Nach des Waldes bangem Sterbgestöhne;
Greis der eine, mit ergrautem Haare,
Aufrecht überragend seine Jahre,
Die zwei andern seine starken Söhne.

Seine Söhne jetzt der Greis betrachtet,
Und sein Blick sich dunkler jetzt umnachtet
Als die Wolken, die den Himmel schwärzen,
Und sein Aug' versendet wildre Blitze
Als das Wetter durch die Wolkenritze,
Und er spricht aus tief empörtem Herzen:

»Fluch den Weißen! ihren letzten Spuren!
Jeder Welle Fluch, worauf sie fuhren,
Die einst Bettler, unsern Strand erklettert!
Fluch dem Windhauch dienstbar ihrem Schiffe!
Hundert Flüche jedem Felsenriffe,
Das sie nicht hat in den Grund geschmettert!

Täglich übers Meer in wilder Eile
Fliegen ihre Schiffe, gift'ge Pfeile
Treffen unsre Küste mit Verderben.
Nichts hat uns die Räuberbrut gelassen,
Als im Herzen tödlich bittres Hassen:
Kommt, ihr Kinder, kommt, wir wollen sterben!«

Also sprach der Alte, und sie schneiden
Ihren Nachen von den Uferweiden,
Drauf sie nach des Stromes Mitte ringen;
Und nun werfen sie weithin die Ruder,
Armverschlungen Vater, Sohn und Bruder
Stimmen an, ihr Sterbelied zu singen.

Laut ununterbrochne Donner krachen,
Blitze flattern um den Todesnachen,
Ihn umtaumeln Möwen sturmesmunter;
Und die Männer kommen festentschlossen
Singend schon dem Falle zugeschossen,
Stürzen jetzt den Katarakt hinunter.


## Der Raubschütz

Der alte Müller Jakob sitzt
Allein beim Glase Wein.
Schwarzmitternacht, nur manchmal blitzt
Ein Wetterstrahl herein.
Das Mühlrad saust, es braust der Wind:
Doch schlafen ruhig Weib und Kind.

Der Alte tut manch raschen Zug:
Er denkt an Zeit und Tod.
Wie draußen jagt des Sturmes Flug,
So jagen Lust und Not,
Die längst begrabnen, neu erwacht,
Ihm durch die Brust in dieser Nacht.

Die Tür geht auf, er fährt empor:
Wer kommt zu solcher Stund?
Ein Waidmann mit dem Feuerrohr,
Mit seinem Stöberhund,
Hahnfeder, Gemsbart auf dem Hut,
Das grüne Wams befleckt mit Blut.

Der Müller starrt, zurückgebeugt,
Dem Jäger ins Gesicht,
Sein Haar entsetzt zu Berge fleugt,
Sein Blut zum Herzen kriecht:
Der Raubschütz ists, der wilde Kurd,
Der jüngst im Wald erschossen wurd.

Der finstre Jäger an die Wand
Auf Jakobs Büchse winkt:
Der presst sein Glas in zager Hand,
Dass es zu Scherben springt;
Gehorchend nimmt er sein Gewehr
Und schleicht dem Grausen hinterher.

Sie streifen in den Wald hinaus,
Nach süßem Wildesraub;
Stets lauter wird der Winde Braus,
Der Pfade dürres Laub.
Der Jäger ruft voll heißer Gier:
»Komm, Bruder, jagen, jagen wir!«

Sie ziehen fort im finstern Wald
Durch Strupp und Strom gar frisch:
Das Wild schrickt auf, die Büchse
knallt,
Der Stöbrer im Gebüsch
Rauscht mit arbeitendem Geruch,
Der Jäger ruft: »Such, Hundel, such.«

Doch an des Walds geheimstem Ort
Auf seinem liebsten Stand,
Wo jüngst die Kugel ihn durchbohrt
Aus meuchlerischer Hand,
Da bleibt er stehn und donnert: »Schau!
Hier schoss er mich wie eine Sau!«

Es ächzt der Wald im Sturm verzagt,
Vom Monde jetzt erhellt;
Der kühn gewordne Müller fragt:
»Was ist's in jener Welt?«
Da murmelt trüben Angesichts
Der Jägersmann: »Es ist halt nichts!«

## Der schwere Abend

Die dunklen Wolken hingen
Herab so bang und schwer,
Wir beide traurig gingen
Im Garten hin und her.

So heiß und stumm, so trübe
Und sternlos war die Nacht,
So ganz wie unsre Liebe
Zu Tränen nur gemacht.

Und als ich mußte scheiden
Und gute Nacht dir bot,
Wünscht ich bekümmert beiden
Im Herzen uns den Tod.

## Warnung im Traume

In üppig lauter Residenz
Verschwelgt mit reicher Habe
Ein Jüngling seinen Lebenslenz;
Die Eltern ruhn im Grabe.

Die Mutter lag am Sterbepfühl
Mit matten Herzensschlägen,
Sie legte blaß und todeskühl
Die Händ' ihm auf zum Segen.

Und sie verschwendet noch im Schmerz
Der Kräfte letzten Glimmer,
Daß nun das Kind ihr treues Herz
Verlassen soll auf immer.

Der Mutterliebe ew'ge Macht
Hält sie dem Sohn vereinet,
Wie mildes Mondlicht in der Nacht
Des Wandrers Pfad bescheinet.

Umschwebt sie auch im Geisterflug
Still segnend den Bedrohten,
Gewaltig ist der Sinnenzug,
Und kraftlos sind die Toten.

Sie sah, wie's letzte Röslein sich
Von seiner Wange stehle,
Und wie die Unschuld ihm verblich,
Die Rose seiner Seele.

Sie sah den Sohn die Sinnengier
Stets fesselnder umgarnen;
Ein Trost nur war geblieben ihr:
In Träumen ihn zu warnen.

Nach einem wildverbrausten Tag,
Verbuhlet und vertrunken,
Der Jüngling auf dem Bette lag,
Dem Schlafe heimgesunken.

Da träumt ihm, daß er abends irrt
Durch volkbelebte Straßen,
Wo manche Dirne lockend kirrt
Zu lüsternem Umfassen.

Schon wandelt der Laternenmann
Von Pfahl zu Pfahl und zündet
Dem Laster seine Sterne an,
Das hier sich sucht und findet.

Der Jüngling sieht ein lockend Weib
An ihm vorübergleiten,
Um deren üppig schlanken Leib
Sich Licht und Dunkel streiten.

Das Licht ihm wenig nur erhellt,
Die Lust nach dem zu wecken,
Was ihm das Dunkel vorenthält
Mit reizend schlauem Necken.

Er will den Reizen sein zu Gast,
Sie laden ihn so dringend,
Er eilt ihr nach, der Schritte Hast
Je mehr und mehr beschwingend.

Doch wie er nach der Dirne setz',
Er kann sie nicht erreichen,
Er sieht die Dunkle weiter stets,
Und lockender entweichen.

Sie gleichet einem Nebelbild
Mit leisem, fernem Winken;
Sein Blick dem Sonnstrahl heiß und wild,
Den Nebel aufzutrinken.

Schon haben sie im raschen Zug
Die wache Stadt verlassen,
Und schon durchkreuzt ihr schneller Flug
Der Vorstadt öde Straßen.

Nur hier und dort ein Licht noch brennt
Bei Toten oder Kranken;
Und fort und fort die Dirne rennt,
Er nach mit gier'gem Zanken:

»Was rennst du, Tolle, so geschwind?
Wo steht dein süßes Lager?«
Da pfeift ums Ohr ein kalter Wind
Dem ungestümen Frager.

»Halt an, halt an die tolle Flucht!
Ich will dich fürstlich zahlen!«
Also der Jüngling fleht und flucht,
Schwerkrank an Wollustqualen.

Nun ist kein Haus zu schauen mehr;
Mit arg betroffnen Blicken
Sieht er nur Gräber ringsumher,
Und ernste Kreuze nicken.

Da wend't sie sich im Mondenlicht,
Zu seiner Qualgenesung:
Mit grauverwischtem Angesicht
Umarmt ihn – die Verwesung. –

Doch fuhr er kaum vom Schlummer auf,
Hat er den Traum versungen,
Und hat der wüste Lebenslauf
Ihn wiederum verschlungen.

Bald ward des Traumes kalte Braut
Am schweigenden Altare
Dem Jüngling wirklich angetraut,
An seiner Totenbahre.

## Der traurige Mönch

(Nach einer Sage)

In Schweden steht ein grauer Turm,
Herbergend Eulen, Aare;
Gespielt mit Regen, Blitz und Sturm
Hat er neunhundert Jahre;
Was je von Menschen hauste drin
Mit Lust und Leid, ist längst dahin.

Der Regen strömt, ein Reiter naht,
Er spornt dem Roß die Flanken;
Verloren hat er seinen Pfad
In Dämmrung und Gedanken;
Es windet heulend sich im Wind
Der Wald, wie ein gepeitschtes Kind.

Verrufen ist der Turm im Land,
Daß nachts, bei hellem Lichte,
Ein Geist dort spukt in Mönchsgewand,
Mit traurigem Gesichte;
Und wer dem Mönch ins Aug' gesehn,
Wird traurig und will sterben gehen.

Doch ohne Schreck und Grauen tritt
Ins Turmgewölb der Reiter,
Er führt herein den Rappen mit
Und scherzt zum Rößlein heiter:
»Gelt du, wir nehmen's lieber auf
Mit Geistern, als mit Wind und Trauf?«

Den Sattel und den nassen Zaum
Entschnallt er seinem Pferde,
Er breitet sich im öden Raum
Den Mantel auf die Erde
Und segnet noch den Aschenrest
Der Hände, die gebaut so fest.

Und wie er schläft und wie er träumt
Zur mitternächt'gen Stunde,
Weckt ihn sein Pferd, es schnaubt und bäumt,
Hell ist die Turmesrunde,
Die Wand wie angezündet glimmt;
Der Mann sein Herz zusammennimmt.

Weit auf das Roß die Nüstern reißt,
Es bleckt vor Angst die Zähne,
Der Rappe zitternd sieht den Geist
Und sträubt empor die Mähne;
Nun schaut den Geist der Reiter auch
Und kreuzet sich nach altem Brauch.

Der Mönch hat sich vor ihn gestellt,
So klagend still, so schaurig,
Als weine stumm aus ihm die Welt,
So traurig, o wie traurig!
Der Wandrer schaut ihn unverwandt
Und wird von Mitleid übermannt.

Der große und geheime Schmerz,
Der die Natur durchzittert,
Den ahnen mag ein blutend Herz,
Den die Verzweiflung wittert,
Doch nicht erreicht – der Schmerz erscheint
Im Aug' des Mönchs, der Reiter weint.

Er ruft: »O sage, was dich kränkt?
Was dich so tief beweget?
Doch wie der Mönch das Antlitz senkt,
Die bleichen Lippen reget,
Das Ungeheure sagen will,
Ruft er entsetzt: »Sei still! Sei still!« –

Der Mönch verschwand, der Morgen graut
Der Wandrer zieht von hinnen;
Und fürder spricht er keinen Laut,
Den Tod nur muß er sinnen;
Der Rappe rührt kein Futter an,
Um Roß und Reiter ist's getan.

Und als die Sonn' am Abend sinkt:
Die Herzen bänger schlagen,
Der Mönch aus jedem Strauche winkt,
Und alle Blätter klagen,
Die ganze Luft ist wund und weh –
Der Rappe schlendert in den See.

## Der Schmetterling

Es irrt durch schwanke Wasserhügel
Im weiten, windbewegten Meer
Ein Schmetterling mit mattem Flügel
Und todesängstlich hin und her.

Ihn trieb's vom trauten Blütenstrande
Zur Meeresfremde fern hinaus;
Vom scherzend holden Frühlingstande
Ins ernste, kalte Flutgebraus.

Auf glattgestreckte, sanfte Wogen
Hatt' ihm das Meergras trügerisch
Viel schönre Wiesen hingelogen,
Wie westgeschaukelt, blumenfrisch.

Ihm war am Strand das leise Flüstern
Von West und Blüte nicht genug,
Es trieb hinaus ihn, wählig lüstern,
Zu wagen einen weitern Flug.

Kaum aber war vom Strand geflogen
Des Frühlings ungeduld'ges Kind,
Kam sausend hinter ihm gezogen
Und riß ihn fort der böse Wind;

Stets weiter fort von seines Lebens
Zu früh verlornem Heimatglück:
Der schwache Flatterer ringt vergebens
Nach dem verschmähten Strand zurück.

Von ihrem Schiffe Wandersleute
Mit wehmutsvollem Lächeln sehn
Die zierlich leichte Wellenbeute,
Den armen Schmetterling vergehn.

O Faust, o Faust, du Mann des Fluches!
Der arme Schmetterling bist du!
Inmitten Sturms und Wogenbruches
Wankst du dem Untergange zu.

Du wagtest, eh der Tod dich grüßte,
Vorflatternd dich ins Geistermeer;
Und gehst verloren in der Wüste,
Von wannen keine Wiederkehr.

Wohl schauen dich die Geisterscharen,
Erbarmen lächelnd deinem Leid;
Doch müssen sie vorüberfahren,
Fortsteuernd durch die Ewigkeit.

## Die Drei

Drei Reiter nach verlorner Schlacht,
Wie reiten sie so sacht, so sacht!

Aus tiefen Wunden quillt das Blut,
Es spürt das Roß die warme Flut.

Vom Sattel tropft das Blut, vom Zaum,
Und spült hinunter Staub und Schaum.

Die Rosse schreiten sanft und weich,
Sonst flöss' das Blut zu rasch, zu reich.

Die Reiter reiten dicht gesellt,
Und einer sich am andern hält.

Sie sehn sich traurig ins Gesicht,
Und einer um den andern spricht:

»Mir blüht daheim die schönste Maid,
Drum tut mein früher Tod mir leid.«

»Hab' Haus und Hof und grünen Wald,
Und sterben muß ich hier so bald!«

»Den Blick hab' ich in Gottes Welt,
Sonst nichts, doch schwer mir's Sterben fällt.«

Und lauernd auf den Todesritt
Ziehn durch die Luft drei Geier mit.

Sie teilen kreischend unter sich:
»Den speisest du, den du, den ich.«

## Der Postillon

Lieblich war die Maiennacht,
Silberwölkchen flogen,
ob der holden Frühlingspracht
freudig hingezogen.

Schlummernd lagen Wies und Hain,
jeder Pfad verlassen;
niemand als der Mondenschein
wachte auf der Straßen.

Leise nur das Lüftchen sprach,
und es zog gelinder
durch das stille Schlafgemach
all der Frühlingskinder.

Heimlich nur das Bächlein schlich,
denn der Blüten Träume
dufteten gar wonniglich
durch die stillen Räume.

Rauher war mein Postillon,
ließ die Geißel knallen,
über Berg und Tal davon
frisch sein Horn erschallen.

Und von flinken Rossen vier
scholl der Hufe Schlagen,
die durch blühendes Revier
trabten mit Behagen.

Wald und Flur im schnellen Zug
kaum gegrüßt – gemieden;
und vorbei wie Traumesflug
schwand der Dörfer Frieden.

Mitten in dem Maienglück
lag ein Kirchhof innen,
der den raschen Wanderblick
hielt zu ernstem Sinnen.

Hingelehnt am Bergesrand
war die bleiche Mauer,
und das Kreuzbild Gottes stand
hoch, in stummer Trauer.

Schwager ritt auf seiner Bahn
stiller jetzt und trüber;
und die Rosse hielt er an,
sah zum Kreuz hinüber:

»Halten muß hier Roß und Rad!
Mags euch nicht gefährden;
drüben liegt mein Kamerad
in der kühlen Erden.

Ein gar herzlieber Gesell!
Herr, 's ist ewig schade!
Keiner blies das Horn so hell
wie mein Kamerade.

Hier ich immer halten muß,
dem dort unterm Rasen
zum getreuen Brudergruß
sein Leiblied zu blasen!«

Und dem Kirchhof sandt er zu
frohe Wandersänge,
daß es in die Grabesruh
seinem Bruder dränge.

Und des Hornes heller Ton
klang vom Berge wider,
ob der tote Postillon
stimmt in seine Lieder. –

Weiter ging's durch Feld und Hag
mit verhängtem Zügel;
lang mir noch im Ohre lag
jener Klang vom Hügel.

## Die Marionetten

Nachtstück.

**Erster Gesang.**
Der Gang zum Eremiten.

Graudüstre Felsen sah ich trotzig ragen
Aus eines Tales stillen Finsternissen,
Als wollten kühn den Himmel sie verjagen,
Dem sie den Schleier vom Gesicht gerissen.
Abgründe, ihre Riesengräber, lauern
In sicherer Geduld zu ihren Füßen.
Kein Vogelsang, kein Bach, kein Waldesschauern;
Kein Klageton entfährt dem finstern Tale;
Nur stummes, unermeßlich wildes Trauern.
Einsam verkümmert steht der Strauch, der kahle,
Hat Regen nur und Sturm und Frost erlebt,
Stirbt ungeliebt vom süßen Sonnenstrahle.
An seinen Ästen, windgefächelt, bebt
Die Wolle eines Lamms in stummer Klage,
Und des zerriss'nen Blut am Boden klebt.
Dort fliegt mit leisem, satten Flügelschlage
Ein Geier seinem Felsenhorste zu.
Auf grüner Trift, erquickt vom Sommertage,
Schuldloses Lamm, wie fröhlich irrtest Du
Mit Deiner Weide friedlichen Genossen,
Indeß auf Dich aus heitrer Lüfte Ruh'
Vormordend Geierblicke niederschossen!
Der Geier, stürzend sich in seinen Blick,
Kommt plötzlich auf das Lamm herabgestoßen,
Er reißt es fort aus seinem Jugendglück.
Hoch über Wälder, Tale, Felsenriffe,
Fliegt er damit in seine Nacht zurück.
Es zittert, wimmert; doch mit festrem Griffe
Umklammert er's, ob sich am Angstgeschrei
Die scharfe Gier des Mörders schärfer schliffe. –
Nun drang ich tiefer, an dem Strauch vorbei,
Und wilder immer ward des Tales Grund,
Die dunkle Wiege der Melancholei.
Da bricht aus dornumstarrtem Felsenmund
Ein Quell hervor, die bange Ruh' zu stören,
Und braust hinunter in den offnen Schlund.
Unheimlich ist und grausenvoll zu hören
Das hohle Tosen in den Steinverliesen,
Wo murmelnd Nacht und Tod sich Treue schwören.
Wie, trauernd nach verlornen Paradiesen,
Des Freundes Haupt ans Herz des Freundes fällt,
Umarmen sich die ernsten Felsenriesen.
Und weiter drang ich, – dämmerlich erhellt

War mir die Schlucht; es fiel ein leiser Regen;
Der Himmel Blitze durch die Felsen schnellt',
Und fernher klang's von dumpfen Donnerschlägen.
Gar seltsam bleich erschien mir das Gesicht
Des Eremiten, der mir trat entgegen.
Es wankt um ihn ein zweifelhaftes Licht;
Der Sturm ist laut und plötzlich aufgefahren,
Wie, wer verschlafen, schnell vom Lager bricht.
Er faßt den Alten an den grauen Haaren;
Der aber schreitet durch des Sturmes Macht,
Uneingedenk der Wetter und Gefahren.
Bald ist er mir begraben von der Nacht,
Bald wieder glüht er auf im Wetterschein,
Als hätt' ihn hell der Windstoß angefacht.
Nun schritt er näher und gewahrte mein
Und hieß mich froh mit gastlich mildem Worte,
In seinen Wildnissen willkommen sein.
Und durch des Klippentals geheimste Orte,
Durch des Gewitters wachsendes Gebrause,
Führt' er mich fort zu einer schmalen Pforte
Und grüßte mich in seiner öden Klause.

**Zweiter Gesang.**
Lorenzo.

Der Sturm verstummte, die Gewitter schwiegen,
Das volle Mondlicht hatte sich ergossen,
Beruhigend sich ans Tal zu schmiegen.
Ich saß mit meinem wirtlichen Genossen
Beim Abendmahl; da hob er seinen Wein,
Mich feierlich einladend, anzustoßen.
Ein Frauenbild, erhellt vom Lampenschein,
Hing an der Wand, umhüllt von schwarzem Flor;
Drauf wies er hin und sprach: »Ich denke Dein!«
Und plötzlich stürzten Tränen ihm hervor.
Auf seinen Zügen lag ein tiefes Leid,
Wie er im teuren Bilde sich verlor.
Ich tat aufs Wohl der Toten ihm Bescheid,
Und als ich anstieß mit dem trüben Zecher,
Da hatte heimlich mir die Ewigkeit
Von ihrem Ernst geträufelt in den Becher.
Der Eremit begann mit scheuem Munde
Von einer schwarzen Tat und ihrem Rächer
Zu geben mir die schaudervolle Kunde.
Und wie er ins vergangne Leben schied,
Riß er die Zeit von jeder Herzenswunde. –
– Du, Gott des Schmerzes, rüste du mein Lied
Und wappne mich auf den verwegnen Gang
Durchs ungeheuer nächtliche Gebiet.
Gib mir ein wildes Herz, daß mein Gesang

Auf seiner Bahn vor Schreck nicht sterben dürfe;
Gib mir ein Herz, das lauten Wetterklang
Wie süße Nachtigallenlieder schlürfe!
Und wenn ins Tal mit grimmigem Frohlocken
Die Stürme werfen ihre Donnerwürfe,
Daß Wald und Fels herunterbricht erschrocken:
Dem Herzen sei's schwermütiges Behagen,
Wie Niedersäuseln welker Blütenflocken! –
»Graf Robert sehnte sich nach stillen Tagen.
Er hatte viel sich durch die Welt getrieben,
Des Lebens manchen heißen Kampf geschlagen.
Im Herbst der Tage schwanden ihm die Lieben;
Da wird die Freudenflur so still, so leer!
Wohl Dir, ist dann ein Kind Dir noch geblieben;
Dir fallen leiser dann und minder schwer
Des Alters unvermeidlich bittre Lose;
Dir weht es milder von den Gräbern her.
Roberto klagt' an manchen Hügels Moose,
Trüb hadernd mit den räuberischen Jahren:
Nun hing sein Herz an seiner letzten Rose.
Geschieden von der Welt bewegten Scharen
Hat sich sein Herz, das nur den Frieden sucht,
Des Glückes letzte Spur sich zu bewahren.
Er zog mit seinem Kind in diese Schlucht.
Maria tat in ihrer Morgenblüte
Der Einsamkeit entsagungsvolle Flucht.
An Schönheit wunderbar, an tiefer Güte,
War selige Genüg' ihr stilles Leben,
Daß sie den Abend ihres Vaters hüte.
Auf jenen Felsen, die am höchsten streben,
Stand ihm sein Ahnenschloß, seit lange wüste,
Wehrlos dem Sturz der Zeiten hingegeben,
Von wannen einst in krieg'rischem Gelüste
Der Ritter brausen ließ die blut'gen Fahnen,
Wo man den Freund mit Wein und Sang begrüßte,
Dahin, von seinen sturmbewegten Bahnen,
Trieb ihn die Sehnsucht, nach den Tannenhainen,
Zur längst verglühten Asche seiner Ahnen.
»Dort will ich meine letzte Träne weinen
Dem treuen Weib; dort wird dem Tode mild
Des Kindes Lieb' ins finstre Antlitz scheinen!«
So malte sich sein Herz des Schicksals Bild,
Als mit Marien er die alten Mauern
Bezog in diesem einsamen Gefild.« –
Nun schwieg der Eremit und sanft mit Schauern
Zurück in der Erinnrung dunkle Nächte;
Bis wieder er begann mit tiefem Trauern:
»Ich war ein Jüngling, würdigem Geschlechte
Entsprossen, mit dem tapfern alten Grafen
Zurückgekehrt aus rühmlichem Gefechte,

Als mich die Blicke seiner Tochter trafen
Und mich durchdrangen mit den heißen Wunden,
Die nur mit meinem letzten Hauch entschlafen.
Hab' ich auch Liebe nicht bei ihr gefunden,
Blieb doch seit jenem süßen Augenblick
Der Wunsch, je zu genesen, überwunden.
Roberto, gönnend mir ein froh' Geschick,
Erhoffte von der leisen Macht der Tage,
Daß sich ihr Herz noch neige meinem Glück,
Und daß ich nicht dem Waffenfreund versage,
Zu folgen ihm auf seiner Väter Schloß.
Ich folgte trauernd, aber ohne Klage.
Wenn ich die Näh' der Himmlischen genoß,
Der Wimper keine Bettlerin entschlich,
Was ich an Tränen einsam auch vergoß.
Ein schnelles Jahr voll bittrer Wonn' entwich,
Umsonst hat sie mein stummer Schmerz beschworen;
Mir sprach kein Hauch, kein Blick: Ich liebe Dich!
Das Los hatt' einen andern ihr erkoren,
Der wie ein Sturm ihr junges Herz bezwang,
An den sie Herz und all' ihr Glück verloren. –
Einst saßen wir am steilen Felsenhang
Vor dem Ruinenschloß und überließen
Nachsinnend uns dem Sonnenuntergang.
Dort sah ich ganz die Rose sich erschließen:
Marias blaues Auge, tief und klar,
Schien Seelen in den Abend auszugießen.
Die leisen Winde küßten ihr das Haar,
Auf ihren Busen kamen, sich zu wiegen,
Die Purpurstrahlen hell und wunderbar;
Der Himmel schien am Halse ihr zu liegen.
Ich aber wünscht', es möchte meine Seele
In solchem Anblick sterben und versiegen.
Und ich begann, daß ich mein Leid verhehle,
Zu singen mit Robert, dem Mann der Waffen,
Ein altes Reiterlied aus voller Kehle.
Da stört' uns plötzlich lautes Hundeklaffen;
Zwei Doggen kamen schnell heraufgesprungen,
Als wollten sie dem Wind ein Wild entraffen,
Und hinterdrein, von Fels zu Fels geschwungen,
Mit stolzem Wuchs, waidmännisch angetan,
Die Faust ums schlanke Feuerrohr geschlungen,
Kam rasch und kühn ein Mann den Berg heran.
Und mich erfaßt' ein sonderbar Gefühl,
Als ich ihn sah mit leichtem Gruße nahn:
Die Stirne brütend und gewitterschwül,
Die Augen zwei gefangne Blitze brennen;
Doch lag es um die Lippen ihm so kühl,
Ein Rätsel, unerfreulich zu erkennen.
Die Blässe sprach: Dies Herz hat keinen Frieden;

Unheimlich schön war die Gestalt zu nennen.
Ob auch Marias Blicke ihn vermieden,
Ich sah des Vaters Hand sie zitternd fassen;
Auf immer war die Ruh' von ihr geschieden:
Ich sah ihr wechselnd Glühen und Erblassen,
Und ich empfand in meines Herzens Grunde
Zu jenem Fremden ahnungsvolles Hassen.
Ich will vollenden Dir die trübe Kunde:
Doch vor Marias teurem Bilde nicht.
Komm, folge mir in dieser stillen Stunde!«
So sprach der Eremit und nahm ein Licht,
Und ernst verließen wir das öde Haus.
Er sah mir recht bekümmert ins Gesicht
Und wies mir in die dunkle Nacht hinaus.

**Dritter Gesang.**
Antonio.

Der Klausner trug die leuchtende Laterne.
Fort war der Mond; aus finstern Wolken glommen
Nur matt und scheu hervor die seltnen Sterne.
Mich aber hatte plötzlich überkommen
Die große Wehmut der Vergangenheit.
Ich tat dem Alten schweigend und beklommen
Durch seinen dunklen Garten das Geleit.
Ich dachte traurig an so manches Grab,
Und allen Toten war mein Herz geweiht.
Auch die Natur, die nächtlichstille, gab
Gedankenvoller Wehmut sich zu eigen;
Nach dem Gewitter tropft' es noch herab
Wie weinendes Erinnern von den Zweigen.
So mochten wir wohl eine Stunde ziehn
Durch Fels und Wald mit ungebrochnem Schweigen.
Wir sahn die Wolken kommen und entfliehn,
Den Mond verhüllen bald und wiedergeben.
Drauf wies der Alte sinnig deutend hin,
Und endlich sprach er: »Dort am Fels erheben
Die Mauern sich vom alten Grafenschloß;
Dort wollen wir den Rest der Nacht verleben!«
Und schneller schritt mein leitender Genoß
Den Bergpfad nun voran im Mondenscheine,
Der wie versöhnend die Ruin' umfloß.
»Hier«, – fuhr der Alte fort – »an diesem Steine,
Hier saß Maria, ich vergess' es nimmer,
Die schöne Jungfrau noch, die himmlisch reine,
Umspielt vom linden West, vom Abendschimmer.
Hier stand vor ihr der falsche Bösewicht,
Der lächelnd sie zerbrach in kalte Trümmer.
O Maienluft! O helles Abendlicht!
Warum habt ihr das arme Kind verraten,

Da ihr geschmeichelt um ihr Angesicht,
Daß ihre tiefsten Blicke auf sich taten,
Daß ihre Reize all', von Euch betrogen,
Unselig siegreich auf die Wange traten!
Wie heiß Lorenzos Blicke sie umflogen!
Und, schwelgend in der Blüte vollem Prangen,
Den holden Reichtum trunkenhaft erwogen!
Wie zauberisch Lorenzos Lippen klangen!
Bald süß und weich die weltgeschliffnen Worte,
Bald kühn und kräftig auf den Hörer drangen,
Womit er leicht ein junges Herz durchbohrte!
Den Vater auch bezwang der Rede Kraft
Und brach zu seiner Gunst die letzte Pforte.
Mir ward Robertos Schloß zur Kerkerhaft.
Ich stieg zu Roß in selber Nacht und sprengte
Von dannen schnell mit meiner Leidenschaft.
Doch ob ich auch mich in die Schlachten mengte,
Ich konnte nicht die Glut im Herzen mildern,
Die heimlich und unlöschbar mich versengte.
Lang' kämpft' ich mit des Zweifels schwanken Bildern,
Bis aus der Heimat mir ein Bote kam,
Die traurige Gewißheit mir zu schildern:
Wie der Verführer frech und ohne Scham
Gar bald die Eide brach, die er geschworen:
Lorenzo floh – Maria starb vor Gram.
Wie bitter schwer Roberto sie verloren,
Und wie in ihm der Liebe letzter Funken
An seines Kindes kalter Leich' erfroren;
Und wie sein Blick, ins tote Kind versunken,
Schmerzlich ergründet, was man ihm geraubt,
Und sich mit wilder Rache voll getrunken.
Die Nacht des Wahnsinns schlug sich um sein Haupt;
Sie trieb ihn fort und fort nach allen Winden,
Rastlos, wie durch den Wald der Jäger schnaubt.
Doch sah er stets die blut'ge Hoffnung schwinden:
Durch Land und Meer trieb ihn der Rache Qual,
Er konnte nicht die Spur Lorenzos finden.
Da fuhr ihm plötzlich, wie ein Wetterstrahl,
Prophetisch durch der Seele Finsternis
Die Sehnsucht nach dem fernen Felsental;
Und was ihn erst in alle Fernen riß,
Nun zwang es ihn zurück in diese Räume,
Als wäre hier sein Opfer ihm gewiß.
Hier träumt' er immer wilder seine Träume,
Die rings umher getreue Freunde hatten:
Ruinen, Gräber, finstre Tannenbäume.
Wie auf der Wüste, dürr und ohne Schatten,
Wenn sie den Tag um dunkle Nacht vertauscht,
Der Wandrer sinkt in dürstendem Ermatten,
Einschläft und träumt, daß ihm die Quelle rauscht;

Vom Sand empor dann fährt der Frohbetörte
Und in die Nacht, die dunkle, stille lauscht:
So war's Robert, wenn's ihn vom Schlaf empörte,
Als ob er aus Lorenzos Busen noch
Die heiß ersehnte Quelle rieseln hörte.
Wenn dann das schwarze Traumbild sich verkroch,
Wie glühend quält' es ihn, zu hören nur
Des eignen Herzens einsames Gepoch!
Oft wenn er so empor vom Lager fuhr,
Erweckt' er seine alten treuen Knechte
Und schwor mit ihnen seinen Racheschwur.
Auch trieb er oft mit ihnen lange Nächte
Ein närrisch Puppenspiel, worein er trug
Wahrheit und Traum in grausigem Geflechte.
Die Puppen mußten spielen Zug für Zug
Viel längstvergangne traurige Geschichten,
Nachtappen seinem wilden Geistesflug;
Doch immer war das Spiel ein Klagen, Richten:
Unheimlich kindisch war des Alten Drang,
Auch nur im Bild Lorenzo zu vernichten.
So lebte Robert manche Jahre lang.
Von allen Wandrern, die das Tal betreten,
Tat keiner nach dem Schlosse mehr den Gang.
Doch kam ein Abend, Maienlüfte wehten,
Es ruhte auf dem alten Schloßgestein
Der Strahl, wie einst, mit rötlichem Verspäten.
Roberto saß betrübt im Abendschein,
Und sinnend sank das Haupt ihm, das ergraute,
Und hüllte ins Vergangne ganz sich ein.
Wie er nun klar sein Kind Maria schaute,
Und wie sein starrer Blick leibhaft vor sich
Das Bild Lorenzos in die Dämmrung baute:
Da schallten Tritte und – sein Traum entwich –
Ein junger Mann nun plötzlich vor ihm stand,
Der wunderbar genau Lorenzo glich.
Es war Lorenzos Sohn. Aus fernem Land
War er gefolgt dem dunklen Trieb zu reisen,
Bis sich sein Pfad in diese Täler wand
Und ihn mit Lockungen, mit holden, leisen,
Verführte schlangenhaft in diese Schluchten,
Nach des Verhängnisses geheimen Kreisen.
»Halloh! nun endlich hab' ich Dich, Verfluchten!«
So rief Robert, sprang auf und hielt ihn fest;
»Gelüstet Dich nach meinem Kind, Verruchten?
Stahlst Du nicht frevelnd mir den letzten Rest?
Lorenzo, hab' für Dich kein Opfer mehr!
Maria ist von Deinem Kuß verwest!«
Und riesenkräftig schleift' er ihn einher.
Was ihm an Kraft geschwunden mit den Jahren,
Beschwor die Wut zu schneller Wiederkehr.

Mit Flammenaugen, weißen Flatterhaaren,
Ist er mit ihm zu jenes Turmes Türe,
Ein Rachedämon, brausend hingefahren.
Umsonst beteuerten Antonios Schwüre,
Er sei Lorenzos vorwurfsloser Sohn,
Um den er seine Eisenkette schnüre;
Und seiner Knechte Wort klang ihm wie Hohn,
Daß welk und grau nun längst Lorenzo sei,
Da dreißig Jahre schon nach ihm entflohn.
Dem Wahnsinn war das Alte nicht vorbei:
Lorenzos Züge waren mit den Zeiten
Gealtert nicht in seiner Phantasei.
Und in des Turmes finstern Einsamkeiten,
War nun Antonios schrecklich Los, zu schmachten,
Zu hören stets die Todesstunde schreiten.
Roberto säumte noch, ihn hinzuschlachten:
»Bis seinen Lauf der bleiche Mond vollendet,
Soll Dich die feste Kerkerwand umnachten.
Die Frist sei Dir, Verbrecher, noch gespendet,
Auf daß auch Dich Dein Vater sterben sehe!«
Und in die Ferne ward ein Brief gesendet.
Lorenzo ahnte nicht des Schicksals Nähe.
Schon war verschlummert seine Jugendsünde,
Sein Herz erwarmet in beglückter Ehe:
Da kam das Schreckensblatt von seinem Kinde;
Da brach er auf und floh mit Sturmeseile,
Daß er Antonio noch lebendig finde,
Daß er des Wahnsinns blut'gen Irrtum heile
Und das schuldlose Opfer schnell erlöse;
Wo nicht, den Tod mit seinem Sohne teile.
Wohl mahnte laut sein Herz ihn an das Böse
Der Jugendschuld, als er dem Schloß genaht,
Mit des Gewissens hämmerndem Getöse;
Wohl trieb er seinen Witz nach klugem Rat,
Wie er den Sohn entreiße der Gefahr
Und selber nicht bezahle seine Tat.
Ihm folgte schützend eine Waffenschar,
Zum Schlosse, das ihm schon entgegendrohte,
Rauh, wie der Rache türmender Altar.
Durch Nebel taucht' empor das blutigrote
Antlitz des Mondes am bewegten Himmel,
Der schreckensvollen Nacht ein ernster Bote.
Der Wolken trübweissagendes Gewimmel
Flog unstet übers Tal, die Winde trugen
Herüber fernen Donners dumpf Getümmel:
Und bald darauf das Tor, das langentwöhnte,
Einlaß gewährend, knarrt' in seinen Fugen.
Ihr scheuer Tritt im öden Burghof tönte,
Wo alles einsam, still und finster lag,
Durchs hohe Gras allein der Windhauch stöhnte.

Die Waffenknechte lauschten stumm und zag;
Lorenzo hört des Busens alten Wächter
Stets lauter mit erinnrungsvollem Schlag,
Und ihn ergriff, wie die gedungnen Fechter,
Ein Grauen: plötzlich aus des Schlosses Tiefen
Schnitt durch die Nacht ein höhnisches Gelächter;
Dann todesstill; – dann wirre Stimmen riefen.
Schon sah Lorenzo, dem der Mut zerbrach,
Die Nacht vom Blute seines Kindes triefen.
Und zaudernd schritten sie dem Laute nach,
Und über Treppen, dunkle Hallengänge,
Betraten sie ein dämmerndes Gemach.
Hier sahn sie das phantastische Gepränge
Der wunderlichen Marionettenbühne;
Hier lernten sie verstehn die krausen Klänge.
So eben eifert' der wahnwitzig kühne
Poet, daß er auch strafe die Betörung
Von seinem Helden und das Schicksal sühne;
Und mit den Worten innigster Empörung
Empfing den Todesstreich Lorenzos Puppe.
Jetzt fuhr der Alte auf, entzückt der Störung:
»Ihr Herren, wie behagt Euch diese Gruppe?
Soll wiederholet werden Euch zu Ehren
Von meiner tüchtigsten Schauspielertruppe!
Ich kenn' Euch wohl und Euer heiß Begehren;
Doch wollet nur indeß Gedulden tragen
Und lustig den Willkommnungsbecher leeren!««
Der Vorhang fiel; doch wollte nicht behagen
Der Becher, den Robertos Knechte reichten,
Bis wieder ward der Vorhang aufgeschlagen.
Bei einer Dämmerlampe trübem Leuchten
Begannen ihren Tanz die Marionetten;
Doch schrecklich, daß die Gäste dran erbleichten,
Denn plötzlich schauten sie, geschleift an Ketten,
Verhöhnt von Roberts tragischem Sermon,
Mit plumpem Tritt – Antonios Leiche treten.
Lorenzo starb vor Schreck an seinem Sohn.
Die Knechte hüllten schreiend ihr Gesicht,
Und mit Entsetzen stürzten sie davon.« –
So weit des Klausners nächtlicher Bericht.
Und ich erwacht' an eines Baches Rand,
Als durch die Felsen drang das Morgenlicht,
Nachsinnend, wo der Eremit verschwand,
Ob Wahrheit, was nun meine Sinne mied,
Ob eines bösen Traumes wilder Tand.
Und als ich aus dem Klippentale schied,
Sah wieder ich des Lammes Wolle beben
Am Strauche, den die Sonne ewig flieht,
Im Hintergrund den stillen Geier schweben.

# Johann Nepomuk Vogl

### 1802–1866

## Der Meistertrunk

Zu Hüffelsheim in der Schenke
Erschallt ein Lustgebraus,
Es zecht mit den Gesellen
Der Gaugraf drin im Haus.

Da ist Herr Dhaun, als Zecher
Bekannt am ganzen Rhein,
Der Sponheim und der Stromberg,
Die auch nicht gram dem Wein.

Doch sieh, auch noch ein Fremder
Tritt jetzt zur Tür herein,
Der scheint kein also froher
Gesell wie sie zu sein.

Ergraut sind seine Locken,
Veraltet sein Gewand,
Der setzt sich, fern den Zechern,
Ganz hinten an die Wand.

Die aber kümmert wenig
Der alte düstre Mann,
Die schaun nur in die Becher,
So tief ein jeder kann.

»Ihr Herrn!« ruft nun der Gaugraf,
»Wohl mundet uns der Trank;
Doch laßt die Zeit uns würzen
Auch jetzt mit einem Schwank.

Seht, hier den Reiterstiefel,
Er ragt mir bis ans Bein,
Den füll ich bis zum Rande
Vollauf mit edlem Wein.

Und wer mit einem Zuge
Ihn leert bis auf den Grund,
Dem sei das Schlößchen Waldeck
Zu eigen in dieser Stund!

Ihr wißt, das Schloß gehörte
Einst einem tüchtgen Herrn,
Dem biedern Hans von Waldeck,
Der trank wie ihr so gern.

Und weil ers hat vertrunken,
Der nimmersatte Gauch,
So solls der beste Trinker
Nach ihm bekommen auch.

Drum langt jetzt zu, ihr Herren,
Des Weins ist wohl genug!«
So ruft der Gaugraf lachend,
»Es gilt nur einen Zug!«

Verwundert starrt wohl alles
Den riesgen Stiefel an,
Doch wagt von all den Zechern
Sich auch nicht einer dran.

Es ruft Herr Dhaun: »Den Becher
Leer aus, wer will und mag!«
Der Sponheim drauf: »Ich trinke
Solch Maß nicht all mein Tag!«

Herr Stromberg kraut am Kopfe:
»Den Zug, den laß ich sein,
Den tut wohl Hans von Waldeck
Auf dieser Welt allein.«

Da plötzlich tritt der Fremde
Zu ihnen rasch heran,
Und faßt mit kräftgen Händen
Den Riesenstiefel an.

Und spricht: »Ihr habts erraten,
Dazu hat er den Mut;
Denn wißt, ich bin der Waldeck,
Der den Bescheid euch tut.«

Drauf setzt er ohne Säumen
Den Stiefel an den Mund
Und trinkt – und trinkt, bis dieser
Geleert bis auf den Grund.

Ha, welch Gelärm und Jubel
Erfüllt nun da das Haus!
»Das ist ein Zug, beim Geier!«
So ruft der Gaugraf aus.

»Doch, wie ichs hab versprochen,
Solls auch gehalten sein,
Das Schloß, du wackrer Zecher,
Ist nun für immer dein.«

Da drückt der alte Ritter
Des Grafen Hand gar warm,
Dann aber sinkt er plötzlich
Dem nächsten in den Arm.

Und lächelt im Verscheiden
Noch all die andern an:
»Den Trunk, ihr Herrn, den hab ich
Für Weib und Kind getan!«

## Anton Wilhelm von Zuccalmaglio

### 1803–1869

Es fiel ein Reif in Frühlingsnacht,
Wohl über die schöne blau Blümelein.
Sie sind verwelket, verdörret.

Ein Knabe hatte ein Mädlein lieb,
Sie liefen heimlich von Hause fort,
Es wußts nicht Vater noch Mutter.

Sie liefen weit ins fremde Land,
Sie hatten weder Glück noch Stern,
Sie sind verdorben, gestorben.

Auf ihrem Grab Blaublümchen blühn,
Umschlingen sich treu wie sie im Grab,
Der Reif sie nicht welket, nicht dörret.

～

Schwesterlein, Schwesterlein, wann gehn wir nach Haus?
»Morgen, wenn die Hahnen krähn,
Wolln wir nach Hause gehn,
Brüderlein, Brüderlein, dann gehn wir nach Haus.«

Schwesterlein, Schwesterlein, wann gehn wir nach Haus?
»Morgen, wenn der Tag anbricht,
Eh endet die Freude nicht,
Brüderlein, Brüderlein, der fröhliche Braus.«

Schwesterlein, Schwesterlein, wohl ist es Zeit?
»Mein Liebster tanzt mit mir.
Geh ich, tanzt er mit ihr.
Brüderlein, Brüderlein, laß du mich heut.«

Schwesterlein, Schwesterlein, was bist du blaß?
»Das macht der Morgenschein
Auf meinen Wängelein,
Brüderlein, Brüderlein, die vom Taue naß.«

Schwesterlein, Schwesterlein, du wankest so matt?
»Suche die Kammertür,
Suche mein Bettlein mir,
Brüderlein, es wird fein unterm Rasen sein.«


# Eduard Mörike
## 1804–1875

### Die schlimme Greth und der Königssohn

»Gott grüß dich, junge Müllerin!
Heut wehen die Lüfte wohl schön?«
»Laßt sie wehen von Morgen und Abend,
Meine leere Mühle zu drehn!«

»Die stangenlangen Flügel
Sie haspeln dir eitel Wind?«
»Der Herr ist tot, die Frau ist tot,
Da feiert das Gesind.«

»So tröste sich Leid mit Leide!
Wir wären wohl gesellt:
Ich irr, ein armer Königssohn,
Landflüchtig durch die Welt.

Und drunten an dem Berge
Die Hütte dort ist mein;
Da liegt auch meine Krone,
Geschmuck und Edelstein.

Willt meine Liebste heißen,
So sage, wie und wann,
An Tagen und in Nächten,
Ich zu dir kommen kann?« –

»Ich bind eine güldne Pfeife
Wohl an den Flügel hin,
Daß sie sich helle hören läßt,
Wann ich daheime bin.

Doch wollt Ihr bei mir wohnen,
Sollt mir willkommen sein:
Mein Haus ist groß und weit mein Hof,
Da wohn ich ganz allein.« –

Der Königssohn mit Freuden
Ihr folget in ihr Haus;
Sie tischt ihm auf, kein Edelhof
Vermöchte so stattlichen Schmaus:

Schwarzwild und Rebhuhn, Fisch und Met;
Er fragt nicht lang woher.
Sie zeigt so stolze Sitten,
Des wundert er sich sehr.

Die erste Nacht, da er kost mit ihr,
In das Ohr ihm sagte sie: »Wißt,
Eine Jungfrau muß ich bleiben,
So lieb Euer Leben Euch ist!« –

Einsmals da kam der Königssohn
Zu Mittag von der Jagd,
Unfrohgemut, doch barg er sich,
Sprach lachend zu seiner Magd:

»Die Leute sagten mir neue Mär
Von dir, und böse dazu;
Sankt Jörgens Drach war minder schlimm,
Wenn man sie hört, denn du.«

»Sie sagen, daß ich ein falsches Ding,
Daß ich eine Hexe sei?«
»Nun ja, mein Schatz, so sprechen sie!
Eine Hexe, meiner Treu!

Ich dachte: wohl, ihr Narren,
Ihr lüget nicht daran;
Mit den schwarzen Augen, aufs erstemal,
Hat sie mir's angetan.

Und länger ruh ich keinen Tag,
Bis daß ich König bin,
Und morgen zieh ich auf die Fahrt:
Aufs Jahr bist du Königin!« –

Sie blitzt ihn an wie Wetterstrahl,
Sie blickt ihn an so schlau:
»Du lügst in deinen Hals hinein!
Du willt keine Hex' zur Frau.

Du willt dich von mir scheiden;
Das mag ja wohl geschehn:
Sollt aber von der schlimmen Greth
Noch erst ein Probstück sehn.« –

»Ach, Liebchen, ach, wie hebet sich,
Wie wallet dein schwarzes Haar!
Und rühret sich kein Lüftchen doch;
O sage, was es war?

Schon wieder, ach, und wieder!
Du lachest und mir graut:
Es singen deine Zöpfe … Weh!
Du bist die Windesbraut!«

»Nicht seine Braut, doch ihm vertraut;
Meine Sippschaft ist gar groß.
Komm, küsse mich! ich halte dich
Und lasse dich nimmer los!

O pfui, das ist ein schief Gesicht!
Du wirst ja kreideweiß!
Frisch, munter, Prinz! ich gebe dir
Mein bestes Stücklein preis.« –

Rührlöffel in der Küch sie holt,
Rührlöffel ihrer zwei,
War jeder eine Elle lang,
Waren beide nagelneu.

»Was guckst du so erschrocken?
Denkst wohl, es gäbe Streich'?
Nicht doch, Herzliebster, warte nur,
Dein Wunder siehst du gleich.«

Auf den obern Boden führt sie ihn:
»Schau, was ein weiter Platz!
Wie ausgeblasen, hübsch und rein!
Hie tanzen wir, mein Schatz.

Schau, was ein Nebel zieht am Berg!
Gib acht, ich tu ihn ein!«
Sie beugt sich aus dem Laden weit,
Die Geister zu bedräun;

Sie wirbelt übereinander
Ihre Löffel so wunderlich,
Sie wickelt den Nebel und wickelt,
Und wirft ihn hinter sich.

Sie langt hervor ein Saitenspiel,
Sah wie ein Hackbrett aus,
Sie rühret es nur leise,
Es zittert das ganze Haus.

»Teil dich, teil dich, du Wolkendunst!
Ihr Geister, geht herfür!
Lange Männer, lange Weiber, seid
Hurtig zu Dienste mir!«

Da fangt es an zu kreisen,
Da wallet es hervor,
Lange Arme, lange Schleppen,
Und wieget sich im Chor.

»Faßt mir den dummen Jungen da!
Geschwinde wickelt ihn ein!
Er hat mein Herz gekränket,
Das soll er mir bereun.«

Den Jüngling von dem Boden hebt's,
Es dreht ihn um und um,
Es trägt ihn als ein Wickelkind
Dreimal im Saal herum.

Margret ein Wörtlein murmelt,
Klatscht in die Hand dazu:
Da fegt es wie ein Wirbelwind
Durchs Fenster fort im Nu.

Und fähret über die Berge,
Den Jüngling mitten inn',
Und fort bis wo der Pfeffer wächst –
O Knabe, wie ist dir zu Sinn?

Und als er sich besonnen,
Lag er im grünen Gras,
Hoch oben auf dem Seegestad;
Die Liebste bei ihm saß.

Ein Teppich war gebreitet,
Köstlich gewirket, bunt,
Darauf ein lustig Essen
In blankem Silber stund.

Und als er sich die Augen reibt
Und schaut sich um und an,
Ist sie wie eine Prinzessin schön,
Wie ein Prinz er angetan.

Sie lacht ihn an wie Maienschein,
Da sie ihm den Becher beut,
Sie legt den Arm um seinen Hals;
Vergessen war all sein Leid.

Da ging es an ein Küssen,
Er kriegt nicht satt an ihr;
Fürwahr ihr güldner Gürtel wär
Zu Schaden kommen schier.

– »Ach Liebchen, ach, wie wallet hoch
Dein schwarzes Ringelhaar!
Warum mich so erschrecken jetzt?
Nun ist meine Freude gar.«

»Rück her, rück her, sei nicht so bang!
Nun sollt du erst noch sehn,
Wie lieblich meine Arme tun;
Komm, es ist gleich geschehn!« –

Sie drückt ihn an die Brüste,
Der Atem wird ihm schwer;
Sie heult ein grausiges Totenlied,
Und wirft ihn in das Meer.

## Die traurige Krönung

Es war ein König Milesint,
Von dem will ich euch sagen:
Der meuchelte sein Bruderskind,
Wollte selbst die Krone tragen.
Die Krönung ward mit Prangen
Auf Liffey-Schloß begangen.
O Irland! Irland! warest du so blind?

Der König sitzt um Mitternacht
Im leeren Marmorsaale,
Sieht irr in all die neue Pracht,
Wie trunken von dem Mahle;
Er spricht zu seinem Sohne:
»Noch einmal bring die Krone!
Doch schau, wer hat die Pforten aufgemacht?«

Da kommt ein seltsam Totenspiel,
Ein Zug mit leisen Tritten,
Vermummte Gäste groß und viel,
Eine Krone schwankt inmitten;
Es drängt sich durch die Pforte
Mit Flüstern ohne Worte;
Dem Könige, dem wird so geisterschwül.

Und aus der schwarzen Menge blickt
Ein Kind mit frischer Wunde;
Es lächelt sterbensweh und nickt,
Es macht im Saal die Runde,
Es trippelt zu dem Throne,
Es reichet eine Krone
Dem Könige, des Herze tief erschrickt.

Darauf der Zug von dannen strich,
Von Morgenluft berauschet,
Die Kerzen flackern wunderlich,
Der Mond am Fenster lauschet,
Der Sohn mit Angst und Schweigen
Zum Vater tät sich neigen –
Er neiget über eine Leiche sich.

## Schön-Rohtraut

Wie heißt König Ringangs Töchterlein?
  Rohtraut, Schön-Rohtraut.
Was tut sie denn den ganzen Tag,
Da sie wohl nicht spinnen und nähen mag?
  Tut fischen und jagen.
O daß ich doch ihr Jäger wär!
Fischen und jagen freute mich sehr.
  – Schweig stille, mein Herze!

Und über eine kleine Weil,
  Rohtraut, Schön-Rohtraut,
So dient der Knab auf Ringangs Schloß
In Jägertracht und hat ein Roß,
  Mit Rohtraut zu jagen.
O daß ich doch ein Königssohn wär!
Rohtraut, Schön-Rohtraut lieb ich so sehr.
  – Schweig stille, mein Herze!

Einsmals sie ruhten am Eichenbaum,
  Da lacht Schön-Rohtraut:
Was siehst mich an so wunniglich?
Wenn du das Herz hast, küsse mich!
  Ach! erschrak der Knabe!
Doch denket er: mir ist's vergunnt,
Und küsset Schön-Rohtraut auf den Mund.
  – Schweig stille, mein Herze!

Darauf sie ritten schweigend heim,
  Rohtraut, Schön-Rohtraut;
Es jauchzt der Knab in seinem Sinn:
Und würdst du heute Kaiserin,
  Mich sollt's nicht kränken:
Ihr tausend Blätter im Walde wißt,
Ich hab Schön-Rohtrauts Mund geküßt!
  – Schweig stille, mein Herze!

## Der Feuerreiter

Sehet ihr am Fensterlein
Dort die rote Mütze wieder?
Nicht geheuer muß es sein,
Denn er geht schon auf und nieder.
Und auf einmal welch Gewühle
Bei der Brücke, nach dem Feld!
Horch, das Feuerglöcklein gellt:
  Hinterm Berg,
  Hinterm Berg
Brennt es in der Mühle!

Schaut! da sprengt er wütend schier
Durch das Tor, der Feuerreiter,
Auf dem rippendürren Tier,
Als auf einer Feuerleiter!
Querfeldein! Durch Qualm und Schwüle
Rennt er schon, und ist am Ort!
Drüben schallt es fort und fort:
  Hinterm Berg,
  Hinterm Berg
Brennt es in der Mühle!

Der so oft den roten Hahn
Meilenweit von fern gerochen,
Mit des heilgen Kreuzes Span
Freventlich die Glut besprochen –
Weh! dir grinst vom Dachgestühle

Dort der Feind im Höllenschein.
Gnade Gott der Seele dein!
  Hinterm Berg,
  Hinterm Berg
Rast er in der Mühle!

Keine Stunde hielt es an,
Bis die Mühle borst in Trümmer;
Doch den kecken Reitersmann
Sah man von der Stunde nimmer.
Volk und Wagen im Gewühle
Kehren heim von all dem Graus;
Auch das Glöcklein klinget aus:
  Hinterm Berg,
  Hinterm Berg
Brennt's! –

Nach der Zeit ein Müller fand
Ein Gerippe samt der Mützen
Aufrecht an der Kellerwand
Auf der beinern Mähre sitzen:
Feuerreiter, wie so kühle
Reitest du in deinem Grab!
Husch! da fällt's in Asche ab.
  Ruhe wohl,
  Ruhe wohl
Drunten in der Mühle!

### Die Tochter der Heide

Wasch dich, mein Schwesterchen, wasch dich!
Zu Robins Hochzeit gehn wir heut:
Er hat die stolze Ruth gefreit.
   Wir kommen ungebeten;
Wir schmausen nicht, wir tanzen nicht,
Und nicht mit lachendem Gesicht
   Komm ich vor ihn zu treten.

   Strähl dich, mein Schwesterchen, strähl dich!
Wir wollen ihm singen ein Rätsel-Lied,
Wir wollen ihm klingen ein böses Lied;
   Die Ohren sollen ihm gellen.
Ich will ihr schenken einen Kranz
Von Nesseln und von Dornen ganz:
   Damit fährt sie zur Hölle!

   Schick dich, mein Schwesterchen, schmück dich!
Derweil sie alle sind am Schmaus,
Soll rot in Flammen stehn das Haus,
   Die Gäste schreien und rennen.
Zwei sollen sitzen unverwandt,
Zwei hat ein Sprüchlein festgebannt;
   Zu Kohle müssen sie brennen!

   Lustig, mein Schwesterchen, lustig!
Das war ein alter Ammensang.
Den falschen Rob vergaß ich lang.
   Er soll mich sehen lachen!
Hab ich doch einen andern Schatz,
Der mit mir tanzet auf dem Platz –
   Sie werden Augen machen!

### Die Geister am Mummelsee

Vom Berge was kommt dort um Mitternacht spät
Mit Fackeln so prächtig herunter?
Ob das wohl zum Tanze, zum Feste noch geht?
Mir klingen die Lieder so munter.
     O nein!
So sage, was mag es wohl sein?

Das, was du da siehest, ist Totengeleit,
Und was du da hörest, sind Klagen.
Dem König, dem Zauberer, gilt es zu Leid,
Sie bringen ihn wieder getragen.
   O weh!
So sind es die Geister vom See!

Sie schweben herunter ins Mummelseetal –
Sie haben den See schon betreten –
Sie rühren und netzen den Fuß nicht einmal –
Sie schwirren in leisen Gebeten –
   O schau,
Am Sarge die glänzende Frau!

Jetzt öffnet der See das grünspiegelnde Tor;
Gib acht, nun tauchen sie nieder!
Es schwankt eine lebende Treppe hervor,
Und – drunten schon summen die Lieder.
   Hörst du?
Sie singen ihn unten zur Ruh.

Die Wasser, wie lieblich sie brennen und glühn!
Sie spielen in grünendem Feuer;
Es geisten die Nebel am Ufer dahin,
Zum Meere verzieht sich der Weiher –
   Nur still!
Ob dort sich nichts rühren will?

Es zuckt in der Mitten – o Himmel! ach hilf!
Nun kommen sie wieder, sie kommen!
Es orgelt im Rohr und es klirret im Schilf;
Nur hurtig, die Flucht nur genommen!
   Davon!
Sie wittern, sie haschen mich schon!

## Der Schatten

Von Dienern wimmelt's früh vor Tag,
Von Lichtern, in des Grafen Schloß.
Die Reiter warten sein am Tor,
Es wiehert morgendlich sein Roß.

Doch als er bei seiner Frauen steht
Alleine noch im hohen Saal:
Mit Augen gramvoll prüft er sie,
Er spricht sie an zum letztenmal.

»Wirst du, derweil ich ferne bin
Bei des Erlösers Grab, o Weib,
In Züchten leben und getreu
Mir sparen deinen jungen Leib?

Wirst du verschließen Tür und Tor
Dem Manne, der uns lang entzweit,
Wirst meines Hauses Ehre sein,
Wie du nicht warest jederzeit?«

Sie nickt; da spricht er: »Schwöre denn!«
Und zögernd hebt sie auf die Hand.
Da sieht er bei der Lampe Schein
Des Weibes Schatten an der Wand.

Ein Schauer ihn befällt – er sinnt,
Er seufzt und wendet sich zumal.
Er winkt ihr einen Scheidegruß,
Und lässet sie allein im Saal.

Elf Tage war er auf der Fahrt,
Ritt krank ins welsche Land hinein:
Frau Hilde gab den Tod ihm mit
In einem giftigen Becher Wein.

Es liegt eine Herberg an der Straß,
Im wilden Tal, heißt Mutintal,
Da fiel er hin in Todesnot,
Und seine Seele Gott befahl.

Dieselbe Nacht Frau Hilde lauscht,
Frau Hilde luget vom Altan:
Nach ihrem Buhlen schaut sie aus,
Das Pförtlein war ihm aufgetan.

Es tut einen Schlag am vordern Tor,
Und aber einen Schlag, daß es dröhnt und hallt;
Im Burghof mitten steht der Graf –
Vom Turm der Wächter kennt ihn bald.

Und Vogt und Zofen auf dem Gang
Den toten Herrn mit Grausen sehn,
Sehn ihn die Stiegen stracks herauf
Nach seiner Frauen Kammer gehn.

Man hört sie schreien und stürzen hin,
Und eine jähe Stille war.
Das Gesinde, das flieht, auf die Zinnen es flieht:
Da scheinen am Himmel die Sterne so klar.

Und als vergangen war die Nacht,
Und stand am Wald das Morgenrot,
Sie fanden das Weib in dem Gemach
Am Bettfuß unten liegen tot.

Und als sie treten in den Saal,
O Wunder! steht an weißer Wand
Frau Hildes Schatten, hebet steif
Drei Finger an der rechten Hand.

Und da man ihren Leib begrub,
Der Schatten blieb am selben Ort,
Und blieb, bis daß die Burg zerfiel;
Wohl stünd er sonst noch heute dort.

## Um Mitternacht

Gelassen stieg die Nacht ans Land,
Lehnt träumend an der Berge Wand,
Ihr Auge sieht die goldne Waage nun
Der Zeit in gleichen Schalen stille ruhn;
   Und kecker rauschen die Quellen hervor,
   Sie singen der Mutter, der Nacht, ins Ohr
     Vom Tage,
    Vom heute gewesenen Tage.

Das uralt alte Schlummerlied,
Sie achtet's nicht, sie ist es müd;
Ihr klingt des Himmels Bläue süßer noch,
Der flüchtgen Stunden gleichgeschwungnes Joch.
   Doch immer behalten die Quellen das Wort,
   Es singen die Wasser im Schlafe noch fort
     Vom Tage,
    Vom heute gewesenen Tage.

## Vom Sieben-Nixen-Chor

Manche Nacht im Mondenscheine
Sitzt ein Mann von ernster Schöne,
Sitzt der Magier Drakone,
Auf dem Gartenhausbalkone,
Mit Prinzessin Liligi;
Lehrt sie allda seine Lehre
Von der Erde, von dem Himmel,
Von dem Traum der Elemente,
Vom Geschick im Sternenkreise.

»Laß es aber nun genug sein!
Mitternacht ist lang vorüber —«
Spricht Prinzessin Liligi —
»Und nach solchen Wunderdingen,
Mächtigen und ungewohnten,
Lüstet mich nach Kindermärchen,
Lieber Mann, ich weiß nicht, wie!«

»Hörst du gern das Lied vom Winde,
Das nicht End noch Anfang hat,
Oder gern vom Königskinde,
Gerne von der Muschelstadt?«

»Singe du so heut wie gestern
Von des Meeres Lustrevier,
Von dem Haus der sieben Schwestern
Und vom Königssohne mir!«

»Zwischen grünen Wasserwänden
Sitzt der Sieben-Nixen-Chor;
Wasserrosen in den Händen,
Lauschen sie zum Licht empor.

Und wenn oftmals aus der Höhe
Schiffe fahren, schattengleich,
Steigt ein siebenfaches Wehe
Aus dem stillen Wasserreich.

Dann, zum Spiel kristallner Glocken,
Drehn die Schwestern sich im Tanz,
Schütteln ihre grünen Locken
Und verlieren Gurt und Kranz.

Und das Meer beginnt zu schwanken,
Well auf Welle steigt und springt,
Alle Elemente zanken
Um das Schiff, bis es versinkt.«

Also sang in Zaubertönen
Süß der Magier Drakone
Zu der lieblichen Prinzessin;
Und zuweilen, im Gesange,
Neiget er der Lippen Milde
Zu dem feuchten Rosenmunde,
Zu den hyazintheblauen,
Schon in Schlaf gesenkten Augen
Der betörten Jungfrau hin.
Diese meint im leichten Schlummer,
Immer höre sie die Lehre
Von der Erde, von dem Himmel,
Vom Geschick der Sternenkreise,
Doch zuletzt erwachet sie:

»Laß es aber nun genug sein!
Mitternacht ist lang vorüber,
Und nach solchen Wunderdingen,
Mächtigen und ungewohnten,
Lüstet mich nach Kindermärchen,
Lieber Mann, ich weiß nicht, wie!«

»Wohl! – Schon auf des Meeres Grunde
Sitzt das Schiff mit Mann und Maus,
Und die Sieben in die Runde
Rufen: ›Schönster, tritt heraus!‹

Rufen freundlich mit Verneigen:
›Komm! es soll dich nicht gereun;
Woll'n dir unsre Kammer zeigen,
Wollen deine Mägde sein.‹

– Sieh! da tritt vom goldnen Borde
Der betörte Königssohn,
Und zu der korallnen Pforte
Rennen sie mit ihm davon.

Doch man sah nach wenig Stunden,
Wie der Nixenbräutigam,
Tot, mit sieben roten Wunden,
Hoch am Strand des Meeres schwamm.«

Also sang in Zaubertönen
Süß der Magier Drakone;
Und zuweilen, im Gesange,
Neiget er der Lippen Milde
Zum dem feuchten Rosenmunde,
Zu den hyazintheblauen,
Schon in Schlaf gesenkten Augen
Der betörten Jungfrau hin.

Sie erwacht zum andern Male
Sie verlanget immer wieder:
»Lieber Mann, ein Kindermärchen
Singe mir zu guter Letzt!«

Und er singt das letzte Märchen,
Und er küßt die letzten Küsse;
Lied und Kuß hat ausgeklungen,
Aber sie erwacht nicht mehr.
Denn schon war die dritte Woche,
Seit der Magier Drakone
Bei dem edeln Königskinde
Seinen falschen Dienst genommen;
Wohlberechnet, wohlbereitet
Kam der letzte Tag heran.

Jetzo fasset er die Leiche,
Schwingt sich hoch im Zaubermantel
Durch die Lüfte zu dem Meere,
Rauschet nieder in die Wogen,
Klopft an dem Korallentor,
Führet so die junge Fürstin,
Daß auch sie zur Nixe werde,
Als willkommene Genossin
In den Sieben-Nixen-Chor.

## Zwei Liebchen

Ein Schifflein auf der Donau schwamm,
Drin saßen Braut und Bräutigam,
     Er hüben und sie drüben.

Sie sprach: »Herzliebster, sage mir,
Zum Angebind was geb ich dir?«

Sie streift zurück ihr Ärmelein,
Sie greift ins Wasser frisch hinein.

Der Knabe, der tät gleich also,
Und scherzt mit ihr und lacht so froh.

»Ach, schöne Frau Done, geb sie mir
Für meinen Schatz eine hübsche Zier!«

Sie zog heraus ein schönes Schwert,
Der Knab hätt lang so eins begehrt.

Der Knab, was hält er in der Hand?
Milchweiß ein köstlich Perlenband.

Er legt's ihr um ihr schwarzes Haar,
Sie sah wie eine Fürstin gar.

»Ach, schöne Frau Done, geb' sie mir
Für meinen Schatz eine hübsche Zier!«

Sie langt hinein zum andernmal,
Faßt einen Helm von lichtem Stahl.

Der Knab vor Freud entsetzt sich schier,
Fischt ihr einen goldnen Kamm dafür.

Zum dritten sie ins Wasser griff:
Ach weh! da fällt sie aus dem Schiff.

Er springt ihr nach, er faßt sie keck,
Frau Done reißt sie beide weg:

Frau Done hat ihr Schmuck gereut,
Das büßt der Jüngling und die Maid.

Das Schifflein leer hinunterwallt;
Die Sonne sinkt hinter die Berge bald.

Und als der Mond am Himmel stand,
Die Liebchen schwimmen tot ans Land,
     Er hüben und sie drüben.

## Der Zauberleuchtturm

Des Zauberers sein Mägdlein saß
In ihrem Saale rund von Glas;
Sie spann beim hellen Kerzenschein,
Und sang so glockenhell darein.
Der Saal, als eine Kugel klar,
In Lüften aufgehangen war
An einem Turm auf Felsenhöh,
Bei Nacht hoch ob der wilden See,
Und hing in Sturm und Wettergraus
An einem langen Arm hinaus.
Wenn nun ein Schiff in Nächten schwer
Sah weder Rat noch Rettung mehr,
Der Lotse zog die Achsel schief,
Der Hauptmann alle Teufel rief,
Auch der Matrose wollt verzagen:
»Oh weh mir armen Schwartenmagen!«
Auf einmal scheint ein Licht von fern
Als wie ein heller Morgenstern;
Die Mannschaft jauchzet überlaut:

»Heida! jetzt gilt es trockne Haut!«
Aus allen Kräften steuert man
Jetzt nach dem teuren Licht hinan,
Das wächst und wächst und leuchtet fast
Wie einer Zaubersonne Glast,
Darin ein Mägdlein sitzt und spinnt,
Sich beuget ihr Gesang im Wind;
Die Männer stehen wie verzückt,
Ein jeder nach dem Wunder blickt
Und horcht und staunet unverwandt,
Dem Steuermann entsinkt die Hand,
Hat keiner acht mehr auf das Schiff;
Das kracht mit eins am Felsenriff,
Die Luft zerreißt ein Jammerschrei:
»Herr Gott im Himmel, steh uns bei!«
Da löscht die Zauberin ihr Licht;
Noch einmal aus der Tiefe bricht
Verhallend Weh aus *einem* Mund:
Da zuckt das Schiff und sinkt zu Grund.

# *Heinrich Heine*
## *1797–1856*

## Aus: *Traumbilder*

Ein Traum, gar seltsam schauerlich,
Ergötzte und erschreckte mich.
Noch schwebt mir vor manch grausig Bild,
Und in dem Herzen wogt es wild.

Das war ein Garten, wunderschön,
Da wollt ich lustig mich ergehn;
Viel schöne Blumen sahn mich an,
Ich hatte meine Freude dran.

Es zwitscherten die Vögelein
Viel muntre Liebesmelodein;
Die Sonne rot, von Gold umstrahlt,
Die Blumen lustig bunt bemalt.

Viel Balsamduft aus Kräutern rinnt,
Die Lüfte wehen lieb und lind;
Und alles schimmert, alles lacht,
Und zeigt mir freundlich seine Pracht.

Inmitten in dem Blumenland
Ein klarer Marmorbrunnen stand;
Da schaut ich eine schöne Maid,
Die emsig wusch ein weißes Kleid.

Die Wänglein süß, die Äuglein mild,
Ein blondgelocktes Heilgenbild;
Und wie ich schau, die Maid ich fand
So fremd und doch so wohlbekannt.

Die schöne Maid, die sputet sich,
Sie summt ein Lied gar wunderlich:
»Rinne, rinne, Wässerlein,
Wasche mir das Linnen rein.«

Ich ging und nahete mich ihr,
Und flüsterte: O sage mir,
Du wunderschöne, süße Maid,
Für wen ist dieses weiße Kleid?

Da sprach sie schnell: Sei bald bereit,
Ich wasche dir dein Totenkleid!
Und als sie dies gesprochen kaum,
Zerfloß das ganze Bild, wie Schaum. –

Und fortgezaubert stand ich bald
In einem düstern, wilden Wald.
Die Bäume ragten himmelan;
Ich stand erstaunt und sann und sann.

Und horch! welch dumpfer Widerhall!
Wie ferner Äxtenschläge Schall;
Ich eil durch Busch und Wildnis fort,
Und komm an einen freien Ort.

Inmitten in dem grünen Raum,
Da stand ein großer Eichenbaum;
Und sieh! mein Mägdlein wundersam
Haut mit dem Beil den Eichenstamm.

Und Schlag auf Schlag, und sonder Weil,
Summt sie ein Lied und schwingt das Beil:
»Eisen blink, Eisen blank,
Zimmre hurtig Eichenschrank.«

Ich ging und nahete mich ihr,
Und flüsterte: O sage mir,
Du wundersüßes Mägdelein,
Wem zimmerst du den Eichenschrein?

Da sprach sie schnell: Die Zeit ist karg,
Ich zimmre deinen Totensarg!
Und als sie dies gesprochen kaum,
Zerfloß das ganze Bild, wie Schaum. –

Es lag so bleich, es lag so weit
Ringsum nur kahle, kahle Heid;
Ich wußte nicht, wie mir geschah,
Und heimlich schaudernd stand ich da.

Und nun ich eben fürder schweif,
Gewahr ich einen weißen Streif;
Ich eilt drauf zu, und eilt und stand,
Und sieh! die schöne Maid ich fand.

Auf weiter Heid stand weiße Maid,
Grub tief die Erd mit Grabescheit.
Kaum wagt ich noch sie anzuschaun,
Sie war so schön und doch ein Graun.

Die schöne Maid, die sputet sich,
Sie summt ein Lied gar wunderlich:
»Spaten, Spaten, scharf und breit,
Schaufle Grube tief und weit.«

Ich ging und nahete mich ihr,
Und flüsterte: O sage mir,
Du wunderschöne, süße Maid,
Was diese Grube hier bedeut't?

Da sprach sie schnell: »Sei still, ich hab
Geschaufelt dir ein kühles Grab.«
Und als so sprach die schöne Maid,
Da öffnet sich die Grube weit;

Und als ich in die Grube schaut,
Ein kalter Schauer mich durchgraut;
Und in die dunkle Grabesnacht
Stürzt ich hinein – und bin erwacht.

~

Ich lag und schlief, und schlief recht mild,
Verscheucht war Gram und Leid;
Da kam zu mir ein Traumgebild,
Die allerschönste Maid.

Sie war wie Marmelstein so bleich,
Und heimlich wunderbar;
Im Auge schwamm es perlengleich,
Gar seltsam wallt' ihr Haar.

Und leise, leise sich bewegt
Die marmorblasse Maid,
Und an mein Herz sich niederlegt
Die marmorblasse Maid.

Wie bebt und pocht vor Weh und Lust
Mein Herz, und brennet heiß!
Nicht bebt, nicht pocht der Schönen Brust,
Die ist so kalt wie Eis.

»Nicht bebt, nicht pocht wohl meine Brust,
Die ist wie Eis so kalt;
Doch kenn auch ich der Liebe Lust,
Der Liebe Allgewalt.

Mir blüht kein Rot auf Mund und Wang,
Mein Herz durchströmt kein Blut;
Doch sträube dich nicht schaudernd bang,
Ich bin dir hold und gut.«

Und wilder noch umschlang sie mich,
Und tat mir fast ein Leid;
Da kräht der Hahn – und stumm entwich
Die marmorblasse Maid.

## Die Grenadiere

Nach Frankreich zogen zwei Grenadier,
Die waren in Rußland gefangen.
Und als sie kamen ins deutsche Quartier,
Sie ließen die Köpfe hangen.

Da hörten sie beide die traurige Mär:
Daß Frankreich verloren gegangen,
Besiegt und zerschlagen das große Heer –
Und der Kaiser, der Kaiser gefangen.

Da weinten zusammen die Grenadier
Wohl ob der kläglichen Kunde.
Der eine sprach: Wie weh wird mir,
Wie brennt meine alte Wunde!

Der andre sprach: Das Lied ist aus,
Auch ich möcht mit dir sterben,
Doch hab ich Weib und Kind zu Haus,
Die ohne mich verderben.

Was schert mich Weib, was schert mich Kind,
Ich trage weit beßres Verlangen;
Laß sie betteln gehn, wenn sie hungrig sind –
Mein Kaiser, mein Kaiser gefangen!

Gewähr mir, Bruder, eine Bitt:
Wenn ich jetzt sterben werde,
So nimm meine Leiche nach Frankreich mit,
Begrab mich in Frankreichs Erde.

Das Ehrenkreuz am roten Band
Sollst du aufs Herz mir legen;
Die Flinte gib mir in die Hand,
Und gürt mir um den Degen.

So will ich liegen und horchen still,
Wie eine Schildwach, im Grabe,
Bis einst ich höre Kanonengebrüll
Und wiehernder Rosse Getrabe.

Dann reitet mein Kaiser wohl über mein Grab,
Viel Schwerter klirren und blitzen;
Dann steig ich gewaffnet hervor aus dem Grab –
Den Kaiser, den Kaiser zu schützen!

## Don Ramiro

»Donna Clara! Donna Clara!
Heißgeliebte langer Jahre!
Hast beschlossen mein Verderben,
Und beschlossen ohn Erbarmen.

Donna Clara! Donna Clara!
Ist doch süß die Lebensgabe!
Aber unten ist es grausig,
In dem dunkeln, kalten Grabe.

Donna Clara! Freu dich, morgen
Wird Fernando, am Altare,
Dich als Ehgemal begrüßen –
Wirst du mich zur Hochzeit laden?«

»Don Ramiro! Don Ramiro!
Deine Worte treffen bitter,
Bittrer als der Spruch der Sterne,
Die da spotten meines Willens.

Don Ramiro! Don Ramiro!
Rüttle ab den dumpfen Trübsinn;
Mädchen gibt es viel auf Erden,
Aber uns hat Gott geschieden.

Don Ramiro, der du mutig
So viel Mohren überwunden,
Überwinde nun dich selber –
Komm auf meine Hochzeit morgen.«

»Donna Clara! Donna Clara!
Ja, ich schwör es, ja, ich komme!
Will mit dir den Reihen tanzen; –
Gute Nacht, ich komme morgen.«

»Gute Nacht!« – Das Fenster klirrte.
Seufzend stand Ramiro unten,
Stand noch lange wie versteinert;
Endlich schwand er fort im Dunkeln. –

Endlich auch, nach langem Ringen,
Muß die Nacht dem Tage weichen;
Wie ein bunter Blumengarten
Liegt Toledo ausgebreitet.

Prachtgebäude und Paläste
Schimmern hell im Glanz der Sonne;
Und der Kirchen hohe Kuppeln
Leuchten stattlich wie vergoldet.

Summend, wie ein Schwarm von Bienen,
Klingt der Glocken Festgeläute,
Lieblich steigen Betgesänge
Aus den frommen Gotteshäusern.

Aber dorten, siehe! siehe!
Dorten aus der Marktkapelle,
Im Gewimmel und Gewoge,
Strömt des Volkes bunte Menge.

Blanke Ritter, schmucke Frauen,
Hofgesinde, festlich blinkend,
Und die hellen Glocken läuten,
Und die Orgel rauscht dazwischen.

Doch, mit Ehrfurcht ausgewichen,
In des Volkes Mitte wandelt
Das geschmückte junge Ehpaar,
Donna Clara, Don Fernando.

Bis an Bräutigams Palasttor
Wälzet sich das Volksgewühle;
Dort beginnt die Hochzeitfeier,
Prunkhaft und nach alter Sitte.

Ritterspiel und frohe Tafel
Wechseln unter lautem Jubel;
Rauschend schnell entfliehn die Stunden,
Bis die Nacht herabgesunken.

Und zum Tanze sich versammeln
In dem Saal die Hochzeitgäste;
In dem Glanz der Lichter funkeln
Ihre bunten Prachtgewänder.

Auf erhobne Stühle ließen
Braut und Bräutigam sich nieder,
Donna Clara, Don Fernando,
Und sie tauschen süße Reden.

Und im Saale wogen heiter
Die geschmückten Menschenwellen,
Und die lauten Pauken wirbeln,
Und es schmettern die Trommeten.

»Doch warum, o schöne Herrin,
Sind gerichtet deine Blicke
Dorthin nach der Saalesecke?«
So verwundert sprach der Ritter.

»Siehst du denn nicht, Don Fernando,
Dort den Mann im schwarzen Mantel?«
Und der Ritter lächelt freundlich:
»Ach! das ist ja nur ein Schatten.«

Doch es nähert sich der Schatten,
Und es war ein Mann im Mantel;
Und Ramiro schnell erkennend,
Grüßt ihn Clara, glutbefangen.

Und der Tanz hat schon begonnen,
Munter drehen sich die Tänzer
In des Walzers wilden Kreisen,
Und der Boden dröhnt und bebet.

»Wahrlich gerne, Don Ramiro,
Will ich dir zum Tanze folgen,
Doch im nächtlich schwarzen Mantel
Hättest du nicht kommen sollen.«

Mit durchbohrend stieren Augen
Schaut Ramiro auf die Holde,
Sie umschlingend spricht er düster:
»Sprachest ja, ich sollte kommen!«

Und ins wirre Tanzgetümmel
Drängen sich die beiden Tänzer;
Und die lauten Pauken wirbeln,
Und es schmettern die Trommeten.

»Sind ja schneeweiß deine Wangen!«
Flüstert Clara, heimlich zitternd.
»Sprachest ja, ich sollte kommen!«
Schallet dumpf Ramiros Stimme.

Und im Saal die Kerzen blinzeln
Durch das flutende Gedränge;
Und die lauten Pauken wirbeln,
Und es schmettern die Trommeten.

»Sind ja eiskalt deine Hände!«
Flüstert Clara, schauerzuckend.
»Sprachest ja, ich sollte kommen!«
Und sie treiben fort im Strudel.

»Laß mich, laß mich! Don Ramiro!
Leichenduft ist ja dein Odem!«
Wiederum die dunklen Worte:
»Sprachest ja, ich sollte kommen!«

Und der Boden raucht und glühet,
Lustig tönet Geig und Bratsche;
Wie ein tolles Zauberweben,
Schwindelt alles in dem Saale.

»Laß mich, laß mich! Don Ramiro!«
Wimmerts immer im Gewoge.
Don Ramiro stets erwidert:
»Sprachest ja, ich sollte kommen!«

»Nun, so geh in Gottes Namen!«
Clara riefs mit fester Stimme;
Und dies Wort war kaum gesprochen,
Und verschwunden war Ramiro.

Clara starret, Tod im Antlitz,
Kaltumflirret, nachtumwoben;
Ohnmacht hat das lichte Bildnis
In ihr dunkles Reich gezogen.

Endlich weicht der Nebelschlummer,
Endlich schlägt sie auf die Wimper;
Aber Staunen will aufs neue
Ihre holden Augen schließen.

Denn derweil der Tanz begonnen,
War sie nicht vom Sitz gewichen,
Und sie sitzt noch bei dem Bräutgam,
Und der Ritter sorgsam bittet:

»Sprich, was bleichet deine Wangen?
Warum wird dein Aug so dunkel? – «
»Und Ramiro? – – –« stottert Clara,
Und Entsetzen lähmt die Zunge.

Doch mit tiefen, ernsten Falten
Furcht sich jetzt des Bräutgams Stirne:
»Herrin, forsch nicht blutge Kunde –
Heute Mittag starb Ramiro.«

### Belsazar

Die Mitternacht zog näher schon;
In stummer Ruh lag Babylon.

Nur oben in des Königs Schloß,
Da flackerts, da lärmt des Königs Troß.

Dort oben in dem Königssaal
Belsazar hielt sein Königsmahl.

Die Knechte saßen in schimmernden Reihn,
Und leerten die Becher mit funkelndem Wein.

Es klirrten die Becher, es jauchzten die Knecht;
So klang es dem störrigen Könige recht.

Des Königs Wangen leuchten Glut;
Im Wein erwuchs ihm kecker Mut.

Und blindlings reißt der Mut ihn fort;
Und er lästert die Gottheit mit sündigem Wort.

Und er brüstet sich frech, und lästert wild;
Der Knechtenschar ihm Beifall brüllt.

Der König rief mit stolzem Blick;
Der Diener eilt und kehrt zurück.

Er trug viel gülden Gerät auf dem Haupt;
Das war aus dem Tempel Jehovahs geraubt.

Und der König ergriff mit frevler Hand
Einen heiligen Becher, gefüllt bis am Rand.

Und er leert ihn hastig bis auf den Grund,
Und rufet laut mit schäumendem Mund:

Jehovah! dir künd ich auf ewig Hohn –
Ich bin der König von Babylon!

Doch kaum das grause Wort verklang,
Dem König wards heimlich im Busen bang.

Das gellende Lachen verstummte zumal;
Es wurde leichenstill im Saal.

Und sieh! und sieh! an weißer Wand
Da kams hervor wie Menschenhand;

Und schrieb, und schrieb an weißer Wand
Buchstaben von Feuer, und schrieb und schwand.

Der König stieren Blicks da saß,
Mit schlotternden Knien und totenblaß.

Die Knechtenschar saß kalt durchgraut,
Und saß gar still, gab keinen Laut.

Die Magier kamen, doch keiner verstand
Zu deuten die Flammenschrift an der Wand.

Belsazar ward aber in selbiger Nacht
Von seinen Knechten umgebracht.

~

Ich weiß nicht was soll es bedeuten,
Daß ich so traurig bin;
Ein Märchen aus alten Zeiten,
Das kommt mir nicht aus dem Sinn.

Die Luft ist kühl und es dunkelt,
Und ruhig fließt der Rhein;
Der Gipfel des Berges funkelt
Im Abendsonnenschein.

Die schönste Jungfrau sitzet
Dort oben wunderbar;
Ihr goldnes Geschmeide blitzet,
Sie kämmt ihr goldenes Haar.

Sie kämmt es mit goldenem Kamme
Und singt ein Lied dabei;
Das hat eine wundersame,
Gewaltige Melodei.

Den Schiffer im kleinen Schiffe
Ergreift es mit wildem Weh;
Er schaut nicht die Felsenriffe,
Er schaut nur hinauf in die Höh.

Ich glaube, die Wellen verschlingen
Am Ende Schiffer und Kahn;
Und das hat mit ihrem Singen
Die Lore-Ley getan.

~

Still ist die Nacht, es ruhen die Gassen,
In diesem Hause wohnte mein Schatz;
Sie hat schon längst die Stadt verlassen,
Doch steht noch das Haus auf demselben Platz.

Da steht auch ein Mensch und starrt in die Höhe,
Und ringt die Hände, vor Schmerzensgewalt;
Mir graust es, wenn ich sein Antlitz sehe –
Der Mond zeigt mir meine eigne Gestalt.

Du Doppeltgänger! du bleicher Geselle!
Was äffst du nach mein Liebesleid,
Das mich gequält auf dieser Stelle,
So manche Nacht, in alter Zeit?

~

»Die Jungfrau schläft in der Kammer,
Der Mond schaut zitternd hinein;
Da draußen singt es und klingt es,
Wie Walzermelodein.

Ich will mal schaun aus dem Fenster,
Wer drunten stört meine Ruh.
Da steht ein Totengeripp,
Und fiedelt und singt dazu:

Hast einst mir den Tanz versprochen,
Und hast gebrochen dein Wort,
Und heut ist Ball auf dem Kirchhof,
Komm mit, wir tanzen dort.

Die Jungfrau ergreift es gewaltig,
Es lockt sie hervor aus dem Haus;
Sie folgt dem Gerippe, das singend
Und fiedelnd schreitet voraus.

Es fiedelt und tänzelt und hüpfet,
Und klappert mit seinem Gebein,
Und nickt und nickt mit dem Schädel
Unheimlich im Mondenschein.«

## Ratcliff

Der Traumgott brachte mich in eine Landschaft,
Wo Trauerweiden mir »Willkommen« winkten
Mit ihren langen, grünen Armen, wo die Blumen
Mit klugen Schwesteraugen still mich ansahn,
Wo mir vertraulich klang der Vögel Zwitschern,
Wo gar der Hunde Bellen mir bekannt schien,
Und Stimmen und Gestalten mich begrüßten,
Wie einen alten Freund, und wo doch alles
So fremd mir schien, so wunderseltsam fremd.
Vor einem ländlich schmucken Hause stand ich,
In meiner Brust bewegte sichs, im Kopfe
Wars ruhig, ruhig schüttelte ich ab
Den Staub von meinen Reisekleidern,
Grell klang die Klingel, und die Tür ging auf.

Da waren Männer, Frauen, viel bekannte
Gesichter. Stiller Kummer lag auf allen
Und heimlich scheue Angst. Seltsam verstört,
Mit Beileidsmienen fast, sahn sie mich an,
Daß es mir selber durch die Seele schauert',
Wie Ahnung eines unbekannten Unheils.
Die alte Margret hab ich gleich erkannt;
Ich sah sie forschend an, jedoch sie sprach nicht.
»Wo ist Maria?« fragt ich, doch sie sprach nicht,
Griff leise meine Hand, und führte mich
Durch viele lange, leuchtende Gemächer,
Wo Prunk und Pracht und Totenstille herrschte,
Und führt' mich endlich in ein dämmernd Zimmer,
Und zeigt', mit abgewandtem Angesicht,
Nach der Gestalt, die auf dem Sofa saß.
»Sind Sie Maria?« fragt ich. Innerlich

Erstaunt ich selber ob der Festigkeit,
Womit ich sprach. Und steinern und metallos
Scholl eine Stimm: »So nennen mich die Leute.«
Ein schneidend Weh durchfröstelte mich da,
Denn jener hohle, kalte Ton war doch
Die einst so süße Stimme von Maria!
Und jenes Weib im fahlen Lilakleid,
Nachlässig angezogen, Busen schlotternd,
Die Augen gläsern starr, die Wangenmuskeln
Des weißen Angesichtes lederschlaff –
Ach, jenes Weib war doch die einst so schöne,
Die blühend holde liebliche Maria!
»Sie waren lang auf Reisen!« sprach sie laut,
Mit kalt unheimlicher Vertraulichkeit,
»Sie schaun nicht mehr so schmachtend, liebster Freund,
Sie sind gesund, und pralle Lend und Wade
Bezeugt Solidität.« Ein süßlich Lächeln
Umzitterte den gelblich blassen Mund.
In der Verwirrung sprachs aus mir hervor:
»Man sagte mir, Sie haben sich vermählt?«
»Ach ja!« sprach sie gleichgültig laut und lachend,
»Hab einen Stock von Holz, der überzogen
Mit Leder ist, Gemahl sich nennt; doch Holz
Ist Holz !« Und klanglos widrig lachte sie,
Daß kalte Angst durch meine Seele rann,
Und Zweifel mich ergriff: – sind das die keuschen,
Die blumenkeuschen Lippen von Maria?
Sie aber hob sich in die Höh, nahm rasch
Vom Stuhl den Kaschemir, warf ihn
Um ihren Hals, hing sich an meinen Arm,
Zog mich von hinnen, durch die offne Haustür,
Und zog mich fort durch Feld und Busch und Au.

Die glühend rote Sonnenscheibe schwebte
Schon niedrig, und ihr Purpur überstrahlte
Die Bäume und die Blumen und den Strom,
Der in der Ferne majestätisch floß.
»Sehn Sie das große goldne Auge schwimmen
Im blauen Wasser?« rief Maria hastig.
»Still, armes Wesen!« sprach ich, und ich schaute
Im Dämmerlicht ein märchenhaftes Weben.
Es stiegen Nebelbilder aus den Feldern,
Umschlangen sich mit weißen, weichen Armen;
Die Veilchen sahn sich zärtlich an, sehnsüchtig
Zusammenbeugten sich die Liljenkelche;
Aus allen Rosen glühten Wollustgluten;
Die Nelken wollten sich im Hauch entzünden;
In selgen Düften schwelgten alle Blumen,
Und alle weinten stille Wonnetränen,
Und alle jauchzten: Liebe! Liebe! Liebe!

Die Schmetterlinge flatterten, die hellen
Goldkäfer summten feine Elfenliedchen,
Die Abendwinde flüsterten, es rauschten
Die Eichen, schmelzend sang die Nachtigall –
Und zwischen all dem Flüstern, Rauschen, Singen
Schwatzte mit blechern klanglos kalter Stimme
Das welke Weib, das mir am Arme hing:
»Ich kenn ihr nächtlich Treiben auf dem Schloß;
Der lange Schatten ist ein guter Tropf,
Er nickt und winkt zu allem, was man will;
Der Blaurock ist ein Engel; doch der Rote,
Mit blankem Schwert, ist Ihnen spinnefeind.«
Und noch viel buntre, wunderliche Reden
Schwatzt' sie in einem fort, und setzte sich,
Ermüdet, mit mir nieder auf die Moosbank,
Die unterm alten Eichenbaume steht.

Da saßen wir beisammen, still und traurig,
Und sahn uns an, und wurden immer traurger.
Die Eiche säuselte wie Sterbeseufzer,
Tiefschmerzlich sang die Nachtigall herab.
Doch rote Lichter drangen durch die Blätter,
Umflimmerten Marias weißes Antlitz,
Und lockten Glut aus ihren starren Augen,
Und mit der alten, süßen Stimme sprach sie:
»Wie wußtest Du, daß ich so elend bin?
Ich las es jüngst in deinen wilden Liedern.«

Eiskalt durchzogs mir da die Brust, mir grauste
Ob meinem eignen Wahnsinn, der die Zukunft
Geschaut, es zuckte dunkel durch mein Hirn,
Und vor Entsetzen bin ich aufgewacht.

## Donna Clara

In dem abendlichen Garten
Wandelt des Alkaden Tochter;
Pauken- und Trommetenjubel
Klingt herunter von dem Schlosse.

»Lästig werden mir die Tänze
Und die süßen Schmeichelworte,
Und die Ritter, die so zierlich
Mich vergleichen mit der Sonne.

Uberlästig wird mir alles,
Seit ich sah, beim Strahl des Mondes,
Jenen Ritter, dessen Laute
Nächtens mich ans Fenster lockte.

Wie er stand so schlank und mutig,
Und die Augen leuchtend schossen
Aus dem edelblassen Antlitz,
Glich er wahrlich Sankt Georgen.«

Also dachte Donna Clara,
Und sie schaute auf den Boden;
Wie sie aufblickt, steht der schöne,
Unbekannte Ritter vor ihr.

Händedrückend, liebeflüsternd
Wandeln sie umher im Mondschein,
Und der Zephir schmeichelt freundlich,
Märchenartig grüßen Rosen.

Märchenartig grüßen Rosen,
Und sie glühn wie Liebesboten. –
Aber sage mir, Geliebte,
Warum du so plötzlich rot wirst?

»Mücken stachen mich, Geliebter,
Und die Mücken sind, im Sommer,
Mir so tief verhaßt, als wärens
Langenasge Judenrotten.«

Laß die Mücken und die Juden,
Spricht der Ritter, freundlich kosend.
Von den Mandelbäumen fallen
Tausend weiße Blütenflocken.

Tausend weiße Blütenflocken
Haben ihren Duft ergossen. –
Aber sage mir, Geliebte,
Ist dein Herz mir ganz gewogen?

»Ja, ich liebe dich, Geliebter,
Bei dem Heiland seis geschworen,
Den die gottverfluchten Juden
Boshaft tückisch einst ermordet.«

Laß den Heiland und die Juden,
Spricht der Ritter, freundlich kosend.
In der Ferne schwanken traumhaft
Weiße Liljen, lichtumflossen.

Weiße Liljen, lichtumflossen,
Blicken nach den Sternen droben. –
Aber sage mir, Geliebte,
Hast du auch nicht falsch geschworen?

»Falsch ist nicht in mir, Geliebter,
Wie in meiner Brust kein Tropfen
Blut ist von dem Blut der Mohren
Und des schmutzgen Judenvolkes.«

Laß die Mohren und die Juden,
Spricht der Ritter, freundlich kosend;
Und nach einer Myrtenlaube
Führt er die Alkadentochter.

Mit den weichen Liebesnetzen
Hat er heimlich sie umflochten;
Kurze Worte, lange Küsse,
Und die Herzen überflossen.

Wie ein schmelzend süßes Brautlied
Singt die Nachtigall, die holde;
Wie zum Fackeltanze hüpfen
Feuerwürmchen auf dem Boden.

In der Laube wird es stiller,
Und man hört nur, wie verstohlen,
Das Geflüster kluger Myrten
Und der Blumen Atemholen.

Aber Pauken und Trommeten
Schallen plötzlich aus dem Schlosse,
Und erwachend hat sich Clara
Aus des Ritters Arm gezogen.

»Horch! da ruft es mich, Geliebter;
Doch, bevor wir scheiden, sollst du
Nennen deinen lieben Namen,
Den du mir so lang verborgen.«

Und der Ritter, heiter lächelnd,
Küßt die Finger seiner Donna,
Küßt die Lippen und die Stirne,
Und er spricht zuletzt die Worte:

Ich, Sennora, Eur Geliebter,
Bin der Sohn des vielbelobten,
Großen, schriftgelehrten Rabbi
Israel von Saragossa.

## Die Wallfahrt nach Kevlaar

### 1

Am Fenster stand die Mutter,
Im Bette lag der Sohn.
»Willst du nicht aufstehn, Wilhelm,
Zu schaun die Prozession?«

»Ich bin so krank, o Mutter,
Daß ich nicht hör und seh;
Ich denk an das tote Gretchen,
Da tut das Herz mir weh.« –

»Steh auf, wir wollen nach Kevlaar,
Nimm Buch und Rosenkranz;
Die Mutter Gottes heilt dir
Dein krankes Herze ganz.«

Es flattern die Kirchenfahnen,
Es singt im Kirchenton;
Das ist zu Köllen am Rheine,
Da geht die Prozession.

Die Mutter folgt der Menge,
Den Sohn, den führet sie,
Sie singen beide im Chore:
Gelobt seist du, Marie!

### 2

Die Mutter Gottes zu Kevlaar
Trägt heut ihr bestes Kleid;
Heut hat sie viel zu schaffen,
Es kommen viel kranke Leut.

Die kranken Leute bringen
Ihr dar, als Opferspend,
Aus Wachs gebildete Glieder,
Viel wächserne Füß und Händ.

Und wer eine Wachshand opfert,
Dem heilt an der Hand die Wund;
Und wer einen Wachsfuß opfert,
Dem wird der Fuß gesund.

Nach Kevlaar ging mancher auf Krücken,
Der jetzo tanzt auf dem Seil,
Gar mancher spielt jetzt die Bratsche,
Dem dort kein Finger war heil.

Die Mutter nahm ein Wachslicht,
Und bildete draus ein Herz.
»Bring das der Mutter Gottes,
Dann heilt sie deinen Schmerz.«

Der Sohn nahm seufzend das Wachsherz,
Ging seufzend zum Heiligenbild;
Die Träne quillt aus dem Auge,
Das Wort aus dem Herzen quillt:

»Du Hochgebenedeite,
Du reine Gottesmagd,
Du Königin des Himmels,
Dir sei mein Leid geklagt!

Ich wohnte mit meiner Mutter
Zu Köllen in der Stadt,
Der Stadt, die viele hundert
Kapellen und Kirchen hat.

Und neben uns wohnte Gretchen,
Doch die ist tot jetzund –
Marie, dir bring ich ein Wachsherz,
Heil du meine Herzenswund.

Heil du mein krankes Herze –
Ich will auch spät und früh
Inbrünstiglich beten und singen:
Gelobt seist du, Marie!«

### 3

Der kranke Sohn und die Mutter,
Die schliefen im Kämmerlein;
Da kam die Mutter Gottes
Ganz leise geschritten herein.

Sie beugte sich über den Kranken,
Und legte ihre Hand
Ganz leise auf sein Herze,
Und lächelte mild und schwand.

Die Mutter schaut alles im Traume,
Und hat noch mehr geschaut;
Sie erwachte aus dem Schlummer,
Die Hunde bellten so laut.

Da lag dahingestrecket
Ihr Sohn, und der war tot;
Es spielt auf den bleichen Wangen
Das lichte Morgenrot.

Die Mutter faltet die Hände,
Ihr war, sie wußte nicht wie;
Andächtig sang sie leise:
Gelobt seist du, Marie!


### Seegespenst

Ich aber lag am Rande des Schiffes,
Und schaute, träumenden Auges,
Hinab in das spiegelklare Wasser,
Und schaute tiefer und tiefer –
Bis tief, im Meeresgrunde,
Anfangs wie dämmernde Nebel,
Jedoch allmählig farbenbestimmter,
Kirchenkuppel und Türme sich zeigten,
Und endlich, sonnenklar, eine ganze Stadt,
Altertümlich niederländisch,
Und menschenbelebt.
Bedächtige Männer, schwarzbemäntelt,
Mit weißen Halskrausen und Ehrenketten
Und langen Degen und langen Gesichtern,
Schreiten, über den wimmelnden Marktplatz,
Nach dem treppenhohen Rathaus,
Wo steinerne Kaiserbilder
Wacht halten mit Zepter und Schwert.
Unferne, vor langen Häuserreihn,
Wo spiegelblanke Fenster
Und pyramidisch beschnittene Linden,
Wandeln seidenrauschende Jungfern,
Schlanke Leibchen, die Blumengesichter
Sittsam umschlossen von schwarzen Mützchen
Und hervorquellendem Goldhaar.
Bunte Gesellen, in spanischer Tracht,
Stolzieren vorüber und nicken.
Bejahrte Frauen,
In braunen, verschollnen Gewändern,
Gesangbuch und Rosenkranz in der Hand,
Eilen, trippelnden Schritts,
Nach dem großen Dome,
Getrieben von Glockengeläute
Und rauschendem Orgelton.

Mich selbst ergreift des fernen Klangs
Geheimnisvoller Schauer!
Unendliches Sehnen, tiefe Wehmut
Beschleicht mein Herz,
Mein kaum geheiltes Herz; –
Mir ist, als würden seine Wunden

Von lieben Lippen aufgeküßt,
Und täten wieder bluten –
Heiße, rote Tropfen,
Die lang und langsam niederfalln
Auf ein altes Haus, dort unten
In der tiefen Meerstadt,
Auf ein altes, hochgegiebeltes Haus,
Wo melancholisch einsam
Unten am Fenster ein Mädchen sitzt,
Den Kopf auf den Arm gelehnt,
Wie ein armes, vergessenes Kind –
Und ich kenne dich armes, vergessenes Kind!

So tief, meertief also
Verstecktest du dich vor mir,
Aus kindischer Laune,
Und konntest nicht mehr herauf,
Und saßest fremd unter fremden Leuten,
Jahrhundertelang,
Derweilen ich, die Seele voll Gram,
Auf der ganzen Erde dich suchte,
Und immer dich suchte,
Du Immergeliebte,
Du Längstverlorene,
Du Endlichgefundene –
Ich hab dich gefunden und schaue wieder
Dein süßes Gesicht,
Die klugen, treuen Augen,
Das liebe Lächeln –
Und nimmer will ich dich wieder verlassen,
Und ich komme hinab zu dir,
Und mit ausgebreiteten Armen
Stürz ich hinab an dein Herz –

Aber zur rechten Zeit noch
Ergriff mich beim Fuß der Kapitän,
Und zog mich vom Schiffsrand,
Und rief, ärgerlich lachend:
Doktor, sind Sie des Teufels?

~

Das ist der alte Märchenwald!
Es duftet die Lindenblüte!
Der wunderbare Mondenglanz
Bezaubert mein Gemüte.

Ich ging fürbaß, und wie ich ging,
Erklang es in der Höhe.
Das ist die Nachtigall, sie singt
Von Lieb und Liebeswehe.

Sie singt von Lieb und Liebesweh,
Von Tränen und von Lachen,
Sie jubelt so traurig, sie schluchzet so froh,
Vergessene Träume erwachen. –

Ich ging fürbaß, und wie ich ging,
Da sah ich vor mir liegen,
Auf freiem Platz, ein großes Schloß,
Die Giebel hoch aufstiegen.

Verschlossene Fenster, überall
Ein Schweigen und ein Trauern;
Es schien, als wohne der stille Tod
In diesen öden Mauern.

Dort vor dem Tor lag eine Sphinx,
Ein Zwitter von Schrecken und Lüsten,
Der Leib und die Tatzen wie ein Löw,
Ein Weib an Haupt und Brüsten.

Ein schönes Weib! Der weiße Blick,
Er sprach von wildem Begehren;
Die stummen Lippen wölbten sich
Und lächelten stilles Gewähren.

Die Nachtigall, sie sang so süß –
Ich konnt nicht widerstehen –
Und als ich küßte das holde Gesicht,
Da wars um mich geschehen.

Lebendig ward das Marmorbild,
Der Stein begann zu ächzen –
Sie trank meiner Küsse lodernde Glut
Mit Dürsten und mit Lechzen.

Sie trank mir fast den Odem aus –
Und endlich, wollustheischend,
Umschlang sie mich, meinen armen Leib
Mit den Löwentatzen zerfleischend.

Entzückende Marter und wonniges Weh!
Der Schmerz wie die Lust unermeßlich!
Derweilen des Mundes Kuß mich beglückt,
Verwunden die Tatzen mich gräßlich.

Die Nachtigall sang: »O schöne Sphinx!
O Liebe! was soll es bedeuten,
Daß du vermischest mit Todesqual
All deine Seligkeiten?

O schöne Sphinx! O löse mir
Das Rätsel, das wunderbare!
Ich hab darüber nachgedacht
Schon manche tausend Jahre.«

~

Es war ein alter König,
Sein Herz war schwer, sein Haupt war grau;
Der arme alte König,
Er nahm eine junge Frau.

Es war ein schöner Page,
Blond war sein Haupt, leicht war sein Sinn;
Er trug die seidne Schleppe
Der jungen Königin.

Kennst du das alte Liedchen?
Es klingt so süß, es klingt so trüb!
Sie mußten beide sterben,
Sie hatten sich viel zu lieb.

~

Durch den Wald, im Mondenscheine,
Sah ich jüngst die Elfen reuten;
Ihre Hörner hört ich klingen,
Ihre Glöckchen hört ich läuten.

Ihre weißen Rößlein trugen
Güldnes Hirschgeweih und flogen
Rasch dahin, wie wilde Schwäne
Kam es durch die Luft gezogen.

Lächelnd nickte mir die Köngin,
Lächelnd, im Vorüberreuten.
Galt das meiner neuen Liebe,
Oder soll es Tod bedeuten?

## Ein Weib

Sie hatten sich beide so herzlich lieb,
Spitzbübin war sie, er war ein Dieb.
Wenn er Schelmenstreiche machte,
Sie warf sich aufs Bett und lachte.

Der Tag verging in Freud und Lust,
Des Nachts lag sie an seiner Brust.
Als man ins Gefängnis ihn brachte,
Sie stand am Fenster und lachte.

Er ließ ihr sagen: O komm zu mir,
Ich sehne mich so sehr nach dir,
Ich rufe nach dir, ich schmachte –
Sie schüttelt' das Haupt und lachte.

Um sechse des Morgens ward er gehenkt,
Um sieben ward er ins Grab gesenkt;
Sie aber schon um achte
Trank roten Wein und lachte.

## Die Beschwörung

Der junge Franziskaner sitzt
Einsam in der Klosterzelle,
Er liest im alten Zauberbuch,
Genannt der Zwang der Hölle.

Und als die Mitternachtstunde schlug,
Da konnt er nicht länger sich halten,
Mit bleichen Lippen ruft er an
Die Unterweltsgewalten.

Ihr Geister! holt mir aus dem Grab
Die Leiche der schönsten Frauen,
Belebt sie mir für diese Nacht,
Ich will mich dran erbauen.

Er spricht das grause Beschwörungswort,
Da wird sein Wunsch erfüllet,
Die arme verstorbene Schönheit kommt,
In weißen Laken gehüllet.

Ihr Blick ist traurig. Aus kalter Brust
Die schmerzlichen Seufzer steigen.
Die Tote setzt sich zu dem Mönch,
Sie schauen sich an und schweigen.

## *Ritter Olaf*

### 1

Vor dem Dome stehn zwei Männer,
Tragen beide rote Röcke,
Und der Eine ist der König
Und der Henker ist der Andre.

Und zum Henker spricht der König:
»Am Gesang der Pfaffen merk ich,
Daß vollendet schon die Trauung –
Halt bereit dein gutes Richtbeil.«

Glockenklang und Orgelrauschen,
Und das Volk strömt aus der Kirche;
Bunter Festzug, in der Mitte
Die geschmückten Neuvermählten.

Leichenblaß und bang und traurig
Schaut die schöne Königstochter;
Keck und heiter schaut Herr Olaf;
Und sein roter Mund, der lächelt.

Und mit lächelnd rotem Munde
Spricht er zu dem finstern König:
»Guten Morgen, Schwiegervater,
Heut ist Dir mein Haupt verfallen.

Sterben soll ich heut – O, laß mich
Nur bis Mitternacht noch leben,
Daß ich meine Hochzeit feire
Mit Bankett und Fackeltänzen.

Laß mich leben, laß mich leben,
Bis geleert der letzte Becher,
Bis der letzte Tanz getanzt ist –
Laß bis Mitternacht mich leben!«

Und zum Henker spricht der König:
»Unserm Eidam sei gefristet
Bis um Mitternacht sein Leben –
Halt bereit dein gutes Richtbeil.«

### 2

Herr Olaf sitzt beim Hochzeitschmaus,
Er trinkt den letzten Becher aus.
An seine Schulter lehnt
Sein Weib und stöhnt –
Der Henker steht vor der Türe.

Der Reigen beginnt, und Herr Olaf erfaßt
Sein junges Weib, und mit wilder Hast
Sie tanzen, bei Fackelglanz,
Den letzten Tanz –
Der Henker steht vor der Türe.

Die Geigen geben so lustigen Klang,
Die Flöten seufzen so traurig und bang!
Wer die beiden tanzen sieht,
Dem erbebt das Gemüt –
Der Henker steht vor der Türe.

Und wie sie tanzen, im dröhnenden Saal,
Herr Olaf flüstert zu seinem Gemahl:
»Du weißt nicht, wie lieb ich dich hab –
So kalt ist das Grab –«
Der Henker steht vor der Türe.

### 3

Herr Olaf, es ist Mitternacht,
Dein Leben ist verflossen!
Du hattest eines Fürstenkinds
In freier Lust genossen.

Die Mönche murmeln das Totengebet,
Der Mann im roten Rocke
Er steht mit seinem blanken Beil
Schon vor dem schwarzen Blocke.

Herr Olaf steigt in den Hof hinab,
Da blinken viel Schwerter und Lichter.
Es lächelt des Ritters roter Mund,
Mit lächelndem Munde spricht er:

»Ich segne die Sonne, ich segne den Mond,
Und die Stern, die am Himmel schweifen.
Ich segne auch die Vögelein,
Die in den Lüften pfeifen.

Ich segne das Meer, ich segne das Land,
Und die Blumen auf der Aue.
Ich segne die Veilchen, sie sind so sanft
Wie die Augen meiner Fraue.

Ihr Veilchenaugen meiner Frau,
Durch Euch verlier ich mein Leben!
Ich segne auch den Holunderbaum,
Wo du dich mir ergeben.«

## Begegnung

Wohl unter der Linde erklingt die Musik,
Da tanzen die Burschen und Mädel,
Da tanzen zwei, die niemand kennt,
Sie schaun so schlank und edel.

Sie schweben auf, sie schweben ab,
In seltsam fremder Weise,
Sie lachen sich an, sie schütteln das Haupt,
Das Fräulein flüstert leise:

»Mein schöner Junker, auf Eurem Hut
Schwankt eine Neckenlilje,
Die wächst nur tief in Meeresgrund –
Ihr stammt nicht aus Adams Familie.

Ihr seid der Wassermann, Ihr wollt
Verlocken des Dorfes Schönen.
Ich hab Euch erkannt, beim ersten Blick,
An Euren fischgrätigen Zähnen.«

Sie schweben auf, sie schweben ab,
In seltsam fremder Weise,
Sie lachen sich an, sie schütteln das Haupt,
Der Junker flüstert leise:

»Mein schönes Fräulein, sagt mir, warum
So eiskalt Eure Hand ist?
Sagt mir, warum so naß der Saum
An Eurem weißen Gewand ist?

Ich hab Euch erkannt, beim ersten Blick,
An Eurem spöttischen Knixe –
Du bist kein irdisches Menschenkind,
Du bist mein Mühmchen, die Nixe.«

Die Geigen verstummen, der Tanz ist aus,
Es trennen sich höflich die beiden.
Sie kennen sich leider viel zu gut,
Suchen sich jetzt zu vermeiden.

## Schelm von Bergen

Im Schloß zu Düsseldorf am Rhein
Wird Mummenschanz gehalten;
Da flimmern die Kerzen, da rauscht die Musik,
Da tanzen die bunten Gestalten.

Da tanzt die schöne Herzogin,
Sie lacht laut auf beständig;
Ihr Tänzer ist ein schlanker Fant,
Gar höfisch und behendig.

Er trägt eine Maske von schwarzem Samt,
Daraus gar freudig blicket
Ein Auge, wie ein blanker Dolch,
Halb aus der Scheide gezücket.

Es jubelt die Fastnachtsgeckenschar,
Wenn jene vorüberwalzen.
Der Drickes und die Marizzebill
Grüßen mit Schnarren und Schnalzen.

Und die Trompeten schmettern drein,
Der närrische Brummbaß brummet,
Bis endlich der Tanz ein Ende nimmt
Und die Musik verstummet.

»Durchlauchtigste Frau, gebt Urlaub mir,
Ich muß nach Hause gehen –«
Die Herzogin lacht: Ich laß dich nicht fort,
Bevor ich dein Antlitz gesehen.

»Durchlauchtigste Frau, gebt Urlaub mir,
Mein Anblick bringt Schrecken und Grauen –«
Die Herzogin lacht: Ich fürchte mich nicht,
Ich will dein Antlitz schauen.

»Durchlauchtigste Frau, gebt Urlaub mir,
Der Nacht und dem Tode gehör ich –«
Die Herzogin lacht: Ich lasse dich nicht,
Dein Antlitz zu schauen begehr ich.

Wohl sträubt sich der Mann mit finsterm Wort,
Das Weib nicht zähmen kunnt er;
Sie riß zuletzt ihm mit Gewalt
Die Maske vom Antlitz herunter.

Das ist der Scharfrichter von Bergen! so schreit
Entsetzt die Menge im Saale
Und weichet scheusam – die Herzogin
Stürzt fort zu ihrem Gemahle.

Der Herzog ist klug, er tilgte die Schmach
Der Gattin auf der Stelle.
Er zog sein blankes Schwert und sprach:
Knie vor mir nieder, Geselle!

Mit diesem Schwertschlag mach ich dich
Jetzt ehrlich und ritterzünftig,
Und weil du ein Schelm, so nenne dich
Herr Schelm von Bergen künftig.

So ward der Henker ein Edelmann
Und Ahnherr der Schelme von Bergen.
Ein stolzes Geschlecht! es blühte am Rhein.
Jetzt schläft es in steinernen Särgen.

## Karl I.

Im Wald, in der Köhlerhütte, sitzt
Trübsinnig allein der König;
Er sitzt an der Wiege des Köhlerkinds
Und wiegt und singt eintönig:

Eiapopeia, was raschelt im Stroh?
Es blöken im Stalle die Schafe –
Du trägst das Zeichen an der Stirn
Und lächelst so furchtbar im Schlafe.

Eiapopeia, das Kätzchen ist tot –
Du trägst auf der Stirne das Zeichen –
Du wirst ein Mann und schwingst das Beil,
Schon zittern im Walde die Eichen.

Der alte Köhlerglaube verschwand,
Es glauben die Köhlerkinder –
Eiapopeia – nicht mehr an Gott,
Und an den König noch minder.

Das Kätzchen ist tot, die Mäuschen sind froh –
Wir müssen zuschanden werden –
Eiapopeia – im Himmel der Gott
Und ich, der König auf Erden.

Mein Mut erlischt, mein Herz ist krank,
Und täglich wird es kränker –
Eiapopeia – du Köhlerkind,
Ich weiß es, du bist mein Henker.

Mein Todesgesang ist dein Wiegenlied –
Eiapopeia – die greisen
Haarlocken schneidest du ab zuvor –
Im Nacken klirrt mir das Eisen.

Eiapopeia, was raschelt im Stroh?
Du hast das Reich erworben,
Und schlägst mir das Haupt vom Rumpf herab –
Das Kätzchen ist gestorben.

Eiapopeia, was raschelt im Stroh?
Es blöken im Stalle die Schafe.
Das Kätzchen ist tot, die Mäuschen sind froh –
Schlafe, mein Henkerchen, schlafe!

## Der Asra

Täglich ging die wunderschöne
Sultanstochter auf und nieder
Um die Abendzeit am Springbrunn,
Wo die weißen Wasser plätschern.

Täglich stand der junge Sklave
Um die Abendzeit am Springbrunn,
Wo die weißen Wasser plätschern;
Täglich ward er bleich und bleicher.

Eines Abends trat die Fürstin
Auf ihn zu mit raschen Worten:
Deinen Namen will ich wissen,
Deine Heimat, deine Sippschaft!

Und der Sklave sprach: Ich heiße
Mohammed, ich bin aus Jemen,
Und mein Stamm sind jene Asra,
Welche sterben, wenn sie lieben.

## Pfalzgräfin Jutta

Pfalzgräfin Jutta fuhr über den Rhein,
Im leichten Kahn, bei Mondenschein.
Die Zofe rudert, die Gräfin spricht:
»Siehst du die sieben Leichen nicht,
Die hinter uns kommen
Einhergeschwommen –
So traurig schwimmen die Toten!

Das waren Ritter voll Jugendlust –
Sie sanken zärtlich an meine Brust
Und schwuren mir Treue – Zur Sicherheit,
Daß sie nicht brächen ihren Eid,
Ließ ich sie ergreifen
Sogleich und ersäufen –
So traurig schwimmen die Toten!«

Die Zofe rudert, die Gräfin lacht.
Das hallt so höhnisch durch die Nacht!
Bis an die Hüfte tauchen hervor
Die Leichen und strecken die Finger empor,
Wie schwörend – Sie nicken
Mit gläsernen Blicken –
So traurig schwimmen die Toten!


## Waldeinsamkeit

Ich hab in meinen Jugendtagen
Wohl auf dem Haupt einen Kranz getragen;
Die Blumen glänzten wunderbar,
Ein Zauber in dem Kranze war.

Der schöne Kranz gefiel wohl allen,
Doch der ihn trug hat manchem mißfallen;
Ich floh den gelben Menschenneid,
Ich floh in die grüne Waldeinsamkeit.

Im Wald, im Wald! da konnt ich führen
Ein freies Leben mit Geistern und Tieren;
Feen und Hochwild von stolzem Geweih,
Sie nahten sich mir ganz ohne Scheu.

Sie nahten sich mir ganz ohne Zagnis,
Sie wußten, das sei kein schreckliches Wagnis;
Daß ich kein Jäger, wußte das Reh,
Daß ich kein Vernunftmensch, wußte die Fee.

Von Feenbegünstigung plaudern nur Toren –
Doch wie die übrigen Honoratioren
Des Waldes mir huldreich gewesen, fürwahr
Ich darf es bekennen offenbar.

Wie haben mich lieblich die Elfen umflattert!
Ein luftiges Völkchen! das plaudert und schnattert!
Ein bißchen stechend ist der Blick,
Verheißend ein süßes, doch tödliches Glück.

Ergötzten mich mit Maitanz und Maispiel,
Erzählten mir Hofgeschichten, zum Beispiel:
Die skandalöse Chronika
Der Königin Titania.

Saß ich am Bache, so tauchten und sprangen
Hervor aus der Flut, mit ihrem langen
Silberschleier und flatterndem Haar,
Die Wasserbacchanten, die Nixenschar.

Sie schlugen die Zither, sie spielten auf Geigen,
Das war der famose Nixenreigen;
Die Posituren, die Melodei,
War klingende, springende Raserei.

Jedoch zuzeiten waren sie minder
Tobsüchtig gelaunt, die schönen Kinder;
Zu meinen Füßen lagerten sie,
Das Köpfchen gestützt auf meinem Knie.

Trällerten, trillerten welsche Romanzen,
Zum Beispiel das Lied von den drei Pomeranzen,
Sangen auch wohl ein Lobgedicht
Auf mich und mein nobeles Menschengesicht.

Sie unterbrachen manchmal das Gesinge
Lautlachend, und frugen bedenkliche Dinge,
Zum Beispiel: »Sag uns, zu welchem Behuf
Der liebe Gott den Menschen schuf?

Hat eine unsterbliche Seele ein jeder
Von euch? Ist diese Seele von Leder
Oder von steifer Leinwand? Warum
Sind eure Leute meistens so dumm?«

Was ich zur Antwort gab, verhehle
Ich hier, doch meine unsterbliche Seele,
Glaubt mirs, ward nie davon verletzt,
Was eine kleine Nixe geschwätzt.

Anmutig und schalkhaft sind Nixen und Elfen;
Nicht so die Erdgeister, sie dienen und helfen
Treuherzig den Menschen. Ich liebte zumeist
Die, welche man Wichtelmännchen heißt.

Sie tragen Rotmäntelchen, lang und bauschig,
Die Miene ist ehrlich, doch bang und lauschig;
Ich ließ nicht merken, daß ich entdeckt,
Warum sie so ängstlich die Füße versteckt.

Sie haben nämlich Entenfüße
Und bilden sich ein, daß niemand es wisse.
Das ist eine tiefgeheime Wund,
Worüber ich nimmermehr spötteln kunnt.

Ach Himmel! wir alle, gleich jenen Zwergen,
Wir haben ja alle etwas zu verbergen;
Kein Christenmensch, wähnen wir, hätte entdeckt,
Wo unser Entenfüßchen steckt.

Niemals verkehrt ich mit Salamandern,
Und über ihr Treiben erfuhr ich von andern
Waldgeistern sehr wenig. Sie huschten mir scheu
Des Nachts wie leuchtende Schatten vorbei.

Sind spindeldürre, von Kindeslänge,
Höschen und Wämschen anliegend enge,
Von Scharlachfarbe, goldgestickt;
Das Antlitz kränklich, vergilbt und bedrückt.

Ein güldnes Krönlein, gespickt mit Rubinen,
Trägt auf dem Köpfchen ein jeder von ihnen;
Ein jeder von ihnen bildet sich ein,
Ein absoluter König zu sein.

Daß sie im Feuer nicht verbrennen,
Ist freilich ein Kunststück, ich will es bekennen;
Jedoch der unentzündbare Wicht,
Ein wahrer Feuergeist ist er nicht.

Die klügsten Waldgeister sind die Alräunchen,
Langbärtige Männlein mit kurzen Beinchen,
Ein fingerlanges Greisengeschlecht;
Woher sie stammen, man weiß es nicht recht.

Wenn sie im Mondschein kopfüber purzeln,
Das mahnt bedenklich an Pissewurzeln;
Doch da sie mir nur Gutes getan,
So geht mich nichts ihr Ursprung an.

Sie lehrten mir kleine Hexereien,
Feuer besprechen, Vögel beschreien,
Auch pflücken in der Johannisnacht
Das Kräutlein, das unsichtbar macht.

Sie lehrten mich Sterne und Zeichen deuten,
Sattellos auf dem Winde reiten,
Auch Runensprüche, womit man ruft
Die Toten hervor aus ihrer Gruft.

Sie haben mir auch den Pfiff gelehrt,
Wie man den Vogel Specht betört
Und ihm die Springwurz abgewinnt,
Die anzeigt, wo Schätze verborgen sind.

Die Worte, die man beim Schätzegraben
Hinmurmelt, lehrten sie mich, sie haben
Mir alles expliziert – umsunst!
Hab nie begriffen die Schatzgräberkunst.

Wohl hatt ich derselben nicht nötig dermalen,
Ich brauchte wenig, und konnt es bezahlen,
Besaß auch in Spanien manch luftiges Schloß,
Wovon ich die Revenüen genoß.

O, schöne Zeit! wo voller Geigen
Der Himmel hing, wo Elfenreigen
Und Nixentanz und Koboldscherz
Umgaukelt mein märchentrunkenes Herz!

O, schöne Zeit! wo sich zu grünen
Triumphespforten zu wölben schienen
Die Bäume des Waldes – ich ging einher,
Bekränzt, als ob ich der Sieger wär!

Die schöne Zeit, sie ist verschlendert,
Und alles hat sich seitdem verändert,
Und ach! mir ist der Kranz geraubt,
Den ich getragen auf meinem Haupt.

Der Kranz ist mir vom Haupt genommen,
Ich weiß es nicht, wie es gekommen;
Doch seit der schöne Kranz mir fehlt,
Ist meine Seele wie entseelt.

Es glotzen mich an unheimlich blöde
Die Larven der Welt! Der Himmel ist öde,
Ein blauer Kirchhof, entgöttert und stumm.
Ich gehe gebückt im Wald herum.

Im Walde sind die Elfen verschwunden,
Jagdhörner hör ich, Gekläffe von Hunden;
Im Dickicht ist das Reh versteckt,
Das tränend seine Wunden leckt.

Wo sind die Alräunchen? ich glaube, sie halten
Sich ängstlich verborgen in Felsenspalten.
Ihr kleinen Freunde, ich komme zurück,
Doch ohne Kranz und ohne Glück.

Wo ist die Fee mit dem langen Goldhaar,
Die erste Schönheit, die mir hold war?
Der Eichenbaum, worin sie gehaust,
Steht traurig entlaubt, vom Winde zerzaust.

Der Bach rauscht trostlos gleich dem Styxe;
Am einsamen Ufer sitzt eine Nixe,
Todblaß und stumm, wie 'n Bild von Stein,
Scheint tief in Kummer versunken zu sein.

Mitleidig tret ich zu ihr heran –
Da fährt sie auf und schaut mich an,
Und sie entflieht mit entsetzten Mienen,
Als sei ihr ein Gespenst erschienen.


## Altes Lied

Du bist gestorben und weißt es nicht,
Erloschen ist dein Augenlicht,
Erblichen ist dein rotes Mündchen,
Und du bist tot, mein totes Kindchen.

In einer schaurigen Sommernacht
Hab ich dich selber zu Grabe gebracht;
Klaglieder die Nachtigallen sangen,
Die Sterne sind mit zur Leiche gegangen.

Der Zug, der zog den Wald vorbei,
Dort widerhallt die Litanei;
Die Tannen, in Trauermänteln vermummet,
Sie haben Totengebete gebrummet.

Am Weidensee vorüber gings,
Die Elfen tanzten inmitten des Rings;
Sie blieben plötzlich stehn und schienen
Uns anzuschaun mit Beileidsmienen.

Und als wir kamen zu deinem Grab,
Da stieg der Mond vom Himmel herab.
Er hielt eine Rede. Ein Schluchzen und Stöhnen,
Und in der Ferne die Glocken tönen.

# Robert Reinick
## 1805–1852

### Die Monduhr

Der Förster ging zu Fest und Schmaus;
Der Wildschütz zieht in den Wald hinaus.

Es schläft sein Weib mit dem Kind allein,
Es scheint der Mond ins Kämmerlein.

Und wie er scheint auf die weiße Wand,
Da faßt das Kind der Mutter Hand:

»Ach, Mutter, wie bleibt der Vater so lang,
Mir wird so weh, mir wird so bang!«

»Kind, sieh nicht in den Mondenschein,
Schließ deine Augen, schlaf doch ein.«

Der Mondschein zieht die Wand entlang,
Er schimmert auf der Büchse blank.

»Ach, Mutter! Und hörst den Schuß du nicht?
Das war des Vaters Büchse nicht!« –

»Kind, sieh nicht in den Mondenschein,
Das war ein Traum, schlaf ruhig ein.«

Der Mond scheint tief ins Kämmerlein
Auf des Vaters Bild mit blassem Schein.

»Herr Jesus Christus im Himmelreich!
O Mutter, der Vater ist totenbleich!«

Und wie die Mutter vom Schlummer erwacht,
Da haben sie tot ihn heimgebracht.

# Anastasius Grün
## 1806–1876

### Botenart

Der Graf kehrt heim vom Festturnei,
da wallt' an ihm sein Knecht vorbei.

»Hallo, woher des Wegs, sag an!
Wohin, mein Knecht, geht deine Bahn?«

»Ich wandle, daß der Leib gedeih,
ein Wohnhaus such ich mir nebenbei.«

»Ein Wohnhaus? Nun, sprich grad heraus,
was ist geschehn bei uns zu Haus?«

»Nichts Sonderlichs! Nur todeswund
liegt Euer kleiner, weißer Hund.«

»Mein treues Hündchen todeswund!
Sprich, wie begab sichs mit dem Hund?«

»Im Schreck Eur Leibroß auf ihn sprang,
drauf liefs in den Strom, der es verschlang.«

»Mein schönes Roß, des Stalles Zier!
Wovon erschrak das arme Tier?«

»Besinn ich recht mich, erschraks davon,
als von dem Fenster stürzt' Eur Sohn.«

»Mein Sohn? Doch blieb er unverletzt?
Wohl pflegt mein süßes Weib ihn jetzt?«

»Die Gräfin rührte stracks der Schlag,
als vor ihr des Herrleins Leichnam lag.«

Die Leichenfrau schlief ein an der Bahr,
und Feuer fing ihr Kleid und Haar.

»Warum bei solchem Jammer und Graus,
du Schlingel, hütest du nicht das Haus?«

Und Schloß und Stall verlodert' im Wind,
dazu das ganze Hausgesind.

»Das Haus? Ei, welches meint Ihr wohl?
Das Eure liegt in Asch und Kohl!

Nur mich hat das Schicksal aufgespart,
Euchs vorzubringen auf gute Art.«

# Friedrich Theodor Vischer

*1807–1887*

## Das Bankett

Die Diener eilen hin und her,
Sie tragen auf zum Feste,
Die Tafel prangt von Silber schwer,
Wo bleiben nur die Gäste?

Der Graf nach ihren Fingern sieht –
»Hilf, Herr im Himmel droben!«
Graf, Gräfin und Gesinde flieht,
Wie Spreu im Wind zerstoben.

»Und eh ich wart in Ewigkeit«,
Schreit wild der Herr vom Hause,
»So seien alle Teufel heut
Geladen zu dem Schmause!«

Im Saal erschallt ein Jubelschrei,
Sie setzen sich zum Schmause,
Es quakt, es schnarrt: »Juchhei! Juchhei!
Nun sind wir Herrn im Hause!«

Da glänzt im Hofe Fackelschein,
Da scharrt es auf dem Gange,
Geputzte Herren treten ein
Mit hellem Sporenklange.

Wie tobt das wilde Höllenpack
Mit Springen und mit Singen!
Die Fiedel kreischt, der Dudelsack,
Man hört die Gläser klingen.

»Willkomm, ihr Herrn,« so spricht der Graf,
»Lang seid ihr ausgeblieben,
Nun aber sei mit Trinken brav
Und Schmaus die Zeit vertrieben!«

Sie füllen sich den Höllenbauch,
Sie grunzen, bellen, mauen,
Man sah sie aus den Fenstern auch
Mit langen Rüsseln schauen.

Die Gäste nicken wunderlich
Mit schmunzelndem Gesichte,
Sie räuspern sich, verbeugen sich
Im Kerzenflimmerlichte.

Die Gräfin lauschet in die Höh,
Es gellt ihr in den Ohren,
Sie sieht umher: »O weh, o weh!
Mein Kind, mein Kind verloren!

Des Grafen Knie sein Kind umflicht,
Hängt sich an ihn mit Bangen:
»Ach, siehst du denn die Krallen nicht,
Die spitzigen, die langen?«

Vergessen blieb mein armes Kind
Dort oben in dem Saale!«
Ein treuer Diener läuft geschwind
Hinauf zum Teufelsmahle.

Er höret auf der Treppe schon
Ein Näseln und ein Meckern,
Sie treiben mit dem Kinde Hohn,
Sie schnäbeln und sie schäkern.

Der eine reicht's dem andern dar,
Es auf dem Arm zu schaukeln,
Sie zupfen es am blonden Haar,
Sie tänzeln und sie gaukeln.

Der Diener ohne Furcht und Schreck
Steht mitten in dem Schwarme,
Ergreift das Kind und reißt es keck
Aus eines Teufels Arme.

»Gib her das Kind!« so schreit er laut,
»In Jesu Christi Namen!«
Das Kindlein munter um sich schaut,
Und leise sagt es: »Amen.«

Von oben glänzt ein heller Strahl,
Die Gäste sind verschwunden,
Der Diener steht im leeren Saal,
Den Arm ums Kind gewunden.

## August Stöber

### 1808–1884

### Die böse Stiefmutter

Die böse Stiefmutter sitzt und spinnt
und drüber manch böse Mär ersinnt.

Das Knäblein springt lustig zur Tür herein:
»Frau Mutter, schenkt mir ein Äpfelein!«

»Du weißt, in der Kammer da steht die Truh,
da liegen viel Äpfel so rosig wie du.«

Das Knäblein hebt auf den Deckel schwer;
die böse Stiefmutter ist hinter ihm her.

Da hört man's dumpf rollen hinab in die Truh,
der schwere Deckel klappt drüber zu.

Die böse Stiefmutter sitzt und spinnt
und drüber manch böse Mär ersinnt.

Das Mägdlein springst lustig zur Tür herein:
»Frau Mutter, wo ist mein Brüderlein?«

»Dein liebes Brüderlein nascht allein
in der Kammer die süßen Rotäpfelein.«

»Frau Mutter, möcht' auch ein Äpfelein süß!«
»So schau, was dein Brüderlein übrig ließ!«

Das Mägdlein hebt auf den Deckel schwer;
die böse Stiefmutter ist hinter ihm her.

Da hört man's dumpf rollen hinab in die Truh,
der schwere Deckel klappt drüber zu.

Die böse Stiefmutter sitzt und spinnt,
am Rocken blutige Fäden sie spinnt.

Der Vater tritt spät zur Tür herein:
»Wo sind meine lieben zwei Kinderlein?«

»Die Kinderlein liegen in guter Ruh,
sie schlafen selbander in einer Truh.«

Es flattert, es pickt ans Fensterlein,
zwei schneeweiße Vöglein schauen herein.

»Frau Mutter, habt Dank für die Äpflein rot!
Frau Mutter, habt Dank für den süßen Tod!«

Die fällt vom Sessel zu Boden schwer;
der Platz ist hinter dem Rocken leer.

Ein schwarzer Vogel die Kammer durchirrt
und ächzend, krächzend durchs Fenster schwirrt.


# Ferdinand Freiligrath
### 1810–1876


### Prinz Eugen, der edle Ritter

Zelte, Posten, Werda-Rufer!
Lust'ge Nacht am Donauufer!
Pferde stehn im Kreis umher
Angebunden an den Pflöcken;
An den engen Sattelböcken
Hangen Karabiner schwer.

Um das Feuer auf der Erde,
Vor den Hufen seiner Pferde
Liegt das östreichsche Pikett.
Auf dem Mantel liegt ein jeder,
Von den Tschakos weht die Feder,
Leutnant würfelt und Kornett.

Neben seinem müden Schecken
Ruht auf einer wollnen Decken
Der Trompeter ganz allein:
»Laßt die Knöchel, laßt die Karten!
Kaiserliche Feldstandarten
Wird ein Reiterlied erfreun!

Vor acht Tagen die Affäre
Hab ich, zu Nutz' dem ganzen Heere,
In gehör'gen Reim gebracht;
Selber auch gesetzt die Noten.
Drum, ihr Weißen und ihr Roten!
Merket auf und gebet acht!«

Und er singt die neue Weise
Einmal, zweimal, dreimal leise
Denen Reitersleuten vor;
Und wie er zum letzten Male
Endet, bricht mit einem Male
Los der volle, kräft'ge Chor!

»Prinz Eugen, der edle Ritter!«
Hei, das klang wie Ungewitter
Weit ins Türkenlager hin.
Der Trompeter tät den Schnurrbart streichen,
Und sich auf die Seite schleichen
Zu der Marketenderin.

## Aus dem schlesischen Gebirge

»Nun werden grün die Brombeerhecken;
Hier schon ein Veilchen – welch ein Fest!
Die Amsel sucht sich dürre Stecken,
Und auch der Buchfink baut sein Nest.
Der Schnee ist überall gewichen,
Die Koppe nur sieht weiß ins Tal;
Ich habe mich von Haus geschlichen,
Hier ist der Ort – ich wag's einmal:
    Rübezahl!

Hört er's? ich seh' ihm dreist entgegen!
Er ist nicht bös! Auf diesen Block
Will ich mein Leinwandpäckchen legen –
Es ist ein richt'ges volles Schock!
Und fein! Ja, dafür kann ich stehen!
Kein beßres wird gewebt im Tal –
Er läßt sich immer noch nicht sehen!
Drum frischen Mutes noch einmal:
    Rübezahl!

Kein Laut! – Ich bin ins Holz gegangen,
Daß er uns hilft in unsrer Not!
O, meiner Mutter blasse Wangen –
Im ganzen Haus kein Stückchen Brot!
Der Vater schritt zu Markt mit Fluchen –
Fänd' er auch Käufer nur einmal!
Ich will's mit Rübezahl versuchen –
Wo bleibt er nur? Zum drittenmal:
    Rübezahl!

Er half so vielen schon vorzeiten –
Großmutter hat mir's oft erzählt!
Ja, er ist gut den armen Leuten,
Die unverschuldet Elend quält!
So bin ich froh denn hergelaufen
Mit meiner richt'gen Ellenzahl!
Ich will nicht betteln, will verkaufen!
O, daß er käme! Rübezahl!
    Rübezahl!

Wenn dieses Päckchen ihm gefiele,
Vielleicht gar bät' er mehr sich aus!
Das wär' mir recht! Ach, gar zu viele
Gleich schöne liegen noch zu Haus!
Die nähm' er alle bis zum letzten!
Ach, fiel' auf dies doch seine Wahl!
Da löst' ich ein selbst die versetzten –
Das wär' ein Jubel! Rübezahl!
    Rübezahl!

Dann trät' ich froh ins kleine Zimmer
Und riefe: Vater, Geld genug!
Dann flucht' er nicht, dann sagt' er nimmer:
Ich web' euch nur ein Hungertuch!
Dann lächelte die Mutter wieder
Und tischt' uns auf ein reichlich Mahl;
Dann jauchzten meine kleinen Brüder –
O käm', o käm' er! Rübezahl!
    Rübezahl!«

So rief der dreizehnjähr'ge Knabe;
So stand und rief er, matt und bleich.
Umsonst! Nur dann und wann ein Rabe
Flog durch des Gnomen altes Reich.
So stand und paßt' er Stund' auf Stunde,
Bis daß es dunkel ward im Tal
Und er halblaut mit zuckendem Munde
Ausrief durch Tränen noch einmal:
    Rübezahl!

Dann ließ er still das buschige Fleckchen
Und zitterte und sagte: Hu!
Und schritt mit seinem Leinwandpäckchen
Dem Jammer seiner Heimat zu.
Oft ruht' er aus auf moos'gen Steinen,
Matt von der Bürde, die er trug.
Ich glaub', sein Vater webt dem Kleinen
Zum Hunger- bald das Leichentuch!
    – Rübezahl?!

## Gesicht des Reisenden

Mitten in der Wüste war es, wo wir nachts am Boden ruhten;
Meine Beduinen schliefen bei den abgezäumten Stuten.
In der Ferne lag das Mondlicht auf der Nilgebirge Jochen;
Rings im Flugsand umgekommner Dromedare weiße Knochen!

Schlaflos lag ich; statt des Pfühles diente mir mein leichter Sattel,
Dem ich unterschob den Beutel mit der dürren Frucht der Dattel;
Meinen Kaftan ausgebreitet hatt' ich über Brust und Füße;
Neben mir mein bloßer Säbel, mein Gewehr und meine Spieße.

Tiefe Stille; nur zuweilen knistert das gesunkne Feuer;
Nur zuweilen kreischt verspätet ein vom Horst verirrter Geier;
Nur zuweilen stampft im Schlafe eins der angebundnen Rosse;
Nur zuweilen fährt ein Reiter träumend nach dem Wurfgeschosse.

Da auf einmal bebt die Erde; auf den Mondschein folgen trüber
Dämmrung Schatten: Wüstentiere jagen aufgeschreckt vorüber.
Schnaubend bäumen sich die Pferde; unser Führer greift zur Fahne;
Sie entsinkt ihm, und er murmelt: »Herr, die Geisterkarawane!« –

Ja, sie kommt! vor den Kamelen schweben die gespenst'schen Treiber,
Üppig in den hohen Sätteln lehnen schleierlose Weiber;
Neben ihnen wandeln Mädchen, Krüge tragend, wie Rebekka
Einst am Brunnen; Reiter folgen – sausend sprengen sie nach Mekka.

Mehr noch! – nimmt der Zug kein Ende? – immer mehr! wer kann sie zählen?
Weh', auch die zerstreuten Knochen werden wieder zu Kamelen,
Und der braune Sand, der wirbelnd sich erhebt in dunkeln Massen,
Wandelt sich zu braunen Männern, die der Tiere Zügel fassen.

Denn dies ist die Nacht, wo alle, die das Sandmeer schon verschlungen,
Deren sturmverwehte Asche heut' vielleicht an unsern Zungen
Klebte, deren mürbe Schädel unsrer Rosse Huf zertreten,
Sich erheben und sich scharen, in der heil'gen Stadt zu beten.

Immer mehr! – noch sind die Letzten nicht an uns vorbeigezogen,
Und schon kommen dort die Ersten schlaffen Zaums zurückgeflogen.
Von dem grünen Vorgebirge nach der Babelmandeb-Enge
Sausten sie, eh' noch mein Reitpferd lösen konnte seine Stränge.

Haltet aus, die Rosse schlagen! jeder Mann zu seinem Pferde!
Zittert nicht, wie vor dem Löwen die verirrte Widderherde !
Laßt sie immer euch berühren mit den wallenden Talaren!
Rufet: Allah! – und vorüber ziehn sie mit den Dromedaren.

Harret, bis im Morgenwinde eure Turbanfedern flattern!
Morgenwind und Morgenröte werden ihnen zu Bestattern.
Mit dem Tage wieder Asche werden diese nächt'gen Zieher! –
Seht, er dämmert schon! ermut'gend grüßt ihn meines Tiers Gewieher.

## Die seidne Schnur

### I

Im Harem weilt der Großwesir;
Mit Dolch und Flinte vor der Tür
Steht Wache haltend der Arnaut;
Auf eines Tigers bunter Haut

Liegt der Gebieter. – Schleierlos,
Kein Gurt umfängt den vollen Schoß;
Aus Purpurfalten glänzt wie Schnee
Ihr Fuß mit ringgeschmückter Zeh';

Entfesselt rollt ihr Haupthaar hin –
Ruht schlummernd die Zirkassierin
An seiner Brust! Vom Kaukasus
Der Demant glänzt am Bosporus.

Sein Auge glüht; sein Barthaar wallt
Auf die wollüstige Gestalt.
Sie träumt; sie lächelt; der Email
Der Zähne glänzt! – «Birgt dein Serail,

Soliman, solch ein Weib?» – Er sinkt
Zu ihr hinab, brünstig umschlingt
Er sie, berauscht von ihrem Hauch,
Von Moschusduft und Ambrarauch.

### II

»Ein Reitertrupp! Der Aga der
Eunuchen, Jussuf!«– »Bringt ihn her!«
Jussuf, der Neger aus Dar Fur,
Reicht grinsend ihm – die seidne Schnur.

### III

Wie die Oase der Samum
Versengt, gleichwie das Opium
Betäubt, wie gift'gen Hauchs die Pest
Hinwirft und ihren Raub nicht läßt:

So treffen des Verschnittnen Worte
Den Großwesir der Hohen Pforte.
Sein Mund wird blau, sein Antlitz fahl,
In Stücke reißt er seinen Schal.

»Daß dich des Blitzes Glut versehrt,
O Maulbeerbaum, der du genährt
Den Wurm, der diese Seide spann!
Verdorren soll die Hand dem Mann,

Der knechtisch diese Schnur gedreht,
Die – von Roßschweifen einst umweht!
An Leilas – meine Zeit ist um!
Das Schicksal will es! – Opium!

Ha, daß mich kein Rhodiser Spieß
Im Handgemenge jäh durchstieß!
Ha, daß mich nicht im goldnen Mörser
Zerstampfte der siegtrunkne Perser!

Ich ward verschont! Der Strang von Seide
War mir bestimmt!«– Er sinnt; der Scheide
Nimmt er den Dolch; hin fliegt die Schnur
Auf des Gemaches Teppichflur.

Leilas Gelock, lang, wallenden Falls,
Schlingt er sich um den sehn'gen Hals;
Fest knüpft er es; sie schläft; das Erz
Stößt er ihr abgewandt durchs Herz.

Sie zuckt empor; sie will entfliehn;
Die Haare – sie erdrosselt ihn!
Um seinen Mund spielt gräßlich Lächeln,
Dumpf durchs Gemach schallt beider Röcheln.

## *Piratenromanze*

### 1.

Auf dem Decke der Gabarre
Liegt der Scheik der Christenhunde,
Die erloschene Zigarre
Von Havanna in dem Munde.

O, wohl mochte die Zigarre,
Castilianer, dir verglimmen,
Da du hörtest zur Guitarre
Die holdseligste der Stimmen.

Angetan mit welscher Seide
Und mit Tüchern vom Hoangho,
Tanzt Juana, deine Freude,
Mit dem Bootsmann den Fandango.

Auf der leichten Füße Spitzen
Schwebt sie um die braunen Masten;
Ihres Gurtes Spangen blitzen,
Die mit Perlen eingefaßten.

Ihre Wange gleicht der Rose
In den Gärten von Sevilla;
Um die weißen Achseln lose
Weht und flattert die Mantilla.

Ihre Locken hält ein grünes
Netz; die beiden kleinen Mohren
Denken nicht des Tambourines;
Alles ist in Schau'n verloren.

Auf den Raa'n, auf den Lafetten
Sitzt die Mannschaft, wie gebannt;
Katagnetten und Trompeten
Statt der Lunten in der Hand. –

Die Guitarre nach dem Tanze
Reicht in Demut ihr ein Mohr.
Glänzenden Auges die Romanze
Von dem Cid Campeador

Singt sie. Horch, von den Palästen
An dem Guadalquivir
Singt sie; von den nächt'gen Festen
Zu des Tambourins Geklirr;

Von der golfbespülten Zone,
Die das Fahrzeug bald ersteuert;
Wo der träge Lazzarone
Einen ew'gen Sonntag feiert.

Horch, von Roma, von Milano
Singt sie, wo Banditen streifen –
Capitano, Capitano!
Besser wär's, dein Schwert zu schleifen!

### 2.

Auf dem weiten Mittelmeere
Gilt des Muselmanns Gesetz!
Pfeilschnell rudert die Galeere,
Sklaven braucht der Markt von Fez!

Bei dem buhlerischen Tanze
Denken sie nicht an Abdallah.
Furchtbar schimmert Mahoms Lanze –
Dreht das Schiff! – Allah il Allah!

Eine Salve durch die Laken!
Rechte Hand am Säbelgriffe!
Rud'rer, werft die Enterhaken!
Bretter legt von Schiff zu Schiffe!

Stürzt hinein! der Säbel hacke,
Bis sie die Gewehre strecken!
Spritzt auch Blut auf eure Jacke –
Rot auf Rot macht keine Flecken! –

Groß ist Allah! – Starr, voll Wunden,
Liegt der Hauptmann bei den Toten.
Die Lebend'gen knien gebunden
Auf dem Deck, dem blut'gen, roten.

Wie sie knirschen mit den Zähnen!
Ha! und dort weint Juanina!
Herrin, trockne deine Tränen
Mit dem bunten Tuch aus China!

In Marokkos sand'gem Tale,
Hinter ries'gem Palmenfächer,
In der Sonne gelbem Strahle
Schimmern des Seraglios Dächer.

Was ist dieser Dritthalbmaster?
Traun, vor dir die Segel streicht er.
Morgen um fünftausend Piaster
Ist des Sultans Seckel leichter.

## Die Toten im Meere

Tief unter grüner Meereswell'
Auf Muschelbank und Kies,
Da schlummert mancher Schiffsgesell,
Der frisch vom Lande stieß.

Die See riß sein gebrechlich Boot
Hinab auf ihren Grund;
Im Sturme fand er frühen Tod,
Und war doch so gesund.

Tief unter grüner Meereswog',
Auf Kies und Muschelbank,
Da schlummert mancher andre noch,
Der nicht im Sturm ertrank.

Er ward in enger Koje kalt,
Kam nie zurück zum Port.
Man hat ihn auf ein Brett geschnallt,
Und warf ihn über Bord.

Ein großes Grab ist Meeres Grund,
Ein Kirchhof Meeres Spiegel;
Die Wellen, schwellend all und rund,
Das sind die Grabeshügel.

O, könnte man dort unten sein,
Wär' Meeresflut verronnen:
Man säh' der Schläfer lange Reihn,
Säh' von Polypen ihr Gebein,
Das bleiche, rot umsponnen.

Man säh' ihr Kissen: weiches Moos,
Und Sand und Meereslinsen;
Man säh' wie sie mit Zähnen bloß
Ins Fischgewimmel grinsen.

Man säh', wie ihren Knochenarm
Der Sägefisch poliert;
Wie sie der Meeresfrauen Schwarm
Mit seltnen Gaben ziert.

Die eine salbt, die andre flicht
Ihr Haar, das lang begaffte,
Und schminkt ihr beinern Angesicht
Mit Purpurschneckensafte.

Die eine singt ein traurig Lied,
Die kommt mit Muschelschnüren,
Man säh' die tote Schar umglüht
Von wunderbaren Zieren;

Säh' Hand und Knöchel schön umglänzt
Von gelben Bernsteinschnallen;
Der nackte Schädel wär' bekränzt
Mit krönenden Korallen.

Und teure Perlen, rein und weiß,
Das wären ihre Augen.
Man säh' der Tiefe bunt Geschmeiß
Ihr Beinmark gierig saugen.

Man sähe jeden schlanken Mast,
Den einst die Flut getragen,
Den jetzt ein Meeresfels umfaßt,
Einen Toten überragen;

Säh' ihn, benagt von Fisch und Wurm,
Gewurzelt fest in Torfe;
Der Schläfer meint, es sei der Turm
Von seinem Heimatdorfe. –

Ja, unter grüner Meereswell',
Bei Perlen silberfarb,
Da liegt manch rüstiger Gesell,
Der in den Wellen starb.

Er schlummert fern von Haus und Hof,
Keine Blume ziert sein Grab,
Und keine Freundesträne troff
Auf sein Gesicht hinab.

Er schlummert süß; umdüstert auch
Sein Grab kein Rosmarin,
Umsäuselt's auch kein Rosenstrauch,
Keiner Trauerweide Grün,

Was tut's? – und daß sein Angesicht
Kein Tränenregen schlug,
Den Toten im Meere kümmert's nicht!
Es ist ja naß genug!

## Die Trompete von Vionville

Sie haben Tod und Verderben gespien:
Wir haben es nicht gelitten.
Zwei Kolonnen Fußvolk, zwei Batterien,
Wir haben sie niedergeritten.

Die Säbel geschwungen, die Zäume verhängt,
Tief die Lanzen und hoch die Fahnen,
So haben wir sie zusammengesprengt –
Kürassiere wir und Ulanen.

Doch ein Blutritt war es, ein Todesritt;
Wohl wichen sie unsern Hieben,
Doch von zwei Regimentern, was ritt und was stritt,
Unser zweiter Mann ist geblieben.

Die Brust durchschossen, die Stirn zerklafft,
So lagen sie bleich auf dem Rasen,
In der Kraft, in der Jugend dahingerafft –
Nun, Trompeter, zum Sammeln geblasen!

Und er nahm die Trompet', und er hauchte hinein;
Da – die mutig mit schmetterndem Grimme
Uns geführt in den herrlichen Kampf hinein,
Der Trompete versagte die Stimme!

Nur ein klanglos Wimmern, ein Schrei voll Schmerz,
Entquoll dem metallenen Munde;
Eine Kugel hatte durchlöchert ihr Erz –
Um die Toten klagte die wunde!

Um die Tapfern, die Treuen, die Wacht am Rhein,
Um die Brüder, die heut gefallen –
Um sie alle, es ging uns durch Mark und Bein,
Erhub sie gebrochenes Lallen.

Und nun kam die Nacht, und wir ritten hindann,
Rundum die Wachtfeuer lohten;
Die Rosse schnoben, der Regen rann –
Und wir dachten der Toten, der Toten!

## Geisterschau

Gleichwie an des Ades Tor
Wagend sich Odysseus setzte,
Die Gestorbenen beschwor,
Und mit Widderblut sie letzte;

Daß für das ersehnte Maß
Jeder seinen Spruch ihm gebe,
Daß zumal Teiresias
Ihm der Zukunft Schleier hebe:

So auch oft an den Gestad
Meines Erebos, des Meeres,
Sitz' ich, der Laertiad'
Eines luft'gen Totenheeres.

Aber nicht durch Blut und Wein,
Ird'schen Stoff, bin ich ihr Meister;
Kraft des Willens sind sie mein:
Nur der Geist beschwört die Geister!

Aus des Geistes Tiefen quillt,
was das Aug' als Geister schauet;
Aus mir selber, kühn und wild,
Steigt empor, davor mir grauet.

Siehe, rot vom eignen Blut,
Kommen sie herangezogen,
Seelen derer, so die Flut
In das Totenreich gezogen;

Kön'ge, denen aus der Hand
Sie das gold'ne Szepter spülte;
Mädchen, denen sie entbrannt
In den toten Reizen wühlte;

Schiffer, denen hundert Jahr
Wellen schon den Schädel netzen –
Wende dich, du düstre Schar,
denn es fasset mich Entsetzen!

Weh'! was hab ich euch gestört,
Schlummrer auf dem Grund der Meere!
Weh'! wo ist der Griechen Schwert,
Daß ich eurem Zürnen wehre!

## Der Blumen Rache

Auf des Lagers weichem Kissen
Ruht die Jungfrau, schlafbefangen,
Tiefgesenkt die braune Wimper,
Purpur auf den heißen Wangen.

Schimmernd auf dem Binsenstuhle
Steht der Kelch, der reichgeschmückte,
Und im Kelche prangen Blumen,
Duft'ge, bunte, frischgepflückte.

Brütend hat sich dumpfe Schwüle
Durch das Kämmerlein ergossen,
Denn der Sommer scheucht die Kühle,
Und die Fenster sind verschlossen.

Stille rings und tiefes Schweigen!
Plötzlich, horch! ein leises Flüstern!
In den Blumen, in den Zweigen
Lispelt es und rauscht es lüstern.

Aus den Blütenkelchen schweben
Geistergleiche Duftgebilde;
Ihre Kleider zarte Nebel,
Kronen tragen sie und Schilde.

Aus dem Purpurschoß der Rose
Hebt sich eine schlanke Frau;
Ihre Locken flattern lose,
Perlen blitzen drin, wie Tau.

Aus dem Helm des Eisenhutes
Mit dem dunkelgrünen Laube
Tritt ein Ritter kecken Mutes:
Schwert erglänzt und Pickelhaube.

Auf der Haube nickt die Feder
Von dem silbergrauen Reiher.
Aus der Lilie schwankt ein Mädchen;
Dünn, wie Spinnweb, ist ihr Schleier.

Aus dem Kelch des Türkenbundes
Kommt ein Neger stolz gezogen;
Licht auf seinem grünen Turban
Glüht des Halbmonds goldner Bogen.

Prangend aus der Kaiserkrone
Schreitet kühn ein Szepterträger;
Aus der blauen Iris folgen
Schwertbewaffnet seine Jäger.

Aus den Blättern der Narcisse
Schwebt ein Knab' mit düstern Blicken,
Tritt ans Bett, um heiße Küsse
Auf des Mädchens Mund zu drücken.

Doch ums Lager drehn und schwingen
Sich die andern wild im Kreise;
Drehn und schwingen sich, und singen
Der Entschlafnen diese Weise:

»Mädchen, Mädchen! von der Erde
Hast du grausam uns gerissen,
Daß wir in der bunten Scherbe
Schmachten, welken, sterben müssen!

O, wie ruhten wir so selig
An der Erde Mutterbrüsten,
Wo, durch grüne Wipfel brechend,
Sonnenstrahlen heiß uns küßten;

Wo uns Lenzeslüfte kühlten,
Unsre schwanken Stengel beugend,
Wo wir nachts als Elfen spielten,
Unserm Blätterhaus entsteigend.

Hell umfloß uns Tau und Regen;
Jetzt umfließt uns trübe Lache;
Wir verblühn, doch eh' wir sterben,
Mädchen! trifft dich unsre Rache!«

Der Gesang verstummt; sie neigen
Sich zu der Entschlafnen nieder.
Mit dem alten dumpfen Schweigen
Kehrt das leise Flüstern wieder.

Welch ein Rauschen, welch ein Raunen;
Wie des Mädchens Wangen glühen!
Wie die Geister es anhauchen!
Wie die Düfte wallend ziehen!

Da begrüßt der Sonne Funkeln
Das Gemach; die Schemen weichen.
Auf des Lagers Kissen schlummert
Kalt die lieblichste der Leichen.

Eine welke Blume selber,
Noch die Wange sanft gerötet,
Ruht sie bei den welken Schwestern –
Blumenduft hat sie getötet!

## Adolf Glassbrenner

### 1810–1876

### Das Märchen vom Reichtum und der Not

's war einmal Bruder und Schwester:
Der Reichtum und die Not;
Er schwelgte in tausend Genüssen,
Sie hatte kaum trocken Brot.

Die Schwester diente beim Bruder
Viel hundert Jahre lang;
Ihn rührt' es nicht, wenn sie weinte,
Noch, wenn sie ihr Leiden besang.

Er fluchte und trat sie mit Füßen;
Er schlug ihr ins sanfte Gesicht;
Sie fiel auf die Erde und flehte:
Hilfst du, o Gott, mir nicht?

Wie wird das Lied wohl enden?
Das ist ein traurig Lied!
Ich will's nicht weiterhören,
Wenn nichts für die Schwester geschieht!

Das ist das Ende vom Liede,
Vom Reichtum und der Not:
An einem schönen Morgen
Schlug sie ihren Bruder tot.

### Wert des Lebens

Er stand an dem Kupfergraben,
Der Eckensteher Zimmt,
Er schaute hinab in das Wasser
Und war sehr trübe gestimmt.

»Wat soll ick mir länger hier quälen?
So'n Leben hab ick satt!
Ick stürze mir runter in't Wasser,
Wo allens en Ende hat.«

So sprach er und machte schon Anstalt –
Da kam ein Kollege vorbei;
Der sagte: »Ick habe vier Jroschen,
Die wolln wir verkümmeln, juchhei!«

Da besann sich der Zimmt ein wenig
Und rief: »Wat bin ick vor'n Tor!
Wat hilft mir denn ooch det Ersaufen?
Ick ziehe det Besaufen vor!«

### Geisterrache

Der Censor schlief, es war Mitternacht;
Da regt sich's in seinen Schranken;
Da standen die bleichen Geister auf,
Die ermordeten Gedanken.
Sie seufzten tief, sie seufzten schwer;
Sie wankten und schwankten hin und her,
Und: wehe! wehe! wehe!
Erscholl's in des Mörder's Nähe.

»Ich hatte das arme Volk zu lieb!«
Erhub der Eine die Stimme.
»Ich forderte das versprochene Glück
Mit schlecht verbissenem Grimme.«
Der Dritte sprach: »Ich war munteres Blut,
Ich verwechselte ein Mal Szepter und Knut'!«
Der Vierte: »Ich war ein Tadel
Gegen den lästigen Adel.«

»Ich forderte keck das freie Wort!«
»Und ich die Gleichheit der Rechte.«
»Ich sagte: die Fürsten gehörten dem Volk.«
»Und ich: wir wären keine Knechte!«

»Ich höhnte die traurige Petition.«
»Ich aber rief: habt ihr vergessen schon?
Unterdrückt, verbietet nur fleißig:
Ein Tausend Acht hundert und dreißig!«

So sprachen sie alle in finsterm Groll,
Und schwuren Rache zum Himmel;
Drauf wirrt's und schwirrt's um des Schläfers Kopf,
Das böse Geister-Gewimmel.
Sie krochen durch Nase, durch Ohr und Mund;
Sie rissen am Haar ihn, sie stopften den Schlund,
Sie tobten auf seiner Stirne,
Sie schrieen in seinem Gehirne.

Früh Morgens wurde dem Censor verliehn
Ein großer, langer Orden;
Er aber sah stier auf das bunte Band,
Denn er war wahnsinnig worden. –
An jenem Schrank', in der Nacht darauf,
Hing er mit dem Ordensbande sich auf,
Und draußen hörte der Wächter
Ein fürchterliches Gelächter.

## Der Tambour

Vor Zeiten war ein Herzog hoch,
Der wohl sein armes Land betrog;
Der war bei seinem Volk verhaßt,
Als wie der Gottseibeiuns fast.

Da plötzlich schon früh Morgens stund
Ein Tambour in des Schlosses Rund,
Der hatte gar ein bleich Gesicht,
Und blickte stier, wie Menschen nicht.

Der trommelte in wildem Drang,
Daß wohl dem Besten wurde bang:
Rundherum, rundherum am Thron
Rebellion, Rebellion, Rebellion!

Dem Herzog fährt es durch den Leib;
Er zittert wie ein schwaches Weib;
Kaum hat er Kraft zu diesem Wort:
Schafft mir den bleichen Tambour fort.

Der Tambour trommelt immerzu,
Und sonder Rast und sonder Ruh':
Rundherum, rundherum am Thron
Rebellion, Rebellion, Rebellion!

Es läuft hinab die Höflingsschar;
Sie fand nicht, wo der Schrecken war;
Hat Nichts gesehn, hat Nichts gehört,
Und glaubt, der Herzog sei betört.

Der Tambour trommelt immer zu,
Und sonder Rast und sonder Ruh:
Rundherum, rundherum am Thron
Rebellion, Rebellion, Rebellion!

Der Herzog wurde matt und krank,
Es klang ihm schon wie Grabgesang;
Er schrie vor Schmerz, er schrie vor Wut,
Verzweifelt war sein böser Mut.

Der Tambour trommelt immerzu,
Und sonder Rast und sonder Ruh':
Rundherum, rundherum am Thron
Rebellion, Rebellion, Rebellion!

# Georg Ludwig Weerth

### 1822–1856

## Herüber zog eine schwarze Nacht

Herüber zog eine schwarze Nacht.
Die Föhren rauschten im Sturme;
Es hat das Wetter wild zerkracht
Die Kirche mit ihrem Turme.

Zerschmettert das Kreuz, zerdrückt der Altar.
Zermalmt das Gebein in den Särgen –
Die gotischen Bögen wälzen sich
Donnernd hinab von den Bergen.

Zum Dorfe stürzt sich Turm und Chor
Als wie zu einem Grabe –
Da fährt entsetzt vom Lager empor
Und spricht zur Mutter der Knabe:

»Ach Mutter, mir träumte ein Traum so schwer,
Das hat den Schlaf mir verdorben.
Ach Mutter, mir träumte, soeben wär
Der liebe Herrgott gestorben.«

## Das ist das Haus am schwarzen Moor

Das ist das Haus am schwarzen Moor!
Wer dort im letzten Winter fror,
Der friert dort nicht in diesem Jahr –
Er sank schon längst auf die Totenbahr.

Das ist das Haus am schwarzen Moor,
Das Haus, wo der alte Jan erfror.
Zur Tür gewandt das weiße Gesicht,
Starb er und wußt es selber nicht.

Er starb. – Da kam, wie ein scheues Reh,
Der Tag und hüpfte über den Schnee.
»Guten Morgen, Jan! Guten Morgen, Jan!« –
Der Jan keine Antwort geben kann.

Da erhuben die Glocken ihr hell Geläut,
Sie sangen und klangen und riefen so weit:
»Guten Morgen, Jan! Guten Morgen, Jan!« –
Der Jan keine Antwort geben kann.

Da kamen die Kinder aus der Stadt:
»Wir wissen, wie lieb er uns alle hat;
Guten Morgen, Jan! Guten Morgen, Jan!« –
Der Jan keine Antwort geben kann.

Tag, Glocken und Kinder er nicht verstund.
Da nahte die sonnige Mittagsstund,
Da nahte ein armes Weib: »Mein Jan,
Willst essen und trinken nicht, alter Mann?

Sieh, was ich brachte dir aus der Stadt;
Sollst froh nun werden und warm und satt!« –
Die Alte sah lange auf ihren Jan,
Da fing sie bitter zu weinen an.

Da weinte sie an dem schwarzen Moor,
Am Moor, wo der alte Jan erfror;
Da weinte sie ihr brennend Weh
Hinunter in den kalten Schnee.

### Es war ein armer Schneider

Es war ein armer Schneider,
Der nähte sich krumm und dumm;
Er nähte dreißig Jahre lang
Und wußte nicht warum.

Und als am Samstag wieder
Eine Woche war herum:
Da fing er wohl zu weinen an
Und wußte nicht warum.

Und nahm die blanken Nadeln
Und nahm die Schere krumm –
Zerbrach so Scher und Nadel
Und wußte nicht warum.

Und schlang viel starke Fäden
Um seinen Hals herum –
Und hat am Balken sich erhängt
Und wußte nicht warum.

Er wußte nicht – es tönte
Der Abendglocken Gesumm.
Der Schneider starb um halber acht,
Und niemand weiß warum.

## Ludwig Pfau

### 1821–1894

### Der Geiger von Oppenau

Zu Oppenau war ein Geiger,
Der lustigste Geiger im Land,
Hat alle Wirtshauszeiger
Auf zwanzig Meilen gekannt.

Wo seine Fiedel geklungen,
Da konnte kein Fuß mehr stehn,
Da sprangen die Alten und Jungen,
Die Stube fing an zu drehn.

Wann ihm das Schweben und Schwingen
Im Herzen gar wohl gefiel,
Dann hub er an zu singen,
Zu jauchzen mitten im Spiel:

»O Handwerk sondergleichen,
Das die edle Fiedel streicht!
Da müssen die Sorgen weichen,
Die Herzen, die werden leicht
– Juhe!
Die Herzen, die werden leicht.

Ich weiß von keiner Plage,
Mein Weib von keiner Not;
In meinem Kalender die Tage,
Die Tage sind alle rot
– Juhe!
Die Tage sind alle rot.

Mein Weib ist wie die Fiedel:
Gestimmt bei Tag und Nacht;
Sie ist mein fröhlichstes Liedel,
Weist Zähne nur, wenn sie lacht
– Juhe!
Die Zähne nur, wenn sie lacht.

Drei Nächte hab ich den Reigen
Geführt im Hochzeithaus;
Nun will ich zur Ruh euch geigen:
Zuletzt geht alles aus
– O weh!
Zuletzt geht alles aus.«

Da zog er heim vom Schmause,
Das war sein schwarzer Tag:
Sein Weib war nicht zu Hause,
Sein Weib im Sarge lag.

Der Sarg kam schon gefahren
Zum letzten Ruheort;
Da setzte sich auf die Bahren
Der Geiger und sprach kein Wort.

Da spielt' er also süße
Walzer auf seiner Truh –
Zu hüpfen begannen die Füße,
Die Augen weinten dazu.

Da spielt' er so gewaltsam
Dem Trauerzug voraus –
Der tanzte unaufhaltsam
Den Kirchhofweg hinaus.

»Müßt nicht so finster schauen,
Herr Pfarr, zu diesem Reih'n
Das soll meiner lieben Frauen
Ehrenbegräbnis sein.

Wer fröhlich des Weges gekommen,
Dem gönnet ein fröhliches End –
So heißt, ihr Leute, der frommen
Geigerin Testament.

Nun hat sie gefreit der eine,
Der große Fiedelmann,
Der alle Sorgen alleine
Für immer vergeigen kann.«

## Der Leineweber

Der bleiche Weber sitzt am Stuhl,
Er wirft mit matter Hand die Spul' –
    Knick, knack! –
Er hebt den müden Fuß zum Treten -:
»Herr Gott! Jetzt kann ich nimmer beten –
    Knick, knack! –
Du Linnentuch, du Linnentuch!
Ein jeder Faden sei ein Fluch!«

Es webt und webt sein morscher Leib,
Am Boden liegt sein sterbend Weib –
    Knick, knack! –
Die Not sitzt bei ihr, sie zu pflegen,
Der Hunger gibt ihr noch den Segen –
    Knick, knack! –
»Du Linnentuch, du Linnentuch!
Ein jeder Faden sei ein Fluch!

Der erste Fluch für unsern Herrn!
Hussa! Da springt mein Schifflein gern –
    Knick, knack! –
Er darf am vollen Tische lungern,
Wenn wir am Webestuhl verhungern –
    Knick, knack! –
Du Linnentuch, du Linnentuch!
Ein jeder Faden sei ein Fluch!

Und einer für den Pfaffen gleich,
Der uns verspricht das Himmelreich –
    Knick, knack! –
Wir sollen sterben und verderben,
Das heißt die Seligkeit erwerben –
    Knick, knack! –
Du Linnentuch, du Linnentuch!
Ein jeder Faden sei ein Fluch!

Der Faden hier sei dem verehrt,
Der Kugeln uns statt Brot beschert –
   Knick, knack! –
Dem hohen Herrn von Gottes Gnaden:
O werd' ein Strick, du schwacher Faden! –
   Knick, knack! –
Du Linnentuch, du Linnentuch!
Ein jeder Faden sei ein Fluch!

Die Lampe, wie sie plötzlich loht!
Gottlob, mein Weib, nun bist du tot –
   Knick, knack! –
Das ist der Trost in unsrem Leben,
Daß wir das Bahrtuch selber weben –
   Knick, knack!
O könnt' ich weben, Fluch um Fluch,
Der ganzen Welt ein Leichentuch!«

## Adolf Friedrich Graf von Schack
### 1815–1894

### Das Bahrrecht

»Nun geht, Graf Otto! Zum drittenmal
Erduldetet Ihr die Folterqual!
Und habt sie, wie keiner, bestanden.
Wohlan denn! Reinigt Euch ganz von Verdacht.
Als hättet den Ohm Ihr umgebracht
Aus Gier nach Schätzen und Landen!
Drei Stunden harret mit festem Mut
Allein an der Bahre, darauf er ruht
Entquillt den Wunden alsdann kein Blut,
So lösen wir Euch aus den Banden.«

Drauf Otto: »Ich scheue die Probe nicht;
Kommt, daß ich allen wie Sonnenlicht
So klar meine Unschuld mache!«
Er spricht's; ihn führen die Schöffen den Gang
Zur Totenkammer schweigend entlang;
Durch die Tür ein läßt ihn die Wache.
Davor wird wieder gewälzt der Stein,
Und der Graf bei flimmerndem Lampenschein
Bleibt mit des Herzogs Leiche allein
Im schwarzbehängten Gemache.

Da liegt der Greis, der einst ihn erzog
Und mild des verwaisten Knappen pflog,
Da liegt er vor ihm auf der Bahre;
Sein Antlitz, drauf einst Liebe wie Haß
So mächtig geflammt, nun welk und blaß,
Umflossen vom weißen Haare.
Graf Otto steht in Sinnen versenkt;
Nicht mehr, wie schwer ihn der Tote gekränkt,
Als er ihm die Tochter versagt, nun denkt
Er nur an die glücklichen Jahre;

Denkt, wie er zuerst mit Schwert und Schild
Zur Seite des Ohms aufs Schlachtgefild
Gesprengt durch das Waffengeblitze;
Und wie, als er selber im Kampfe verzagt,
Sein eigenes Leben der Herzog gewagt,
Damit er den Knappen beschütze.
Er denkt es; ihm deckt die Augen ein Flor;
Blut, glaubt er, quill' aus den Wunden hervor,
Das, Gottes Rache heischend, empor
Zur Wölbung der Kammer spritze.

Noch steht in stummem Starren der Graf;
Da ist ihm, als säh' er vom Todesschlaf
Den Greis sich langsam erheben,
Als schlag' er die Augenlider zurück
Und schau' ihn an mit dem alten Blick,
Nur finsterer als im Leben.
Graf Otto taumelt zurück mit Graun;
Er wankt, doch kann er hinweg nicht schaun;
Kalt auf die Stirne fühlt er es taun
Und den Boden unter sich beben.

An der Bahre liegt er dahingestreckt,
Als Stimmenruf aus dem Starren ihn weckt;
Schon sind verronnen die Stunden.
Die Richter treten in das Gemach
Und forschen nach Sitte des Bahrrechts nach,
Ob Blut entquollen den Wunden.
Sie rufen: »Glückauf! Kein Tropfen floß!
Glückauf, Graf Otto, besteigt Eur Roß;
In Frieden kehrt heim nach Windeckschloß!
Unschuldig seid Ihr befunden.«

Wohl hört der Verklagte der Richter Wort;
Stumm aber liegt er fort und fort
Zu des schweigenden Klägers Füßen;
Glückwünschend strömen die Diener herbei:
»Was zögert Ihr, Herr? Ihr seid nun frei!«
Doch achtet er nicht ihr Grüßen.
Aufspringt er und ruft, aus dem Brüten erwacht:
»Ich habe den Oheim umgebracht
Und heische das eine: noch diese Nacht
Die Strafe des Mordes zu büßen.«

# Klaus Johann Groth

## 1819–1899

### Ol Büsum

Ol Büsen liggt int wille Haff,
De Floth de keem un wöhl en Graff.

De Floth de keem un spöl un spöl,
Bet se de Insel ünnerwöhl.

Dar blev keen Steen, dar blev keen Pahl,
Dat Water schäl dat all hendal.

Dar weer keen Beest, dar weer keen Hund,
De ligt nu all in depen Grund.

Un allens, wat der lev un lach,
Dat deck de See mit depe Nach.

Mitünner in de holle Ebb
So sieht man vunne Hüs de Köpp,

Denn dukt de Torn herut ut Sand,
As weert en Finger vun en Hand.

Denn hört man sach de Klocken klingn,
Denn hört man sach de Kanter singn,

Denn geit dat lisen dör de Luft:
»Begrabt den Leib in seine Gruft.«

### Hans Iwer

De Rat liggt dal, de Krog liggt wöst:
De arme Seel hett Gott erlöst. –

Hans Iwer reep des Morgens fröh:
»Sta op! sta op! un melk de Köh!«

Dat Mäden flog vör Schreck tosam:
»O ja, Hans Iwer, ik will kam'!«

Se weer en arm verlaten Blot,
Se be toeerst ton lewen Gott.

Er Hemd is deker, dünn de Rock,
Se bindt umt lange Haar en Dok.

Se schörtt umt smalle Lif en Egg,
Se nimt de Drach un is torech.

Dat Mäden weer so junk un möd,
Er sangeln noch de weken Föt.

Dat Gras is kold vun Dak und Dau,
Dat Feld liggt bleek int Morgengrau.

Do weet se gar ni wa er ward,
Er kruppt de kole Angst umt Hart!

Is dat de Voss de jankt int Feld?
Is dat en Hund de hult un bellt?

Se hört as reep Hans Iwer fröh:
»Sta op! sta op! un melk de Köh!«

Do springt se schüchtern op dat Steg:
Herr Gott! dar steit en Wulf inn Weg!

In Newel steit he, hult un bellt,
Do klingt dat dör dat wide Feld!

Do schütt se as en Lamm tosam
Und röppt: »Hans Iwer, ja! ik kam!« –

As se vör Schrecken sik besunn,
Do weer de böse Wolf verswunn. –

Se keem to Hus mit Drach un Melk,
Do weer Hans Iwer leeg un welk.

Denn is he storbn, bi Nacht alleen.    Gott hett sin arme Seel erlöst:
De Werwulf is ni wedder sehn.      Sin Kat und Krog liggt wild un wöst.

## He wak

Se keem ant Bett in'n Dodenhemd un harr en Licht in Hand,
Se weer noch witter as er Hemd un as de witte Wand.

So keem se langsam langs de Stuv un fat an de Gardin,
Se lücht un keek em int Gesich un lœhn sik œwerhin.

Doch harr se Mund un Ogen to, de Bossen stunn er still,
Se röhr keen Lid un seeg doch ut as een, de spreken will.

Dat Gresen krop em langs den Rügg un Schuder dœr de Hut,
He meen, he greep mit beide Hann' un wehr sik vœr den Dod,

He meen, he schreeg in Dodensangst, un broch keen Stimm herut.
Un föhl mank alle Schreckensangst, he röhr ni Hand noch Fot.

Doch as he endli to sik keem, do gung se jüs ut Dœr,
Us Krid so witt, in Dodenhemd, un lücht sik langsam vœr.

## Matten Has

Lütt Matten, de Has',    Kumm laat uns tosam!
de maak sick een Spaß,    Ik kann as de Daam!
he weer bi't Studeern,    De Kreih, de speelt Fidel,
dat Danzen to lehrn,    denn geiht dat kandidel,
un danz ganz alleen    denn geiht dat man scheun,
op de achtersten Been.    op de achtersten Been!

Keem Reinke de Voss    Lütt Matten geev Poot.
un dach: dat's een Kost!    de Voss beet em dood.
Un seggt: »Lüttje Matten,    Un sett sick in'n Schatten,
so flink op de Padden?    verspies de lütt Matten.
Un danzst hier alleen    De Kreih, de kreeg een
op dien achtersten Been?    vun de achtersten Been.

# Christian Friedrich Hebbel
## 1813–1863

### Das Kind am Brunnen

»Frau Amme, Frau Amme, das Kind ist erwacht!«
Doch die liegt ruhig im Schlafe.
Die Vöglein zwitschern, die Sonne lacht,
Am Hügel weiden die Schafe.

»Frau Amme, Frau Amme, das Kind steht auf,
Es wagt sich weiter und weiter!«
Hinab zum Brunnen nimmt es den Lauf,
Da stehen Blumen und Kräuter.

»Frau Amme, Frau Amme, der Brunnen ist tief!«
Sie schläft, als läge sie drinnen!
Das Kind läuft schnell, wie es nie noch lief,
Die Blumen locken's von hinnen.

Nun steht es am Brunnen, nun ist es am Ziel,
Nun pflückt es die Blumen sich munter,
Doch bald ermüdet das reizende Spiel,
Da schaut's in die Tiefe hinunter.

Und unten erblickt es ein holdes Gesicht,
Mit Augen, so hell und so süße.
Es ist sein eignes, das weiß es noch nicht;
Viel stumme freundliche Grüße!

Das Kindlein winkt, der Schatten geschwind
Winkt aus der Tiefe ihm wieder.
»Herauf! Herauf!« so meint's das Kind:
Der Schatten: »Hernieder! Hernieder!«

Schon beugt es sich über den Brunnenrand,
»Frau Amme, du schläfst noch immer!«
Da fallen die Blumen ihm aus der Hand
Und trüben den lockenden Schimmer.

Verschwunden ist sie, die süße Gestalt,
Verschluckt von der hüpfenden Welle,
Das Kind durchschauert's fremd und kalt,
Und schnell enteilt es der Stelle.

## 's ist Mitternacht!

's ist Mitternacht!
Der eine schläft, der andre wacht.
Er schaut beim blauen Mondenlicht
Dem Schläfer still ins Angesicht;
Drin tut ein böser Traum sich kund,
Wie seltsam zuckt er mit dem Mund!
's ist Mitternacht!
Der eine schläft, der andre wacht.

's ist Mitternacht!
Der eine schläft, der andre wacht.
»So sah der Freund noch nimmer aus,
Er greift zum Dolch, er macht mir Graus,
Er stößt, er lacht – du triffst ja mich!
Erwache doch, ich rüttle dich!«
's ist Mitternacht!
Der andre ist nur halb erwacht.

's ist Mitternacht!
Der andre ist nur halb erwacht!
Er stiert, er ruft: »So lebst du noch,
Verruchter, und ich traf dich doch?
So nimm noch den! Hei! Der war gut!
Warm spritzt mir ins Gesicht dein Blut!«
's ist Mitternacht!
Nun schlafen beide, keiner wacht.

's ist Mitternacht!
Sie schlafen beide, keiner wacht!
Du wüste Eul' im Eibenbaum,
Du krächztest ihn in diesen Traum,
Nun fängt die häm'sche Dohle an,
Ob sie ihn nicht erwecken kann.
's ist Mitternacht!
Gott gebe, daß er nie erwacht!

## Der Heideknabe

Der Knabe träumt, man schicke ihn fort
mit dreißig Talern zum Heideort,
    er ward drum erschlagen am Wege,
    und war doch nicht langsam und träge.

Noch liegt er im Angstschweiß, da rüttelt ihn
sein Meister und heißt ihm, sich anzuziehn,
    und legt ihm das Geld auf die Decke
    und fragt ihn, warum er erschrecke.

»Ach Meister, mein Meister, sie schlagen mich tot,
die Sonne, sie ist ja wie Blut so rot!«
    »Sie ist es für dich nicht alleine,
    drum schnell, sonst mach ich dir Beine!«

»Ach Meister, mein Meister, so sprachst du schon,
das war das Gesicht, der Blick, der Ton,
    gleich greifst du« – zum Stock, will er sagen,
    er sagts nicht, er wird schon geschlagen.

»Ach Meister, mein Meister, ich geh, ich geh,
bring meiner Mutter das letzte Ade!
    Und sucht sie nach allen vier Winden,
    am Weidenbaum bin ich zu finden!«

Hinaus aus der Stadt! Und da dehnt sie sich,
die Heide, nebelnd, gespenstiglich!
   Die Winde darüber sausend:
   »Ach, war hier *ein* Schritt wie tausend!«

Und alles so still, und alles so stumm,
man sieht sich umsonst nach Lebendigem um;
   nur hungrige Vögel schießen
   aus Wolken, um Würmer zu spießen.

Er kommt ans einsame Hirtenhaus,
der alte Hirt schaut eben heraus,
   des Knaben Angst ist gestiegen,
   am Wege bleibt er noch liegen.

»Ach Hirte, du bist ja von frommer Art,
vier gute Groschen hab ich erspart,
   gib deinen Knecht mir zur Seite,
   daß er bis zum Dorf mich begleite.

Ich will sie ihm geben, er trinke dafür
am nächsten Sonntag ein gutes Bier;
   dies Geld hier, ich trag es mit Beben,
   man nahm mir im Traum drum das Leben!«

Der Hirt, der winkte dem langen Knecht,
er schnitt sich eben den Stecken zurecht,
   jetzt trat er hervor – wie graute
   dem Knaben, als er ihn schaute!

»Ach Meister Hirte, ach nein, ach nein,
es ist doch besser, ich geh allein!«
   Der Lange spricht grinsend zum Alten:
   »Er will die vier Groschen behalten.«

»Da sind die vier Groschen!« Er wirft sie hin
und eilt hinweg mit verstörtem Sinn.
   Schon kann er die Weide erblicken,
   da klopft ihn der Knecht in den Rücken.

»Du hältst es nicht aus, du gehst zu geschwind,
ei, Eile mit Weile, du bist ja noch Kind,
   auch muß das Geld dich beschweren,
   wer kann dir das Ausruhn verwehren!

Komm, setz dich unter den Weidenbaum,
und dort erzähl mir den häßlichen Traum,
   ich träumte – Gott soll mich verdammen,
   trifft's nicht mit deinem zusammen!«

Er faßt den Knaben wohl bei der Hand,
der leistet auch nimmermehr Widerstand;
   die Blätter flüstern so schaurig,
   das Wässerlein rieselt so traurig!

»Nun sprich, du träumtest« – »Es kam ein Mann« –
»War ich das? Sieh mich doch näher an,
   ich denke, du hast mich gesehen!
   Nun weiter, wie ist es geschehen?«

»Er zog ein Messer!« – »War das wie dies?« –
»Ach ja, ach ja!« – »Er zogs« – »Und stieß« –
   »Er stieß dirs wohl durch die Kehle?
   Was hilft es auch, daß ich dich quäle!«

Und fragt ihr, wies weiter gekommen sei?
So fragt zwei Vögel, die saßen dabei,
   der Rabe verweilte gar heiter,
   die Taube konnte nicht weiter!

Der Rabe erzählt, was der Böse noch tat,
und auch, wie's der Henker gerochen hat;
   die Taube erzählt, wie der Knabe
   geweint und gebetet habe.


## Situation

O könnt ich doch wachen, mir ist so bang!
es ist mir wie nie noch mein Leben lang!
Die Augen, die fallen ihr zu.

Und vor ihr Bette, den Dolch in der Hand,
tritt einer, der längst vor der Tür schon stand –
Du Düstrer, was willst denn du?

Er schaut sie an, ihr wirds so heiß,
sie trocknet im Schlaf von der Stirn den Schweiß,
dann lächelt sie wieder in Ruh.

Er hebt den Dolch, nun ists zu End,
sie zittert, sie betet, sie faltet die Händ,
und schläft doch immer noch zu.

Wie's betet, das Kind, und schläft zugleich,
das trifft ihn ins Herz, er wendet sich bleich:
»Ich komm nicht wieder! Schlaf zu!«

## Der Zauberhain

»Schnell vorüber, junger Ritter,
　Wie der Morgenwind auch säuselt
Und wie schön zu grünen Wellen
　Er das frische Laub auch kräuselt!«

Doch, er ist, noch eh' er hörte,
　Schon vom Roß herabgesprungen
Und, die Zügel von sich schleudernd,
　In den Zauberhain gedrungen.

»Pflücke nicht die schwarzen Rosen,
　Die um jeden Stamm sich ranken,
Wenn sie auch noch heißre Düfte
　Als die roten in sich tranken!«

Doch, er hat sich gleich die erste,
　Die er schwanken sah, gebrochen,
Und er taumelt selig weiter,
　Denn sie hat ihn nicht gestochen.

»Horche nicht dem bunten Vogel,
　Der zu dir herunterflötet,
Denn ihn schickt die böse Hexe,
　Die durch ihre Küsse tötet!«

Doch, er bleibt wie trunken stehen,
　Und der Vogel schwingt sich nieder,
Und er hüpft ihm auf die Achsel
　Und beginnt noch süßre Lieder.

»Öffne nimmermehr die Augen,
　Die sich dir von selbst geschlossen,
Weil, erwacht aus tiefem Schlafe,
　Sie sich naht, von Glanz umflossen!«

Doch, er kann sich nicht bezwingen,
　Und nun ist's um ihn geschehen,
Denn er wird das Höllenbildnis
　Immer schöner werden sehen.

»Spei sie an, und dein Entzücken
　Wandelt sich in Haß und Grauen,
Denn sie schrumpft vor dir zusammen,
　Und du kannst sie niederhauen!«

Doch, zu spät! Die Blätter fallen
　Schon mit Macht, um ihn zu decken,
Denn der Zweite kommt gezogen,
　Und ein Toter könnt' ihn schrecken!

## Vater und Sohn

»Wer hat die Kohle ins Dach gesteckt?« –
»Mein Sohn, dein Knabe tat's!« –
»Sein Arm ist zu kurz, wie hoch er ihn reckt!« –
»Ich hob ihn empor, er erbat's.« –

»Er weiß noch nicht, was Feuer ist,
Du lehrtest ihn dies Spiel,
Und wenn du denn ganz ein Teufel bist,
So steck ich dir heut das Ziel!«

Nun packt er den Vater beim weißen Schopf
Und schleift ihn hinaus in die Nacht,
Das Knäblein mit dem blonden Kopf
Schaut nach, der Alte lacht.

»Du höhnst mich noch? Ich schlag' dich, Hund!« –
»Schlag zu, mir tut's nicht weh!« –
»Ich trete dich!« – »Das ist gesund!
Juchhe! Juchhe! Juchhe!«

So kommen sie an die schwarze Schlucht,
In der es ewig braust,
Weil sie in unterirdischer Flucht
Der wildeste Strom durchsaust.

»Mein Sohn, mein Sohn, nicht dort hinein,
Halt an in deinem Lauf!
Dort fault schon menschliches Gebein,
Dort droht ein Schatten herauf!« –

»Wer fault denn dort?« – »Mein Vater, Sohn,
Schau, eben zeigt er sich!« –
»Wem droht der Schatten?« – »Wem sollt' er drohn?
Dem Mörder, und das bin ich!

Es war wie heut, kalt pfiff der Wind,
Die Wolken hingen schwer,
Du standest dabei, ein stummes Kind,
Dein Zucken kommt daher.

Ich wehr' mich nicht, mach's ab, mach's ab,
Hier ist ein Messer dazu,
Nur gönne mir ein eignes Grab,
Dort fänd' ich nimmer Ruh'!«

Der Mond ergießt sein blaues Licht
Durch eine Wolke schwach,
Es trifft ein blasses Kindergesicht,
Das Knäblein schlich sich nach.

Ihn graust, er zieht mit der Rechten schnell
Sein Kind zu sich heran
Und reicht die Linke auf der Stell'
Dem bösen Vater dann.

»Steh auf, und steckst du auch morgen mir
Die Hütte ganz in Brand,
Ich setze den Stuhl in der neuen dir,
Der in der alten stand.«

# Gustav Freytag
### 1816–1895

## Ein grauer, riesiger Jägersmann

Der Sturm durchfährt den Föhrenwald,
die Sterne glänzen bleich und kalt,
Großmutter lauscht mit starrem Blick,
die Bäume brechen, die Dohlen schrein,
und des Försters Kind
erzittert im Wind
und schaut in die schwarze Nacht hinein.

»Großmutter, hörst du das ferne Gebell
dort unten im Busche, scharf und hell?
der Vater, der liebe Vater kommt!«
Der Alten zuckt es im starren Gesicht:
»In der zwölften Stund'
bellt mancher Hund.
Die Hunde des Vaters sind es nicht.«

Und wieder beugt sich das Kind zurück:
»Ein Hifthorn hör ich, ein Jägerstück,
sie blasen das Ende, der Vater kommt!«
Da spricht die Alte mit zitterndem Mund:
»Der die Noten blies,
ins Jagdhorn stieß,
keine Tochter hat er im Erdengrund.«

Zum dritten Male die Dirne lauscht:
»Horch, Mutter, ein Fuß im Walde rauscht,
die Blätter rasseln, der Vater kommt.«
Die Alte sinkt in die Kissen hinein:
»So rauscht und tritt
kein Männerschritt:
Gott schütz und rette dich, Töchterlein!«

Da pocht es im Tor, die Meute bellt,
das Haus ein falber Schein erhellt,
und ein grauer, riesiger Jägersmann,
mit Eulenfedern am breiten Hut,
tritt ein geschwind.
Dem Försterkind
erstarrt bei seinem Gruße das Blut.

Es liegt im Holze beim Erlenquell
ein alter, wunder Jagdgesell,
er ruft die Tochter, sie hört ihn nicht,
der Sturm nur hört ihn im Föhrenwald,
noch einer hört's,
noch einen stört's,
daß der Alte ruft und die Fäuste ballt.

# Emanuel Geibel
### 1815–1884

## Die weiße Schlange

Auf der Burg in reichgeschmückter Halle
Schweigsam brütend sitzt der greise Stojan,
Sitzt beim vollen Silberkrug und trinkt nicht,
Starrt empor zum Balkenwerk der Decke,
Das von güldnen Drachenköpfen funkelt;
Hell ins Fenster lacht die Spätherbstsonne,
Doch nicht mit ihr lacht die Seele Stojans;
Denn sie denkt Gedanken vorger Tage,
Denkt und sinnt, und weiß nicht froh zu werden.

Tritt zu ihm herein vom See der Fischer,
Neigt sich dreimal tief und spricht die Worte:
»Grüß dich Gott, Herr Stojan, mein Gebieter!
Heute nacht im See die Netze warf ich,
Doch nicht Aale fing ich drin, noch Karpfen,
Noch die Brut des blaugefloßten Hechtes,
Fing statt ihrer eine weiße Schlange,
Weiß am Kopf und Rücken, rot am Bauche.
Wer von solcher weißen Schlange isset,
Der vernimmt es, was die Tiere sprechen,
Auf dem Feld das Wild, im Laub die Vögel.
Auch der Wipfel Rede mag er deuten,
Wenn sie flüstern mit den grünen Zungen,
Und des Bachs Geschwätz, der Winde Sausen.
Gibst du dreißig Goldstück mir, Herr Stojan,
Will ich dir die weiße Schlange lassen.«

Dreißig Goldstück gibt der Greis dem Fischer,
Schickt ihn heim und ruft den Koch zur Stelle,
Daß er ihm die Schlange zubereite;
Spricht dann zu sich selbst, und pfeift dazwischen:
Mag hinfort mich die Woiwodschaft meiden,
Die mir nicht zum Schmause kommt um Ostern
Noch zum Zechgelag am Neujahrsabend;
Fortan lach ich ihres Außenbleibens.
Reden werd ich mit den Tieren draußen,
Daß sie die Gedanken mir verscheuchen
Und die Träume, die ich träum im Wachen.

Als die Mittagstunde nun geschlagen,
Bringt der Koch die Schlange wohlbereitet,
Grünumkränzt auf goldgediegner Schüssel.
Munter setzt Herr Stojan sich zur Tafel,
Legt sich vor und ißt mit Wohlbehagen,
Ißt, und trinkt vom roten Wein dazwischen,
Bis die Schüssel auf den Grund geleert ist.
Drauf vom Sessel springt er auf die Füße,
Schnallt sich um den Säbel mit Smaragden,
Heißt den Knecht sein türkisch Rotroß satteln,
Schwingt sich auf und reitet aus dem Hofe.

Bald im dichten Walde trabt Herr Stojan,
Wo der Weg zum schwarzen See hinabführt,
Laublos schon am Wege stehn die Bäume;
In den Wipfeln hört er da ein Schallen,
Das von Ast zu Aste weiterflüstert,
Bang und traurig wie von Menschenstimmen,
Die ein dräuend Unheil sich verkünden.
Doch er achtet's kaum und reitet weiter.

Als er nun den schwarzen See erreicht hat,
Flattern übers Wasser her zwei Raben,
Alte Vögel beide, breitgeflügelt,
Ruhn dann krächzend aus auf einer Fichte.
Wohl vernimmt Herr Stojan, was sie krächzen,
Hält sein Rotroß an und lauscht zur Kurzweil.
Spricht der erste Rabe da zum zweiten:
Bruder, sprich, woher hast du den Goldreif,
Den ich gestern sah in deinem Schnabel,
Fein und blank, mit sieben roten Steinen?
Wo nur hast du den gefunden? Sag mir's!
Ihm erwidert drauf der andre Vogel:
Märlein will ich dir erzählen, Bruder,
Von dem Goldreif wunderliche Märlein.
Sind nun siebenundzwanzig Jahr und länger,
Daß ein Mägdlein hier im Walde wohnte,
Weiß und rot, mit langen schwarzen Zöpfen.
Trug sie nur ein Hemd von grobem Linnen,
Nur Sandalen an den weißen Füßen,
Trug sie doch ein Antlitz wie die Blumen.
Heller schien die Sonne, wenn sie lachte,
Wenn sie sang, so stand das Bächlein stille,
Grüner ward der Rasen, drauf sie tanzte.
Sieh, da kam des Wegs ein Herr geritten,
Reiherfedern an der Zobelmütze,
Gold sein Zaum, sein Säbel mit Smaragden.
Einmal kam er erst, dann kam er vielmals,
Sprach ihr zu und schwur ihr hundert Schwüre,
Steckt' ihr an den Finger einen Goldreif
Fein und blank, mit sieben roten Steinen,
Daß sie seinen Schwüren glauben möchte;
Und sie glaubt' und ließ von ihm sich küssen.
Lieblich däucht' es ihr den langen Sommer.
Aber als im Herbst die Vögel zogen,
Fernhinzogen und nicht wiederkamen,
Kam auch er nicht wieder gleich den Vögeln;
Wo er blieb, das mag die Sonne wissen.
Doch jedweden Abend kam das Mägdlein,
Saß am See und weinte heiße Tränen,
Weint' hernieder auf den Schnee im Winter,
Und im Frühjahr auf die blauen Veilchen.
Aber in der Nacht der Frühlingsgleiche
Schrie sie laut empor vor großer Trübsal,
Sprang hinunter dann ins schwarze Wasser.
Keiner hat sie wieder je gesehen;
Nur den Goldreif warf der See ans Ufer.

So zum einen Raben spricht der andre,
Doch Herrn Stojan dünkt es üble Kurzweil;
Dröhnend schlägt das Herz ihm wie ein Hammer.

Seinem Rotroß schlägt er ein die Sporen,
Daß es stöhnt und jählings drauf dahinschießt
Kreuz und quer, von keinem Pfad geleitet.
Aber endlich keuchend hält er stille,
Hält an einer Hütt, und will nicht weiter.

Tief im finstern Walde liegt die Hütte,
Hat nicht Fenster mehr, noch Tür und Angel;
Hohes Unkraut wuchert auf der Schwelle.
Sitzen auf dem Dach zwei wilde Tauben,
Blau und weiß, ein Männlein und ein Weibchen,
Gurren laut, und wohl vernimmt's Herr Stojan.
Fragt die wilde Taube da den Tauber:
Männlein sprich, was ist's mit dieser Hütte,
Daß darinnen keine Menschen hausen,
Wie in allen Hütten sonst im Forste?
Warum steht sie gar so öde! Sag mir's!
Ihr erwidert drauf der wilde Tauber:
Märlein sollst du hören, du mein Weibchen;
Nicht zu jeder Zeit war's hier so einsam.
Wohnte vormals in der Hütt ein Köhler,
Alt von Jahren, schwarz, mit weißem Barte;
Wohnte mit ihm drin ein junger Knabe,
Sah nicht aus wie Köhlerbuben aussehn,
Hieß er so, doch war er's nicht in Wahrheit,
Denn am See einst fand das Kind der Alte
Morgens nach der Nacht der Frühlingsgleiche,
Nahm's und pflegt' es groß an Sohnes Stelle.
Stark und schön erwuchs der Knab im Walde,
Goldne Locken sproßten ihm am Haupte,
Schwarze Brauen über schwarzen Augen.
Doch am Meiler mocht er nimmer stehen,
Noch die Kohlen schüren mit dem Schürbaum,
Schnitzte lieber Bogen sich und Pfeile,
Scharfe Pfeile, die das Wild erlegen,
Oder zog sich Falken auf zur Beize.
Täglich ging er dann hinaus zu jagen,
Kehrte heim zu Nacht mit reicher Beute,
Und der Köhler freute sich des Mahles.
Aber einst am Tag der Sonnenwende –
Sieben Jahre sind es nun und länger –
Ging er auch zu Wald, und kam nicht wieder,
Kam auch nicht am andern Tag, noch später,
Daß der Alte drob zu Tod sich härmte.
Wo er blieb, das mag die Sonne wissen.

So zur wilden Taube spricht der Tauber;
Doch Herr Stojan hört es mit Entsetzen,
Kalter Angstschweiß perlt ihm von der Stirne,
Und zu Eis gefriert sein Herz im Leibe.

Plötzlich wirft er dann herum sein Rotroß,
Jagt nach Hause fort durch Dorn und Dickicht,
Jagt in Hast, als ob der Tod ihn hetze.
Scharf ins Antlitz schlagen ihm die Äste,
Zornig pfeift der Wind aus Hagelwolken,
Doch er merkt es kaum und fleucht von dannen.

Als er nun das Tor der Burg erreicht hat,
Sporenklirrend eilt er in die Halle,
Heißt im Steinkamin ein Feuer zünden,
Hoch aus Fichtenholz ein großes Feuer,
Daß er sich sein frierend Herz erwärme,
Wirft sich lechzend dann in seinen Sessel.

Bald im Steinkamine brennt das Feuer.
Brütend ins Geloder starrt Herr Stojan;
Aber wie er starrt, da saust es drinnen,
Saust und prasselt um die harzgen Scheite;
Sieh, und plötzlich reckt sich hoch die Flamme,
Blitzt ihn an und spricht mit roten Zungen:
Märlein künden will ich dir, Herr Stojan,
Dunkle Märlein von vergangnen Tagen.
War ich einst ein Fichtenbaum im Walde,
Streckte tief ins Erdreich meine Wurzeln,
Meinen Wipfel in des Himmels Bläue.
Wohl gedenk ich noch der alten Zeiten,
Doch zumeist des Tags der Sonnenwende,
Sieben Jahre sind es nun und länger.
Saß ein Knabe da in meinem Schatten,
Goldnen Haars, mit schwarzen Augenbrauen,
Trug auf seiner Faust den schönsten Falken,
Spielt' und koste mit dem klugen Vogel.
Zu der Stunde kamst auch du, Herr Stojan,
Kamst vom Weidwerk durch den Busch geschritten,
Sahst den Falken an, und er gefiel dir,
Daß du trutzig ihn vom Knaben heischtest.
Aber dieser wollt ihn nimmer lassen,
Faßt' ihn fest und lachte, da du drohtest,
Lachte, wie du selber pflegst zu lachen.
Da ergrimmte dir die finstre Seele,
Zogst ein spitzes Messer aus dem Gürtel,
Stießest ihm ins Herz das spitze Messer,
Wandtest dich und flohst mit roten Händen;
Kreischend hub der Falk sich in die Lüfte.
Doch im Moos verscheidend lag der Knabe;
Langsam aus der Wunde troff sein Herzblut,
Troff in Strömen über meine Wurzeln,
Troff hinunter in die schwarze Erde.
Sieh, da schauderte die schwarze Erde,
Zuckte wie im Krampf und schrie zur Sonne:

Weh, von welchem Blut hab ich getrunken!
Blut, verströmt in unerhörtem Greuel,
Kindesblut von Vaterhand vergossen!

Also saust im Steinkamin die Flamme.
Da vom Sessel fluchend springt Herr Stojan,
Reißt den krummen Säbel aus der Scheide,
Haut in blinder Wut damit ins Feuer,
Daß die Brände durch die Halle spritzen,
Taumelt dann und stürzt erschöpft zu Boden.

Aber leise züngelt's aus den Bränden,
Schießt wie rote Schlänglein hin und wieder,
Leckt und klimmt empor am Wandgetäfel,
Klimmt empor ins Balkenwerk der Decke.
Doch urplötzlich droben wächst die Lohe
Wie ein Riesenfächer, der sich aufschlägt,
Bricht zugleich durch Fenster, Pfort und Gitter,
Wirbelt aus dem Dach als Feuersäule,
Wirbelt hoch hinauf zum dunkeln Himmel,
Und in Flammen kracht die Burg zusammen.

Liegt nun tief im Wald ein Trümmerhaufen,
Hochgetürmter Schutt, verkohlte Balken:
Jagt kein Jäger dort und treibt kein Hirte,
Singt kein Vogel auch an jener Stätte,
Und kein Tau benetzt umher das Erdreich.
Denn verflucht sind die geschwärzten Steine;
Drunter liegen die Gebeine Stojans,
Stojans, der den eignen Sohn erschlagen.


## Omar

Inmitten seiner Turbankrieger,
Die Stirne voll Gewitterschein,
Zog Omar, der Kalif, als Sieger
Ins Tor der Ptolemäer ein.
Umrauscht von Mekkas Halbmondbannern,
Ritt langsam er dahin im Zug,
Ihm folgte mit den Bogenspannern
Ein Negerschwarm, der Fackeln trug.

Sie zogen durch die öden Gassen,
Durch Siegestor und Säulengang,
Drin klirrend nur der Schritt der Massen,
Der Hengste Stampfen widerklang;

Schon lenkte zu den Porphyrstufen
Der alten Hofburg der Kalif,
Da warf vor seines Rosses Hufen
Ein Greis sich in den Staub und rief:

»O Herr, der Sieger warst du heute,
Und diese Stadt des Nils ist dein,
So nimm als reiche Schlachtenbeute
Ihr Gold und Erz und Elfenbein.
Die Türme stürz in Schutt zusammen,
Zerbrich den Bilderschmuck des Hains,
Die Tempel selber gib den Flammen!
Nur eins verschone, Herr, nur eins;

Sieh hin! Wo dort die Sphinxe grollen
Am Tor, die Hüter unsres Ruhms,
Da schläft in hunderttausend Rollen
Der Geisterhort des Altertums.
Was, seit der Erdkreis aufgerichtet,
In Tat und Wort sich offenbart,
Was je gedacht ward und gedichtet,
Dort liegt's der Nachwelt aufbewahrt.

O gib den Schatz, aus allen Reichen
Der Welt gehäuft mit treuem Fleiß,
Gib dies Vermächtnis ohnegleichen,
Der Menschheit Erbteil gib nicht preis!
Nein, heilig sei auch dir die Stätte,
Die jede Muse fromm geweiht,
Streck drüber deine Hand und rette
Der Zukunft die Vergangenheit!«

Doch Omar zieht die Stirn in Falten
Und spricht, indem sein Auge flammt:
»Ich bin genaht, Gericht zu halten,
Was drängst du, Tor, dich in mein Amt?

Hinweg, daß meines Zorns Geloder
Nicht dich samt deinen Rollen trifft!
Die Schätze, die du rühmst, sind Moder
Und was du Weisheit nennst, ist Gift.

Schon allzulang am unfruchtbaren
Vielwissen siecht die Welt erschlafft;
Der Staub von mehr als tausend Jahren
Liegt wie ein Alp auf jeder Kraft.
Des Lebens Baum ließ ab zu lauben,
Seit dran der Wurm des Zweifels zehrt:
Wo ist ein Herz noch, frisch zum Glauben!
Wo ist ein Arm noch, stark zum Schwert!

Daß endlich diese Dumpfheit ende,
Bin ich gesandt, vom Herrn ein Blitz.
Auf! Schleudert denn die Feuerbrände
In der verjährten Krankheit Sitz!
Und wenn, umwogt vom Flammenmeere,
Der aufgetürmte Wust zergeht,
Ruft: Gott ist groß! Ihm sei die Ehre!
Und Mahomed ist sein Prophet!«

## Des Wojewoden Tochter

Es steht im Wald, im tiefen Wald
Das Haus des Wojewoden;
Eiszapfen hangen am Dache kalt,
Und Schnee bedeckt den Boden.

Das Fräulein sitzt am Herd und spinnt
Zu ihrem Hochzeitsschleier;
Sie hört im Rauchfang gehen den Wind
Und schürt empor das Feuer.

Da tritt die Waldfrau zu ihr ein,
Die pflegt nichts Gutes zu bringen:
»Guten Abend, feines Goldtöchterlein!
Will dir ein Liedchen singen!«

»Was sollen deine Lieder mir?
Mein Liebster, der kommt balde.
Da hast du Brot, da hast du Bier,
Geh wieder heim zum Walde!«

Die Alte sprach: »Hast immer Zeit,
Dein Schatz wird nimmer kommen.
Der Wald ist tief, der Weg ist weit;
Hat andern Weg genommen.«

»Was quälst du mich mit falschem Weh?
Treu wird mein Liebster bleiben,
Er schwur es mir, bis aus dem Schnee
Einst rote Röslein treiben.«

Das Fräulein rief's, doch war ihr bang,
Der Wind pfiff nicht geheuer,
Die Alte blieb, die Alte sang
Ihr dumpfes Lied ins Feuer:

»Und als ich ging die Schlucht entlang,
Da kamen drei Wölfe gesprungen,
Die heulten wie ob gutem Fang
Und hatten blutige Zungen.

Und als ich kam zum Fichtenzaun,
Drei Raben hört' ich schreien;
Sie schrien: Ihr Jungen, euch sollt' traun
Der frische Schmaus gedeihen!

Und als ich kam zum eis'gen See,
Hab' ich einen Knaben gefunden;
Es floß wohl über den Winterschnee
Sein Blut aus tiefen Wunden.

Rot Röslein blüht aus dem Schnee so kalt,
Nun hast du's selbst vernommen.
Der Weg ist weit und tief der Wald,
Dein Schatz wird nimmer kommen.

Das Lied war aus, die Alte fort,
Des Herdes Glut vergangen,
Die Jungfrau saß und sprach kein Wort,
Ihr waren so bleich die Wangen.

Und lauter draußen pfiff der Wind,
Und lauter schrien die Raben.
Drei Tage nach diesem hat sein Kind
Der Wojewod begraben.

## Im Grafenschlosse

### I.

Sie waren alle in den Forst hinaus,
Den Hirsch mit Büchs' und Messer zu erlegen;
Ich saß allein im alten Grafenhaus
Und harrt' im Saal der Jägerschar entgegen.
Ein fahles Spätrot floß gedämpften Lichts
Auf Wänd' und Hausrat durch die engen Scheiben,
Rings Totenstill' umher! Ich hörte nichts,
Als vorn im Hof den Zugwind in den Eiben.

Die Spiegel rings, in dumpfes Gold gefaßt,
Das Laubwerk am Gesims, einst vielbewundert,
Die düstern Samttapeten, halb verblaßt,
Mich mahnt' es an ein anderes Jahrhundert.
Die Spieluhr sang ein Lied aus alter Zeit,
Ein Liebeslied – jetzt lange schon vergessen –
Da dacht' ich derer, die in Lust und Leid
Bei diesem Stückchen horchend einst gesessen.

Und mit Gestalten füllt' ich mir den Saal,
Die dunkeln Bilder rief ich aus den Rahmen;
Hin durch die Dämmrung schwebten sie zumal,
In Festesputz die alten Herrn und Damen.
Ich sah den Reifrock, das Brokatgewand;
Das war ein hastig flüsterndes Bewegen,
Ein Drehn! – da fühlt' ich plötzlich eine Hand
Sich kalt wie Eis auf meine Schulter legen.

Ich wandte mich – bei Gott, das war kein Wahn! –
Da stand ein Weib, mit Zügen bleich und steinern,
Mit schwarzverschossnem Schleppkleid angetan,
Draus ihre Hand hervorsah elfenbeinern.
Sie sah mich an – o dieser Blick voll Leid!
O dieses Auges halberloschnes Strahlen!
Mir war's, als starrt ich in die Ewigkeit
Und in den Abgrund bodenloser Qualen.

Sie winkt' und schritt. Nicht hört' ich ihren Fuß,
Nicht ihrer Schleppe Saum den Teppich rühren.
Sie sprach kein Wort, sie sagte keinen Gruß;
Sie winkt', und tonlos sprangen auf die Türen.
Ich folgte stumm. Sie schwebte vor mir her
Durch Prunkgemächer, Treppen auf und nieder,
Durch Gänge dann und Säle, wüst und leer –
Sie schritt, und sah sich um und winkte wieder.

Zum Erkerturm! Es war ein eng Gemach,
Gewölbt und dumpfig, eine düstre Stätte:
Ein Tischchen hier, drauf alter Goldschmuck lag,
Und hoch und faltig dort ein Himmelbette.
Dort stand sie still und wies mit weißer Hand
Erst auf den Tisch, dann auf die staub'gen Dielen;
Ich beugte mich – o Gott, mein Sinnen schwand –
Ein Blutfleck war's, worauf die Blicke fielen.

Und schaudernd sah ich auf. Da war sie fort,
Wie Nebel in die leere Luft verschweben;
Ich aber stand gebannt am grausen Ort
Und starrt' und wagte nicht den Fuß zu heben.
Mein Atem flog, mein Blut gefror zu Eis,
Da – Gott sei Dank – da hört' ich Hornfanfaren,
Gebell und Hufschlag; und in kaltem Schweiß
Stürzt' ich hinunter zu den Jägerscharen.

II.

Die Nacht war wild. Wir saßen am Kamin,
Der Kastellan und ich, noch spät beisammen;
Wir hörten, wie vom Turm die Dohlen schrien,
Und dann den Sturm, und schürten in den Flammen.
Da litt mich's nicht, ich mußt' es ihm gestehn,
Das düstere Geheimnis, das mich quälte;
Er sagte nur: So habt Ihr's auch gesehn?
Und atmend horcht' ich, als er drauf erzählte:

»Sie war ein stolzes Weib, reich, schön und kalt,
Als Kind vermählt dem ungeliebten Gatten,
Von starrem Sinn, wo's Ehr' und Wappen galt,
An ihrem Rufe duldend keinen Schatten.
Ihr Auge gab Gebot dem Dienertroß;
Weh jedem, dem es finster Zorn geflammet!
Sie sang und lachte nie, sie zäumt' ihr Roß
Und ritt zu Wald im knappen Kleid von Sammet.

Ihr einzig Töchterlein war mildrer Art,
Voll frommen Sinns sich um die Mutter mühend;
In strenger Hut erwuchs sie hold und zart,
Wie ein Waldröslein unter Dornen blühend.
Ihr Haar war fließend Gold im Sommerwind,
Ihr Auge blau wie Blumen in den Ähren –
Mein Ältervater sah sie noch als Kind,
Und nannt' er sie, so war es oft mit Zähren.

Da kam des Pfarrers schöner Sohn ins Schloß,
Und anders plötzlich ward des Mädchens Wesen;
Bald war's ihr Glück, wenn sanft die Red' ihm floß,
Im dunkeln Rätsel seines Blicks zu lesen.
Sie liebt' und schwieg. Doch als im Mondenlauf
Der Lenz erschien und Veilchen weckt' und Blüten,
Da ging die Blüt' auch ihres Herzens auf.
Sie liebt' und fiel. – Wer mag die Liebe hüten?

Stumm war der Gräfin Zorn, doch war er schwer.
Der Jüngling bat, die Tochter rang die Hände;
Unsonst! da stürzt' er fort, aufs Roß, zum Heer,
Von Schlacht zu Schlacht, und niemand weiß sein Ende.
Doch als im Herbst am Fels die Traube schwoll,
Verschwand das Mädchen in des Turms Portale;
Dort floß ihr Leben still geheimnisvoll,
Ein dunkler Bach in sonnenlosem Tale.

Und Winter ward's. Da, einst im Dämmerstrahl,
Ging heimlich Flüstern in den nahen Zimmern,
Ein dumpfes Stöhnen, dann ein Schrei der Qual
Und drauf ein Laut wie eines Säuglings Wimmern.
Dann schwieg's. Die Gräfin trat aus dem Klosett,
Bleich wie der Tod. – O fragt nicht, was geschehen!
Die goldne Nadel auf dem Tisch am Bett,
Den Fleck am Boden habt Ihr selbst gesehen.

Die Tochter siecht' und starb. In düstrer Pracht
Hielt ihr Begängnis man nach alter Weise:
Die Silberampeln flammten durch die Nacht,
Die Glocke scholl, schwarz stand das Volk im Kreise.
Da trat die Mutter vor, ein steinern Bild,
Ihr Auge brannte hohl, ihr Fußtritt irrte:
Sie legte auf des Sarges Wappenschild
Mit schwanker Hand die jungfräuliche Myrte.

Ein Jahr verging, und wieder floß ein Zug
Zur Gruft, im Fackelschein, im düsterroten:
Die Gräfin war's, die man zur Ruhe trug,
Doch Ruhe fand sie keine bei den Toten.
Denn wenn mit ihrem fahlen Dämmerschein
Im Spätjahr kommt die Zeit der Abendmette,
Da ruft der Blutfleck sie empor vom Schrein,
Und wandeln muß sie zu der Schauerstätte.«

Der Alte schwieg. Kaum wagt' ich aufzusehn
Vom Feuerbrand, in den ich stumm geschauet:
Mir war's, sie müßte wieder vor uns stehn
Mit jenem Blick, davor der Seele grauet.
Da plötzlich draußen schwoll der Sturm mit Macht,
Es pfiff im Rauchfang, rauscht' in den Tapeten;
Zur Kerze griff ich: Alter, gute Nacht!
Laßt uns für die verlorne Seele beten!


### Die Goldgräber

Sie waren gezogen über das Meer,
Nach Glück und Gold stand ihr Begehr,
Drei wilde Gesellen, vom Wetter gebräunt,
Und kannten sich wohl und waren sich freund.

Sie hatten gegraben Tag und Nacht,
Am Flusse die Grube, im Berge den Schacht,
In Sonnengluten und Regengebraus,
Bei Durst und Hunger hielten sie aus.

Und endlich, endlich, nach Monden voll Schweiß,
Da sahn aus der Tiefe sie winken den Preis,
Da glüht' es sie an durch das Dunkel so hold,
Mit Blicken der Schlange, das feurige Gold.

Sie brachen es los aus dem finsteren Raum,
Und als sie's faßten, sie hoben es kaum,
Und als sie's wogen, sie jauchzten zugleich:
»Nun sind wir geborgen, nun sind wir reich!«

Sie lachten und kreischten mit jubelndem Schall,
Sie tanzten im Kreis um das blanke Metall,
Und hätte der Stolz nicht bezähmt ihr Gelüst,
Sie hätten's mit brünstiger Lippe geküßt.

Sprach Tom, der Jäger: Nun laßt uns ruhn!
Zeit ist's, auf das Mühsal uns gütlich zu tun.
Geh, Sam, und hol' uns Speisen und Wein,
Ein lustiges Fest muß gefeiert sein.

Wie trunken schlenderte Sam dahin
Zum Flecken hinab mit verzaubertem Sinn;
Sein Haupt umnebelnd, beschlichen ihn sacht
Gedanken, wie er sie nimmer gedacht.

Die andern saßen am Bergeshang,
Sie prüften das Erz und es blitzt' und es klang.
Sprach Will, der Rote: Das Gold ist fein;
Nur schade, daß wir es teilen zu drei'n!

»Du meinst?« – Je nun, ich meine nur so.
Zwei würden des Schatzes besser froh –
»Doch wenn –« – Wenn was? »Nun, nehmen wir an,
Sam wäre nicht da« – Ja, freilich, dann – –

Sie schwiegen lang; Die Sonne glomm
Und gleißt' um das Gold; da murmelte Tom:
»Siehst du die Schlucht dort unten?« – Warum? –
»Ihr Schatten ist tief und die Felsen sind stumm.« –

Versteh' ich dich recht? – »Was fragst du noch viel!
Wir dachten es beide, und führen's ans Ziel.
Ein tüchtiger Stoß und ein Grab im Gestein,
So ist es getan und wir teilen allein.«

Sie schwiegen aufs neu. Es verglühte der Tag,
Wie Blut auf dem Golde das Spätrot lag;
Da kam er zurück, ihr junger Genoß,
Von bleicher Stirne der Schweiß ihm floß.

»Nun her mit dem Korb und dem bauchigen Krug!«
Und sie aßen und tranken mit tiefem Zug.
»Hei lustig, Bruder! Dein Wein ist stark;
Er rollt wie Feuer durch Bein und Mark.

Komm, tu uns Bescheid!« – Ich trank schon vorher;
Nun sind vom Schlafe die Augen mir schwer.
Ich streck' ins Geklüft mich. – »Nun, gute Ruh!
Und nimm den Stoß, und den dazu!«

Sie trafen ihn mit den Messern gut;
Er schwankt' und glitt im rauchenden Blut.
Noch einmal hub er sein blaß Gesicht:
»Herrgott im Himmel, du hältst Gericht!

Wohl um das Gold erschluget ihr mich;
Weh' euch! Ihr seid verloren, wie ich.
Auch ich, ich wollte den Schatz allein,
Und mischt' euch tödliches Gift an den Wein.«


## Gudruns Klage

Nun geht in grauer Frühe
der scharfe Märzenwind,
und meiner Qual und Mühe
ein neuer Tag beginnt.
Ich wall' hinab zum Strande
durch Reif und Dornen hin,
zu waschen die Gewande
der grimmen Königin.

Das Meer ist tief und herbe,
doch tiefer ist die Pein,
von Freund und Heimatserbe
allzeit geschieden sein;
doch herber ist's, zu dienen
in fremder Mägde Schar,
und hat mir einst geschienen
die güldne Kron' im Haar.

Mir ward kein guter Morgen,
seit ich dem Feind verfiel:
mein Speis und Trank sind Sorgen,
und Kummer mein Gespiel.
Doch berg' ich meine Tränen
in stolzer Einsamkeit;
am Strand den wilden Schwänen
allein sing' ich mein Leid.

Kein Dräuen soll mir beugen
den hochgemuten Sinn;
ausduldend will ich zeugen,
von welchem Stamm ich bin.
Und so sie hold gebaren,
wie Spinnweb acht' ich's nur;
ich will getreu bewahren
mein Herz und meinen Schwur.

O Ortwin, trauter Bruder,
o Herwig ! Buhle wert,
was rauscht nicht euer Ruder,
was klingt nicht euer Schwert!
Umsonst zur Meereswüste
hinspäh' ich jede Stund':
doch naht sich dieser Küste
kein Wimpel, das mir kund.

Ich weiß es: nicht vergessen
habt ihr der armen Maid;
doch ist nur kurz gemessen
dem steten Gram die Zeit.
Wohl kommt ihr einst, zu sühnen;
zu retten, ach, zu spät,
wann schon der Sand der Dünen
um meinen Hügel weht.

Es dröhnt mit dumpfem Schlage
die Brandung in mein Wort;
der Sturm zerreißt die Klage
und trägt beschwingt sie fort.
O möcht' er brausend schweben
und geben euch Bericht:
»Wohl lass' ich hier das Leben,
die Treue lass' ich nicht!«

## Tannhäuser

Wie wird die Nacht so lüstern!
Wie blüht so reich der Wald!
In allen Wipfeln flüstern
Viel Stimmen mannigfalt.
Die Bächlein blinken und rauschen,
Die Blumen duften und glühn,
Die Marmorbilder lauschen
Hervor aus dunklem Grün.

   Die Nachtigall ruft: Zurück! zurück!
   Der Knab' schickt nur voraus den Blick;
   Sein Herz ist wild, sein Sinn getrübt,
   Vergessen alles, was er liebt.

Er kommt zum Schloß im Garten,
Die Fenster sind voll Glanz,
Am Tor die Pagen warten
Und droben klingt der Tanz.
Er schreitet hinauf die Treppen,
Er tritt hinein in den Saal,
Da rauschen die Sammetschleppen,
Da blinkt der Goldpokal.

   Die Nachtigall ruft: Zurück! zurück!
   Der Knab' schickt nur voraus den Blick;
   Sein Herz ist wild, sein Sinn getrübt,
   Vergessen alles, was er liebt.

Die schönste von den Frauen
Reicht ihm den Becher hin,
Ihm rinnt ein süßes Grauen
Seltsam durch Herz und Sinn.
Er leert ihn bis zum Grunde,
Da spricht am Tor der Zwerg:
Der Unsre bist zur Stunde,
Dies ist der Venusberg.

Die Nachtigall ruft nur noch von fern,
Den Knaben treibt sein böser Stern;
Sein Herz ist wild, sein Sinn getrübt,
Vergessen alles, was er liebt.

Und endlich fort vom Reigen
Führt ihn das schöne Weib;
Ihr Auge blickt so eigen,
Verlockend glüht ihr Leib.
Fern von des Fests Gewimmel,
Da blühen die Lauben so dicht –
In Wolken birgt am Himmel
Der Mond sein Angesicht.

   Der Nachtigall Ruf ist lang verhallt,
   Den Knaben treibt der Lust Gewalt;
   Sein Herz ist wild, sein Sinn getrübt,
   Vergessen alles, was er liebt. – –

Und als es wieder taget,
Da liegt er ganz allein;
Im Walde um ihn raget
Verwildertes Gestein.
Kühl geht die Luft von Norden
Und streut das Laub umher,
Er selbst ist grau geworden
Und bang sein Herz und leer.

   Er sitzt und starret vor sich hin
   Und schüttelt das Haupt in irrem Sinn.
   Die Nachtigall ruft: Zu spät! zu spät!
   Der Wind die Stimme von dannen weht.

## Das Mädchen im Hades

O wie glücklich sind die grünen Felder,
O wie glücklich sind die hohen Berge,
Welche nimmermehr den Hades schauen!
Kommt der Winter, deckt er sie mit Reif zu
Und mit dichtem flockigen Gestöber;
Kommt der Frühling, grünen sie aufs neue,
Tragen Blumen, tragen würz'ge Kräuter,
Und der Sonnenschimmer schläft auf ihnen;
Aber nimmer brauchen sie dort unten
Jene trübe Dunkelheit zu fürchten.

Hatten sich drei Riesen einst verschworen,
In das Reich der Schatten einzubrechen.
Stiegen sie hinab die dunklen Pfade,
Wanderten drei Tage und drei Nächte,
Kamen endlich in das Reich der Toten.
Wie sie alles dort erforschet hatten,
Wollten sie zurück zum Lichte kehren.
Trat zu ihnen da ein schönes Mädchen,
Blond von Haaren, aber blaß von Wangen,
Sprach die Riesen an mit sanfter Stimme:
Nehmt mich mit hinauf, ihr lieben Riesen!
Möchte gern einmal die Sonne schauen
Und die roten Blümlein auf dem Felde.
Drauf versetzten die gewalt'gen Riesen:
Deine seidenen Gewänder rauschen,
Deine langen blonden Locken flüstern,
An den Füßen klappern die Pantoffeln;
Können dich nicht mit uns nehmen, Mädchen,
Charon, unser Fährmann, würd' es merken.
Sprach das Mädchen drauf mit sanfter Stimme:
Meine Kleider will ich von mir legen,
Will vom Haupt die langen Locken schneiden,
Die Pantoffeln lass' ich an der Treppe;
Nehmt mich mit hinauf, ihr lieben Riesen!
Sehen möcht' ich meine beiden Brüder,
Wie am Herd sie sitzen, mich beweinend;
Meine Mutter möcht' ich klagen hören,
Klagen in der rauchgeschwärzten Hütte,
Daß ihr liebstes Töchterlein gestorben.
Sprachen drauf die Riesen: Liebes Mädchen,
Bleib nur unten bei den bleichen Schatten!
Deine Brüder singen in den Schenken,
Und dein Mütterlein schwatzt auf der Gasse.

## Bothwell

Wie bebte Königin Marie,
Als durchs geheime Pförtlein spat
Mit ungebognem Haupt und Knie
In ihr Gemach Graf Bothwell trat!

Ihr schön Gesicht ward leichenweiß;
Sie zuckt' und sah ihn fragend an:
Er wischte von der Stirn den Schweiß
Und sagte dumpf: »Es ist getan.

Es ist getan, dein süßer Mund
War nicht für Buben solcher Art,
Heut abend um die achte Stund'
Hielt Heinrich Darnley Himmelfahrt.« –

Sie schrie empor: »Verzeih' dir Gott!
Nimm all mein Gold, nimm hin und flieh!«
Da lacht' er laut in grimmem Spott:
»Was soll mir Gold für Blut, Marie?

Ich liebe dich, und wenn ich mich
Der Höll' ergab zu dieser Frist:
So war's um dich, allein um dich,
Weil du der schönste Teufel bist.

Die Hand, die einen König schlug,
Greift auch nach einer Königin.«
Er rief's, und Graun in jedem Zug,
Starr wie ein Wachsbild sank sie hin.

Er hub sie auf; sie fühlt' es nicht,
Daß ihr ins Fleisch sein Stahlhemd schnitt;
Ihr lockig Haupthaar wallte dicht
Um seine Schulter, wie er schritt.

Er stieß den Ring an ihre Hand,
Er schwang sie vor sich fest aufs Roß.
Und jagt' ins wetterschwüle Land
Hinaus mit ihr gen Dunbar-Schloß.

Schwarz war die Nacht, als wäre rings
Erloschen jeder Stern des Heils;
Nur manchmal in den Wolken ging's,
Gleichwie das Blitzen eines Beils.

## Krokodilromanze

Ich bin ein altes Krokodil
Und sah schon die Osirisfeier;
Bei Tage sonn ich mich im Nil,
Bei Nacht am Strande leg ich Eier.

Ich weiß mit listgem Wehgekreisch
Mir stets die Mahlzeit zu erwürken;
Gewöhnlich freß ich Mohrenfleisch
Und sonntags manchmal einen Türken.

Und wenn im gelben Mondlicht rings
Der Strand liegt und die Felsenbrüche,
Tanz ich vor einer alten Sphinx,
Und lausch auf ihrer Weisheit Sprüche.

Die Klauen in den Sand gepflanzt,
Tiefsinnig spricht sie: Tochter Thebens,
Friß nur was du verdauen kannst!
Das ist das Rätsel deines Lebens.

## Der reiche Mann von Köln

Zu Köln ein reicher Kaufherr saß,
Der hatt' ein Herz von Eisen;
Er lebte dahin in Saus und Braus,
Und drückte Witwen und Waisen.

Er zählte sein Silber und wog sein Gold
Und lachte dazu im stillen;
Der Richter bog um Gunst und Geld
Das Recht nach seinem Willen.

Da war ein Mägdlein in der Stadt,
Ein Kind von jungen Jahren,
Er trieb es fort von Haus und Hof
Mit grimmigem Gebaren.

Und als der Schnee im Winter fiel
Und ging der Rhein mit Eise,
Ihn jammerte nicht des Kindes Not,
Das hatte nicht Kleid noch Speise.

Und als der Frühling kam ins Land,
Die Vöglein sangen mit Schalle:
Sie fanden das Mägdlein morgens tot
Auf einer Streu im Stalle.

Sie trugen es fort und gruben es ein
Am Friedhof auf der Wiese;
Die Seele ging in Sankt Michaels Schoß
Hinauf zum Paradiese.

Den Tag danach der Kaufmann ritt
Wohl lachend daher im Trabe,
Da standen drei Lilien weiß wie Schnee,
Gewachsen auf dem Grabe;

Da standen drei Lilien weiß wie Schnee,
Im Winde die Blumen gingen;
Ein Vöglein schwang vom Hügel sich auf,
Im Flug hub's an zu singen:

»Herr Marx von Köln, Herr Marx von Köln,
Wie bleich ist dein Gesichte!
Du bist ein Mörder, Herr Marx von Köln,
Ich lade dich zu Gerichte.«

Dem Kaufherrn wohl das Lachen verging,
Sein Mut war all verloren;
Er wandte sein Roß und jagte nach Haus,
Vom Blute troffen die Sporen.

Er mochte nicht nehmen Speise noch Trank
Vor ängstlichen Gedanken;
Wohin er schaut' in Saal und Hof,
Drei Lilien sah er schwanken;

Und als er nachts auf dem Kissen lag,
Keinen Schlaf konnt' er erzwingen:
Sobald ihm fielen die Augen zu,
Hört' er das Vöglein singen.

»Ach helft mir, helft mir, lieber Arzt!
Ich will's euch neunfach zahlen,
Mir brennt's im Herzen wie höllisch Feu'r;
Helft mir von diesen Qualen!«

Wohl ging der Arzt, mit Sorg' und Fleiß
Manch bittern Trank zu mischen;
Es tat nicht gut, es tat nicht schlimm,
Das Vöglein sang dazwischen:

»Herr Marx von Köln, an deiner Sünd'
Wird alle Kunst zunichte!
Du bist ein Mörder, Herr Marx von Köln!
Ich lade dich zu Gerichte.«

Und um die dritte Mitternacht
Ging an der Tür ein Klopfen;
Den Kranken trieb's vom Lager auf,
Ihm floß die Stirn von Tropfen.

Und als seine Hand den Riegel schob,
Sie flog vor Angst und Schmerze;
Und als die Tür in den Angeln ging,
Ein Zug blies aus die Kerze.

Der draußen stand, das war der Tod;
Er nahm Herrn Marx von Köllen,
Er setzt' ihn auf sein aschfarb Roß
Und fuhr mit ihm zur Höllen.

# Conrad Ferdinand Meyer

1825–1898

## Die Fei

Mondnacht und Flut. Sie hangt am Kiel,
Umklammert mit den Armen ihn,
Sie treibt ein grausam lüstern Spiel,
Den Nachen in den Grund zu ziehn.

Der Ferge stöhnt: »In Seegesträuch
Reißt nieder uns der blanke Leib!
Rasch, Herr! Von Sünde reinigt Euch,
Begehrt Ihr heim zu Kind und Weib!«

Der Ritter hält den Schwertesgriff
Sich als das heil'ge Zeichen vor –
Aus dunkeln Haaren taucht am Schiff
Ein schmerzlich bleiches Haupt empor.

»Herr Christ! ich beichte Rittertat,
Streit, Flammenschein und strömend Blut,
Doch nichts von Frevel und Verrat,
Denn Treu und Glauben hielt ich gut.«

Er küßt das Kreuz. Gell schreit die Fee!
Auflangen sieht er eine Hand
Am Steuer, blendend weiß wie Schnee,
Und starrt darauf, von Graun gebannt.

»Herr Christ! Ich beichte Missetat!
Ich brach den Glauben und die Treu,
Ich übt an einem Lieb Verrat.
Es starb. Ich tue Leid und Reu!«

Sie löst die Arme. Sie versinkt.
Das Ruder schlägt. Der Nachen fliegt.
Vom Strand das Licht des Erkers winkt,
Wo Weib und Kind ihm schlummernd liegt.

## Die kleine Blanche

An dem kleinen Hofe von Navarra
War das Leben eine lose Fabel,
Eine drohnde oder heitre Maske,
Eine überraschende Novelle,
Ein phantastisch wahrheitloses Schauspiel. –
Der am Hofe war auf kurzen Urlaub,
Hauptmann Duplessis saß vor der Bühne,
Drauf ein Mädchen an verratner Liebe
Starb. Im letzten Akte lag sie marmorn
Auf dem Grabmal als ihr eigen Bildnis,
Schluchzend rang die Hände der Verräter,
Sieh! da hob sie sachte sich und lebte.

Andern Tages wandelte der Hauptmann
In des Schlosses irrsam dunkeln Gärten,
An die zarte kleine Blanche denkend,
Die er schnell geküßt und schnell verraten –
Etwas sieht er schimmern durch Zypressen:
Auf dem Grabmal liegt die kleine Blanche
Marmorn. An dem Sockel ist zu lesen:
»Blanche schlummert nach verratner Liebe.«
»Heb dich, kleine Blanche!« ruft der Hauptmann
»Wickle dich aus deinen weißen Tüchern!
Spiel nicht mit dem Tode, kleine Blanche!«
Doch der Marmor fühlte nichts. Es fühlte
Nichts, die drunter schläft. Sie starb im Ernste.

## Begegnung

Mich führte durch den Tannenwald
Ein stiller Pfad, ein tief verschneiter,
Da, ohne daß ein Huf gehallt,
Erblickt ich plötzlich einen Reiter.

Nicht zugewandt, nicht abgewandt,
Kam er, den Mantel umgeschlagen,
Mir deuchte, daß ich ihn gekannt
In alten, längst verschollnen Tagen.

Der jungen Augen wilde Kraft,
Des Mundes Trotz und herbes Schweigen,
Ein Zug von Traum und Leidenschaft
Berührte mich so tief und eigen.

Sein Rößlein zog auf weißer Bahn
Vorbei mit ungehörten Hufen.
Mich faßt's mit Lust und Grauen an,
Ihm Gruß und Namen nachzurufen.

Doch keinen Namen hab ich dann
Als meinen eigenen gefunden,
Da Roß und Reiter schon im Tann
Und hinterm Schneegeflock verschwunden.

## Burg »Fragmirnichtnach«

Wo weiß die Landquart durch die Tannen schäumt,
Irrt unbekümmert ich um Weg und Zeit,
Da stand ein grauer Turm, wie hingeträumt
In ungebrochne Waldeseinsamkeit.
Ich sah mich um und frug: »Wie heißt das Schloß?«
Ein bucklig Mütterlein, das Kräuter brach;
Da murrte sie, die jedes Wort verdroß:
    »Fragmirnichtnach.«

Ich schritt hinan; im Hof ein Brünnlein scholl,
Durch den verwachsnen Torweg drang ich ein,
Ein dünnes kühles Rieseln überquoll
Auf einer Gruft den schwarzbemoosten Stein.
Ich beugte mich nach des Verschollnen Spur,
Entziffernd, was des Steines Inschrift sprach,
Nicht Zahl, nicht Namen – ein Begehren nur:
    Frag mir nicht nach!

## Napoleon im Kreml

Er nickt mit seinem großen Haupt
Am Feuer eines fremden Herds:
Im Traum erblickt er einen Geist,
Der seines Purpurs Spange löst.

Der Dämon schreit mit wilder Gier:
»Mich lüstet nach dem roten Kleid!
In ungezählter Menschen Blut
Getaucht, verfärbt der Purpur nicht!«

Die beiden rangen Leib an Leib.
»Gib her!« »Gib her!« Der Dämon fleucht
Mit spitzen Flügen durch die Nacht
Und schleift den Purpur hinter sich.

Und wo der Purpur flatternd fliegt,
Sprühn Funken, lodern Flammen auf!
Der Korse fährt aus seinem Traum
Und starrt in Moskaus weiten Brand.

## Das Strandkloster

Bollwerk und Mauer trutzen
Dem Wellenwurf schon ein Jahrtausend ja,
Wir singen, elf Kapuzen,
Ein kräftig schallend Deo Gloria!

Die Kutten, stark gewoben,
Umhingen uns in braunen Lappen lang,
Sie sind gemach verstoben,
Die Stäubchen irren durch den Klostergang.

Die Orgel im Empore
Spielt unser zwölftes totes Brüderlein,
Hier rieselt uns im Chore
Der morsche Kalk sanft ins Geripp herein.

Es glitt vor tausend Jahren
Dem Strand ein Sarazensegel nah,
Sobald's vorbeigefahren,
Anstimmten wir ein kräftig Gloria.

Ergötzt von unserm Singen,
Nahm der Pirat zu uns zurück den Lauf,
Zwölf Köpfe ließ er springen,
Das Blut schoß wie aus Brunnenröhren auf.

Wir singen ohne Kehlen,
Wir sitzen fröhlich ohne Schädel da,
Wir singen mit den Seelen
Ein kräftig schallend Deo Gloria!

Der Morgenstrahl, der schiefe,
Durchs rechte Fenster äugelt er herein,
Vergoldend in der Tiefe
Ein lustiglich psallierend Totenbein.

Der Abendstrahl, der schräge,
Durchs linke Fenster blinzelt er herein,
Und zählt, ob allewege
Wir richtig unser elf Gespenster sei'n.

Oft übertäubt das Dröhnen
Des Meers die Noten unsrer Litanei,
Aus unsern Orgeltönen
Erhebt sich oft ein schriller Möwenschrei –

Bollwerk und Mauer trutzen
Dem Wellenwurf noch tausend Jahre ja.
Wir singen, elf Kapuzen,
Ein kräftig schallend Deo Gloria!

## Lethe

Jüngst im Traume sah ich auf den Fluten
Einen Nachen ohne Ruder ziehn,
Strom und Himmel stand in matten Gluten
Wie bei Tages Nahen oder Fliehn.

Saßen Knaben drin mit Lotoskränzen,
Mädchen beugten über Bord sich schlank,
Kreisend durch die Reihe sah ich glänzen
Eine Schale, draus ein jedes trank.

Jetzt erscholl ein Lied voll süßer Wehmut,
Das die Schar der Kranzgenossen sang –
Ich erkannte deines Nackens Demut,
Deine Stimme, die den Chor durchdrang.

In die Welle tauch ich. Bis zum Marke
Schaudert ich, wie seltsam kühl sie war.
Ich erreicht die leise ziehnde Barke,
Drängte mich in die geweihte Schar.

Und die Reihe war an dir zu trinken,
Und die volle Schale hobest du,
Sprachst zu mir mit trautem Augenwinken:
»Herz, ich trinke dir Vergessen zu!«

Dir entriß in trotz'gem Liebesdrange
Ich die Schale, warf sie in die Flut,
Sie versank und, siehe, deine Wange
Färbte sich mit einem Schein von Blut.

Flehend küßt ich dich in wildem Harme,
Die den bleichen Mund mir willig bot,
Da zerrannst du lächelnd mir im Arme
Und ich wußt es wieder – du bist tot.

### Die sterbende Meduse

Ein kurzes Schwert gezückt in nerv'ger Rechten,
Belauert Perseus bang in seinem Schild
Der schlummernden Meduse Spiegelbild,
Das süße Haupt mit müden Schlangenflechten.
Zur Hälfte zeigt der Spiegel längs der Erde
Des jungen Wuchses atmende Gebärde –
»Raub ich das arge Haupt mit raschem Hiebe,
Verderblich der Verderberin genaht?
Wenn nur die blonde Wimper schlummern bliebe!
Der Blick versteint! Gefährlich ist die Tat.
Die Mörderin! Sie schließt vielleicht aus List
Die wachen Augen! Sie, die grausam ist!
Durch weiße Lider schimmert blaues Licht
Und – zischte dort der Kopf der Natter nicht?«

Medusen träumt, daß einen Kranz sie winde,
Der Menschen schöner Liebling, der sie war,
Bevor die Stirn der Göttin Angebinde
Verschattet ihr mit wirrem Schlangenhaar.
Mit den Gespielen glaubt sie noch zu wandern
Und spendet ihnen lockenschüttelnd Grüße,
In blühndem Reigen regt sie mit den andern
Die freudehellen, die beschwingten Füße,
Ihr Antlitz hat vergessen, daß es töte,
Es glaubt, es glaubt an die barmherz'ge Lüge
Des Traums. Es lauscht dem Hauch der Hirtenflöte,
Der weichmelodisch zieht durch seine Züge.
Es lächelt still, von schwerem Bann befreit,
In unverlorner erster Lieblichkeit.

Der Mörder tritt an ihre Seite dicht
Und dunkler träumt Medusens Angesicht.

Ihr ist, sie habe Haß empfunden schon,
Vor sich geschaudert, dumpf und bang gelitten.
Die Menschen habe scheu sie erst geflohn,

Dann ihnen nachgestellt mit Meuchlerschritten –
Sie sinnt, was Unheilbares sie gequält,
Daß sie dem eignen Leben feind geworden,
Und andres Leben sich ergötzt zu morden –
Sie sinnt umsonst. Ihr hält's der Traum verhehlt.
Die grause Larve, die sie lang geschreckt,
Ist wie mit einem Purpurtuch bedeckt.
Das Graun ist aufgelöst in Seligkeit,
Begonnen hat der Seele Feierzeit.
Der Dämmer herrscht. Das harte Licht verblich.
Als eine der Erlösten fühlt sie sich.

Sie fürchtet keines Schreckens Wiederkehr,
Sie weiß, die Qualen kommen nimmermehr,
Nein, nimmermehr, und nun ist alles gut!

Sie liegt, den Hals gebogen, auf dem Rasen,
Sie hört die Hirtenflöte wieder blasen
Und lauscht. Sie zuckt. Sie windet sich. Sie ruht.

## König Etzels Schwert

Der Kaiser spricht zu Ritter Hug:
»Du hast für mich dein Schwert verspellt,
Des Eisens ist bei mir genug,
Geh, wähl dir eins, das dir gefällt!«

Hug schreitet durch den Waffensaal,
Wo stets der graue Schaffner sitzt.
»Der Kaiser gibt mir freie Wahl
Aus allem, was da hangt und blitzt!«

Er prüft und wägt. Von ihrem Ort
Langt er die Schwerter mannigfalt –
»Sprich, wessen ist das große dort,
Gewaltig, heidnisch, ungestalt?«

»Des Würgers Etzel!« flüstert scheu
Der Graue, der es hält in Hut.
»Des Hunnenkönigs! Meiner Treu,
So lechzt und dürstet es nach Blut!«

»Laß ruhn. Es hat genug gewürgt!
Die tote Wut erwecke nicht!«
»Gib her! Dem ist der Sieg verbürgt,
Der mit dem Schwert des Hunnen ficht!«

Und wieder sprengt er in den Kampf.
»Du hast dich lange nicht geletzt,
Schwert Etzels, an des Blutes Dampf!
Drum freue dich und trinke jetzt!«

Er schwingt es weit, er mäht und mäht
Und Etzels Schwert, es schwelgt und trinkt,
Bis müd die Sonne niedergeht
Und hinter rote Wolken sinkt.

Als längst er schon im Mondlicht braust,
Wird ihm der Arm vom Schlagen matt,
Er fragt das Schwert in seiner Faust:
»Schwert Etzels, bist noch nicht du satt?

Laß ab! Heut ist genug getan!«
Doch weh, es weiß von keiner Rast,
Es hebt ein neues Morden an
Und trifft und frißt, was es erfaßt.

»Laß ab!« Es zuckt in grauser Lust,
Der Ritter stürzt mit seinem Pferd
Und jubelnd sticht ihn durch die Brust
Des Hunnen unersättlich Schwert.

## Mit zwei Worten

Am Gestade Palästinas, auf und nieder, Tag um Tag,
»London?« frug die Sarazenin, wo ein Schiff vor Anker lag.
»London!« bat sie lang vergebens, nimmer müde, nimmer zag,
Bis zuletzt an Bord sie brachte eines Bootes Ruderschlag.

Sie betrat das Deck des Seglers und ihr wurde nicht gewehrt.
Meer und Himmel. »London?« frug sie, von der Heimat abgekehrt,
Suchte, blickte, durch des Schiffers ausgestreckte Hand belehrt,
Nach den Küsten, wo die Sonne sich in Abendglut verzehrt …

»Gilbert?« fragt die Sarazenin im Gedräng der großen Stadt,
Und die Menge lacht und spottet, bis sie dann Erbarmen hat.
»Tausend Gilbert gibt's in London!« Doch sie sucht und wird nicht matt.
»Labe dich mit Trank und Speise!« Doch sie wird von Tränen satt.

»Gilbert!« »Nichts als Gilbert? Weißt du keine andern Worte? Nein?«
»Gilbert!« … »Hört, das wird der weiland Pilger Gilbert Becket sein –
Den gebräunt in Sklavenketten glüher Wüste Sonnenschein –
Dem die Bande löste heimlich eines Emirs Töchterlein!« –

»Pilgrim Gilbert Becket!« dröhnt es, braust es längs der Themse Strand.
Sieh, da kommt er ihr entgegen, von des Volkes Mund genannt,
Über seine Schwelle führt er, die das Ziel der Reise fand.
Liebe wandert mit zwei Worten gläubig über Meer und Land.

## Der Tod und Frau Laura

Es war in Avignon am Karneval,
Daß sich ein Mörder in den Reigen stahl,
Und daß die Pest verlarvt sich schwang im Tanz
Mit einem schlotterichten Mummenschanz.

In einer nahen Villa täuschen sie
Die Angst mit Wohllaut und mit Phantasie,
Frau Laura war und auch Petrarca da,
Als an das Tor ein dumpfer Schlag geschah.

Die blassen Lippen schaudern vor dem Wein,
Es tritt ein Weißgewandeter herein,
Der eine Maske mit dem Sterbezug
Und einen frischgepflückten Lorbeer trug.

Der Dämon hebt den Lorbeer voller Ruh,
Und sinnt und schreitet auf Petrarca zu:
»Ich grüße, Freund, und komme priesterlich,
Das ist der Sel'gen Lorbeer! Neige dich!«

Der Lorbeer schwebt. Da raubt ihn eine Hand,
Frau Laura war es, die daneben stand,
Sie schmiegt ihn um die blonden Haare leicht,
Sie steht bekränzt. Sie schaudert. Sie erbleicht.

## La Blanche Nef

»Herr König, ich bin Steffens Kind,
Der den Erobrer einst geführt!
Es ist ein Lehn, daß *mein* Gesind,
*Mein* Schiff allein den König führt!

Voraus den schnellsten Seglern fliegt
Mein Boot, La Blanche Nef genannt,
Es weiß, wo sichre Tiefe liegt,
Es furcht das Meer, es kennt den Strand!«

– »Nicht mich, doch meinen besten Hort,
Vier Königskinder, führest du –
Sie knospen, weil mein Leben dorrt –
Die junge Normandie dazu!

Gelobe mir dein himmlisch Teil,
Gelobe mir dein männlich Wort:
Du bringst an Leib und Seele heil
Die Kinder mir nach England dort!«

– »Ich schwöre dir mein himmlisch Teil,
Ich schwöre dir mein männlich Wort:
An Leib und Seele bring ich heil
Die Kinder dir nach England dort!«

Des Schiffers geller Pfiff erscholl,
In See das Boot des Königs stach –
Ein Korb von frischen Blumen voll,
Glitt Blanche Nef, la Belle, nach.

So leichtbeschwingt wie nie zuvor,
Durchfurchte Blanche Nef die See
Mit ihrem kräft'gen Knabenflor
Und Mägdlein schlank wie Hirsch und Reh.

Die Königskinder hell und zart,
Erhöht, inmitten saßen sie,
Ringsum, gepaart in Zucht und Art,
Das Edelblut der Normandie.

Vier Stimmen sangen frisch und schön
Und hundertstimmig scholl der Chor,
Es zog das junge Lustgetön
Die Nixen aus der Flut empor.

– »Ich warne junge Herrlichkeit
Und dich, normännisch Edelblut,
Das Singen schafft der Nixe Leid,
Dem freudelosen Kind der Flut!«

– »Und schaffen dem Gezücht wir Leid,
Und quälen wir das Halbgeschlecht,
Und reizen wir der Nixe Neid,
Das, Steffen, ist uns eben recht!«

Gemach verlosch das Abendrot,
Des Tages Gluten schliefen ein,
Ausbreitet' über Meer und Boot
Der Mond den bleichen Geisterschein.

Die See ist wunderlich erregt.
Was wandert um des Kieles Lauf?
Von Armen wird die Flut bewegt,
Beglänzte Nacken tauchen auf.

Der Steffen ernst am Steuer stand:
»Das Meer ist klar … doch droht Gefahr …«
Er deutet mit gestreckter Hand:
»Da naht sie schon, die Nixenschar!«

Umklammert hält den schrägen Mast
Ein blanker Leib als Schiffsfigur,
Daß Blanche Nef, von Graun erfaßt,
In wilder Flucht von dannen fuhr.

– »Ich warne junge Herrlichkeit,
Vergeßt die Nachtgebete nicht!«
– »Ei, Steffen, Kind der alten Zeit,
Süß herzt es sich im Mondenlicht …«

Es klimmt und überklimmt das Bord,
Es läßt sich nieder aus den Taun,
Es kichert wie ein freches Wort,
Es schaudert wie ein lüstern Graun …

Es reizt, es quält, es schlüpft, es schmiegt
Sich zwischen Edelknecht und Maid,
Bis sich das Paar in Armen liegt
Zu früher Lust, zu Tod und Leid …

Dem Steffen steigt das Haar. Er starrt
Auf ein gespenstig Bacchanal:
Die Königskinder, hell und zart
Verblühen all im Mondenstrahl.

»Verloren geht mein himmlisch Teil,
Gebrochen ist mein männlich Wort:
Nicht bring an Leib und Seele heil
Die Kinder ich nach England dort!

Stirb, Blanche Nef! Bevor es tagt!
Im Wasser weiß ich hier ein Riff …«
Er dreht das Steuer stracks und jagt
Der Klippe zu das Sündenschiff.

Der König lauscht zurück: »Das scholl
Wie Sterbeschrei!« Klar ist der Sund.
Ein Korb von welken Blumen voll,
Sinkt Blanche Nef zum Meeresgrund.

### Die Füße im Feuer

Wild zuckt der Blitz. In fahlem Lichte steht ein Turm.
Der Donner rollt. Ein Reiter kämpft mit seinem Roß,
Springt ab und pocht ans Tor und lärmt. Sein Mantel saust
Im Wind. Er hält den scheuen Fuchs am Zügel fest.
Ein schmales Gitterfenster schimmert goldenhell
Und knarrend öffnet jetzt das Tor ein Edelmann …

– »Ich bin ein Knecht des Königs, als Kurier geschickt
Nach Nîmes. Herbergt mich! Ihr kennt des Königs Rock!«
– »Es stürmt. Mein Gast bist du. Dein Kleid, was kümmert's mich?
Tritt ein und wärme dich! Ich sorge für dein Tier!«
Der Reiter tritt in einen dunkeln Ahnensaal,
Von eines weiten Herdes Feuer schwach erhellt,
Und je nach seines Flackerns launenhaftem Licht
Droht hier ein Hugenott im Harnisch, dort ein Weib,
Ein stolzes Edelweib aus braunem Ahnenbild …
Der Reiter wirft sich in den Sessel vor dem Herd
Und starrt in den lebend'gen Brand. Er brütet, gafft …
Leis sträubt sich ihm das Haar. Er kennt den Herd, den Saal …
Die Flamme zischt. Zwei Füße zucken in der Glut.

Den Abendtisch bestellt die greise Schaffnerin
Mit Linnen blendend weiß. Das Edelmägdlein hilft.
Ein Knabe trug den Krug mit Wein. Der Kinder Blick
Hangt schreckensstarr am Gast und hangt am Herd entsetzt …
Die Flamme zischt. Zwei Füße zucken in der Glut.
– »Verdammt! Dasselbe Wappen! Dieser selbe Saal!
Drei Jahre sind's … Auf einer Hugenottenjagd …
Ein fein, halsstarrig Weib … ›Wo steckt der Junker? Sprich!‹
Sie schweigt. ›Bekenn!‹ Sie schweigt. ›Gib ihn heraus!‹ Sie schweigt.
Ich werde wild. *Der* Stolz! Ich zerre das Geschöpf …
Die nackten Füße pack ich ihr und strecke sie
Tief mitten in die Glut… ›Gib ihn heraus!‹ … Sie schweigt…

Sie windet sich … Sahst du das Wappen nicht am Tor?
Wer hieß dich hier zu Gaste gehen, dummer Narr?
Hat er nur einen Tropfen Bluts, erwürgt er dich.«
Eintritt der Edelmann. »Du träumst! Zu Tische, Gast …«

Da sitzen sie. Die drei in ihrer schwarzen Tracht
Und er. Doch keins der Kinder spricht das Tischgebet.
Ihn starren sie mit aufgerißnen Augen an –
Den Becher füllt und übergießt er, stürzt den Trunk,
Springt auf: »Herr, gebet jetzt mir meine Lagerstatt!
Müd bin ich wie ein Hund!« Ein Diener leuchtet ihm,
Doch auf der Schwelle wirft er einen Blick zurück
Und sieht den Knaben flüstern in des Vaters Ohr …
Dem Diener folgt er taumelnd in das Turmgemach.

Fest riegelt er die Tür. Er prüft Pistol und Schwert.
Gell pfeift der Sturm. Die Diele bebt. Die Decke stöhnt.
Die Treppe kracht … Dröhnt hier ein Tritt? … Schleicht dort ein Schritt? …
Ihn täuscht das Ohr. Vorüberwandelt Mitternacht.
Auf seinen Lidern lastet Blei und schlummernd sinkt
Er auf das Lager. Draußen plätschert Regenflut.

Er träumt. »Gesteh!« Sie schweigt. »Gib ihn heraus!« Sie schweigt.
Er zerrt das Weib. Zwei Füße zucken in der Glut.
Aufsprüht und zischt ein Feuermeer, das ihn verschlingt …
– »Erwach! Du solltest längst von hinnen sein! Es tagt!«
Durch die Tapetentür in das Gemach gelangt,
Vor seinem Lager steht des Schlosses Herr – ergraut,
Dem gestern dunkelbraun sich noch gekraust das Haar.

Sie reiten durch den Wald. Kein Lüftchen regt sich heut.
Zersplittert liegen Ästetrümmer quer im Pfad.
Die frühsten Vöglein zwitschern, halb im Traume noch.
Friedsel'ge Wolken schwimmen durch die klare Luft,
Als kehrten Engel heim von einer nächt'gen Wacht.
Die dunkeln Schollen atmen kräft'gen Erdgeruch.
Die Ebne öffnet sich. Im Felde geht ein Pflug.
Der Reiter lauert aus den Augenwinkeln: »Herr,
Ihr seid ein kluger Mann und voll Besonnenheit
Und wißt, daß ich dem größten König eigen bin.
Lebt wohl. Auf Nimmerwiedersehn!« Der andre spricht:
»Du sagst's! Dem größten König eigen! Heute ward
Sein Dienst mir schwer … Gemordet hast du teuflisch mir
Mein Weib! Und lebst! … Mein ist die Rache, redet Gott.«

# Theodor Storm
## 1817–1888

### Käuzlein

Da sitzt der Kauz im Ulmenbaum,
Und heult und heult im Ulmenbaum.
Die Welt hat für uns beide Raum!
Was heult der Kauz im Ulmenbaum
    Von Sterben und von Sterben?

Und über'n Weg die Nachtigall,
Genüber pfeift die Nachtigall.
O weh, die Lieb' ist gangen all'!
Was pfeift so süß die Nachtigall
    Von Liebe und von Liebe?

Zur Rechten hell ein Liebeslied,
Zur Linken grell ein Sterbelied!
Ach, bleibt denn nichts, wenn Liebe schied,
Denn nichts, als nur ein Sterbelied
    Kaum wegbreit noch hinüber?

### Lied des Harfenmädchens

Heute, nur heute
Bin ich so schön;
Morgen, ach morgen
Muß Alles vergehn!
Nur diese Stunde
Bist du noch mein;
Sterben, ach sterben
Soll ich allein.

### Morgane

An regentrüben Sommertagen,
Wenn Luft und Flut zusammenragen,
Und ohne Regung schläft die See,
Dann steht an unserm grauen Strande
Das Wunder aus dem Morgenlande,
Morgane, die berufne Fee.

Arglistig halb und halb von Sinne,
Verschmachtend nach dem Kelch der Minne,
Der stets an ihrem Mund versiegt,
Umgaukelt sie des Wandrers Pfade
Und lockt ihn an ein Scheingestade,
Das in des Todes Reichen liegt.

Von ihrem Zauberspiel geblendet,
Ruht manches Haupt in Nacht gewendet
Begraben in der Wüste Schlucht;
Denn ihre Liebe ist Verderben,
Ihr Hauch ist Gift, ihr Kuß ist Sterben,
Die schönen Augen sind verflucht.

So steht sie jetzt im hohen Norden
An unsres Meeres dunklen Borden,
So schreibt sie fingernd in den Dunst;
Und quellend aus den luftgen Spuren
Erstehn in dämmernden Konturen
Die Bilder ihrer argen Kunst.

Doch hebt sich nicht wie dort im Süden
Auf rosigen Karyatiden
Ein Wundermärchenschloß in's Blau;
Nur einer Hauberg graues Bildnis
Schwimmt einsam in der Nebelwildnis,
Und Keinen lockt der Hexenbau.

Bald wechselt sie die dunkle Küste
Mit Libyens sonnengelber Wüste
Und mit der Tropenwälder Duft;
Dann bläst sie lachend durch die Hände,
Dann schwankt das Haus, und Fach und Wände
Verrinnen quirlend in die Luft.

### Märchen

Ich hab's gesehn, und will's getreu berichten;
Beklagt euch nicht, wenn ich zu wenig sah!
Nur sommernachts passieren die Geschichten;
Kaum graut die Nacht, so rückt der Morgen nah,
Kaum daß den Wald die ersten Strahlen lichten,
Entflieht mit ihrem Hof Titania;
Auf Weg und Steg spazieren die Philister,
Das wohlbekannte leidige Register.

Kein Zauber wächst für fromme Bürgersleute,
Die Tags nur wissen, wie die Glocke geht.
Die gründlich kennen gestern, morgen, heute,
Doch nicht die Zeit, die mitten drin besteht;
Ich aber hörte wohl das Waldgeläute,
Ein Sonntagskind ist immer der Poet;
So laßt euch denn in blanken Liederringen
Von Reim zu Reim ins Land der Märchen schwingen.

### In Bulemanns Haus

Es klippt auf den Gassen im Mondenschein;
Das ist die zierliche Kleine,
Die geht auf ihren Pantöffelein
Behend und mutterseelenallein
Durch die Gassen im Mondenscheine.

Sie geht in ein alt verfallenes Haus;
Im Flur ist die Tafel gedecket,
Da tanzt vor dem Monde die Maus mit der Maus,
Da setzt sich das Kind mit den Mäusen zu Schmaus,
Die Tellerlein werden gelecket.

Und leer sind die Schüsseln; die Mäuslein im Nu
Verrascheln in Mauer und Holze;
Nun läßt es dem Mägdlein auch länger nicht Ruh,
Sie schüttelt ihr Kleidchen, sie schnürt sich die Schuh,
Dann tritt sie einher mit Stolze.

Es leuchtet ein Spiegel aus goldnem Gestell,
Da schaut sie hinein mit Lachen;
Gleich schaut auch heraus ein Mägdelein hell,
Das ist ihr einziger Spielgesell;
Nun wolln sie sich lustig machen.

Sie nickt voll Huld, ihr gehört ja das Reich;
Da neigt sich das Spiegelkindlein,
Da neigt sich das Kind vor dem Spiegel zugleich,
Da neigen sich beide gar anmutreich,
Da lächeln die rosigen Mündlein.

Und wie sie lächeln, so hebt sich der Fuß,
Es rauschen die seidenen Röcklein,
Die Händchen werfen sich Kuß um Kuß,
Das Kind mit dem Kinde nun tanzen muß,
Es tanzen im Nacken die Löcklein.

Der Mond scheint voller und voller herein,
Auf dem Estrich gaukeln die Flimmer:
Im Takte schweben die Mägdelein,
Bald tauchen sie tief in die Schatten hinein,
Bald stehn sie in bläulichem Schimmer.

Nun sinken die Glieder, nun halten sie an
Und atmen aus Herzens Grunde;
Sie nahen sich schüchtern, und beugen sich dann
Und knien voreinander, und rühren sich an
Mit dem zarten unschuldigen Munde.

Doch müde werden die beiden allein
Von all der heimlichen Wonne;
Sehnsüchtig flüstert das Mägdelein:
»Ich mag nicht mehr tanzen im Mondenschein,
Ach, käme doch endlich die Sonne!«

Sie klettert hinunter ein Trepplein schief
Und schleicht hinab in den Garten.
Die Sonne schlief, und die Grille schlief.
»Hier will ich sitzen im Grase tief,
Und der Sonne will ich warten.«

Doch als nun Morgens um Busch und Gestein
Verhuschet das Dämmergemunkel,
Da werden dem Kinde die Äugelein klein;
Sie tanzte zu lange bei Mondenschein,
Nun schläft sie bei Sonnengefunkel.

Nun liegt sie zwischen den Blumen dicht
Auf grünem, blitzendem Rasen;
Und es schauen ihr in das süße Gesicht
Die Nachtigall und das Sonnenlicht
Und die kleinen neugierigen Hasen.


## Tannkönig

### 1.

Am Felsenbruch im wilden Tann
Liegt tot und öd' ein niedrig Haus;
Der Efeu steigt das Dach hinan,
Waldvöglein fliegen ein und aus.

Und drin am blanken Eichentisch
Verzaubert schläft ein Mägdelein;
Die Wangen blühen ihr rosenfrisch,
Auf den Locken wallt ihr der Sonnenschein.

Die Bäume rauschen im Waldesdicht,
Eintönig fällt der Quelle Schaum;
Es lullt sie ein, es läßt sie nicht,
Sie sinket tief von Traum zu Traum.

Nur wenn im Arm die Zither klingt,
Da hell der Wind vorüberzieht,
Wenn gar zu faul die Drossel singt,
Zuckt manches Mal ihr Augenlid.

Dann wirft sie das blonde Köpfchen herum,
Daß am Hals das güldene Kettlein klingt;
Auf fliegen die Vögel, der Wald ist stumm,
Und zurück in den Schlummer das Mägdlein sinkt.


### 2.

Hell reißt der Mond die Wolken auf,
Daß durch die Tannen bricht der Strahl;
Im Grunde wachen die Elfen auf,
Die Silberhörnlein rufen durchs Tal.

»Zu Tanz, zu Tanz am Felsenhang,
Am hellen Bach, am schwarzen Tann!
Schön Jungfräulein, was wird dir bang?
Wach auf, und schlag die Saiten an!«

Schön Jungfräulein, die sitzt im Traum;
Tannkönig tritt zu ihr herein,
Und küßt ihr leis des Mundes Saum
Und nimmt vom Hals das Güldkettlein.

Da schlägt sie hell die Augen auf –
Was hilft ihr Weinen all und Flehn!
»Tannkönig, laß mich ziehn nach Haus,
Laß mich zu meinen Schwestern gehn.«

»In meinem Walde fing ich dich«,
Tannkönig spricht, »so bist du mein!
Was hattest du die Mess' versäumt?
Komm mit, komm mit zum Elfenreihn!«

»Elf! Elf! Das klingt so wunderlich,
Elf! Elf! Mir graut vor dem Elfenreihn;
Die haben gewiß kein Christentum,
O laß mich zu Vater und Mutter mein!«

»Und denkst du an Vater und Mutter noch,
Sitzt aber hundert Jahr allein!«
Die Elfen ziehn zu Tanz, zu Tanz;
Er hängt ihr um das Güldkettlein.


## Sturmnacht

Im Hinterhaus, im Fliesensaal
Über Urgroßmutters Tisch' und Bänke,
Über die alten Schatullen und Schränke
Wandelt der zitternde Mondenstrahl.
Vom Wald kommt der Wind
Und fährt an die Scheiben;
Und geschwind, geschwind
Schwatzt er ein Wort,
Und dann wieder fort
Zum Wald über Föhren und Eiben.

Da wird auch das alte verzauberte Holz
Da drinnen lebendig;
Wie sonst im Walde will es stolz
Die Kronen schütteln unbändig,
Mit den Ästen greifen hinaus in die Nacht,
Mit dem Sturm sich schaukeln in brausender Jagd,
Mit den Blättern in Übermut rauschen,
Beim Tanz im Flug
Durch Wolkenzug
Mit dem Mondlicht silberne Blicke tauschen.

Da müht sich der Lehnstuhl, die Arme zu recken,
Den Rokokofuß will das Kanapee strecken,
In der Kommode die Schubfächer drängen
Und wollen die rostigen Schlösser sprengen;
Der Eichschrank unter dem kleinen Troß
Steht da, ein finsterer Koloß.
Traumhaft regt er die Klauen an,
Ihm zuckt's in der verlornen Krone;
Doch bricht er nicht den schweren Bann. –
Und draußen pfeift ihm der Wind zum Hohne,
Und fährt an die Läden und rüttelt mit Macht,
Bläst durch die Ritzen, grunzt und lacht,
Schmeißt die Fledermäuse, die kleinen Gespenster,
Klitschend gegen die rasselnden Fenster.
Die glupen dumm neugierig hinein –
Da drinn' steht voll der Mondenschein.

Aber droben im Haus
Im behaglichen Zimmer
Beim Sturmgebraus
Saßen und schwatzten die Alten noch immer;
Nicht hörend, wie drunten die Saaltür sprang,
Wie ein Klang war erwacht
Aus der einsamen Nacht,
Der schollernd drang
Über Trepp' und Gang,
Daß dran in der Kammer die Kinder mit Schrecken
Auffuhren und schlüpften unter die Decken.


## Walpurgisnacht

Am Kreuzweg weint die verlassene Maid,
Sie weint um verlassene Liebe.
Sie klagt den fliegenden Wolken ihr Leid,
Ruft Himmel und Hölle zu Hilfe. –
Da stürmt es heran durch die finstere Nacht,
Die Lüfte rauschen, die Fichte kracht,
Es flattern so krächzend die Raben.

Am Kreuzweg feiert der Böse sein Fest,
Mit Sang und Klang und Reigen;
Die Eule rafft sich vom heimlichen Nest
Und lädt viel lustige Gäste.
Die stürzen sich jach durch die Lüfte heran,
Geschmückt mit Distel und Drachenzahn,
Und grüßen den harrenden Meister.

Und über die Heide weit und breit
Erschallt es im wilden Getümmel:
»Wer bist du, du schöne, du lustige Maid?
Juchheisa, Walpurgis ist kommen!
Was zauderst du, Hexchen? komm, springe mit ein!
Sollst heute des Meisters Liebste sein,
Du schöne, du lustige Dirne!«

Der Nachtwind peitscht die tolle Schar
Im Kreis um die weinende Dirne;
Da packt sie der Meister am goldenen Haar,
Und schwingt sie im sausenden Reigen;
Und wie die Eule im Zwielicht schreit,
Da hat der Teufel die Dirne gefreit,
Und hat sie nimmer gelassen.


## Goldriepel

»Was scheust du, mein Gaul! Trag mich hinauf
Zum Schloß, das am jähen Abgrund liegt;
Zur Königsmaid, die der scheußliche Zwerg
In zaubertrüglichen Schlummer wiegt.« –

Doch wieder scheut er und flieget der Gaul;
Da knattern die Fichten, es berstet der Berg;
Zwei blitzende Hämmer in rußiger Faust,
Aus der Spalte wirbelt der scheußliche Zwerg.

»Reiß aus, reiß aus! der Fels ist mein,
Und der Wald und das Schloß und die Dirne sind mein!
Reiß aus, reiß aus! und stör mich nicht auf,
Weil ich unten haue das Funkelgestein!

Das Funkelgestein und das klingende Gold
Das schmeiß ich hinauf in den Schoß der Braut;
Drum liebt mich die Dirn', du eitler Gesell!
Goldriepel heiß ich! Jetzt wahr deine Haut!«

Da schwingt er die Hämmer; die blenden und sprühn,
Und der Ritter reißet das Schwert zur Hand:
»Mich schützet die Lieb', die ist teurer als Gold,
Und härter und hell als der hellste Demant.«

Langarmige Fichten schlagen darein –
»Rasch an, mein Tier!« da bäumt sich das Pferd
Hoch auf vor den Hämmern; die blenden und sprühn;
In die leeren Lüfte sauset das Schwert.

»Hei Ritter, mein' Hämmer die spalten Demant!«
Hell kreischet der Helm. – »Hei, treffen sie gut?« –
Und der Ritter, verwundet, taumelt und wankt:
»O, heilige Jungfrau, beschütze mein Blut!«

Da springen die Tore hoch oben im Schloß;
Draus quillt es und strömt es wie himmlischer Schein;
Und drinnen im zaubertrüglichen Schlaf
Ruht die Maid wie lebendiger Marmelstein.

»Mich schützet der Himmel, mich schützet die Lieb!«
Und die Sehnen füllt's ihm mit neuer Gewalt;
Nicht schaut er die Hämmer, die blenden und sprühn.
Hindonnert sein Schwert auf des Zwerges Gestalt.

Und er reißt ihn zum Abgrund, und stürzt ihn hinab,
Wo die faule Sterze das Scheusal begräbt. –
In des Ritters Armen erwachet die Maid;
Sie küßt ihm die Wunde, sie lächelt und lebt.

## Traumliebchen

Nachts auf des Traumes Wogen
Kommt in mein Kämmerlein
Traumliebchen eingezogen,
Luftig wie Mondenschein.
Sie ruht auf meinem Kissen,
Sie stört mich auf mit Küssen
Und lullt mich wieder ein.

Glühend um meine Glieder
Flutet ihr dunkles Haar,
Auf meine Augenlider
Neigt sie der Lippen Paar.
»So küß' mich, du blöder Schäfer!
Dein bin ich, du süßer Schläfer,
Dein heut' und immerdar!«

»Fort, fort aus meinem Stübchen,
Gaukelndes Nachtgesicht!
Ich hab' ein eigen Liebchen,
Ein and'res küß ich nicht!«
Umsonst, ich blieb gefangen,
Bis auf des Morgens Wangen
Brannte das rosige Licht.

Da ist sie fortgezogen,
Schwindend wie Mondesschein,
Singend auf Traumeswogen
Schelmische Melodein:
»Traum, Traum ist alles Lieben!
Wann bist du treu geblieben?
Wie lang' wohl wirst du's sein?«

# Wolfgang Müller (von Königswinter)
## 1816–1873

### Der Mönch von Heisterbach

Ein junger Mönch im Kloster Heisterbach
lustwandelt an des Garten fernstem Ort,
der Ewigkeit sinnt still und tief er nach
und forscht dabei in Gottes heil'gem Wort.

Es liest, was Petrus der Apostel sprach:
Dem Herren ist ein Tag wie tausend Jahr,
und tausend Jahre sind ihm wie ein Tag.
Doch wie er sinnt, es wird ihm nimmer klar;

und er verliert sich zweifelnd in den Wald,
was um ihn vorgeht, hört und sieht er nicht.
Erst wie die fromme Vesperglocke schallt,
gemahnt es ihn der ernsten Klosterpflicht.

Im Laufe erreicht er den Garten schnell,
ein Unbekannter öffnet ihm das Tor,
Er stutzt – doch sieh! schon glänzt die Kirche hell,
und draus ertönt der Brüder heil'ger Chor.

Nach seinem Stuhle gehend, tritt er ein –
doch wunderbar – ein andrer sitzet dort!
Er überblickt der Mönche lange Reihn,
nur Unbekannte findet er am Ort.

Der Staunende wird angestarrt ringsum,
man fragt nach Namen, fragt nach dem Begehr.
Er sagt's da murmelt man durchs Heiligtum:
Dreihundert Jahre hieß so niemand mehr.

Der letzte dieses Namens, tönt es dann,
er war ein Zweifler und verschwand im Wald,
man gab den Namen keinem mehr fortan! –
Er hört das Wort, es überläuft ihn kalt.

Er nennt nun den Abt und nennt das Jahr,
man nimmt das alte Klosterbuch zur Hand;
da wird ein großes Gotteswunder klar:
er ist's der drei Jahrhunderte verschwand.

Ha, welche Lösung! Plötzlich graut sein Haar,
er sinkt dahin und ist dem Tod geweiht,
und sterbend mahnt er seiner Brüder Schar:
Gott ist erhaben über Ort und Zeit.

Was er verhüllt, macht nur ein Wunder klar!
Drum grübelt nicht, denkt meinem Schicksal nach!
Ich weiß, ihm ist ein Tag wie tausend Jahr,
und tausend Jahre sind ihm wie ein Tag!

# Karl August Candidus
## 1817–1872

### Das verfluchte Dorf

nach einer Sage aus Lothringen

Es geht die trübe Sage
von einem verfluchten Dorfe:
die Häuser stehn verfallen;
gesprungen sind die Glocken;
hochalterige Raben
auf allen Firsten hocken;
es schleichen umher wie Schatten
unheimlich die Bewohner;

die Kinder sehen wie Alte,
sie werden zur Welt geboren
mit großen Augen von Glase,
mit aschenfarbenen Locken;
und sind sie ausgewachsen,
so heiraten sie im Dorfe,
dieweil sie außerhalb
kein Lieb würden bekommen;

und allzeit tragen alle
sie Trauer um einen Toten,
dieweil sie untereinander
verwandt im ganzen Dorfe;
da pfeift kein Knecht im Stalle;
da tönt kein Fiedelbogen;
die Störche und die Schwalben
sind alle weggeflogen.

# Gottfried Keller
## 1819–1890

### Der Narr des Grafen von Zimmern

Was rollt so zierlich, klingt so lieb
Treppauf und ab im Schloß?
Das ist des Grafen Zeitvertrieb
Und stündlicher Genoß:
Sein Narr, annoch ein halbes Kind
Und rosiges Gesellchen,
So leicht und luftig wie der Wind,
Und trägt den Kopf voll Schellchen.

Noch ohne Arg, wie ohne Bart,
An Possen reich genug,
Ist doch der Fant von guter Art
Und in der Torheit klug;
Und was vergecken und verdrehn
Die zappeligen Hände,
Gerät ihm oft wie aus Versehn
Zuletzt zum guten Ende.

Der Graf mit seinem Hofgesind
Weilt in der Burgkapell,
Da ist, wie schon das Amt beginnt,
Kein Ministrant zur Stell;
Rasch nimmt der Pfaff den Narrn beim Ohr
Und zieht ihn zum Altare;
Der Knabe sieht sich fleißig vor,
Daß er nach Bräuchen fahre.

Und gut, als wär er's längst gewohnt,
Bedient er den Kaplan;
Doch wann's die Müh am besten lohnt,
Bricht oft der Unstern an;
Denn als die heilge Hostia
Vom Priester wird erhoben,
O Schreck! so ist kein Glöcklein da,
Den süßen Gott zu loben!

Ein Weilchen bleibt es totenstill,
Erbleichend lauscht der Graf,
Der gleich ein Unheil ahnen will,
Das ihn vom Himmel traf.
Doch schon hat sich der Narr bedacht,
Den Handel zu versöhnen;
Die Kappe schüttelt er mit Macht,
Daß alle Glöcklein tönen!

Da strahlt von dem Ciborium
Ein goldnes Leuchten aus;
Es glänzt und duftet um und um
Im kleinen Gotteshaus,
Wie wenn des Himmels Majestät
In frischen Veilchen läge:
Der Herr, der durch die Wandlung geht, –
Er lächelt auf dem Wege!

### Winternacht

Nicht ein Flügelschlag ging durch die Welt,
still und blendend lag der weiße Schnee.
Nicht ein Wölklein hing am Sternenzelt,
keine Welle schlug im starren See.

Aus der Tiefe stieg der Seebaum auf,
bis sein Wipfel in dem Eis gefror;
an den Ästen klomm die Nix herauf,
schaute durch das grüne Eis empor.

Auf dem dünnen Glase stand ich da,
das die schwarze Tiefe von mir schied;
dicht ich unter meinen Füßen sah
ihre weiße Schönheit Glied um Glied.

Mit ersticktem Jammer tastet sie
An der harten Decke her und hin,
ich vergeß das dunkle Antlitz nie,
immer, immer liegt es mir im Sinn!

## Ein Schwurgericht

Da liegt ein Blatt, von meiner Hand beschrieben
In Tagen, die nun lang dahin geschwunden,
So lang, daß halb verblich die flücht'ge Schrift.
Doch wie ich lese, wird ein Unterfangen,
Ein wunderliches, wieder mir lebendig,
Das mich befiel in wunderlicher Zeit,
Als schnödes Abenteuer mächtig herrschte
Und frech die Welt zum Abenteuer schuf.

Was während eines Mondes kurzer Dauer
Von tollem Spuk und schrecklichem Geschehen,
Merkwürd'gem Wagnis und ruchloser Tat
Die Zeitung brachte, von versunknen Schiffen,
Mit schwerem Gold und brüllendem Volk beladen,
Von dreh'nden Tischen, dran die Torheit saß,
Von Schlachtenlärm und diebischen Marschällen,
Von falschem Gift, durch weiße Hand gemischt:
Das dacht' ich rhythmisch wogend zu verflechten
In einen wild rhapsodischen Gesang,
Gleich einem Wandrer, der betäubt und keuchend
Dem tobenden Gewühl mit Not entrann
Und seinen Fiebertraum voll Hast erzählt.

So schrieb ich mir auf Blätter jede Kunde,
Und nicht im Stich fürwahr ließ mich die Zeitung,
Jedoch die Lust, die mir gemach verging.
Dies gelbe Blatt nur hat sich noch erhalten.
Ein Lächeln will beim Anblick mich beschleichen,
Das wandelt aber sich sogleich in Ernst.

Es steht ein Richterspruch darauf verzeichnet
Und eine Tat so dunkel traur'ger Art,
Daß wie von selbst die Hand zum Stifte greift,
Das blut'ge Rätsel doch noch festzubannen.

In Franken war's, an stillem Sommertage,
Daß eine Frau ihr kleines liebes Bübchen
Mit Korb und Vesperbrot zum Vater sandte,
Der im Gehölze, mäßig weit, im Schweiße
Des Angesichts an seiner Arbeit stand.
Sie wußte, daß er heut' ein hartes Lohnwerk
Vollbringen wollte bis zur Dunkelzeit.
Ein mütterlicher kleiner Übermut
Verlockte sie, das Wagnis zu versuchen
Und mit dem Bötlein ihren Eh'kumpan
Zu überraschen dieses erste Mal;
Denn Sonntag war es morgen und im Hause
Blieb ihr zu schaffen übrig noch genug.

Das Knäblein aber sträubte sich zu gehen,
Gewohnt, nur an der Mutter stets zu hangen
Und sie um tausend Dinge zu befragen
Mit Schmeichelwörtchen, lind im Singeton.
»Geh' nur,« sprach sie, »die Mundharmonika
Geb ich dir mit, mein Söhnchen, und d'rauf spielen
Wirst du gar herrlich auf dem ganzen Wege;
Der Vater ruft: Was hör' ich für Musik?
Gewiß marschiert ein Regiment Soldaten!
Wie lacht er aber, wenn sein Hänschen kommt!«
Und da sie aus dem Schrank das Instrumentchen,
Das dort zur Schonung sorglich aufgehoben,
Hervorholt, faßt es gleich der frohe Kleine
Und schreitet wacker, seinen Korb am Arm,
In's helle Sommerland, die wen'gen Stimmchen
An seinen Lippen unverweilt erprobend
Und stets aufs neue reihend Ton an Ton.

Schon weit ist er; doch über Korn und Klee
Tönt weich und sanft, wie all der blaue Himmel,
Sein einfach Lied nun aus dem Feld herüber;
Der Kinderpuls, ein Lufthauch und die Ferne,
Sie schaffen eine rührend zarte Weise,
Die, fast verwehend jetzt, dann leise schwillt.
Und weil die Mutter hier noch steht und horcht
Und denkt, nun hat er wohl den Forst betreten,
Vernimmt der Vater drüben schon die Töne
Und kennt sein Vögelchen an dem Gesang.
Er lauscht erfreut – auf einmal bricht es ab,
Und stumm bleibt ewig dieser Kindermund!
Kein Knäblein kommt zum Vater, keines kehrt
Zur Mutter Abends mit dem Müden wieder.

Nach dreien Tagen erst zog man das Kind
Mit eingeschlag'nem Haupt aus einem Wasser,
Das tückisch hehlend, dunkel, unbeweglich,
Abseits vom Pfad im Waldesschatten lag.
Der Mörder auch ward bald darauf ergriffen;
Es war ein starker Bursch von achtzehn Jahren,
Fast unbekannt, der, lungernd in der Stadt,
Mißtrauisch spielend auf dem Örglein blies,
Das ihn verriet. Dann vor dem Richter stehend,
Von dessen Kunst bedrängt, erzählt er mürrisch,
Wie er das Kind im Holze angetroffen
Und es gebeten, ihm das Ding zu leihen
Für einen Augenblick, sich dran zu laben;
Denn eine unbezwinglich starke Lust

Hab' ihn schon lang gequält, auf solchem Werklein
Ein einzig Mal sich blasend zu vergnügen.
Kopfschüttelnd hab' das Knäblein fortgespielt,
Er aber es mit einem Stein erschlagen.

Und weiter ward die Kunde beigebracht,
Wie daß vor Jahren schon in seiner Heimat
Der Unhold von der zarten Kinderwelt
Als Spielzeugräuber sei gefürchtet worden;
Die trauten Plätze, Flure, Hofgebreiten,
Wo sich das kleine Volk zur Lust versammelt:
Der große Range habe finsterlauernd
Beschlichen sie und von dem bunten Werkzeug
Der Jugend sich gewaltsam angeeignet,
Was ihm gefiel, dann in entlegnen Winkeln
Einsam, mit ungeschickter Hand gespielt.

Der Wahrspruch fiel, die Sühne ward bemessen;
Doch aus der Untat wurde keiner klug.


### Ballade vom jungen Mörder Haube

Unheilschwanger sind die Lüfte,
Und es naht ein graues Weh;
Denn es sproßten Macbeths Taten
In der Unschuld weißem Schnee!

Gab es wohl ein sanftes Wesen,
Als ein Schneiderlehrling bot?
Einer ist jedoch erstanden,
Der schlug seinen Meister tot.

Seinen großen, starken Meister,
Der im Bette friedlich schlief;
Als der Morgen graute, hieb er
In die grauen Locken tief.

Weckte mordend so den Meister,
Der schlaftrunken mit ihm rang;
Und mit dem graunvoll Erwachten
Rang der Knirps, bis es gelang,

Bis der Stärkre sank zu Boden.
Dieses tat der kleine Held,
Und der Kobold suchte sogleich
Nach des Toten Gut und Geld.

Blutbedeckt von Kopf zu Füßen,
Triefend auch vom eignen Blut,
Späht der Wicht nun unverweilet
Nach des Toten teurem Gut.

All die friedlichen Gelasse,
Laden, Schränke malt er rot
Mit der Hand, dem roten Pinsel,
Bis dem Aug' der Raub sich bot.

Schließt behutsam alle Türen,
Wäscht sich von der Tünche rein,
Wechselt das Gewand und schnüret
Endlich sich das Bündelein.

Und dasselbe unterm Arme,
Tritt er hastig aus dem Haus,
Atmet keck die Morgenlüfte,
Schaut nach allen Winden aus.

Freiheit hat er nun und Schätze,
Und der junge Tag bricht an;
Eben hat ein Zuckerbäcker
Seinen Laden aufgetan.

Und wie einer, der besitzet
Und befiehlt, tritt jener ein,
Läßt begehrlich seine Blicke
Schweifen über Glas und Schrein.

Läßt das reiche Füllhorn stürzen,
Marzipan rollt und Tragant,
Füllet schwelgrisch alle Taschen
Mit dem bunten Allerhand.

Spielet mit den süßen Dingern
Jetzo auf der Eisenbahn,
Welche hin nach Hamburg führet
Und zum großen Meer hinan.

Blickt neugierig wie ein Wiesel
Aus dem Wagen in das Feld,
Ahnet hinter jedem Busche
Des Kolumbus neue Welt.

Doch die Kunde seiner Untat
Ist in Hamburg längst bekannt
Durch den Telegraph; am Bahnhof
Harrt Senator und Sergeant.

Harrt der ehrwürd'ge Senator,
Welcher Polizeichef ist,
Und die menschenkund'gen Worte
Nunmehr ernst und tief ermißt.

Sieh, da schießt der Eisendrache
Zischend, dampfumhüllt heran,
Einen dunklen Menschenknäuel
Speit er brüllend auf den Plan.

Aus dem Knäuel spinnt behende
Sich der kleine Mann heraus;
Mit dem Bündelchen im Arme
Sieht er ganz gewöhnlich aus.

Eben schmilzt ihm auf der Zunge
Ein Bonbon von Gerstensaft.
»Söhnchen mein, wo ist dein Meister?«
Tönt es, und sein Knie erschlafft.

Jenes sprach mit sanfter Stimme
Der Senator. »O mein Gott!
Wißt Ihr denn, daß er erschlagen?
Ja, den Meister schlug ich tot!«

Weil ihm jede Einsicht mangelt
In den blitzeschwangern Draht,
Glaubt er fest, daß Gott der Rächer
Selbst hier eingegriffen hat.

»Hat dein Meister dich beleidigt
Oder Übles dir getan?«
»Nein«, sagt er und starrt zum Himmel
Und starrt rings die Menschen an.

Offnen Mundes, staunend läßt er
Fesseln seine Mörderhand.
Seltsam war es, als in dieser
Man ein Herz von Zucker fand.


## Ballade vom dürren König

Es war ein dürrer König, der hatt' ein Land am Meer;
Er fuhr an seinen Küsten brandschatzend hin und her.
So oft im Maienscheine erglüht' sein Felsenhaus,
Zog er mit Schiff' und Knechten und leeren Säckeln aus.

Wo helle Fenster blinkten entlang dem Meeresstrand,
Da klopft' er an die Türen mit seiner Knochenhand;
Und wo ein Speicher lachte, da tat er einen Griff
Und füllte unersättlich sein weitgebauchtes Schiff.

Er konnte alles brauchen und allem war er hold,
Der Wolle wie der Seide, dem Silber wie dem Gold;
Im Topf nahm er den Honig, die Gerste wie das Korn,
Den Weizen mit der Spreuer, die Kuh mit Klau' und Horn,

Die Sau mit ihren Ferkeln, das Huhn mit seinem Ei –
Bis jedesmal das Fahrzeug glich einer Meierei.
Daheim hat er zwölf Junge und eine Königin
Und eine Königin-Mutter, die harrten all' auf ihn.

Die fraßen, was er brachte, und klagten sich noch sehr
Und jagten stets aufs neue den Dürren auf das Meer,
Und gaben ihm dann schmählich auf seinen Wellenritt
Und allen seinen Mannen ein Fäßlein Zwieback mit.

So fuhr er einst bedächtig am klaren Morgen aus;
Doch noch an selbem Tage, da kam ein Wettergraus,
Ein Saus und Braus am Himmel und auf den Wassern her.
Bald hinter Schaum und Regen sah man kein Ufer mehr.

Es trieb das Schiff ins Weite und auf die hohe See,
Und als der Sturm verflogen, ward es den Schiffern weh;
Sie kannten keine Gegend, 's war nur *ein* blaues Rund;
Wo sie den Anker warfen, da faßt' er keinen Grund.

Und weiter, immer weiter verirrte sich die Fahrt,
Und länger, immer länger der Zwieback ward gespart.
O weh, da half kein Sparen, am Ende ging er aus,
Und grinsend saß der Hunger im engen Bretterhaus.

Drei Tage lang zu fasten ein jeder Mann vermag;
Doch wird das Ding verdrießlich schon mit dem vierten Tag.
Was sagt ihr zu sechs Tagen? Vermaledeiter Brauch!
Das fand der dürre König mit seinen Knechten auch.

Drum nehmen sie drei Würfel und würfeln um den Tod;
Sein Blut muß einer lassen, sein Fleisch und Blut so rot.
Kaum hat ein armer Teufel den kleinsten Wurf getan,
Hebt man ihn gleich zu braten und zu verspeisen an.

Und als man solchen Braten mit Grauen hatt' verdaut
Und wieder ein paar Tage die Finger sich zerkaut,
Da ging es an den zweiten, den dritten und so fort,
Bis endlich nur der König und noch ein Mann an Bord.

Man hatte ihm das Knöcheln erlassen aus Respekt,
Doch hatt' ihm drum die Mahlzeit nicht minder wohl geschmeckt,
Ja, er fand ganz in Ordnung und trefflich diesen Schmaus
Und gafft', ein Liedlein pfeifend, dumm auf das Meer hinaus.

Und windstill ruhte weitum des Meeres klare Brust
Und öffnet' ihre Tiefen dem Sonnenschein mit Lust;
Der König pfiff noch immer, indes der andre Mann,
Verdächtig nach ihm schielend, kühn auf Verschwörung sann.

Dann fing er an: »Herr König, wollt gnädigst Ihr geruhn
Mit Eurem letzten Knechte auch einen Wurf zu tun?«
Doch jener maß ihn starrend vom Haupte bis zum Fuß,
Denn das war ihm ein fremder und ungewohnter Gruß.

Drauf schwang er zähnefletschend den Kolben auf den Knecht;
Der aber praktizierte ein nagelneues Recht,
Schlug ihm die Kron' vom Kopfe, riß ihm den Purpur ab
Und schrie: »Pass' auf! mein Magen wird nun ein Königsgrab.«

Zog schnell ihm durch die Kehle sein Messer scharf und krumm,
Und wütender vom Hunger wandt' er ihn um und um – –
Er mußte liegen lassen den Leib mit Haut und Haar,
Weil der auch gar zu zähe und ungenießbar war.

## Geistergruß

Ich sah ein holdes Weib im Traum
Auf rotem Laube sitzen
Wohl unter einem bereiften Baum,
Der tät' wie Silber blitzen.

Er blitzte wie Silber und Krystall
In lieblicher Wintersonne;
Leis rauscht' der Wind, wie Demantenfall
Perlt's von des Baumes Krone.

Und auch der Schönen wallendes Haar
Sah weiß wie Schnee ich prangen;
Denn ach, wie manches liebe Jahr
Ist schon in's Land gegangen!

Doch blühte noch ihr Antlitz fein
Gleich weißen Rosenauen,
Im Aug' der alte Sternenschein
Und rot der Mund zu schauen.

Wo kommst du her, wo gehst du hin?
Sprach ich mit sanftem Beben;
Bist selig? Bist du Büßerin?
Wo lebst du nun dein Leben?

Sie lächelte mild am selben Ort,
Auch hab' ich sie nicken sehen;
Sie sprach ein halb gehauchtes Wort.
Das konnt' ich nicht verstehen.

Des Reifes Flocken fing sie dann,
Die fallenden, unverdrossen
Und bot mir die Juwelen an,
Die auf der Hand zerflossen.

Drauf stieg der Nebel aus dem Tal,
Empor aus Fluß und Weihern,
Verhängend rasch des Waldes Saal
Mit seinen dichten Schleiern.

Ich sah sie zwischen die Bäume hinein
Tief in den Schatten gehen
Und ihres Haares Silberschein
In Düsternis verwehen.

Noch hat es hier, noch hat es dort
Wie Augenglanz gefunkelt;
Zuletzt war die Erscheinung fort
Und auch der Traum verdunkelt.

## Im Meer

Der Himmel hängt wie Blei so schwer
Dicht auf dem wildempörten Meer;
Ein englisch Segel, fast die Quer,
Schießt wie ein Pfeil darüber her.

Ein Messer, so das Meer sich schliff,
Da starrt ein scharfes Felsenriff
Und schlitzt das Engelländerschiff;
Das Meer tut einen guten Griff.

Viel tausend Bibeln sind die Fracht,
Die sinken in die Wassernacht;
Schon hat in blanker Schuppentracht
Das Seevolk sich herbeigemacht.

Da wimmelt es von Lurch und Fisch,
Sie sitzen am Korallentisch,
Her schießt der Leviathan risch:
Was ist das für ein Flederwisch?

Die Seeschlang als die Königin
Kommt auch und blättert her und hin,
Sie putzt die Brill und liest darin
Verkehrt und findet keinen Sinn.

Sie ziehn den Steuermann empor
Und halten ihm die Bibel vor;
Doch der zu schweigen sich verschwor –
Das Meer durchbraust sein taubes Ohr.

## Seemärchen

Und als die Nixe den Fischer gefaßt,
Da machte sie sich abseiten;
Sie schwamm hinaus mit lüsterner Hast,
Hinaus in die nächtlichen Weiten.

Sie schwamm in gewaltigen Kreisen herum,
Bald oben, bald tief am Grunde,
Sie wälzt' mit dem Armen sich um und um
Und küßt' ihm das Rot vom Munde.

Drei Tage hatte sie Zeitvertreib
Mit ihm in den Meeresweiten,
Am vierten ließ sie den toten Leib
Aus ihren Armen gleiten.

Da schoß sie empor an das sonnige Licht
Und schaute hinüber zum Lande;
Sie schminkte mit Purpur das weiße Gesicht
Und nahte sich singend dem Strande.

## Das Köhlerweib ist trunken

Das Köhlerweib ist trunken
Und singt im Wald,
Hört, wie die Stimme gellend
Im Grünen hallt!

Sie war die schönste Blume,
Berühmt im Land;
Es warben Reich' und Arme
Um ihre Hand.

Sie trat in Gürtelketten
So stolz einher;
Den Bräutigam zu wählen,
Fiel ihr zu schwer.

Da hat sie überlistet
Der rote Wein –
Wie müssen alle Dinge
Vergänglich sein!

Das Köhlerweib ist trunken
Und singt im Wald;
Wie durch die Dämmrung gellend
Ihr Lied erschallt!

# Theodor Fontane
## 1819–1898

### Archibald Douglas

»Ich hab’ es getragen sieben Jahr,
Und ich kann es nicht tragen mehr!
Wo immer die Welt am schönsten war,
Da war sie öd’ und leer.

Ich will hintreten vor sein Gesicht
In dieser Knechtsgestalt,
Er kann meine Bitte versagen nicht,
Ich bin ja worden alt.

Und trüg’ er noch den alten Groll,
Frisch wie am ersten Tag,
So komme, was da kommen soll,
Und komme, was da mag.«

Graf Douglas spricht’s. Am Weg ein Stein
Lud ihn zu harter Ruh,
Er sah in Wald und Feld hinein,
Die Augen fielen ihm zu.

Er trug einen Harnisch rostig und schwer,
Darüber ein Pilgerkleid –
Da horch! vom Waldrand scholl es her
Wie von Hörnern und Jagdgeleit.

Und Kies und Staub aufwirbelte dicht,
Her jagte Meut’ und Mann,
Und ehe der Graf sich aufgericht’t,
Waren Roß und Reiter heran.

König Jakob saß auf hohem Roß,
Graf Douglas grüßte tief;
Dem König das Blut in die Wange schoß,
Der Douglas aber rief:

»König Jakob, schaue mich gnädig an
Und höre mich in Geduld,
Was meine Brüder dir angetan,
Es war nicht meine Schuld.

Denk nicht an den alten Douglas-Neid,
Der trotzig dich bekriegt,
Denk lieber an deine Kinderzeit,
Wo ich dich auf den Knien gewiegt.

Denk lieber zurück an Stirlingschloß,
Wo ich Spielzeug dir geschnitzt,
Dich gehoben auf deines Vaters Roß
Und Pfeile dir zugespitzt.

Denk lieber zurück an Linlithgow,
An den See und den Vogelherd,
Wo ich dich fischen und jagen froh
Und schwimmen und springen gelehrt.

O denk an alles, was einsten war,
Und sänftige deinen Sinn –
Ich hab’ es gebüßet sieben Jahr,
Daß ich ein Douglas bin.«

»Ich seh’ dich nicht, Graf Archibald,
Ich hör’ deine Stimme nicht,
Mir ist, als ob ein Rauschen im Wald
Von alten Zeiten spricht.

Mir klingt das Rauschen süß und traut,
Ich lausch’ ihm immer noch,
Dazwischen aber klingt es laut:
Er ist ein Douglas doch.

Ich seh’ dich nicht, ich höre dich nicht,
Das ist alles, was ich kann –
Ein Douglas vor meinem Angesicht
Wär’ ein verlorener Mann.«

König Jakob gab seinem Roß den Sporn,
Bergan ging jetzt sein Ritt,
Graf Douglas faßte den Zügel vorn
Und hielt mit dem Könige Schritt.

Der Weg war steil, und die Sonne stach,
Und sein Panzerhemd war schwer,
Doch ob er schier zusammenbrach,
Er lief doch nebenher.

»König Jakob, ich war dein Seneschall,
Ich will es nicht fürder sein,
Ich will nur warten dein Roß im Stall
Und ihm schütten die Körner ein.

Ich will ihm selber machen die Streu
Und es tränken mit eigner Hand,
Nur laß mich atmen wieder aufs neu
Die Luft im Vaterland!

Und willst du nicht, so hab einen Mut,
Und ich will es danken dir,
Und zieh dein Schwert und triff mich gut
Und laß mich sterben hier.«

König Jakob sprang herab vom Pferd,
Hell leuchtete sein Gesicht,
Aus der Scheide zog er sein breites Schwert,
Aber fallen ließ er es nicht.

»Nimm's hin, nimm's hin und trag es neu
Und bewache mir meine Ruh,
Der ist in tiefster Seele treu,
Wer die Heimat liebt wie du.

Zu Roß, wir reiten nach Linlithgow,
Und du reitest an meiner Seit',
Da wollen wir fischen und jagen froh
Als wie in alter Zeit.«

### Lied des James Monmouth

Es zieht sich eine blutige Spur
Durch unser Haus von alters,
Meine Mutter war seine Buhle nur,
Die schöne Lucy Walters.

Am Abend war's, leis wogte das Korn,
Sie küßten sich unter der Linde,
Eine Lerche klang und ein Jägerhorn –
Ich bin ein Kind der Sünde.

Meine Mutter hat mir oft erzählt
Von jenes Abends Sonne,
Ihre Lippen sprachen: Ich habe gefehlt!
Ihre Augen lachten vor Wonne.

Ein Kind der Sünde, ein Stuartkind,
Es blitzt wie Beil von weiten:
Den Weg, den alle geschritten sind,
Ich werd' ihn auch beschreiten.

Das Leben geliebt und die Krone geküßt
Und den Frauen das Herz gegeben,
Und den letzten Kuß auf das schwarze Gerüst –
Das ist ein Stuart-Leben.

## James Monmouth

(Parodie)
(Zu Paul Heyses Polterabend am 14. Mai 1854)

Ich heiße James Monmouth und bin der Sohn
Karl Stuarts und Lucy Walters,
Ich wurde geköpft vor Jahren schon,
Das war so Mode vor alters.

Meine Mutter liebte Vatern sehr,
Und sie küßten sich unter 'ner Buche,
Sie sahn sich oft und dann nicht mehr
Und stehn nicht im Kirchenbuche.

Und das ist mein Pech, Potzsapperment,
Daß sie nie die Ringe gewechselt,
So hieß ich zeitlebens ein »Prätendent«,
Bis den Kopf sie mir abgedrechselt.

Ich hab es bezahlt mit meinem Blut
Und fühle noch das Messer, –
Und die Moral, die lautet: *Ja, Lieb' ist gut,*
*Doch die Ehe, die ist besser.*


## Jung-Musgrave und Lady Barnard

Jung-Musgrave trat in die Kirche,
Sein Kleid war gold und blau;
Er grüßte die schönen Frauen,
Nicht so Unsre liebe Frau.

Er sah sich um im Kreise,
Nur Eine fehlte noch;
Ein trat da Lady Barnard,
Das war die schönste doch.

Ihr Auge fiel auf Musgrave,
Ihr Auge wie Sonnenschein,
Da fühlte des Knaben Herze:
Der Lady Herz ist dein.

Sie flüsterte: »Jung-Musgrave,
Ich liebe dich seit lang!«
»So tat ich, liebe Lady,
Nur war mein Wort zu bang.«

»Ich hab' ein Haus im Walde,
Verschwiegen und bewacht,
Und willst du kommen, Jung-Musgrave,
Jung-Musgrave, so komm heut nacht!«

Den Knaben überlief es,
Als habe sie ihn geküßt,
Er sprach: »Ich komme, lieb Lady,
Und wenn ich sterben müßt.«

Das hörte der Lady Läufer,
Nicht lang er so stund und sann:
»Und bin ich Myladys Läufer,
So bin ich Mylords Mann!«

Er sprach es und lief waldeinwärts,
Lief über das Heideland;
Die Sterne standen am Himmel,
Als vor dem Schloß er stand.

»Wach auf, wach auf, Lord Barnard,
Deine Ehr' ist krank und wund;
Jung-Musgrave und deine Lady,
Die küssen sich zur Stund.

Sie küssen sich im Walde
In deines Försters Haus –
Laß satteln, Mylord Barnard,
Und komm und reite hinaus!«

Der Lord fuhr auf vom Lager:
»Lieber Läufer, sprichst du wahr,
Mein Forst und meine Äcker
Sind deine auf ein Jahr.

Doch hast du falsch gesprochen,
Oder trog dich falscher Schein,
An den höchsten Baum im Walde
Sollst du gehangen sein!

Auf, auf, meine Mannen alle,
Und sattelt mein schnellstes Tier!
Oft sind wir rasch geritten,
Heut' reiten rascher wir.«

Hin ging es über die Heide,
Lord Barnards Horn erklang –
Jung-Musgrave küßte die Lady,
Er küßte sie so bang.

»Ich hör' es von fernher klingen –
Das ist keine Wachtel im Korn,
Das ist kein Häher im Walde,
Das ist Lord Barnards Horn!«

»Gib mir die Hand, Jung-Musgrave,
Deine Lippen sind so kalt –
's ist Pfeif' und Horn des Hirten,
Was über die Heide schallt.

Dein Falk hat Schellen und Bänder,
Dein Roß hat Streu und Korn,
Und du, du hast mich selber –
Was kümmern dich Pfeif und Horn?«

Und als sie das gesprochen,
Lord Barnard hält davor –
Er hat drei silberne Schlüssel,
Die schlossen Tür und Tor.

Er schob zurück den Vorhang,
Zorn schüttelte seinen Leib:
»Sag an, sag an, Jung-Musgrave,
Wie findest du mein Weib?«

»Ich finde sie süß, Lord Barnard,
Ich finde sie süß und traut,
Und schliefe doch lieber im Walde
Bei Ginster und Heidekraut.«

»Steh auf, steh auf, Jung-Musgrave,
Leg Kleid und Waffen an,
Steh auf, ich mag nicht töten
Einen unbewehrten Mann.

Und hast du keine Waffen,
Ich hab' zwei Klingen hier,
Nimm du die beste und längste
Und laß die kürzeste mir.«

Jung-Musgrave schlug zum ersten,
Er traf Lord Barnard gut,
Lord Barnard schlug zum zweiten,
Da lag der Knab' im Blut.

Die Lady warf sich auf ihn:
»Leb wohl, mein süßer Knab',
Will beten für deine Seele,
Solang ich Leben hab'.«

»Dann bete schnell, lieb' Lady,
Und bete für dich mit!«
In ihren weißen Nacken
Die rote Klinge schnitt.

Lord Barnard stieg zu Rosse,
Auf glomm der erste Schein:
»Begrabt sie beieinander –
Ein Grab und einen Stein!«

Lord Barnard ritt von dannen,
Sah starr ins Morgenlicht:
»Die Ehre ist genesen,
Mein Herze ist es nicht!«

## Das Douglas-Trauerspiel

»Zu Roß, Mylord, leg Waffen an
Und räch unsres Hauses Schmach!
Lord William entführt unsre Tochter –
Auf, auf, und den Flüchtigen nach!

Und zu Roß, meine sieben Söhne,
Und hinaus, und hinein in die Nacht,
Und eurer jüngsten Schwester
Habet besser acht!«

Lady Douglas rief's. Sie fuhren all auf,
Legten Helm und Waffen an:
Lord William und Lady Margret
Die waren noch kaum von dann.

Er hob sie auf ein milchweiß Roß,
Ein Jagdhorn zu Seiten ihm hing,
Einen Apfelschimmel bestieg er selbst,
Und über die Heid' es ging.

Oft, über die linke Schulter hinweg,
Im Reiten er rückwärts sah:
Den Alten und seine Söhne
Ansprengen sah er da.

»Steig ab, steig ab, liebe Lady mein,
Und nimm mein Roß an die Hand,
Deinem Vater und deinen Brüdern
Muß ich nun halten stand.«

Sie nahm sein Roß; hernieder rann
Keine Träne auf den Hag,
Bis neben ihren Brüdern
Ihr Vater im Blute lag.

»Halt ein, halt ein, Lord William,
Deine Streiche treffen zu schwer!
Ich fände wohl manchen Liebsten noch,
Einen Vater nimmermehr.«

Sie nahm aus dem Mieder ein weißes Tuch
Von niederländischem Lein,
Sie wusch ihres Vaters Wunden damit,
Die waren röter als Wein.

»Nun wähle, lieb Lady, und wähle schnell:
Willst du gehn oder bleiben, sprich!«
»Ich will mit dir gehn, ich muß mit dir gehn,
Ich habe ja nur noch dich.«

Er hob sie auf ihr milchweiß Roß,
Auf der Heide lag Vollmondschein;
Seinen Apfelschimmel bestieg er selbst,
Und so ritten sie querfeldein.

Sie ritten feldein bei Mondenschein,
Im Schritt halb, halb im Trab;
Und als sie kamen an einen Quell,
Da stiegen sie langsam ab.

Sie wollten trinken; vorüber rann
Wie Silber die klare Flut,
Und als sich Lord William bückte,
Da wurde sie rot von Blut.

»Halt an, halt an, Lord William,
Du bist wund bis auf den Tod!«
»Es ist mein Scharlachmantel,
Der scheint im Wasser so rot.«

Sie ritten feldein bei Mondenschein,
Im Schritt halb, halb im Trab;
Und als sie kamen an sein Schloß,
Da stiegen sie langsam ab.

»Steh auf, steh auf, liebe Mutter mein,
Steh auf und öffne das Tor!
Ich hab' mein Lieb gewonnen,
Und wir halten beide davor.

Und mache mein Bett, liebe Mutter,
Und ein zweites dicht daran!
Lady Margret muß dicht bei mir sein,
Auf daß ich schlafen kann.«

Lord William starb vor Mitternacht,
Lady Margret vor Tagesfrüh;
Man trug sie nach Sankt Marien hin,
Da standen drei Tage sie.

Er wurde begraben im Kirchenschiff,
Und sie in der Halle vorn;
Eine Rose wuchs aus ihrem Grab,
Aus seinem ein Hagedorn.

Sie wuchsen hoch am Gewölb entlang,
Als wären sie gern sich nah,
Und jeder sagte: »Zwei Liebende sind's!«
Wer sie so wachsen sah.

Bis endlich der schwarze Douglas kam,
Im Herzen Wut und Weh,
Der riß die beiden Sträucher heraus
Und schleuderte sie in den See.

### Lord Athol

Lord Athol kniet im Beichtstuhl
Vor dem Bischof von Aberdeen:
»Frommer Bischof, ich fühl ein Feuer
In Mark und Adern glühn.

O lösch mit Gebet und Gnade
Mir das Feuer im Herzen aus –
Unter weißen Schlehn im Walde
Stand ein einsam Jägerhaus.

Es stand im Wald unter weißen Schlehn,
Seit drei Nächten steht es nicht mehr,
Ich legte Stroh und Reisig
Und Strauchwerk rings umher.

Die Flammen verzehrten alles,
Das Haus und den Mönch und mein Kind;
Sie liebten sich, sie küßten sich,
Ihre Asche hat der Wind.«

Der fromme Bischof von Aberdeen
Hat sich seufzend abgekehrt:
»Lord Athol, ich kann nicht löschen
Das Feuer, das dich verzehrt.

Deiner Tochter stille Asche,
Die hinweht über die Flur,
Sie flüstert von deiner Sünde
Wider Gott und die Natur.

Und die sündige Seele des Mönches,
Die jetzt in Flammen kreist,
Schreit auf über deine Untat
Wider Gott und den Heiligen Geist.

Die Schuld hinwegzuwaschen,
Hat die Welt nur *einen* Strom:
Brich auf und wirf dich nieder
Vor dem Heiligen Vater in Rom.«

Lord Athol nahm eines Pilgers Kleid,
Zog hin über Land und Meer,
Er trat in die Peterskirche –
Viel Tausend knieten umher.

Der Papst, in Gold und Purpur,
Stand da mit verklärtem Gesicht:
Es war am Gründonnerstage,
Wo er Worte des Segens spricht.

Und als er der Segensworte
Allerheiligstes nun begann,
Da begann seine Stimme zu beben,
Und ein Schauer faßte ihn an;

Und der Kelch in seiner Rechten
Entglitt seiner zitternden Hand,
Es rollten die roten Tropfen
Hin über den weißen Sand.

Todblaß der Heilige Vater
Vor Entsetzen stand er da,
Dann hob er mit Macht seine Stimme:
»Ein Verfluchter ist uns nah!

Er hat nicht teil am Segen
Und nicht teil an Christi Huld,
Der Kelch mit dem Blute des Heilands
Erbebte vor seiner Schuld.

Unseliger, flieh! diese Wände,
Sie haben für dich nicht Raum!« –
Lord Athol schwankte von dannen,
Seine Füße trugen ihn kaum.

Er schritt ans Meer, zu Schiffe,
Es kamen Ebb und Flut,
Die Jahre kamen und gingen,
Im Herzen blieb die Glut.

Er kniete am Heiligen Grabe,
Er fuhr über Land und See,
Die Jahre kamen und gingen,
Im Herzen blieb das Weh.

Und heimwärts endlich fuhr er
Über Land und über Meer,
Er trat in Hof und Halle,
Und Hof und Halle war leer.

Im Kamine lag tote Asche,
Drüber hing seines Kindes Bild,
Hing unter Staub und Spinnweb
Und lächelte doch so mild.

Und mild kam's über Lord Athol:
»Ich kenn eine stille Stell,
Eine einsame Stell im Walde,
Da bau ich Kirch und Kapell.

Ich bau sie mit eigenen Händen
Und will schlafen auf Stein und Streu:
Die Stätte, wo ich gefrevelt,
Sei auch Stätte meiner Reu.«

Und Schloß und Hof und Halle
Verließ er alsobald,
Nacht dämmerte in den Zweigen,
Da schritt er hinab in den Wald.

Er kam an den Platz; über Trümmern
Blühten wieder die weißen Schlehn –
Auf dem Estrich, in grauer Kapuze,
Sah einen Mönch er stehn.

»Knie nieder zur Stell, Lord Athol,
Ich kenn deine Beichte schon,
Knie nieder zur Stell, Lord Athol,
Und empfange die Absolution.«

»Wer bist du, dessen Freispruch
An *dieser* Stätte mich sucht?
Wer bist du, der begnadet,
Wo der Heilige Vater flucht?«

»Bin ein Fremdling worden, Lord Athol,
Mein Land ist fern und weit,
Knie nieder zur Stell', knie nieder
Und bete und sei bereit.«

Lord Athol kniete lange,
Tau fiel und Morgenduft,
Der Fremde zerrann in Nebel,
Und der Nebel zerrann in Luft.

Im Walde sangen die Vögel,
An den Zweigen hing Morgenrot,
Lord Athol kniete noch immer –
Sie fanden ihn kalt und tot.

## Lord Murray

Ihr bunten Hochlands-Clane,
Was waret ihr so fern?
Sie hätten nicht erschlagen
Lord Murray, euren Herrn!

Er kam von Spiel und Tanze,
Ritt singend durch die Schlucht –
Sie haben ihn erschlagen
Aus Neid und Eifersucht.

Im Lenze, ach, im Lenze –
Sie spielten Federball,
Lord Murrays stieg am höchsten
Und überflog sie all.

Im Sommer, ach, im Sommer –
Aus zogen sie zum Strauß,
Da rief das Volk: Lord Murray
Sieht wie ein König aus.

Im Herbste, ach, im Herbste –
Zu Tanze ging es hin:
»Mit Murray will ich tanzen!«
Rief da die Königin.

Er kam von Spiel und Tanze,
Ritt singend durch die Schlucht –
Sie haben ihn erschlagen
Aus Neid und Eifersucht.

Ihr bunten Hochlands-Clane,
Was waret ihr so fern?
Sie hätten nicht erschlagen
Lord Murray, euren Herrn!

## Die zwei Raben

Ich ging übers Heidemoor allein,
Da hört ich zwei Raben kreischen und schrein;
Der eine rief dem andern zu:
»Wo machen wir Mittag, ich und du?«

»Im Walde drüben liegt unbewacht
Ein erschlagener Ritter seit heute nacht,
Und niemand sah ihn in Waldesgrund
Als sein Lieb und sein Falke und sein Hund.

Sein Hund auf neuer Fährte geht,
Sein Falk auf frische Beute späht,
Sein Lieb ist mit ihrem Buhlen fort –
Wir können speisen in Ruhe dort.

Du setzest auf seinen Nacken dich,
Seine blauen Augen, die sind für mich,
Eine goldene Locke aus seinem Haar
Soll wärmen das Nest uns nächstes Jahr.

Manch einer wird sprechen: ich hatt ihn lieb!
Doch keiner wird wissen, wo er blieb,
Und hingehn über sein bleich Gebein
Wird Wind und Regen und Sonnenschein.«

## Der Tower-Brand

Wenn's im Tower Nacht geworden, wenn die Höfe leer und stumm,
Gehn die Geister der Erschlagnen in den Korridoren um,
Durch die Lüfte bebt Geflüster klagend dann, wie Herbsteswehn,
Mancher hat im Mondenschimmer schon die Schatten schreiten sehn.

Vor dem Zug, im Purpurmantel, silberweiß von Bart umwallt,
Schwebt des sechsten Heinrichs greise, gramverwitterte Gestalt,
Lady Gray dann, mit den Söhnen König Edwards an der Hand – –
Leise rauscht der Anna Bulen langes seidenes Gewand.

Zahllos ist das Heer der Geister, das hinauf, hinunter schwebt,
Das da murmelt: »Fluch dir, Tower, dran das Blut der Unschuld klebt;
Schutt und Trümmer sollst du werden!« Aber machtlos ist ihr Fluch,
Ehern hält den Bau zusammen böser Mächte Zauberspruch.

Wieder nachtet's, wieder ziehn sie durch die Räume still und weit,
Plötzlich stockt der Zug und schart sich um ein glimmend Tannenscheit,
Dann geschäftig tragen Schnitzwerk, Fahnen, Fransen sie herzu,
Und zur hellen Flamme schüren sie die matte Glut im Nu.

Wie das prasselt, wie das flackert! Einen sprühnden Feuerbrand
Nehmen sie zum nächt'gen Umzug jetzt als Fackel in die Hand,
Weithin wird die Saat der Funken in den Zimmern ausgestreut,
Flammen sollen draus erwachsen; hei, der Fluch erfüllt sich heut!

Alles schläft; doch auf vom Lager springt im Nu der rasche Sturm,
Und er wirft sich in das Feuer, und das Feuer in den Turm,
An des Towers Felsenwände peitscht er schon das Flammenmeer,
Und den Segen drüber sprechend wogt auf ihm das Geisterheer.

Doch, als ob das Salz der Tränen feuerfest die Wände macht,
Wie wenn Blut der beste Mörtel, den ein Meister je erdacht –
Seht, wie durstig auch die Flamme sich von Turm zu Turme wirft,
Hat sie doch, als wären's Becher, nur den Inhalt ausgeschlürft.

Wieder, wenn es Nacht geworden, wenn's im Tower leer und stumm,
Gehn die Geister der Erschlagnen in den Korridoren um,
Durch die Lüfte bebt Geflüster klagend dann, wie Herbsteswehn,
Mancher wird im Mondenschimmer noch die Schatten schreiten sehn.

## Gorm Grymme

König Gorm herrscht über Dänemark,
Er herrscht die dreißig Jahr,
Sein Sinn ist fest, seine Hand ist stark,
Weiß worden ist nur sein Haar,
Weiß worden sind nur seine buschigen Brau'n,
Die machten manchen stumm;
In Grimme liebt er drein zu schaun –
Gorm Grymme heißt er drum.

Und die Jarls kamen zum Feste des Jul,
Gorm Grymme sitzt im Saal,
Und neben ihm sitzt, auf beinernem Stuhl,
Thyra Danebod, sein Gemahl;
Sie reichen einander still die Hand
Und blicken sich an zugleich,
Ein Lächeln in beider Auge stand –
Gorm Grymme, was macht dich so weich?

Den Saal hinunter, in offner Hall',
Da fliegt es wie Locken im Wind,
Jung-Harald spielt mit dem Federball,
Jung-Harald, ihr einziges Kind,
Sein Wuchs ist schlank, blond ist sein Haar,
Blau-golden ist sein Kleid,
Jung-Harald ist heut fünfzehn Jahr,
Und sie lieben ihn allbeid'.

Sie lieben ihn beid'; eine Ahnung bang
Kommt über die Königin,
Gorm Grymme aber, den Saal entlang
Auf Jung-Harald deutet er hin,
Und er hebt sich zum Sprechen – sein Mantel rot
Gleitet nieder auf den Grund:
»Wer je mir spräche ›er ist tot‹,
Der müßte sterben zur Stund.«

Und Monde gehn. Es schmolz der Schnee,
Der Sommer kam zu Gast,
Dreihundert Schiffe fahren in See,
Jung-Harald steht am Mast,
Er steht am Mast, er singt ein Lied,
Bis sich's im Winde brach,
Das letzte Segel, es schwand, es schied –
Gorm Grymme schaut ihm nach.

Und wieder Monde. Grau-Herbstestag
Liegt über Sund und Meer,
Drei Schiffe mit mattem Ruderschlag
Rudern heimwärts drüber her;
Schwarz hangen die Wimpel; auf Brömsebro-Moor
Jung-Harald liegt im Blut –
Wer bringt die Kunde vor Königs Ohr?
*Keiner* hat den Mut.

Thyra Danebod schreitet hinab an den Sund,
Sie hatte die Segel gesehn;
Sie spricht: »Und bangt sich euer Mund,
*Ich* meld' ihm, was geschehn.«
Ab legt sie ihr rotes Korallengeschmeid
Und die Gemme von Opal,
Sie kleidet sich in ein schwarzes Kleid
Und tritt in Hall' und Saal.

In Hall' und Saal. An Pfeiler und Wand
Goldteppiche ziehen sich hin,
Schwarze Teppiche nun mit eigener Hand
Hängt drüber die Königin,
Und sie zündet zwölf Kerzen, ihr flackernd Licht,
Es gab einen trüben Schein,
Und sie legt ein Gewebe, schwarz und dicht,
Auf den Stuhl von Elfenbein.

Ein tritt Gorm Grymme. Es zittert sein Gang,
Er schreitet wie im Traum,
Er starrt die schwarze Hall' entlang,
Die Lichter, er sieht sie kaum,
Er spricht: »Es weht wie Schwüle hier,
Ich will an Meer und Strand,
Reich meinen rot-goldenen Mantel mir
Und reiche mir deine Hand.«

Sie gab ihm um einen Mantel dicht,
Der war nicht golden, nicht rot,
Gorm Grymme sprach: »Was niemand spricht,
*Ich* sprech' es: Er ist tot.«
Er setzte sich nieder, wo er stand,
Ein Windstoß fuhr durchs Haus,
Die Königin hielt des Königs Hand,
Die Lichter loschen aus.

## Olaf Kragebeen

Olaf Kragebeen blickt auf Land und See:
»Stawanger-Fjord liegt noch im Schnee,
Schnee die Felsen und Schnee die Bucht,
Und doch ist der Winter schon auf der Flucht,
Von Westen weht's – einen Frühlingston,
Ich fühl ihn in Luft und Sonne schon,
Und das Meer ein Spiegel … Steig ich zu Schiff?
Überrasch ich den Feind auf Kongens-Kliff?
Ihr, meine Räte zu Land und See,
Schreibt euren Rat mir in den Schnee,
Laßt mich eure Zeichen erspähn,
Ihr, meine Weisen, ihr meine *Krähn*.«

Und kaum gerufen, so sind sie da,
Setzen sich um ihn, fern und nah,
Aber was er auch lockend tu,
Keine, keine hüpft auf ihn zu,
Wenden sich all, ihrer Füße Spur,
Abgewandt, rückwärts führt sie nur,
Rückwärts hüpfen sie Schritt um Schritt:
»Krähen, nehmt ihr das Glück mir mit?«

Und als er so sprach und als er so sann,
Erik Jarl, sein Freund, tritt an ihn heran:
»König Olaf, der Däne spielt um sein Glück,
Im Öresund hielt's ihn nicht länger zurück,
Aus der Kjöge Bucht, aus dem Wassersack,
Ist er hinaus ins Skager-Rak,
Hundert Schiffe führt er, zehnhundert an Bord –
Auf, Olaf, auf, aus Stawanger-Fjord!«

Und der König steigt hinab an das Meer,
Seine Krähen kreischen um ihn her,
Er hört nicht mehr ihr schrill Geschrei.
»Erik Jarl«, so spricht er, »*du* bist mit dabei,
*Du* folgst. Ich führe den ersten Stoß,
Und wankt der Däne, so brichst du los;
Ihr letztes Schiff, es muß in den Grund,
Nichts darf heim in den Öresund.«

Sprach es. Und als den Feind er sah,
In goldener Rüstung stand er da;
Zu Füßen ihm, des Reiches Stolz,
Lag der Runenbogen aus Eschenholz,
Der stärkste Bogen in Norderland,
Keiner spannt ihn, nur Olafs Hand.

Und in des Feindes gedoppelte Reihn
Olaf Kragebeen fährt jetzt mitten hinein;
Erik Jarl, wohl folgt er – doch nicht zum Stoß,
Zum vernichtenden, löst er von Olaf sich los,
*Neben* dem Feinde legt er bei:
»*Das* also, Krähen, war euer Geschrei.
Verrat und durch *ihn!* Aber sei's … Wohlan,
Der Däne galt nichts, *jetzt* erst hebt's an,
Norweg gegen Norweg. Erik Jarl, wirf gut,
Laß sehn, wer die besten Würfe tut.«

Und er nahm den Bogen, als wär es ein Spiel,
Auf seine Rüstung die Sonne fiel,
Er spannte den Bogen mit aller Kraft,
Klirrend zerbrach der Eschenschaft,
Und hüben und drüben klang es zugleich:
»Zerbrochen der Bogen, zerbrochen das Reich.«

Olaf Kragebeen aber, des Schiffes Mast
Hält sein Arm nicht länger umfaßt,
Er schreitet bis zu des Schiffes Bug,
Statt der Krähen umschwirrt ihn ein Möwenzug,
Immer dichter flattert es um ihn her:
»Weiße Wogenkinder, euch sendet das *Meer*,
Es ruft mich – mein Glück einst, nun mein Grab.«
Und in goldener Rüstung stieg er hinab.

## Swend Gabelbart

Swend *Gabelbart,* über Sund und Belt
Er siegreich das Zepter von Dänemark hält,
Seine Schiffe von Insel zu Insel ziehn,
Unterworfen ist Wendland und Julin,
Und nun gen Westen, über das Meer
Jagt er, der Schrecken vor ihm her;
In die Themsemündung fährt er ein,
Ganz London ist ein Feuerschein.
Und nun zu Roß und nun zu Hauf
Essex und Norfolk zieht er hinauf,
Und mit Zechgenossen und Kumpanei
Reitet er ein in Sankt Edmunds-Abtei.

Da sitzen sie nun die Hall' entlang,
Aus der Kirche klingt frommer Mönche Gesang.
»Was soll das Geplärr uns?« Und in die Kapell'n
Swend Gabelbart läßt seinen Marstall er stell'n,
Er mag sie nicht hören, die Litanein,
(Lärm und Gewieher, so soll es sein),

In der Rosse Gestampf erlischt der Chor,
Swend aber lacht: »*Die* tun's euch zuvor!
Schüttet Hafer auf Sankt Edmunds Truh,
Er selber nickt euch den Segen dazu.«

Sankt Edmund, an schwarz-goldener Wand,
Hall' aufwärts in seiner Nische stand.
Einst war er König. Ein mattes Licht
Umspielt ihn flackernd; Swend aber spricht:
»Sankt Edmund, du schufst hier Kirch und Abtei,
Dein Land, es ging verloren dabei;
Nun stehst du da, trägst mönchisch Gewand,
Hältst wie zum Spott ein Schwert in der Hand,
Ein *zerbrochen* Schwert, wenn recht ich seh.
Und doch, o König, warst König du *je*,
Du tätest jetzt ab deine Todesruh
Und kämst als ein Rächer auf mich zu,
Und ob zerbrochen auch dein Schwert,
Es wäre dir doch des Kampfes wert,
Aus dieser Hall' hier, aus diesem Haus,
Auch mit *stumpfem* Schwerte triebst du mich aus.
*Nie* warst du König. Trotz Reif und Kron,
Ein Mönchsbild warst du bei Lebzeit schon.«

Swend Gabelbart schwieg. Im Kreise rundum
Ward es so still und ward es so stumm,
In der Nische das Licht immer düsterer brennt.
Da steigt es herab vom Postament,
Und tapp und tapp, in steinernem Schuh,
Auf Swend Gabelbart schreitet Sankt Edmund zu,
Vor streckt er sein zerbrochen Schwert:
»Nun, Swend, laß sehn, wer besser bewehrt.«
Aus des Königs Aug ein Entsetzen spricht,
Er schlägt nach dem Schwert, *sein* Schwert zerbricht;
Das stumpfe Schwert, es traf ihn gut,
Swend Gabelbart liegt in seinem Blut.
Näher klingt der Mönche Gesang –
Sie tragen den Toten die Hall' entlang.

### Der Wettersee

Die Sonne sinkt in den Wettersee;
Da steigt – mit dem Neck und der Wasserfee –
Von Gold und Rubin, aus des Sees Gruft,
Ein Schloß an die abendgerötete Luft.

Der Mond geht auf, und es blassen Rubin
Und Gold zu Silber und Aquamarin,
Und hervor aus dem Schloß und hinaus zum Tanz
Lockt die Nixen der Mondesglanz.

Teichrosen flechten sie, draußen im Saal,
Um Stirn und Nacken sich allzumal,
Als bangte jede, des Mondes Licht
Selbst könne bräunen ihr Angesicht.

Dann schlingen sie Tänze, dann tönt ihr Gesang
Zu Neckens melodischem Saitenklang,
Bis blasser das scheidende Mondlicht blinkt
Und Schloß und Neck und Nixe versinkt.

\*

Nun baut ihren finstern Palast die Nacht,
Da heult es im Walde, da knickt es und kracht –
Ihren Renner, zottig und grau,
Reitet zur Tränke die Heidefrau.

Ihr Roß ist ein Wolf, schnell wie der Wind,
Blindschleichen die Zügel des Renners sind,
Eine Natter ist Peitsche, ein Igel ist Sporn,
So jagt sie herbei durch Dickicht und Dorn.

Wetteifernd funkelt das Katzengrau
Der Augen von Wolf und Heidefrau,
Man sieht, bei solchem Blitzen und Sprühn,
Die lechzende Zunge des Wolfes glühn.

Er trinkt aus dem See, dann lenkt er den Schritt,
Und am Ufer entlang geht der nächtliche Ritt,
Bis früh am Morgen, statt Neck und Fee,
Fischer durchfurchen den Wettersee.

## Der alte Zieten

Joachim Hans von Zieten,
Husarengeneral,
Dem Feind die Stirne bieten,
Er tat's wohl hundertmal;
Sie haben's all erfahren,
Wie er die Pelze wusch,
Mit seinen Leibhusaren
Der Zieten aus dem Busch.

Hei, wie den Feind sie bläuten
Bei Hennersdorf und Prag,
Bei Liegnitz und bei Leuthen,
Und weiter Schlag auf Schlag;
Bei Torgau, Tag der Ehre,
Ritt selbst der Fritz nach Haus,
Doch Zieten sprach: »Ich kehre
Erst noch mein Schlachtfeld aus.«

Sie kamen nie alleine,
Der *Zieten* und der *Fritz*,
Der Donner war der eine,
Der andre war der Blitz.
Es wies sich keiner träge,
Drum schlug's auch immer ein,
Ob warm', ob kalte Schläge,
Sie pflegten gut zu sein. –

Der Friede war geschlossen,
Doch Krieges Lust und Qual,
Die alten Schlachtgenossen
Durchlebten's noch einmal.
Wie Marschall *Daun* gezaudert,
Und *Fritz* und *Zieten* nie,
Es ward jetzt durchgeplaudert
Bei Tisch, in Sanssouci.

Einst mocht es ihm nicht schmecken,
Und sieh, der Zieten schlief,
Ein Höfling wollt ihn wecken,
Der König aber rief:
»Laßt schlafen mir den Alten,
Er hat in mancher Nacht
Für uns sich wach gehalten,
Der hat genug gewacht.« –

Und als die Zeit erfüllet
Des alten Helden war,
Lag einst, schlicht eingehüllet,
*Hans Zieten,* der Husar:
Wie selber er genommen
Die Feinde stets im Husch,
So war der Tod gekommen
Wie *Zieten* aus dem Busch.

## Herr von Ribbeck auf Ribbeck im Havelland

Herr von Ribbeck auf Ribbeck im Havelland,
Ein Birnbaum in seinem Garten stand,
Und kam die goldene Herbsteszeit
Und die Birnen leuchteten weit und breit,
Da stopfte, wenn's Mittag vom Turme scholl,
Der von Ribbeck sich beide Taschen voll,
Und kam in Pantinen ein Junge daher,
So rief er: »Junge, wiste 'ne Beer?«
Und kam ein Mädel, so rief er: »Lütt Dirn,
Kumm man röwer, ick hebb 'ne Birn.«

So ging es viel Jahre, bis lobesam
Der von Ribbeck auf Ribbeck zu sterben kam.
Er fühlte sein Ende, 's war Herbsteszeit,
Wieder lachten die Birnen weit und breit;
Da sagte von Ribbeck: »Ich scheide nun ab.
Legt mir eine Birne mit ins Grab.«
Und drei Tage drauf, aus dem Doppeldachhaus,
Trugen von Ribbeck sie hinaus,
Alle Bauern und Büdner mit Feiergesicht
Sangen »Jesus meine Zuversicht«,
Und die Kinder klagten, das Herze schwer:
»He is dod nu. Wer giwt uns nu 'ne Beer?«

So klagten die Kinder. Das war nicht recht –
Ach, sie kannten den alten Ribbeck schlecht;
Der *neue* freilich, der knausert und spart,
Hält Park und Birnbaum strenge verwahrt.
Aber der *alte,* vorahnend schon
Und voll Mißtraun gegen den eigenen Sohn,
Der wußte genau, was damals er tat,
Als um eine Birn ins Grab er bat,
Und im dritten Jahr aus dem stillen Haus
Ein Birnbaumsprößling sproßt heraus.

Und die Jahre gehen wohl auf und ab,
Längst wölbt sich ein Birnbaum über dem Grab,
Und in der goldenen Herbsteszeit
Leuchtet's wieder weit und breit.
Und kommt ein Jung übern Kirchhof her,
So flüstert's im Baume: »Wiste 'ne Beer?«
Und kommt ein Mädel, so flüstert's: »Lütt Dirn,
Kumm man röwer, ick gew di 'ne Birn.«

So spendet Segen noch immer die Hand
Des von Ribbeck auf Ribbeck im Havelland.

## Treu-Lischen

»Mein Lischen, stell das Weinen ein,
Auf Regen folgt ja Sonnenschein,
Ich kehr' mit Schwalb' und Flieder
Und wohl noch früher wieder.«

Der Bursche sprach's. Vom Giebeldach
Sah ihm Treu-Lischen lange nach,
Bis Hoffnung wiederkehrte
Und ihren Tränen wehrte.

Die Äuglein wurden wieder klar,
Das Herze jeden Kummers bar,
Sie wußte: mit dem Flieder
Kam ihr der Liebste wieder.

Der Frühling kam mit Duft und Klang,
Treu-Lischen harrte mondenlang,
Herbstwind durchfuhr den Garten –
Vergeblich war ihr Warten.

Wohl kam der Frühling viele Mal,
Ihr Liebster nimmermehr ins Tal,
Doch Lenz um Lenz aufs neue
Rief sie: »Nun kommt der Treue!«

Es konnt ihr Herz, das Jahr um Jahr
Dem Liebsten treu geblieben war,
Es konnt's ihr Herz nicht fassen,
Er habe sie verlassen.

Grau ward ihr Haar, welk ihr Gesicht,
Das Alter kam, sie wußt es nicht:
Ihr Hoffen und ihr Lieben,
Ihr Herz war jung geblieben.

Und als der Tod sie heimgeführt,
Hat ihn das treue Herz gerührt,
Und mit des Liebsten Mienen
Ist er vor ihr erschienen.

## Silvesternacht

Das Dorf ist still, still ist die Nacht,
Die Mutter schläft, die Tochter wacht,
Sie deckt den Tisch, sie deckt für zwei,
Und sehnt die Mitternacht herbei.

Wem gilt die Unruh? wem die Hast?
Wer ist der mitternächt'ge Gast?
Ob ihr sie fragt, sie kennt ihn nicht,
Sie weiß nur, was die Sage spricht.

Die spricht: wenn wo ein Mädchen wacht
Um zwölf in der Silvesternacht,
Und wenn sie deckt den Tisch für zwei,
Gewahrt sie, wer ihr Künft'ger sei.

Und hätt ihn nie gesehn die Maid,
Und wär er hundert Meilen weit,
Er tritt herein und schickt sich an,
Und ißt und trinkt, und scheidet dann. –

Zwölf schlägt die Uhr, sie horcht erschreckt,
Sie wollt ihr Tisch wär ungedeckt;
Es überfällt sie Angst und Graun,
Sie will den Bräutigam nicht schaun.

Fort setzt der Zeiger seinen Lauf,
Niemand tritt ein, sie atmet auf,
Sie starrt nicht länger auf die Tür, –
Herr Gott, da sitzt er neben ihr.

Sein Aug ist glüh, blaß sein Gesicht,
Sie sah ihn all ihr Lebtag nicht,
Er blitzt sie an und schenket ein
Und spricht: »heut Nacht noch bist Du mein.

Ich bin ein stürmischer Gesell,
Ich wähle rasch und freie schnell,
Ich bin der Bräut'gam, du die Braut,
Und bin der Priester, der uns traut.«

Er faßt sie um – ein einz'ger Schrei,
Die Mutter hört's und kommt herbei;
Zu spät, verschüttet liegt der Wein,
Tot ist die Tochter und – allein.

## Die Brück' am Tay

(28. Dezember 1879)

> When shall we three meet again?
> *Macbeth.*

»Wann treffen wir drei wieder zusamm?«
  »Um die siebente Stund, am Brückendamm.«
    »Am Mittelpfeiler.«
                »Ich lösche die Flamm.«
»Ich mit.«
          »Ich komme vom Norden her.«
»Und ich vom Süden.«
                »Und ich vom Meer.«

»Hei, das gibt einen Ringelreihn,
Und die Brücke muß in den Grund hinein.«

»Und der Zug, der in die Brücke tritt
Um die siebente Stund?«
                              »Ei, der muß mit.«
»Muß mit.«
              »Tand, Tand
Ist das Gebilde von Menschenhand!«

                    *

Auf der *Norder*seite, das Brückenhaus –
Alle Fenster sehen nach Süden aus,
Und die Brücknersleut ohne Rast und Ruh
Und in Bangen sehen nach Süden zu,
Sehen und warten, ob nicht ein Licht
Übers Wasser hin »Ich komme« spricht,
»Ich komme, trotz Nacht und Sturmesflug,
Ich, der Edinburger Zug.«

Und der Brückner jetzt: »Ich seh einen Schein
Am anderen Ufer. Das muß er sein.
Nun, Mutter, weg mit dem bangen Traum,
Unser Johnie kommt und will seinen Baum,
Und was noch am Baume von Lichtern ist,
Zünd alles an wie zum Heiligen Christ,
Der will heuer *zweimal* mit uns sein –
Und in elf Minuten ist er herein.«

Und es war der Zug. Am *Süder*turm
Keucht er vorbei jetzt gegen den Sturm,
Und Johnie spricht: »Die Brücke noch!
Aber was tut es, wir zwingen es doch.
Ein fester Kessel, ein doppelter Dampf,
Die bleiben Sieger in solchem Kampf.
Und wie's auch rast und ringt und rennt,
Wir kriegen es unter, das Element.

Und unser Stolz ist unsre Brück';
Ich lache, denk ich an früher zurück,
An all den Jammer und all die Not
Mit dem elend alten Schifferboot;
Wie manche liebe Christfestnacht
Hab ich im Fährhaus zugebracht
Und sah unsrer Fenster lichten Schein
Und zählte und konnte nicht drüben sein.«

Auf der Norderseite, das Brückenhaus –
Alle Fenster sehen nach Süden aus,
Und die Brücknersleut ohne Rast und Ruh
Und in Bangen sehen nach Süden zu;

Denn wütender wurde der Winde Spiel,
Und jetzt, als ob Feuer vom Himmel fiel',
Erglüht es in niederschießender Pracht
Überm Wasser unten ... Und wieder ist Nacht.

*

»Wann treffen wir drei wieder zusamm?«
    »Um Mitternacht, am Bergeskamm.«
        »Auf dem hohen Moor, am Erlenstamm.«

»Ich komme.«
        »Ich mit.«
                »Ich nenn euch die Zahl.

»Und ich die Namen.«
                »Und ich die Qual.«
»Hei!
    Wie Splitter brach das Gebälk entzwei.«
                »Tand, Tand
Ist das Gebilde von Menschenhand.«


*John Maynard*

John Maynard!

»Wer ist John Maynard?«

»John Maynard war unser Steuermann,
Aus hielt er, bis er das Ufer gewann,
Er hat uns gerettet, er trägt die Kron,
Er starb für uns, unsre Liebe sein Lohn.
                John Maynard.«

*

Die »Schwalbe« fliegt über den Eriesee,
Gischt schäumt um den Bug wie Flocken von Schnee;
Von Detroit fliegt sie nach Buffalo –
Die Herzen aber sind frei und froh,
Und die Passagiere mit Kindern und Fraun
Im Dämmerlicht schon das Ufer schaun,
Und plaudernd an John Maynard heran
Tritt alles: »Wie weit noch, Steuermann?«
Der schaut nach vorn und schaut in die Rund:
»Noch dreißig Minuten ... Halbe Stund.«

Alle Herzen sind froh, alle Herzen sind frei –
Da klingt's aus dem Schiffsraum her wie Schrei,
»Feuer!« war es, was da klang,
Ein Qualm aus Kajüt und Luke drang,
Ein Qualm, dann Flammen lichterloh,
Und noch zwanzig Minuten bis Buffalo.

Und die Passagiere, buntgemengt,
Am Bugspriet stehn sie zusammengedrängt,
Am Bugspriet vorn ist noch Luft und Licht,
Am Steuer aber lagert sich's dicht,
Und ein Jammern wird laut: »Wo sind wir? wo?«
Und noch fünfzehn Minuten bis Buffalo. –

Der Zugwind wächst, doch die Qualmwolke steht,
Der Kapitän nach dem Steuer späht,
Er sieht nicht mehr seinen Steuermann,
Aber durchs Sprachrohr fragt er an:
»Noch da, John Maynard?«
                    »Ja, Herr. Ich bin.«
»Auf den Strand! In die Brandung!«
                    »Ich halte drauf hin.«
Und das Schiffsvolk jubelt: »Halt aus! Hallo!«
Und noch zehn Minuten bis Buffalo. – –

»Noch da, John Maynard?« Und Antwort schallt's
Mit ersterbender Stimme: »Ja, Herr, ich halt's!«
Und in die Brandung, was Klippe, was Stein,
Jagt er die »Schwalbe« mitten hinein.
Soll Rettung kommen, so kommt sie nur so.
Rettung: der Strand von Buffalo!

                    *

Das Schiff geborsten. Das Feuer verschwelt.
Gerettet alle. Nur *einer* fehlt!

Alle Glocken gehn; ihre Töne schwell'n
Himmelan aus Kirchen und Kapell'n,
Ein Klingen und Läuten, sonst schweigt die Stadt,
*Ein* Dienst nur, den sie heute hat:
Zehntausend folgen oder mehr,
Und kein Aug' im Zuge, das tränenleer.

                    *

Sie lassen den Sarg in Blumen hinab,
Mit Blumen schließen sie das Grab,
Und mit goldner Schrift in den Marmorstein
Schreibt die Stadt ihren Dankspruch ein:
    »Hier ruht John Maynard! In Qualm und Brand
    Hielt er das Steuer fest in der Hand,
    Er hat uns gerettet, er trägt die Kron,
    Er starb für uns, unsre Liebe sein Lohn.
            John Maynard.«

# Moritz Graf von Strachwitz
## 1822–1847

### Herrn Winfreds Meerfahrt

Herr Winfred fuhr auf schwarzem Schiff,
Er wollte fahren nach Islands Riff,
Er wollte holen die Braut zur See,
Das bracht ihm gräßliches Todesweh;
Hoch schlagen die Wogen am Borde.

Herr Winfred hoch am Maste stand,
Er trug ein funkelndes Stahlgewand,
Das blitzte hinunter und strahlt' und glimmt';
Die Nixe auf brausender Welle schwimmt;
Hoch schlagen die Wogen am Borde.

»Herr Winfred, komm in mein Schlößlein blau!
Ich will dich letzen mit Perlentau;
Du hast einen Helm von Golde klar,
Viel goldner flutet dein Lockenhaar.«
Hoch schlagen die Wogen am Borde.

Herr Winfred sprach: »Du falsches Bild!
Ich mag nicht tauchen ins Meergefild,
Du hast einen Leib halb Maid, halb Fisch,
Und wohnst im kochenden Strudelgezisch.«
Hoch schlagen die Wogen am Borde.

Da wurde die Fey zur Wog in Hast
Und leckte hinauf am schwarzen Mast,
Wollt lecken hinab den Ritter gut;
Der stand und lachte im trotzigen Mut;
Hoch schlagen die Wogen am Borde.

Da wurde die Fey ein grimmer Nord,
Schlug brüllend an Bug und Steuerbord,
Sie schlug den Mast in Stücke drei;
Herr Winfred stand und lachte dabei;
Hoch schlagen die Wogen am Borde.

Da wurde zum Fische die schöne Fey
Und schwamm an dem Schiffe und war ein Hai,
Sie sah wohl hinauf mit dem Aug voll Wut,
Herrn Winfred gerann sein Herzensblut;
Hoch schlagen die Wogen am Borde.

Und er schwang den Speer um das Haupt im Flug,
Und er schoß ihn im Zorn durch des Tieres Bug,
Und als es zuckt in des Todes Qual,
Da sah es hinauf zum letzten Mal;
Hoch schlagen die Wogen am Borde.

Und als ihn der Blick der Feye fund,
Da ward Herr Winfred ein Stein zur Stund,
Und als sie erfaßte des Auges Bann,
Da ward zu Steine so Maus als Mann;
Hoch schlagen die Wogen am Borde.

Da ward zu Steine so Mast als Kiel
Und stand als Felsen im Wellenspiel.
Noch steht Herr Winfred und schaut vom Bord,
Und ewig funkelt das Auge dort;
Hoch schlagen die Wogen am Borde

## Das Elfenroß

Es hatt eine Dam' einen Renner flink,
  Ein rasches, rotes Roß;
Zum Boden herab die Mähne hing,
  Blitzfunken die Nüster schoß.

Dem Renner, dem war sie treu und hold,
  Mit Silber war er gezäumt,
Beschlagen der Huf mit rotem Gold,
  Mit Perlen der Gurt gesäumt.

Und eh' die Sonne am Himmel schwamm,
  In dem Stalle die Dame war,
Sie kämmte dem Tier mit goldigem Kamm
  Sein goldiges Mähnenhaar.

Und Seide sie flocht und Perlenband
  Mit dem Lilienfinger hinein,
Es trank der Renner aus ihrer Hand
  Den roten Burgunderwein.

Den vollen Arm, den weißen Arm
  Um des Tieres Nacken sie schlug;
Es rann von der Wange die Träne warm
  Auf des Renners glänzenden Bug:

»Mein stolzes Roß, mein treues Roß,
  Dir klag ich all mein Leid.«
Auf riß das Roß, auf dehnte das Roß
  Die schnaubende Nüster weit.

»Sie wollen mir trauen als Bettgenoß
  Den falschen, verhaßten Mann.«
Da sprengte das Roß, da riß das Roß
  Der goldenen Halfter Bann.

»Mein rotes Roß, mein rasches Roß,
  Heut rette mich, oder nie!«
Tief senkte das Roß, tief bog das Roß
  Vor der Herrin das schlanke Knie.

Und sah sie an gar bang und lang,
  Gar traulich und flehentlich,
Die Dame sich auf den Renner schwang,
  Der Renner von hinnen strich.

Die Schwalbe, die unten im Sturme glitt,
  Sie holt ihn nimmer ein,
Der Sturm, der oben auf Wolken ritt,
  Keucht ächzend hinterdrein.

Es steht ein Schloß im Elfenwald,
  Ein diamantenes Schloß,
Da stockt' es im Laufe, da macht' es halt,
  Da stand es, das schnelle Roß.

Und als sie ihm dankend den Hals umfing,
  Es koste mit Mund und Hand,
Statt des Renners der Dame im Arme hing
  Der König von Elfenland:

»Du schöne Frau, du minnige Frau,
  Nun sollst du mein eigen sein.
Das Elfenschloß und der Elfengau
  Ist alles, alles dein!

Und wie du vordem in Hof und Stall
  Kredenzt mir den roten Wein,
So kredenze fortan mir in Schloß und Hall'
  Die roten Lippen dein.«


## Frau Hilde

Frau Hilde saß in Thuras Hall',
  Bei ihr manch wack're Maid. –
Herr Egbert lag auf Fyriswall,
  Seine Wunde, die war weit.

»Nun sagt mir, meine Mägde klug,
  Was schlägt ans Fenster drauß'?«
»»Das ist im Sturm der Zickzackflug
  Der schwirrenden Fledermaus.««

»Das ist kein Flug der Fledermaus,
  Die nach den Kerzen schwirrt,
Das ist Herrn Egberts weißer Falk,
  Der gegen die Scheiben klirrt!« –

»Nun sagt geschwind, meine Mägde gut,
  Was über die Brücke setzt?«
»»Das ist der Wölfe heulende Brut,
  Die hungrig die Zähne wetzt.««

»Das ist nicht hungriger Wölfe Troß,
  Dem der Herd in die Nase dampft,
Das ist Herrn Egberts weißes Roß,
  Das wiehernd den Schnee zerstampft!«

»Nun sagt, um Gott, meine Mägde wert,
  Was klirrt in der Finsternis?«
»»Das ist das rostige Hühnenschwert,
  Das eben vom Nagel riß!««

»Das ist kein Schwert, das vom Nagel reißt,
  Du lügst es, falsche Magd!
Es ist Herrn Egberts klirrender Geist,
  Das sei dem Himmel geklagt!«

Frau Hilde fiel auf den harten Stein,
  In Stücke sprang das Schwert,
Der Falke stieß das Fenster ein,
  Zusammen sank das Pferd.

Zerstoben all der Mägde Zahl,
  Tief öde Hall' und Haus,
Der Falk flog kreischend durch den Saal
  Und löschte die Kerzen aus.


## Der Elfenring

1.

Ins Grüne ritt Herr Edelfried;
Es blühte sein Mund im Scherze,
Ihm unterm Sattel tanzte sein Roß,
Und innen tanzte sein Herze.

Ins Grüne sprang Herr Edelfried,
Den Zaum ins Geäste schlang er,
Er stellte sich in den Elfenring,
Das Horn an die Lippe schwang er.

Im Nachtwind wehte sein Reiherbusch,
Er stand gelehnt am Schwerte,
Er blies den allersüßesten Reim,
Ich weiß nicht, wers ihm lehrte.

Doch wer ihm immer das Lied gelehrt,
Er hats nicht lange geblasen,
Ihn zog ein wunderschlanker Arm
Hernieder in den Rasen:

»Du weiße Fee, du listige Fee,
Wie bin ich vor dir erschrocken!«
Das Schwert versank im wehenden Gras,
Zusammen flossen die Locken.

Ein langer Kuß, – o edler Wald!
Er starb in den säuselnden Blättern,
Und wer die beiden verraten hat,
Den mögen die Wipfel zerschmettern!

Die Freifrau ritt zu Walde flink,
Ihr folgten die Trabanten,
Sie ritten zusammen den Elfenring,
Das Gras sie niederbrannten.

Sie pflügten den Boden stumm und schnell,
Salz säten sie in die Ritze,
Drauf türmten sie Schutt und Mauergeröll
Und pflanzten ein Kreuz zur Spitze.

Die Burgfrau warf den ersten Stein,
Ein Stein ihr sank vom Herzen:
»Maria, süße Magedein,
Dir weih ich zweihundert Kerzen!

Zweihundert Kerzen, blütenweiß,
Alljährlich ich dir weihe; –
Ich habe gesprengt den Zauberkreis
Und habe gebannt die Feie!« –

### 2.

Von Rothenburg die Edelfrau,
Die weint' in Schmerz und Stolze,
Sie schritt allein durch die Halle grau –
Der Junker schweift im Holze!

»Nun helfe mir Gott auf seinem Thron,
Ein Ende hat der Zweifel,
Ich habe gesehn den eigenen Sohn
Umarmen den schlimmen Teufel!

Ich hab sie gesehen, die Hexenbraut,
Sie hat zwei Augen wie Räder,
Durch ihre gleißende Schwanenhaut
Durchscheint das blaue Geäder.

Sie tat ihn mit beiden Armen fest
Umringeln und umgattern,
Mir wars, als schlief er im Schlangennest,
Und um ihn gerollt die Nattern.

Die Glocken klangen so feierlich,
Er schlief gleich einem Tauber,
Er hat vergessen auf Gott und mich,
Ich aber breche den Zauber!«

### 3.

O tiefer Wald, o stiller Wald!
Was will dein Wiegen und Wogen?
Es ist, als käme ein Grabgeläut
Durch deine Wipfel gezogen.

Im Grünen reitet Herr Edelfried;
Es zuckt sein Mund im Schmerze.
Ihm unterm Sattel stöhnt sein Roß,
Und innen stöhnt sein Herze!

Den Reiherbusch zerriß der Dorn,
Blut träufelt von den Sporen,
Er sucht nach seinem Elfenring,
Er hat ihn gar verloren.

Er sucht zwei Tage und eine Nacht,
Bis daß er glitt vom Rücken,
Ins Riedgras rann sein Goldgelock,
Sein Herze sprang in Stücken.

## Ein Märchen

Als jüngst im grünen Hage
  Am Schlaf sich ein Dichter geletzt,
Da hat das Fräulein Sage
  Sich neben ihn hingesetzt.

Es war ein schmuckes Pflänzchen,
  Nur etwas sehr kokett;
Im Haare das Efeukränzchen,
  Das stand ihr gar zu nett.

Ihr Haar war lang und flachsen,
  Ihr Nacken war superb,
Sie war recht gut gewachsen,
  Nur etwas gar zu derb.

Von Schminken und Schönheitspflastern,
  Da ward dem Dichter nichts kund;
Ihr Busen war alabastern,
  Nur etwas gar zu rund.

Ihr Aug war tief und nächtig,
  Nur etwas gar zu groß,
Sie trug sich reich und prächtig,
  Nur etwas gar zu bloß.

Sie machten Wahlverwandschaft,
  Der Dichter war galant,
Sie war bei nährer Bekanntschaft
  Ausnehmend interessant.

Viel Bilder, alt und neue,
  Die malte sie frisch und gut,
Das Blaue mit Augenbläue,
  Das Rote mit Heldenblut.

Das Grüne mit Schmelz der Triften,
  Das Goldne mit Sonnenpracht,
Das Helle mit Himmelslüften,
  Das Dunkle mit Waldesnacht.

Sie erzählte lange Geschichten,
  Geschichten von Lust und Weh,
Von den Nixen, ihren Nichten,
  Von ihrer Tante, der Fee.

Sie sprach mit vielem Geschnatter,
  Nach echter Fräuleinsart,
Von dem Kobold, ihrem Gevatter,
  Und seinem langen Bart.

Vom Strommann im Flutkristalle
  Erzählte sie Zauberwerk,
In des Berges Rubinenhalle,
  Da kannte sie jeden Zwerg.

Mit der Heinzelmännchen Gelichter,
  Da hatte sie oft getost;
Ein jeder der toten Dichter,
  Der hatte mit ihr gekost.

Ein jeder der toten Ritter,
  Das war ein Buhle von ihr,
Sie folgt' ihm ins Kampfgewitter,
  Als Fräulein Aventür.

Dem Dichter täten gefallen
  Nicht ganz die Märchen der Fee,
Er vermißte in dem allen
  Die politische Grundidee.

Er frug mit ängstlichem Flüstern
  – Die Sache war riskant –
Nach den Elfen, ihren Geschwistern,
  Und den Dingen aus Elfenland.

Er schwärmte ganz ekstatisch
  Von der Elfenkonstitution,
Er bot recht demokratisch
  Der Elfenregierung Hohn.

Sie aber sprach gar nicht verbindlich:
  »Mein Herr, was schwatzen Sie da!
Das erzählt man täglich und stündlich
  Auf allen Märkten ja.

Von Ihren Freiheitsglorien,
  Da schwärmt ja jedermann,
Was gehn dergleichen Historien
  Ein romantisches Fräulein an?

Und wer unter Märchenbäumen
    Will schlummern ungeniert,
Der muß die Welt verträumen
    Und wie sie wird regiert.

Und wer sich an meinem Zauber
    Nicht freun kann innig und ganz,
Der ist ein Blöder und Tauber
    Beim tönenden Sphärentanz.«

Das Fräulein tät sich flüchten,
    Er aber glaubt' ihr nicht,
Er machte aus ihren Geschichten
    Ein politisches Lehrgedicht.

## Rolf Düring

### Volksmärchen

König Erich sprach mit schwerem Sinn:
»Meine Tochter ist weg, ich weiß nicht, wohin?
Ich möchte sie suchen und weiß nicht, wie?«
Rolf Düring sprach: »Ich suche sie!«
    Gar mannhaft sprach Rolf Düring.

Rolf Düring sprang ins Boot zur Stund'
Und ruderte über den Öresund.
Es pfiff der Fant manch lustigen Reim,
So fuhr Rolf Düring gen Riesenheim,
    Gar freudig fuhr Rolf Düring.

Und als er kam vor des Riesen Tor,
Rolf Düring ritt die Stufen empor,
Wohl lag auf den Stufen manch' bleichend' Gebein,
Rolf Düring pfiff und sprengte hinein,
    Nicht bange war Rolf Düring.

Und als er kam vor des Riesen Schwell',
Da stand im Saale ein langer Gesell,
Er stand und ragte als wie ein Haus,
Rolf Düring sah wie ein Zaunkönig aus,
    Was kümmerte das Rolf Düring!

Rolf Düring setzt die Sporen ein:
»Herr Riese, Du must verloren sein!«
Der Riese lachte bei jedem Stich,
Das war Rolf Düring sehr ärgerlich,
    Gar zornig ward Rolf Düring.

»Und wärest Du länger, denn ein Mast,
Zu Boden must Du grober Gast!«
Anprallte der Ritter im vollen Galopp,
Da fiel der Riese, das war ihm zu grob!
    Und auf ihn sprang Rolf Düring:

»Heraus die Prinzessin im Augenblick!
Sonst schneid ich Dir ab Dein zottig Genick!«
Er stach drei Zoll tief, oder mehr,
Da schrie der Riese: »Ich strecke die Wehr!«
    Zu heftig stach Rolf Düring.

Rolf Düring zog, stolz war sein Zug,
Er hielt die Prinzessin im Sattelbug,
Vorn stapfte der Riese und zagte sehr,
Ihm saß im Nacken Rolf Dürings Speer;
    Zu Meere zog Rolf Düring.

Rolf Düring schrie mit Ungestüm:
»Nun trag' uns hinüber Du Ungetüm,
Auf den rechten Arm mich und mein Fräulein wert
Und auf den linken nimm mein Pferd!«
    Gar dräuend schrie Rolf Düring.

Der Riese hob das rechte Bein
Und stiefelte in den Sund hinein,
Er hätte sich gerne geschüttelt, der Wicht,
Allein er tat es lieber nicht,
    Er forchte sich vor Rolf Düring. –

In Leires Burg tanzt Herr und Gesind,
Da freit Rolf Düring des Königs Kind,
Und wenn es wahr ist, was sie sagen,
So mußte der Riese ins Bett sie tragen,
    Ins Brautbett zu Rolf Düring.


## Die Jagd des Moguls

Von dem persischen Pfühl in dem Purpurgezelt
Sprang säbelumgürtet der Herr der Welt;
Wie die Schlünde der See bei des Nordsturms Nahn,
So ertosten die Tale von Hindostan,
    Denn der Mogul ritt zum Jagen.
Und es tanzte der Hengst über knirschenden Sand,
Doch schwer hin stampfte der Elefant,
Wie ein Wandelgebirg, mit dem Turme geschmückt,
Und des Turmes Gebälk war lanzengespickt,
    Und sein Dach mit Schilden beschlagen.

Und die Zeltwand fiel, und der Kaiser erschien,
In den Staub hin sanken die Völker um ihn,
Tief beugte sein Knie der Elefant,
Und der Fürstin Stirne ward wund im Sand,
    Und es zitterte Sklave und Rajah.
Doch im schnellenden Satz auf sein perlfarb' Tier
Von des Negers Genick sprang Dschehan-Gir,
Es erglänzte der Fürst, wie des Geri Haupt,
Wenn das Donnergewölk tief unten schnaubt,
    In den Schlünden des Himalajah.

Sein geschmeidiger Leib war goldgeschuppt,
Und in Scharlachgeweb' der Schenkel verluppt,
All' Sattel und Zaum mit Perlen gezackt,
Und der Säbelgriff ein einz'ger Smaragd,
    Der Goldhelm reiherbefiedert.
Und der Goldstoff rauschte, die Feder stob,
Und der silberbeschlagene Schimmel schnob,
Wie die Schlange, die lange sich stumm geballt,
So rasselte durch den Palmenwald
    Der Jagdzug, farbig gegliedert.

Und der Wald war dicht und schwarz das Grün,
Und prächtig des Palmdachs Baldachin,
Durch das Rankengewirr, da kam es gesetzt,
Und es schnarchten die Pferde und standen zuletzt,
    Den Odem zogen die Krieger.
Und der Fürst hielt vorn, in den Bügel gestemmt;
Doch die Zunge heraus und den Schweif geklemmt,
Das gelbliche Fell schwarzrot gestreift,
Und das gelbliche Aug' blutrot gereift,
    Ansprang den Kaiser der Tiger.

Hoch bäumte der Hengst von der Schaufel gepreßt,
Doch es saß das Getier und krallte sich fest,
Schwer stöhnte das Roß in des Raubtiers Druck,
Und es riß sein Fell von der Pranken Ruck,
    Aus den Höhlen quollen die Lichter.
Doch der Kaiser saß fest, das Haupt nach vorn,
Seinen seidenen Bart aufsträubte der Zorn.
Wild war der Tiger und wilder der Khan,
Und entsetzlich war's, wie sie an sich sahn
    In die funkensprühnden Gesichter.

Hinstürzte der Hengst und der Tiger mit ihm,
Doch der Kaiser lag auf dem Ungetüm,
Und sie lagen im greulichen Ringen gesellt,
Und die heulende Bestie würgte der Held,
    Doch lautlos standen die Krieger.
Es erhob sich kein Arm, und kein Stahl ward bloß;

Da rief ein Scheich: »Ich wage den Stoß,
Ich wage den Stoß und befreie den Khan!«
Und er zückte den Dolch, da war's getan:
    Er hatte erstochen den Tiger.

Aufkochte der Fürst, wie ein Wirbel der Flut,
Seine Nüstern dehnte die schnaubende Wut,
Ein flirrendes Rad und ein pfeifender Streich,
Und über den Tiger hinsank der Scheich;
    Sein Kopf entrollte mit Zucken.
Krumm wurden die Rücken und scheu der Blick,
Und locker ward ein jedes Genick.
Und er sprach, und sein Säbel war noch nackt:
»Da wo der Löwe den Tiger packt,
    Da soll der Hund sich ducken!«

## Wie ein fahrender Hornist sich ein Land erblies

Ein Spielemann aus Welschland kam,
    Der blies das Horn so süß,
Daß er 'nem jeden, der's vernahm,
    Das Herz aus dem Leibe blies.
Vor Kaiser Karl und seinem Gesind,
    Da ließ er sein Horn erschallen,
Er blies so laut, er blies so lind,
    Das tät dem Kaiser gefallen:

»Mein Spielemann, mein Spielemann,
    Dein Horn hat hellen Ton,
Und was das Horn erreichen kann,
    Das sei des Hornes Lohn.
Auf hohem Berg, in weiter Au,
    Da sollst Du's blasen am Rheine,
Soweit man's hört im ganzen Gau,
    Sei alles Land das Deine!«

Der Spielmann auf dem Berge stand,
    Ringsum viel Rebenhügel,
Und blaues Gebirg und grünes Land
    Und blitzender Ströme Spiegel.
Er setzte das Horn wohl an den Mund,
    Sich selber auf den Rasen,
Weit in die Rund, aus Herzensgrund,
    Da tät er blasen und blasen.

Es war zuerst ein schwimmender Hall,
    Und dann ein hallend Geschmetter,
Der Westwind schwieg und der Wasserfall,
    Es schwieg das Rauschen der Blätter.

Die Bergeskuppen, die Schlösser drauf,
    Die neigten sich horchend hinüber,
Den Flug, den hielten die Adler auf,
    Und schwammen lautlos darüber.

Und lustiger blies der Spielemann,
    Er blies zum wirbelnden Tanze,
Die Eichen faßten einander an
    Und walzten am Bergeskranze.
Die Schnitter warfen die Sensen fort,
    Die Dirnen mußten sie schwingen;
Der alte Rhein im felsigen Bord
    Wie ein Knäblein wollt er springen.

Der Spielmann nahm das Horn vom Mund,
    War freudig aus der Maßen,
Durch Dorf und Weiler in der Rund,
    Da schritt er seine Straßen.
»Hast Du das Horn gehört?« fragt' er,
    Tät sich ein Bauer zeigen,
Und scholl ein »Ja« zur Antwort her,
    Rief er: »Du bist mein eigen!«

Ich wollt, ich wär ein Spielemann
    Mit solcher Klanggewalt,
Daß alles käm in meinen Bann,
    So weit mein Lied erschallt.
Nicht Land und Leut, nicht Burg und Wald,
    Die sollten vor mir sich neigen;
Ich wollte nur, wo es widerhallt,
    Wär jedes Herz mein eigen.

# Hermann Lingg

### 1820–1905

## *Der schwarze Tod*

Erzittre Welt, ich bin die Pest,
Ich komm in alle Lande
Und richte mir ein großes Fest;
Mein Blick ist Fieber, feuerfest
Und schwarz ist mein Gewande.

Ich komme von Ägyptenland
In roten Nebelschleiern,
Am Nilusstrand im gelben Sand
Entsog ich Gift dem Wüstenbrand
Und Gift aus Dracheneiern.

Talein und -aus, bergauf und -ab
Ich mäh zur öden Heide
Die Welt mit meinem Wanderstab,
Ich setz vor jedes Haus ein Grab
Und eine Trauerweide.

Ich bin der große Völkertod,
Ich bin das große Sterben,
Es geht vor mir die Wassersnot,
Ich bringe mit das teure Brot,
Den Krieg tu ich beerben.

Es hilft euch nichts, wie weit ihr floht,
Mein sausend Roß geht weiter,
Ich bin der schnelle schwarze Tod,
Ich überhol das schnellste Boot
Und auch den schnellsten Reiter.

Dem Kaufmann trägt man mich ins Haus
Zugleich mit seiner Ware;
Er freut sich hoch, er lacht beim Schmaus,
Ich steig aus seinem Schatz heraus
Und streck ihn auf die Bahre.

Mir ist auf hohem Felsvorsprung
Kein Schloß zu hoch, ich komme;
Mir ist kein junges Blut zu jung,
Kein Leib ist mir gesund genung,
Mir ist kein Herz zu fromme.

Wem ich nur schau ins Aug hinein,
Der mag kein Licht mehr sehen;
Wem ich gesegnet Brot und Wein,
Den hungert nur nach Staub allein,
Den durstet's, heimzugehen.

Im Osten starb der große Chan,
Auf Indiens Zimmetinseln
Starb Negerfürst und Muselmann,
Man hört auch nachts in Ispahan
Beim Aas die Hunde winseln.

Byzanz war eine schöne Stadt,
Und blühend lag Venedig,
Nun liegt das Volk wie welkes Blatt,
Und wer das Laub zu sammeln hat,
Wird auch der Mühe ledig.

An Nordlands letztem Felsenriff
In einen kleinen Hafen
Warf ich ein ausgestorbnes Schiff,
Und alles, was mein Hauch ergriff,
Das mußte schlafen, schlafen.

Sie liegen in der Stadt umher,
Ob Tag und Monde schwinden;
Es zählt kein Mensch die Stunden mehr,
Nach Jahren wird man öd und leer
Die Stadt der Toten finden.

# Hermann Allmers
### 1821–1902

## Der Halligmatrose

Kaptain, ich bitt euch, laßt mich fort,
O lasset mich frei, sonst lauf ich von Bord,
Ich muß heim, muß heim nach der Hallig!
Schon sind vergangen drei ganze Jahr,
Daß ich stets zu Schiff, daß ich dort nicht war,
Auf der Hallig, der lieben Hallig.

Nein, Jasper, nein, das sag ich dir,
Noch diese Reise machst du mit mir,
Dann darfst du gehn nach der Hallig.
Doch sage mir, Jasper, was willst du dort?
Es ist ein so öder, armseliger Ort,
Die kleine, einsame Hallig.

Ach, mein Kapitän, dort ist's wohl gut,
Und an keinem Ort wird mir so zumut,
So wohl als auf der Hallig;
Und mein Weib hat um mich manch traurige Nacht,
Hab so lang nicht gesehn, wie mein Kind mir gelacht
Und Haus und Hof auf der Hallig.

So höre denn, Jasper, was ich dir sag:
Es ist gekommen ein böser Tag,
Ein böser Tag für die Hallig;
Eine Sturmflut war wie nie vorher,
Und das Meer, das wildaufwogende Meer,
Hoch ging es über die Hallig.

Doch sollst du nicht hin, vorbei ist die Not,
Dein Weib ist tot, und dein Kind ist tot,
Ertrunken beid auf der Hallig;
Auch die Schafe und Lämmer sind fortgespült,
Auch dein Haus ist fort, deine Wurt zerwühlt;
Was wolltest du tun auf der Hallig?

Ach Gott, Kapitän, ist das geschehn!
Alles soll ich nicht wiedersehn,
Was lieb mir war auf der Hallig?
Und ihr fragt mich noch, was ich dort will tun?
Will sterben und im Grase ruhn
Auf der Hallig, der lieben Hallig.

# Joseph Viktor von Scheffel
### 1826–1886

## Eine traurige Geschichte

Ein Hering liebt' eine Auster
Im kühlen Meeresgrund;
Es war sein Dichten und Trachten
Ein Kuß von ihrem Mund.

Die Auster, die war spröde,
Sie blieb in ihrem Haus;
Ob der Hering sang und seufzte,
Sie schaute nicht heraus.

Nur eines Tags erschloß sie
Ihr duftig Schalenpaar;
Sie wollte im Meeresspiegel
Beschauen ihr Antlitz klar.

Schnell kam der Hering geschwommen,
Streckt seinen Kopf herein
Und dacht' an einem Kuße
In Ehren sich zu freun!

O Harung, armer Harung,
Wie schwer bist du blamiert!
– Sie schloß in Wut die Schalen,
Da war er guillotiniert.

Jetzt schwamm sein toter Leichnam
Wehmütig im grünen Meer
Und dachte: »In meinem Leben
Lieb' ich keine Auster mehr!«

## Nebel

Herr, meine Seele schwebt in Bangnis,
Nachtgrauen umfängt sie;
In finsteren Klüften schier allzulang nistend,
Ward sie des Lebens mildwärmendem Licht
Nahezu fremd.

Herr, schirme mich!
Umtrübt von der Einsamkeit fressendem Rost
Ruf ich zu dir um Stärkung und Trost,
Denn furchtsam zur Höhle sich bergend Verzagen
Ziert nimmer den Mann,
Der dir zu dienen Gelöbnis getan.

Was heischt ihr von mir,
Die ihr gespenstig dem Seegrund entstiegt
Und frostgrau des Klausners Asyl überfliegt,
Bleiches, weiches,
Schweifendes, streifendes,
Irrendes, schwirrendes
Nebelgezücht?

Herr, lehre mich beten im Dämmerschein;
Der Waldnacht Phantasmen stellen sich ein
Mit unheimlicher Pein.
Lehre mich beten dein eigen Gebet,

Das du, die Erde beschreitend gleich uns,
Als Meister vom Berg deine Schüler gelehrt;
Wehe! die angstgeschüttelte Seele
Weiß deine Worte kaum mehr zu sammeln,
Kaum die eine Bitte noch weiß sie zu stammeln:
*»Führe uns nicht in Versuchung!«*

Sieh das Gewölk!
Sonnenfeindliche Schleiergestalten
Recken und strecken empor sich vom See,
Durchhuschen den Tann und durchhuschen die Halden
Und fliehen und ziehn,
Als ob sie mich suchten, herauf nach der Schlucht.
Hinweg, hinweg, feuchtdunstiger Dampf,
Von Finsternisgeistern zu finsterer Kurzweil
Den Guten ins Antlitz geblasen!
Bänglich umfass' ich den Holzstamm des Kreuzes.
Seele, was sinnst du?
Sie sinnt ob dem Heimweh der Einsamkeit.
Was Narrheit, denkt sie, hat mich verstört,
Der Wildnis Entbehrungen zugekehrt,
Schier jeglichem fern, das Ergötzen gewährt?

O Regensburg, segens- und fluchwerte Stadt,
Hatt' ich dort nicht, was Gott und den Menschen genehm?
Hatt' ich nicht meinen herrlich erbauten Palast,
Meinen prangenden Hof, meiner Dienstmannen Schar,
Meine stattlichen Reiter und Ritter?
Stand die Inful nicht schön dem ergrauenden Haupt?
War ich, ihr Träger, nicht höchlich geehrt,
Herzogen gleich, Königen Freund,
Dem Kaiser ein oftmal erbetener Rat?
Was säum' ich, was säum' ich, zurück mich zu wenden,
Zurück in die Welt, in die schimmernde Pracht,
Die der Starke beherrscht mit des Geistes Macht
Und die nur der Schwache verachtet? …

Weh! immer dichter schart sich's zusammen;
Hält heute der Nebelmann Tanz in den Wolken
Mit der Nebelfrau und dem ganzen Gesind?
Was kocht ihm der Hase, was braut ihm der Fuchs?
Sieh das Gewölk!
Regengrau faßt es den Falkenbergforst,
Nicht leis ihn verhüllend,
Ganz ihn erfüllend
Mit dickem, gespenstig unheimlichem Qualm.
Sie kriechen und schleichen wie listige Feinde
Die Halden entlang;
Das Letzte, woran noch das Aug' sich geweidet,
Der Schattenbäume grünlabendes Bild,

Sie löschen es aus,
Alles umspinnt sich mit nächtigem Graus!
Kaum ist er oben, flieht er zerstoben,
Vorwärts gejagt und von dannen geschoben,
Und neue Scharen eilen im Flug
Den ersten nach!
Hei, wie sie drängen und nahen und kommen!
Das Nebelheer hat meinen Engpaß erklommen,
Von allen Seiten quillt es herein
Und füllt ihn mit dämmerndem, bläßlichem Schein.
Finstre Gewalten,
Nachtluftgestalten,
Seid mir verflucht!
Was durchhetzt und durchsetzt ihr die Falkenwandschlucht?
Tut Widerstand, zage, so ihr's vermögt,
Stellt euch dem Föhn, der den Nacken euch schlägt,
Rauft euch mit ihm, so ihr Kampfspiel begehrt,
Nicht mit mir!

Umsonst. Mein beschwörender Bann prallt ab.
Krallend sich ballend,
Gleitend sich spreitend,
Keuchend sich scheuchend jagt alles dahin,
Ein unzähliges Volk, ein unseliges Fliehn.
Ich seh' euch erwogen in sausendem Flug.
Sagt an, *ihr* im spukhaft zerrinnendem Trug:
Kenn' ich euch??

        … Sie schweigen und neigen
        Die blassen Häupter,
        Sie blicken und nicken
        Und schießen vorbei. …

Wer ist euer Meister?
Seid ihr in Kümmernis irrende Geister,
Verstorbener neckisch unruhige Seelen,
Die sich zur Erlösung die Einsamen quälen?
Seid ihr lebendige Genossen der Zeit,
Die den Körper mit zaubrischen Künsten gefeit,
Die sich verwandeln in Waldschratsweise,
Die nebelverkappt ausziehn auf die Reise
Dem Herrn zur Verhöhnung, dem Satan zum Preise?
Dicht quillt es und dichter.
Steh Rede, Gelichter:
Wohin, wohin, ohne Rast und Halt?
Und *wer* bist *du*, wildschwebende Große
Auf weißem entschnaubenden Wolkenrosse,
Nebelvermummte,
Die schleierumhüllt
Ihr Antlitz mir abkehrt,

Doch greifenden Armes mich strebt zu ereilen,
Als sollt' ich Sattel und Ritt mit ihr teilen?
Zählst du zu den siebenundzwanzig Walküren,
Die des Sturmes berittenen Reigentanz führen,
Kommst du von der Donau sumpfiger Niedrung,
Wo gleiche Geister mich einst umwallten,
Da ich, ein andrer denn hier in der Klause,
Als Gast im heidnischen Königshause
Stolz zu Rosse und reitensfröhlich
Im Anblitz funkelnder Augen selig
Einer stolzen Reiterin zur Seite dahinflog?

… Was pfeift der Windstoß? Wer wird hier verhöhnt?
Wes mahnt mich sein Rauschen, das mächtig ertönt,
Wie Gesang in der Nacht?

Weh mir! ich erliege den Nebelgesichten!
Herbei, herbei und zur Hilfe, Genossen,
Das Bethaus erschlossen,
Ziehet die Stränge und läutet das Glöcklein,
Das die Dämonen der Wildnis verscheuche.

Die letzte Kraft
Hat der Herbstwolken Feuchte mir aufgesogen,
Mein Haupt wird schwer,
Mein Herz unsündiger Wünsche leer,
Erloschene Gluten lodern empor,
        Verstöre mich nicht –
        Erhöre mich nicht –
        Verzehre mich nicht -
            Unholdine
            Valandine,
Werwölfisch Gespenst, das die Seele benagt,
Unselge Erinnerung seliger Jagd …
… *Herr, führe uns nicht in Versuchung!*

# Julius Waldemar Grosse

## 1828–1902

### Romanze

Horch, horch, was singen die Wellen am Strand?
Es waren drei Jäger im Oberland,
Die wollten fischen und jagen
In ihren jungen Tagen.

Sie kamen an einen Wald so grau,
Da saß eine wilde, uralte Frau,
Die kämmte die weißen Locken,
Das Herz tät ihnen stocken.

»Vor tausend Jahren da war ich schön,
Da jagt ich die Hirsche auf Bergeshöhn.
Kein König zog vorüber,
Er küßte mich viel lieber!

Mein Haar ward grau, mein Haupt ward schwer,
Mag heute keiner mich küssen mehr.
Wollt ihr das Alter nicht ehren?
Ich will euch Sitte lehren!«

Drei Haare sie riß aus dem greisen Schopf,
Die wirbelt sie lachend über den Kopf;
Drei schöne Mädchen alsbalde
Hinschwebten über dem Walde.

Die Jäger standen und staunten sehr,
Dann stürmten sie nach mit Waff' und Wehr,
Das flüchtige Wild zu fangen –
Sind alle verloren gegangen.

## Paul Heyse

### 1830–1914

### Novelle

Sie kannten sich beide von Angesicht,
Sie sprachen sich nie und liebten sich nicht.
Er nahm ein Weib, das die Mutter ihm wählte,
Als sie sich mit einem Vetter vermählte.

Er war zufrieden mit seinem Los;
Sie wähnte sich recht in des Glückes Schoß.
Nur manchmal, zur Zeit der Fliederblüte,
Was wollte da knospen in ihrem Gemüte?

Und einst nach Jahren am dritten Ort
Da sagten sie sich das erste Wort,
Am selben Tische zum ersten Male –
Der Flieder duftet' herein zum Saale.

Was er sie gefragt, was sie ihm gesagt,
Es war nicht neu und war nicht gewagt;
Doch plötzlich, mitten im Plaudern und Scherzen,
Erschraken sie beide im tiefsten Herzen.

Sie hatten mit tödlichem Staunen erkannt,
Wie seltsam Eins das Andre verstand,
Auch das, was beiden im stillen Gemüte
Erwachte zur Zeit der Fliederblüte.

Sie sahen sich an einen Augenblick
Und sahn einen Abgrund von Mißgeschick,
Dann blickten sie weg, und beide verstummten,
So munter rings die Gespräche summten.

Drauf ging sie nach Haus mit dem eigenen Mann,
Er führte sein Weib, so schieden sie dann
Und sagten, sie würden sich glücklich schätzen,
Die werte Bekanntschaft fortzusetzen.

Doch wie er am andern Morgen erwacht,
Was hat ihn so bitter lachen gemacht?
Und wie sie auffuhr von ihrem Kissen,
Was hat sie so heimlich weinen müssen?

Sie haben sich niemals wiedergesehn,
Sie wußten sich klug aus dem Weg zu gehn.
Nur immer zur Zeit der Fliederblüte
Wie Spätfrost schauert's durch ihr Gemüte.

## Wilhelm Raabe

### 1831–1910

### Türmers Töchterlein

Sie neigt sich herab übers Turmgeländ,
So eisig die Stirn, so glühend die Händ;
Der Vater das Sünderglöcklein zieht,
Durch die Gassen hallt das Totenlied –
Jetzt holen sie ihn aus dem Kerker.

Die Trommel wirbelt – Choralgesang!
Wie so hell tönt der Sünderglocke Klang!
Ihr Auge ist starr, ist tränenleer,
Wie ist das verödete Herz so schwer –
Und sie führen ihn vor das Rathaus.

Die Sonne so hell, die Luft so weich;
Ist die blühende Welt nicht ein Himmelreich?
Klein Vogel neben ihr zwitschert und singt,
Und die Armesünderglocke klingt –
Sie haben den Stab ihm gebrochen.

Sie neigt sich, sie beugt sich, sie schauet herab,
Sie lächelt, sie lacht: Schön Schätzel im Grab,
Im Grabe ha'n wir uns wieder;
Was wollen die traurigen Lieder? –
Und sie schleifen ihn zur Richtstatt.

Tief unter ihr dehnt sich das Häusermeer,
Der Markt so voll und die Straßen so leer!
Dumpf rauscht es, dumpf wogt es, die Trommel erschallt,
Und leise das Sünderglöcklein hallt –
Der Ring ist geschlossen.

Sie neigt sich, sie beugt sich, sie faltet die Händ:
O Schätzel, o Schätzel, jetzt ist es am End!
O Schätzel, o Schätzel! … Ein schriller Schrei,
Die Trommel, die wirbelt – vorbei, vorbei –
Sie fanden im Grabe sich wieder.

～

Das ist die Jungfrau im Walde,
Die liegt mir stets im Sinn;
Das ist die Jungfrau im Walde,
Die nahm mein Herze hin!

In Waldnacht schlafen die Vögel,
In Waldnacht schläft das Reh;
Im Wald, im nächtlichen Walde
Steigt die Jungfrau aus dem See.

Aus dunkelgrünem Waldsee
Hebt sich das schöne Weib –
Im Mondlicht gaukeln die Wellen
Um ihren schneeweißen Leib.

Zum Mond, zum runden Monde
Hebt sie die weiße Hand,
Aus Mondstrahl, Wasserfunken
Webt sie sich ihr Gewand.

Irrlichtervolk im Walde
Hüpft leuchtend, lüstern herzu;
Die Jungfrau sitzet und webet,
Sieht lächelnd dem Reigen zu.

Doch wann ein Närrchen gaukelt
Zu nah ihrem Wasserhaus,
Wirft sie eine Hand voll Tropfen,
Löscht's arme Närrchen aus!

～

Nun stecke ich fest in dem Sumpfe hier,
Und um mich zuckt es und flimmert's;
Es krabbelt und kribbelt das Sumpfgetier,
Doch goldig leuchtet's und schimmert's!

Viel glänzende Flammen um mich her
Viel seltsamen Reigen schlingen,
Und fern in der Schenke der Brummbaß brummt,
Und Geigen und Hörner erklingen.

Ja fern in der Waldschenk Tanzmusik! –
Es fehlt nur die eine Geigen;
Sie merken's nicht, und sie achten's nicht,
Und lustig und wild schweift der Reigen!

Rings um mich ist Nacht, es schwand der Mond;
Wo sind nur die Sterne geblieben?
O du Irrlichtervolk, das im Sumpfe wohnt,
Sag, was hast du mit mir getrieben?

Ja fern in der Schenke zum blutigen Herz,
In dem nächtlich dunkelen Walde,
Da tanzet mein Lieb und treibet Scherz,
Ach weh, sie vergaß mich gar balde.

O du Irrlichtervolk, das im Sumpfe wohnt,
Tanz du nur nach meiner Geigen!
O ihr Kröten, ihr Unken, so viel ihr mich hört,
Kommt alle, ich spiel euch zum Reigen!

## Des Königs Ritt

Das war Georg der Dritte,
Der warf in Windsorschloß
Im Sonnenschein, um Mittag
Sich auf ein wildes Roß.

Das war der König von England,
Der sprengte aus der Burg,
Und starre Schranzen und Wachen
Ließen den König durch.

Sie ließen ihn reiten von dannen,
Sie sperrten ihm nicht den Steg;
Wer wirft sich dem König von England,
Dem König in den Weg?

Wer will den König halten?
Wer wagt es, seine Hand
Zu legen an Gottes Gesalbten,
Den König von Engelland?

So reitet Georg der Dritte,
Es hielt ihn niemand auf,
Nach London, dem großen London,
Im vollen Rosseslauf.

Es flattern die wirren Locken,
Im Aug welch irrer Schein!
Barhäuptig reitet der König;
Georg, was soll das sein?

Georg, Georg von England,
Georg, was ist mit dir?
Was spornst du die Flanken blutig
Dem schnaubenden, schäumenden Tier?

Was weicht aus deinem Wege
Das Volk so schreckensbleich?
Georg, will stürzen zusammen
Der stolzen Briten Reich?

Was wirfst du auf zum Himmel
Verzweifelnd deine Hand?
Will sinken in Staub und Trümmer
Das Reich von Engelland?

Es tagen zu Westminster
Mylords und Gentlemen;
Britannia herrscht auf den Wogen,
Georg, was reitest du denn?

Der König jagt durch Londons
Häuser- und Menschendrang,
Durch wimmelnde Gassen und Plätze
Den Themsestrom entlang.

Sankt Paulus' Glocken dröhnen –
Hochkirch in aller Pracht!
Es wogt und braust die City –
Hie Reichtum, Stolz und Macht!

Zu Bedlams Toren stürzet
Entsetzt der Wächter Hauf;
Vor Bedlams Toren bändigt
Der König des Rosses Lauf.

In graue Locken greifend
Ruft er mit wildem Schrei'n:
»Öffnet dem König von England,
Den armen Georg laßt ein!«

# Wilhelm Busch

### 1832–1908

## Meyer und Isolde

oder:
Die dreifache giftgrüne Moritat zu Leipzig
Zum allgemeinen Besten und zur Entlarvung
grüngefärbter Abscheulichkeiten an das Licht
der öffentlichen Verachtung gebracht

Motto:
Ach, bedenkt, ihr lieben Mädchen,
Schwach ist nur des Lebens Fädchen.

Hört ihr Leute die Geschichte
Die in Leipzig jetzt passiert,
Ach, man sieht in dies Gedichte
Bis wohin die Mode führt.
Durch ein Kleid von grüner Farben
Kürziglich drei Menschen starben,
Lausche, liebes Publikum,
und sei vor Entsetzen stumm.

War ein Mädchen, hieß Isolde,
Blondgelockt im Angesicht,
Keinen Ball die Holde wollte
Gar niemals versäumen nicht.
Vater, Mutter, Onkels, Tanten
Dieses sehr gefährlich fanden,
Doch ein tanzend Mädchenherz
Fühlt noch keinen Elternschmerz.

Ihr Geliebter war noch flötter,
Obgleich Meyer er nur hieß,
Tanzen tat er fast wie Götter,
Bis der Atem ihn verließ.
Meyer fürchte dein Geschicke
Schon greift es dir nachs Genicke,
Und ihr andren Meyers hört,
Welch ein Schicksal ihm beschert.

An ein Kaufmannsladenfenster
Lag giftgrüner Tarlatan,
Und weil so verführend glänzt er
Schuf sich ihn Isolde an.

Bracht' das Zeug zu ihrem Schneider,
Dieser näht das Kleid auch, leider,
Fertig bracht er es mit Not,
Noß noch einmal und – war tot.

Ungerührt von diesem Falle,
Zeigte, ach, Isolde sich,
Ging des Abends noch zum Balle,
Als der Schneider früh verblich.
Dort kam sie im grünen Kleide,
Meyer stürzt fast um vor Freude,
Engagiert sie gleich, hopp, hopp
Auf dem schottischen Galopp.

Und so tanzten sie wie rasend
Viermal um den Saal herum,
Da stürzt Meyer – bauz – erblassend
Tot mitsamt Isolden um.
Durch das grüne Kleid vergiftet
Ward dies Unheil angestiftet,
Liegen, die erst froh man sah
Jetzt als tote Leichen da.

Doch das Volk verlangte wütend
Rache für der dreie Mord,
Und man stürmte, Böses brütend
Zu dem Fabrikanten fort.
Dort faßt man den grünen Färber,
»Der ist schuld«, schrie man, »drum sterb' er!«
Und eh wieder er entschlüpft
Ward der Färber aufgeknüpft.

## Frau Justitia in Verlegenheit

Seht, da steht das Ungeheuer
Namens Jakob Niedermeier!
Der, nachdem er anfangs Schreiber,
Später Mörder ward und Räuber.

Als dies aber aufgekommen,
Hat man ihn in Haft genommen;
Und man faßte den Beschluß,
Daß man Jakob köpfen muß.

Man vergaß jedoch hierbei,
Daß der Jakob bucklig sei;
Und, sieh da, am Hochgericht –
Ach, herrjeh! – da ging es nicht.

## Das brave Lenchen

Auf einem Schlosse fern im Holz
wohnt eine Frau gar reich und stolz.
In einem Hüttchen arm und klein
wohnt Lenchen und ihr Mütterlein.
Das Mütterlein ist schwach und krank
und ohne Geld und Speis und Trank.

Da denkt das Lenchen: »Ach, ich lauf
um Hilfe nach dem Schloß hinauf!«
Es nimmt sich nichts wie einen Schnitt
vom allerletzten Brote mit.
Und wie es kommt bis an den Steg,
sitzt da ein armer Hund am Weg.
»Ach!« – ruft der Hund – »mein Herr ist tot;
hätt' ich doch nur ein Stückchen Brot!«

»Hier!« – spricht das Lenchen – »hast du was!«
zieht's Brot hervor und gibt ihm das.
Und wie es weiter fortgerannt,
liegt da ein Fisch auf trocknem Sand.
»Ach!« – ruft der Fisch und zappelt sehr –
»wenn ich doch nur im Wasser wär!«

Gleich bückt das Lenchen sich danach
und trägt ihn wieder in den Bach.
Dann ist es weiter fortgerannt,
bis es die Frau im Schlosse fand. –

»Ach, liebe Frau, erbarmt euch mein,
ich hab ein krankes Mütterlein!«
»Fort!« – schreit die Frau – »nichts gibt es hier!«
und jagt das Lenchen vor die Tür.

Das Lenchen sieht vor Tränen kaum
und setzt sich stumm an einen Baum.
Und horch, im hohlen Baum erklingt
ein feines Stimmlein, welches singt:
»Mach auf, mach auf, ich bitt gar schön,
möcht gern die liebe Sonne sehn!«
Im Baum da ist ein Löchlein rund,
ist zugesteckt mit einem Spund.

Den zieht das Lenchen aus und spricht:
»So komm ans Licht, du armer Wicht!«
Sieh da, und eine Schlange schmiegt
sich aus dem Baum hervor und kriecht
und schlingt und schlängelt mit Gezisch
sich in das nächste Waldgebüsch,
und raschelt da herum und kam
und bracht ein Blümlein wundersam.
O Krankentrost, du Blümlein rot,
Herztulipan, hilf aus der Not!

Das Lenchen nimmt das Blümlein an
und eilt nach Haus so schnell es kann.
Und wie es kommt bis über'n Steg,
tritt ihm ein Räuber in den Weg.
Dem armen Lenchen stockt das Blut,
läßt's Blümlein fallen in die Flut.
Da kommt der Hund und jagt zum Glück
den Räuber in den Wald zurück.
Und unser Fisch ist auch nicht faul;
er trägt die Blume in dem Maul.

Jetzt läuft das Lenchen schnell hinein
zum lieben kranken Mütterlein,
legt's Blümlein ihr auf Herz und Mund,
macht's Mütterlein sogleich gesund;
heilt auch noch sonst viel kranke Leut
und ist aus aller Not befreit.

Der Räuber aber hat bei Nacht
die Frau im Schlosse totgemacht.


## Wassermuhmen

In dem See die Wassermuhmen
Wollen ihr Vergnügen haben,
Fangen Mädchen sich und Knaben,
Machen Frösche draus und Blumen.

Wie die Blümlein zierlich knicksen,
Wie die Fröschlein zärtlich quacken,
Wie sie flüstern, wie sie schnacken,
So was freut die alten Nixen.

## Rhadamant und Zamore

### I.

O schönes Bild der Liebe!
Heil dir, Ägypterland!
Heil, Königin Zamore
Und König Rhadamant!

Sie löschten aus demselben
Pokale ihren Durst,
Sie aßen miteinander
Von einer Leberwurst.

Dem König ward so übel,
Der Königin noch mehr.
Sie mußten beide sterben
Und liebten sich so sehr.

In einer Pyramide
Da ruhn sie Hand in Hand,
Die Königin Zamore
Und König Rhadamant.

### II.

Es steht die Pyramide
Dicht an des Niles Bord,
Da ruhn die Mumienleiber,
Die Seelen wandern fort.

Und auf dem Nilgewässer
Da schwimmt ein Gänserich,
In diesen fuhr die Seele,
Als Rhadamant verblich.

Zamore aber folgte
Den Spuren Rhadamants
Und fuhr zur gleichen Stunde
In eine wilde Gans.

Sie gickern und sie gackern
Und kosen miteinand;
Er gickert: Ach, Zamore!
Sie gackert: Rhadamant!

### III.

Es stieg aus ihren Ufern
Des Niles gelbe Flut,
Da faßt die treuen Gänse
Gewaltger Wandermut.

Die Brust erfüllt ein Sehnen
So wonnig und so weh,
Sie heben ihre Schwingen
Und fliegen über See.

Sie flogen hin nach Pommern
Und hatten guten Wind,
Nach Pommern, wo zu Hause
Die besten Gänse sind.

Da legte ihre Eier
Zamore in den Sand,
Heut brütet sie Zamore
Und morgen Rhadamant.

### IV.

Das Glück der treuen Gatten
Zerstörte ein Barbar;
Ein pommerischer Junker
Der fing das Gänsepaar.

Er fing die treuen Gänse
Und mästet sie nach Brauch,
Und als er sie gemästet,
Hing er sie in den Rauch.

Da hängen sie nun beide
Getreu bis in den Tod:
Die vielgeprüften Seelen
Die fahren durch den Schlot.

Die Seele fährt von dannen,
Der Leib der wird versandt,
Als Pommerns Gänsebrüste
Bekannt in jedem Land.

## Verwunschen

Geld gehört zum Ehestande,
Häßlichkeit ist keine Schande,
Liebe ist beinah absurd.
Drum, du nimmst den Junker Jochen
Innerhalb der nächsten Wochen,
Also sprach der Ritter Kurt.

Vater, flehte Kunigunde,
Schone meine Herzenswunde,
Ganz umsonst ist dein Bemühn.
Ja, ich schwör's bei Erd und Himmel,
Niemals nehm ich diesen Lümmel,
Ewig, ewig haß ich ihn.

Nun, wenn Worte nicht mehr nützen,
Dann so bleibe ewig sitzen,
Marsch mit dir ins Burgverlies.
Zornig sagte dies der Alte,
Als er in die feuchte, kalte
Kammer sie hinunterließ.

Jahre kamen, Jahre schwanden,
Nichts im Schlosse blieb vorhanden
Außer Kunigundens Geist.
Dort, wo graue Ratten rasseln,
Sitzt sie zwischen Kellerasseln,
Von dem Feuermolch umkreist.

Heut noch ist es nicht geheuer
In dem alten Burggemäuer
Um die Mitternacht herum.
Wehe, ruft ein weißes Wesen,
Will denn niemand mich erlösen?
Doch die Wände bleiben stumm.

## Trauriges Resultat einer vernachlässigten Erziehung

Ach, wie kommt uns oft zu Ohren,
Daß ein Mensch was Böses tat,
Was man sehr begreiflich findet,
Wenn man etwas Bildung hat.

Manche Eltern sieht man lesen
In der Zeitung früh bis spät;
Aber was will dies bedeuten,
Wenn man nicht zur Kirche geht?

Denn man braucht nur zu bemerken,
Wie ein solches Ehepaar
Oft sein eignes Kind erziehet,
Ach, das ist ja schauderbar!

Ja, zum Instheatergehen,
Ja, zu so was hat man Zeit,
Abgesehn von andren Dingen,
Aber wo ist Frömmigkeit?

Zum Exempel, die Familie,
Die sich Johann Kolbe schrieb,
Hatt' es selbst sich zuzuschreiben,
Daß sie nicht lebendig blieb.

Einen Fritz von sieben Jahren,
Hatten diese Leute bloß,
Außerdem, obschon vermögend,
Waren sie ganz kinderlos.

Nun wird mancher sich wohl denken:
Fritz wird gut erzogen sein,
Weil ein Privatier sein Vater;
Doch da tönt es leider: Nein!

Alles konnte Fritzchen kriegen,
Wenn er seine Eltern bat,
Äpfel-, Birnen-, Zwetschgenkuchen,
Aber niemals guten Rat.

Das bewies der Schneider Böckel,
Wohnhaft Nummer 5 am Eck;
Kaum, daß dieser Herr sich zeigte,
Gleich schrie Fritzchen: »Meck, meck, meck!«

Oftmals, weil ihn dieses kränkte,
Kam er und beklagte sich,
Aber Fritzchens Vater sagte,
Dieses wäre lächerlich.

Wozu aber soll das führen,
Ganz besonders in der Stadt,
Wenn ein Kind von seinen Eltern
Weiter nichts gelernet hat?

So was nimmt kein gutes Ende. –
Fast verging ein ganzes Jahr,
Bis der Zorn in diesem Schneider
Eine schwarze Tat gebar.

Unter Vorwand eines Kuchens
Lockt er Fritzchen in sein Haus
Und mit einer großen Schere
Bläst er ihm das Leben aus.

Kaum hat Böckel dies verbrochen,
Als es ihn auch schon scheniert,
Darum nimmt er Fritzchens Kleider,
Welche grün und blau kariert.

Fritzchen wirft er schnell ins Wasser,
Daß es einen Plumpser tut,
Kehrt beruhigt dann nach Hause,
Denkend: So, das wäre gut!

Ja, es setzte dieser Schneider
An die Arbeit sich sogar,
Welche eines Tandlers Hose
Und auch sehr zerrissen war.

Dazu nahm er Fritzchens Kleider,
Weil er denkt: Dich krieg' ich schon!
Aber ach, ihr armen Eltern,
Wo ist Fritzchen, euer Sohn?

In der Küche steht die Mutter,
Wo sie einen Fisch entleibt,
Und sie macht sich große Sorge:
Wo nur Fritzchen heute bleibt?

Als sie nun den Fisch aufschneidet,
Da war Fritz in dessen Bauch. –
Tot fiel sie ins Küchenmesser,
Fritzchen! war ihr letzter Hauch.

Wie erschrak der arme Vater,
Der grad eine Prise nahm;
Heftig fängt er an zu niesen,
Welches sonst nur selten kam.

Stolpern und durchs Fenster stürzen,
Ach, wie bald ist das geschehn!
Ach, und Fritzchens alte Tante
Muß auch grad vorübergehn.

Dieser fällt man auf den Nacken,
Knacks! da haben wir es schon!
Beiden teuren Anverwandten
Ist die Seele sanft entflohn.

D'rob erstaunten viele Leute,
Und man munkelt allerlei,
Doch den wahren Grund der Sache
Fand die wackre Polizei.

Nämlich eins war gleich verdächtig:
Fritz hat keine Kleider an!
Und wie wäre so was möglich,
Wenn es dieser Fisch getan?

Lange fand man keinen Täter,
Bis man einen Tandler fing,
Der, es war ganz kurz nach Ostern,
Eben in die Kirche ging.

Ein Gendarm, der auf der Lauer,
Hatte nämlich gleich verspürt,
Daß die Hose dieses Tandlers
Hinten grün und blau kariert.

Und es war ein dumpf' Gemurmel
Bei den Leuten in der Stadt,
Daß 'ne schwarze Tandlerseele
Dieses Kind geschlachtet hat.

Hochentzücket führt den Tandler
Man zu Exekution;
Zwar er will noch immer mucksen,
Aber wupp! da hängt er schon. –

Nun wird mancher hier wohl fragen:
»Wo bleibt die Gerechtigkeit?
Denn dem Schneidermeister Böckel
Tut bis jetzt man nichts zuleid.«

Aber in der Westentasche
Des verstorbnen Tandlers fand
Man die Quittung seiner Hose
Und von Böckels eigner Hand.

Als man diese durchgelesen,
Schöpfte man sogleich Verdacht
Und man sprach zu den Gendarmen:
»Kinder, habt auf Böckel acht!«

Einst geht Böckel in die Kirche.
Plötzlich fällt er um vor Schreck,
Denn ganz dicht an seinem Rücken
Schreit man plötzlich: »Meck, meck, meck!«

Dies geschah von einer Ziege;
Doch für Böckel war's genug,
Daß sein schuldiges Gewissen
Ihn damit zu Boden schlug.

Ein Gendarm, der dies verspürte,
Kam aus dem Versteck herfür,
Und zu Böckel hingewendet
Sprach er: »Böckel, geh mit mir!«

Kaum noch zählt man 14 Tage,
Als man schon das Urteil spricht:
Böckel sei aufs Rad zu flechten.
Aber Böckel liebt dies nicht.

Ach, die große Schneiderschere
Ließ man leider ihm, und schnapp!
Schnitt er sich mit eignen Händen
Seinen Lebensfaden ab.

Ja, so geht es bösen Menschen.
Schließlich kriegt man seinen Lohn.
Darum, o ihr lieben Eltern,
Gebt doch acht auf euern Sohn!

## Die Ballade von den sieben Schneidern

Es hatten sieben Schneider gar einen grimmen Mut;
Sie wetzten ihre Scheren und dürsteten nach Blut.

Dort auf der breiten Heide loff eine Maus daher –
Und wär' sie nicht geloffen, so lebte sie nicht mehr.

Und zu derselben Stunde (es war um halber neun)
Sah dieses mit Entsetzen ein altes Mütterlein.

Die Schneider mit den Scheren, die kehrten sich herum,
Sie stürzten auf die Alte mit schrecklichem Gebrumm.

»Heraus nun mit dem Gelde! Da hilft kein Ach und Weh!«
Das Mütterlein, das alte, das kreischte: »Ach herrje!«

Ein Geißbock kam geronnen, so schnell er eben kann,
Und stieß mit seinem Horne den letzten Schneidersmann.

Da fielen sieben Schneider – pardauz – auf ihre Nas'
Und lagen beieinander maustot im grünen Gras.

Und sieben Schneiderseelen, die sah man aufwärts schwirr'n;
Sie waren anzuschauen wie sieben Fäden Zwirn.

Der Teufel kam geflogen, wie er es meistens tut,
Und fing die sieben Seelen in seinem Felbelhut.

Der Teufel, sehr verdrießlich, dem war der Fang zu klein,
Drum schlug er in die Seelen gleich einen Knoten drein.

Er hängt das leichte Bündel an eine dürre Lind',
Da pfeifen sie gar kläglich – piep, piep – im kühlen Wind.

Und zieht ein Wandrer nächtlich durch dieses Waldrevier,
So denkt er bei sich selber: »Ei, ei, wer pfeift denn hier?«


## Die kühne Müllerstochter

Es heult der Sturm, die Nacht ist graus,
Die Lampe schimmert im Müllerhaus.

Da schleichen drei Räuber wild und stumm
– Husch, husch, pist, pist! – ums Haus herum.

Die Müllerstochter spinnt allein,
Drei Räuber schaun zum Fenster herein.

Der zweite will Blut, der dritte will Gold,
Der erste ist dem Mädel hold.

Und als der erste steigt herein,
Da hebt das Mädchen den Mühlenstein.

Und – patsch! – der Räuber lebt nicht mehr
Der Mühlstein druckt ihn gar zu sehr.

Doch schon erscheint mordgierig-heiter
Und steigt durch's Loch der Räuber zweiter.

Ha! Hu! Er ist eh er's gewollt
Wie Rollenknaster aufgerollt.

Jetzt aber naht mit kühnem Schritte
Voll Goldbegierigkeit der dritte

Schnapp! – ist der Hals ihm eingeklommen;
Er stirbt, weil ihm die Luft benommen.

So starben die drei ganz unverhofft –
O Jüngling! da schau her!!!

So bringt ein einzig Mädchen oft
Drei Männer in's Malheur !!!!

## Die beiden Schwestern

Es waren mal zwei Schwestern,
ich weiß es noch wie gestern.
Die eine namens Adelheid
war faul und voller Eitelkeit.
Die andre die hieß Käthchen
und war ein gutes Mädchen.
Sie quält sich ab von früh bis spät,
wenn Adelheid spazierengeht.
Die Adelheid trank roten Wein,
dem Käthchen schenkt sie Wasser ein.

Einst war dem Käthchen anbefohlen,
im Walde dürres Holz zu holen.
Da saß an einem Wasser
ein Frosch, ein grüner, nasser;
der quackte ganz unsäglich,
gottsjämmerlich und kläglich:
»Erbarme dich, erbarme dich,
ach, küsse und umarme mich!«

Das Käthchen denkt:
»Ich will's nur tun,
sonst kann der arme
Frosch nicht ruhn!«
Der erste Kuß
Schmeckt recht abscheulich,
der gräsiggrüne Frosch
wird bläulich.
Der zweite schmeckt schon
etwas besser;
der Frosch wird bunt
und immer größer.
Beim dritten gibt es ein Getöse,
als ob man die Kanonen löse.

Ein hohes Schloß
steigt aus dem Moor,
ein schöner Prinz
steht vor dem Tor.
Er spricht:
»Lieb Käthchen, du allein
sollst meine
Herzprinzessin sein!«

Nun ist das Käthchen hochbeglückt,
kriegt Kleider schön mit Gold gestickt
und trinkt mit ihrem Prinzgemahl
aus einem goldenen Pokal.

Indessen ist die Adelheid
in ihrem neuesten Sonntagskleid
herumspaziert an einem Weiher,
da saß ein Knabe mit der Leier.
Die Leier klang, der Knabe sang:
»Ich liebe dich, bin treu gesinnt;
komm, küsse mich, du hübsches Kind!«

Kaum küßt sie ihn
so wird er grün,
so wird er struppig,
eiskalt und schuppig.
Und ist, o Schreck!
der alte, kalte Wasserneck.
»Ha!« – lacht er – »diese hätten wir!!«
Und fährt bis auf den Grund mit ihr.

Da sitzt sie nun bei Wasserratzen,
muß Wassernickels Glatze kratzen,
trägt einen Rock von rauhen Binsen,
kriegt jeden Mittag Wasserlinsen;
und wenn sie etwas trinken muß,
ist Wasser da im Überfluß.

### Der Geist

Es war ein Mägdlein froh und keck,
Stets lacht ihr Rosenmund,
Ihr schien die Liebe Lebenszweck
Und alles andre Schund.

Sie denkt an nichts als an Pläsier,
Seitdem die Mutter tot,
Sie lacht und liebt, obgleich es ihr
Der Vater oft verbot.

Einst hat sie frech und unbedacht
Den Schatz, der ihr gefällt,
Sich für die Zeit um Mitternacht
Zum Kirchhof hinbestellt.

Und als sie kam zum Stelldichein,
O hört, was sich begab,
Da stand ein Geist im Mondenschein
Auf ihrer Mutter Grab.

Er steht so starr, er steht so stumm,
Er blickt so kummervoll.
Das Mägdlein dreht sich schaudernd um
Und rennt nach Haus wie toll.

Es wird, wer einen Geist gesehn,
Nie mehr des Lebens froh,
Er fühlt, es ist um ihn geschehn.
Dem Mägdlein ging es so.

Sie welkt dahin, sie will und mag
Nicht mehr zu Spiel und Tanz.
Man flocht ihr um Johannistag
Bereits den Totenkranz.

## Felix Dahn
### 1834–1912

### Die Bernsteinhexe

Sankt Elms Licht flackert am Hexenturm,
Die Bernsteinhexe beschwor den Sturm,
Ihre Botin ruft ihn flugs herbei –
Lachmöwe mit gellendem Schrillgeschrei,
Den Westnordwest vom schwedischen Sund,
Der wühlt das Meergold auf vom Grund!
Hinaus mit Netzen, mit Bark und Boot,
In das gleißende Glück, in den Tauchertod.
Bald kehren wir wieder, das Boot randvoll –
Nur der Jüngste ertrunken – das ist ihr Zoll!

## Der stolze Gast

»Er darf, er soll's nicht länger treiben,
Sein Stolz ist unser aller Spott,
Er soll nicht mehr im Lande bleiben,
Der durch uns hingeht wie ein Gott.

Er lacht beim Ruf der Münsterglocken,
Trägt Tag und Nacht sein breites Schwert,
Und trotzig schüttelt er die Locken,
Wenn man ihn unsere Sitte lehrt.

Mit fremden Weisen, kühn und wilde,
Bezwang er unsrer Skalden Kunst: –
Verbann ihn, Königin Gunilde,
Nicht länger schirm ihn deine Gunst.

Er kam, ein Flüchtling, sturmverschlagen,
Ans Land und niemand weiß woher:
Die Welle soll ihn wieder tragen,
Den Wilden, in das wilde Meer.«

Vom Drachenhelm bis auf die Sohlen
Stand er gehüllt in schwarzes Erz:
Er schwieg: nur manchmal flog verstohlen
Sein Blick durchs Fenster küstenwärts.

Er stand zunächst an ihrem Throne,
Gestützt auf seinen hohen Schild;
Sie lächelt unter ihrer Krone
Und dräut ihm mit dem Finger mild:

»Ich hört, wie schwer sie Euch verklagen:
Wie wollt Ihr Euch verteid'gen? sprecht.«
Doch er, den Blick emporgeschlagen,
Sprach: »Königin, sie haben recht.

Ich fühle hoch mich, unvergleichbar,
Ob diesen frommen, zahmen Herrn
Und ihrem Sinn so unerreichbar,
Wie ihrem Arm der Morgenstern.«

»Hörst du sein freches Überheben?
Auf, werft den Höhnemund ins Meer!«
Sie aber sprach mit leisem Beben:
»Und, Fremdling, dieser Stolz, woher?«

»Woher? Nicht, weil dem neuen Glauben
Sich nie dies freie Haupt gebeugt,
Nicht, weil ich, wie der Falk die Tauben,
Die Christenritter oft gescheucht,

Nicht, weil wie Heklas Feueratem
Mein Lied all ihre Singkunst schmolz,
Nein, nicht auf mir und meinen Taten,
Auf einem Weibe ruht mein Stolz.

Wohl mag sein Haupt zu Sternen heben
Und fühlen sich den Göttern gleich
Der Mann, dem Seel' und Leib gegeben
Die schönste Maid im Nordenreich.«

»Und wo, du Prahler«, scholls im Saale,
»Und wer ist dieses Wunderweib?«
Da warf den Schild von schwarzem Stahle
Er mächtig über seinen Leib,

Sein breites Schwert schwang er mit Schalle
Und auf den Thronsitz sprang er hin:
»Dies Weib? wohlan, ihr kennt sie alle:
Hier steht sie, eure Königin!«

»Ha, Tod dem Frevler«, klang es wieder
Und alle Klingen wurden bloß.
„Zu spät«, sprach er vom Thron hernieder:
»Der alten Götter Macht ist groß.

Blickt aus zum Strand! hört ihr es schallen?
Hie Thor und Odin! tönts mit Wucht,
Und meine Drachenschiffe wallen
Mit stolzen Wimpeln in die Bucht.

Mein ist dies Reich und in drei Stunden,
Herr Bischof, räumet ihr das Land.
Doch du, mein Weib, das sich verbunden
Dem Flüchtling arm und unbekannt,

Die schönste Nordlandskrone legen
Will auf die weiße Stirn ich dir,
Denn Sigurd bin ich von Norwegen
Und Meer und Inseln dienen mir.«

## Wilhelm Hertz
### 1835–1902

### Vision

Ich sah ein Weib in Dämmerlüften;
Aus Sternglanz wob sich ihr Gewand.
Sie stand auf grasverdeckten Grüften
Mit Saat und Sichel in der Hand.

Vor ihr im Staub rief um Erbarmen
Ein zahllos Volk mit Weh und Ach.
Sie flehten mit erhobnen Armen,
Und jammernd scholl es tausendfach:

»O wehr dem Tod, dem nimmersatten!
Natur, was tat dir unser Glück?
Gib mir mein Kind! Gib mir den Gatten!
Nur einen Tag gib ihn zurück!« –

Sie sah mit keinem Blicke nieder,
Hinstarrend in ihr ew'ges Reich:
»Was ich vereint, das trenn ich wieder.
Ihr wißt es. Warum liebt ihr euch?«

## Rudolf Baumbach
### 1840–1905

### Aus der guten alten Zeit

Es melden Bücher und Sagen
So manches Wunderding
Von einem gelben Wagen,
Der durch die Länder ging.
Die Kutsche fuhr, man denke,
Des Tags drei Meilen weit
Und hielt vor jeder Schenke.
O gute, alte Zeit!

Es ward von den Passagieren
Zuvor das Haus bestellt.
Sie schieden von den Ihren,
Als ging's ans End der Welt.
Sie trugen die Louisdore
Vernäht in Stiefel und Kleid,
Im Sack zwei Feuerrohre. –
O gute, alte Zeit!

Oft, wenn die Reisegenossen
Sich sehnten nach Bett und Wirt,
Da brummte der Schwager verdrossen:
»Potz Blitz! Ich hab mich verirrt.«
Von fern her Wolfsgeheule,
Kein Obdach weit und breit;
Es schnaubten zitternd die Gäule.
O gute, alte Zeit!

Auch war es sehr ergötzlich,
Wenn mit gewaltigem Krach
In einem Hohlweg plötzlich
Der Wagen zusammenbrach.
War nur ein Rad gebrochen,
So herrschte Fröhlichkeit.
Mitunter brachen auch Knochen. –
O gute, alte Zeit!

Der Abenteuer Perle
War doch das Waldwirtshaus.
Es spannten verdächtige Kerle
Die müden Schimmel aus.
Ein Bett mit Federdecken
Stand für den Gast bereit,
Das zeigte blutige Flecken. –
O gute, alte Zeit!

Und waren der Gäste hundert
Verschwunden im Waldwirtshaus,
Dann schickte der Rat verwundert
Berittene Häscher aus.
Die Leichen wurden gefunden,
Bestattet und geweiht,
Der Wirt gerädert, geschunden. –
O gute, alte Zeit!

## Arthur Fitger

### 1840–1909

### Werwolf

Mein Liebster, wo bist du gewesen die Nacht?
Du hast dich so heimlich von dannen gemacht.

Und aus dem Walde rief es so grell.
Halb deine Stimme, halb Wolfsgebell.

Nun ist dir verloschen des Auges Glut,
um Lippen und Bart eine Spur von Blut;

wo bist du gewesen? was hast du getan?
was gingen die bellenden Wölfe dich an?

O frage nicht, Liebste, o frage mich nicht,
die Nacht ist ja schwarz, und der Wald ist da dicht.

Leicht spült sich die Lippe, leicht spült sich der Bart,
daß niemand die Spuren des Blutes gewahrt.

Erloschen die Augen in Scham und Reu,
bald glänzen in eherner Härte sie neu.

Und lächelnde Lüge verschleiert so klug
die Hölle des Herzens, den Furienfluch.

# Heinrich Seidel

1842–1906

## Die Elfe

Nächtlich bei des Mondes Schimmer,
Wenn der Wind schläft in den Wipfeln,
Tanzt die wunderschöne Elfe
Auf dem stillen, schilfumgebnen
Wasserrosenteich im Walde.
Nimmer dringt in diese Gründe
Nur ein Hauch des Menschendaseins!
Selbst der Glocke weithinhallend
Klanggetöne stirbt versummend
In dem weiten Meer der Wipfel.
Und es steht der Wald im Lauschen
Auf das eigne Schweigen lautlos.

Und die wunderschöne Elfe
Wiegt sich über stillem Wasser
Wie ein schimmernd Duftgebilde,
Dass das leuchtend helle Goldhaar
Um die weissen Glieder wallet.
Breitend ihre schönen Arme
Schwebt sie ob dem dunklen Grunde,
Wie ein lieblicher Gedanke
Mondbeglänzter Einsamkeit.

## Die Todeslilie

Einst zu Corvey an der Weser
Ward im Kloster jedem Mönche
Kundig seine letzte Stunde,
Denn drei Tage vor dem Tode
Lag in seinem Kirchenchorstuhl
Eine silberweiße Lilie,
Und er schickte sich zum Sterben,
Ordnete die letzten Dinge,
Beichtete, nahm seinen Abschied
Von den mönchischen Genossen,
Und nach dreien Tagen tönte
Hoch vom Turm das Sterbeglöcklein.

In dem Kloster einst zu Corvey
War ein Mönch, den trieb der Ehrgeiz
Zu verwerflich böser Untat,
Und dem greisen Prior legte
Nächtlich er in seinen Chorstuhl
Eine silberweiße Lilie.
Mächtig drob erschrak der Alte,
Sank dahin aufs Krankenlager,
Und nach dreien Tagen tönte
Hoch vom Turm das Sterbeglöcklein.

Prior ward an seiner Stelle
Nun der Mönch, doch faßt' ihn Reue.
Finster und verschlossen brütend
Lebt' er ruhlos seine Tage,
Ob er schlief und ob er wachte,
Immer schwebte ihm vor Augen
Jene weiße Todeslilie,
Und mit angstvoll scheuen Blicken
Mieden seine finstern Augen
Hinzuschaun auf jenen Chorstuhl.
Also schwanden seine Kräfte,
Und es bleichten seine Wangen,
Und aus ihren finstern Höhlen
Stierten seine Augen glanzlos.
Da, als wieder eines Tages
Er den Schritt zum Chore lenkte,
Sank er hin mit heiserm Aufschrei,
Denn es lag in seinem Chorstuhl
Nicht wie sonst die silberweiße,
Nein, es lag dort feuerglänzend
Eine blutigrote Lilie.

Auf dem Krankenbett voll Reue
Beichtete er seine Untat,
Und nach dreien Tagen tönte
Hoch vom Turm das Sterbeglöcklein.

Nimmer sah nach diesen Zeiten
Man im Chore dieses Klosters
Jene weiße Todeslilie,
Und zu Corvey an der Weser
Starben ungewarnt die Mönche.

# Detlev Freiherr von Liliencron
## 1844–1909

### Trutz, Blanke Hans

Heut bin ich über Rungholt gefahren,
Die Stadt ging unter vor sechshundert Jahren.
Noch schlagen die Wellen da wild und empört,
Wie damals, als sie die Marschen zerstört.
Die Maschine des Dampfers schütterte, stöhnte,
Aus den Wassern rief es unheimlich und höhnte:
      Trutz, Blanke Hans.

Von der Nordsee, der Mordsee, vom Festland geschieden,
Liegen die frisischen Inseln im Frieden.
Und Zeugen weltenvernichtender Wut,
Taucht Hallig auf Hallig aus fliehender Flut.
Die Möwe zankt schon auf wachsenden Watten,
Der Seehund sonnt sich auf sandigen Platten.
      Trutz, Blanke Hans.

Mitten im Ozean schläft bis zur Stunde
Ein Ungeheuer, tief auf dem Grunde.
Sein Haupt ruht dicht vor Englands Strand,
Die Schwanzflosse spielt bei Brasiliens Sand.
Es zieht, sechs Stunden, den Atem nach innen
Und treibt ihn, sechs Stunden, wieder von hinnen.
      Trutz, Blanke Hans.

Doch einmal in jedem Jahrhundert entlassen
Die Kiemen gewaltige Wassermassen.
Dann holt das Untier tiefer Atem ein,
Und peitscht die Wellen und schläft wieder ein.
Viel tausend Menschen im Nordland ertrinken,
Viel reiche Länder und Städte versinken.
      Trutz, Blanke Hans.

Rungholt ist reich und wird immer reicher,
Kein Korn mehr faßt selbst der größeste Speicher.
Wie zur Blütezeit im alten Rom,
Staut hier täglich der Menschenstrom.
Die Sänften tragen Syrer und Mohren,
Mit Goldblech und Flitter in Nasen und Ohren.
      Trutz, Blanke Hans.

Auf allen Märkten, auf allen Gassen
Lärmende Leute, betrunkene Massen.
Sie ziehn am Abend hinaus auf den Deich:
Wir trotzen dir, Blanker Hans, Nordseeteich!
Und wie sie drohend die Fäuste ballen,
Zieht leis aus dem Schlamm der Krake die Krallen.
      Trutz, Blanke Hans.

Die Wasser ebben, die Vögel ruhen,
Der liebe Gott geht auf leisesten Schuhen.
Der Mond zieht am Himmel gelassen die Bahn,
Belächelt der protzigen Rungholter Wahn.
Von Brasilien glänzt bis zu Norwegs Riffen
Das Meer wie schlafender Stahl, der geschliffen.
      Trutz, Blanke Hans.

Und überall Friede, im Meer, in den Landen.
Plötzlich wie Ruf eines Raubtiers in Banden:
Das Scheusal wälzte sich, atmete tief,
Und schloß die Augen wieder und schlief.
Und rauschende, schwarze, langmähnige Wogen
Kommen wie rasende Rosse geflogen.
      Trutz, Blanke Hans.

Ein einziger Schrei – die Stadt ist versunken,
Und Hunderttausende sind ertrunken.
Wo gestern noch Lärm und lustiger Tisch,
Schwamm andern Tags der stumme Fisch.
Heut bin ich über Rungholt gefahren,
Die Stadt ging unter vor sechshundert Jahren.
      Trutz, Blanke Hans?

## Der Blitzzug

Quer durch Europa von Westen nach Osten
Rüttert und rattert die Bahnmelodie.
Gilt es die Seligkeit schneller zu kosten?
Kommt er zu spät an im Himmelslogis?
   FortfortfortFortfortfort drehn sich die Räder
   Rasend dahin auf dem Schienengeäder,
   Rauch ist der Bestie verschwindender Schweif,
   Schaffnerpfiff, Lokomotivengepfeif.

Länder verfliegen und Städte versinken,
Stunden und Tage verflattern im Flug,
Täler und Berge, vorbei, wenn sie winken,
Traumbilder, Sehnsucht und Sinnenbetrug.
   Mondschein und Sonne, noch einmal die Sterne,
   Bald ist erreicht die beglückende Ferne,
   Dämmerung, Abend und Nebel und Nacht,
   Stürmisch erwartet, was glühend gedacht.

Dämmerung senkt sich allmählich wie Gaze,
Schon hat die Venus die Wache gestellt.
Nur noch ein Stündchen! Dann nimmt sich die Straße,
Trennt, was sich hier aneinander gesellt:
   Reiche Familien, Bankiers, Kavaliere,
   Landrat, Gelehrter, ein Prinz, Offiziere,
   »Damen und Herren«, ein Dichter im Schwarm,
   Liebliche Kinder mit Spielzeug im Arm.

Nun ist das Dunkel dämonisch gewachsen,
In den Coupés brennt die Gasflamme schon.
FortfortfortFortfortfort, glühende Achsen,
Schrillt ein Signal, klingt ein wimmernder Ton?
   FortfortfortFortfortfort, steht an der Kurve,
   Steht da der Tod mit der Bombe zum Wurfe?
   Halthalthalthalthalthalthalthaltein –
   Ein andrer Zug fährt schräg hinein.

Folgenden Tags, unter Trümmern verloren,
Finden sich zwischen verkohltem Gebein,
Finden sich schuttüberschüttet zwei Sporen,
Brennscheren, Uhren, ein Aktienschein,
   Geld, ein Gedichtbuch: »Seraphische Töne«,
   Ringe, ein Notenblatt: »Meiner Camöne«,
   Endlich ein Püppchen im Bettchen verbrannt,
   Dem war ein Eselchen vorgespannt.

## König Abels Tod

*In den Marschen am 29. Juni 1252*

König Abel schläft im purpurnen Zelt,
   der Posten klirrt auf und nieder.
Blauampellicht gefangen hält
   des Königs schwere Lider.

Vor den Deichen ebben die Wasser dumpf,
   die Wachtfeuer qualmen und knistern,
durch die Nacht wiehert ein Pferd. Die Frösch im Sumpf
   quaken in tausend Registern.

Auf heimlichen Wegen, mit Axt und Beil,
   mit Keulen und Morgensternen,
kommen die freien Friesen in Eil,
   sie kommen aus Näh und Fernen.

Das Bild des heiligen Christian
   rumpelt voran auf dem Wagen.
Bitt für uns, betet der Kapellan,
   wir wollen mit Gold dich beschlagen.

Mit Gold schon beschlägt ihn der gelbe Mond
   und leuchtet auf Freund und Feinde.
Wenn morgen er wieder am Himmel thront,
   er sieht eine stille Gemeinde.

Der König träumt im Purpurzelt,
   der Posten klirrt auf und nieder.
Der blauen Ampel Dämmer fällt
   auf des Königs zuckende Lider.

König Erich steht vor ihm, naß aus der Flut,
   und streckt den Arm nach oben.
»Hinweg, hinweg, bei Christi Blut,
   zehn Klöster will ich geloben.«

Steilauf der König: »Gratias.
   Wulff Bokwoldt! Helm und Schienen,
mein Schuppenhemd, und rufe rasch
   Uk Rugmoor und Caj Thienen.«

Wulff Bokwoldt, der Page, wie ein Hund
   schlief treu zu des Königs Füßen.
Im Traume lächelt sein junger Mund,
   Schön Heilwig sieht er grüßen.

Im Walde, voll des süßen Schalls,
  er und Schön Heilwig gingen.
Sie knotet lustig um seinen Hals
  ihr Langhaar in Maschen und Schlingen.

Zwei Ritter, mit schwarzem Panzer bewehrt,
  stehn vor des Königs Bette.
Der Page gürtet dem König das Schwert
  und reicht ihm Schild und Kette.

Im Lager lärmt es. Des Himmels Zier
  sind gierige Geierflüge.
»Die Hengste vor! Der Friesenstier
  muß heut noch in die Pflüge.«

Der König ruft es, die Sonne glitzt,
  Gekrach und Lanzensplitter.
Des Königs goldne Rüstung blitzt,
  mit ihm jagen die schwarzen Ritter.

Dicht drängt Wulff Bokwoldt den Schecken heran,
  wild flattern Schweif und Mähnen.
Heut wird er ein Ritter, heut wird er ein Mann,
  er beißt mit Eisenzähnen.

Die Friesen kämpfen für Herd und Weib,
  König Abel ist verloren.
Die schwarzen Ritter strecken den Leib,
  Caj Thienen und Uk Rugmooren.

Der König allein, er irrt auf dem Deich,
  hoch spritzt die Flut an den Wällen.
Ringsum der Feind. Keinen Sünder bleich,
  einen König sollen sie fällen.

In die Friesen trug er sein Schwert Hilfnot,
  das hat ihn heute betrogen.
Wessel Hummer aus Pellworm schlug ihn tot
  und schleudert ihn in die Wogen.

Der Page, wo blieb der Page klein?
  Sie warfen ihn nackt in den Graben.
Um seine weißen Glieder fein
  zanken und raufen die Raben.

## Der Kranz

Die Nacht war unruhig. Die Bernhardiner
Schlugen zuweilen an. Was habt ihr denn?
Und Dutcheß, meine Gordon-Setter-Hündin,
Schob ihre feine Nase mehr als einmal
In meine Hand, die übern Bettrand hing.
Ich wälzte mich, ich hatte wirre Träume,
Fuhr aus den Kissen, schloß die Augen wieder.
Wenn doch der wackre Hahn sich hören ließe.
Und dann, nicht länger trag ich diesen Zwiestand,
Sprang ich mit beiden Füßen aus den Decken.
Rasch angekleidet, nahm ich meine Mütze
Vom Hermeskopf, dem ich sie gestern Abend
Schief aufgesetzt, als ich nach Hause kam.
Fix einen Kognak fine Champagne, und vorwärts.
Zum Walde will ich. Um dahin zu kommen,
Muß einen kleinen Kirchhof ich durchschreiten,
Der einem Dorfe meines Tantchens eignet,
Der alten guten Jungfer, Gräfin Mimi.
Mein Tantchen ist so lieb und fromm, so fromm.
Sie hat ein großes weißes Marmorkreuz
Inmitten auf die Friedensstatt gestiftet.

Es ist in frühster Sommermorgenstunde,
Vom Tage bröckelt weg das erste Stück,
Die Schwalbe schwang sich schon vom Balken ab,
Und letzter Traum, in Faschingszügen, gaukelt,
Vorbei den Schläfern.

Ich greife aus. Blendend von ferne gleißt
Im Sonnenglitzern schon das Kreuz herüber,
Das einen Kranz mit langen Bändern trägt,
Und ich betrete nun den Gottesacker,
Und stutze. Was, spielt dort ein kleiner Affe
Hoch oben auf dem Kreuze mit dem Kranze?
Wahrhaftig! Jetzt durchspringt er, gleich dem Clown
Im Zirkus, ihn wie einen Reifen, jetzt
Bekränzt er sich das edle Haupt: zu weit,
Jetzt hängt er um die Schultern ihn abwechselnd,
Und nun beriecht er ihn, und schwingt ihn dann,
Als wärs ein Feuerrad, sich um die Ohren.
Nun, und wer biegt dann da ums Glockentürmchen?
Das ist, nein doch, das ist ... das ist der Tod.
Er schleicht heran wie eine Katze, klettert
Wie eine Katz am Kreuz hinauf, entreißt
Dem Äffchen triumphierend wild den Kranz,
Und hastdunichtgesehn herab, davon.

Zuerst blickt Jocko ihm verwundert nach.
Dann hinterher! Und über Grab und Stein
Und Rasen geht die drollige Jagd. Bald hat
Den Kranz der Affe, bald hat ihn der Tod,
Und lautlos, wie zwei Vögel, die sich haschen,
So flitzt und blitzt die Narretei umher;
Wie junge Hunde, die sich übertollen,
Mit Kapriolen der Gevattersmann,
Der Affe, nun, wie Affen jachtern können.
Und jetzt wie Kinder, die Verstecken spielen
Und Nu-h rufen, so stellen sie sich oft
An Ecken auf, die Köpfe vorsichtig
Vorbiegend: Ob er mich wohl finden wird?
Nun schaukelt in der Traueresche Zweigen
Der Affe sich, als säß er schwank im Seile.
Und wieder hat der Tod den Kranz erobert.
Und weiter durch Gebüsch und Ranken geht
Die wilde Hetze, jupp! und übers Gitter
Des alten Erdbegräbnisses, wie rasend.

Da hör ich einen kurzen Schrei: es hat
Hans Klapperbein genug des Spaßes; schnell
Hat er den Hals des Tierchens umgedreht.
Er würdet storchartig dem Kreuze zu,
Und steigt hinauf, und stellt sich oben hin:
Die Knochenarme streckt er seitwärts aus,
In seiner Rechten hängt das arme Äffchen,
Die Linke hält den arg zerzausten Kranz.
Da kommt der Küster, um zu läuten, her,
Und wie ein Blendwerk ist der Spuk verschwunden.


## Die Spinnerin von Sankt Peter

Auf der Magdalenenspitze
In den Dünen von Sankt Peter
Sitzt in hellen Sommernächten
Stumm die schöne Frau Maleen.

Ihr zur Seite steht das Spinnrad,
Doch die Hände ruhn im Schoße.
Ihrer Augen Sehnsuchtsketten
Ankern in der wilden See.

Sieht sie einer aus der Ferne,
Macht er schaudernd kehrt. Ihr Schatten
Bringt ihm noch vor Jahreswende
Unglück oder Tod ins Haus.

Gestern in der Julimondluft
Sah ich sie aus großer Weite.
Plötzlich zog mich toller Fürwitz,
In der Nähe sie zu sehn.

Tiefe Ruhe. Flutgewisper.
Nur die Düneneule flattert
Leise, wie mit Vampyrflügeln,
Wohlig durch die weiche Nacht.

Nah und näher, immer näher,
Zagen Schrittes, offnen Mundes,
Mit weit aufgerissenen Augen,
Komm ich endlich zu ihr hin.

Und mich dünkt: die dort ich finde,
Ist nicht mehr als eine Puppe,
Eine Puppe aus dem Vorstadt-
Wachsfigurenkabinett.

Da – entsetzlich! dreht sie langsam,
Lautlos-ruckweis wie ein Uhrwerk
Ihre Stirn nach meiner Stirne:
Grinst mich eine Leiche an?

Ohnmächtig brach ich zusammen,
Bis der Morgentau mich weckte.
Kalt und keusch, unendlich einsam
Lag das unbewegte Meer.

## Seltsames Erwachen

Unbegreifliches Erscheinen,
Daß ich in den letzten Tagen,
Mancher Frühling ist verflogen,
Muß dein Bild im Herzen tragen.

Einer schönen Frau Gefolgschaft,
Schritt ich damals allerwege,
Unter Säulen, stolz in Sälen,
Traut im stillen Waldgehege.

Damals, neben ihrer Seite,
Als du eng mit mir verbunden,
Haben meine Augen niemals
Deine kleine Hand gefunden.

Heute hör ich deine Stimme,
Worte, die du nie gesprochen;
Deinen Puls, was nie geschehen,
Fühl ich an dem meinen pochen.

Heute breit ich voll Verlangen
Meine Arme dir entgegen.
Doch mein heißer Wunsch ist Wahnsinn,
Meine Glut ist Teufelssegen.

Auf der grauen Gräberinsel,
Von Zypressen rings umtrauert,
Steht dein Sarg in offner Halle,
Wo die Sphinx des Todes lauert.

## Ballade in U-dur

Es lebte Herr Kunz von Karfunkel
Mit seiner verrunzelten Kunkel
Auf seinem Schlosse Punkpunkel
In Stille und Sturm.
Seine Lebensgeschichte war dunkel,
Es murmelte manch Gemunkel
Um seinen Turm.

Täglich ließ er sich sehen
Beim Auf- und Niedergehen
In den herrlichen Ulmenalleen
Seines adlichen Guts.
Zuweilen blieb er stehen
Und ließ die Federn wehen
Seines Freiherrnhuts.

Er war just hundert Jahre,
Hatte schneeschlohweiße Haare,
Und kam mit sich ins klare:
Ich sterbe nicht.
Weg mit der verfluchten Bahre
Und ähnlicher Leichenware!
Hol sie die Gicht!

Werde ich, neugiertrunken
Ins Gartengras hingesunken,
Entdeckt von dem alten Halunken,
Dann grunzt er plump:
Töw, Sumpfhuhn, ick will di glieks tunken
In den Uhlenpfuhl zu den Unken,
Du schrumpliger Lump.

Einst lag ich im Verstecke
Im Park an der Rosenhecke,
Da kam auf der Ulmenstrecke
Etwas angemufft.
Ich bebe, ich erschrecke:
Ohne Sense kommt mit Geblecke
Der Tod, der Schuft.

Und von der andern Seite,
Mit dem Krückstock als Geleite,
In knurrigem Geschreite,
Kommt auch einer her.
Der sieht nicht in die Weite,
Der sieht nicht in die Breite,
Geht gedankenschwer.

Hallo, du kleine Mücke,
Meckert der Tod voll Tücke,
Hier ist eine Gräberlücke,
Hinunter ins Loch!
Erlaube, daß ich dich pflücke,
Sonst hau ich dir auf die Perücke,
Oller Knasterknoch.

Der alte Herr, mit Grimassen,
Tut seinen Krückstock festfassen:
Was hast du hier aufzupassen,
Du Uhu du!
Weg da, aus meinen Gassen,
Sonst will ich *dich* abschrammen lassen
Zur Uriansruh!

Sein Krückstock saust behende
Auf die dürren, gierigen Hände,
Die Knöchel- und Knochenverbände:
Knicksknucksknacks.
Freund Hein schreit: Au, mach ein Ende!
Au, au, ich lauf ins Gelände
Nach Haus schnurrstracks.

Noch heut lebt Herr Kunz von Karfunkel
Mit seiner verrunzelten Kunkel
Auf seinem Schloß Punkpunkel
In Stille und Sturm.
Seine Lebensgeschichte ist dunkel,
Es murmelt und raunt manch Gemunkel
Um seinen Turm.

## Pidder Lüng

»Frii es de Feskfang,
Frii es de Jaght,
Frii es de Strönthgang,
Frii es de Naght,
Frii es de See, de wilde See
En de Hörnemmer Rhee.«

Der Amtmann von Tondern, Henning Pogwisch,
Schlägt mit der Faust auf den Eichentisch:
Heut fahr ich selbst hinüber nach Sylt,
Und hol mir mit eigner Hand Zins und Gült.

Und kann ich die Abgaben der Fischer nicht fassen,
Sollen sie Nasen und Ohren lassen,
Und ich höhn ihrem Wort:
        Lewwer duad üs Slaav.

Im Schiff vorn der Ritter, panzerbewehrt,
Stützt sich finster auf sein langes Schwert.
Hinter ihm, von der hohen Geistlichkeit,
Steht Jürgen, der Priester, beflissen, bereit.
Er reibt sich die Hände, er bückt den Nacken.
Der Obrigkeit helf ich, die Frevler zu packen,
In den Pfuhl das Wort:
        Lewwer duad üs Slaav!

Gen Hörnum hat die Prunkbarke den Schnabel gewetzt,
Ihr folgen die Ewer, kriegsvolkbesetzt.
Und es knirschen die Kiele auf den Sand,
Und der Ritter, der Priester springen ans Land,
Und waffenrasselnd hinter den beiden
Entreißen die Söldner die Klingen den Scheiden.
Nun gilt es, Friesen:
        Lewwer duad üs Slaav!

Die Knechte umzingeln das erste Haus,
Pidder Lüng schaut verwundert zum Fenster heraus.
Der Ritter, der Priester treten allein
Über die ärmliche Schwelle hinein.
Des langen Peters starkzählige Sippe
Sitzt grad an der kargen Mittagskrippe.
Jetzt zeige dich, Pidder:
        Lewwer duad üs Slaav!

Der Ritter verneigt sich mit hämischem Hohn,
Der Priester will anheben seinen Sermon.
Der Ritter nimmt spöttisch den Helm vom Haupt
Und verbeugt sich noch einmal: Ihr erlaubt,
Daß wir euch stören bei euerm Essen,
Bringt hurtig den Zehnten, den ihr vergessen,
Und euer Spruch ist ein Dreck:
        Lewwer duad üs Slaav.

Da reckt sich Pidder, steht wie ein Baum:
Henning Pogwisch, halt deine Reden im Zaum.
Wir waren der Steuern von jeher frei,
Und ob du sie wünschst, ist uns einerlei.
Zieh ab mit deinen Hungergesellen,
Hörst du meine Hunde bellen?
Und das Wort bleibt stehn:
        Lewwer duad üs Slaav!

Bettelpack, fährt ihn der Amtmann an,
Und die Stirnader schwillt dem geschienten Mann:
Du frißt deinen Grünkohl nicht eher auf,
Als bis dein Geld hier liegt zu Hauf.
Der Priester zischelt von Trotzkopf und Bücken,
Und verkriecht sich hinter des Eisernen Rücken.
O Wort, geh nicht unter:
        Lewwer duad üs Slaav!

Pidder Lüng starrt wie wirrsinnig den Amtmann an,
Immer heftiger in Wut gerät der Tyrann,
Und er speit in den dampfenden Kohl hinein:
Nun geh an deinen Trog, du Schwein.
Und er will, um die peinliche Stunde zu enden,
Zu seinen Leuten nach draußen sich wenden.
Dumpf dröhnts von drinnen:
        Lewwer duad üs Slaav!

Einen einzigen Sprung hat Pidder getan,
Er schleppt an den Napf den Amtmann heran,
Und taucht ihm den Kopf ein, und läßt ihn nicht frei,
Bis der Ritter erstickt ist im glühheißen Brei.
Die Fäuste dann lassend vom furchtbaren Gittern,
Brüllt er, die Türen und Wände zittern,
Das stolzeste Wort:
        Lewwer duad üs Slaav!

Der Priester liegt ohnmächtig ihm am Fuß,
Die Häscher stürmen mit höllischem Gruß,
Durchbohren den Fischer und zerren ihn fort,
In den Dünen, im Dorf rasen Messer und Mord.
Pidder Lüng doch, ehe sie ganz ihn verderben,
Ruft noch einmal im Leben, im Sterben
Sein Herrenwort:
        Lewwer duad üs Slaav!

## Der Fremde

Ein winzig Dörfchen lag am Strand
Und lag da ganz verborgen,
Das hatte wenig Geldcourant
Und hatte wenig Sorgen.
   Die Fischer fuhren auf die See,
   Und das war all ihr ABC,
   Womit sie sich begnügten.

Ein Fremder kam dort selten hin,
Es lag zu abgelegen;
Fiels dennoch einem in den Sinn,
War bald auf andern Wegen.
   So lebten sie für sich allein,
   In keinem Streit um Mein und Dein,
   Und brauchten keine Gäste.

Da, eines Tages, wunderbar,
Beim schönsten Sommerwetter,
Erschien in ihrer Brüderschar
Ein sonderbarer Vetter:
   Er trug sich chik und elegant,
   Trug Lack und Handschuh und Brillant,
   Kam wohl von einem Schlosse.

Der sucht sich nun die Herberg gleich,
Die einzige im Örtchen,
Und lächelt fein und lächelt weich
Und spricht kein Sterbenswörtchen.
   Doch dann bestellt er Fleisch und Fisch,
   Befiehlt das Beste, geht zu Tisch,
   Und läßt sichs trefflich munden.

Und dann: er ladet jeden ein,
Wer in der Kneipe drinnen,
Und hurtig fangen Bier und Wein
In Strömen an zu rinnen.
   Und dann: er ladet, bittet bald
   Das ganze Dörfchen, jung und alt,
   Mit ihm zu jubilieren.

Er schüttet Gold im Übermaß,
Scheint gar nicht aufzuhören;
Das macht den biedern Fischern Spaß,
Es wird sie noch betören.
   Im Wirtshaus ist schon lang kein Platz,
   Der Zaun davor ist für die Katz,
   Umklammert kaum die Menge.

Ihr Freunde, ruft der Fremde nun,
Hört mal, was ich euch sage:
Das Leben ist kein Zärtlichtun,
Ist Kummer nur und Plage.
   Drum wollen wirs genießen heut,
   Bringt Blumen her, seid lustig, Leut,
   Wir wolln uns alle schmücken!

Da brachten sie viel Blumen an,
War das ein wildes Laufen,
Levkoien, Lilien, Tulipan,
Und Rosen, ganze Haufen.
   Zu lichten Kränzen ward der Glanz,
   Und jeder stülpte sich den Kranz
   Auf seinen dicken Schädel.

Und nun Musik! Der Fremde rief:
Holt mir die Musikanten!
Und gings auch schon ein wenig schief,
Die guten Fischer rannten.
   Da kam Hans Hansen mit Trara,
   Klaus Wittfoth mit Harmonika,
   Marcs Mewes mit dem Brummbaß.

Der Fremde rief: Hier ists zu schwül,
Seid an den Strand geladen!
Begleitet mich mit Tanz und Spiel
Wie einen Kameraden!
   Da zog mit Pauken, Sang und Krug
   Der seltsame Bacchantenzug
   Mit ihm ans Meergestade.

Voran der Fremde, ganz allein,
Tat wie ein Priester tanzen,
Die Musik stampfte hinterdrein
In grellen Dissonanzen.
   Dann kam, toll, selig, kunterbunt,
   Das ganze Dörfchen, Katz und Hund,
   Zuletzt der lange Hinnerk.

Der Fremde ist mit seinem Kranz
Dann in die See gesprungen
Und schwimmt und schwimmt im Wogenglanz,
Bis ihn der Glanz verschlungen.
   Woher der Wind ihn blies und stieß,
   Und wer er war, und wie er hieß,
   Erzählt kein Aktenbündel.

## Das alte Steinkreuz am Neuen Markt

Berlin-Cölln war die Stadt genannt
Und tat viel Lärm verbreiten,
Da lebte mal ein Musikant,
In sagenhaften Zeiten.
    Der rührte *so* sein Saitenspiel,
    Daß Alles auf die Kniee fiel
    Vor lauter Seligkeiten.

Doch leider hat der Musikant
Zu viel Bourgogne genossen;
Das schuf ihm manchen Höllenbrand,
Warf ihn in manche Gossen.
    Ein greulich Laster trat hinzu:
    Er lästert Gott und Himmelsruh
    Mit seinen Teufelsglossen.

Einst, als die Welt ihm schwankend schien,
Er war halt stark im Trane,
Stieg er den Turm von Sankt Marien
Hinauf im Söffelwahne.
    Und auf der Plattform oben, quiek.
    Geigt er die weltlichste Musik
    Dem guten Kirchenhahne.

Ach, das war wahrlich kein Choral,
Das waren Tanz und Weisen,
Und üppige Lieder, die dem Baal
Gefallen und ihn preisen.
    Und schaudernd hört der Kikeriki
    Die grauenhafte Blasphemie
    Und möchte stracks verreisen.

Die Bürger unten bleiben stehn
Und traun kaum ihren Ohren,
Begreifen nicht, wie konnts geschehn,
Und murren und rumoren.
    Und jeder sieht schon, daß er fällt,
    Sich Schädel und Genick zerschellt,
    Und hält ihn für verloren.

Gottvater hat es auch gehört,
Und denkt: Mein Musikante,
Du bist zwar sehr vom Wein betört
Und torkelst an der Kante,
    Du bist ein liederliches Vieh,
    Doch bist und bleibst du ein Genie,
    Das ist das Amüsante.

Drum gönn ich eine Lehre dir;
Du wirst sie, hoff ich, nutzen!
Das zweite Mal, mein Herr Pläsier,
Darfst du nicht wieder trutzen!
    Nun paß mal auf: Jetzt sag ich eins
    Und zwei und drei, und nochmal eins,
    Dann wird der Sand dich putzen.

Und Purzel-Purzel-Purzelbaum,
Kopf, Arm, Bein, ohne Pause,
Wie Ikaros, durch Wind und Raum,
Gehts abwärts im Gesause.
    Und schwapp, da liegt der Fiedelhans,
    Ist nüchtern wie 'ne Stoppelgans,
    Steht auf und – geht nach Hause.

Das Volk schreit: Ein Miraculum!
Und tut den Platz anstieren,
Und dreht sich rechts und links herum
Und kann es nicht kapieren.
    Und stiftet, während Domgeläuts,
    Da wo er fiel, ein steinern Kreuz,
    Den Teufel zu vexieren.

Der Musikant hat niemals nie
Den Weinkrug mehr gehoben,
Probierte täglich sein Genie,
Um Gott den Herrn zu loben.
    Ob er zuweilen doch einmal,
    Wer kann das wissen, den Pokal
    Ansetzte? Nur zum proben?

## Der Mörder

Jasmin und Rosen schicken mit Macht
Weihrauchwolken durch die Sommernacht.
Plötzlich auf dem Hügel im Gebüsch ein Lärm,
Ein einziger Schrei gellt: Hermann … Herm …
Und heraus stürzt vom kahlen Hügel zum Tann
Mit ausgebreiteten Armen ein Mann.
Wie still liegt das Land.

In der Rechten ein Messer, das perlt noch rot,
Damit stach er dort oben sein Mädchen tot.
Die Augen graß offen, von Lachen gepackt,
Die Brust im zerrissenen Hemde nackt,
So läuft er, erreicht er den Wald, den Weg
Und verschwindet über den Brückensteg.
Wie still liegt das Land.

Jasmin und Rosen schicken mit Macht
Weihrauchwolken durch die Sommernacht.
Der Vollmond glitzert auf Turm und Teich,
Zieht ruhig weiter durchs Himmelreich.
Der Halm steht auf, wo der Mörder lief,
Und das Blut oben schreibt einen Liebesbrief.
Wie still liegt das Land.

# Friedrich Nietzsche

## 1844–1900

### Rein zur Höh, rein zu Tal!

Im Tannengrund, um Mitternacht,
Wenn scheu des Mondes fahler Schein
Gespenstisch durch die Wipfel lacht,
Sah ich dich stehn, einsam, allein.

Kein Laut; es schleicht der leise Wind
Dumpfrauschend aus dem Tal empor,
Und Schilfgeflüster, schaurig lind,
Tönt geisterstimmig aus dem Moor.

Die Hand geballt, des Auges Glut
Hin auf den schroffen Fels gebannt,
Dein Herz, es wogt wie wilde Flut,
Die Wellen schleudert an den Strand.

Der Mauer Trumm, der Säule Pracht,
Die Burg im grellen Mondenlicht
Hohläugig zu ihm niederlacht
Und grinst und grüßt und neigt und spricht:

»Rein zur Höh, rein zu Tal!
Sonn' ertötet, Mond belebt,
Was schaust du aufwärts, bleich und fahl?
Steig auf, wie alles lichtwärts strebt!«

Er klomm hinauf, er steigt, er lauscht
Des Flüsterns, das das Schilf umirrt,
Des Windes, der den Fels umrauscht,
Der Eule, die die Höh'n umschwirrt.

Und näher tönt es, Zauberklang,
Und weht und rauscht wie Harfenschall,
Jetzt leise klagend, schmerzlich bang –
Verklingen – erlöschen – versinken im All.

Es faßt sein Herz – er steigt und neigt
Und breitet die Arme, umschlingt die Welt.
Versinken – ertrinken – die Säule weicht,
Verklingen – verhallen – erdwärts, zerschellt.

## Unter Feinden

### (Nach einem Zigeuner-Sprichwort)

Dort der Galgen, hier die Stricke
Und des Henkers roter Bart,
Volk herum und giftge Blicke –
Nichts ist neu dran meiner Art!
Kenne dies aus hundert Gängen,
Schrei's euch lachend ins Gesicht:
»Unnütz, unnütz, mich zu hängen!
Sterben? Sterben kann ich nicht!«

Bettler ihr! Denn euch zum Neide
Ward mir, was ihr – nie erwerbt:
Zwar ich leide, zwar ich leide –
Aber ihr – ihr sterbt, ihr sterbt!

Auch nach hundert Todesgängen
Bin ich Atem, Dunst und Licht –
»Unnütz, unnütz, mich zu hängen!
Sterben? Sterben kann ich nicht!«

## Die kleine Brigg, genannt »das Engelchen«

Engelchen: so nennt man mich –
Jetzt ein Schiff, dereinst ein Mädchen,
Ach, noch immer sehr ein Mädchen!
Denn es dreht um Liebe sich
Stets mein feines Steuerrädchen.

Engelchen: so nennt man mich –
Bin geschmückt mit hundert Fähnchen,
Und das schönste Kapitänchen
Bläht an meinem Steuer sich,
Als das hundert erste Fähnchen.

Engelchen: so nennt man mich –
Überall hin, wo ein Flämmchen
Für mich glüht, lauf ich ein Lämmchen
Meinen Weg sehnsüchtiglich:
Immer war ich solch ein Lämmchen.

Engelchen: so nennt man mich –
Glaubt ihr wohl, dass wie ein Hündchen
Bell'n ich kann und dass mein Mündchen
Dampf und Feuer wirft um sich?
Ach, des Teufels ist mein Mündchen!

Engelchen: so nennt man mich –
Sprach ein bitterböses Wörtchen
Einst, dass schnell zum letzten Örtchen
Mein Geliebtester entwich:
Ja, er starb an diesem Wörtchen!

Engelchen: so nennt man mich –
Kaum gehört, sprang ich vom Klippchen
In den Grund und brach ein Rippchen,
Daß die liebe Seele wich:
Ja, sie wich durch dieses Rippchen!

Engelchen: so nennt man mich –
Meine Seele, wie ein Kätzchen,
Tat eins, zwei, drei, vier, fünf Sätzchen,
Schwang dann in dies Schiffchen sich –
Ja, sie hat geschwinde Tätzchen.

Engelchen: so nennt man mich –
Jetzt ein Schiff, dereinst ein Mädchen,
Ach, noch immer sehr ein Mädchen!
Denn es dreht um Liebe sich
Stets mein feines Steuerrädchen.

## Ludwig der Fünfzehnte

Es wütet der Sturm mit entsetzlicher Macht,
Es brauset ein Zug durch die Mitternacht.

Ein Zug von Reitern, vom Blitz umloht,
Ein Wagen voran, im Wagen der Tod.

Die Rosse rasen, die Funken sprühn,
Die Donner rollen, die Blitze glühn.

Geseufz' von Ferne, rings Grabesduft,
Und Nachtgespenster durchwirbeln die Luft.

Die Reiter schauern: im fahlen Licht
Grinst nieder das öde Hochgericht.

Der Wandrer kreuzt sich, fällt auf die Knie:
»Wohin der Richtzug?« »Nach St. Denis!« –

# Ada Christen
## 1844–1901

### Am Teich

Ich kenne dich, du schwarzer Teich,
Genau weiß ich den Tag,
Als eine Tote still und bleich
An deinem Rande lag;
Und als der Pöbel scheu und stumm
Sich langsam nahte dir
Und abergläubig, feig und dumm
Bekreuzte sich vor ihr;
Als eine Hand den schönen Leib
Mit Haken an sich riß –
Der rohe Hauf' das tote Weib
Ein gottverdammtes hieß. –
Das starre Antlitz hold und bleich,
Schaut' ich so manche Nacht,
In schwarzen Stunden, schwarzer Teich,
Hab' oft ich dein gedacht.

# Carl Spitteler
## 1845–1924

### Der Wanderer

Flaumflocken flüstern vom Himmel leis.
Ein Wandrer steigt über Firn und Eis.
Die Schneefrau folgt ihm mit tückischem Schritt:
»Halt stille, mein Lieber, und nimm mich mit!
Der Abend ist nah, und der Gipfel ist fern.
Ich spiel dir zur Kurzweil ein Liedchen gern.«
Sie setzt an die Lippe die grüne Schalmei,
Die jauchzte von Blumen und Lenz und Mai.
Er lauschte, die Wangen von Tränen naß,
Dann schlug er ein Kreuzchen und zog fürbaß.

Und finstrer wölkt sich der dämmernde Schnee.
Sie schlich ihm zur Seite auf listiger Zeh:
»Halt! daß ich dir leuchte, du wandelst irr!
Ein freundliches Märchen erzähl ich dir.«
Eine Ampel zog sie aus ihrem Gewand,
Da glänzt ihm vor Augen der Heimat Land,
Der Hügel, der Garten, die Eltern sein
Im seligen goldigen Jugendschein.
Er schwankte. Schon kürzt er der Schritte Maß,
Dann schlug er ein Kreuzchen und zog fürbaß.

Und es stürmt und es stöbert mit Sturmesmacht,
Vom heulenden Felsen gähnt weiße Nacht.
Sein Wille versagte, sein Knie versank.
Da saß sie auf einer steinernen Bank:
»Hier ist es behaglich; komm, setze dich!
Ich weiß zu kosen gar minniglich.
Und lockt dich der Schlummer und lacht dir ein Traum,
An meinem warmen Busen ist Raum.«
Sie blickte so lieblich, sie nickte so hold,
Als ob sich der Himmel ihm öffnen wollt.
Er wankt ihr entgegen im taumelnden Lauf
Und fiel ihr zu Füßen – stand nie mehr auf.

## Die Blütenfee

Maien auf den Bäumen, Sträußchen in dem Hag.
Nach der Schmiede reitet Janko früh am Tag.
Blütenschneegestöber segnet seine Fahrt,
Lilien trägt des Rößleins Mähne, Schweif und Bart.
Lacht der muntre Knabe: »Sag mir, Rößlein traut:
Bist bekränzt zur Hochzeit, doch wo bleibt die Braut?«

Horch, ein Pferdchen trippelt hinter ihm geschwind,
Auf dem Pferdchen schaukelt ein holdselig Kind.
Solche kleine Fante nimmt man auf den Schoß.
Auf die Schulter wirft ers spielend: Ei! wie groß!
Zappelnd schreit die Kleine: »Böser Bube du!
Weh! ich hab verloren meinen Lilienschuh.«

Rückwärts sprengt er suchend ein geraumes Stück.
Wie er mit dem Schuhe eilends kam zurück,
An des Kindes Stelle saß die schönste Maid.
Da geschah dem Jungen süßes Herzeleid.
Flüsterte die Schöne: »Liebster Janko mein,
Hab ein kostbar Ringlein, strahlt wie Sonnenschein.
Bin dir hold gewogen, schenk es dir zum Pfand.
Weh! ich habs vergessen, badend an dem Strand.«

Wie er mit dem Ringlein wiederkehrte, schau,
Hing gebückt im Sattel eine welke Frau.
Ihre Zunge stöhnte: »Janko, du mein Sohn!
Weh! ein Tröpfchen Wasser! Schnell! um Gotteslohn.«

Wie er mit dem Wasser kam zum selben Ort,
War zu Staub und Asche Weib und Pferd verdorrt.

## Der Vater

Mit einem Trupp entschlossener Gesellen
Entwich im Traum ich heimlich übers Weltmeer.
In finstrer Nacht erreichten wir die Heimat.
Die einen hielten mit gespannter Büchse
Am Tor der Kirchhofmauer Wacht. Der Rest
Versah die Pferde. Nach dem Grab des Vaters
Schlich ich hinüber, und mit banger Hast,
Verhaltnen Atems fing ich an zu schaufeln.
Ich grub und grub. In bodenlose Tiefen
Tauchte der Spaten. Doch vergebens. »Vater«,
Rief ich, am Boden hingestreckt, »ich bins!
Die Pferde stehn bereit! Auf! laß uns fliehn.«

Da stand er plötzlich neben mir: leibhaftig
Und wahr, als wär er niemals tot gewesen.
Nur etwas müde. Mit den Händen faßt
Er meinen Arm; sein Auge blieb geschlossen,
Und wie im Traume lallte seine Zunge.

Ich hob ihn rasch aufs Pferd. Und während wir
Mit hoffnungsfrohem Mut von dannen sprengten,
Begann ich ihm von Völkerkrieg und Frieden
Und was sich andres seither zugetragen,
Zu melden und zu schildern. Muntrer wurde
Sein Angesicht, und öfters nickt er lächelnd.

Allmählich aber schlottert er im Sattel.
Der Körper sank, die Hände suchten Stütze.
Unruhig schüttelt er den weißen Bart.
Dann flüstert er mit tonverlaßner Stimme:
»Es wird mir doch zu schwer. Ich möchte ruhn.«
Und während ich ihn aus dem Sattel hob,
Entdeckt ich plötzlich, daß ihm eine Wunde,
Vom Hemd verdeckt, die mächtige Brust zerfraß.
War alles hohl inwendig, gleich als wenn er
Unter der Haut nicht Fleisch und Bein mehr hätte.

Und ich begriff, daß ich ihn nie mehr rette.


## Fatime

Es sprach der Tod zu seinen fahlen Pferden:
»Ich wittere Glück, es gibt noch Glück auf Erden!
Wieviel auch Haß und Hader herrscht hienieden,
Ich spüre Herzlichkeit, ich rieche Frieden.«

Ein Daumenschlag, ein Pfiff aus seinem Munde:
Und beutegierig grölten seine Hunde.
Unwirsch erklettert' er den Sichelwagen,
Packte die Zügel, und mit tollem Sprung
Ließ er den ungestümen Sechsspann jagen
Vom Wildspitz nieder in die Dämmerung.
Der Sturm erschien auf seinen Geierruf,
Der Föhn erfaßte heulend seine Schürze.
Und wo den Boden schlug der Rosse Huf,
Rollten Lawinen, schäumten Wasserstürze.
In Goldau hemmt' er schnuppernd seine Fahrt,
Spähte gen Brunnen, horchte gegen Arth.
Dann plötzlich lenkt' er steifen Blicks den Flug
In weitem Bogen um den See nach Zug.

Ich weiß ein Haus in Lilien und Levkojen,
Wo Kummer Tränen, Scherz Verständnis findet,
Wo Geisteswert mit Güte sich verbindet,
Helvetische Kraft mit Wohllaut von Savoyen.
Ein Herd der Poesie, ein Heim der Kunst,
Und alles Ungemeine steht in Gunst.
Kennst du, von keinem Stachel auszumerzen,
Den Spruch am Tor: »Hier wohnen große Herzen«?

Hier spannt' er aus, warf sich aufs Sattelroß,
Ritt durch den Garten um das Erdgeschoß:
»Mutter, wo ist die liebste Tochter dein?«
Sie lallt' im Schlaf: »Oben im Kämmerlein.«
»Schwestern, wie tu' ich euch am meisten weh?«
Sie stammelten: »Verschone Fatime!«
Jetzt klemmt' er seine Knie, verhielt die Zügel,
Stemmte die Fersen, bäumte sich im Bügel,
Und während unterm Kies im Gartenflur
Die Rüden kratzten eine blutige Spur
Und geifernd im Spalier mit giftigem Schnauben
Der Hengst die Nüstern wühlte durch die Trauben,
Schob er, sich türmend auf dem Sattelknopf,
Durchs Blumenfenster seinen Raubtierkopf.

Und siehe da, im Winkel der Kemnate
Das fromme Kind im bräutlichen Ornate;
Auf ihrer weißen Stirn der Jungfernkranz,
Das Angesicht beseelt von Hochzeitsglanz.
Sie sah den Unhold das Gemach verdüstern.
Und betend hub sie an im Traum zu flüstern:
»Gott weiß, ich habe Pflicht und Recht geübt,
Mit Vorsatz keinen Menschen je betrübt.
Ein wenig Leben unterm Sonnenschein,
Soll das zu viel verlangt gewesen sein?
Doch murr' ich nicht, steht's anders mir geschrieben.
Gott spend' euch Kraft und Trost! Lebt wohl, ihr Lieben!«

Schnell malt' er auf den Sims mit schwarzem Stift
Grinsend ein Zeichen in verruchter Schrift;
Dann taucht' er unter. Und verschwunden kaum,
Krähte der Hahn. Es wisperte der Morgen.
Lichtnebel huschten leise durch den Raum
Auf bunten Socken. Hinterm Fries verborgen
Nickte des Tages goldner Lockenschmuck,
Und alles schien ein wesenloser Spuck.

Und so geschah es. Nie werd' ich vergessen
Den schauerlichen Chor der Totenmessen,
Das heiße Schluchzen, den Verzweiflungsschrei,
Und höhnisch lachten Berg und See dabei.
Ich sah die Sonne der Natur sich schämen,
Und Welt und Himmel schienen Trug und Schemen.

# Ernst von Wildenbruch

## 1845–1909

### Das Hexenlied

Zu Hersfeld im Kloster der Prior sprach:
»Der Bruder Medardus ward alt und schwach.
Ich glaube, sein Stündlein ist heute gekommen –
Geh', Bruder Beicht'ger, hinein zu dem Frommen,
Vernimm das Geständnis von seinen Sünden:
Zwar weiß ich, du wirst nicht viele finden.
Er dienet dem Kloster heut' fünfzig Jahr',
Im Klosterschatten verbleichte sein Haar;
Er hat gefastet, er hat sich kasteit,
Wohl vorbereitet zur Seligkeit,
Er ist der Heiligste von uns allen
Und wird dem Allmächtigen wohlgefallen.«

Der Beichtiger schlug an Medardus' Tor –
Von innen tönte kein Ruf hervor.
Der Beichtiger trat wohl über die Schwelle
Und schritt hinein in Medardus Zelle –
Und Stunde auf Stunde nach Stunde verrann,
Die Mönche schauten sich staunend an:
»Er, der unsträflich in Worten und Taten,
Was kann Medardus für Sünden verraten?«

Die Vesperglocke mit dumpfem Schall,
Sie rief zur Kapelle die Mönche all;
Sie beugten die Häupter, sie knieten im Kreise,
Für Bruder Medardus sie beteten leise. –
Da horch, da von ferne herüberklang
Mit klagender Stimme ein düst'rer Gesang.
Der Prior hob sich vom Boden empor,
Die Mönche lauschten und neigten das Ohr:
»Aus Medardus' Zelle der Sang erklingt,
Das ist Medardus, der also singt.«
Sie lauschten und horchten: »Was mag es sein?
Das sind nicht Gebete und Litanein,

Das klingt wie sündige, weltliche Worte!«
Und siehe, und siehe, herein in die Pforte
Der Beichtiger kam voll Schrecken und Hast:
»Wir haben den Teufel im Kloster zu Gast!
Medardus ist dem Versucher verfallen,
Medardus ringt in des Satans Krallen!«
Der Prior setzte die Kerze in Brand,
Die heilig geweihte, und nahm sie zur Hand;
Die Mönche taten alle wie er,
Und hinter dem Prior schritten sie her;
Von Wand und Gewölbe scholl dröhnend wider
Die Klagestimme der singenden Brüder:
»Vor Sündenfrevel, vor Satans Spott
Bewahr' uns in Gnaden, allmächtiger Gott!«
Die Zelle war offen – bleich, hager und mager,
Lag Bruder Medardus auf kärglichem Lager,
Die Hände gefaltet in betender Wut,
Die starrenden Augen voll sehnender Glut;
Und von den stammelnden Lippen sprang
Ohne Rast, ohne Ende der wilde Gesang.
Das Lied, das hatte so seltsamen Ton
Wie sehnende Liebe, wie lästernder Hohn,
Als trüge von ferne herüber die Luft
Fremdländischer Blumen bestrickenden Duft.
Die Mönche, sie schwangen die heiligen Kerzen:
»Fleuch, Satan, entweiche aus seinem Herzen!«
Sie schwangen die Kreuze, die heilgen Bilder,
Medardus' Gesang ward wilder und wilder,
Und tief in die schauernden Seelen drang
Das sündige Lied, das Medardus sang.
Die Mönche beschlich es wie sehnender Schauer,
Verlorenen Lebens tief nagende Trauer;
Sie dachten an Dinge, die einst sie besessen,
An Tage der Jugend, die lange vergessen.
Und mählich, allmählich verstummte der Chor,
Sie schwiegen und lauschten und neigten das Ohr. –
Der Prior, ein frommer, ein eifriger Greis,
Er stand voller Schrecken und blickte im Kreis;
Zu Bruder Medardus erhob er die Stimme
Und sprach in frommem, in eiferndem Grimme:
»Darfst du mir verführen die heiligen Brüder?
So fahre, Verdammter, zur Hölle hernieder!«
Und siehe, vom Lager Medardus sich hob,
Ein leuchtender Glanz sein Antlitz umwob,
Sein starrendes Aug' in die Ferne blickte,
Als säh' er ein Bild, das tief ihn entzückte;
Er reckte die Arme, er streckte sie weit:
»Ich höre dich!« rief er, »ich bin bereit;
Du reines Weib, das sie Hexe genannt,
Du süßer Leib, den sie schändend verbrannt,

Ihr schwellenden Lippen, ihr Augen voll Güte,
Du, spielender Glieder süß quellende Blüte,
Du, liebende Wonne, die einst sich mir bot
Und die ich verachtend verstieß in den Tod,
Nach fünfzig Jahren voll Buße und Pein
Ich komme, um ewiglich bei dir zu sein!«
Er reckte die Arme, er streckte die Glieder –
»Medardus ist tot!« dumpf sprachen's die Brüder – –
Drei Tage und Nächte mit Buße-Gesang
Die Mönche zogen das Kloster entlang;
Sie lagen drei Nächte auf ihren Knien
Und riefen zu Gott um Gnade für ihn:
»Ihm, welcher dahinging in Sünde und Schuld,
Erlösender Heiland, vergib ihm in Huld!« –
Im einsamen Zimmer beim Kerzenschein
Der Prior saß mit dem Beicht'ger allein.
»Nun sage mir an, was Medardus gesprochen,
Die Taten verkünde, die er verbrochen!« – –
Ein großes Kreuz der Beichtiger schlug:
»Sein heiliges Leben war Lug und Trug;
Du sahest ihn oft, wenn am grauenden Tag
Er betend auf steinernen Fliesen lag,
Du sagtest uns: ›Werdet ihm gleich, meine Kinder.‹
Erfahre: du segnetest einen Sünder.
Du sahst ihn, wie er in brünstiger Wonne
Die Augen erhob zu Gottes Madonne;
Nicht war es Maria, der all das galt,
Seinen Busen erfüllt' eine andre Gestalt.
Sein Antlitz sahst du, das träumende, milde,
Du sahst nicht sein Herz, das gärende, wilde;
Sein Haupt war kalt, und sein Haar war weiß,
Sein Herz von sündigen Gluten heiß. –
›Ich war ein Priester‹, so sprach er zu mir,
›Voll Andacht las ich das heil'ge Brevier,
Ich las es in Ängsten, ich las es in Glut,
Denn jung war mein Leib und heiß mein Blut.
Die blonden Locken vom Haupt mir flossen
Wie strömendes Gold, das darüber gegossen,
Und als man hineinschnitt die erste Tonsur,
Da war es, als mähte man Frühlingsflur.
Es war zur Zeit, als im deutschen Land'
Der böse Teufel zur Macht erstand,
Als er die Weiber zur Buhlschaft verführte,
Und als man Hexen zum Brandpfahl schnürte.
Damals geschah's, ich saß allein
In tiefer Nacht bei der Lampe Schein,
Da schlug es klopfend an meine Tür:
›Komm, Priester, heraus, man verlangt nach dir.‹
Die Nacht war schwarz, dumpf heulte der Sturm,
Man führte mich rasch hinaus an den Turm,

Tief unter die Erde, auf gleitenden Stufen –
Mir war es, als würd' ich zur Hölle gerufen.
Man gab eine Fackel in meine Hand
Und wies mir ein Loch in der steinernen Wand:
›Zur Hexe, die morgen in Feuers Pein
Ihre Sünden büßt, da geh' du hinein,
Bereite sie betend zu seligem Sterben,
Entreiß' ihre Seele dem ew'gen Verderben!‹
Ich schritt hinein in der Erde Bauch,
In meiner Kehle stockte der Hauch,
Da kam von drüben ein Rascheln her,
Geklirr von Ketten und Seufzen schwer,
Und sieh, in der Mauer finsterer Ecke
Wie ein Tier des Waldes in seinem Verstecke,
Da sah ich ein Weib, gebeugt und gebückt,
Das Haupt an die triefenden Steine gedrückt. –
Die Fackel heftet' ich in den Ring,
Der schwebend herab von der Wölbung hing;
Ich sagte: ›Wende zu mir dein Gesicht,
Komm her, meine Schwester, und fürchte dich nicht!‹
Ich sah, wie ihr Ohr meine Worte trank,
Wie Hand nach Hand ihr vom Antlitz sank;
Sie wandte das Haupt, sie schaute mich an,
Auf ihren Knien kroch sie heran.
Ihr nackter Arm meine Knie umfing,
An meinem Antlitz ihr Auge hing,
Ich schaute herab, der Fackel Licht
Umspielte ihr liebliches Angesicht;
Da fühlt' ich das Herz so süß mir erwarmen,
Da quoll in die Augen mir heißes Erbarmen,
Meine Lippen verstummten in lautlosem Leide,
In schweigendem Jammer weinten wir beide.
Und als meine Tränen sie fließen sah,
Mit bebenden Armen umfing sie mich da,
Ein Schluchzen tief aus dem Busen ihr quoll,
Von stammelnden Lippen ein Flüstern scholl:
›Du kannst noch weinen, du weinest um mich,
Wie den gütigen Heiland, so liebe ich dich!‹
Mich faßte der Schreck ob des sündigen Worts:
›Gedenke der Stunde, gedenke des Orts,
In Flammen soll morgen der Leib dir verderben,
Durch Buße entfliehe dem ewigen Sterben!‹
Da sah sie mich an so bangen Gesichts:
›Was soll ich büßen, verbrach ich doch nichts?
Meine Eltern sind tot – im Walde allein,
Großmutter und ich, wir wohnten zu zwei'n.
Großmutter kannte manch heilsames Kraut,
Manch Tränklein hat sie für Kranke gebraut;
Großmutter im Feuer verbrannten sie,
Eine Teufelshexe sie nannten sie.

Ein altes Lied Großmutter sang,
Ich lernt' es ihr ab, weil so süß es klang:
Sie sagte, es käme aus fernen Landen,
Wo Liebeszauber die Menschen verstanden;
Ich sang's und wußte nicht, was es bedeute,
Da griffen sie mich, hartherzige Leute,
Und sperrten mich in den finsteren Turm;
Sie sagen, es sei der höllische Wurm;
Der singe aus mir, zu der Menschen Verderben,
Drum soll ich morgen im Feuer sterben.‹ –
Ihre bebende Lippe berührte mein Ohr,
Ihr Auge mich flehend in Ängsten beschwor,
Ihr Busen drängte an meinen sich.
›Errette‹, sprach sie, ›errette mich!
So süß ist, zu leben, so bitter der Tod,
Und Feuers zu sterben, ist schreckliche Not!
Kein Wesen hab' ich gekränkt und betrübt,
Keine Sünde getan, keinen Zauber geübt;
Die Herzen der Menschen gleichen den Steinen,
Du aber bist gut, du kannst noch weinen;
Der Wärter schläft, frei ist die Tür,
Komm, laß mich fliehen, entflieh' mit mir!
Wir gehen leise, man hört uns nicht,
Die Fackel erlischt, uns verrät kein Licht,
Die Turmespforte geht in das Feld,
Niemand uns sieht, niemand uns hält;
Wenn morgen der Schrei der Hähne schallt,
Sind wir schon ferne, im fernen Wald;
Der Wald ist dunkel, der Wald ist dicht,
Ich weiß eine Stätte, sie finden uns nicht;
Ich weiß eine Stelle, ich weiß einen Platz,
Da liegt verborgen ein alter Schatz,
Wir werden suchen, du wirst ihn heben,
Wir ziehen ferne, wir werden leben
Im fernen Lande, du nur mit mir,
Ewig und ewig ich nur mit dir!
Du hast kein Weib an das Herz noch gedrückt,
Du weißt nicht, wie Weibes Liebe beglückt,
Reicher an Liebe sollst du werden,
Als jemals Menschen waren auf Erden –
Die Sterne wandeln, die Stunden zieh'n,
Es ist Zeit, es ist Zeit, komm, laß uns entflieh'n!‹
Ihr heißer Odem wie Sturmwind ging,
Ihr weißer Arm meinen Nacken umfing,
Ihr dunkles Haar, wie Fittich der Nacht,
Umßoß des Leibes herrliche Pracht –
In meinem Haupte, in meiner Brust
War schwindelnde Wonne, tödliche Lust;
Ich beugte mich nieder, ich wollte sie küssen –
Da fühlt' ich mich schaudernd rückwärts gerissen:

›Du küssest die Hexe, du segnest die Schuld,
Du hast keinen Teil mehr an göttlicher Huld!‹
Auf meinen Lippen starb das Wort,
Von meinem Herzen stieß ich sie fort,
Entsetzen jagte mich aus der Kammer –
Da schrie sie mir nach in Verzweiflung und Jammer;
Sie brach zur Erde, sie lag auf den Steinen,
Dumpf hinter mir hört' ich sie schluchzen und weinen.‹ –
Medardus schwieg – seine Wange erblich –
›Mein Bruder‹, sagt' ich, ›was ängstigt dich?
Du hast dem Versucher widerstanden
Und machtest des Teufels Künste zuschanden.‹
Doch als ich tröstend ihm solches sprach,
Gelächter von seinen Lippen brach,
Ein Lachen, so wild und ungestüm,
Als lachte der Teufel selber aus ihm.
Mit rollenden Augen blickt' er mich an,
Er schwieg. – Dann sprach er: ›Der Tag begann –
Der Himmel brannte in Morgenflammen,
Die Menschen rotteten sich zusammen;
Im Felde draußen, von Scheitern geschichtet,
Stand dunkel und düster der Holzstoß errichtet,
Und aller Augen hingen am Pfahl –
Da stand sie und harrte ihrer Qual.
Wie taumelnde Vögel, verflattert im Meer,
So glitten voll Angst ihre Augen umher;
Da trat ich heran mit dem Kruzifix,
Ihr Auge erfaßte mich suchenden Blicks,
Und siehe, und siehe, verstohlenerweise
Da neigte ihr Haupt sie, da nickte sie leise,
Und ein Lächeln erstand in dem süßen Gesicht
Wie der scheidenden Sonne verlöschendes Licht. –
Die lodernde Fackel der Henker schwang,
Ihr lechzendes Aug' in mein Auge sich trank:
Die Flamme griff in das dürre Geäst,
Ihre starrenden Augen hielten mich fest;
Die Funken stoben wie prasselnder Staub,
Ihre Lippen erbebten wie sinkendes Laub,
Und plötzlich, und plötzlich vernahm ich ein Klingen,
Vom brennenden Holzstoß begann sie zu singen;
Wie Frühlingsregen, durchrauschend die Nacht,
So ergriff mich des Liedes süß-selige Macht.
Mir war's, als trüge herüber die Luft
Fremdländischer Blumen bestrickenden Duft,
Als spräch' eine Stimme zu meinen Ohren
Von seligem Glück, das für ewig verloren.
Die Flamme ergriff ihren nackten Fuß,
Sie neigte sich scheidend, zum letzten Gruß;
Der schwarze Rauch sie wirbelnd umschwoll,
Ihr klagender Sang aus dem Rauche scholl;

Dumpf brausend die Flamme zum Himmel sprang,
Wie zitternde Glocken ertönte ihr Sang.
Die Ohren bedeckt' ich mit meinen Händen –
›Das Singen, das Singen, wann wird es enden?‹
Ich wandte mich schaudernd, ich floh von dem Ort –
Die klagende Stimme zog mit mir fort;
Wohin ich entfloh, wohin ich entwich,
Der Gesang, der Gesang, er begleitete mich.
Ob ich schlummernd lag, ob ich betend gewacht,
Zu jeglicher Stunde, bei Tage und Nacht,
Seit jenem Tage die fünfzig Jahr',
Ich höre ihn immer und immerdar!‹
Medardus fuhr auf, wild war sein Gesicht:
›Ich höre sie wieder – vernimmst du sie nicht?
Den Gang herauf – es kommt durch die Tür –
Sie tritt auf die Schwelle – ist hier, ist hier!‹
Ich warf mich herab zu des Lagers Fuße:
›Mein Bruder‹, rief ich, ›tu' Buße, tu' Buße,
Der Menschenverderber hält dich gebunden,
Des Weibes Lied hat der Teufel erfunden!‹
Zum Lager zurück ich Medardus zwang,
Aus meinem Arme er los sich rang,
Von seinem Lager er fort mich stieß:
›Eine Stimme ist's aus dem Paradies!
Sie ruft mich zum Heil, das ich frevelnd verlor,
Sie öffnet zur Seligkeit selbst mir das Tor.‹
Und plötzlich die strömende Träne ihm rann,
Und plötzlich Medardus zu singen begann –
Es war ein Lied, wie ich keines vernahm,
Das jemals aus menschlicher Kehle kam,
So in klagendem Leid, so in jauchzender Lust –
Da faßte Entsetzen mir kalt in die Brust,
Mit flüchtendem Fuße schlug ich die Schwelle,
Da rief ich euch alle zu seiner Zelle.« – –
Der Beichtiger schwieg – durch die Fenster brach
Der grauende Morgen – der Prior sprach:
»Was Menschenaugen nicht fassen, noch seh'n,
Dort oben ist einer, der wird es versteh'n,
Er hat gesprochen: ›Mein ist das Gericht!‹
Geh' beten, mein Bruder, und richte nicht!«

# Gustav Falke

## 1853–1916

### Das Wunder

Das Gräflein saß auf seinem Schloß
so recht in vollem Fett,
nur eins blieb ihm versagt: Ein Sproß
aus ehelichem Bett.
Es tat, was man in solchem Fall
mit Inbrunst pflegt zu tun,
doch lassen Heilige überall
die Hände einmal ruhn.

An hundert Messen, all umsunst
und Kerzen ohne Zahl –
da wird Vertrauen schwere Kunst
und Hoffen schwere Qual.
»Herr Bischof, sagt, was bleibt mir noch?
Wißt Ihr noch einen Rat?
Der Himmel zürnt, wiewohl ich doch
die frömmsten Werke tat?«

Der Bischof lächelt fein und still
und streicht den blonden Bart:
»Mich dünkt, Herr Graf, der Himmel will,
daß Ihr zum Kreuze fahrt.
Das war noch immer letztes Heil
aus aller Not heraus,
fahrt hin, Herr Graf, ich bin derweil
ein Hirte Eurem Haus.«

Der Ritter rüstet Roß und Troß
zum letzten, was ihm blieb:
»Herr Bischof, hütet Frau und Schloß
mit Eurer frommen Lieb.
Find ich im heiligen Land die Gnad,
ein Kirchlein will ich baun
mit einem Türmlein schlank und grad,
für unsre liebe Fraun.«

Des Bischofs Segen nahm er mit,
des Weibes letzten Kuß,
und ritt betrübt davon, im Schritt,
denn Scheiden schafft Verdruß.

Zwei Jahre gehn gewiß darauf,
und ob die Reise nützt?
Sein Herz doch stärkt sich mählich auf,
einfältig Glauben stützt.

Zwei Jahre gingen drauf, trotzdem
er keine Zeit verlor.
Er kniete in Jerusalem
und trug sein Wünschen vor.
Und als er lag am heiligen Grab,
war's ihm, als sei's gewährt.
Noch fragt sich: Mädel oder Knab?
Ich nehm, was mir beschert.

Gestärkten Glaubens zog er heim,
sein liebes Weib im Sinn,
summt einen alten Wiegenreim
im Sattel vor sich hin.
Sein Schildknapp knurrte in den Bart
und hielt die Hand ans Ohr:
»Das ist mir schöne Ritterart,
der tut's der Amm zuvor.«

Der Graf doch sang noch manchesmal
verträumt die süße Weis,
bis daß im Abendsonnenstrahl
zu Ende ging die Reis.
Und, frommer Schrecken, rotumglüht,
was grüßt ihn weit ins Land?
»Hat sich der Herr so bald bemüht,
noch eh ich heimwärts fand?«

»Herr Bischof, ja, ich hab's erprobt,
Ihr ratet keinem schlecht.
Das Kirchlein, das ich ausgelobt,
es steht schon, seh ich recht.«
Weit riß der Graf die Augen auf,
kein Blendwerk war dabei:
Das Kirchlein stand, und obendrauf
der schlanken Türmlein zwei.

## Was war es?

Um Mitternacht der Regen fiel
Und schlug ans Fenster, tropf und tropf,
Und ohne Schlaf und schwer und schwül
Lag ich auf meinem heißen Pfühl
Und reckte mich
Und streckte mich
Und wälzte Welten um im Kopf.

Um Mitternacht, da kam es her.
Kling, sprang der Schlüssel, kling das Schloss.
Und übern Gang, durchs Zimmer nun,
Jetzt durch den Saal, auf plumpen Schuhn,
Da klappte es
Und tappte es,
Daß kalt mirs übern Rücken floss.

Um Mitternacht, da trat es ein,
Und ging ein Wehen vor mir her,
Und näher kam es, nah, ganz nah,
Und schweißgebadet lag ich da
Und zitterte
Und witterte,
Daß nun mein letztes Stündlein wär.

Um Mitternacht, da fiel ein Wort.
Das klang so bang, das klang so tot.
Und war kein Licht, ein Dunkel nur,
Und schlug im Saal die alte Uhr,
Schlug ruck und ruck
Und zuck und zuck
Und schnurrte ab. Schwer fiel das Lot.

Um Mitternacht, und wie es kam,
Jetzt Zimmer, Saal, jetzt Korridor,
So ging es wieder. Schritt vor Schritt.
Und in Gedanken ging ich mit,
Klapp, klapp, tapp, tapp,
Die Trepp' hinab,
Und unten knarrte leis das Tor.

## Gestorben

Der Himmel senkte seine grauen Fahnen
tief auf des Parks umflorte Sommerwipfel,
und durch die stillen Schattengänge schwebten
der Schwermut dunkle Falter leisen Fluges.
Die hohen Ulmen weinten und die Birken,
die ernsten Koniferen und die Rosen,
und durch den feuchten Schleier sah das Haus
mit seinen dichtverhängten Fenstern wie
ein müdes, bleiches Menschenangesicht,
dem Gram die heißen, kranken Lider schloß.
Des Gartens offnes Gitter lockte mich,
und ich trat ein. Die dunklen Ulmen leerten
wie fassungslos des Kummers Schalen aus,
und auf den Beeten weinten alle Blumen,
und von den Rasen neigten sich die Gräser
auf meinen Fuß und netzten ihn mit Tränen.
Die erzgegossene Sphinx nur an der Treppe
sah kalt und unbewegt in diesen Jammer
mit großen, leeren Augen, daß mir grauste.
Und doch war über ihren schwarzen Leib

ein ganzer Zweig voll schwerer gelber Rosen,
wie aufgelöst in lauter Leid, gesunken
und schüttelte der Schmerzen heiligen Tau
aus seinen goldenen Kelchen auf sie nieder.
Und aus der Villa trat ein dürres Männchen,
ein alter Herr mit einer Aktenmappe,
mit Brille, Regenschirm und Florzylinder.
Er sah mich fragend an: »Was suchst du hier?«
Und zögernd kam es von den schmalen Lippen:
»Sie wissen doch? die Poesie ist tot.«
Wie Dolchstich traf das Wort, und ich erschrak.
Und wie ein Schluchzen ging es durch die Bäume,
stieg aus den Wurzeln bis in alle Kronen.
Die Birken weinten und die hohen Ulmen,
die Koniferen und die dunklen Rosen,
und wie ein Schüttelfrost durchlief es jäh
den gramgebeugten gelben Rosenstrauch,
der um den Hals der strengen, starren Sphinx
die schlanken Arme warf: Fühlst du denn nichts?
Fühlst du denn nichts? Die Poesie ist tot.


## *Ferdinand Avenarius*

### 1856–1923


### Nacht war's

Tief in den Dunkeln unsrer Seele wühlt,
Uns unbekannt, ein Böses wild und heiß.
Doch selten nur dehnt's plötzlich sich und tastet
Murrend am Boden unsrer Sonnenwelt
Und rüttelt dran und reißt sich einen Spalt
Und glüht hinauf. Doch vor dem Schein des Tags
Erschrickt's und kriecht in sich zusammen.

Nacht war's. In einem langen, dumpfen Saal
Stand ich im Siechenhaus. Nur Stöhnen hört ich
Und Röcheln. Grelle Streifen warf der Mond
Jäh durch die Fenster, lang die Reihe fort
Zwischen die Pfeilerschatten. Die verbargen
Die Betten: ich erkannt sie nicht, trat ich
Nicht dicht davor. Da faßt es plötzlich mich
Wahnwitzig an – ein weißes Linnentuch
Umwand ich mir, und aus dem Schatten jetzt
Trat ich ins helle Schlaglicht vor und nickte
Als Sterbegeist dem Kranken zu. Der schrie
In Grausen auf, warf sich zurück und zuckte
Und starb. Und ich, im Dunkel schlich ich fort

Und trat ins Licht vors nächste Siechenbett
Schauspielernd hin, und wieder schrillt der Schrei.
Und weiter schritt ich, und sie schrien und starben,
Bis endlich aus mir selber auch herauf
Ein Schrei sich preßte – weg von meiner Brust
Schrie er die Hölle, und im Schrei erwacht ich.

## Die Pest

Einst hat ein Mann die Pest gesehn
Frühmorgens über die Felder gehn,
Die Hähne krähten ihr heiser und schwach,
Mißtönig knurrten die Hunde ihr nach.

In einem grauen Bettelkleid,
Gebückt, so hinkte sie über die Heid,
Nach allen Seiten sorgsam dreh'
Ihr rotes Auge sie und späht' –

Und wo ein Dorf von fern sie sah,
Still nickend stehen blieb sie da
Und nestelt' hüstelnd am Gewand
Und suchte fingernd mit der Hand

Und wedelt', wie man Mücken schreckt,
Ein gelbes Tuch, mit Blut befleckt,
Dreimal und schnell, – noch einen Fluch
Murrend, dann barg sie rasch ihr Tuch.

Und weiter hinkte sie am Stab:
Wohin sie stieß, sank's ein zum Grab,
Wohin sie winkte, Haus um Haus
Starb Dorf um Dorf zum Abend aus.

## Rolands Horn

Der König Karl beim Jubelmahl,
hoch schwang in der Hand er den goldnen Pokal:

»Lang lebe der Sieger, der heut noch fern,
Roland, mein Roland, der Streiter des Herrn!«

Da – bei der Becher Zusammenstoß,
wie Schatten sich's über die Wände goß

und als das jauchzende Hoch verscholl,
ein Dämmern über die Erde schwoll,

und weit, weit her es traurig hallt'
hinklagend über See und Wald …

Und als sie drängten zur Tür mit Macht,
da wuchs das Dunkel zur finstern Nacht,

und angstvoll durch die Luft herbei
rang sich's wie wilder Todesschrei …

Und als sie sich wandten entsetzt zum Thron,
da stöhnte zum drittenmal her ein Ton,

da zittert' es über Wald und See
wie aus verröchelnder Brust ein Weh …

Doch als der König sich bleich erhob,
blaß wieder ein Dämmern die Halle durchwob.

Und als er rief: »Verrat! Zu Roß!«
weiß wieder der Tag die Halle durchfloß.

Wohl jagten sie windschnell querfeldein,
rastlos bei Sonnen- und Sternenschein

hin bis zum Morgen nach Ronceval –
da kreischten die Krähen schon über dem Tal,

da lagen die Helden, die Wunden vorn,
und stumm er, Roland, zerborsten sein Horn.


# Jakob Loewenberg

### 1856–1929


### Die Roggenmuhme

Das Mägdlein spielt auf dem grünen Rain,
die bunten Blumen locken.
»Nicht sieht mich die Mutter« – Ins Korn hinein
schleicht sacht es auf weichen Socken.

»Die roten und blauen Blumen wie schön!
Die will ich zum Kranz mir winden;
doch weiter hinein ins Feld muß ich gehn,
dort werd' ich die schönsten finden.«

Und weiter eilt es. Gefüllt ist die Hand,
da will es zurück sich wenden.
Es läuft und läuft und steht wie gebannt,
das Korn will nimmer enden.

»Hinaus zum Rain, zum Sonnenlicht!
Wo blieb die Mutter, die süße?«
Die Halme schlagen ihm ins Gesicht,
die Winde umschlingt die Füße.

Und horch, da rauscht's unheimlich bang,
die Ähren wallen und wogen.
»Da kommt – ach, daß ich der Mutter entsprang –
die Roggenmuhme gezogen!«

Sie kommt heran auf Windesfahrt,
die roten Augen blitzen,
gelb ist die Wange, langstachlicht ihr Bart,
die Haare sind Ährenspitzen.

»Wie kommst du her in mein Revier
und gehst auf verbotenen Pfaden?
Was raubst du meine Kinder mir,
Kornblumen und Mohn und Raden?

Weh dir!« Sie streckt die Hand nach ihm aus,
es fühlt die stechenden Grannen.
»Nimm hin deine Blumen, und laß mich nach Haus!«
Und bebend stürzt es von dannen.

Fort, fort zur Mutter! Das Korn nimmt kein End',
vergebens will es entwischen,
die Roggenmuhme dicht hinter ihm rennt,
die Ähren höhnen und zischen.

Schon fühlt es, wie ihr Arm es umschlingt.
»Erbarme dich mein, erbarme!«
Dort ist der Rain. »O Mutter!« – Da sinkt
das Kind ihr tot in die Arme.

# Gustav Mahler
## 1860–1911

### Das klagende Lied

I. Waldmärchen

Es war eine stolze Königin,
Gar lieblich ohne Maßen;
Kein Ritter stand nach ihrem Sinn,
Sie wollt' sie alle hassen.
O weh, du wonnigliches Weib!
Wem blühet wohl dein süßer Leib?

Im Wald eine rote Blume stand
So schön wie die Königinne;
Der Ritter, der die Blume fand,
Der konnt' die Frau gewinnen.
O weh, du stolze Königin!
Wann bricht er wohl, dein stolzer Sinn?

Zwei Brüder zogen zum Walde hin,
Sie wollten die Blume suchen,
Der Junge hold und von mildem Sinn,
Der And're konnte nur fluchen.
O Ritter, schlimmer Ritter mein,
O ließest du das Fluchen sein!

Als sie nun zogen eine Weil',
Da kamen sie zu scheiden;
Das war ein Suchen nun in Eil'
Im Wald und auf der Haiden.
Ihr Ritter mein in schnellem Lauf,
Wer findet wohl die Blume auf?

Der Junge zieht durch Wald und Haid',
Er braucht nicht lang zu gehen,
Bald sieht er von Ferne bei der Weid'
Die rote Blume stehen.
Die hat er auf den Hut gesteckt,
Und dann zur Ruhe sich hingestreckt.

Den Andern treibt der wilde Hang,
Umsonst durchsucht er die Haide,
Und als der Abend herniedersank,
Da kommt er zur grünen Weide.
O weh, wen er dort schlafend fand,
Die Blume am Hut, am grünen Band!

Du wonnigliche Nachtigall,
Und Rotkehlchen hinter der Hecken,
Mir scheint, ihr wollt mit eu'rem Schall
Den armen Ritter erwecken.
Du rote Blume hinter'm Hut,
Du blinkst und glänzest ja wie Blut!

Ein Auge glänzt in wilder Freud',
Dess' Schein hat nicht gelogen;
Ein Schwert von Stahl hängt ihm zur Seit',
Das hat er nun gezogen!
Der Alte lacht unter'm Weidenbaum,
Der Junge lächelt wie im Traum.

Ihr Blätter, was seid ihr vom Tau so schwer?
Mir scheint, das sind gar Tränen!
Ihr Winde, was weht ihr so traurig daher,
Was will euer Raunen und Wähnen?
»Im Wald, auf der grünen Haide,
da steht eine alte Weide.«

II. Der Spielmann

Beim Weidenbaum, im kühlen Tann,
Da flattern die Dohlen und Raben,
Da liegt ein blonder Rittersmann
Unter Blättern und Blüten vergraben.
Dort ist's so lind und voll von Duft,
Als ging ein Weinen durch die Luft. –
O Leide, Leide!

Ein Spielmann zog einst des Wegs daher,
Da sah er ein Knöchlein blitzen:
Er hob es auf, als wär's ein Rohr,
Wollt sich eine Flöte draus schnitzen.
O Spielmann, lieber Spielmann mein,
Das wird ein seltsam Spielen sein! –
O Leide, weh! O Leide!

Der Spielmann setzt die Flöte an,
Und läßt sie laut erklingen.
O Wunder, was nun da begann!
Welch' seltsam traurig Singen!
Es klingt so traurig und doch so schön!
Wer's hört, der möcht vor Leid vergeh'n!
O Leide, weh, o Leide!

»Ach Spielmann, lieber Spielmann mein,
Das muß ich dir nun klagen!
Um ein schönfarbig Blümelein
Hat mich mein Bruder erschlagen!
Im Walde bleicht mein junger Leib,
Mein Bruder freit ein wonnig Weib!
O Leide, weh, o Leide!«

Der Spielmann ziehet in die Weit',
Läßt's überall erklingen.
Ach weh, ach weh, ihr lieben Leut'!
Was soll denn euch mein Singen?
Hinauf muß ich in des Königs Saal,
Hinauf zu des Königs holdem Gemahl!
O Leide, weh! O Leide!

III. Hochzeitsstück

Vom hohen Felsen erglänzt das Schloß,
Die Zinken erschall'n und Drometten.
Dort sitzt der Ritter mutiger Troß,
Die Frauen mit goldenen Ketten.
Was will wohl der jubelnde, fröhliche Schall?
Was leuchtet und glänzt im Königssaal?
O Freude, heia! Freude!

Und weißt du's nicht warum die Freud'?
Hei, daß ich's dir sagen kann:
Die Königin hält Hochzeit heut'
Mit dem jungen Rittersmann.
Seht hin, die stolze Königin!
Heut' bricht er doch, ihr stolzer Sinn!
O Freude, heia! Freude!

Was ist der König so stumm und bleich?
Hört nicht des Jubels Töne!
Sieht nicht die Gäste, stolz und reich,
Nicht der Königin holde Schöne.
Was ist der König so bleich und stumm?
Was geht ihm wohl im Kopf herum?
Ein Spielmann tritt zur Türe herein!
Was mag's wohl mit dem Spielmann sein?
O Leide, weh, o Leide!

»Ach Spielmann, lieber Spielmann mein!
Das muß ich dir nun klagen:
Um ein schönfarbig Blümelein
Hat mich mein Bruder erschlagen!
Im Walde bleicht mein junger Leib,
Mein Bruder freit ein wonnig Weib!«
O Leide! Weh, o Leide!

Auf springt der König von seinem Thron
Und blickt auf die Hochzeitsrund
Und nimmt die Flöte in frevelndem Hohn
Und setzt sie selbst an den Mund!
O Schrecken, was nun da erklang!
Hört ihr die Märe, todesbang?

»Ach Bruder, lieber Bruder mein,
Du hast mich ja erschlagen!
Nun bläst du auf meinem Totenbein,
Dess' muß ich ewig klagen!
Was hast du mein junges Leben
Dem Tode hingegeben?«
O Leide, weh! O Leide!

Am Boden liegt die Königin,
Die Pauken verstummen und Zinken;
Mit Schrecken die Ritter und Frauen flieh'n,
Die alten Mauern sinken!
Die Lichter verloschen im Königssaal!
Was ist es wohl mit dem Hochzeitsmahl?
Ach Leide!

# Otto Ernst

## 1862–1926

### Hartnäckige Liebe

Jan Reimers hatte vor gar nichts Furcht.
Er rettete damals die beiden Dänen,
Ihr wißt wohl – es wollte keiner dran –
Er riß sie dem blanken Hans aus den Zähnen.

Nun war da die Antje Nissen – ei ja,
Die mochte dem starken Jan wohl taugen!
Schmuck war sie, alles was recht ist – man bloß:
Ihr guckte der Deubel aus beiden Augen.

Aber Jan, wie gesagt, war bange vor nichts.
Und so freit' er um Antje. Sie ziert' sich nicht lange
Und sagte Ja und ward seine Braut.
Aber als sie's war, da ward ihm doch bange.

Schon vor der Hochzeit alle Tag Krieg!
Verdammt, denkt Jan, nur noch drei Wochen,
Dann ist die Hochzeit. Sie läßt mich nicht los.
Aber sie ist ein Stachelrochen.

Da – denkt euch – da kommt ihm Hilf in der Not!
Bei Südsüdost wird Jan Reimers verschlagen –
Er rennt auf die Klippen – das Schiff zerkracht –
Eine Planke hat ihn nach England getragen.

Sein erster Gedanke war: »Jung, wat'n Glück,
Nu bin ick verschollen! Das 's Gottes Wille!«
Er stopft sich die Pfeife mit nassem Shag
Und steckt sie in Brand bedachtsam und stille.

Sein Ewer freilich war Grus und Mus.
»Na ja«, denkt Jan, »wat is dor Slimm's bi!
Ick hev hier Fisch un hev hier Tobak.«
Und er lebte drei Jahre vergnügt in Grimsby.

Aber die Welt ist ein Rattenloch.
Ein Landsmann muß ihn gesehen haben. –
Jan bummelt am Hafen, die Faust' in der Tasch',
Sich recht an Freiheit und Sonne zu laben –

Da hört er plötzlich – ihm schießt's in die Knie –
Seinen Namen rufen von weiblicher Stimme:
»Jan Reimers! Jan Reimers!« Ihm war's, als rief'
Des jüngsten Tages Posaun' ihn mit Grimme!

Aber Jan hat Courage: er stellt sich taub!
Da ruft Antje Nissen: »Du solltest dich schämen!
Nun tu' doch nicht so, als wenn du nicht hörst,
Du Feigling, du!«
Da mußt' er sie nehmen.


## Timm Clasen

Am Fischerewer träumt ein Licht
Und nickt, als ob's im Traume spricht
Mit seinem Widerschein – der blinkt
Aus stiller Flut – und blinkt und winkt –
Hoo, Timm Clasen, heut gibt's einen Fang!

Timm Clasen aber sinnt anderm nach.
Was glitscht im Mondschein her gemach?
Ei, Jan Frerk – der kommt mir in'n Griff.
Ein dumpfer Ruf – ein leiser Pfiff –
Hoo, Timm Clasen, das gibt einen Fang!

Jan Frerk, der küßte Trin Antjes Mund –
Die Krebse sollen dich fressen, du Hund!
Und er ruft ihn an und keucht und zischt,
Herüber, hinüber fliegt Gall' und Gischt,
Hoo, Timm Clasen, nun gibt's einen Fang!

Timm langt aus – und da kentert das Boot;
Jan grapst an den Planken in Todesnot;
Timms Ruder krachend niederschlug:
Da – der hat für diesmal genug.
Hoo, Timm Clasen, das gab einen Fang! –

Timm Clasen, wie wird der Fluß nun still,
Und der Mond tut, als ob er reden will. –
Timm lichtet den Anker und schwimmt stromab
Mit der Ebbe und läßt das Netz hinab –
Hoo, Timm Clasen, nun gibt's einen Fang!

Teufel, wie schwer – oha! Er zieht;
Er bringt es herauf – und starrt – und sieht –
Timm Clasen, wie scheint der Mond heut rot!
Da glotzt Jan Frerk; Jan Frerk ist tot –
Hoo, Timm Clasen, das gab einen Fang!

Und das Netz fiel klatschend! Vom Uferrohr
Ein schwarzer Vogel stieg steil empor
Und schoß ins Land. Übern Birkenschlag
Starrt mit einem Auge der Tag –
Hoo, Timm Clasen, das gibt einen Fang!

## Nis Randers

Krachen und Heulen und berstende Nacht,
Dunkel und Flammen in rasender Jagd –
Ein Schrei durch die Brandung!

Und brennt der Himmel, so sieht man's gut:
Ein Wrack auf der Sandbank! Noch wiegt es die Flut;
Gleich holt sich's der Abgrund.

Nis Randers lugt – und ohne Hast
Spricht er: »Da hängt noch ein Mann im Mast;
Wir müssen ihn holen.«

Da faßt ihn die Mutter: »Du steigst mir nicht ein:
Dich will ich behalten, du bliebst mir allein,
Ich will's, deine Mutter!

Dein Vater ging unter und Momme, mein Sohn;
Drei Jahre verschollen ist Uwe schon,
Mein Uwe, mein Uwe!«

Nis tritt auf die Brücke. Die Mutter ihm nach!
Er weist nach dem Wrack und spricht gemach:
»Und *seine* Mutter?«

Nun springt er ins Boot, und mit ihm noch sechs:
Hohes, hartes Friesengewächs;
Schon sausen die Ruder.

Boot oben, Boot unten, ein Höllentanz!
Nun muß es zerschmettern …! Nein: es blieb ganz! …
Wie lange? Wie lange?

Mit feurigen Geißeln peitscht das Meer
Die menschenfressenden Rosse daher;
Sie schnauben und schäumen.

Wie hechelnde Hast sie zusammenzwingt!
Eins auf den Nacken des andern springt
Mit stampfenden Hufen!

Drei Wetter zusammen! Nun brennt die Welt!
Was da? – Ein Boot, das landwärts hält –
Sie sind es! Sie kommen! – –

Und Auge und Ohr ins Dunkel gespannt …
Still – ruft da nicht einer? – Er schreit's durch die Hand:
»Sagt Mutter, 's ist Uwe!«

# Georg Ruseler
## 1866–1920

### Das Gewissen

Gerd Hansen, lang hat der Wind ihn geschwenkt,
und Raben pflückten ihn kahl:
Um dreitausend Taler ward er gehängt,
die Folkert Syassen stahl.

Um zwölf saß Folkert im Tannenkrug,
soff Wein, der alte Luchs,
und Gold warf er hin, dazu einen Fluch:
»Kreuz Gottes, nun sattelt den Fuchs!«

Hopp, hopp! Und ach, sein Kopf, der glüht!
Der Wind, der lacht und gellt.
Heim will er über den Esch, doch es zieht
ihn stracks nach dem Galgenfeld.

Wacht beim Galgen der liebe Mond;
ein bleichend Gerippe, das blinkt
und tanzt mit dem Wind; da oben wohnt
Gerd Hansen und winkt und winkt.

Da wohnt Gerd Hansen, der blöde Tor,
und büßt, was andre getan;
zum Schwur die Hand noch schlenkert empor:
Er wisse von keinem Span.

Unrecht! Unrecht! Krächzt ein Rab
Und hebt sich mit heiserem Schrei;
Folkert Syassen spornt sein Tier zum Trab:
»Vorüber, mein Fuchs, vorbei!«

Und ruft verwegen: »Erhängter im Strick,
willst mit, steig ab und lauf!«
Da hallt es zurück: »Einen Augenblick,
Folkert Syassen, dann hüpf ich hinauf!«

Hu, klettert's gelenkig herab, o Graus,
und naht mit klapperndem Schritt.
»Kreuz Gottes, mein Fuchs, greif aus, greif aus!«
»Folkert Syassen, wart, ich will mit!«

Hei, fliegt der Fuchs, und Folkert keucht;
Doch hinter ihm rasselt's in Hast,
die Toten sind schnell, und Tote sind leicht,
hui, da hat's ihn gefaßt.

Da hockt es hinter ihm keck auf dem Roß,
und ob er schüttelt und ringt,
mit Knochenarmen sein flinker Genoß
ihm Nacken und Brust umschlingt.

»Gerd Hansen, wie ist so eng dein Arm!« –
»So eng, wie der Strick in der Luft!« –
»Wie dunkel mein Aug, daß Gott erbarm!« –
»So dunkel, wie eine Gruft.«

Die Eule schreit, es kräht der Hahn,
von dröhnenden Hufen geweckt.
»Gerd Hansen, Erbarmen, ich hab es getan,
und das Geld, im Sand ist's versteckt.«

»Im Sand, im Sand an der hohen Wand,
wo tief die Grube sich senkt?«
Gerd Hansen, da nimmt er den Zaum zur Hand
Und hinan den Hügel gesprengt.

Klappern die Kiefern an Syassens Ohr:
»Hinab, Kameraden, wir zwei!«
Und als der Huf den Boden verlor –
Ein Wiehern, ein letzter Schrei. – –

Sie fanden tags mit gebrochnem Genick
Folkert Syassen und fanden das Geld.
Gerd Hansen hing noch immer am Strick
unterm Baum auf dem Galgenfeld.

# Arno Holz
## 1863–1929

### Een Boot is noch buten!

»Ahoi! Klaas Nielsen und Peter Jehann!
Kiekt nach, ob wi noch nich to Mus sind!
Ji hewt doch gesehn den Klabautermann?
Gott Lob, dat wi wedder to Hus sind!«
Die Fischer riefens und stießen ans Land
und zogen die Kiele bis hoch auf den Strand,
denn dumpf an rollten die Fluten;
Han Jochen aber rechnete nach
und schüttelte finster sein Haupt und sprach:
»Een Boot is noch buten!«

Und ernster keuchte die braune Schar
dem Dorf zu über die Dünen,
schon grüßten von fern mit zerwehtem Haar
die Fraun an den Gräbern der Hünen.
Und »Korl!« hieß es und »Leiw Marie!«
»'t is doch man schön, dat ji wedder hie!«
Dumpf an rollten die Fluten –
»Un Hinrich, min Hinrich? Wo is denn dee?!«
Und Jochen wies in die brüllende See:
»Een Boot is noch buten!

Am Ufer dreute der Möwenstein,
drauf stand ein verrufnes Gemäuer,
dort schleppten sie Werg und Strandholz hinein
und gössen Öl in das Feuer.
Das leuchtete weit in die Nacht hinaus
und sollte rufen: O komm nach Haus!
Dumpf an rollten die Fluten. –
Hier steht dein Weib in Nacht und Wind
und jammert laut und küßt dein Kind:
»Een Boot is noch buten!

Doch die Nacht verrann, und die See ward still,
und die Sonne schien in die Flammen,
da schluchzte die Ärmste: »As Gott will!«
Und bewußtlos brach sie zusammen!
Sie trugen sie heim auf schmalem Brett,
dort liegt sie nun fiebernd im Krankenbett,
und draußen plätschern die Fluten;
dort spielt ihr Kind, ihr »lütting Jehann«,
und lallt wie träumend dann und wann:
»Een Boot is noch buten!«

~

Rote Rosen
winden sich um meine düstre Lanze.

Durch weisse Lilienwälder
schnaubt mein Hengst.

Aus grünen Seen,
Schilf im Haar,
tauchen schlanke, schleierlose Jungfraun.

Ich reite wie aus Erz.

Immer,
dicht vor mir,
fliegt der Vogel Phönix
und singt.

~

Nacht.
Der Ahorn vor meinem Fenster rauscht,
von seinen Blättern funkelt der Tau ins Gras,
und mein Herz
schlägt.

Nacht.

Ein Hund ... bellt, ... ein Zweig ... knickt, – still!
Still!!

Du? ... Du?

Ah, deine Hand! Wie kalt, wie kalt!
Und ... deine Augen ... gebrochen!

Gebrochen!!

Nein! Nein! Du darfst es nicht sehn,
dass die Lippen mir zucken,
und auch die Tränen nicht, die ich kindisch um dich vergiesse –

Du armes Weib!

Also nachts,
nachts nur wagst du dich,
schüchtern,
aus deinem Sarg?
Um dich auf Zehen zu mir zu schleichen?

Armes Weib!

Verblüht!
die Kränze, die du gewunden,
verweht
die Lieder, die du gesungen,
und in deinen Haaren, in deinen schönen Haaren,
klebt nun die
Erde.

Tot, tot, tot ...

Und deine Flügel, deine armen Flügel!
Unbarmherzig heruntergeschnitten
von den schimmernden Schultern – ah, *weine* nicht!
Weine *nicht!*
Hier! Hier! Zu mir sollst du dich setzen,
nächtlich, allnächtlich,
bis der Morgen
graut,
bis die Sonne

scheint,
und die Welt,
die kluge Welt, wieder gleichgültig über dein Grab rollt! –

Horch!

Der Ahorn vor meinem Fenster rauscht,
der Tau tropft,
und mein Herz
schlägt.

Nacht, Nacht, Nacht ...


## Ein Abschied

Sein Freund, der Türmer, war noch wach,
wie Silber gleißte das Rathausdach,
und drüber stand der Mond.

Er wußte kaum, wie schwer er litt,
doch schlug ihm das Herz bei jedem Schritt,
und das Ränzel drückte ihn.

Die Gasse war so lang, so lang,
und dazu noch die Stimme, die über ihm sang:
Wanns Mailüfterl weht!

Jetzt bog sich ein Fliederstrauch über den Zaun,
und die Mutter Gottes, aus Stein gehaun,
stand weiß vor dem Domportal.

Hier stand er eine Weile still
und hörte, wie eine Dohle schrill
hoch oben ums Turmkreuz pfiff.

Dann löschte links in dem kleinen Haus
der Löwenwirt seine Lichter aus,
und die Domuhr schlug langsam zehn.

Die Brunnen rauschten wie im Traum,
die Nachtigall schlug im Lindenbaum,
und alles war wie sonst!

Da riß er die Rose sich aus dem Rock
und stieß sie ins Pflaster mit seinem Stock,
daß die Funken stoben, und ging.

Das Lämpchen flackerte rot überm Tor,
und der Wald, in den sich sein Weg verlor,
stand schwarz im Mondlicht da.

Er schritt und schritt, ein Käuzchen schrie,
die Farren reichten ihm bis übers Knie,
und der Sankt-Jakobs-Quell plätscherte!

Erst droben auf dem Heiligenstein
fiel ihm noch einmal alles ein,
als der Weg um die Buche bog.

Die Blätter rauschten, er stand und stand
und sah hinunter unverwandt,
wo die Dächer funkelten!

Dort stand der Garten, und dort das Haus,
und jetzt war das aus, und jetzt war das aus,
und – die Dächer funkelten!

Sein Herz schlug wild, sein Herz schlug nicht fromm:
Wann i komm, wann i komm, wann i wiederkomm!
Doch er kam nie wieder.

∼

In meinem schwarzen Taxuswald
singt ein Märchenvogel –
die ganze Nacht.

Blumen blinken.

Unter Sternen, die sich spiegeln,
treibt mein Boot.

Meine träumenden Hände
tauchen in schwimmende Wasserrosen.

Unten,
lautlos, die Tiefe.

Fern die Ufer! Das Lied ...

∼

Die Lampe brennt.
Von allen Wänden
Schweigen um mich die dunklen Bücher.

Eine kleine Fliege, die noch munter ist,
verirrt sich in den gelben Lichtkreis.

Sie stutzt, duckt sich und tupft mit dem Rüssel auf das Wort
Inferno.

~

Durch einen schwarzen, schwehlenden Schneckengang
stinken Pechfackeln.

Grüne, johlende Meerkater
mit Eisenklauen und geringelten Schwänzen
schieben, schleppen, zerren, beißen mich
vor die boshaften Greise.

Die hocken, Strohkronen auf ihren Schädeln, und blinzeln.

Ihre langen Geierhälse recken sich,
aus ihren Froschhälsen quillt Geifer.

Du hast Unsre Tropfsteinstühle bespien! Du hast über Unsre Gesäßschwielen gelacht!

Schon hebt der Henker, ein Mandril, seinen riesigen Plättbolzen.

Der glüht!

Die Bestien brüllen, das Eisen zischt,
rotes, berstendes Blutlicht zersprengt die Höhle.

Pestkanaillen!!

Ich strample, stoße, schäume, schreie, schlage wütend um mich.

Stürzen die Sterne zusammen,
bricht die Welt ein?

Auf meinem Bettvorleger,
in kleinen Tümpeln,
zwischen den blauen, blitzenden Scherben meiner Karaffe,
glitzert die Morgensonne.

~

Hinter den Brettern, die die Welt vernageln,
sitzt ein Frosch mit goldenen Augen.

Schade!

Wenn ich jetzt drüben säße,
wäre ich ein Königssohn.

Gärten aus blühenden Rosenlauben
funkelten,
Springbrunnen plätscherten,
in ihren weißen Arm wiegte mich die Prinzessin ...

Da, kuck, ein Astloch.

Ich blinzle durch.

Eine grüne Wiese mit Klapperkraut,
Gänse,
Schnips, der Hund,
und dazu, stubsnäsig, Trine,
die, den Rock schon vorn zu kurz – Lichter zieht und Schmalzbrot kaut!

~

Die Diele knackt!

Mir graut
vor meinem Schatten.

Es hat einen dicken Krötenbauch,
Geierkrallen,
lange, schlenkernde Affenarme und Schweinsaugen ...

Ich leuchte in alle Winkel.

Staub,
abgeblätterter Kalk, tote Fliegen und Spinnweben.

Wie ich mich endlich unter das Bett bücke,
die Haare sträuben sich mir, das Licht schlottert,
in eine Ecke geklemmt,
sitzt das Biest da.

Aus seinem Maul,
halb zerkaut,
hängt mein Pantoffel.

Entsetzt
Stieren wir uns an.

Leise,
hin und her,
Ringelt sich sein Rattenschwanz.

# Richard Dehmel
## 1863–1920

### Der Rächer

Durch die schlafende Lagune
zieht ein langer stiller Kahn
seine Bahn;
einsam zieht er durch das Dunkel,
durch das sanfte Flutgefunkel,
wie ein großer schwarzer Schwan.

Aber nun: im Zelt der Gondel
fallen Worte schwer voll Glut.
Und die Flut
ebnet sich in weiten Kreisen;
drohend wird der Ton der leisen
Laute, und das Ruder ruht.

Donna Anna, deine Schwüre
sind noch dunkler als die Nacht!
Stolz verlacht
hab ich Alle, die dich schalten,
aber – wenn sie Recht behalten:
hüte dich! ein Rächer wacht!

»Liebster, willst du mich betrüben?
Sieh doch: hab ich denn von Lust
je gewußt,
eh du diesen Leib berührtest,
dies gescholtne Herz verführtest?«
sinkt sie ihm an Hals und Brust.

Sag mir – will er herrisch wehren,
aber an ihm liegt sie dicht:
»Fühlst du's nicht?
Wie der Vogel in die Weiten,
sehn ich mich nach Seligkeiten!«
hebt sie schmachtend ihr Gesicht.

Und er sieht und fühlt bezwungen
ihrer Augen dunkle Macht;
schwer und sacht
rauscht ihr Kleid im Ampelschimmer,
rötlich schwankt das Gondelzimmer,
Küsse stöhnen durch die Nacht.

Und sie unterdrückt ein Lachen:
wie er von ihr trunken ist,
sich vergißt!
Doch ihr Spott ist kaum verflogen:
wütend über sie gebogen
sieht er ihre Dirnenlist.

Und ein Ringen. Und ein Keuchen.
»Gott, Erbarmen« – bricht ein Schrei
dumpf entzwei.
Hohl ein Brodeln im Kanale.
Stille wird's mit einem Male.
Furchtsam flüstert er: Vorbei.

Flüstert's furchtsam wie im Traume,
küßt im Traume ihren Mund
weinend wund,
hört sie um Erbarmen flehen,
und als könnt er sie noch sehen,
starrt er in den blauen Schlund.

In der dunklen Wasserschale
sieht er ruhn den weißen Mond,
ruhn den Mond,
sieht er winken die versunknen
weißen Arme und die trunknen
Lippen, o so lieb gewohnt.

Und nun öffnet sie die Augen,
und von tiefer dunkler Macht
schwer und sacht
fühlt er sich hinabgezogen,
sinkt er in die warmen Wogen,
schließt sich über ihm die Nacht.

Durch die schlafende Lagune
wie ein großer schwarzer Schwan
irrt ein Kahn.
Willst du auf den Leuchtturm klimmen,
siehst du fern ein Ruder schwimmen
auf der glatten Wasserbahn.

## Die Verhüllten

Der goldne Schlaf, der schwarze Tod,
Die trafen sich ums Abendrot.
Die Heide hing voll Höhenrauch,
Ein Vogel rief im Holderstrauch:
   Zieh mit!

Es sprach der Schlaf: Ich bring die Ruh,
Ich häng' die Leidensstunden zu,
Ich hülle um die Tagesschlacht
Den goldnen Flor der Gottesnacht.
   Zieh mit!

Es sprach der Tod: Ich tu wie du,
Ich bring auch dir die Gottesruh,
Ich hüll um allen Graus der Zeit
Den schwarzen Schleier Nichtigkeit.
   Zieh mit!

Er reichte sein Gewand ihm dar.
Der andre sah, wie leicht es war.
Er gab zum Tausch das seine hin
Und hauchte: Sieh, wie dein ich bin!
   Zieh mit!

Die Heide hing voll Höhenrauch,
Der Vogel schwieg im Holderstrauch.
Es zogen still gen Morgenrot
Der schwarze Schlaf, der goldne Tod.
   Zieh mit!

## Die Buße

Graf Richard, was jagst du durch die Nacht,
als fliehst du vor deinem Gewissen?
Es war deine Pflicht, es war dein Recht!
Dein Weib beim Knecht:
das haben sie büßen müssen.

Graf Richard, was stierst du so ins Feld?
Die Tote liegt still auf der Bahre!
Noch stiller als damals, da sie kalt
deiner Gewalt
folgte zum Traualtare! –

Und hin, dahin am Eichenhain,
herunter vom Feld, die Straße hinein,
zurück, zurück zum Schlosse!
Wie schleichen die Nebel herüber vom Moor,
wie schaun aus der Waldung die Schatten hervor!
Dem Reiter wird wirr, wirr dem Rosse.

Hin, hin, vorbei mit hängendem Zaum,
vorüber, vorüber an Baum und Baum,
wills Haus denn noch immer nicht ragen?
Noch einmal küssen, und wärs mein Tod,
die blasse Wunde! Barmherziger Gott,
ich hab sie aus Liebe erschlagen! –

Was steht da auf aus Dunstes Wogen,
was schwebt so sanft, so bleich?
Was ist so bräutlich angezogen
und breitet die Arme so weich?
Allmächtiger Vater, sie lebt! Sie verzeiht!
Nun bin ich erlöst, nun bin ich befreit!

Was schwebt zurück, was schwebt entgegen,
vorbei an Stamm und Stamm?
Was schwebt und winkt auf schwanken Stegen
herunter vom sichern Damm?
Halt stille doch, Liebling! Ich nehm dich aufs Pferd!
Ich hab dich so lange, so sehr begehrt! –

Ich will dich haben! Heut wirst du mein!
Hörst du? Dein Gatte will ich sein!
Und glühenden Blicks irr vorgebeugt
hetzt er und horcht er; der Rappe keucht,
die Nebel kochen im Moore.

So halt doch stille, verfluchtes Weib!
Mir, hörst du, mir gehört dein Leib!
Halt! Steh! Sag Amen, verrückte Braut!
Halt – gurgelts, verröchelts in Schlamm und Kraut;
die Nebel rollen im Rohre.

## *Alice Freiin von Gaudy*
### *1863–1929*

### *Gustav III. von Schweden auf dem Maskenball*

#### (1792)

Ein Spiegelsaal. Gelächter. Mummenschanz.
Ein Maskenspiel, bestrahlt von Kerzenglanz.
Gestalten bunt und keck und lebensfroh
Im lustigen Geschmack des Rokoko.

Dort tritt ein Spanier stolzen Ganges ein.
Am Samtbarett flammt kostbares Gestein.
Er taucht ins Festgewoge, scherzt und neckt:
Der König ist's, den dichte Larve deckt.

»Was willst du, Narr, der mich von hinnen zieht?«
Der Schellenträger flüstert: »König – flieht!
Man sinnt Verrat!« Schnell hüpft er klingelnd fort.
Der König, achselzuckend, lacht dem Wort.

»Schon wieder, Narr?« – »O, traut mir, Majestät.
Verlaßt den Saal. Jetzt. Gleich. Bald ist's zu spät.« –
»Hör, Freund, wer Narren glaubte –«
                                        »Keinen Spott.
Noch einmal: flieht! Den Warner sendet Gott.«

Der König mischt sich sorglos in den Schwarm.
Ein Sarazene greift nach seinem Arm.
Dort hängt ein Mohr sich an ihn dreist und bunt.
Unheimlich Flüstern geht von Mund zu Mund.

Er merkt es nicht. Doch enger wird der Kreis.
Der Masken Augen funkeln wild und heiß.
Sie drängen näher. Wie das stößt und zerrt ...
Der Spanier weicht zur Tür. Sie ist versperrt.

Jetzt Johlen. Pfeifen. Wie ein Höllenheer
umtanzt es ihn. Er atmet tief und schwer.
»*Bon soir, beau masque!*« Ein frecher Blick. Ein Knall.
Ein Aufschrei – übertönt von dumpfem Fall – –

Verlaßner Spiegelsaal. Erlöschend Licht.
Zertretne Blumen. Kalt und nüchtern bricht
durch seidnen Vorhang erstes Morgenrot.
Gespenstig ragt auf leerem Thron – der Tod.


### Die Glocke von Dunbar

Auf dem Markte von Dunbar ein dumpf Gewühl
Bis tief hinein in die Gassen.
Viel Tausende lauschen empor zum Turm,
Wo die Sonnenstrahlen erblassen.

Sie wissen, wenn droben die Glut erlischt
Und die Zinnen rings sich entfärben,
Dann hebt die Glocke zu läuten an,
Dann muss Lord Castleroad sterben.

Lord Castleroad mit dem tapfern Arm
Und den blitzenden Augen, den blauen.
Er kämpfte für seinen König Karl
In schottischem Selbstvertrauen.

Voll Jugendmut flog er den Seinen voran,
Da fingen ihn Cromwells Reiter:
»Verantworte dich, Lord Castleroad,
Du kämpfst wider Gottes Streiter!«

»Für den Stuart, für ihn, den uns Gott gesalbt,
Für ihn, dem ich Treue geschworen!«
Sie führten ihn hin vor Cromwells Gezelt:
»Lord Castleroad, du bist verloren.«

Der Feldherr schaute ihn drohend an,
Sein finstrer Blick sprach Verderben:
»Nur Eisen kühlt hitziges Schottenblut –
Lord Castleroad, du musst sterben!

Am Abend beim ersten Glockenklang,
Ich schwöre es laut vor allen,
Soll auf dem Markte von Dunbar noch heut
Das Haupt des Empörers fallen.«

Lord Castleroad warf die Locken zurück:
»Ich bettle nicht um mein Leben!
Mein Gewissen ist rein wie mein junges Glück –
Frei darf ich die Stirn erheben.

Doch fleh ich um eins, wenn ein Herz du trägst:
– Sieh mich, den Lord, dir zu Füssen –
Zum Abschied gewähr mir, zum letztenmal,
Mein junges Weib zu begrüssen;

Sie weilte in Dunbar, mir nahe zu sein,
Als draussen die Schwerter klangen –«
Streng winkte Cromwell: »Verschwörer. Nein.
Ich ward zu oft hintergangen.«

Nun harrt die Menge in bangem Graun
Und sieht die Sonne verblassen
Und sieht den Glöckner zur Kirche gehn
Und sieht ihn den Strang erfassen –

Und sieht ihn ziehen mit aller Kraft –
Schon reckt sich der Henker zum Schlage:
Doch die Glocke, die mächtige Glocke bleibt stumm,
Als ob sie dem Mord sich versage.

Die Menge murmelt. Es braust wie Orkan
Durch die bunten, wogenden Reihen:
»Schuldlos! Die Glocke von Dunbar bleibt stumm!
Held Cromwell möge verzeihen!«

Des Sheriffs Stimme bändigt den Sturm:
»Volk! Ruhe! – Es muss gelingen!
Zwei starke Söldner hinein in den Turm:
Sie werden die Glocke schon zwingen!«

Zwei starke Söldner ziehen am Strang,
Dass bläulich die Sehnen schwellen –
Doch die Glocke versagt auch ihnen den Klang,
Den markigen Kriegsgesellen.

Das Volk tobt entfesselt: »Ein Wunder von Gott!«
Der Sheriff gebietet Schweigen:
»Drei Mannen hinauf in den Glockenstuhl,
So wird sich das Wunder zeigen!«

Drei Mannen stürmen zum Glockenhaus
Empor über steile Stiegen.
Sie sehen die Glocke hinein, hinaus,
Wie sonst im Takte sich wiegen:

Doch mit ihr schwebt eine Engelsgestalt,
Fest hält sie den Klöppel umschlungen,
Ihr weisses Gewand, es wogt und wallt,
Ihr Haar weht wie Feuerzungen.

Geblendet stehn die drei und schaun
Und wagen sich nicht zu regen –
Da sehn sie es blutig herniedertaun
Bei des Klöppels wuchtigen Schlägen.

Und einer stammelt, bleich wie der Tod,
All seine Glieder beben:
»Hilf Gott! – es ist Lady Castleroad,
Sie rettet dem Gatten das Leben!«

Und niederwärts eilen, mit schlotternden Knien,
Die Boten, das Wunder zu melden:
»Herr Sheriff – Erbarmen – das Läuten stellt ein,
Ihr tötet das Weib des Helden!«

Dem Feldherrn trug man die Kunde zu.
Er lauschte in tiefem Bewegen:
»Nie brach ich mein Wort – fest bleibt es bestehn –
Doch die Liebe kehrt es in Segen!

Ich schwur dem Empörer, beim ersten Geläut
Zu sterben von Henkers Händen:
Die Glocke blieb stumm. Gott hat es gefügt,
Der Lord mag sich heimwärts wenden.«

# Georg Freiherr von Ompteda
## 1863–1931

### Reiterschlacht

»Es geht in die Schlacht!   Es geht in die Schlacht!
Nun laßt die Trompeten schmettern!
Nun fahret darein wie der Blitz in der Nacht,
mit Leuchten und Donnern und Wettern!
Nun lasset den Rossen den wilden Lauf,
kein Zügel halte ihr Rasen auf!
Nun brauset dahin über Flur und Feld!
Nicht zurückgeschaut!   Was fällt, das fällt!
Und reitet zu Boden, was sich euch stellt!
Dem Reitersmanne gehört die Welt!«

Und wir brausten dahin, daß die Erde klang,
der Trompeter blies, daß sein Horn zersprang!
Ein rollender Donner dröhnte durchs Tal …
Ein Wutschrei verdoppelt tausendmal!
Mit wildem Gebrüll, in geschlossenen Reihn
ging's wie der Blitz in den Feind hinein!
Ein eherner Wall, in funkelnder Wehr …
Verderben und Tod rings um uns her!
Wir rannten zu Boden, was vor uns stand,
und unter den Hufen der Feind verschwand …

Die Erde stiebte und hüllte uns ein
in dichte Wolken: der Waffenschein
erlosch in tiefer, in dunkler Nacht,
im Staube, dem Pulver der Reiterschlacht!
Nur rechts und links ein prasselnder Laut,
den Nebenmann hat keiner geschaut!
Ein dumpfer Donner und Waffengeklirr …
ein Säbelgerassel und Klingengeschwirr …
ein schwerer Fall … ein Wehegeschrei …
und Rossesschnauben … dann alles vorbei!
Aus der Ferne verklingender Hufeschlag …
der Staub verzogen und wieder Tag!
Gefallene Rosse im Kreise herum …
viel hundert Reiter am Boden stumm! …

Nach Siegestaumel die ewige Ruh!
Bluttriefender Lorbeer deckt sie zu!
Gespenstige Stille auf weitem Plan!
Erquickender Frieden nach kurzem Wahn! …
Wie ein Traum vorüber die Reiterschlacht …
Und über das Blachfeld sinkt nieder die Nacht!


## Otto Julius Bierbaum
### 1865–1910


### Maestro Tod

Auf einem Tanze war ich diese Nacht;
die Röcke flogen, und die Luft war heiß,
die Brüste wogten, und es flackerten
die Augen wie das Feuer im Kamin,
wenn durch den Schornstein niederfährt der Wind.

O du, o du, dich will ich! Tanz mit mir!
Horch wie der Walzer weht!! Wie Südwind weht!!
Horch, was die Geige heiße Worte singt!
Wie Flammen fliegen ihre Töne hell,
so heiß, so heiß! O, wie der Walzer brennt!
Komm! In die Flammen tanzen wir hinein!

Da schwieg die Geige. Vom Orchester fiel,
so wie ein Stein in sumpfig Wasser fällt,
daß träge Ringe wellenflach zergehn,
fiel dumpf ein Ton, wie eine Wolke grau,
ein Ton, wir wußten nicht, von wem er kam,
breit, langsam, schwer in unser Tanzgewühl.

Das gelbe Gaslicht löschte zitternd aus.
Ein nasser Eiswind fegte durch den Saal.

Wir blickten auf: Im Phosphorlichte stand
der nackte Tod am Dirigentenpult.
Er stand verschränkten Arms und lächelte.
Dann brach behutsam eine Rippe er
aus seinem Brustkorb, klopfte leise auf
und dirigierte, hingegeben ganz
den Tönen, die nur er vernahm, entzückt.

In seinen Hüftenknochen wiegt' er sich
und nahm das Tempo langsam bald, bald schnell,
rief bald die unsichtbaren Bläser an,
bald winkte er den Geigern. Hob und senkte sich
auf seinen Knochenbeinen zierlich, ganz Musik.

Wir alle standen aufgewandten Kopfs,
vor Schrecken starr, und sahn nur ihn, nur ihn.
Denn um uns her war aller Nächte Schwarz.
Dann aber fuhr in uns des Walzers Geist,
des unhörbaren, und wir wirbelten
im Tanze durch den kalten, finstern Saal
und wiegten uns und drehten uns verzückt,
und drückten Brust an Brust uns, flüsterten
von Sehnsucht und von Liebe, lächelten
und küßten uns im Tanz.

                            Maestro Tod,
im Phosphorlicht am Dirigentenpult,
schwang seine Rippe. Tonlos tanzten wir.

Es war ein Tanz so schön, wie nie vordem
wir einen noch getanzt. Wir kosteten
die Seligkeit des Blattes, das vom Baum
in schwanken Kreisen herbstlich niederweht.


## Die Kranke

Ich fühle keinen Schmerz und bin doch krank;
Mir ist die Kraft genommen, ich bin leer.
Ich lebe ab, so wie ein Rad abläuft,
Das von der Feder, die es trieb und hielt,
Gelöst ward. – Ach, sie pflegen mich so lieb,
Und dennoch weiß ich's, balde ist's vorbei.
Ich bin nicht traurig. Ruhe wird mein Teil.
Ich werde ruhig blühn in leichtem Wind
Wie meine Blumen, die im Garten sind.

# Eduard Stucken

### 1865–1936

## Frau Trude

»Grüß Gott, Frau Trude, was macht Ihr?
Was schürt ihr das Feuer und lacht Ihr?«

»Im Feuer brennt deines Vaters Scheit,
weil er mich geküßt hat vor langer Zeit.

Auch das deiner Mutter, denn sie nahm
mir den versprochenen Bräutigam.

Auch dein Holzscheit verbrennt im Nu,
denn deiner Eltern Freude bist du!«

»O nehmt das Scheit meines Vaters fort!«
Frau Trude lacht und tut es sofort.

»O nehmt auch das Scheit meiner Mutter heraus!«
Frau Trude lacht mehr und führt es aus.

»Ach, gute Frau Trude, rettet mich auch!«
Frau Trude hält sich vor Lachen den Bauch.

»Zwei ließ ich am Leben, damit sie dich
beweinen sollen bitterlich!«

# Hermann Löns

### 1866–1914

## Abendlied

Rose Marie, Rose Marie,
sieben Jahre mein Herz nach dir schrie,
Rose Marie, Rose Marie,
aber du hörtest es nie.

Jedwede Nacht, jedwede Nacht,
hat mir im Traume dein Bild zugelacht,
kam dann der Tag, kam dann der Tag,
wieder alleine ich lag.

Jetzt bin ich alt, jetzt bin ich alt,
aber mein Herz ist noch immer nicht kalt,
schläft wohl schon bald, schläft wohl schon bald,
doch bis zuletzt es noch hallt:

Rose Marie, Rose Marie,
sieben Jahre mein Herz nach dir schrie,
Rose Marie, Rose Marie,
aber du hörtest es nie.

## Zigeunerlied

Die Lisa eine Hexe war,
das wußten alle Leute.
Als Kätzchen ging sie gestern um,
als Käuzchen flog sie heute.

Doch endlich hat man sie gefaßt
im Wald beim Wurzelsuchen
und schleppte sie zum Galgenberg
trotz Wehgeheul und Fluchen.

Doch als sie auf dem Holzstoß war,
da sprach sie zu mir leise:
»Hol mir die alte Fiedel her,
zu spielen letzte Weise!«

Als ich ihr dann die Geige gab,
begann ein schrilles Tönen,
und Klänge wild, gespensterhaft
entlockte sie den Sehnen,

daß alles Volk im Kreise rings
verfiel dem Zauberreigen,
und immer toller noch begann
die Alte da zu geigen,

bis lang und kurz und jung und alt
vor wildem Taumel trunken,
da warf sie mir die Fiedel hin,
verschwand als wie versunken.

Als ich das alte Geigenholz
nun an mich hatt genommen,
hat eine wilde Wanderlust
mich stürmisch überkommen.

Wohl durch das ganze Ungarland
begann ich froh zu wandern,
von Agram bis nach Debreczin
von einem Nest zum Andern.

Wo immer meine Fiedel klingt,
muß Schmerz und Trauer schwingen.
Sie fliehn vor meinem Zauberspiel
wie Flugsand vor den Winden.

Drei Saiten hat die Fiedel nur,
die halten wohl noch lange,
und jeden fasset wilde Lust
bei ihrem tollen Klange.

Doch wenn die letzte Sehne reißt,
muß sich mein Wandern enden.
Dann ruh ich unterm Rasen aus,
die Fiedel in den Händen.


# Hugo Salus

## 1866–1929


## Der seltsame Abend

Als ich abends in meine Stube kam,
aus den Feldern den Mondschein nach Hause nahm,
sie hatten mir alle Fenster geschlossen,
ich aber war ganz von Mondlicht umflossen.

Und da häng ich den Rock an den Nagel hin,
und der ganze Mondschein war noch darin,
und er schien mir noch immer bläulich zu flimmern
und noch aus dem Dunkel silbern zu schimmern.

Ich strich drüber hin: meine Hand ward weiß!
Und um mich her ein silberner Kreis.
Ich öffne das Fenster und da kam es in Massen,
das Zimmer konnte das Licht gar nicht fassen.

Ich atmete tief. Da war die Luft
ganz voll mit einem seltsamen Duft,
und ich wußte gleich, beglückt und beklommen,
solcher Duft kann nur aus den Mondgärten kommen.

Und da trat noch die Magd in die Stube herein
und sagte, sie hätte im Mondenschein
nur eben den Krug aus dem Bronnen gehoben,
und er wär mit Talern gefüllt, bis oben!

Da ging ich mit ihr in den Garten, zu sehn,
was da wieder für ein Wunder geschehn:
Und da war wirklich das Wasser drinnen im Bronnen
zu lauter flüssigem Silber geronnen!

# *Stefan George*

## 1868–1933

### *Die Fremde*

Sie kam allein aus fernen gauen
Ihr haus umging das volk mit grauen
Sie sott und buk und sagte wahr
Sie sang im mond mit offenem haar.

Am kirchtag trug sie bunten staat
Damit sie oft zur luke trat . .
Dann ward ihr lächeln süss und herb
Gatten und brüdern zum verderb.

Und übers jahr als sie im dunkel
Einst attich suchte und ranunkel
Da sah man wie sie sank im torf –
Und andere schwuren dass vorm dorf

Sie auf dem mitten weg verschwand . .
Sie liess das knäblein nur als pfand
So schwarz wie nacht so bleich wie lein
Das sie gebar im hornungschein.

## Die Maske

Hell wogt der saal vom spiel der seidnen puppen.
Doch eine barg ihr fieber unterm mehle
Und sah umwirbelt von den tollen gruppen
Dass nicht mehr viel am aschermittwoch fehle.

Sie schleicht hinaus zum öden park · zum flachen
Gestade · winkt noch kurz dem mummenschanze
Und beugt sich fröstelnd übers eis . . ein krachen
Dann stumme kälte · fern der ruf zum tanze.

Keins von den artigen rittern oder damen
Ward sie gewahr bedeckt mit tang und kieseln . .
Doch als im frühling sie zum garten kamen
Erhob sich oft vom teich ein dumpfes rieseln .

Die leichte schar aus scherzendem jahrhundert
Vernahm wol dass es drunten seltsam raune . .
Nur hat sie sich nicht sehr darob gewundert
Sie hielt es einfach für der wellen laune.


## Die tote Stadt

Die weite bucht erfüllt der neue hafen
Der alles glück des landes saugt · ein mond
Von glitzernden und rauhen häuserwänden ·
Endlosen strassen drin mit gleicher gier
Die menge tages feilscht und abends tollt.
Nur hohn und mitleid steigt zur mutterstadt
Am felsen droben die mit schwarzen mauern
Verarmt daliegt · vergessen von der zeit.

Die stille veste lebt und träumt und sieht
Wie stark ihr turm in ewige sonnen ragt ·
Das schweigen ihre weihebilder schüzt
Und auf den grasigen gassen ihren wohnern
Die glieder blühen durch verschlissnes tuch.
Sie spürt kein leid · sie weiss der tag bricht an:
Da schleppt sich aus den üppigen palästen
Den berg hinan von flehenden ein zug:

›Uns mäht ein ödes weh und wir verderben
Wenn ihr nicht helft – im überflusse siech.
Vergönnt uns reinen odem eurer höhe
Und klaren quell! wir finden rast in hof
Und stall und jeder höhlung eines tors.
Hier schätze wie ihr nie sie saht – die steine
Wie fracht von hundert schiffen kostbar · spange
Und reif vom werte ganzer länderbreiten!‹

Doch strenge antwort kommt: ›Hier frommt kein kauf.
Das gut was euch vor allem galt ist schutt.
Nur sieben sind gerettet die einst kamen
Und denen unsre kinder zugelächelt.
Euch all trifft tod. Schon eure zahl ist frevel.
Geht mit dem falschen prunk der unsren knaben
Zum ekel wird! Seht wie ihr nackter fuss
Ihn übers riff hinab zum meere stösst.‹

## Das Lied

Es fuhr ein knecht hinaus zum wald
Sein bart war noch nicht flück
Er lief sich irr im wunderwald
Er kam nicht mehr zurück.

Das ganze dorf zog nach ihm aus
Vom früh- zum abendrot
Doch fand man nirgends seine spur
Da gab man ihn für tot.

So flossen sieben jahr dahin
Und eines morgens stand
Auf einmal wieder er vorm dorf
Und ging zum brunnenrand.

Sie fragten wer er wär und sahn
Ihm fremd ins angesicht ·
Der vater starb die mutter starb
Ein andrer kannt ihn nicht.

Vor tagen hab ich mich verirrt
Ich war im wunderwald
Dort kam ich recht zu einem fest
Doch heim trieb man mich bald.

Die leute tragen güldnes haar
Und eine haut wie schnee . .
So heissen sie dort sonn und mond
So berg und tal und see.

Da lachten all: in dieser früh
Ist er nicht weines voll.
Sie gaben ihm das vieh zur hut
Und sagten er ist toll.

So trieb er täglich in das feld
Und sass auf einem stein
Und sang bis in die tiefe nacht
Und niemand sorgte sein.

Nur kinder horchten seinem lied
Und sassen oft zur seit . .
Sie sangen's als er lang schon tot
Bis in die spätste zeit.

## Der Fall (aus: *Prinz Indra*)

Eine reihe froher feste
Alle tage neue lust!
In den fürstlichen palästen
Wimmelt es von frohen gästen.

Glücklich im gewühl der freude
Glücklich in der welt der pracht
Flossen jene zeitenräume
Für den prinzen hin wie träume.

In dem weiten blumengarten
Wandelt abendlich der prinz
In dem hauch der kühlen lüfte
In dem reich der süssen düfte.

In der dunklen rosenlaube
Sank er sinnend auf das moos
Denkt bald an die heutigen freuden
Bald vergangner schöner zeiten.

Schön wars in dem dichten walde
In der einsamen natur
Doch ein tor der nicht empfände
Hier die freuden ohne ende

Alles ist so schön und prächtig
Alle sind so glücklich hier
Und des eremiten lehren
Kann ich halb mir nur erklären.

Niemals werd ich recht begreifen
Jenen höchsten segenswunsch
Aus des weisen mannes munde:
Einen freund zur rechten stunde

Möge Gott dich finden lassen –
Als ob alle menschen hier
Mir nicht treue freunde wären
Die mir raten · mich belehren …

Plötzlich riss ihn aus dem sinnen
Leiser lieblicher gesang
An dem einsam stillen orte ·
Staunend blickt er durch die pforte

Dort wo der fontäne strahlen
Aus dem gras im mondenschein
Silbern auf und nieder springen
Schien die stimme ihm zu dringen.

Er trat näher und – o wunder!
Zwischen blumenbeeten ruht
Eine wasserfee verlangend
Und in allen reizen prangend

Spielend mit den langen haaren
Singt sie dort ihr himmlisch lied
Die natur rings zu beglücken
Und den wandrer zu berücken.

Nein · es ist ein kind der erde ·
Apsara die herrliche!
Die in des palastes hallen
Als die schönste galt von allen.

Sie entflammt in heissen gluten
Zu dem schönen Königsohn
Suchte oft ihn zu bestricken
Mit der liebe feuerblicken.

Noch nicht drangen ihre pfeile
In des prinzen kindesherz ·
Und es konnt ihr nicht gelingen
In ihr netz ihn einzuschlingen.

Wusste sie dass in dem garten
Abends sich der prinz erging?
Will mit ihren melodieen
Lockend sie ihn zu sich ziehen?

Stürmisch pocht des jünglings busen
Winkt nicht ihre weisse hand
Aus den dichten blumenbeeten?
Soll er ihr nicht nähertreten?

Soll er eilig sich entfernen?
Wild durchrasen seinen sinn
Tugendlehre und ermahnung
Und der nahen sünde ahnung.

Ach so schwer ist klar zu denken
Für die jugendliche brust
Wenn so süsse düfte wehen
Wenn so süsse lippen flehen . .

Und zu spät ist es zu streiten
Im moment der leidenschaft.
Müsste auch sogleich er sterben
Toll rennt er in sein verderben.

Dieses ist das los der jugend:
Wer in heitrem glücke schwelgt
Ist zur hälfte schon gefallen
Wäre er auch gut vor allen.

# Frank Wedekind
## 1864–1918

### Brigitte B.

Ein junges Mädchen kam nach Baden,
Brigitte B. war sie genannt,
Fand Stellung dort in einem Laden,
Wo sie gut angeschrieben stand.

Die Dame, schon ein wenig älter,
War dem Geschäfte zugetan,
Der Herr ein höherer Angestellter
Der königlichen Eisenbahn.

Die Dame sagt nun eines Tages,
Wie man zu Nacht gegessen hat:
Nimm dies Paket, mein Kind, und trag' es
Zu der Baronin vor der Stadt.

Auf diesem Wege traf Brigitte
Jedoch ein Individium,
Das hat an sie nur eine Bitte,
Wenn nicht, dann bringe er sich um.

Brigitte, völlig unerfahren,
Gab sich ihm mehr aus Mitleid hin.
Drauf ging er fort mit ihren Waren
Und ließ sie in der Lage drin.

Sie konnt' es anfangs gar nicht fassen,
Dann lief sie heulend und gestand,
Daß sie sich hat verführen lassen,
Was die Madam begreiflich fand.

Daß aber dabei die Turnüre
Für die Baronin vor der Stadt
Gestohlen worden sei, das schnüre
Das Herz ihr ab, sie hab' sie satt.

Brigitte warf sich vor ihr nieder,
Sie sei gewiß nicht mehr so dumm;
Den Abend aber schlief sie wieder
Bei ihrem Individium.

Und als die Herrschaft dann um Pfingsten
Ausflog mit dem Gesangverein,
Lud sie ihn ohne die geringsten
Bedenken abends zu sich ein.

Sofort ließ er sich alles zeigen,
Den Schreibtisch und den Kassenschrank,
Macht die Papiere sich zu eigen
Und zollt ihr nicht mal mehr den Dank.

Brigitte, als sie nun gesehen,
Was ihr Geliebter angericht',
Entwich auf unhörbaren Zehen
Dem Ehepaar aus dem Gesicht.

Vorgestern hat man sie gefangen,
Es läßt sich nicht erzählen wo;
Dem Jüngling, der die Tat begangen,
Dem ging es gestern ebenso.

## Der Tantenmörder

Ich hab' meine Tante geschlachtet,
Meine Tante war alt und schwach;
Ich hatte bei ihr übernachtet
Und grub in den Kisten-Kasten nach.

Da fand ich goldene Haufen,
Fand auch an Papieren gar viel
Und hörte die alte Tante schnaufen
Ohn' Mitleid und Zartgefühl.

Was nutzt es, daß sie sich noch härme?
Nacht war es rings um mich her –
Ich stieß ihr den Dolch in die Därme,
Die Tante schnaufte nicht mehr.

Das Geld war schwer zu tragen,
Viel schwerer die Tante noch.
Ich faßte sie bebend am Kragen
Und stieß sie ins tiefe Kellerloch. –

Ich hab' meine Tante geschlachtet,
Meine Tante war alt und schwach;
Ihr aber, o Richter, ihr trachtet
Meiner blühenden Jugend-Jugend nach.

# Ludwig Thoma
### 1867–1921

## Rühmlicher Tod

Kennt ihr alle die Geschichte
Von Johannes Ilzebiel,
Dessen Leben ward zunichte,
Als er im Duelle fiel?

Halle hieß die Bildungsstätte,
Sein Beruf war Medizin,
Ohne daß er jemals hätte
Wirklich sich bemüht darin.

Seine Eltern waren Bauern
Mit Vermögen – Gott sei Dank! –,
Jeder muß sie heut bedauern,
Weil der Sohn das Geld vertrank.

Als aus Kasten und aus Kisten
Nirgends mehr kein Kreuzer fiel,
Fing die Not sich einzunisten
An bei Johann Ilzebiel.

Und es kam bei ihm zutage,
Daß er nicht die Arbeit kennt,
Dieses stand auch außer Frage,
Denn er war ein Korpsstudent.

Soll er selbst den Rest sich geben?
Nein! Nur das Proletentum
Drückt sich schweigend aus dem Leben.
Er begehrte andern Ruhm.

Als zu sterben er entschlossen,
Schlug er jeden auf das Ohr.
Zweie hat er selbst erschossen,
Erst der dritte kam zuvor.

# Ludwig Jacobowski
### 1868–1900

### Ich erzähle Märchen …

… Die Riesentochter steigt von ihren Bergen
und schüttet Pflug und Bauer in den Schoß.
Schneewittchen lebt zufrieden bei den Zwergen
und plaudert mit der Hexe ahnungslos.
Sirenen locken mit verliebter Stimme.
Die sieben Schwaben führen ihren Spieß,
und Ritter Blaubart würgt in wildem Grimme
die zehnte Frau im dunklen Burgverlies.
Der kleine Hans fällt in den schwarzen Graben,
das kam, er guckte immer in die Luft.
Hoch oben kreischt der Schrei der sieben Raben,
und Däumling fährt die Brüder aus der Kluft …

\*

Wie lautlos hockt dein Knabe mir zu Füßen!
die Augen glänzen ihm vor Kindesglück.
Das Märchenland mit seinen wundersüßen,
geheimen Schauern grünt vor seinem Blick.
Noch manches Märchen wüßt ich dir zu sagen,
doch schweig ich still, im Innersten bewegt.
Wir hören nur die Wanduhr langsam schlagen,
und nur den Wind, der um die Ecke fegt.
Es ist so still; ein Engel schwebt durchs Zimmer,
und selbst das kleine Plappermäulchen schweigt.
Am Fenster, überströmt von Abendschimmer,
ganz tief im Sessel ist dein Haupt geneigt.
Längst will die Dämmrung ihre Schleier ziehen,
die Sonne weicht vor ihrer Übermacht.
Du siehst noch hell das Abendrot erglühen,
ich aber sitze schon in dunkler Nacht …

\*

… Das Bäumchen prangt in dunkelgrünem Laube,
und wünscht sich, daß es goldne Blätter hätt;
Rotkäppchen guckt Großmutters weiße Haube
und ahnt nicht, daß der grimme Wolf im Bett.
Jung Siegfried will ein Schwert vom König haben
und reißt die Bäume aus vor Übermut.
Ein blondes Nixlein zieht den Fischerknaben
mit weißen Armen in die blaue Flut.
Wenn dann die Nebel aus den Wiesen steigen,
dann ist die ganze Elfenschar erwacht.
Im Mondschein führt die Königin den Reigen,
und lockt den Wandrer in die Todesnacht …

# Rudolf Presber
## 1868–1935

### Es waren drei junge Leute

Es waren drei junge Leute,
Die liebten ein Mädchen so sehr,
Der eine war der Gescheute,
Floh zeitig über das Meer.
Er fand eine gute Stelle
Und ward seiner Jugend froh,
Und lebt als Junggeselle
Noch heute auf Borneo.

Der zweite schied mit Weinen.
Er sang seiner Liebe Leid
Und ließ es gebunden erscheinen
Just um die Weihnachtszeit.
Das kalte Herz seiner Dame,
Die Quelle all seines Weh's,
Macht ihm die schönste Reklame
Auf allen ästhetischen Tees.

Der dritte nur war dämlich,
Wie sich die Welt erzählt.
Er liebte die Holde nämlich
Und hat sich mit ihr vermählt,
Und sitzt jetzt ganz bescheiden
Dabei mit dummem Gesicht,
Wenn sie von den andern beiden
Mit Tränen im Auge spricht …

# Gustav Schüler
## 1868–1938

### Die Roggenmuhme

Dem Barthel sein Kind geht im Roggen rund,
So schrickts im Dorfe von Mund zu Mund. –
Es geht schon am zweiten Tage
Im großen Roggenschlage.

Die Notglocke läutet die Dörfler heran,
Und es heben alle zu suchen an.
Und suchen mit Mannen und Hunden
Und habens nicht gefunden.

Sie suchen schon den dritten Tag.
Da war kein Fleck im Roggenschlag
Im Breiten und im Langen,
Den sie nicht abgegangen. –

Da lag in Mohn und Raden tief
Das Kind so süß, als wenn es schlief' –
Trägt einen Kranz von Mohne
Wie eine helle Krone.

Das süße Mündchen war wie rot
Und sagte nichts von Todesnot,
Die Händchen waren beide
Gesträhnte weiße Seide.

Auf seiner Brust ein Blümlein lag,
Das wuchs nicht auf dem Roggenschlag –
Die fremde weiße Blume
War von der Roggenmuhme.

### Die blitzerschlagene Magd

Ein Erntetag hat ausgebrannt.
Fünfzig Fuder sind unter Dach.
Die Knechte und Mägde halten Schmaus
Und tragen alte Geschichten aus.
Eins nach dem andern sinkt an die Wand,
Nur der Großknecht Johann bleibt wach.

Bleierne Schwüle kriecht durch die Tür,
Geht bis vor an die Bank,
Haucht alle Schläfer stickig an,
Hockt breit zum alten Knecht Johann,
Macht sauer das Krüglein Erntebier
Und die Pferde im Stalle krank.

Fernab grollt Donner. Überm Wald.
Die Schlummerer wirfts hin und her.
Der Großknecht will nach den Pferden sehn;
Er kanns nicht, es geht nicht, er kann nicht stehn,
Ihm wird die Stirne schweißig kalt.
Die Türe dreht sich schwer.

Da steht – o du allbarmherziger Gott! –
Die Gret, die Magd, die der Blitz erschlug;
Mit dem schwarz gefächerten Gesicht
Stiert sie zum Tisch und redet nicht.
Sie zittert noch vor Sterbenot
Und trägt das Kleid, das sie trug.

Dem Knecht sind die Sinne schier verdorrt,
Die Gret schlurft zu ihm heran.
Sturm kommt. Der Donner fällt ans Tor.
Die Schlummerer nicken wie zuvor.
Einen Blitz reißt die Gret von den Wolken fort
Und wirft ihn, so rasch sie kann.

Mitten splirrt er den Tisch entzwei.
Alle sind schwarz gebrannt.
Nun ist die Gret nicht mehr allein,
Die alle werden bei ihr sein.
Die schrein wie sie einen kurzen Schrei –
Und alle sind schwarzgebrannt.

## Hans Benzmann

### 1869–1926

### Reiter im Herbst

Vier wilde Gänse schrecken scheu empor –
wer reitet noch zum Abend übers Moor?
Der dicke Nebel teilt sich schwer und träg –
ein rotbraun Rößlein klappert übern Weg.

Ein Rittersmann! Sein Fähnlein schwimmt im Tau,
schwarz ist die Rüstung, und sein Auge grau
blickt starr und still wie in ein weites Grab,
sein Rößlein nagt am Weg die Kräuter ab.

Er reitet wie verdrossen, wie im Traum,
wohin er blickt, erschauern Busch und Baum,
und was er streift mit seiner Eisenhand,
Riedgras und Rohr, sinkt nieder wie verbrannt.

So taucht er langsam in das Nebelmeer –
dicht fallen welke Blätter hinterher.

## Christian Morgenstern
### 1871–1914

### Der gläserne Sarg

Zwölf stumme Männer trugen mich
in einem Sarge aus Kristall
hinunter an des Meeres Strand,
bis an der Brandung Rand hinaus.
So hatte ich's im Testament
bestimmt: Man bette meinen Leib
in einem Sarge von Kristall
und trage ihn der Ebbe nach,
bis sie den tiefsten Stand erreicht.
Der Sonne ungeheurer Gott
stand bis zum Gürtel schon im Meer:
An seinem Glanze tränkte sich
wollüstig noch einmal die Welt.
Ich selber lag in rotem Schein
wie ein Gebilde aus Porphyr.
Da streckte katzengleich die Flut
die erste Welle nach mir aus.
Und ging zurück und schob sich vor
und tastete am Sarg hinauf
und wandte flüsternd sich zur Flucht.
Und kam zurück und griff und stieß
und raunte lauter, warf sich kühn
darüber, einmal, viele mal.

Und blieb, und ihrer Macht gewiß,
umlief frohlockend sie mein Haus
und pochte daran und schäumte auf,
als ihrer Faust es widerstand.
Und hoch und höher wuchs und wuchs
das Wasser um mein gläsern Schloß.
Nun wankte es, als hätt ein Arm
und noch ein Arm es rauh gepackt,
und scholl in allen Fugen, als
ein Wellenberg auf ihm sich brach
und es wie ein Lawinensturz
umdröhnte und verschüttete.
Und langsam wich der nasse Sand.
Und seitlings neigte sich der Sarg.
Und, unterwühlt und übertobt,
begann er um sich selber sich
schwerfällig in die See zu drehn.
Zu mächtig, daß die Brandung ihn
zum Strand zu schleppen hätt vermocht,
vergrub er rollend sich und mich
in totenstillen Meeresgrund.
So lag ich denn, wie ich gewollt.
Und dunkle Fische zogen still
zu meinen Häupten hin und her.
Und schwarzer Seetang überschwamm
mein Grab. Und mein Bewußtsein schwand.

### Der Seufzer

Ein Seufzer lief Schlittschuh auf nächtlichem Eis
und träumte von Liebe und Freude.
Es war an dem Stadtwall, und schneeweiß
glänzten die Stadtwallgebäude.

Der Seufzer dacht' an ein Maidelein
und blieb erglühend stehen.
Da schmolz die Eisbahn unter ihm ein –
und er sank – und ward nimmer gesehen.

## Die Flamme

»So sterben zu müssen –
auf einer elenden Kerze!
Tatenlos, ruhmlos
im Atemchen
eines Menschleins
zu enden! ...
Diese Kraft,
die ihr alle nicht kennt –
diese grenzenlose Kraft!
Ihr Nichtse! ...
Komm doch näher,
du schlafender Kopf!
Schlummer,
der du ihn niederwarfst –
ruf doch dein Brüderlein Tod –
er soll ihn mir zuschieben –
den Lockenkopf –
ich will ihn haben – haben!
Sieh,
wie ich ihm entgegenhungre!
Ich renke mir alle Glieder
nach ihm aus ...
ein wenig noch näher –
näher –
ein wenig –
so –
jetzt vielleicht –
wenn's glückt –
ah! du Hund!
Er will erwachen?
still –
still –
so ist's noch besser!
Der Pelz am Mantel –
der Pelz – der Pelz –
hinüber – hinüber –
ah! faß ich dich – hab ich dich –
hab ich dich, Brüderchen –
Pelzbrüderchen, hab ich dich – ah!
Hilft dir nichts –
wehr dich nicht mehr!

Mein bist du jetzt –
Hand weg!
Wasser weg!
Mein bist du jetzt!
Wasser weg!
Wart, da drüben ist
auch noch für mich –
so –
den Vorhang hinauf –
fängst mich nicht mehr –
Tuch – Tuch –
jetzt bin ich Herr!
Siehst du, jetzt breit ich mich
ganz gemächlich im Zimmer aus –
laß doch den Wasserkrug!
Laß doch das Hilfgeschrei!
Bis sie kommen,
bin ich schon längst
in den Betten und Schränken –
und dann könnt ihr nicht mehr herein –
und ich beiß in die Balken der Decke –
die dicken, langen, braunen Balken –
und steig in den Dachstuhl –
und vom einen Dachstuhl
zum andern Dachstuhl –
und irgendwo –
werd ich wohl Stroh finden
und Öl finden
und Pulver finden –
das wird eine Lust werden!
Das wird ein Fest werden!
Und wenn ich die Häuser alle zernichtet –
dann wollen wir mit Wäldern
die Fische in den Flüssen kochen –
und ich will euch hinauftreiben
auf die kältesten Berge –
und da droben
sollt auch ihr meine Opfer werden,
sollt ihr meine Todesfackeln werden –
und dann wird alles still sein –
und dann – «

## Der Rabe Ralf

Der Rabe Ralf
will will hu hu
dem niemand half
still still du du
half sich allein
am Rabenstein
will will still still
hu hu

Die Nebelfrau
will will hu hu
nimmt's nicht genau
still still du du
sie sagt nimm nimm
's ist nicht so schlimm
will will still still
hu hu

Doch als ein Jahr
will will hu hu
vergangen war
still still du du
da lag im Rot
der Rabe tot,
will will still still
du du

## Galgenbruders Lied
## an Sophie, die Henkersmaid

Sophie, mein Henkersmädel,
komm, küsse mir den Schädel!
Zwar ist mein Mund
ein schwarzer Schlund –
doch du bist gut und edel!

Sophie, mein Henkersmädel,
komm, schau mir in den Schädel!
Die Augen zwar
sie fraß der Aar –
doch du bist gut und edel!

Sophie, mein Henkersmädel,
komm, streichle mir den Schädel!
Zwar ist mein Haupt
des Haars beraubt –
doch du bist gut und edel!

## Km 21

Ein Rabe saß auf einem Meilenstein
und rief Ka-em-zwei-ein, Ka-em-zwei-ein . .

Der Werhund lief vorbei, im Maul ein Bein,
der Rabe rief Ka-em-zwei-ein, zwei-ein.

Vorüber zottelte das Zapfenschwein,
der Rabe rief und rief Ka-em-zwei-ein.

›Er ist besessen!‹ – kam man überein.
›Man führe ihn hinweg von diesem Stein!‹

Zwei Hasen brachten ihn zum Kräuterdachs.
Sein Hirn war ganz verstört und weich wie Wachs.

Noch sterbend rief er (denn er starb dort) sein
Ka-em-zwei-ein, Ka-em-Ka-em-zwei-ein.

## Ritter Toggenburg

Ritter, Liebe in großen Maßen,
Damen ihn kalt ablaufen lassen.
Schiebt ab
nach dem heiligen Grab.
Übers Jahr retour,
von Mädchen keine Spur,
Kloster gegangen. –
Was anfangen?

Schloß verkaufen
und nachlaufen.
Mietet vis-à-vis
kleines Logis.
Jahre lang aufpassen,
ob sich wird sehen lassen.
Zuletzt in Morgenstunden
als bleiche Leiche gefunden.

## Meeresbrandung

Warrrrrrte nur ...
wie viel schon riß ich ab von dir
seit den Äonen unsres Kampfs –
warrrrrrte nur ...
wie viele stolze Festen wird
mein Arm noch in die Tiefe ziehn –
warrrrrrte nur ...
zurück und vor, zurück und vor –
und immer vor mehr denn zurück –
warrrrrrte nur ...
und heute mild und morgen wild –
doch nimmer schwach und immer wach –
warrrrrrte nur ...
umsonst dein Dämmen, Rammen, Baun,
dein Wehr zerfällt, ich habe Zeit –
warrrrrrte nur ...
wenn erst der Mensch dich nicht mehr schützt –
wer schützt, verloren Land, dich dann?
warrrrrrte nur ...
mein Reich ist nicht von seiner Zeit:
er stirbt, ich aber werde sein –
warrrrrrte nur ...
und will nicht ruhn, bis daß du ganz
in meinen Grund gerissen bist –
warrrrrrte nur ...
bis deiner höchsten Firnen Schnee
von meinem Salz zerfressen schmilzt –
warrrrrrte nur ...
und endlich nichts mehr ist als Ich
und Ich und Ich und Ich und Ich –
warrrrrrte nur ...

# Karl Kraus
## 1874–1936

### Die Ballade vom Papagei

#### Couplet macabre

In Wien entkam ein Papagei.
Und als der arme Vogel frei,
rief deutlich er die Worte bald:
»Der wird noch hundert Jahre alt!«

Er rief es früh, er rief es spat,
er rief es durch die ganze Stadt,
er rief es durch den Wienerwald:
»Der wird noch hundert Jahre alt!«

Man fing den klugen Papagei,
doch setzte fort er sein Geschrei.
Er schrie, als wäre er bezahlt:
»Der wird noch hundert Jahre alt!«

Was fällt dem losen Vogel bei?
Und wem gehört der Papagei?
So riet man hin und riet man her,
von wo er denn entflogen wär'.

Da brachte man den Papagei
aufs Fundbureau zur Polizei.
Dort schrie er erst mit aller G'walt:
»Der wird noch hundert Jahre alt!«

Kaum daß er diesen Ruf getan,
sahn sich die Fundbeamten an,
sofort entschied der Kommissär:
»Der Vogel g'hört ins Belvedere!«

Gleich fragt dort an ein Polizist,
ob man nicht so etwas vermißt.
Erfreut sagt man, daß dem so sei,
und es kehrt heim der Papagei.

Mit Ungeduld erwartet ihn
schon längst die Frau Erzherzogin.
Und es versetzt Franz Ferdinand:
»Ich bin vom Warten abgespannt!

Wo warst du denn die ganze Zeit?
Erzähl die letzte Neuigkeit!«
Da ruft er, daß im Schloß es schallt:
»Der wird noch hundert Jahre alt!«

Erzürnt sagt drauf Erzherzog Franz:
»Ja, jetzt erkenne ich dich ganz!«
Und es ergänzte die Sophie:
»Das ist die alte Melodie!«

Der Erzherzog war recht erbost:
»Weißt du mir keinen andern Trost?
Geht das so fort, so werd' ich halt
noch selber hundert Jahre alt!«

Jedoch dem klugen Papagei
war dieser Standpunkt einerlei.
Er rief – die Wirkung ließ ihn kalt:
»Noch hundert Jahre wirst du alt!«

Er übertrieb. Denn um ein Jahr
war diese Ansicht nicht mehr wahr.
Der Papagei, stumm trauert er
in dem verwaisten Belvedere.

Er schwingt sich auf – was will er tun?
Er ist schon fort – schon in Schönbrunn.
Mit der ihm eignen Konsequenz
fliegt er direkt zur Audienz.

Klar ists, daß ihn sein Herz herzog;
denn er beweint den Erzherzog.
Er singt sein Lied, sein Gott erhalt':
»Der wird noch hundert Jahre alt!«

Und vor ihm steht ein Heldengreis,
der sich nicht mehr zu helfen weiß.
Der Vogel kreischt um die Gestalt:
»Der wird noch hundert Jahre alt!«

»So schrei nur, bis du heiser bist!«
»Ich schrei, solang du Kaiser bist!«
»Was ist denn das für eine Art?
Mir bleibt bekanntlich nichts erspart.

Trotzdem hat es mich sehr gefreut,
ich bin erst fünfundachtzig heut.
Das weitere werden wir noch sehn.
Bisher, das weiß ich, war's sehr schön.

Du prophezeist mir, hoff ich, gut.
Doch bis dahin brauch' ich noch Blut.
Denn jetzt bin ich, das ist doch klar,
bin jetzt erst fünfundachtzig Jahr'.

Noch fünfzehn Jahr, du kluges Tier,
leb' ich fürs blutige Pläsier.
Dann gratulier, hast du noch Lust,
mir erst zum 18. August.«

Da ward dem armen Vogel bang.
Der Weltkrieg dauert ihm zu lang.
Und er verließ den grausen Ort
und sprach nicht mehr das alte Wort.

# Hugo von Hofmannsthal

## 1874–1929

### Ballade vom kranken Kind

Das Kind mit fiebernden Wangen lag,
Rotgolden versank im Laub der Tag.
Das Fenster hing voller wildem Wein,
Da sah ein fremder Jüngling herein.

»Laß, Mutter, den schönen Knaben ein,
Er beut mir die Schale mit leuchtendem Wein,
Seine Lippen sind wie Blumen rot,
Aus seinen Augen ein Feuer loht.«

Der nächste Tag verglomm im Teich,
Da stand am Fenster der Jüngling, bleich,
Mit Lippen wie giftige Blumen rot
Und einem Lächeln, das lockt und droht.

»Schick, Mutter, den fremden Knaben fort,
Mich zehrt die Glut und mein Leib verdorrt,
Mich ängstigt sein Lächeln, er hält mir her
Die Schale mit Wein, der ist heiß und schwer!

Ach Mutter, was bist du nicht erwacht!
Er kam geschlichen ans Bett bei Nacht:
Und, weh, seinen Wein ich getrunken hab
Und morgen könnt ihr mir graben das Grab!«

### Die Beiden

Sie trug den Becher in der Hand
– Ihr Kinn und Mund glich seinem Rand –,
So leicht und sicher war ihr Gang,
Kein Tropfen aus dem Becher sprang.

So leicht und fest war seine Hand:
Er ritt auf einem jungen Pferde,
Und mit nachlässiger Gebärde
Erzwang er, daß es zitternd stand.

Jedoch, wenn er aus ihrer Hand
Den leichten Becher nehmen sollte,
So war es beiden allzu schwer:

Denn beide bebten sie so sehr,
Daß keine Hand die andre fand
Und dunkler Wein am Boden rollte.

## Rainer Maria Rilke
### 1875–1926

### *Aus dem Dreißigjährigen Kriege*

#### Kohlenskizzen in Callots Manier

#### 1. KRIEG

Finster ist die Welt geworden, –
darum Dörfer rasch entloht!
und die Welt ist grau; – drum rot
färbt sie durch das Morden!

Bauer! Bittest um dein Leben?
Nimm dirs! Aber bei uns bleib!
Herrgott hat dir Ochs und Weib
nur für uns gegeben.

Laß den Teufel Felder pflügen;
sieh, wir haben stets genung!
Vorwärts – einen Werbetrunk
aus den vollen Krügen!

#### 2. ALEA JACTA EST

»… Tod oder Sold!«
Und jetzt die Trommel schnell
her. Auf das Trommelfell
Würfel gerollt.

So wird dem Lohn,
der unsre Streiche sucht.
Sieh, der Baum, reiche Frucht
trägt er doch schon!

Solltest schon längst
hängen dran, Kamerad!
Drum ists nicht jammerschad,
wenn du dann hängst!

#### 3. KRIEGSKNECHTS-SANG

Lag auf einer Trommel nackt,
kaum zwei Spannen lang,
und der rauhe Trommeltakt
war mein Wiegensang.

Wild zu wettern taugte ich
damals schon im Zorn,
meine Milch, die saugte ich
aus dem Pulverhorn.

Damals taufte jeden gut
der Korp'ral; beim Schopf
nahm er ihn, goß Schwedenblut
heiß ihm übern Kopf.

#### 4. KRIEGSKNECHTS-RANG

Bei uns gibts nicht Edelinge,
die was gelten durch ihr Blut,
jedes Rang ist jedes Klinge,
und sein Wappen ist der Mut.

Wer nur immer kühn sein Schwert zog,
hält den Schild von Schande rein,
wer noch gestern unterm Heer zog,
Herzog kann er morgen sein.

## 5. Beim Kloster

Was gibts? – Eine Klosterpforte? –
Ei, Potz Blitz!
Eine Tür von dieser Sorte
renn ich ohne viele Worte
ein mit meiner Nasenspitz!

Auf das Tor ein fester Stempel …
Pfaffe, komm!
Jetzt heraus mit deinem Krempel,
paar Monstranzen zum Exempel
und paar Kelche: wir sind fromm.

Laß jetzt dein: Peccavi, pater …
Leucht zum Wein
uns mit deiner Nase, Frater,
dorten kannst du uns ein Rater
und ein ›Seelensorger‹ sein!

## 6. Ballade

Gestern zogen wilde Horden
durch das Dörfchen hin mit Morden
und ein Mädchen sinnt jetzt still:
Ist der Liebste untreu worden,
weil er heut nicht kommen will? –
Draußen schrien die Dohlen.

Mädchen ging mit bleicher Wange
durch das Haus. – Sie harrte lange,
und des Nachts floh sie der Schlaf.
Und sie schlich hinaus zum Hange,
wo sie stets den Teuren traf.
Ängstlich schrien die Dohlen.

Und die Nacht war schwarz, die schwüle,
fern nur brannte eine Mühle …
Weinend wählt die matte Maid
sich gar weiches Kraut zum Pfühle
und entschlief in lauter Leid.
Schrieen noch die Dohlen?

Spät erwacht sie. Nebel grauten
rings – soweit die Augen schauten …
Weh! – Was sie ein Kraut geglaubt,
ist das Haar an ihres Trauten
blutigem, zerschelltem Haupt. –
Schrecklich schrien die Dohlen.

## 7. Der Fenstersturz

»Naht Verrat mit leisem Schritte,
ungerächt, bei der Madonna,
bleibt er nicht! Nach alter Sitte
zu den Fenstern!« schrie Colonna.

»Schont den Popel! doch die andern,
jeder eine feige Natter,
aus den Fenstern laßt sie wandern!
Mitleid? – Werft ihn mit, den Platter!«

Bange hangt am Fensterstocke
Martinitz noch. – Da Geröchel:
Turn schwingt seine Degenglocke
und zerschmettert ihm die Knöchel.

Und zum nächsten: »Sag, wie heißt er,
Böhmens Herr? du sollst mirs deuten!«
»Graf von Turn!« – »Der Bürgermeister
lasse alle Glocken läuten!« –

## 8. Gold

»Dein Wams, Geliebter, ist voll Gold.
Wo hast das Gold du her?« –
»Da schaust du, Kind, das ist mein Sold,
kein Obrist hat wohl mehr!«

»Nein, das ist gutes, rotes Gold,
das kann dein Sold nicht sein!« –
»Beim Spielen war das Glück mir hold,
und da ward alles mein!«

»Ist wirklich alles dein – das Gold,
gesteh, – und ists kein Trug?« –
»Nun, Würfel haben mir gerollt,
und jetzt laß es genug!«

»Und gibst du mir auch von dem Gold?«
»Das weißt du!« – »Nein, du Schelm,
just auf der Stelle, sieh, ich wollt,
du füllst mir deinen Helm!«

»Es sei!« – »Wie's durch die Finger bebt,
der Glanz gefällt mir gut! –
– – – – – – – – – – – – – – – – – – –
– – – – – – – – – – – – – – – – – – –
… Schau, was dir da am Finger klebt,
kam das vom Golde? – Blut!« – …
– – – – – – – – – – – – – – – – – – –


## 9. SZENE

»Du kniest am Markstein, Alter, sprich!-
Das ist kein Heilgenbild!«
»Kein Bild? – Ich bet. – Es faßte mich
das Schicksal gar so wild.«

»Hast du kein Haus, hast du kein Land,
das deiner Hände braucht?«
»Das Land zerstampft, das Haus verbrannt,
sieh hin – gewiß – es raucht.«

»Was bauts nicht wieder auf dein Sohn
und hilft dir aus der Not?«
»Mein Sohn zog in den Krieg davon,
jetzt ist er sicher tot.« –

»Was streicht dir deines Haares Schnee
der Tochter Hand nicht, weich?« –
»Der bracht ein Troßbub Schand und Weh,
da sprang sie in den Teich.« –

»So sieh mir ins Gesicht! – Und brach
das Herz dir auch vor Graus …«
– – – – – – – – – – – – – – – – – – –
»Ich kann nicht, Herr, ein Kriegsknecht stach
mir beide Augen aus.«

## 10. FEUERLILIE

Winters, als die Äste krachten,
keine Bäche konnten frieren,
weil die Fluten Blutes ihren
Pulsschlag immer neu entfachten.

Als die Zeit kam, da die Blume
aufwacht und der Vogel flötet,
sprang die Lilie selbst gerötet
aus der todgedüngten Krume.

## 11. BEIM FRIEDLAND

Heimgekehrt von Schlacht und Schlag
freut sich Obrist und Gemeiner;
denn jetzt hält der Wallensteiner
wieder seinen Hof zu Prag.

Just ließ frei den Turn er ziehn;
das war so von seinen Trümpfen
einer. – Drauf ward Nasenrümpfen
Mode … dort bei Hof zu Wien.

Laßt sie zetern. Friedlands Heer
muß nicht darben und nicht dürsten, –
und aus Knechten macht er Fürsten,
unser Herzog. – Wer kann mehr?

## 12. FRIEDEN

Prag gebar die Mißgestalt
dieses Krieges, der voll Tücke
hauste. – Auf der Karlsbrücke
starb er, dreißig Jahre alt.

Endlich riß das Eisenstück
nur dem Acker eine Schramme,
und vom Kirchturm schlug die Flamme
in den trauten Herd zurück.

## Das Einhorn

Der Heilige hob das Haupt, und das Gebet
fiel wie ein Helm zurück von seinem Haupte:
denn lautlos nahte sich das niegeglaubte,
das weiße Tier, das wie eine geraubte
hülflose Hindin mit den Augen fleht.

Der Beine elfenbeinernes Gestell
bewegte sich in leichten Gleichgewichten,
ein weißer Glanz glitt selig durch das Fell,
und auf der Tierstirn, auf der stillen, lichten,
stand, wie ein Turm im Mond, das Horn so hell,
und jeder Schritt geschah, es aufzurichten.

Das Maul mit seinem rosagrauen Flaum
war leicht gerafft, so daß ein wenig Weiß
(weißer als alles) von den Zähnen glänzte;
die Nüstern nahmen auf und lechzten leis.
Doch seine Blicke, die kein Ding begrenzte,
warfen sich Bilder in den Raum
und schlossen einen blauen Sagenkreis.

## Letzter Abend

(Aus dem Besitze Frau Nonnas)

Und Nacht und fernes Fahren; denn der Train
des ganzen Heeres zog am Park vorüber.
Er aber hob den Blick vom Clavecin
und spielte noch und sah zu ihr hinüber

beinah wie man in einen Spiegel schaut:
so sehr erfüllt von seinen jungen Zügen
und wissend, wie sie seine Trauer trügen,
schön und verführender bei jedem Laut.

Doch plötzlich wars, als ob sich das verwische:
sie stand wie mühsam in der Fensternische
und hielt des Herzens drängendes Geklopf.

Sein Spiel gab nach. Von draußen wehte Frische.
Und seltsam fremd stand auf dem Spiegeltische
der schwarze Tschako mit dem Totenkopf.

## Der letzte Graf von Brederode entzieht sich türkischer Gefangenschaft

Sie folgten furchtbar; ihren bunten Tod
von ferne nach ihm werfend, während er
verloren floh, nichts weiter als: bedroht.
Die Ferne seiner Väter schien nicht mehr

für ihn zu gelten; denn um so zu fliehn,
genügt ein Tier vor Jägern. Bis der Fluß
aufrauschte nah und blitzend. Ein Entschluß
hob ihn samt seiner Not und machte ihn

wieder zum Knaben fürstlichen Geblütes.
Ein Lächeln adeliger Frauen goß
noch einmal Süßigkeit in sein verfrühtes

vollendetes Gesicht. Er zwang sein Roß,
groß wie sein Herz zu gehn, sein blutdurchglühtes:
es trug ihn in den Strom wie in sein Schloß.


## Alkestis

Da plötzlich war der Bote unter ihnen,
hineingeworfen in das Überkochen
des Hochzeitsmahles wie ein neuer Zusatz.
Sie fühlten nicht, die Trinkenden, des Gottes
heimlichen Eintritt, welcher seine Gottheit
so an sich hielt wie einen nassen Mantel
und ihrer einer schien, der oder jener,
wie er so durchging. Aber plötzlich sah
mitten im Sprechen einer von den Gästen
den jungen Hausherrn oben an dem Tische
wie in die Höh gerissen, nicht mehr liegend,
und überall und mit dem ganzen Wesen
ein Fremdes spiegelnd, das ihn furchtbar ansprach.
Und gleich darauf, als klärte sich die Mischung,
war Stille; nur mit einem Satz am Boden
von trübem Lärm und einem Niederschlag
fallenden Lallens, schon verdorben riechend
nach dumpfem umgestandenen Gelächter.
Und da erkannten sie den schlanken Gott,
und wie er dastand, innerlich voll Sendung
und unerbittlich, – wußten sie es beinah.
Und doch, als es gesagt war, war es mehr
als alles Wissen, gar nicht zu begreifen.
Admet muß sterben. Wann? In dieser Stunde.

Der aber brach die Schale seines Schreckens
in Stücken ab und streckte seine Hände
heraus aus ihr, um mit dem Gott zu handeln.
Um Jahre, um ein einzig Jahr noch Jugend,
um Monate, um Wochen, um paar Tage,
ach, Tage nicht, um Nächte, nur um Eine,
um Eine Nacht, um diese nur: um die.
Der Gott verneinte, und da schrie er auf
und schrie's hinaus und hielt es nicht und schrie
wie seine Mutter aufschrie beim Gebären.

Und die trat zu ihm, eine alte Frau,
und auch der Vater kam, der alte Vater,
und beide standen, alt, veraltet, ratlos,
beim Schreienden, der plötzlich, wie noch nie
so nah, sie ansah, abbrach, schluckte, sagte:
Vater,
liegt dir denn viel daran an diesem Rest,
an diesem Satz, der dich beim Schlingen hindert?
Geh, gieß ihn weg. Und du, du alte Frau,
Matrone,
was tust du denn noch hier: du hast geboren.
Und beide hielt er sie wie Opfertiere
in Einem Griff. Auf einmal ließ er los
und stieß die Alten fort, voll Einfall, strahlend
und atemholend, rufend: Kreon, Kreon!
Und nichts als das; und nichts als diesen Namen.
Aber in seinem Antlitz stand das Andere,
das er nicht sagte, namenlos erwartend,
wie ers dem jungen Freunde, dem Geliebten,
erglühend hinhielt übern wirren Tisch.
Die Alten (stand da), siehst du, sind kein Loskauf,
sie sind verbraucht und schlecht und beinah wertlos,
du aber, du, in deiner ganzen Schönheit –

Da aber sah er seinen Freund nicht mehr.
Er blieb zurück, und das, was kam, war *sie*,
ein wenig kleiner fast als er sie kannte
und leicht und traurig in dem bleichen Brautkleid.
Die andern alle sind nur ihre Gasse,
durch die sie kommt und kommt –: (gleich wird sie da sein
in seinen Armen, die sich schmerzhaft auftun).

Doch wie er wartet, spricht sie; nicht zu ihm.
Sie spricht zum Gotte, und der Gott vernimmt sie,
und alle hörens gleichsam erst im Gotte:

Ersatz kann keiner für ihn sein. Ich *bins*.
Ich bin Ersatz. Denn keiner ist zu Ende
wie ich es bin. Was bleibt mir denn von dem

was ich hier war? Das *ists* ja, daß ich sterbe.
Hat sie dirs nicht gesagt, da sie dirs auftrug,
daß jenes Lager, das da drinnen wartet,
zur Unterwelt gehört? Ich nahm ja Abschied.
Abschied über Abschied.
Kein Sterbender nimmt mehr davon. Ich ging ja,
damit das Alles, unter Dem begraben
der jetzt mein Gatte ist, zergeht, sich auflöst –.
So führ mich hin: ich sterbe ja für ihn.

Und wie der Wind auf hoher See, der umspringt,
so trat der Gott fast wie zu einer Toten
und war auf einmal weit von ihrem Gatten,
dem er, versteckt in einem kleinen Zeichen,
die hundert Leben dieser Erde zuwarf.
Der stürzte taumelnd zu den beiden hin
und griff nach ihnen wie im Traum. Sie gingen
schon auf den Eingang zu, in dem die Frauen
verweint sich drängten. Aber einmal sah
er noch des Mädchens Antlitz, das sich wandte
mit einem Lächeln, hell wie eine Hoffnung,
die beinah ein Versprechen war: erwachsen
zurückzukommen aus dem tiefen Tode
zu ihm, dem Lebenden –

Da schlug er jäh
die Hände vors Gesicht, wie er so kniete,
um nichts zu sehen mehr nach diesem Lächeln.

## Sankt Georg

Und sie hatte ihn die ganze Nacht
angerufen, hingekniet, die schwache
wache Jungfrau: Siehe, dieser Drache,
und ich weiß es nicht, warum er wacht.

Und da brach er aus dem Morgengraun
auf dem Falben, strahlend Helm und Haubert,
und er sah sie, traurig und verzaubert
aus dem Knieen aufwärtsschaun

zu dem Glanze, der er war.
Und er sprengte glänzend längs der Länder
abwärts mit erhobnem Doppelhänder
in die offene Gefahr,

viel zu furchtbar, aber doch erfleht.
Und sie kniete knieender, die Hände
fester faltend, daß er sie bestände;
denn sie wußte nicht, daß Der besteht,

den ihr Herz, ihr reines und bereites,
aus dem Licht des göttlichen Geleites
niederreißt. Zuseiten seines Streites
stand, wie Türme stehen, ihr Gebet.

## Die Entführung

Oft war sie als Kind ihren Dienerinnen
entwichen, um die Nacht und den Wind
(weil sie drinnen so anders sind)
draußen zu sehn an ihrem Beginnen;

doch keine Sturmnacht hatte gewiß
den riesigen Park so in Stücke gerissen,
wie ihn jetzt ihr Gewissen zerriß,

da er sie nahm von der seidenen Leiter
und sie weitertrug, weiter, weiter…:

bis der Wagen alles war.

Und sie roch ihn, den schwarzen Wagen,
um den verhalten das Jagen stand
und die Gefahr.
Und sie fand ihn mit Kaltem ausgeschlagen;
und das Schwarze und Kalte war auch in ihr.
Sie kroch in ihren Mantelkragen
und befühlte ihr Haar, als bliebe es hier,
und hörte fremd einen Fremden sagen:
Ichbinbeidir.

## Carl Bulcke

### 1875–1936

### Das Mutterherz

(nach einer bretonischen Ballade)

Sie sah ihn an mit arger List:
»Und bist du von mir gegangen,
Wer bürgt mir, daß du nicht treulos bist?
Ein Zeichen will ich verlangen,

Ein Zeichen der Liebe, und das zur Stund,
Deiner Mutter Herz will ich haben,
Deiner Mutter Herz für meinen Hund –
Dann küß ich kein anderen Knaben!«

Da sprang der Knab in die Nacht hinaus
Zu Willen dem schönen Weibe,
Da sprang der Knab in der Mutter Haus
Und riß ihr das Herz aus dem Leibe.

Er nahm das Herz wohl in die Hand,
Er lief, und er fiel im Dunkeln,
Und es fiel das blutende Herz in den Sand,
Und das Blut begann zu funkeln.

Da weinte das Herz, da sprach das Herz,
Ganz leise hört ers schallen:
»Mein armes Kind, mein armes Kind,
Tatst du dir weh beim Fallen?«

## Hermann (Harry) Schmitz
### 1880–1913

### Die Angst

Es krallt sich um die Sonne eine Hand.
Ein lauer Wind jagt dürre Blätter raschelnd auf.
Ein toter Vogel stürzt aus Wolkenhöh
zerschmettert an die Erde.
In dumpfer Hütte Mensch an Mensch gedrängt,
voll Grauen starrend in den schwefelgelben Tag.
Die Tür fliegt auf, von unsichtbarer Hand berührt.
Der Hund kriecht winselnd in die Ecke.
Und langsamer wird jetzt der Wanduhr Ticken,
noch einmal tick und tack –
dann steht die Uhr. –
Ein grelles Lachen in den Lüften!
Es horchen starr die Menschen in die Leere.

## Ludwig Rubiner
### 1881–1913

### Das Attentat

Am Flügel sitzt der Freund mit der Sonate.
Fred reizt indes die Kili-Kili-Schlange.
Dann klemmt er sie mit einer Christbaumzange
In einen Rosenstrauß zum Attentate.

Als sich der Großfürst breit im Wagen nahte
Streift ihn der Strauß an seiner rechten Wange.
Im Séparé stirbt er beim zweiten Gange,
Miß Lily zieht entsetzt den Wirt zu Rate.

Die Polizei stellt sorgsam ihre Netze.
Scheinwerfer nachts bei wilder Dächerhetze.
Die Freunde flüchten in die Kohlenzechen.

Dort trifft man sich zu heimlicher Verschwörung.
Die Nihilisten feiern das Verbrechen.
Im Lande schwelt die Flamme der Empörung.

# Walter Calé
## 1881–1904

### Es rinnen rote Quellen

Es rinnen rote Quellen
Um mein gesegnet Haus;
Es tränkt ein schwarzer Reiter
Sein schwarzes Roß daraus.

Er lehnt schon hundert Jahre
Vor meinem runden Tor;
Die Zeit wird ihm nicht lange.
Ich komme nie hervor.

Es braucht nur dreie Schritte,
So kann ich bei ihm stehn,
So kann ich mit ihm reden,
Wie meine Wünsche gehn.

Das ist so schön zu wissen!
Ich sag es tausendmal:
»Es wartet einer draußen!«
Und bleibe doch im Saal.

Der Reiter schläft im Schatten,
Sein Panzerhemd blinkt gut;
Dem Rappen ist sehr schläfrig,
Mir ist sehr froh zu Mut.

# Heinrich Lautensack
## 1881–1919

### Das verstörte Fest

Alle Uhren wurden angehalten.
Nie mehr werde Tag! hieß die Parole
in dem Saal, der voller Spukgestalten
schwamm im starken Duft der Nachtviole.

Und die Zeit stand still in Uhrgehäusen.
Und phantastisch – ohne Augenlider! –
hingen Tausende von Fledermäusen
– Kopf nach unten – als Girlanden nieder.

Zaubrer, Teufel, Wichte und Lemuren!
Goldner Sekt gefror im Silberkühler.
Aus der Damen kupfernen Frisuren
streckten Nachtinsekten Riesenfühler.

– Plötzlich sprangen Tor und Tür entsiegelt,
und – wie graute da den Nachtgespenstern! –
von den Porphyrsäulen abgespiegelt
glomm ein rosa Licht in allen Fenstern.

Und herein trat – tauig frisch die Wangen,
deren Karmesin sich noch erhöhte,
als sie spürte, wie sie hier empfangen! –
eine Huldgestalt: die Morgenröte.

Viele flohn, unnennbar eingeschüchtert,
mit den Stirnen fast im Staub darnieder.
Selbst der Trunkenste schien jäh ernüchtert.
– Tag ward. – Und die Uhren gingen wieder.

## Alfons Petzold

### 1882–1923

### Der weiße Tod

Der Bremser mit verkrampftem Griff
hält festgepackt den Hebel;
ein banger, langgezog'ner Pfiff
durchirrt den dichten Nebel,
der ringsumher wie eine Wand
sich um den sausenden Wagen spannt.

Heut ist die Nacht der weißen Not:
Beim Absturz der Lawinen
steht händereibend Bahnwärter Tod
und späht hinab die Schienen.
Er zählt bedächtig die Opfer und lacht.
Die Flocken sinken durch die Nacht.

Nicht links, nicht rechts ein Lichtlein blüht,
schwarz starrt die dunkle Ferne,
und nur der Schienenstrang erglüht
im Schimmer der Laterne.
Der Führer zu dem Heizer spricht:
»Den Wochenlohn für ein Sternlein Licht.«

Da blinkt's vor ihnen seltsam auf,
im Felsbruch reckt sich ein Beben.
Was hebt und was naht sich im wilden Lauf?
»Bremser, jetzt gilt es das Leben!«
»Die Bremse an!« – Ein dreifacher Schrei. –
Gerettet der Zug. – Wo sind die drei?

Die dreie, die in dieser Nacht
standen auf der Maschine,
sie haben als Opfer sich dargebracht
der rollenden Lawine.
»Zieh an! Zieh!« Der Bremser zog an …
Der eisige Rachen fraß alle drei Mann.

## Georg Heym

### 1887–1912

### Louis Capet

Die Trommeln schallen am Schafott im Kreis,
Das wie ein Sarg steht, schwarz mit Tuch verschlagen.
Darauf steht der Block. Dabei der offene Schragen
Für seinen Leib. Das Fallbeil glitzert weiß.

Von vollen Dächern flattern rot Standarten.
Die Rufer schrein der Fensterplätze Preis.
Im Winter ist es. Doch dem Volk wird heiß,
Es drängt sich murrend vor. Man läßt es warten.

Da hört man Lärm. Er steigt. Das Schreien braust.
Auf seinem Karren kommt Capet, bedreckt,
Mit Kot beworfen, und das Haar zerzaust.

Man schleift ihn schnell herauf. Er wird gestreckt.
Der Kopf liegt auf dem Block. Das Fallbeil saust.
Blut speit sein Hals, der fest im Loche steckt.

## Robespierre

(Letzte Fassung)

Er meckert vor sich hin. Die Augen starren
Ins Wagenstroh. Der Mund kaut weißen Schleim.
Er zieht ihn schluckend durch die Backen ein.
Sein Fuß hängt nackt heraus durch zwei der Sparren.

Bei jedem Wagenstoß fliegt er nach oben.
Der Arme Ketten rasseln dann wie Schellen.
Man hört der Kinder frohes Lachen gellen,
Die ihre Mütter aus der Menge hoben.

Man kitzelt ihn am Bein, er merkt es nicht.
Da hält der Wagen. Er sieht auf und schaut
Am Straßenende schwarz das Hochgericht.

Die aschengraue Stirn wird schweißbetaut.
Der Mund verzerrt sich furchtbar im Gesicht.
Man harrt des Schreis. Doch hört man keinen Laut.

## Savonarola

Wie eine Lilie durch das Dunkel brennt,
So brennt sein weißer Kopf in Weihrauchs Lauge
Und blauer Finsternis. Sein hohles Auge
Starrt wie ein Loch aus weißem Pergament.

Verzweiflung dampft um ihn, furchtbare Qual
Des Höllentags. Wenn er die Hände weitet,
Wird er ein Kreuz, das seine Balken breitet
Auf dunklem Himmel, groß, und furchtbar fahl.

Er flüstert leise. Übertönt vom Schrein.
Ein Riese tanzt, der mit den Geißeln fegt
Das Meer der Rücken. Blutdampf steigt wie Wein.

Und sein Gesicht wird von der Wollust klein.
Vom Schauder eines Lächelns sanft bewegt,
Wie eine Spinne zieht die Beinchen ein.

## Der Tod der Liebenden

(Letzte Fassung)

Durch hohe Tore wird das Meer gezogen
Und goldne Wolkensäulen, wo noch säumt
Der späte Tag am hellen Himmelsbogen
Und fern hinab des Meeres Weite träumt.

»Vergiß der Traurigkeit, die sich verlor
Ins ferne Spiel der Wasser und der Zeit
Versunkner Tage. Singt der Wind ins Ohr
Dir seine Schwermut, höre nicht sein Leid.

Laß ab von Weinen. Bei den Toten unten
Im Schattenlande werden bald wir wohnen
Und ewig schlafen in den Tiefen drunten,
In den verborgenen Städten der Dämonen.

Dort wird uns Einsamkeit die Lider schließen.
Wir hören nichts in unserer Hallen Räumen,
Die Fische nur, die durch die Fenster schießen,
Und leisen Wind in den Korallenbäumen.

Wir werden immer beieinander bleiben
Im schattenhaften Walde auf dem Grunde.
Die gleiche Woge wird uns dunkel treiben,
Und gleiche Träume trinkt der Kuß vom Munde.

Der Tod ist sanft. Und die uns niemand gab,
Er gibt uns Heimat. Und er trägt uns weich
In seinem Mantel in das dunkle Grab,
Wo viele schlafen schon im stillen Reich.«

Des Meeres Seele singt am leeren Kahn.
Er treibt davon, ein Spiel den tauben Winden
In Meeres Einsamkeit. Der Ozean
Türmt fern sich auf zu schwarzer Nacht, der Blinden.

In hohen Wogen schweift ein Kormoran
Mit grünen Fittichs dunkler Träumerei.
Darunter ziehn die Toten ihre Bahn.
Wie blasse Blumen treiben sie vorbei.

Sie sinken tief. Das Meer schließt seinen Mund
Und schillert weiß. Der Horizont nur bebt
Wie eines Adlers Flug, der von dem Sund
Ins Abendmeer die blaue Schwinge hebt.

### Der fliegende Holländer

(Letzte Fassung)

I

Wie Feuerregen füllt den Ozean
Der schwarze Gram. Die großen Wogen türmt
Der Südwind auf, der in die Segel stürmt,
Die schwarz und riesig flattern im Orkan.

Ein Vogel fliegt voraus. Sein langes Haar
Sträubt von den Winden um das Haupt ihm groß.
Der Wasser Dunkelheit, die meilenlos,
Umarmt er riesig mit dem Schwingenpaar.

Vorbei an China, wo das gelbe Meer
Die Drachendschunken vor den Städten wiegt,
Wo Feuerwerk die Himmel überfliegt
Und Trommeln schlagen um die Tempel her.

Der Regen jagt, der spärlich niedertropft
Auf seinen Mantel, der im Sturme bläht.
Im Mast, der hinter seinem Rücken steht,
Hört er die Totenuhr, die ruhlos klopft.

Die Larve einer toten Ewigkeit
Hat sein Gesicht mit Leere übereist.
Dürr, wie ein Wald, durch den ein Feuer reist.
Wie trüber Staub umflackert es die Zeit.

Die Jahre graben sich der Stirne ein,
Die wie ein alter Baum die Borke trägt.
Sein weißes Haar, das Wintersturmwind fegt,
Steht wie ein Feuer um der Schläfen Stein.

Die Schiffer an den Rudern sind verdorrt,
Als Mumien schlafen sie auf ihrer Bank.
Und ihre Hände sind wie Wurzeln lang
Hereingewachsen in den morschen Bord.

Ihr Schifferzopf wand sich wie ein Barett
Um ihren Kopf herum, der schwankt im Wind.
Und auf den Hälsen, die wie Röhren sind,
Hängt jedem noch ein großes Amulett.

Er ruft sie an, sie hören nimmermehr.
Der Herbst hat Moos in ihrem Ohr gepflanzt,
Das grünlich hängt und in dem Winde tanzt
Um ihre welken Backen hin und her.

## II

Dich grüßt der Dichter, düsteres Phantom,
Den durch die Nacht der Liebe Schatten führt,
Im unterirdisch ungeheuern Dom,
Wo schwarzer Sturm die Kirchenlampe schürt,

Die lautlos flackert, ein zerstörtes Herz,
Von Qual durchlöchert, und die Trauer krankt
Im Tode noch in seinem schwarzen Erz.
An langen Ketten zittert es und schwankt.

Sein roter Schein flammt über Gräber hin.
An dem Altare kniet ein Ministrant,
Zwei Dolche in der offnen Brust. Darin
Noch schwelt und steigt trostloser Liebe Brand.

Durch schwarze Stollen flattert das Gespenst.
Er folgt ihm blind, wo schwarze Schatten fliehn,
Den Mond an seiner Stirn, der trübe glänzt,
Und Stimmen hört er, die vorüberziehn

Im hohlen Grund, der von den Qualen schwillt,
Mit dumpfem Laut. Ein ferner Wasserfall
Pocht an der Wand, und bittre Trauer füllt
Wie ein Orkan der langen Treppen Fall.

Fern kommt ein Zug von Fackeln durch ein Tor,
Ein Sarg, der auf der Träger Schultern bebt
Und langsam durch den langen Korridor
In trauriger Musik vorüberschwebt.

Wer ruht darin? Wer starb? Der matte Ton
Der Flöten wandert durch die Gänge fort.
Ein dunkles Echo ruft er noch, wo schon
Die Stille hockt an dem versunknen Ort.

Das Grau der Mitternacht wird kaum bedeckt
Von einer gelben Kerze, und es saust
Der Wind die Gänge fort, der bellend schreckt
Den Staub der Grüfte auf, der unten haust.

Maßlose Traurigkeit. In Nacht allein
Verirrt der Wandrer durch den hohen Flur,
Wo oben in der dunklen Wölbung Stein
Gestirne fliehn in magischer Figur.

## Der Schläfer im Walde

Seit Morgen ruht er. Da die Sonne rot
Durch Regenwolken seine Wunde traf.
Das Laub tropft langsam noch. Der Wald liegt tot.
Im Baume ruft ein Vögelchen im Schlaf.

Der Tote schläft im ewigen Vergessen,
Umrauscht vom Walde. Und die Würmer singen,
Die in des Schädels Höhle tief sich fressen,
In seine Träume ihn mit Flügelklingen.

Wie süß ist es, zu träumen nach den Leiden
Den Traum, in Licht und Erde zu zerfallen,
Nichts mehr zu sein, von allem abzuscheiden,
Und wie ein Hauch der Nacht hinabzuwallen,

Zum Reich der Schläfer. Zu den Hetairien
Der Toten unten. Zu den hohen Palästen,
Davon die Bilder in dem Strome ziehen,
Zu ihren Tafeln, zu den langen Festen.

Wo in den Schalen dunkle Flammen schwellen,
Wo golden klingen vieler Leiern Saiten.
Durch hohe Fenster schaun sie auf die Wellen,
Auf grüne Wiesen in den blassen Weiten.

Er scheint zu lächeln aus des Schädels Leere,
Er schläft, ein Gott, den süßer Traum bezwang.
Die Würmer blähen sich in seiner Schwäre,
Sie kriechen satt die rote Stirn entlang.

Ein Falter kommt die Schlucht herab. Er ruht
Auf Blumen. Und er senkt sich müd
Der Wunde zu, dem großen Kelch von Blut,
Der wie die Sammetrose dunkel glüht.


## Die Professoren

Zu vieren sitzen sie am grünen Tische,
Verschanzt in seines Daches hohe Kanten.
Kahlköpfig hocken sie in den Folianten,
Wie auf dem Aas die alten Tintenfische.

Manchmal erscheinen Hände, die bedreckten
Mit Tintenschwärze. Ihre Lippen fliegen
Oft lautlos auf. Und ihre Zungen wiegen
Wie rote Rüssel über den Pandekten.

Sie scheinen manchmal ferne zu verschwimmen,
Wie Schatten in der weißgetünchten Wand.
Dann klingen wie von weitem ihre Stimmen.

Doch plötzlich wächst ihr Maul. Ein weißer Sturm
Von Geifer. Stille dann. Und auf dem Rand
Wiegt sich der Paragraph, ein grüner Wurm.

## Die Gorillas

Auf einer Lichtung in dem Urwaldsumpfe
Ein wildes Stampfen. Zwei Gorillas ringen.
Die Riesenarme umeinander schlingen.
In heißer Schwüle dampft der Schweiß vom Rumpfe.

Vor Ingrimm sind sie stumm. Und nur das dumpfe
Gekeuch des Atems rasselt aus den Lungen.
Sie taumeln, von dem Rausch des Zorns bezwungen.
Auf Röhricht stürzen sie und faule Stumpfe.

Der eine reißt dem andern an dem Schopfe
Das Haupt nach hinten. Und er trinkt die Flut.
Aus seinen Adern im zerbißnen Kropfe.

Indes der andre mit der letzten Wut
Die Schläfen ihm zerdrückt im niedern Kopfe.
Die riesgen Toten überrollt das Blut.

## Columbus

### 12. Oktober 1492

Nicht mehr die Salzluft, nicht die öden Meere,
Drauf Winde stürmen hin mit schwarzem Schall.
Nicht mehr der großen Horizonte Leere,
Draus langsam kroch des runden Mondes Ball.

Schon fliegen große Vögel auf den Wassern
Mit wunderbarem Fittich blau beschwingt.
Und weiße Riesenschwäne mit dem blassern
Gefieder sanft, das süß wie Harfen klingt.

Schon tauchen andre Sterne auf in Chören,
Die stumm wie Fische an dem Himmel ziehn.
Die müden Schiffer schlafen, die betören
Die Winde, schwer von brennendem Jasmin.

Am Bugspriet vorne träumt der Genueser
In Nacht hinaus, wo ihm zu Füßen blähn
Im grünen Wasser Blumen, dünn wie Gläser,
Und tief im Grund die weißen Orchideen.

Im Nachtgewölke spiegeln große Städte,
Fern, weit, in goldnen Himmeln wolkenlos,
Und wie ein Traum versunkner Abendröte
Die goldnen Tempeldächer Mexikos.

Das Wolkenspiel versinkt im Meer. Doch ferne
Zittert ein Licht im Wasser weiß empor.
Ein kleines Feuer, zart gleich einem Sterne.
Dort schlummert noch in Frieden Salvador.


## Die Irren

Der Mond tritt aus der gelben Wolkenwand.
Die Irren hängen an den Gitterstäben,
Wie große Spinnen, die an Mauern kleben.
Entlang den Gartenzaun fährt ihre Hand.

In offnen Sälen sieht man Tänzer schweben.
Der Ball der Irren ist es. Plötzlich schreit
Der Wahnsinn auf. Das Brüllen pflanzt sich weit,
Daß alle Mauern von dem Lärme beben.

Mit dem er eben über Hume gesprochen,
Den Arzt ergreift ein Irrer mit Gewalt.
Er liegt im Blut. Sein Schädel ist zerbrochen.

Der Haufe Irrer schaut vergnügt. Doch bald
Enthuschen sie, da fern die Peitsche knallt,
Den Mäusen gleich, die in die Erde krochen.

# Georg Trakl
## 1887–1914

### Die junge Magd

Ludwig von Ficker zugeeignet

**1**

Oft am Brunnen, wenn es dämmert,
Sieht man sie verzaubert stehen
Wasser schöpfen, wenn es dämmert.
Eimer auf und nieder gehen.

In den Buchen Dohlen flattern
Und sie gleichet einem Schatten.
Ihre gelben Haare flattern
Und im Hofe schrein die Ratten.

Und umschmeichelt von Verfalle
Senkt sie die entzundenen Lider.
Dürres Gras neigt im Verfalle
Sich zu ihren Füßen nieder.

**2**

Stille schafft sie in der Kammer
Und der Hof liegt längst verödet.
Im Hollunder vor der Kammer
Kläglich eine Amsel flötet.

Silbern schaut ihr Bild im Spiegel
Fremd sie an im Zwielichtscheine
Und verdämmert fahl im Spiegel
Und ihr graut vor seiner Reine.

Traumhaft singt ein Knecht im Dunkel
Und sie starrt von Schmerz geschüttelt.
Röte träufelt durch das Dunkel.
Jäh am Tor der Südwind rüttelt.

**3**

Nächtens übern kahlen Anger
Gaukelt sie in Fieberträumen.
Mürrisch greint der Wind im Anger
Und der Mond lauscht aus den Bäumen.

Balde rings die Sterne bleichen
Und ermattet von Beschwerde
Wächsern ihre Wangen bleichen.
Fäulnis wittert aus der Erde.

Traurig rauscht das Rohr im Tümpel
Und sie friert in sich gekauert.
Fern ein Hahn kräht. Übern Tümpel
Hart und grau der Morgen schauert.

**4**

In der Schmiede dröhnt der Hammer
Und sie huscht am Tor vorüber.
Glührot schwingt der Knecht den Hammer
Und sie schaut wie tot hinüber.

Wie im Traum trifft sie ein Lachen;
Und sie taumelt in die Schmiede,
Scheu geduckt vor seinem Lachen,
Wie der Hammer hart und rüde.

Hell versprühn im Raum die Funken
Und mit hilfloser Geberde
Hascht sie nach den wilden Funken
Und sie stürzt betäubt zur Erde.

5

Schmächtig hingestreckt im Bette
Wacht sie auf voll süßem Bangen
Und sie sieht ihr schmutzig Bette
Ganz von goldnem Licht verhangen,

Die Reseden dort am Fenster
Und den bläulich hellen Himmel.
Manchmal trägt der Wind ans Fenster
Einer Glocke zag Gebimmel.

Schatten gleiten übers Kissen,
Langsam schlägt die Mittagsstunde
Und sie atmet schwer im Kissen
Und ihr Mund gleicht einer Wunde.

6

Abends schweben blutige Linnen,
Wolken über stummen Wäldern,
Die gehüllt in schwarze Linnen.
Spatzen lärmen auf den Feldern.

Und sie liegt ganz weiß im Dunkel.
Unterm Dach verhaucht ein Girren.
Wie ein Aas in Busch und Dunkel
Fliegen ihren Mund umschwirren.

Traumhaft klingt im braunen Weiler
Nach ein Klang von Tanz und Geigen,
Schwebt ihr Antlitz durch den Weiler,
Weht ihr Haar in kahlen Zweigen.

## Melusine

Wovon bin ich nur aufgewacht?
Mein Kind, es fielen Blüten zur Nacht!

Wer flüstert so traurig, als wie im Traum?
Mein Kind, der Frühling geht durch den Raum.

O sieh! Sein Gesicht wie tränenbleich!
Mein Kind, er blühte wohl allzu reich.

Wie brennt mein Mund! Warum weine ich?
Mein Kind, ich küsse mein Leben in dich!

Wer faßt mich so hart, wer beugt sich zu mir?
Mein Kind, ich falte die Hände dir.

Wo geh' ich nur hin? Ich träumte so schön!
Mein Kind, wir wollen in Himmel gehn.

Wie gut, wie gut! Wer lächelt so leis'?
Da wurden ihre Augen weiß –

Da löschten alle Lichter aus
Und tiefe Nacht durchwehte das Haus.

## Ballade

Ein Narre schrieb drei Zeichen in Sand,
Eine bleiche Magd da vor ihm stand.
Laut sang, o sang das Meer.

Sie hielt einen Becher in der Hand,
Der schimmerte bis auf zum Rand,
Wie Blut so rot und schwer.

Kein Wort ward gesprochen – die Sonne schwand,
Da nahm der Narre aus ihrer Hand
Den Becher und trank ihn leer.

Da löschte sein Licht in ihrer Hand,
Der Wind verwehte drei Zeichen im Sand –
Laut sang, o sang das Meer.


## Der Schatten

Da ich heut morgen im Garten saß –
Die Bäume standen in blauer Blüh,
Voll Drosselruf und Tirili –
Sah ich meinen Schatten im Gras,

Und ich ging und zitterte sehr,
Indes ein Brunnen ins Blaue sang
Und purpurn eine Knospe sprang
Und das Tier ging nebenher.

Gewaltig verzerrt, ein wunderlich Tier,
Das lag wie ein böser Traum vor mir.


## Klagelied

Die Freundin, die mit grünen Blumen gaukelnd
Spielt in mondenen Gärten –
O! was glüht hinter Taxushecken!
Goldener Mund, der meine Lippen rührt,
Und sie erklingen wie die Sterne
Über dem Bache Kidron.
Aber die Sternennebel sinken über der Ebene,
Tänze wild und unsagbar.
O! meine Freundin deine Lippen
Granatapfellippen
Reifen an meinem kristallenen Muschelmund.
Schwer ruht auf uns
Das goldene Schweigen der Ebene.
Zum Himmel dampft das Blut
Der von Herodes
Gemordeten Kinder.

## Das Grauen

Ich sah mich durch verlass'ne Zimmer gehn.
– Die Sterne tanzten irr auf blauem Grunde,
Und auf den Feldern heulten laut die Hunde,
Und in den Wipfeln wühlte wild der Föhn.

Doch plötzlich: Stille! Dumpfe Fieberglut
Läßt giftige Blumen blühn aus meinem Munde,
Aus dem Geäst fällt wie aus einer Wunde
Blaß schimmernd Tau, und fällt, und fällt wie Blut.

Aus eines Spiegels trügerischer Leere
Hebt langsam sich, und wie ins Ungefähre
Aus Graun und Finsternis ein Antlitz: Kain!

Sehr leise rauscht die samtene Portiere,
Durchs Fenster schaut der Mond gleichwie ins Leere,
Da bin mit meinem Mörder ich allein.

## Romanze zur Nacht

Einsamer unterm Sternenzelt
Geht durch die stille Mitternacht.
Der Knab aus Träumen wirr erwacht,
Sein Antlitz grau im Mond verfällt.

Die Närrin weint mit offnem Haar
Am Fenster, das vergittert starrt.
Im Teich vorbei auf süßer Fahrt
Ziehn Liebende sehr wunderbar.

Der Mörder lächelt bleich im Wein,
Die Kranken Todesgrausen packt.
Die Nonne betet wund und nackt
Vor des Heilands Kreuzespein.

Die Mutter leis' im Schlafe singt.
Sehr friedlich schaut zur Nacht das Kind
Mit Augen, die ganz wahrhaft sind.
Im Hurenhaus Gelächter klingt.

Beim Talglicht drunt' im Kellerloch
Der Tote malt mit weißer Hand
Ein grinsend Schweigen an die Wand.
Der Schläfer flüstert immer noch.

## Wunderlicher Frühling

Wohl um die tiefe Mittagszeit,
Lag ich auf einem alten Stein,
Vor mir in wunderlichem Kleid
Standen drei Engel im Sonnenschein.

O ahnungsvolles Frühlingsjahr!
Im Acker schmolz der letzte Schnee,
Und zitternd hing der Birke Haar
In den kalten, klaren See.

Vom Himmel wehte ein blaues Band,
Und schön floß eine Wolke herein,
Der lag ich träumend zugewandt –
Die Engel knieten im Sonnenschein.

Laut sang ein Vogel Wundermär,
Und konnt mit einmal ihn verstehn:
Eh' noch gestillt dein erst' Begehr,
Mußt sterben gehn, mußt sterben gehn!

## Märchen

Raketen sprühn im gelben Sonnenschein;
Im alten Park welch maskenhaft Gewimmel.
Landschaften spiegeln sich am grauen Himmel
Und manchmal hört den Faun man gräßlich schrein.

Sein goldnes Grinsen zeigt sich grell im Hain.
In Kressen tobt der Hummeln Schlachtgetümmel,
Ein Reiter trabt vorbei auf fahlem Schimmel.
Die Pappeln glühn in ungewissen Reihn.

Die Kleine, die im Weiher heut ertrank,
Ruht eine Heilige im kahlen Zimmer
Und öfter blendet sie ein Wolkenschimmer.

Die Alten gehn im Treibhaus stumpf und krank
Und gießen ihre Blumen, die verdorren.
Am Tore flüstern Stimmen traumverworren.

# Erich Mühsam
## 1878–1934

## Der Revoluzzer
### Der deutschen Sozialdemokratie gewidmet

War einmal ein Revoluzzer,
im Zivilstand Lampenputzer;
ging im Revoluzzerschritt
mit den Revoluzzern mit.

Und er schrie: »Ich revolüzze!«
Und die Revoluzzermütze
schob er auf das linke Ohr,
kam sich höchst gefährlich vor.

Doch die Revoluzzer schritten
mitten in der Straßen Mitten,
wo er sonsten unverdrutzt
alle Gaslaternen putzt.

Sie vom Boden zu entfernen,
rupfte man die Gaslaternen
aus dem Straßenpflaster aus,
zwecks des Barrikadenbaus.

Aber unser Revoluzzer
schrie: »Ich bin der Lampenputzer
dieses guten Leuchtelichts.
Bitte, bitte, tut ihm nichts!

Wenn wir ihn' das Licht ausdrehen,
kann kein Bürger nichts mehr sehen.
Laßt die Lampen stehn, ich bitt! –
Denn sonst spiel ich nicht mehr mit!«

Doch die Revoluzzer lachten,
und die Gaslaternen krachten,
und der Lampenputzer schlich
fort und weinte bitterlich.

Dann ist er zu Haus geblieben
und hat dort ein Buch geschrieben:
nämlich, wie man revoluzzt
und dabei doch Lampen putzt.

## Gerrit Engelke

### 1890–1918

### Legende

Drei Knaben sangen im Wiesengrund,
Der Tag war so fröhlich,
Das Land war so bunt,
Sie sangen, sie sangen im Wiesengrund.

Sie sangen, sie gingen zum Walde hin –
Es fraß sie der Wald,
Sie blieben darin.
Ihr Liedlein verhallt –
Sie sangen, sie gingen zum Walde hin.

Drei Knaben singen im Himmelsrund,
Wie Glöcklein klingt helle ihr Mund.
Sie singen noch immer die selbigen Wort',
Sie singen noch immer so kindlich fort
Das fröhliche Lied aus dem Wiesengrund.

## Joachim Ringelnatz

### 1883–1934

### Abendgebet einer erkälteten Negerin

Ich suche Sternengefunkel
All mein Karbunkel
Brennt Sonne dunkel.
Sonne drohet mit Stich.

Warum brennt mich die Sonne im Zorn?
Warum brennt sie gerade mich?
Warum nicht Korn?

Ich folge weißen Mannes Spur.
Der Mann war weiß und roch so gut.
Mir ist in meiner Muschelschnur
So négligé zu Mut.

Kam in mein Wigwam
Weit übers Meer,
Seit er zurückschwamm,
Das Wigwam
Blieb leer.

Drüben am Walde
Kängt ein Guruh – –

Warte nur balde
Kängurst auch Du.

## *Die Weihnachtsfeier des Seemanns Kuttel Daddeldu*

Die Springburn hatte festgemacht
Am Petersenkai.
Kuttel Daddeldu jumpte an Land,
Durch den Freihafen und die stille heilige Nacht
Und an dem Zollwächter vorbei.
Er schwenkte einen Bananensack in der Hand.
Damit wollte er dem Zollmann den Schädel spalten,
Wenn er es wagte, ihn anzuhalten.
Da flohen die zwei voreinander mit drohenden Reden.
Aber auf einmal trafen sich wieder beide im König von Schweden.

Daddeldus Braut liebte die Männer vom Meere,
Denn sie stammte aus Bayern.
Und jetzt war sie bei einer Abortfrau in der Lehre,
Und bei ihr wollte Kuttel Daddeldu Weihnachten feiern.

Im König von Schweden war Kuttel bekannt als Krakeeler.
Deswegen begrüßte der Wirt ihn freundlich: »Hallo old sailer!«
Daddeldu liebte solch freie herzhafte Reden,
Deswegen beschenkte er gleich den König von Schweden.
Er schenkte ihm Feigen und sechs Stück Kolibri
Und sagte: »Da nimm, du Affe!«
Daddeldu sagte nie »Sie«.
Er hatte auch Wanzen und eine Masse
Chinesischer Tassen für seine Braut mitgebracht.

Aber nun sangen die Gäste »Stille Nacht, Heilige Nacht«,
Und da schenkte er jedem Gast eine Tasse
Und behielt für die Braut nur noch drei.
Aber als er sich später mal darauf setzte,
Gingen auch diese versehentlich noch entzwei,
Ohne daß sich Daddeldu selber verletzte.

Und ein Mädchen nannte ihn Trunkenbold
Und schrie: Er habe sie an die Beine geneckt.
Aber Daddeldu zahlte alles in englischen Pfund in Gold.
Und das Mädchen steckte ihm Christbaumkonfekt
Still in die Taschen und lächelte hold
Und goß noch Genever zu dem Gilka mit Rum in den Sekt.
Daddeldu dachte an die wartende Braut.
Aber es hatte nicht sein gesollt,
Denn nun sangen sie wieder so schön und so laut.
Und Daddeldu hatte die Wanzen noch nicht verzollt,
Deshalb zahlte er alles in englischen Pfund in Gold.

Und das war alles wie Traum.
Plötzlich brannte der Weihnachtsbaum.
Plötzlich brannte das Sofa und die Tapete,
Kam eine Marmorplatte geschwirrt,
Rannte der große Spiegel gegen den kleinen Wirt.
Und die See ging hoch und der Wind wehte.

Daddeldu wankte mit einer blutigen Nase
(Nicht mit seiner eigenen) hinaus auf die Straße.
Und eine höhnische Stimme hinter ihm schrie:
»Sie Daddel Sie!«
Und links und rechts schwirrten die Kolibri.

Die Weihnachtskerzen im Pavillon an der Mattentwiete erloschen.
Die alte Abortfrau begab sich zur Ruh.
Draußen stand Daddeldu
Und suchte für alle Fälle nach einem Groschen.
Da trat aus der Tür seine Braut
Und weinte laut:
Warum er so spät aus Honolulu käme?
Ob er sich gar nicht mehr schäme?
Und klappte die Tür wieder zu.
An der Tür stand: »Für Damen«.

Es dämmerte langsam. Die ersten Kunden kamen,
Und stolperten über den schlafenden Daddeldu.

## Eines Negers Klage

Ich bin in Sachsen als Neger geboren,
Zickzackbeinig und unehelich.
Meine Eltern habe ich schon früh verloren.
Beide haben mich sehr viel geschlagen,
Aber niemand bedauerte mich.
Aber das hat nichts zu sagen.

In der Schule war ich sehr borniert.
Später ging mir's immer besser.
Denn da wurde ich als Feuerfresser
Nach Bilbao engagiert.

Darauf war ich jahrelang Reklame
Für den besten Schuhputz auf der Welt,
Und dann hat mich eine reiche Dame
Bei dem Oberkutscher angestellt.

Aber diese Stellung werde
Ich verlassen, weiß nur noch nicht, wann,
Weil ich, wie die Dame meinte, Pferde
Nicht von Eseln unterscheiden kann.

Aber das hat nichts zu sagen,
Denn ich merke, was die Dame meint,
Und ich habe schon so viel ertragen,
Und ich habe oft für mich geweint.

Und am liebsten ginge ich nach Sachsen,
Wo die Menschen immer anders sind.
Denn ich bin dort einmal aufgewachsen.
Und ich hieß damals das Negerkind.

## Die Kartenlegerin

Das Schiff war schon im Hafen leck.
Man besserte an dem Schaden.
Das Schiff hatte Fässer geladen
Und Passagiere im Zwischendeck.

Mittags stieg eine Negerin
In das Matrosenlogis.
Sie wäre Kartenlegerin,
Bedeutete sie.

»Two shillings« – oder ein Kleidungsstück,
Sie zeigte auf wollene Sachen.
So eine weiß manchmal, wie man sein Glück
Kann machen.

Sie redeten voreinander dumm,
Gaben der Alten zu saufen,
Drückten ihr lachend am Busen herum
Und ließen sie dann laufen.

Nachts hockte die alte, schwarze Kuh
An Deck zwischen Fässern und Tauen.
Vor ihr lag Kuttel Daddeldu
Dienstmüde und dachte an Frauen.

Da legte die Kartenlegerin
Die Karten, die ihn betrafen,
An Deck und murmelte vor sich hin.
Kuttel war eingeschlafen.

Sie murmelte Worte in den Wind.
Das Schiff fing an zu rollen.
Das Schiff und die Menschen darauf sind
Verschollen.

## An der harten Kante

Ein leerer Kinderwagen stand
Vor der steilen Felsenwand,
Als ich abends gewandert bin.
War kein Kind darin.
War auch kein Mensch dabei,
Kein Mensch in der kahlen Weite.

Aber Bettchen lagen beiseite
Und im Wagen ein Pferdchen mit nur drei
Holzbeinchen. – – Und ein verschlossener Brief.

Weit sieht man vom Felsen dort über das Meer,
Das tosend unter mir tief
In blendender Brandung zerschellte
Und wieder sich wälzte und wellte.

Ein Schiff am Horizont. Woher?
Wohin? War nicht zu sehen,
Und was auch kümmerte mich das.

Ich fühlte nur: Es war etwas
Verzweifeltes geschehen.

## Klabund (Alfred Henschke)
### 1890–1928

### Die Ballade des Vergessens

In den Lüften schreien die Geier schon,
Lüstern nach neuem Aase.
Es hebt so mancher die Leier schon
Beim freibiergefüllten Glase,
Zu schlagen siegreich den alt bösen Feind,
Tat er den Humpen pressen …
Habt ihr die Tränen, die ihr geweint,
Vergessen, vergessen, vergessen?

Habt ihr vergessen, was man euch tat,
Des Mordes Dengeln und Mähen?
Es läßt sich bei Gott der Geschichte Rad
Beim Teufel nicht rückwärts drehen.
Der Feldherr, der Krieg und Nerven verlor,
Er trägt noch immer die Tressen.
Seine Niederlage erstrahlt in Glor
Und Glanz: Ihr habt sie vergessen.

Vergaßt ihr die gute alte Zeit,
Die schlechteste je im Lande?
Euer Herrscher hieß Narr, seine Tochter Leid,
Die Hofherren Feigheit und Schande.
Er führte euch in den Untergang
Mit heiteren Mienen, mit kessen.
Längst habt ihr's bei Wein, Weib und Gesang
Vergessen, vergessen, vergessen.

Wir haben Gott und Vaterland
Mit geifernden Mäulern geschändet,
Wir haben mit unsrer dreckigen Hand
Hemd und Meinung gewendet.
Es galt kein Wort mehr ehrlich und klar,
Nur Lügen unermessen …
Wir hatten die Wahrheit so ganz und gar
Vergessen, vergessen, vergessen.

Millionen krepierten in diesem Krieg,
Den nur ein paar Dutzend gewannen.
Sie schlichen nach ihrem teuflischen Sieg
Mit vollen Säcken von dannen.
Im Hauptquartier bei Wein und Sekt
Tat mancher sein Liebchen pressen.
An der Front lag der Kerl, verlaust und verdreckt
Und vergessen, vergessen, vergessen.

Es blühte noch nach dem Kriege der Mord,
Es war eine Lust, zu knallen.
Es zeigte in diesem traurigen Sport
Sich Deutschland über allen.
Ein jeder Schurke hielt Gericht,
Die Erde mit Blut zu nässen.
Deutschland, du sollst die Ermordeten nicht
Und nicht die Mörder vergessen!

O Mutter, du opferst deinen Sohn
Armeebefehlen und Ordern.
Er wird dich einst an Gottes Thron
Stürmisch zur Rechenschaft fordern.
Dein Sohn, der im Graben, im Grabe schrie
Nach dir, von Würmern zerfressen …
Mutter, Mutter, du solltest es nie
Vergessen, vergessen, vergessen!

Ihr heult von Kriegs- und Friedensschluß – hei:
Der andern – Ihr wollt euch rächen:
Habt ihr den frechen Mut, euch frei
Von Schuld und Sühne zu sprechen?
Sieh deine Fratze im Spiegel hier
Von Haß und Raffgier besessen:
Du hast, war je eine Seele in dir,
Sie vergessen, vergessen, vergessen.

Einst war der Krieg noch ritterlich,
Als Friedrich die Seinen führte,
In der Faust die Fahne – nach Schweden nicht schlich
Und nicht nach Holland 'chappierte.
Einst galt noch im Kampfe Kopf gegen Kopf
Und Mann gegen Mann – indessen
Heut drückt der Chemiker auf den Knopf,
Und der Held ist vergessen, vergessen.

Der neue Krieg kommt anders daher,
Als ihr ihn euch geträumt noch.
Er kommt nicht mit Säbel und Gewehr,
Zu heldischer Geste gebäumt noch:
Er kommt mit Gift und Gasen geballt,
Gebraut in des Teufels Essen.
Ihr werdet, ihr werdet ihn nicht so bald
Vergessen, vergessen, vergessen.

Ihr Trommler, trommelt, Trompeter, blast:
Keine Parteien gibt's mehr, nur noch Leichen!
Berlin, Paris und München vergast,
Darüber die Geier streichen.
Und wer die Lanze zum Himmel streckt,
Sich mit wehenden Winden zu messen –
Der ist in einer Stunde verreckt
Und vergessen, vergessen, vergessen.

Es fiel kein Schuß. Steif sitzen und tot
Kanoniere auf der Lafette.
Es liegen die Weiber im Morgenrot,
Die Kinder krepiert im Bette.
Am Potsdamer Platz Gesang und Applaus:
Freiwillige Bayern und Hessen . . .
Ein gelber Wind – das Lied ist aus
Und auf ewige Zeiten vergessen.

Ihr kämpft mit Dämonen, die keiner sieht,
Vor Bazillen gelten nicht Helden,
Es wird kein Nibelungenlied
Von eurem Untergang melden.
Zu spät ist's dann, von der Erde zu fliehn
Mit etwa himmlischen Pässen.
Gott hat euch aus seinem Munde gespien
Und vergessen, vergessen, vergessen.

Ihr hetzt zum Krieg, zum frischfröhlichen Krieg,
Und treibt die Toren zu Paaren.
Ihr werdet nur einen einzigen Sieg:
Den Sieg des Todes gewahren.
Die euch gerufen zur Vernunft,
Sie schmachten in den Verlässen:
Christ wird sie bei seiner Wiederkunft
Nicht vergessen, vergessen, vergessen.

## Die Mondsüchtige

Wandelnd auf des Daches First,
Auf der Mauer schmalem Rande,
Schreitet sie, die Hohe, Milde,
In des Mondes sanftem Licht.

Wie Musik ertönt ihr Schweben,
Ihre Füße gleiten gläsern.
Ihre Hände klingen leise,
Ihre Augen sind geschlossen.

Hinter ihr der treue Diener
Achtet ihrer Schritte, daß sie
Über einen Strahl nicht strauchle,
Sorglich hütet sie: ihr Schatten.

Gottgeheimnis, Götzenzauber,
Weiße Statue der Sehnsucht
Schreitet sie: ich streck' vergeblich
Meine Hände nach ihr aus.

O wie halt ich die Entschreitende,
O wie bann ich die Entgleitende,
Aber ruf ich: stürzt sie nieder.
Aber schrei ich: ist's ihr Tod.

Und so schreitet sie vorüber,
Ist auf ewig mir verloren.
Eine Wolke löscht den Mond aus.
Einsam stehe ich im Dunkeln.

## Die Schusterin

Es war einmal eines Schusters Frau
Ein wunderschönes Weib,
Die liebte die feinen Herren
Zum schönsten Zeitvertreib.

Maß einem edlen Grafen
Der Schuster Schuhe an,
So stand sie dicht daneben
Und lächelte ihn an.

Im Garten steht eine Laube,
Es zwitschert die Nachtigall.
Dort traf sie nachts im Dunkeln
Die Kavaliere all.

Ihr Haar flog wild im Winde,
Der Mond verkroch sich sacht.
Sie liebte in ihrer Sünde
Sieben in einer Nacht.

Und als die Sonne aufging,
Der Schuster trat hervor,
Blaß wie der bleiche Vollmond
Und schwankend wie ein Rohr.

»Ich will meine Schande nicht sehen mehr
Und mein zerfallenes Haus …«
Er hob den Schusterpfriemen
Und stach sich die Augen aus.

Die Schusterin fiel in Ohnmacht,
Und als sie lallend erwacht,
Da haben zwei schwarze Männer sie
Ins Irrenhaus gebracht.

# Alphabetisches Verzeichnis der Balladenüberschriften und -anfänge

# Alphabetisches Verzeichnis der Autorinnen und Autoren